Markttransparenz im Socially Responsible Investment

T0316438

Markt und Konsum

Herausgegeben von Prof. Dr. Dr. h.c. Ursula Hansen

Band 18

PETER LANG

Frankfurt am Main · Berlin · Bern · Bruxelles · New York · Oxford · Wien

Ingo Schoenheit

Markttransparenz im Socially Responsible Investment

Konsequenzen für eine nachhaltige Erwachsenenbildung

PETER LANG

Europäischer Verlag der Wissenschaften

Bibliografische Information Der Deutschen Bibliothek
Die Deutsche Bibliothek verzeichnet diese Publikation in der
Deutschen Nationalbibliografie; detaillierte bibliografische
Daten sind im Internet über <http://dnb.ddb.de> abrufbar.

Zugl.: Hannover, Univ., Diss., 2004

Gedruckt auf alterungsbeständigem,
säurefreiem Papier.

D 89
ISSN 0946-5995
ISBN 3-631-53628-3

© Peter Lang GmbH
Europäischer Verlag der Wissenschaften
Frankfurt am Main 2005
Alle Rechte vorbehalten.

Printed in Germany 1 2   4 5 6 7
www.peterlang.de

Vorwort der Gutachter

Seit der Riokonferenz besteht ein weltweites Commitment über nachhaltiges Wirtschaften (Sustainability), mit dem ein Überleben der Menschheit in angemessener sozial-ökologischer Lebensqualität über Generationen hinweg gesichert bzw. eine inter- und intragenerative Gerechtigkeit geschaffen werden soll. Mit besonderem Akzent auf das Socially Responsible Investment (SRI), bei dem private und institutionelle Investoren ihr Geld nicht nur nach ökonomischen, sondern auch nach sozialen und/oder ökologischen Gesichtspunkten anlegen, wird neuerdings über die Rolle der Finanzmärkte hinsichtlich ihres Verstärkerpotenzials für eine nachhaltige Entwicklung diskutiert. Über den Finanzmarkt – so die grundlegende Hypothese - könnten jene Unternehmen systematisch belohnt werden, die in sozialer bzw. ökologischer Hinsicht Zukunftweisendes leisten.

Eine wichtige Voraussetzung für eine mögliche Ausweitung des SRI besteht darin, dass die Investoren Informationen über das sozial-ökologische Verhalten von Unternehmen als potenzielle Investitionsobjekte haben, um dieses in ihr Investitionskalkül einbeziehen zu können. Aufgrund der besonderen Glaubwürdigkeitsproblematik im Zusammenhang mit Aussagen zum sozial-ökologischen Unternehmensverhalten stellt die Erzeugung einer aus der Sicht der Investoren angemessenen Markttransparenz ein wichtiges Problem dar, das die Entwicklung dieses Marktes allerdings aufgrund seiner Schwierigkeit und Komplexität stark beeinträchtigen kann.

Die Schaffung von Transparenz auf dem SRI-Markt ist nicht nur ein ökonomisches, sondern auch ein pädagogisches Problem, da sie eine Bedingung für das Lernprogramm „Nachhaltigkeit in der Erwachsenenbildung" darstellt. Daher wird das im Zentrum dieser Arbeit stehende Socially Responsible Investment auch als Lernort bzw. als Lernfeld gesehen, das daraufhin untersucht werden muss, welche Lernchancen und Lernrestriktionen in ihm bestehen. Die für eine nachhaltige Erwachsenenbildung zentrale Frage lautet, ob und wie Erwachsene in diesem Handlungsfeld und an diesem Lerngegenstand wesentliche Kenntnisse und Kompetenzen entwickeln sowie Werthaltungen und Handlungsmuster überprüfen, verfestigen und verändern können, die für eine selbstbestimmte Lebensführung und für eine nachhaltige Entwicklung gleichermaßen wichtig sind.

Die Arbeit ist in acht Kapitel gegliedert. Nach dem einleitenden Problemstellungskapitel, in dem der Verfasser insbesondere die Schnittstellenproblematik zwischen Pädagogik und Ökonomie im Zusammenhang mit SRI beschreibt, befasst sich das Kapitel zwei mit dem wissenschaftlichen Diskussionsstand einer nachhaltigen Erwachsenenbildung und mit der Einordnung des SRI als wichtigem Lern- und Handlungsfeld. Es schließt sich in Kapitel drei eine Beschreibung des SRI-Marktes und seiner Akteure an. In den folgenden beiden Kapiteln werden weitere theoretische Grundlagen geschaffen, indem der Verfasser zunächst im Zusammenhang mit dem Transparenzbegriff auf die Institutionenökonomie zurückgreift (Kapitel vier), um dann für das Verständnis des sozialökologischen Unternehmensverhaltens Bezugspunkte in den Gesellschaftstheorien der Unternehmung herzustellen (Kapitel fünf). Auf dieser theoretischen Basis ist es möglich, Leitideen für die sozial-ökologische Unternehmensbewertung begründet abzuleiten (Kapitel sechs). Dem werden drei empirische Analysen gegenübergestellt, die sich mit der Ist-Analyse zur Transparenz über sozialökologisches Unternehmensverhalten beschäftigen (Kapitel sieben). Die Arbeit schließt mit einem handlungsempfehlenden Teil ab (Kapitel acht), in dem aus dem Abgleich zwischen Leitlinien und Ist-Analyse Vorschläge zur Verbesserung der Transparenz auf dem SRI-Markt entwickelt und Ansätze für eine nachhaltige Erwachsenenbildung abgeleitet werden.

Die Arbeit verschafft dem Leser einen hervorragenden Überblick über die Besonderheiten der Interaktionen zentraler Akteure auf dem SRI-Markt. Sie entwickelt mit dem institutionenökonomischen Instrumentarium einen aussagefähigen theoretischen Bezugsrahmen für die Darstellung der markttheoretischen Implikationen in Hinblick auf die Transparenz über SRI. Insbesondere schließt die theoretische Analyse mit der konsequenten Ableitung von Leitideen für die Transparenzschaffung ab, die sich gleichzeitig durch theoretische Stringenz und praktische Relevanz auszeichnen. Der Verfasser kann hier verschiedene Untersuchungen vorstellen, die unter seiner Initiative und Supervision in dem von ihm geleiteten Forschungsinstitut imug entstanden sind. Es gelingt ihm eindrucksvoll, den SRI-Markt in verschiedenen Problemfeldern empirisch zu durchleuchten und damit Ansatzpunkte für strategische Verbesserungen der Transparenz zu gewinnen. Die Reichhaltigkeit und Strukturierung des Materials und seiner Präsentation sind ebenso bestechend wie die sich darin ausdrückende Urteils- und Reflexionsfähigkeit. Die klugen Schlussfolgerungen für die an Nachhaltigkeit orientierte Erwachsenenbildung liegen in der Berücksichtigung und Bearbeitung der institutionellen Arrangements auf dem SRI-Markt, die das Nachhaltigkeitslernen beeinträchtigen. Nachhaltige Bildung wird demnach nicht instrumentalisiert und mit schwer einlösbaren Erwartungen überfordert. Vielmehr wird sie durch den konsequenten Rückbezug auf die institutionellen Rahmenbedingungen des untersuchten Handlungsfeldes konzipiert. So hat das Fazit der Arbeit ein hohes Maß an Praxisrelevanz und Innovationskraft.

Hannover, im Januar 2005

Ursula Hansen
Lothar Schäffner

Vorwort des Verfassers

Im Frühjahr 1996 unterzeichnete ich in New York in meiner Funktion als Geschäftsführender Vorstand des imug Instituts für Markt-Umwelt-Gesellschaft ein so genanntes Mission Statement. Sechs Research-Agenturen bzw. Forschungseinrichtungen verpflichteten sich darin, die methodischen Fragen von vergleichenden sozial-ökologischen Unternehmensbewertungen gemeinsam lösungsorientiert zu bearbeiten. Es herrschte Aufbruchstimmung, denn in den USA und in Großbritannien war eine Nachfrage nach belastbaren Aussagen zur sozialen und ökologischen Qualität von Unternehmen spürbar. „Put your money, where your values are" war die verlockend einfache Botschaft eines sich gerade etablierenden Marktes, der plakativ als „ethisches Investment" oder als grün-ökologischer Geldanlagemarkt bezeichnet wurde. Wir waren jedenfalls sehr früh davon überzeugt, dass unabhängige und methodisch saubere Untersuchungen und Bewertungen der sozial-ökologischen Verantwortungsübernahme von Unternehmen eine unverzichtbare Voraussetzung sein werden, um Geldanlageentscheidungen in einem ganzheitlichen Sinne wertorientiert zu steuern.

Inzwischen stößt das Grundkonzept des Socially Responsible Investment auch in Deutschland auf Resonanz. Die Vielzahl der Versuche, so genannte ethisch-grüne Geldanlagen zu bewerben und Nachhaltigkeits-Indices zu lancieren, stehen in einem ungünstigen Verhältnis zu den wissenschaftlichen Anstrengungen, die Besonderheiten dieses Marktes systematisch zu untersuchen. Obwohl in Deutschland zur Zeit rund 4 Milliarden Euro in „ethisch-ökologische Fonds" investiert sind, liegen kaum fundierte Untersuchungen über die tieferliegenden Erwartungen und Erfahrungen der Investoren vor, sodass zu wenig über die nachhaltigen Wirkungen des verantwortlichen Investments bekannt sind. In ersten Analysen wurde schnell deutlich, dass Transparenz über die ausgelobten sozialen und ökologischen oder auch nachhaltigen Wirkungen der Geldanlagen zentral für die Entwicklung dieses Marktes ist.

Im imug Institut haben wir uns in den letzten zehn Jahren in verschiedenen Forschungs- und Entwicklungsprojekten mit der Bewertung und angemessenen Kommunikation der Corporate Responsibility befasst. Wir sind der Aufforderung des Mission Statements gefolgt und haben unsere eigenen spezifischen Erfahrungen mit sozial-ökologischen Unternehmenstests, die wir anfänglich vor allem für die Zwecke einer umfassenden Verbraucherinformation konzipierten, publiziert und einer wissenschaftlichen und öffentlichen Diskussion zugänglich gemacht.

Insbesondere ist es Frau Prof. Dr. Dr. h.c. Ursula Hansen zu verdanken, dass wir die Fragen der praktischen Transparenzerzeugung durch vergleichende Untersuchungen der Unternehmensverantwortung stets in einen breiteren betriebswirtschaftlichen und sozialwissenschaftlichen Kontext stellten. So war es denn auch

Ursula Hansen, die mich davon überzeugte, dass es wissenschaftlich lohnend sei, die Frage der angemessenen Markttransparenz für den Bereich des Socially Responsible Investment zu untersuchen. Ihrer kritischen Begleitung und Förderung dieser Arbeit habe ich es zu verdanken, dass das offensichtlich auch moralisch motivierte wirtschaftliche Handeln von Investoren im theoretischen Kontext der Sozioökonomie stimmig analysiert und interpretiert werden konnte.

Herr Prof. Dr. Schäffner bestärkte mich darin, näher auf den Zusammenhang von Markttransparenz und nachhaltiger Erwachsenenbildung am Beispiel des Socially Responsible Investment einzugehen. Die in seinen Handlungsforschungsprojekten bewährte These, dass eine Erwachsenenbildung - insbesondere wenn sie nachhaltig sein will – die institutionellen Rahmenbedingungen ihres Handelns beachten muss, war dafür richtungweisend.

Für mich persönlich bot die hier vorliegende Arbeit die Gelegenheit, die systematischen betriebswirtschaftlichen und unternehmensethischen Fragen der Transparenzerzeugung durch Unternehmenstests im Kontext neuerer institutionenökonomischer Theoreme gründlich zu überdenken und auf die Ziele einer nachhaltigen Erwachsenenbildung zu beziehen. Das übergreifende Ergebnis führt zurück zu alten Weisheiten. „Es irrt der Mensch, solang er strebt." Sollen wir deswegen nun nicht mehr streben, nicht mehr auf eine verbesserte Transparenz über angebliche Nachhaltigkeitsleistungen setzen? Sicher nicht. Gefordert ist vielmehr, die Grenzen und latenten „Ungerechtigkeiten" von verdichteten Qualitätsbeurteilungen von Nachhaltigkeitsleistungen deutlicher zu sehen und auch auszusprechen.

Diese nicht vollkommen neue Erkenntnis habe ich mit vielen Mitarbeiterinnen und Mitarbeitern des imug immer wieder auch in Bezug auf ihre praktischen Konsequenzen diskutiert. Bei Silke Riedel, Kirein Franck, Markus Grünewald und insbesondere auch bei Dr. Matthias Bode bedanke ich mich für die anregenden Gespräche und die vielen nützlichen Hinweise. Wer als Geschäftsführer eines Forschungsinstituts mit angeschlossener Beratungsgesellschaft eine solche Arbeit neben dem Tagesgeschäft zu Ende bringen will, braucht jedoch nicht nur gute Gespräche. Manchmal hilft auch ein Käsebrot, um durchzuhalten.

Hannover, im Januar 2005

Ingo Schoenheit

Inhaltsverzeichnis

9

14

Abbildungsverzeichnis

15

Abkürzungsverzeichnis

BMBF	Bundesministerium für Bildung und Forschung
BMVEL	Bundesministerium für Verbraucherschutz, Ernährung und Landwirtschaft
CERES	Coalition for Environmentally Responsible Economies
CSR	Corporate Social Responsibility
CSRR	Corporate Sustainability and Responsibility Research
DAX	Deutscher Aktien Index
DSJI	Dow Jones Sustainability Index
EFQM	European Foundation for Quality Management
EIRIS	Ethical Investment Research Service
EMAS	Environmental Management and Audit Scheme
EPM	Ethical Portfolio Manager
EU	Europäische Union
GRI	Global Reporting Initiative
ICC	International Chamber of Commerce
imug	Institut für Markt-Umwelt-Gesellschaft e.V. an der Universität Hannover
ISO	International Standard Organisation
NAI	Natur Aktien Index
NGO	Non Governmental Organisation
SAM	Sustainable Asset Manangement
SRI	Socially Responsible Investment
UN	United Nations
UNEP	United Nations Environment Programme
UNESCO	United Nations Educational, Scientific and Cultural Organization
WCED	World Commission on the Environment and Development

1 Einleitung

1.1 Einführung in das Thema

Nachhaltigkeit ist seit Anfang der neunziger Jahre zu einem übergeordneten globalen Leitbild gesellschaftlicher Entwicklung avanciert, das einen normativen Handlungsrahmen für Politik, Ökonomie und Gesellschaft darstellt. Den Anlass für die Propagierung einer „nachhaltigen Entwicklung" bilden die seit den sechziger Jahren vielfach und verstärkt beobachteten ökologischen Krisenphänomene und die gleichzeitig aufkommende Kritik an der ungerechten Verteilung der Lebenschancen der Menschen in der heutigen Welt. Insbesondere von den entwickelten Ländern und Regionen werden umfassende Initiativen erwartet, die insgesamt auf einen grundlegenden Richtungswandel in Wirtschaft und Gesellschaft hinauslaufen (vgl. Hansen, 1995, Sp. 615f.). So einvernehmlich die gut legitimierte Formel eines globalen nachhaltigen Entwicklungsprozesses auf den ersten Blick zu sein scheint, so kontrovers stellen sich die Auffassungen darüber dar, was konkret in den einzelnen Weltregionen und von den einzelnen Akteuren, insbesondere von den Staaten, Unternehmen, Konsumenten und von Wissenschaft und Bildung tatsächlich zu tun ist. Deutlich wird jedoch in nahezu allen Diskussionsbeiträgen, dass bei den handelnden Individuen Einstellungen und Gestaltungskompetenzen vorhanden sein müssen, die als erforderlich angesehenen Veränderungsprozesse einzuleiten und zu stabilisieren[1].

So verwundert es nicht, dass die Bildung als wichtiges Aktionsfeld der Nachhaltigkeitsausrichtung der Gesellschaft entdeckt wurde. Im Kapitel 36 der Agenda 21 wird für eine grundsätzliche Neuausrichtung der Bildung auf eine „nachhaltige Entwicklung" plädiert (vgl. Bundesministerium für Umwelt, Naturschutz und Reaktorsicherheit, 1997). *Nachhaltige Bildung* soll die Individuen befähigen, eine gesellschaftliche Entwicklung mitzugestalten (Partizipationsgebot), die prinzipiell die Möglichkeit einräumt, dass die Bedürfnisse der heutigen Generation befriedigt werden (intragenerative Gerechtigkeit), ohne dass die Chancen der nachfolgenden Generationen unangemessen eingeschränkt werden, ihre eigenen Wohlstandsvorstellungen ebenfalls zu verwirklichen (intergenerative Gerechtigkeit).

Dieser Arbeit liegt die Fragestellung zugrunde, wie soziale und ökologische Orientierungen der Wirtschaftssubjekte mit marktwirtschaftlichen Instrumenten und mit Angeboten einer nachhaltigen Bildung zu fördern sind, um ihnen ein –

---

[1] Vgl. dazu insbesondere die Überlegungen zu einem Zusammenspiel von Information, Bildung und Bedarfsreflexion als Voraussetzung für nachhaltige Konsumveränderungen bei Hansen/Schrader, 1999, S. 463ff..

im Sinne der Nachhaltigkeitszielsetzung – wirksames Handeln zu ermöglichen. Gewählt wird eine sozialwissenschaftliche Perspektive, die ein freiwilliges und selbstbestimmtes Handeln der Individuen zugunsten einer nachhaltigen Entwicklung zum Untersuchungsgegenstand hat. Es wird damit unterstellt, dass Menschen - unter bestimmten Voraussetzungen - Handlungsmöglichkeiten sehen und ergreifen können und wollen, denen sie selbst eine Wirksamkeit für die Einleitung einer nachhaltigen Entwicklung zuschreiben (vgl. Bolscho, 2002, S. 301). Menschen, die so handeln, konstruieren[2] damit einen Zusammenhang zwischen ihrem individuellen Tun und einer späteren gesellschaftlichen Wirkung. Diese hier zu Grunde gelegte, auf kommunikative und auf marktwirtschaftliche Instrumente rekurrierende Basisstrategie zur Umsetzung der Nachhaltigkeit grenzt andere Konzeptansätze des gesellschaftlichen und wirtschaftlichen Wandels, die auf „Command and Control", auf „Preise" oder auf andere Steuerungsinstrumente setzen, selbstverständlich nicht aus, sondern umschreibt lediglich die sozialwissenschaftliche Aufgabenstellung, der sich diese Arbeit wesentlich zuordnet[3].

Wie der Blick auf die verschiedenen wissenschaftlichen und politisch-praktischen Konkretisierungsbemühungen zur Nachhaltigkeit und auf die vorgeschlagenen basalen Handlungsstrategien zeigt, ist der Begriff der Nachhaltigkeit in vielfältiger Weise und in unterschiedlichen normativen Kontexten interpretierbar (vgl. BUND/Misereor, 1996, S. 12ff.; Arbeit und Ökologie, 2000, S. 36; Grunwald et al., 2001). Dies wird vom Autor nicht als zu überwindender Fehler oder als unerledigte Hausaufgabe der wissenschaftlichen Einzeldisziplinen angesehen, die sich mit den verschiedenen Facetten der Nachhaltigkeitsvision beschäftigen. Der in modernen Gesellschaften existierende Wertepluralismus, der auch in der Wissenschaftstheorie und der Ausgestaltung verschiedener wissenschaftlicher Disziplinen seinen Niederschlag findet, kann durch ein globales Entwicklungsleitbild nicht außer Kraft gesetzt werden. Dennoch ist ein solches Leitbild sinnvoll, weil es – womöglich gerade wegen seiner Vagheit - in der Lage sein kann, einen globalen Diskurs darüber einzuleiten, mit welchen Konzepten die skizzierte abstrakte Vision am besten realisiert werden kann. Gegenüber der insbesondere in Deutschland bereits gut verankerten Umweltdis-

---

2 Seit Mitte der neunziger Jahre kennzeichnen konstruktivistische Denkansätze vermehrt eine nicht mehr von einer naturwissenschaftlichen Sichtweise dominierten Wendung in der Umweltbildung. Sie werden in der aktuellen Debatte um eine nachhaltige Bildung aufgegriffen, um sich gegen eine instrumentelle „Verzweckung" der Individuen für eine nachhaltige Entwicklung und gegen eine moralisierende, technologische, belehrende Bildung mit der Intention zu wenden, die Selbstgestaltungskräfte des Subjekts der Bildung zu stärken (vgl. Siebert, 2002, S. 23; de Haan, 2002, S. 154f.).

3 Zur Unterscheidung von Basisstrategien des planmäßigen sozialen Wandels vgl. Chin/Benne, 1975. Im Kapitel 2.2.1 wird auf Basisstrategien des sozialen Wandels eingegangen.

kussion können die Vorteile des auf diesen Diskussionen nun aufsetzenden Nachhaltigkeitskonzepts darin gesehen werden, dass mit dem Integrationsgebot von sozialen, ökologischen und ökonomischen Perspektiven und mit deren gleichzeitiger Ausweitung von einer regionalen oder nationalen auf eine internationale Perspektive neue Diskurs- und Handlungskoalitionen ermöglicht werden (vgl. Brand, 2000). Auch die mit der Nachhaltigkeitsvision geförderte Suche nach Schnittstellen zwischen verschiedenen Wissenschaftsdisziplinen, in der insbesondere ökonomische, soziale, ökologische und pädagogische Ansätze neu aufeinander verwiesen werden, kann als besonders lohnende Herausforderung begriffen werden.

So beeinflusst der Begriff der Nachhaltigkeit, der einer entwicklungsökonomischen Debatte entstammt und auf dauerhafte, selbsttragende und strukturbildende Entwicklungen setzt, beispielsweise auch die Theorie- und Forschungsdiskussion in der Erwachsenenbildung in einer besonderen Weise. Mit Bezug auf das systemtheoretische Denken des Sustainability-Ansatzes will die „nachhaltige Erwachsenenbildung" nun verstärkt das Erwachsenenlernen von den Eigenkräften und den Eigenanstrengungen der Lernenden her verstehen. Gesucht werden im Rahmen dieses systemtheoretischen Nachhaltigkeitsdenkens neuartige Erklärungen für das Gelingen oder Misslingen von individuellem und organisatorischem Lernen. Nachhaltige Bildung wird in diesem Diskussionsstrang der Erwachsenenbildung zum *nachhaltigen Lernen Erwachsener*, mit dem ein Lernen gemeint ist, das zu anhaltenden Wirkungen im Hinblick auf die Weiterentwicklung, Transformation oder Differenzierung von fachlichen, sozialen, methodischen und emotionalen Kompetenzen bei Erwachsenen führt (vgl. Arnold et al., 2002). Auch bezogen auf den betrieblichen und beruflichen Kontext, in dem ein Lernen von Erwachsenen stattfindet, wird verstärkt die Nachhaltigkeit von organisatorischen Veränderungsprozessen thematisiert (vgl. Schäffner, 2002).

Diese beiden unterschiedlichen Konnotationen von nachhaltiger Bildung sollen in dieser Arbeit in ihrem inneren Zusammenhang untersucht werden. Die Forschungsarbeit liefert einen Beitrag zu der Frage, welche Bedingungen existieren müssen, damit

- ein Bildungserwerb möglich wird, der ein Mitgestalten einer nachhaltigen Entwicklung fördert und

- die einmal erworbenen nachhaltigen Kompetenzen stabilisiert sowie differenziert und angemessen verändert werden können.

Der Fokus der Analyse von Bedingungen für den im doppelten Sinne nachhaltigen Bildungserwerb liegt jedoch nicht bei den Zielen, Inhalten oder der Qualität des institutionalisierten Lernens (z.B. von Schulen oder Institutionen der Erwachsenenbildung). Die Bedingungen für einen nachhaltigen Bildungserwerb werden in dieser Arbeit vielmehr in den Lernmöglichkeiten und in den Lernrestriktionen gesehen, die Erwachsene in ihren Rollen als Konsument, Kapitalgeber, Manager oder als Arbeitnehmer, also als in institutionellen Kontexten handelnde Wirtschaftsbürger haben. Diese Perspektive ist deswegen interessant und wichtig, weil sie den Blick auf Anknüpfungs- und Bezugspunkte einer nachhaltigen Bildung lenkt, die im empirisch vorfindbaren Wirtschaftsleben und nicht in den Idealen der Bildung zu suchen sind. Es gehört zum gesicherten Wissen der pädagogischen Forschung, dass die erlebte Nützlichkeit von erworbenen Kompetenzen (also auch der nachhaltigen Kompetenzen) bei der selbstbestimmten Gestaltung von Situationen im alltäglichen Leben deswegen so wichtig ist, weil „... eine Anwendung des Gelernten in authentischen Situationen sich als besonders „nachhaltig" erweist." (Siebert, 2000, S. 22).

Wird die Aufgabenstellung der nachhaltigen Bildung nämlich unmittelbar und verkürzt in ein *pädagogisches Handlungsprogramm* übersetzt[4], ohne auf Ansatz- und Bezugspunkte im Wirtschaftsleben zu rekurrieren, kann die Gefahr bestehen, dass die Handlungsmöglichkeiten von Individuen und die Bedeutung von individuellen Handlungsdispositionen in dem Sinne überschätzt werden, als die Handlungsbedingungen und insbesondere die institutionellen Handlungsrestriktionen und die Anreizsysteme in modernen, arbeitsteiligen Gesellschaften vernachlässigt werden. Das fundamentale Dilemma normativ geprägter Handlungsorientierungen, die sich im Alltagsleben bewähren sollen, ist im Rahmen der Umweltbildung, aber auch im Rahmen der Konsumforschung am Beispiel des Auseinanderklaffens von umweltbewussten Einstellungen und den tatsächlichen Verhaltensweisen ausgiebig problematisiert worden (vgl. Bolscho, 1995; Bolscho/Michelsen, 2002 sowie Kaas, 1993; Hansen, 1996).

Individuen, die in institutionellem und anonymem Kontext als Konsumenten, Kapitalgeber, Manager oder Arbeitnehmer agieren, unterliegen den grundlegenden Interaktionsmechanismen von Märkten und ihren jeweils besonderen institutionellen Arrangements. Zum genaueren Verständnis und zur grundlegenden Beeinflussung ihrer Handlungen scheint hier weniger ein pädagogischer Denkansatz geeignet zu sein, der – in welchem Selbstverständnis auch immer – auf die Verhaltensdispositionen und Kompetenzen von Individuen abzielt. Vielmehr kann zum Verständnis und zur grundlegenden Beeinflussung von Handlungen in institutionellen Kontexten ein *sozioökonomischer Denkansatz* sinnvoll sein, der „... von einem institutionellen Realismus durchdrungen ist und die Akteure in soziale Kontexte einbettet, diese aber umgekehrt auch von Akteuren beeinflusst sieht..." (Hedtke, 2001, S. 272).

---

4   Skepsis ist insbesondere gegenüber einem allzu linearen Ableiten von Bildungszielen aus dem Nachhaltigkeitskonzept angebracht (vgl. Bolscho, 1998).

Die Möglichkeiten einer nachhaltigen Bildung – das ist die grundlegende Annahme dieser Arbeit – werden maßgeblich auch durch die lebensweltlichen Erfahrungen und Kompetenzerfordernisse des Wirtschaftslebens beeinflusst, die wiederum durch spezielle institutionelle Arrangements auf Märkten determiniert sind. Aus diesem Grunde wird am Beispiel eines spezifischen Marktes, dem des Socially Responsible Investment, untersucht, welche Möglichkeiten, Ansatzpunkte und Perspektiven existieren, die Zielsetzungen der Nachhaltigkeit in die Handlungskalküle von Marktakteuren zu integrieren und welche Lernchancen und Lernrestriktionen auf diesem Markt für ein nachhaltiges Lernen Erwachsener bestehen.

Die Analyse dieses speziellen Marktes wird gewählt, weil hier Akteure anzutreffen sind, die ihre Handlungen explizit in einen ganzheitlichen Kontext stellen und eine übergeordnete Verantwortung für Umwelt und Gesellschaft in ihr individuelles oder institutionelles Handeln integrieren wollen. Er kann deshalb aus der Perspektive einer nachhaltigen Entwicklung als ein besonders innovativer und richtungsweisender Markt angesehen werden. Zusätzlich bietet er die Chance, die vage Vision der Nachhaltigkeit, die es in ihrer Allgemeinheit womöglich schwer hat, zu einer das Alltagshandeln orientierenden Leitidee zu werden, in eine auch symbolisch leicht kommunizierbare Metapher zu verwandeln. Die Redeweise von der „nachhaltigen Geldanlage", die in verschiedenen Begrifflichkeiten erscheinen kann (ethisch-ökologische, prinzipiengeleitete, grüne Geldanlage, usw.), suggeriert heute bereits für ein breites gesellschaftliches Spektrum, das von den Non Governmental Organisations (NGOs)[5] bis zum Deutschen Aktieninstitut reicht, einen scheinbar plausiblen Wirkungszusammenhang (vgl. Deutsches Aktieninstitut, 2003). Er unterstellt einen direkten positiven Einfluss eines heute schon möglichen wirtschaftlichen Alltagshandelns (nachhaltige Geld- bzw. Kapitalanlage) auf die gesamtgesellschaftliche langfristig zu erreichende Zielsetzung der Nachhaltigkeit. Solche scheinbar plausiblen und einfachen Rede- und Denkweisen zur Veranschaulichung von „Nachhaltigkeit" sind nach Auffassung von Kommunikationsexperten dringend erforderlich, da das Konzept der nachhaltigen Entwicklung der beständigen symbolischen Inszenierung seiner zentralen Leitideen bedarf, was auch sprachliche[6] und visuelle Symbolisierungsformen in öffentlichen Kommunikationsprozessen einschließt (vgl. Brand, 2000). Diese Metapher von der nachhaltigen Geldanlage

---

5   Vgl. Ebrahim, 2004; Arts, 2003; Doh/Teegen, 2003; Hilhorst, 2003; Bendell, 2000.
6   Besonders im englischsprachigen Raum haben sich entsprechende Metaphern bereits etabliert, wenn es zur Charakterisierung einer nachhaltigen Kapitalanlage beispielsweise „Doing well by doing good" oder „Put your money where your values are" heißt (siehe dazu Knoll, 2002, S. 683f.; Waddock, 2003, S. 369).

wurde in einem Forschungsprojekt[7] des Instituts für Markt-Umwelt-Gesellschaft (imug), das in Kooperation mit dem Lehrstuhl Markt und Konsum an der Universität Hannover (muk) durchgeführt wurde, aufgegriffen. Sie wurde in ein Forschungskonzept transformiert, das die Frage untersuchte, ob und unter welchen Bedingungen das Investorenverhalten zu einer relevanten Determinante für eine nachhaltige Unternehmensführung werden kann (vgl. Schoenheit/Hansen, 2001; imug/muk, 2001).

Die in diesem Forschungsprojekt vorgenommene genauere Analyse des Marktes der nachhaltigen Geldanlage zeigte, dass hinter den scheinbar plausiblen Wirkungsmechanismen einer nachhaltigen Geldanlage gravierende Informations- und Bewertungsprobleme stehen, die an Komplexität vor allem durch die Integration der Nachhaltigkeitsvision noch einmal deutlich zunehmen. Zahlreiche Wissenstatbestände insbesondere über die mehr oder weniger nachhaltige oder soziale und ökologische Qualität von Unternehmen, in die ggf. investiert wird, müssen ermittelt, kommuniziert und verarbeitet werden. Hierbei handelt es sich um Wissenstatbestände, die als Kalküle für die Investmententscheidungen besonders relevant sind, und die gleichzeitig von den einzelnen handelnden Individuen, dem individuellen oder dem institutionellen Kapitalanleger, nicht wirklich überprüft werden können.

Socially Responsible Investment[8] (in folgendem SRI) wird in dieser Arbeit nicht nur als Markt, sondern auch als eine Tätigkeit im Sinne des wirtschaftlichen Handelns privater oder institutioneller Kapitalgeber verstanden, die ihr Geld nicht nur nach ökonomischen, sondern auch darüber hinaus nach sozialen und ökologischen oder anderen ethischen Gesichtspunkten anlegen. Mit diesem wirtschaftlichen Handeln eröffnet sich prinzipiell die Perspektive einer Steuerung von Unternehmen in Richtung eines stärker sozial-ökologischen Verhaltens über den Finanzmarkt. Diese Arbeit befasst sich auch mit dem Markt des Socially Responsible Investment in der Annahme, dass Kapitalanleger, die die Zielsetzungen der Nachhaltigkeit in ihrem Anlagekalkül berücksichtigen, insgesamt Einfluss auf die Förderung des sozial-ökologischen und nachhaltigen Wirtschaftens nehmen können.

---

7 Das Forschungsprojekt „Investorenverhalten als Determinante einer nachhaltigen Unternehmensführung" wurde vom BMBF im Rahmen seines Forschungsschwerpunkts „Betriebliche Instrumente für ein nachhaltiges Wirtschaftens" im Zeitraum von 3 Jahren bis zum 31.12.2003 gefördert (vgl. Forschungsstelle Ökonomie/Ökologie im Institut der deutschen Wirtschaft Köln, 2001). Das Projekt wurde vom imug Institut und vom Lehrstuhl Markt und Konsum der Universität Hannover gemeinsam durchgeführt. Die Leitung des Forschungsprojektes wurden von Prof. Dr. Dr. h.c. U. Hansen und Ingo Schoenheit als Leiter der kooperierenden Institutionen gemeinsam übernommen.

8 Zum Begriff des Socially Responsible Investment und seinen Überschneidungen mit ähnlichen „Dachbegriffen" siehe Kapitel 3.1.

Das SRI führt zwar zur Zeit in Deutschland noch ein Nischendasein am Finanzmarkt, hat jedoch ein starkes Wachstum zu verzeichnen. Eine wichtige Voraussetzung für seine positive Entwicklung stellen funktionierende Finanzmärkte dar, in denen sozial-ökologische Aspekte des Wirtschaftens wahrgenommen und berücksichtigt werden können. Ein zentrales Phänomen ist hierbei eine angemessene *Markttransparenz* auch über die sozialen und ökologischen Qualitäten der Kapitalanlage. Nach der vorherrschenden ökonomischen Lehrmeinung stellt eine angemessene Markttransparenz einen wesentlichen Beitrag zur Funktionsfähigkeit von Märkten dar. „Markttransparenz bezeichnet den Grad der Informiertheit von Wirtschaftsubjekten über relevante Aspekte der Marktstruktur und der Marktprozesse." (Kuhlmann/Stauss, 2001, S. 1079). Sie ermöglicht ein bedarfs- und zielgerechtes Agieren im Markt und mindert das Risiko von Fehlentscheidungen. Die wichtigste Ausgangshypothese zur Analyse des SRI richtet sich auf die Markttransparenz und unterstellt, dass starke Transparenzdefizite hohe Barrieren für die Entwicklung des SRI-Marktes darstellen. Sie impliziert weiterhin, dass die durch mangelnde Transparenz bedingte Verhaltensunsicherheiten von potenziellen Kapitalanlegern sich insbesondere auf die mehr oder weniger explizit ausgelobten sozialen und ökologischen Qualitäten der Unternehmen beziehen. Gerade sie werden jedoch zum Gegenstand eines „Investments mit gutem Gewissen" oder eines Investments als Ausdrucksform eines politisch aufgeklärten Bürgersinns, bei dem wirtschaftliches und gesellschaftlich-politisches Handeln zusammenwachsen (vgl. Bennigsen-Foerder, 1988).

So fehlt es auch nicht an kritischen Stimmen zum SRI, wenn beispielsweise Verbraucher- und Finanzzeitschriften kritisch fragen, wer hier eigentlich festlege, was unter „Öko" zu verstehen sei, oder wenn man verwundert beobachtet, dass in vermeintlich nachhaltigen Investmentprodukten auch weltweit bekannte Firmen gelistet sind, die unter keinem besonderen Nachhaltigkeitsverdacht stehen (vgl. Stiftung Warentest, 2002, S. 42). Diese kritischen Stimmen sind auch in anderen Ländern anzutreffen, in denen das SRI bereits stärker verankert ist als in Deutschland: „The SRI movement is in danger of undermining its own principles, by allowing an increasing number of ‚ethically challenged' companies into their fold." (Mayo/Doane, 2002, S. 3). Auch sollte – so eine andere Position – von den Fondsgesellschaften, die entsprechende Finanzprodukte am Markt lancieren, klargestellt werden, ob mehr die Renditeerwartungen oder die sozial-ökologischen Prinzipien im Vordergrund der Unternehmensselektion und der tatsächlichen Investments stehen (vgl. Schwarz, 2003, S. 210). Schwarz (2003) schlägt sogar einen „Code of Ethics" für Fondsgesellschaften vor, die mit nachhaltigen Finanzprodukten am Markt agieren, der vor allem fundamentale Informationspflichten über die Anlagepolitik vorsieht.

Die kritisierte und in dieser Arbeit näher untersuchte unzureichende Markttransparenz im SRI ist nicht nur für die Marktentwicklung und den möglichen Effekt dieses Marktes für eine nachhaltige Entwicklung von Bedeutung. Mangelnde

Transparenz verhindert gleichzeitig, dass die an diesem Markt handelnden Wirtschaftssubjekte sich selbstbestimmt mit den informatorischen und normativen Fragen einer nachhaltigen Wirtschaftsweise auseinandersetzen können. Daher soll es in dieser Arbeit wesentlich darum gehen, die Ursachen dieser vermuteten Defizite zu analysieren und Perspektiven einer Verbesserung zu entwickeln.

Die Schaffung einer angemessenen Transparenz auf einem Markt, auf dem die Zielsetzungen der Nachhaltigkeit zu einem Entscheidungskalkül werden, oder werden sollen, hat nicht nur eine ökonomische, sondern auch eine pädagogische Relevanz, da sie die Bedingungen für das nachhaltige Lernen Erwachsener im Kontext ihres marktbezogenen Handelns merklich verbessern. Die besondere Schwerpunktsetzung dieser Arbeit, die auf der Analyse des Marktes des Socially Responsible Investments im Rahmen eines ökonomischen Forschungsparadigmas liegt, konstruiert deshalb keinen Gegensatz zwischen einem pädagogischen und einem ökonomischen Denkansatz. Vielmehr wird von der doppelten *prinzipiellen Komplementarität* der Ansätze ausgegangen. Während bei dem pädagogischen Ansatz die Individualität der Menschen und deren identitätskongruentes Handeln im Mittelpunkt stehen, bezieht sich der ökonomische Ansatz auf typisierte Individuen und durchschnittliches Verhalten. „Er nimmt als ‚typisierten Input', was im pädagogischen Ansatz als ‚individualisierter Output' angestrebt wird. Insofern verbessert der Output des letzteren den Input des ersteren..." (Krol, 2001, S. 4). Gleichzeitig kann – so die Grundannahme dieser Arbeit - eine dem ökonomischen Denkansatz verhaftete Analyse der Transparenzprobleme des SRI zeigen, dass die aus ökonomischen Kalkülen erforderliche Verbesserung der Transparenz nicht ohne bestimmte Kompetenzen bei den relevanten Marktakteuren gelingen kann. Die in dieser Arbeit in einem institutionenökonomischen Forschungsparadigma untersuchten und näher umrissenen Instrumente zur Transparenzverbesserung im SRI können als institutionalisierte Regeln für diesen Markt angesehen werden. Allerdings – und hier zeigt sich, wie zielführend eine komplementäre Diskussion von pädagogischen Konzepten in einer ökonomischen Analyse ist – hängt ihre Wirkung nicht nur vom Inhalt, sondern auch von denjenigen ab, die sie anwenden. „Die Relevanz erhalten institutionelle Regelungen neben anderen Merkmalen des jeweiligen Kontextes in ihrem Zusammenwirken mit motivationalen und kognitiven Eigenschaften der (handelnden) Personen." (Abel, 1979b, S. 56). Wenn sich auf diesem Wege ein spezifischer Bedarf nach einer nachhaltigen Erwachsenenbildung, zum Beispiel in den Finanzinstitutionen, die sich dem Thema „nachhaltige Finanzprodukte" schrittweise zuwenden, ableiten ließe, könnte am Beispiel des SRI gezeigt und gelernt werden, dass die Gegensätze von ökonomischen und sozialen und ökologischen Nutzenkalkülen ebenso wenig immer konträr wirken müssen, wie sich auch ein pädagogischer und ökonomischer Denksatz nicht immer ausschließen muss. Es könnte sogar herausgearbeitet werden, dass sich pädagogische und ökonomische Denkansätze in Forschungsprogrammen zur Umsetzung der Nachhaltigkeitsvision auch gut ergänzen können.

1.2 Aufbau der Arbeit

Im **Kapitel 2** wird zunächst der wissenschaftliche Diskussionstand einer *nachhaltigen Erwachsenenbildung* problemorientiert vorgestellt und mit der aus der Curriculumforschung bekannten Fragestellung konfrontiert, in welchen relevanten gesellschaftlichen Handlungsfeldern ein objektiver Bedarf an Kompetenzen existiert, deren Entwicklung im Rahmen institutionalisierten Erwachsenenlernens u.a. auch in der beruflichen Weiterbildung, aber auch im Bereich des informellen Erwachsenenlernens ermöglicht werden kann. Die doppelte Konnotation der nachhaltigen Erwachsenenbildung wird aufgegriffen und als Aufgabenstellung gedeutet, lebensweltliche Zusammenhänge zu identifizieren, die in besonderem Maße Lernmöglichkeiten für ein nachhaltiges Lernen Erwachsener bieten. Die Geld- bzw. Kapitalanlage wird in diesem Zusammenhang als ein wichtiges Lern- und Handlungsfeld einer modernen ökonomischen Allgemeinbildung vorgestellt, das in Deutschland mit der Umstellung der Systeme der Alterssicherung in den nächsten Jahren noch wichtiger werden wird. Es ist ein wirtschaftliches Handlungsfeld, in dem Erwachsene in ihrer Bürger-, Konsumenten-, bzw. Kapitalanlegerrolle hochkomplexe Entscheidungen treffen, die einen langfristigen Planungshorizont erfordern. Dieser Kontext wird auch deswegen als ein für die nachhaltige Bildung besonders interessantes Feld eingeführt, weil ökonomische, soziale und ökologische Dimensionen in kurz-, mittel- und langfristigen Zeiträumen explizit thematisiert werden (können), woraus besondere Lern- und Handlungschancen erwachsen, um die abstrakte Leitidee der Nachhaltigkeit mit einer eigenständigen Symbolik und Deutung in ein selbstbestimmtes Handeln zu überführen.

Im **Kapitel 3** wird der *Markt der Socially Responsible Investment* als ein lebensweltliches Handlungsfeld einer nachhaltigen Erwachsenenbildung näher untersucht. Insbesondere werden die Geschichte, aber auch die Interaktionen der spezifischen Akteure dieses Marktes differenziert beschrieben. Es zeigt sich, dass neben privaten und institutionellen Investoren, auch Finanzintermediäre, Research-Agenturen und Unternehmen unter speziellen rechtlichen Rahmenbedingungen in eine spezifische Interaktion treten, in der das vage und visionäre Konzept der Nachhaltigkeit als Bezugspunkt für wichtige konkrete, wirtschaftliche Transaktionen fungiert. Neben den finanziellen Transaktionen ist ein besonderes Kennzeichen dieses Marktes, dass die Informationen über die sozialen und ökologischen Qualitäten von Unternehmen, in die investiert wird, in Zusammenhang mit der Hypothese eine zentrale Rolle spielen, dass mit einer umsichtigen Kapitalanlage ein wirkungsvoller Beitrag zur nachhaltigen Entwicklung geleistet werden kann.

Im **Kapitel 4** werden die spezifischen Transparenzprobleme und grundlegende Handlungsstrategien zur Verbesserung der Markttransparenz diskutiert. Dazu werden ausgewählte Elemente der *Neuen Institutionenökonomie* als theoretischer Bezugsrahmen für die Analyse von Transparenzproblemen über das sozial-ökologische Unternehmensverhalten für die Entwicklung des SRI-Marktes genutzt. Insbesondere die Informationsökonomie und der Prinzipal-Agent-Ansatz erweisen sich als geeignet, die im SRI typischen Interaktionsprobleme systematisch zu strukturieren. Als zentrales Problem wird die Interaktion zwischen Unternehmen und Research-Agenturen identifiziert, die im Auftrag von Finanzintermediären oder auf eigene Rechnung Unternehmen hinsichtlich ihrer sozialen und ökologischen Qualitäten untersuchen und bewerten.

Diese Messung und Bewertung des sozial-ökologischen Unternehmensverhaltens oder auch einer nachhaltigen Unternehmensführung berührt grundlegend die Deutung der Rolle von Unternehmen in der Gesellschaft und die Frage, ob den Unternehmen jenseits ihrer wirtschaftlichen Ziele eine weitergehende Verantwortung zugesprochen werden kann oder muss und wie weit diese Verantwortungszuschreibung ggf. reicht. Zur Klärung dieser Fragen wird im **Kapitel 5** ausgehend von einer modernen Theorie der Unternehmung die *unternehmensethische Diskussion* in ihren grundlegenden Ansätzen untersucht. Diese Untersuchung wird ergänzt durch den Rekurs auf stärker von der Managementtheorie geprägte Konzepte. Dadurch kann ein theoretischer Rahmen für die Fragestellung abgebildet werden, welche Formen der institutionellen und instrumentellen Verankerung einer verantwortungsvollen Unternehmensführung von so entscheidender Bedeutung sind, dass sie zum Gegenstand für eine nachvollziehbare Bewertung von Unternehmen gemacht werden können.

Im **Kapitel 6** werden die bisherigen Analysen zusammengefasst und zu einem *Anforderungsprofil* verdichtet, dass sowohl prozessuale wie auch materielle Aspekte umfasst, die bei der Untersuchung und Bewertung von sozialen und ökologischen Qualitäten von Unternehmen und bei der Kommunikation der Ergebnisse beachtet werden müssen. Dieses Anforderungsprofil wird als theoretischer Bezugsrahmen für die im nächsten Kapitel vorgestellten und diskutierten empirischen Studien zur Transparenzproblematik im SRI verwendet.

Da insbesondere durch die institutionenökonomische Betrachtung des SRI im Kapitel 4 deutlich gemacht wird, dass die im Markt des SRI existierenden institutionellen Arrangements hinsichtlich der Möglichkeiten und Restriktionen der Transparenzerzeugung genau zu beachten sind, werden im **Kapitel 7** die *Ergebnisse eigener empirischer Studien* vorgestellt und diskutiert, die sich mit der Fragestellung der faktischen Transparenz und einer verbesserten Transparenzerzeugung im SRI aus der unterschiedlichen Sicht von wichtigen Akteuren des

SRI beschäftigen. In einem ersten Schritt wird zunächst aus der Perspektive der Akteursgruppe Unternehmen vorgestellt, welche Probleme und Lösungsansätze in der Interaktion mit Research-Agenturen bestehen, die die Unternehmen hinsichtlich sozialer und ökologischer Qualitäten untersuchen und bewerten. Im zweiten Abschnitt der empirischen Forschungen erfolgt eine vertiefende Diskussion über die Qualität dieses „Screening" aus der Perspektive der Akteursgruppe Research-Agenturen vertiefend diskutiert. Dazu werden ihre Aktivitäten untersucht, die Unabhängigkeit und Qualität ihres Screening sicherzustellen und insbesondere gegenüber Fondsgesellschaften zu signalisieren. Die Begriffe des Screening und Signaling sind in den vorangegangenen Kapiteln als grundlegende Aktionsweise der Transparenzverbesserung systematisch eingeführt worden. Schließlich werden im dritten Schritt Forschungsergebnisse vorgestellt und diskutiert, die die tatsächliche Screening- und Signalingqualität der SRI-Fonds (bzw. der diese Fonds managenden Fondsgesellschaften) aus Sicht der Investoren untersucht. Es werden zusätzlich im Rahmen einer Expertenbefragung mögliche Instrumente betrachtet, die als wichtig für die Transparenzverbesserung angesehen werden können. Diese Instrumente haben sowohl eine direkte als auch indirekte Relevanz für eine nachhaltige Erwachsenenbildung.

Abschließend werden im **Kapitel 8** die möglichen *Konsequenzen* der theoretischen und empirischen Analyse des SRI für eine *nachhaltige Erwachsenenbildung* vorgestellt. Dabei wird zwischen einem konkreten Weiterbildungsbedarf unterschieden, der bei Mitarbeitern in verschiedenen mit der SRI befassten Institutionen entsteht sowie den generellen Lernmöglichkeiten von Erwachsenen im SRI. Es kann aufgezeigt werden, dass Instrumente der Transparenzverbesserung die Motivation und die Fähigkeiten von Erwachsenen steigern können, sich reflektiert mit den eigenen Zielsetzungen und Prämissen eines vordergründig nur „ökonomisch" ausgerichteten Handelns in der privaten Finanzplanung auseinander zu setzen. Eine Finanzberatung, die dies ermöglicht, stellt jedoch auch an die Mitarbeiter von Finanzintermediären erweiterte Anforderungen. Markttheoretisch begründete Instrumente der Transparenzverbesserung implizieren insofern auch einen spezifischen beruflichen Weiterbildungsbedarf bei Mitarbeitern von Finanzintermediären (Banken, Vermittlern, Finanzberatern), die sich als Konsequenz dieser Entwicklung nicht nur über die trade offs von Rendite, Sicherheit und Liquidität, sondern auch mit Fragen der sozialen und ökologischen Vertretbarkeit von Kapitalanlagevarianten und den entsprechenden Präferenzen der Anleger aktiv auseinandersetzen müssen. Dazu wird es in der Aus- und Fortbildung, aber auch in der wissenschaftlichen Forschung erforderlich sein, die kapitalmarkttheoretische Grundannahme zu überprüfen, wonach Erwägungen zur Nachhaltigkeit schlechthin als Anomalie im Anlegerverhalten zu behandeln sind.

2 Nachhaltige Bildung und das nachhaltige Lernen Erwachsener

Nachhaltige Bildung und das nachhaltige Lernen Erwachsener sind in der Geschichte der Bildung und Erziehung sehr junge Begriffe. Sie sind nur vor dem Hintergrund von aktuellen internationalen politischen und wissenschaftlichen Diskussionen um die Zukunftsfähigkeit unserer Gesellschaften zu verstehen, die auf die noch vage Vision der Einleitung und Stabilisierung einer weltweit nachhaltigen Entwicklung hinauslaufen. Im **Kapitel 2.1** soll diese gesellschaftliche Vision der Nachhaltigkeit vorgestellt werden, die u.a. voraussetzt, dass Menschen sich in weiten Teilen freiwillig zur Umsetzung dieser Vision entschließen. Der mögliche Beitrag einer nachhaltigen Bildung zur Einleitung einer nachhaltigen Entwicklung soll im **Kapitel 2.2** problemorientiert diskutiert werden. Es wird das Verständnis einer nachhaltigen Bildung kritisch untersucht, das Bildung verkürzt als Instrument des gesellschaftlichen Wandels in Richtung Nachhaltigkeit deutet. Vor dem Hintergrund dieser Diskussion wird im **Kapitel 2.3** die besondere Adaption der Nachhaltigkeitsdiskussion in der deutschen Erwachsenenbildung nachvollzogen und vorgeschlagen, den inneren Zusammenhang eines nachhaltigen Lernens Erwachsener mit einem Lernen von nachhaltigem Denken und Handeln in der Erwachsenenbildung besonders zu beachten.

2.1 Nachhaltigkeit als gesellschaftliche Vision

Seit Anfang der neunziger Jahre zeichnet sich ab, dass der Begriff „Sustainable Development" oder auch „nachhaltige Entwicklung" zu einem übergeordneten globalen Leitbild gesellschaftlicher Entwicklung werden kann. Das Leitbild der „Sustainable Development" geht inhaltlich auf den „Brundtland-Bericht" der Weltkommission für Umwelt und Entwicklung aus dem Jahr 1987 zurück. Nachhaltige Entwicklung wird dort definiert als „Entwicklung, die die Bedürfnisse der Gegenwart befriedigt, ohne zu riskieren, daß künftige Generationen ihre eigenen Bedürfnisse nicht befriedigen können." (WCED, 1987, S. 43). Der „Brundtland-Bericht" erkannte bereits, was fünf Jahre später in der Agenda 21[9] erneut aufgegriffen wurde. Entwicklung bedeutete demnach nicht nur Modernisierung und Wachstum, sozioökonomische und politische Unabhängigkeit oder Dissoziation, Strukturanpassung und Konsolidierung. Entwicklung impliziert einen Veränderungsprozess in der Gesellschaft – der beispielsweise auf ein

---

9   Die Agenda 21 ist in der Rahmenvereinbarung von Rio de Janeiro als Anhang hinzugefügt worden und beschreibt die politischen Handlungsfelder und die verschiedenen Handlungsebenen, in denen das Prinzip der Nachhaltigkeit umgesetzt werden soll (vgl. Bundesministerium für Umwelt, Naturschutz und Reaktorsicherheit, 1997).

bewussteres Konsumverhalten abzielt – mit der Intention, die jetzigen Denk- und Handlungsweisen nachhaltiger zu gestalten und damit auch den künftigen ein stabiles Fundament zu liefern. Dieses Grundkonzept wurde fünf Jahre später auf der UN-Konferenz über Umwelt und Entwicklung in Rio de Janeiro weiterentwickelt und schließlich von den beteiligten Regierungen in einer internationalen Vereinbarung völkerrechtlich verbindlich verabschiedet[10]. Eine *nachhaltige Entwicklung* – so das allgemeine Verständnis – zielt auf die Sicherung der Lebensgrundlagen der Menschheit im Sinne einer globalen und dauerhaften Stabilisierung von Umwelt, Wirtschaft und Gesellschaft. Dieses Grundverständnis der Nachhaltigkeit bildet einen Orientierungsrahmen für zukunftsbezogene Planungen und Entscheidungen, das – zumindest in dieser Allgemeinheit – inzwischen von vielen Regierungen, Unternehmen und Unternehmensverbänden sowie von NGOs und der Wissenschaft aktiv aufgegriffen wird.

Ohne auf die in Teilen auch kontrovers diskutierte Frage einzugehen, ob die mit dem Begriff der nachhaltigen Entwicklung verbundene Vision überhaupt leitbildgeeignet sei, wird in vielen Diskussionsbeiträgen ihre „Leitbildeignung" schlichtweg unterstellt[11]. Leitbilder, wie das der nachhaltigen Entwicklung, dienen generell als „Plattformen von Auseinandersetzungen", auf denen konkrete Gestaltungsentwürfe sowohl für verschiedene gesellschaftliche Teilbereiche als auch für einzelne Akteure im diskursiven Prozess entwickelt werden (vgl. de Haan/Kuckartz, 1996, S. 275). Bei einer genaueren Beobachtung können drei Funktionen eines möglichen Leitbildes der „nachhaltigen Entwicklung" bzw. der Nachhaltigkeit unterschieden werden (vgl. Scherhorn/Reisch/Schrödl, 1997, S. 11f.). Auf einer fundamentalen Ebene kann die Vision von der nachhaltigen Entwicklung zunächst einmal als ein politisches Handlungskonzept gedeutet werden, das auf allen politischen Ebenen (kommunal, national und international) implementiert werden muss . Nachhaltigkeit kann (und soll) sich zugleich auch als ein normativ-ethisches Konzept etablieren, das eine Leitbildfunktion für Wirtschaft und Gesellschaft übernimmt. Weiterhin kann und soll die Idee der nachhaltigen Entwicklung aber auch als ein analytisches Konzept fungieren und eine auch die wissenschaftliche Diskussion und Forschung steuernde Zielperspektive und Aufgabenstellung umreißen.

---

10 Das „Nachhaltigkeitsprinzip" ist aufgrund des entsprechenden Ratifikationsgesetzes in Deutschland als geltendes Recht anzusehen (vgl. Gesetz zu dem Rahmenübereinkommen der Vereinten Nationen vom 9. Mai 1992 über Klimaänderungen vom 13. September 1993, Bundesgesetzblatt Teil II, S. 1783).

11 Über die Eignung von Nachhaltigkeit als Leitbild vgl. insbesondere Brand (2000a). Auch die Hinweise zur geringen Bekanntheit des Begriffs der „nachhaltigen Entwicklung" in der Bevölkerung können als Problematisierung der „Leitbildeignung" angesehen werden (vgl. Kuckartz, 2000; Schoenheit, 2001).

Der Inhalt des Konzepts der „Nachhaltigkeit" greift wesentliche Grundaxiome der beständigen, langfristigen Waldbewirtschaftung auf, deren Spuren bis in das 12. Jahrhundert zurückverfolgt werden können[12]. Anlass und Hintergrund für die Aktualität dieses Denkansatzes sind die seit den sechziger Jahren vielfach und verstärkt beobachteten ökologischen Krisenphänomene und die gleichzeitig aufkommende Kritik an der ungerechten Verteilung der Lebenschancen der Menschen in der heutigen Welt (vgl. Günther/Schuh, 2000, S. 12; vgl. de Haan, 2004, S. 40). Die Mitte der achtziger Jahre bereits einsetzende Nachhaltigkeits-diskussion griff insbesondere die vom Club of Rome weltweit beachtete These von den Grenzen des Wachstums auf, die zunächst auf die Belastung der natür-lichen, begrenzten Ressourcen durch den vorherrschenden Wirtschaftsstil fokus-sierte (vgl. Meadows et al., 1972)[13]. Allerdings wurde im Kontext einer globa-len und ganzheitlichen Betrachtungsweise deutlich, dass ökologische Problemlösungen nicht losgelöst von ökonomischen und sozialen Ziel- und Handlungskontexten konzipiert und umgesetzt werden können. Auch wenn in einzelnen Diskussionsbeiträgen zur Interpretation und Umsetzung der Nachhal-tigkeitsvision bis heute primär die globale ökologische Überlebensfähigkeit thematisiert wird, hat sich in der Nachhaltigkeitsdebatte mehrheitlich dennoch das Bild von den drei Säulen *Ökonomie, Ökologie und Soziales* durchgesetzt. Es besagt, dass soziale Verantwortung, wirtschaftliche Leistungsfähigkeit und Umweltschutz nicht unabhängig voneinander betrachtet und durchgesetzt wer-den können (vgl. BUND/Misereor, 1996; Enquête-Kommission, 1998. S. 32; Kopfmüller et al., 2001, S. 47; Umweltbundesamt, 2002). Die Sichtweise der „prinzipiellen Gleichrangigkeit" und des „untrennbaren Zusammengehörens" der drei Säulen der Nachhaltigkeit wird – zumindest bei den stärker in der tradi-tionellen Umweltdiskussion verankerten Konzepten – dahingehend akzentuiert, dass eine wirtschaftliche und soziale Weiterentwicklung nur innerhalb des Spiel-raums als möglich angesehen wird, den die Natur als Lebensgrundlage bereit-hält. Es wird unterstellt, dass auf dem heute erreichten Niveau wirtschaftlicher Tätigkeit mittel- und langfristig eine erfolgreiche Ökonomie nicht mehr ohne die Beachtung der natürlichen Grenzen realisiert werden kann. Um die Lebens-grundlagen zukünftiger Generationen nicht zu gefährden, müssen deshalb fun-damentale umweltbezogene Zielsetzungen umgesetzt werden, die „...eine Fahr-rinne festlegen, in der sich das Schiff der wirtschaftlichen und sozialen Entwicklung bewegen...(kann)" (Umweltbundesamt, 2002, S. 1).

---

12 Nach Günther/Schuh (2000) ist die erste Spur des Konzepts der Nachhaltigkeit bereits im Jahr 1144 zu finden, die zur Forstordnung des Klosters Maunmünster im Elsaß führt.

13 In diesen Diskussionen ging es nicht um die Qualität der nichtmenschlichen Natur allein, die sich in einer möglicherweise gefährlichen Krise befindet. Vielmehr wurde die Bezie-hung der menschlichen Zivilisation zu ihren natürlichen Voraussetzungen thematisiert, deren drohende Aufzehrung und deren Ende als Ende der Zivilisation. Vgl. zum Konzept der „Humanökologie" insbesondere Campbell, 1985 und Sieferle, 1990.

Konträr zu dieser Auffassung argumentieren insbesondere Beiträge im Umfeld der neoklassischen ökonomischen Theorie, wenn sie modelltheoretisch von der prinzipiellen Substituierbarkeit des natürlichen Kapitals durch das Wirtschaftskapital ausgehen[14]. Nicht nur einzelne Kommentierungen zu diesen neoklassischen Beiträgen, die von einer „... colonization of the sustainable development discourse by economics" sprechen (Jamieson, 1998, S. 184), zeigen, dass sich hinter einer prinzipiellen Zustimmung zur Nachhaltigkeitsvision zahlreiche Widersprüchlichkeiten und Differenzen verbergen, die – jenseits dieses fundamentalen wissenschaftlichen Disputes – dann besonders markant auftreten, wenn

- nach einer strategischen Umsetzung der geforderten inter- und intragenerativen Gerechtigkeit gefragt wird[15],

- die Unterscheidung von Suffizienz- und Effizienzstrategien zu sich gegenseitig ausschließenden Alternativen stilisiert oder weitere Strategien wie die Konsistenzstrategie hinzugefügt werden[16],

- der mehrheitlich akzeptierten Dreidimensionalität des Nachhaltigkeitskonzepts vorgeworfen wird, die drei Positionen nebeneinander stehen zu lassen und ihre inneren Zusammenhänge zu verkennen[17]

---

14 Nach dieser Auffassung kann theoretisch auch der vollständige Verbrauch des Naturkapitals dann noch schlüssig als nachhaltig angesehen werden, wenn es durch das Wirtschaftskapital angemessen ausgeglichen werden kann (vgl. Hartwick, 1977).

15 Insbesondere die Zielsetzung einer intragenerativen Gerechtigkeit berührt die Frage fairer Lebenschancen und einer übergeordneten Verteilungsgerechtigkeit zwischen der Nord- und Südhalbkugel dieser Erde (vgl. BUND/Misereor, 1996, S. 12ff.; Arbeit und Ökologie, 2000, S. 36; Grunwald et al., 2001). So hat das World Watch Institute berechnet, wie nahezu unvorstellbar groß eine Ressourceninanspruchnahme wäre, wenn eine im Jahr 2050 auf ca. 10 Milliarden Menschen angewachsene Weltbevölkerung den heutigen Lebensstil der USA übernehmen würde. Allein durch die Übernahme der US-amerikanischen Essgewohnheiten würden für die Tiermast neun Milliarden Tonnen Getreide benötigt, was – gemessen am heutigen Ertrag – der Ernte von vier Planeten entsprechen würde. Dieses Beispiel verdeutlicht, dass der in allen Industrieländern überwiegend gepflegte Konsum- und Lebensstil eine der wichtigsten Belastungsursachen des globalen Naturhaushalts ist (vgl. Umweltbundesamt, 2002, S. 2).

16 Unter Effizienzstrategie wird im Kontext der nachhaltigen Entwicklung die Vorgehensweise verstanden, durch einen gekonnteren Einsatz von Know-How den Ressourcenverbrauch und die Schädigung der Umwelt auf ein Maß zu reduzieren, das die Regenerationsfähigkeit und Aufnahmekapazitäten der Umwelt nicht übersteigt (vgl. Schmidt-Bleek, 1994, S. 167). Die Möglichkeiten einer angemessenen Bedürfniserfüllung, gegebenenfalls auch bei einem geringeren Einsatz von Produkten, werden zusammenfassend als suffizienzstrategische Überlegungen bezeichnet (vgl. Scherhorn et al., 1997). Fischer unterscheidet drei Strategien, die zur nachhaltigen Entwicklung führen, indem er zusätzlich noch die Strategie der Konsistenz einführt (vgl. Fischer, 1995).

- und mit einer gewissen Beliebigkeit weitere besonders wichtige und in der bisherigen Diskussion übersehene Dimensionen der Nachhaltigkeit ins Gespräch gebracht werden[18].

Nicht zuletzt diese Diversität an Auslegungsarten führt dazu, dass dem Begriff „Nachhaltigkeit" gelegentlich vorgeworfen wird, er sei eine „inhaltsleere Politformel" (vgl. Hauff, 2001) oder ein „Begriff aus der Retorte" (Grober, 2001, S. 3). Trotz oder – wie gelegentlich argumentiert wird[19] – vielleicht wegen seiner Vagheit und Mehrdeutigkeit wurde das im Brundtland-Bericht zugrundegelegte Konzept der Sustainability bzw. einer Sustainable Development und die dort mitverabschiedete Agenda 21 zum Ausgangspunkt für zahlreiche Studien, Länderprogramme und Strategieentwicklungen (vgl. Grunwald et al., 2001, S. 55). In fast allen Studien und Programmen zur Umsetzung der Nachhaltigkeitsvision wird jeweils der Versuch unternommen, konkretere Aktionsschwerpunkte und Handlungsziele zu definieren, Akteure und ihre Verantwortlichkeiten zu identifizieren und ein erfolgsbezogenes Monitoring einzuführen.

In diesen Programmen wird deutlich, dass der Entwicklungspfad hin zu einer nachhaltigen Entwicklung nicht verordnet, sondern von den relevanten Akteursgruppen und den handelnden Subjekten mitgetragen und mitgestaltet werden muss. „Nachhaltigkeit ist ein gesellschaftliches Projekt, das aufgrund der Dynamik und Komplexität seiner ökologischen, ökonomischen und sozialen Dimensionen nicht erschöpfend und nicht unumstritten für alle Zeiten abschließend definiert werden kann. Vielmehr müssen sich die Akteure, Organisationen, Institutionen, diskutierende Zirkel und Individuen mit ihren partikularen Weltbezügen, Identitäten und Interessen zukunftsfähige Formen des Wirtschaftens und Lebens im Verlauf dieses Prozesses erst finden." (Kopfmüller et al., 2001, S. 111).

Gerade weil eine nachhaltige Entwicklung nicht ohne die aktive Mitwirkung der Individuen möglich erscheint, wird die Frage des Beitrages der Bildung sehr schnell ins Spiel gebracht. Die Fragestellung nach dem Lösungsbeitrag von Bildung und von Institutionen der Bildung zur Einleitung und Stabilisierung einer nachhaltigen Entwicklung erscheint vor dem Hintergrund einer gern benutzten Denkfigur, die vielfältige gesellschaftliche Problemlagen durch die

---

17 Mit dieser Argumentation begründet die Bundesregierung in ihrer Nachhaltigkeitsstrategie beispielsweise die Aufteilung in die Koordinaten Generationengerechtigkeit, Lebensqualität, Sozialer Zusammenhalt und Internationale Verantwortung (vgl. Bundesregierung, 2002, S. 12-15).

18 Autoren verwenden so als zusätzliche vierte Dimension z.B. die institutionelle (vgl. Spangenberg/Lorek, 2001, S. 23) oder die kulturelle Dimension (vgl. Hohnsträter, 2004).

19 Eine Reihe von Autoren sehen die Stärke dieser Vision gerade in ihrer Interpretationsfähigkeit, die zum Diskurs einlädt (vgl. Brand, 2000).

Intervention „Bildung" bearbeiten möchte, ebenso plausibel wie gefährlich. Sie erscheint plausibel, weil das Handeln von Individuen von ihren Motiven und Kompetenzen gesteuert ist, auf die „Bildung" Einfluss nimmt. Sie ist zugleich gefährlich, weil diese Sichtweise Bildung instrumentalisiert und damit gleichzeitig den möglichen Lösungsbeitrag von Bildungsanstrengungen überschätzt, was zu unrealistischen Erwartungen und in der Folge zu Enttäuschungen führen muss (vgl. Müller, 2002).

2.2 Nachhaltige Bildung als Beitrag zur Nachhaltigkeit

Mit der politischen Institutionalisierung von Nachhaltigkeitszielsetzungen in der internationalen und nationalen Politik stellte sich auch in der Bildungspolitik die Aufgabe, durch eigene Aktivitäten Beiträge zur „Implementierung einer nationalen Nachhaltigkeitspolitik" zu leisten. Die vor diesem Hintergrund zu beobachtende Diskussion um den Sinn und die mögliche Ausgestaltung einer nachhaltige Bildung konnte in Deutschland an den wissenschaftlichen Diskussionsstand und die praktischen Erfahrungen in der Umweltbildung anschließen[20]. Der Fortschritt gegenüber der bisherigen Umweltbildung und vor allem gegenüber den Anfängen einer Ökopädagogik zeigt sich für Huber (2001, S. 78) darin, dass nachhaltige Bildung[21]

- nicht nur auf Abwehr, Schadensbegrenzung oder Bewahrung der „ursprünglichen" Natur ausgerichtet ist, sondern deutlicher auf Entwicklung und Veränderung,

- nicht nur Sorgen und Ängste, sondern auch Perspektiven thematisiert,

- nicht isoliert auf Ökologie abhebt, sondern auch Soziales und Ökonomisches integriert,

- nicht im Lokalen stecken bleibt, sondern auch einen globalen Bezugsrahmen reflektiert.

---

[20] Kalff (2000) stellt eine zeitlich verzögerte wissenschaftliche Beschäftigung mit der Umweltbildung in Zusammenhang mit dem Hinweis fest, dass die Konstituierung der Arbeitsgruppe (inzwischen in Kommission umbenannt) Umweltbildung innerhalb der Deutschen Gesellschaft für Erziehungswissenschaft erst im Jahre 1995 eingerichtet wurde. Auch de Haan/Kuckartz weisen 1998 (S. 261) auf den unzureichenden Stand der bisherigen Umweltbildungsforschung hin. Bolscho/de Haan (2000a) geben einen knappen Überblick über den Stand der wissenschaftlichen Diskussion zur Umweltbildung und kennzeichnen den Übergang zur nachhaltigen Bildung.

[21] Welche Nachteile der komplexere Begriff der Nachhaltigkeit für die Gestaltung von Bildungsaktivitäten hat, vgl. Kapitel 2.3.

Allerdings ist ähnlich wie in der Umweltbildung auch bei den gesellschaftspolitischen Begründungen für eine „nachhaltige Bildung" eine Tendenz der Instrumentalisierung der Bildung für die gewollten nachhaltigen Ziele zu beobachten. Im **Kapitel 2.2.1** wird diese „Funktionszuweisung einer nachhaltigen Bildung" diskutiert, indem Bildung als Instrument des sozialen Wandels interpretiert und in grundlegende Strategien des sozialen Wandels auch in Vergleich zu anderen Instrumenten eingeordnet wird. Anschließend wird im **Kapitel 2.2.2** das Konzept einer nachhaltigen Bildung vorgestellt, das im Wesentlichen die demokratischen Handlungskompetenzen der Individuen stärken möchte, die mit ihrer Gestaltungskompetenz – so die Unterstellung – in den Prozess der Realisierung der Nachhaltigkeitsvision selbstbestimmt eingreifen können und werden. Für ein solches selbstbestimmtes Eingreifen von Individuen in gesellschaftliche Entwicklungsprozesse könnten jedoch auch bestimmte auf den Inhalt der Nachhaltigkeitsvision bezogene Einstellungen und Handlungskompetenzen hilfreich sein. Dies wird zumindest implizit von einem Konzept der zeitgemäßen Allgemeinbildung angenommen, dessen deutliche Bezüge zu einer nachhaltigen Bildung im **Kapitel 2.2.3** herausgestellt werden.

2.2.1 Nachhaltige Bildung als Instrument des geplanten sozialen Wandels

Wird nachhaltige Entwicklung bei allen Unterschieden der konkreteren Interpretation als regulative Idee begriffen, um einen globalen Entwicklungspfad des Wirtschaftens und Zusammenlebens zu erarbeiten und umzusetzen, dann kann nachhaltige Entwicklung generell als eine Form des geplanten sozialen Wandels verstanden werden. Damit stellt sich die Frage, wie dieser Wandel weltweit und in den einzelnen Regionen, Ländern und Kommunen eingeleitet und verstetigt werden kann. Es ist zu beachten, dass „... die Geschichte als Prozess des Wandels Änderungen nicht nur im Einzelnen erzeugt, sondern auch in der Methode, den sozialen Wandel zu lenken." (Dewey, 1935, S. 83, eigene Übers., d.V.). Bevor auf die besondere Rolle einer nachhaltigen Bildung und in erster Linie einer nachhaltigen Erwachsenenbildung eingegangen wird, sollen deshalb in einem Zwischenschritt grundlegende Strategien des sozialen Wandels unterschieden und hinsichtlich der jeweils spezifischen Rolle der Bildung innerhalb dieser Strategien diskutiert werden.

Chin/Benne (1975) haben bereits vor mehr als dreißig Jahren drei grundsätzliche Strategien des planmäßigen sozialen Wandels unterschieden, die wegen ihrer Allgemeinheit hilfreich sind, um grundsätzliche Konzepte zur Umsetzung der Nachhaltigkeitsvision zu unterscheiden und insbesondere auch die mögliche Rolle der Bildung besser zu verorten. Sie verstehen unter einem geplanten sozialen Wandel alle Versuche von einem oder mehreren Agenten, Veränderungen in sozialen Zusammenleben von Menschen zu bewirken, die zielorientiert und bewusst intendiert sind (vgl. Chin/Benne, 1975, S. 43). Vor dem Hintergrund ihrer Beobachtungen von Phänomenen des Wandels in Organisationen und Gesellschaften unterscheiden sie

- empirisch rationale Strategien,
- normativ reedukative Strategien und
- Machtstrategien

hinsichtlich einiger weniger, aber wesentlicher Eigenschaften (Chin/Benne, 1975, S. 45 f.).

Empirisch rationale Strategien gehen davon aus, dass Menschen rationale Wesen sind, die ihrem Eigeninteresse folgen, sobald sie über entsprechende relevante Zusammenhänge aufgeklärt werden. Werden also vernünftige Gründe für Veränderungen nur deutlich und verständlich genug vorgetragen, dann greifen die Menschen diese Veränderungen auf und setzen sie um. Dieses Grundverständnis von Veränderungsstrategien war ein wesentlicher Motor dafür, das allgemeine Bildungswesen im 19. Jahrhundert aufzubauen und prägt bis heute – im Übrigen auch in der Erwachsenenbildung[22] – vielfältige Anstrengungen, die darauf abzielen, durch wissenschaftliche und rationale Aufklärung oder auch durch die Etablierung von transparenzschaffenden Institutionen wichtige Beiträge für Veränderungsprozesse zu liefern. In einer Art Gegenbewegung zu einer Tendenz, die Nolda (1998) als das Verschwinden des Wissens in der Erwachsenenbildung bezeichnet, beobachten einige Autoren in den letzten Jahren die Wiederentdeckung der traditionellen Funktion der Erwachsenenbildung, die ganz im Sinne der von Chin/Benne skizzierten empirisch rationalen Strategie des sozialen Wandels durch die Aufgabe gekennzeichnet sei, Ergebnisse von Wissenschaft in die Gesellschaft zu tragen (vgl. Franz-Balsen/Stadler, 2002).

Normativ reedukative Strategien gehen ebenfalls davon aus, dass Menschen rationale Wesen sind. Zusätzlich wird jedoch zur Kenntnis genommen, dass Menschen in bestimmten sozialen Kontexten leben, in denen sie spezifische Einstellungen und Wertorientierungen in der Regel jeweils fest ausgebildet haben. „Eine Änderung in einem Grundmuster des Handelns oder praktischen Verhaltens wird nach dieser Meinung nur dann erfolgen, wenn die betroffenen Personen (...) ihre normativen Orientierungen gegenüber den alten Mustern ändern und Verpflichtungen gegenüber neuen Mustern entwickeln." (Chin/Benne, 1975, S. 46). Die Möglichkeit zur Änderung der normativen Orientierungen werden prinzipiell als gegeben angesehen. Diese Veränderungspo-

---

22 Auch in der Erwachsenenbildung sind immer wieder Ansätze anzutreffen, die besondere Rolle, die Funktion und das Grundverständnis der Erwachsenenbildung aus der Notwendigkeit abzuleiten, allen Bürgern der Zugang zum allgemeinen und zunehmend mehr auch wissenschaftlichen Wissen zu ermöglichen (vgl. Faulstich, 2003, S. 190f.) Insbesondere der Umgang mit Wissen in der sogenannten Wissensgesellschaft wird zum Thema der Erwachsenenbildung (vgl. Kade/Seitter 2002).

tenziale lassen sich jedoch nicht einfach durch rationale Aufklärung und Informationsdarbietung ausschöpfen, sondern sie müssen durch andere Interventionskonzepte realisiert werden, die auf unterschiedliche Erkenntnisse der Sozialpsychologie, Therapie, Kommunikationstheorie, Beratung und der Organisationsentwicklung zurückgreifen[23]. Die von Chin/Benne betonte Kontextabhängigkeit angestrebter Einstellungs- und Verhaltensänderungen ist in den letzten Jahren besonders intensiv in der Umweltbildungsforschung nachvollzogen und spezifisch thematisiert worden, um die offensichtliche Lücke zwischen Umweltbewusstsein und Umweltverhalten zu erklären (vgl. Bolscho/Michelsen, 2002). Bolscho (2000, S. 150) spricht vor diesem Hintergrund von einer Aufwertung spezifischer Randbedingungen und individueller Kontexte des Lernens. Damit wird eine Pädagogik problematisiert, die kaum etwas von der Veränderungsbereitschaft von Menschen weiß (und wissen will). „Sie geht stets von der Möglichkeit einer besseren Wirklichkeit aus, ohne nach den Bedingungen dieser Möglichkeit zu fragen und ohne sich gelegentlich zu vergewissern, ob die Möglichkeit – zumindest partiell – Wirklichkeit geworden ist." (Wittpoth, 2003, S. 15). Diese von Wittpoth beobachtete Blindheit insbesondere der Erwachsenenbildung gegenüber der eingeschränkten Veränderungsbereitschaft der Menschen übersieht allerdings die in der Erwachsenenbildung ständig geführte Diskussion über die zu wählenden Methoden des durch Bildung angestrebten Einstellungswandels, die sich – ganz im Sinne der von Chin/Bennis allgemein skizzierten normativ reedukativen Strategien – im Spannungsfeld der Dimension von selbst- versus fremdgesteuert bewegen[24]. Die vom Wuppertal-Institut im Kontext der Nachhaltigkeitsdiskussion aufgeworfene Frage „Wie kann geschehen, was geschehen muss?" (vgl. Hennicke, 2003) wird in der pädagogischen Diskussion – durchaus in dem Wissen um die zahlreichen Hürden, die bei einer Änderung von Lebensstilen zu beachten sind – zu der Fragestellung zugespitzt „Warum sollen Menschen Nachhaltigkeit wollen?" (Bolscho 2002, S. 301).

Als weitere Kategorie werden von Chin/Benne *Machtstrategien* systematisch eingeführt, worunter alle zielgerichteten Interventionen zu verstehen sind, bei denen Veränderungen mit Hilfe von rechtlichen, politischen, ökonomischen oder moralischen Sanktionen durchgesetzt werden (vgl. Chin/Benne, 1975, S. 69). Das Menschenbild, das den Machtstrategien implizit oder explizit zugrunde liegt, kann vielfältig sein. Der gemeinsame Nenner dieser Auffassungen ist darin zu sehen, dass sie das Verhalten von Menschen wesentlich durch das Sanktionspotenzial rechtlicher, ökonomischer und sozialer Strukturen geprägt sehen, denen gegenüber abweichende individuelle Veränderungsbereitschaften keine Durchsetzungschancen zugesprochen werden. Gleichzeitig wird jedoch unter-

---

23 Chin/Benne (1975, S. 74f.) verstehen ihren kategorialen Vorschlag als Orientierungskonzept, das eine Einordnung unterschiedlicher Konzeptansätze und Theorien ermöglicht.
24 Vgl. hierzu insbesondere das Kapitel 2.3.2.

stellt, dass hohe Anpassungsbereitschaften und –fähigkeiten bei den Individuen auch an von ihnen nicht selbst gewollte und nicht durch das eigene Handeln durchgesetzte, veränderte Strukturen vorhanden sind. Die Kontextabhängigkeit des individuellen Handeln wird hier zu einer vollständigen Determination des individuellen Handelns durch „Rahmenbedingungen", wie sie von Vertretern der ökonomischen Theorie theoretisch schlüssig modelliert wird[25]. Bildungsprozesse haben im Rahmen dieser Strategie keinen systematischen Stellenwert. Allenfalls benötigen die Individuen angemessene instrumentelle Kompetenzen, um die Aufgabenstellungen erfüllen zu können, die sich aus den jeweiligen institutionellen Strukturen ableiten lassen.

Auch wenn diese idealtypisch unterschiedlichen Strategien zahlreiche Überschneidungen und Interaktionen aufweisen, sind sie doch geeignet, den Kern von Instrumenten zu erkennen, der heute in Zusammenhang mit der Umsetzung der Leitidee einer nachhaltigen Entwicklung zur Diskussion steht. So wird beispielsweise zur Gestaltung einer Politik der Nachhaltigkeit vom Umweltbundesamt ein deutlicher Schwerpunkt auf ordnungs- und planungsrechtliche Instrumente gelegt, sowie auf die Bündelung des Umweltrechts (vgl. Umweltbundesamt, 2002). Erwähnt werden jedoch auch „informatorische Instrumente", die relevante Nachhaltigkeitsaspekte transparent machen und insofern als Beitrag für eine rationale Aufklärungsstrategie gewertet werden können. Und schließlich werden die „Entwicklung nachhaltiger Konsummuster und einer nachhaltigen Bildung" als wichtige Veränderungsinstrumente vorgestellt, mit denen ein Einstellungswandel bei den Individuen bewirkt werden soll (vgl. Umweltbundesamt, 2002). Schwerer in die Kategorien von Chin/Benne einzuordnen sind die „ökonomischen Instrumente", wie sie vom Umweltbundesamt, aber auch von anderen Agenten[26] des nachhaltigen Wandels vorgeschlagen werden. Ökologische Finanzreform und ähnliche Instrumente könnten zwar auch der Machtstrategie zugerechnet werden, da gravierende ökonomische Sanktionen für ein nicht erwünschtes Verhalten in Aussicht gestellt werden. In weicheren Formulierungen können ökonomische Instrumente aber auch als Anreizsysteme verstanden werden, die lediglich eine Anpassung an ein erwünschtes Verhalten belohnen oder sogar „nur die Wahrheit" über die wirklichen Kosten ausdrücken

---

25 Vgl. dazu Kapitel 4.1 in dieser Arbeit.

26 So verweisen beispielsweise die deutschen Umweltverbände in einer Stellungnahme zur Nachhaltigkeitsstrategie der Bundesregierung zum Thema „Verminderung der Flächeninanspruchnahme" darauf, dass hauptsächlich die finanziellen und wirtschaftlichen Rahmenbedingungen so verändert werden müssten, dass Akteure für flächensparende Maßnahmen künftig belohnt werden. Dazu gehöre eine ökologische Finanzreform, eine Novellierung des Städtebau- und Planungsrechts und ein Altlastenfonds zur Renaturierung alter Industrie- und Gewerbeflächen (vgl. Rat für Nachhaltige Entwicklung, 2004).

oder den sonst nicht sichtbaren ökologische Rucksack[27] – ganz im Sinne einer rationalen Aufklärung – zeigen sollen.

In den verschiedenen Strategiekonzepten zur Einleitung einer nachhaltigen Entwicklung wird in aller Regel stets eine Mixtur verschiedener Ansätze und Instrumente vorgeschlagen. Es hat jedoch den Anschein, dass zumindest in Deutschland die auf den notwendigen Einstellungswandel abhebenden Instrumente im Politikbereich besonders öffentlichkeitswirksam diskutiert werden[28].

Dies kann damit zu tun haben, dass

- die Durchsetzbarkeit von Machtstrategien (einschließlich ökonomischer Anreizstrategien) auf politische Mehrheiten angewiesen ist, deren Zustandekommen vielfach bereits einen Einstellungswandel voraussetzt[29], und

- vor dem Hintergrund der schwierigen politischen Realisierbarkeit von strukturellen Veränderungen der Verweis auf den notwendigen, aber doch so schwierigen Einstellungswandel bei den Akteuren eine Entlastungsfunktion für all jene bietet, denen öffentlich und politisch Verantwortung für die Umsetzung von Nachhaltigkeitszielen zugeschrieben wird[30].

So sind denn auch politische Stellungnahmen zur staatlichen Nachhaltigkeitspolitik, nach denen Bildungsanstrengungen einen wesentlichen Beitrag zur Einleitung und Stabilisierung einer nachhaltigen Entwicklung liefern können, eher als Beschwörungsformeln, denn als konkrete politische Konzepte zu verstehen. „Sowohl die formale als auch die nichtformale Bildung sind unabdingbare Voraussetzungen für die Herbeiführung eines Bewusstseinswandels bei den Menschen, damit sie in der Lage sind, ihre Anliegen in Bezug auf eine nachhaltige Entwicklung abzuschätzen und anzugehen. Sie sind auch von entscheidender Bedeutung für die Schaffung eines ökologischen und eines ethischen Bewusstseins sowie von Werten und Einstellungen, Fähigkeiten und

---

27 Der Begriff „ökologischer Rucksack" wurde 1994 von Schmidt-Bleek entwickelt, um sein MIPS (= Material-Input pro Einheit Service) - Konzept zu erläutern (vgl. Schmidt-Bleek, 1994).

28 Vgl. die zahlreichen Aktivitäten des von der Bundesregierung ins Leben gerufenen Rates für Nachhaltige Entwicklung (vgl. Rat für Nachhaltige Entwicklung, 2004).

29 So bewertet die Bundesregierung (2002, S. 7) in ihrer Strategiekonzeption zur nachhaltigen Entwicklung die Änderungsmöglichkeiten mit den Worten: „Die erforderlichen Änderungen der Produktions- und Konsumweisen werfen automatisch die Frage nach politischer Durchsetzbarkeit wie auch nach gesellschaftlicher Akzeptanz auf."

30 Ein Beispiel ist die Große Anfrage der SPD-Fraktion und der Fraktion BÜNDNIS 90/DIE GRÜNEN des Deutschen Bundestages, in der ebenfalls die Bildung für eine nachhaltige Entwicklung thematisiert wird. In ihrer Antwort verdeutlicht die Bundesregierung sehr deutlich die Rolle von Bildung und Forschung und der Einstellungen der Bürger für eine nachhaltige Entwicklung und erwähnt die auf diesen Gebieten unternommenen Aktivitäten (vgl. Bundestagsdrucksache 14/6959).

43

Verhaltensweisen, die mit einer nachhaltigen Entwicklung vereinbar sind, sowie für eine wirksame Beteiligung der Öffentlichkeit an der Entscheidungsfindung" (Bundesministerium für Umwelt, Naturschutz und Reaktorsicherheit, 1997, S. 261). In einem instrumentellen Sinne wird es demnach als Aufgabe der nachhaltigen Bildung angesehen, die Akzeptanz und Unterstützung der Bevölkerung bei der Umsetzung dieses umfassenden Modernisierungsprozesses sowie die Ausbildung entsprechend qualifizierter Fachkräfte zur Gestaltung des Nachhaltigkeitsprozesses sicherzustellen (vgl. Bundesregierung, 2002, S. 14-15). Bildungs-, aber auch Kommunikationsprozesse müssen demnach stattfinden, damit sie den Weg der nachhaltigen Entwicklung ebnen.

Eine solche *Funktionszuweisung der Bildung* stößt in der erziehungswissenschaftlichen Diskussion dort auf Irritationen, wo die Notwendigkeit von auch pädagogischen Anstrengungen im Kontext der Umsetzung der Nachhaltigkeitsvision prinzipiell geteilt wird. „I want future generations to be educated *on* not *for* sustainable development (Bolscho, 1998, S. 175)[31]. Nachhaltige Bildung kann demnach – so die instrumentalisierungskritische Position – nicht wirksam sein, wenn sie sich in eine Rolle einer nachsorgenden Sozialwissenschaft begibt. Das zentrale Resümee von möglichen Evaluationsstudien, die die Wirksamkeit einer nach diesem Konzept verfahrenden nachhaltigen Bildung, bei dem die Bildungsziele nahezu linear aus „dem Nachhaltigkeitskonzept" abgeleitet werden, hat Dewey schon vor 70 Jahren besonders nachhaltig formuliert: „Die Aufgabe der Erziehung kann nicht geleistet werden, wenn man bloß auf den Geist der Menschen einwirkt, ohne dass zugleich etwas unternommen wird, um reale Veränderungen in den Institutionen zu bewirken." (Dewey, 1935, S. 4, eigene Übers., d.V.). Dass die in Teilen zu beobachtende Instrumentalisierung der Bildung für „Nachhaltigkeitszielsetzungen" auch mit der systematischen Überschätzung der Möglichkeiten von Bildung verbunden ist, hat Müller (2002) zu Recht problematisiert: „Wer Bildung als Instrument versteht, erwartet, dass sie auch entsprechend ‚funktioniert'." (Müller, 2002, S. 34)

Genau an diesem von Dewey aufgezeigten Widerspruch setzen deshalb differenziertere Konzeptbeiträge für eine nachhaltige Bildung an, indem sie

- die Gestaltung und die Mitwirkung an der Veränderung der Institutionen zum spezifischen Gegenstand einer nachhaltigen Bildung machen (vgl. de Haan, 2004),

- die Erfahrungen, die in den letzten 10 Jahren mit einer normativ geprägten Umweltbildung gemacht wurden, für die Ausgestaltung einer nachhaltigen Bildung berücksichtigen (vgl. Bolscho, 2002) und/oder

---

31 Vgl. auch Huber, 2001, S. 82.

- die Möglichkeiten einer nachhaltigen Bildung im Kontext von lebensweltlichen Zusammenhängen wie dem der privaten Finanzplanung in der Perspektive untersuchen, um so reale Anknüpfungspunkte für einen nachhaltigen Bildungserwerb in einzelnen (wirtschaftlichen) Handlungsfeldern zu finden, wie es in dieser Arbeit geschieht.

2.2.2 Nachhaltige Bildung als Gestaltungskompetenz

Bereits in der Expertise „Förderprogramm Bildung für eine nachhaltige Entwicklung" haben de Haan/Harenberg (1999) als grundlegendes Bildungsziel einer nachhaltigen Entwicklung den Erwerb von Gestaltungskompetenz für die Zukunft hervorgehoben und insbesondere für die Schulpraxis konkretisiert. Sie betonen damit ein wesentliches Element einer grundsätzlichen Neuausrichtung der Bildung auf eine nachhaltige Entwicklung hin, das bereits im Kapitel 36 der Agenda 21 angelegt war. Indem der individuelle Kompetenzerwerb in Zusammenhang mit der „Gestaltungsaufgabe" der nachhaltigen Entwicklung in den Mittelpunkt gerückt wird, kann die Anschlussfähigkeit des Konzeptes einer nachhaltigen Bildung in der erziehungswissenschaftlichen Diskussion ermöglicht werden. „Nachhaltige Bildung muss so begründet und angelegt sein, dass sie ihre Legitimation nicht in der Durchsetzung der sustainable society findet, sondern in der Befähigung von Individuen zu gelingendem Leben." (Kalff, 2000, S. 41). Die Notwendigkeit von Gestaltungskompetenz lässt sich sowohl bildungstheoretisch als auch aus dem Leitbild der nachhaltigen Entwicklung heraus begründen. Insofern wird in diesem Konzeptansatz, der auf die Aneignung von Gestaltungskompetenz abzielt, vermieden, Kompetenzen für bestimmte zukünftige und aus heutiger Sicht schwer prognostizier- und analysierbare Lebenssituationen zu entwickeln. Vielmehr will es die Fähigkeit des Einzelnen zur verantwortlichen Gestaltung der Zukunft in Kooperation mit anderen fördern (vgl. de Haan, 2004).

Gestaltungskompetenz wird im Bericht der Bundesregierung zur nachhaltigen Bildung unter Bezugnahme auf eine Studie von de Haan/Harenberg (1999) verstanden als

- vorausschauendes Denken, das sich auf Vorstellungen von der Zukunft bezieht, die ebenso auf Simulationen, Szenarien, Prognosen, Delphi-Studien und Risikoabschätzungen basieren können wie auf utopischen Entwürfen,

- lebendiges, komplexes, interdisziplinäres Wissen, das gekoppelt ist mit Phantasie und Kreativität, um Problemlösungen zu finden, die nicht nur auf Eingefahrenem und Bekanntem basieren,

- die Fähigkeit, zum Selbstentwurf und zur Selbsttätigkeit in einer Gesellschaft, deren Trend zur Individualisierung ungebrochen ist, sowie

- die Fähigkeit in Gemeinschaften partizipativ die nahe Umwelt gestalten und an gesellschaftlichen Entscheidungsprozessen kompetent teilhaben zu können. (vgl. Bundesregierung, 2002, S. 15)

Bildung für eine nachhaltige Entwicklung hätte demnach die Aufgabe, das Wissen und die Kompetenzen zu vermitteln, die zu einem nachhaltigen, zukunftsfähigen Leben und Wirtschaften sowie zur Partizipation und zum Handeln befähigen (vgl. de Haan, 2004). Ziel dabei sei jedoch nicht, lediglich Verhaltensweisen zu trainieren, sondern vielmehr Dispositionen für selbstbestimmtes und autonomes Handeln zu fördern. Bildung für eine nachhaltige Entwicklung solle die kreativen Potenziale des Einzelnen, seine Kommunikations- und Kooperationsfähigkeit sowie Problemlösungs- und Handlungskompetenz entwickeln und fördern. Es sollten Lernprozesse angestoßen werden, die im persönlichen und beruflichen Leben das Bewusstsein für ökologisch vertretbares, ökonomisch realisierbares und sozial verträgliches Handeln schärfen und entsprechende Verhaltensweisen ermöglichen. Mit diesem Fokus auf die Gestaltungskompetenz wird nachhaltige Bildung zur politischen Bildung, die Demokratie nicht nur als Herrschafts- und Gesellschaftsform, sondern auch als Lebensform versteht (vgl. de Haan, 2004, S. 43). Aus Sicht der Bundesregierung, die sich dem Ziel der Förderung einer nachhaltigen Bildung verschrieben hat, muss verstärkt dafür gesorgt werden, dass in allen Bildungsbereichen – im Kindergarten, in der Schule, in der beruflichen Bildung, in der Hochschul- und in der Weiterbildung – Bildung für eine nachhaltige Entwicklung weiter integriert wird (vgl. Bundesregierung, 2002, S. 55).

Bei genauerer Betrachtung stellt sich jedoch die Frage nach der *Besonderheit* einer so verstandenen nachhaltigen Bildung, die wesentlich auf die Förderung von Gestaltungskompetenz und von Handlungsorientierungen und Kompetenzen abhebt, die demokratietheoretisch[32] begründet sind (vgl. de Haan, 2004). Was im Kontext der nachhaltigen Bildung unter Gestaltungskompetenz konkret verstanden wird, erscheint weitgehend deckungsgleich mit den in anderen bildungstheoretischen Kontexten geführten Diskussionen um den Erwerb von sogenannten Schlüsselqualifikationen. Sie nehmen innerhalb einer bildungstheoretischen Diskussion gelegentlich eine Art Brückenfunktion zwischen dem bloßen Eingehen auf „gesellschaftliche Anforderungen" und einem den Subjekten der Bildung verpflichteten Ansatz ein, weil es bei ihnen anders als bei der Vermittlung von normalen „Qualifikationen" auch um „... die allgemeine Entfaltung und Entwicklung der Person, unabhängig von fixierten Zwecken" geht (Huber, 2001, S. 80). Dabei ist jedoch zu berücksichtigen, dass die *Schlüssel-*

---

32 Zur demokratietheoretischen Begründung von Lernzielen und Lerninhalten insbesondere in der Erwachsenenbildung vgl. Dieckmann et al., 1974, S. 38ff..

qualifikationsdebatte ursprünglich einem arbeitsmarktpolitischen und berufspädagogischen Diskussionszusammenhang entsprang. Hintergrund dieses Konzeptes war die Frage, wie dem zunehmenden Veralterungsgrad des Wissens als auch der beschränkten Prognostizierbarkeit von Qualifikationen in der beruflichen Bildung begegnet werden könne (vgl. Mertens, 1974; Reetz, 1990, Arnold, 1996a). Mit dem Konzept der Schlüsselqualifikationen war und wird die Vorstellung verbunden, durch die Vermittlung umfassender, möglichst inhaltsunabhängiger (extrafunktionaler) Kompetenzen, Bildung besonders wirkungsvoll und zukunftsorientiert zu konzipieren. Eine solche Auffassung, die dem Grundansatz eines didaktischen Formalismus weitgehend folgt[33], übersieht jedoch, dass

- Problemlösungsstrategien und Handlungskompetenzen häufig nur in spezifischen inhaltlichen Kontexten erworben und realisiert werden können, aus denen sie vielfach nur schwer transferierbar sind (vgl. Friedrich/Mandl, 1992, S. 21),

- Handlungskompetenzen häufig erst in einem Zusammenwirken von kognitivem und emotionalem Lernen entstehen, das jedoch ohne einen bestimmten Gegenstandsbezug nur schwer herstellbar ist (vgl. Arnold et al., 2002, S. 6),

- insbesondere moralische Grundorientierungen in modernen Großgesellschaften nicht als Universalprinzipien empirisch vorfindbar und durchsetzbar sind, sondern dass sie sich im Kontext bestimmter institutioneller und sozialer Bedingungen „domänenspezifisch" entfalten und reflektiert werden können (vgl. Beck, 2000).

Werden diese Einwände ernst genommen, müsste nachhaltige Bildung versuchen, „... spezielles, fachbezogenes Wissen und fachübergreifendes vernetztes Denken sinnvoll zu integrieren, ohne beides gegeneinander auszuspielen." (Moegling/Peter, 2001, S. 78).

2.2.3 Nachhaltige Bildung als zeitgemäße Allgemeinbildung

Wird eine schlichte Instrumentalisierung der nachhaltigen Bildung abgelehnt und soll zugleich unter nachhaltiger Bildung mehr als nur „Gestaltungskompetenz und Schlüsselqualifikationen" verstanden werden, dann ist nach einem

---

33 Didaktischer Formalismus und der didaktische Materialismus ziehen sich als sich diametral gegenüberstehende Extrempositionen zur Findung der angemessenen Bildungsinhalte durch die Geschichte der Pädagogik (vgl. Weinberg, 1974). Der didaktische Formalismus geht davon aus, dass der Umgang mit bestimmten Gegenständen bzw. Lehrstoffen, nicht nur zum Aufbau von Wissen im jeweiligen Bereich führt, sondern darüber hinaus auch inhaltsunabhängige allgemeine geistige Fähigkeiten fördert. Der didaktische Materialismus geht davon aus, dass bei der Bearbeitung eines Gegenstandsbereiches nur die entsprechenden Inhalte gelernt werden können.

Bildungskonzept zu fragen, das jenseits postmoderner Beliebigkeiten Zielsetzungen und Themen für Bildungsprozesse begründet, die für sich in Anspruch nehmen können, angemessene Einstellungen und Kompetenzen zu fördern, die für eine nachhaltige Entwicklung auf der einen Seite und für ein selbstbestimmtes Leben im Rahmen dieser Entwicklung auf der anderen Seite gleichermaßen von Bedeutung sind.

Ein solcher Ansatz liegt partiell von Klafki im Konzept einer kategorialen Bildung für den Schulunterricht vor. Nach Klafki (1995) sollte sich eine zukunftsgerichtete Allgemeinbildung auf „epochaltypische Schlüsselprobleme" mit dem Ziel beziehen, „... auf gesellschaftliche Verhältnisse und Prozesse nicht nur zu reagieren, sondern sie unter dem Gesichtspunkt der pädagogischen Verantwortung für gegenwärtige und zukünftige Lebens- und Entwicklungsmöglichkeiten (...) zu beurteilen und mitzugestalten." (Klafki, 1995, S. 10). In Klafkis Konzept der kategorialen Bildung wird danach gefragt, wie es im Unterricht gelingen kann,

- dass sich die Lernenden die elementaren kulturellen Inhalte erschließen und

- dass die Lernenden von den elementaren kulturellen Inhalten erschlossen, gewissermaßen von ihnen „aufgeschlossen" werden.

Auch Klafki geht es in seiner kategorialen Bildung um „Gestaltungs- und Partizipationskompetenzen", deren Aneignung sich bei Klafki jedoch im Kontext von bestimmten Inhalts- und Themenbereichen vollzieht, denen gegenüber das lernende und handelnde Subjekt des Bildungsprozesses auch eigene wertbezogene Haltungen entwickeln kann. Als epochaltypische Schlüsselprobleme, die geeignet erscheinen, dies zu ermöglichen und die im Unterricht deshalb zu behandeln sind, nennt Klafki die Friedensfrage, die Problematik des Nationalitätsprinzips bei gleichzeitiger Interkulturalität, das Umweltproblem und das Problem der wachsenden Weltbevölkerung (vgl. Klafki, 1995). Diese Themen[34] und das von Klafki formulierte zeitgemäße Konzept einer Allgemeinbildung haben vielfältige Bezüge zur Vision einer nachhaltigen Entwicklung, ohne dass jedoch die Zielsetzung der Nachhaltigkeit bisher explizit aufgegriffen und integriert wird. Allerdings bietet das von Klafki vorgestellte Konzept einer zeitgemäßen Allgemeinbildung einen Rahmen, der bei einer expliziten Berücksichtigung wesentlicher Themenstellung der nachhaltigen Entwicklung für sich in Anspruch nehmen könnte, die Zielsetzungen einer nachhaltigen Bildung „in allge-

---

34 „Die Anzahl solcher Schlüsselprobleme ist keineswegs beliebig erweiterbar, sofern man das Kriterium beachtet, daß es sich um epochaltypische Strukturprobleme von gesamtgesellschaftlicher, meistens sogar übernationaler bzw. weltumspannender Bedeutung handelt, die gleichwohl jeden einzelnen zentral betreffen. Mit dem Stichwort epochaltypisch wird zugleich angedeutet, daß es sich um einen in die Zukunft hinein wandelbaren Problemkanon handelt" (Klafki, 1996, S. 60).

meiner Weise" für Bildungsaktivitäten, die sich „an alle" wenden, angemessen zu integrieren. Für Klafki bedeutet Allgemeinbildung „... ein geschichtlich vermitteltes Bewusstsein von zentralen Problemen der Gegenwart und – soweit vorhersehbar – der Zukunft zu gewinnen, Einsicht in die Mitverantwortlichkeit aller angesichts solcher Probleme und Bereitschaft, an ihrer Bewältigung mitzuwirken." (Klafki 1996, S. 56). Dieser Begriff der Allgemeinbildung knüpft an das Konzept des „omnes, omnia, omnino" von Comenius[35] an und gibt diesem eine zeitgemäße und politische Bedeutung. Insbesondere die Bildung „durch das Allgemeine" muss nach Klafki in Bezug auf „epochaltypische Schlüsselprobleme" unserer kulturellen, gesellschaftlichen, politischen, individuellen Existenz erfolgen. Dieses Verständnis der Allgemeinbildung hat vielfältige Bezüge zu den auf Einstellungswandel und Kompetenzentwicklung bezogenen Vorschlägen zur Umsetzung der Nachhaltigkeitszielsetzung. Ob eine nachhaltige Bildung gegenüber oder im Rahmen einer so verstandenen Allgemeinbildung überhaupt eine eigenständige Berechtigung erlangen kann und ob es demzufolge überhaupt Sinn machen kann, von einer eigenständigen, nachhaltigen Bildung zu sprechen, scheint so lange fragwürdig, wie die Spezifik einer nachhaltigen Bildung nicht deutlicher herausgearbeitet wird.

Eine hier einsetzende fundierte auch bildungstheoretische Diskussion um eine nachhaltige Bildung wird bisher nicht geführt. So ist letztlich der Situationsbeschreibung der Bundesregierung mit ihrem Bericht zur nachhaltigen Bildung zuzustimmen, wenn sie deutlich einen dringenden Bedarf zur Weiterentwicklung der ersten Ansätze einer nachhaltigen Bildung sieht und sie insbesondere

- eine intensivere Forschung für eine Bildung für eine nachhaltige Entwicklung und

- einen verstärkten Dialog über innovative Konzepte einer Bildung für eine nachhaltige Entwicklung und über die Umsetzung von Innovationen

fordert. Auf diesem Wege könne – nach Auffassung der Bundesregierung – eine stärkere Verankerung der Bildung für eine nachhaltige Entwicklung in die verschiedenen Bildungsbereiche systematisch ermöglicht werden (vgl. Bundesregierung, 2002, S. 55). Dies gilt auch für die Erwachsenenbildung, in der die hier vorgestellten und diskutierten bildungstheoretischen Konzepte einer nachhaltigen Bildung unter einer stärker lerntheoretisch formulierten Fragestellung aufgegriffen werden.

---

35 Comenius ist einer der wichtigsten Vordenker der Allgemeinbildung, die als Kunst verstanden wurde, alle Menschen alles zu lehren (vgl. Comenius, 1960).

2.3 Nachhaltigkeit und Erwachsenenbildung

Während das bisher vorgestellte allgemeine Verständnis einer nachhaltigen Bildung sich implizit und gelegentlich auch explizit vor allem auf den Unterricht an allgemeinbildenden Schulen und die berufliche Bildung bezog und in einem stark bildungstheoretischen Kontext untersucht wurde, soll im Folgenden die besondere Rezeption des „Nachhaltigkeitsthemas" in der Erwachsenenbildung vorgestellt werden. Auch für die Erwachsenenbildung ist diese bildungstheoretische Reflexion von großer Bedeutung, da es geradezu als ein besonderes Kennzeichen der deutschen Erwachsenenbildung gelten kann, im Ringen um das eigene Selbstverständnis vor allem auch das Spannungsverhältnis zwischen den Anforderungen der Gesellschaft auf der einen Seite und den Bildungs- und Selbstbestimmungsinteressen der (erwachsenen) Menschen auf der anderen Seite zu thematisieren. Allerdings zeigen die wenigen bislang vorliegenden Diskussionsbeiträge, die sich mit dem Thema Nachhaltigkeit und Erwachsenenbildung beschäftigen, dass hier eher eine lerntheoretische Rezeption des Nachhaltigkeitsthemas im Vordergrund steht, der es im Kern um das nachhaltige Lernen Erwachsener geht[36]. Um die Besonderheit der erwachsenenpädagogischen Rezeption des Nachhaltigkeitsthemas zu verstehen, sollen – nachdem im **Kapitel 2.3.1** die spezifische Verwendung des Begriffs Erwachsenenbildung erläutert wird – im **Kapitel 2.3.2** zunächst wesentliche Grundpositionen der deutschen Erwachsenenbildung vorgestellt werden, die als realistische und als reflexive Wende der deutschen Erwachsenenbildung in der Literatur diskutiert und gedeutet werden. Diese Diskussionen zeichnen den wesentlichen Verlauf einer Selbstverständigung der deutschen Erwachsenenbildung nach.

Vor dem Hintergrund dieser Selbstverständigungsdebatte kann im **Kapitel 2.3.3** das spezifische Verständnis des „nachhaltigen Lernens Erwachsener" differenzierter dargestellt und als spezifische Adaption des Nachhaltigkeitsthemas interpretiert werden, die sich im Kontext der erwachsenenpädagogischen Theoriediskussion als stimmig erweist. Schließlich wird im **Kapitel 2.3.4** die offensichtlich

---

[36] Im Wörterbuch Erwachsenenpädagogik von Arnold et al. (2001) tauchen die Stichworte „nachhaltige Bildung" oder „nachhaltige Erwachsenenbildung" nicht auf. Unter dem Stichwort „Nachhaltigkeit" wird ein knapper Abriss des gesellschaftspolitischen Begriffsverständnisses vorgestellt (vgl. Apel, 2001a, S. 233f.). Ansonsten wird in dem Wörterbuch der Begriff Nachhaltigkeit in Bezug auf die Persistenz von angeeigneten Deutungsmustern (vgl. Arnold, 2001a, S. 71), auf die von Lernvergangenheiten von Erwachsenen (vgl. Harney, 2001, S. 229) oder auf die von Lernmotivationen eingegangen (vgl. Arnold, 2001b, S. 281). Lediglich von Apel wird unter dem Stichwort Umweltbildung der Begriff Nachhaltigkeit auch in einem bildungstheoretischen Kontext erwähnt, wenn er lapidar feststellt, dass die Debatte um Nachhaltigkeit in der Erwachsenenbildung noch kaum Folgen gezeigt habe (vgl. Apel, 2001b, S. 318).

doppelte Konnotation des Begriffs einer „nachhaltigen Erwachsenenbildung" aufgegriffen. Die in der doppelten Konnotation anklingende bildungs- und lerntheoretische Problemstellung wird als spezifische Herausforderung begriffen, nach lebensweltlichen Anwendungsbezügen, Handlungssituationen und subjektiven Deutungsmustern zu suchen, die eine nachhaltige Erwachsenenbildung möglich und erforderlich machen. Die nachhaltige Geldanlage wird im weiteren Verlauf der Arbeit als ein solches Handlungsfeld identifiziert und näher untersucht.

2.3.1 Begriff der Erwachsenenbildung

Der Begriff der Erwachsenenbildung wird in der Literatur uneinheitlich verwendet. Unter Erwachsenenbildung werden in der Regel Bildungsaktivitäten, häufig auch Bildungsveranstaltungen für Erwachsene verstanden und damit vor allem zum Ausdruck gebracht, dass es sich um Lern- und Bildungsangebote für Teilnehmer handelt, die für ihr Tun und Handeln selbst verantwortlich zeichnen (vgl. Strelewicz, 1974). Der Begriff der Erwachsenenbildung zeigt in den letzten 30 Jahren insbesondere eine große Nähe und zahlreiche Überschneidungen mit dem Begriff der Weiterbildung, der vom Deutschen Bildungsrat seit Anfang der siebziger Jahre als eine Art Bildungssystembegriff in die öffentliche Diskussion eingeführt wurde. Der in den siebziger Jahren einflussreiche deutsche Bildungsrat versteht unter Weiterbildung die „..... Fortsetzung oder Wiederaufnahme organisierten Lernens nach Abschluss einer unterschiedlich ausgedehnten ersten Bildungsphase." (Deutscher Bildungsrat, 1970, S. 197). Weiterbildung als Oberbegriff und Kennzeichnung eines vierten Hauptbereichs des Bildungswesens versuchte das, was „... bis dahin Erwachsenenbildung genannt worden ist, politisch und verwaltungsmäßig handhabbar zu machen." (Weinberg, 2000, S. 10). Erwachsenenbildung und Weiterbildung werden in der öffentlichen Diskussion ebenso wie in wissenschaftlichen Beiträgen inzwischen häufig synonym verwendet (vgl. Nuissl, 2001). Weinberg (2000) betont jedoch, dass Erwachsenenbildung der umfassendere Begriff gegenüber der Weiterbildung sei, da auch außerhalb des „Weiterbildungssystems" und institutionalisierter Formen Erwachsenenbildung und Erwachsenenlernen stattfinden (vgl. Abbildung 1). Dieses erweiterte Verständnis von Erwachsenenbildung hebt nicht nur auf das institutionalisierte oder auch nicht-institutionalisierte Lernen Erwachsener ab, sondern ermöglicht es auch, unter Erwachsenenbildung die Selbstlernaktivitäten von erwachsenen Bürgern zu verstehen, die sich in unterschiedlichen Kontexten Wissen und Fähigkeiten mehr oder weniger systematisch aneignen (vgl. Weinberg, 2000, S. 39f.).

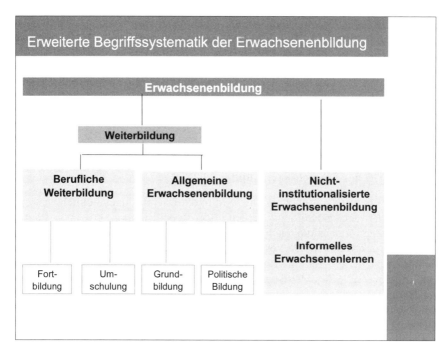

Abbildung 1: Erweiterte Begriffssystematik der Erwachsenenbildung (Weinberg, 2000, S. 39)

Innerhalb der Weiterbildung nimmt die *berufliche Weiterbildung* einen besonderen Raum ein. In verschiedenen institutionellen Zusammenhängen geht es darum, in Fortbildungen und Umschulungen die für eine angemessene Berufsausübung erforderlichen Qualifikationen zu erzeugen bzw. Kompetenzen[37] zu erwerben (vgl. Franke, 2001). Konstitutiv für die berufliche Weiterbildung sind die Fragen, welche Qualifikationsanforderungen an die Arbeitskräfte in einer sich rasch wandelnden Arbeitswelt aktuell und zukünftig gestellt werden und durch welche Bildungsangebote entsprechende Kompetenzen, die diesen Anforderungen entsprechen, effizient erzeugt werden können. Allerdings wird die bloße Analyse von aktuellen oder absehbaren Veränderungen in der Arbeitssituation für eine angemessene Planung beruflicher Weiterbildung gelegentlich als zu einseitig oder als nicht ausreichend kritisiert. So wird von Vertretern einer stärker gesellschaftsorientierten beruflichen Weiterbildung „... die Herleitung

---

[37] Während der Qualifikationsbegriff stärker anwendungsorientiert ist und Fähigkeiten zur Bewältigung von vor allem beruflichen Anforderungen umschreibt, ist der Kompetenzbegriff stärker subjektorientiert. Er umschreibt das Handlungsvermögen von Personen (vgl. Franke, 2001; Arnold/Schüßler, 2001).

von Qualifikationsanforderungen (zusätzlich auch) aus der Perspektive der Mitbestimmung bis hin zur Selbstbestimmung der Erwerbstätigen" als sinnvoll angesehen (Boehm et al., 1974, S. 11).

In der *allgemeinen Erwachsenenbildung* wird von verschiedenen häufig öffentlich geförderten Institutionen ein breites Themenspektrum nach Maßgabe der Nachfrage der Teilnehmer angeboten, das häufig nicht in einem direkten beruflichen Anwendungsbezug steht, sondern das die „allgemeinen Bildungsinteressen" in der Bevölkerung befriedigen soll. Grundlage der finanziellen Förderung der Arbeit von Institutionen der allgemeinen Erwachsenenbildung sind Ländergesetze, die zum Ausdruck bringen, dass eine öffentliche Verantwortung dafür gesehen wird, dass Bürgerinnen und Bürger ihr Recht auf eine weitergehende Bildung auch nach Abschluss in einer umfassenden Erstausbildung[38] wahrnehmen können (vgl. Weinberg, 2000, S. 45 f.). Allerdings sind die Träger der allgemeinen Erwachsenenbildung in ihrer Angebotsplanung frei, sodass das konkrete Angebotsspektrum unter dem Einfluss von vielfältigen Faktoren, Moden und Bildungsinteressen der Bürger variieren kann. Was von Weinberg (siehe Abbildung 1) als Grundbildung bezeichnet wird, darf deshalb nicht als ein klar definiertes basales Angebot der allgemeinen Erwachsenenbildung verstanden werden, auch wenn vielfach bestimmte Bildungsangebote (Fremdsprachen, Nachholen von Bildungsabschlüssen, usw.) quasi zum festen Bestandteil der allgemeinen Erwachsenenbildung gehören. Auch die Übergänge zur politischen Bildung sind fließend.

Wenn es insgesamt möglich erscheint, die Funktionen der Erwachsenenbildung plausibel zu beschreiben, so gilt dies nicht mehr für ihre Organisationseinheiten (vgl. Harney, 2001, S. 229). Die Besonderheit der heutigen Erwachsenenbildung wird darin gesehen, „ ... dass sie sich zur institutionellen Funktion ohne System entwickelt hat" (Harney, 2001, S. 230) bzw. zu einer helfenden Infrastruktur für eine subjektive Lebensführung geworden ist (vgl. Kade 1997). Auffällig und zugleich bezeichnend sei insbesondere das Übermaß an Wertschätzung, das die Erwachsenenbildung in programmatischen Erklärungen genießt, das jedoch in Widerspruch zu der Aufmerksamkeit stünde, die ihrer organisatorischen Wirklichkeit entgegengebracht würde (vgl. Harney 2001, S. 230).

In Unterscheidung zu der „organisatorischen Wirklichkeit", dem Phänomen, dem Sachverhalt bzw. dem Praxisfeld der Erwachsenenbildung, wird der Begriff der Erwachsenenbildung häufig auch noch als Wissenschaftsbezeichnung verwendet. Um den Gegenstandsbereich und die Ebene der wissenschaftlichen Beobachtung und Interpretation sorgfältiger abzugrenzen, wird gelegentlich

---

[38] Auch bei keinem „ordentlichen Abschluss" oder bei Versäumnissen in der schulischen und/oder beruflichen Erstausbildung wird den Bürgern in bundesdeutschen Weiterbildungsgesetzen das Recht auf Weiterbildung (auch im Sinne einer Kompensation einer unzureichenden Erstausbildung) eingeräumt.

vorgeschlagen, im zweiten Fall besser von der Erwachsenenbildungswissenschaft[39] zu sprechen, deren Gegenstandsbereich „.... das Phänomen der Bildung und Selbstbildung, des Lehrens und Aneignens, des organisierten und des informellen Lernens im Lebenslauf des erwachsenen Menschen" sei (Friedenthal-Haase, 2001, S. 95).

2.3.2 Zur Selbstverständigung der Erwachsenenbildung in der realistischen und reflexiven Wende

Die theoretische Durchdringung des insgesamt sehr heterogenen Handlungsfeldes der Erwachsenenbildung ist durch unterschiedlichste Fachdisziplinen möglich und erforderlich[40]. Gegenstand einer übergreifenden *Theorie der Erwachsenenbildung* ist eine konsistente Darlegung der Ziele und Aufgaben der Erwachsenenbildung, ihre Legitimation und Herleitung einschließlich der Möglichkeit und Notwendigkeit der und die Kennzeichnungen und Deutungen der Besonderheiten der Lernens und Lehrens von Erwachsenen in unterschiedlichen institutionellen, sozialen und psychischen Kontexten. (vgl. Siebert, 1977, S. 6f.; Dewe et al., 1988; Weinberg, 2000, S. 16f.).

Sowohl auf der Makroebene des Bildungswesens, auf der die generellen Aufgaben und Ziele der Bildung diskutiert werden, als auch auf der Mikroebene des „Bildungsvorgangs" wird in der Erwachsenenbildung die Spannung zwischen den Bildungsbedürfnissen und –interessen der Subjekte der Bildung und den Bildungsanforderungen oder –angeboten, die „von außen" an das Subjekt herangetragen werden, besonders intensiv beobachtet und zum Gegenstand unterschiedlicher Theoriekonzepte erhoben.

Siebert (1997) nimmt diese Unterscheidung zum wesentlichen Ausgangspunkt für seine Typologie von Erwachsenenbildungstheorien, die von Weinberg (2000) als Theorie der Erwachsenenbildungstheorie gedeutet wird. Er unterscheidet

- personalistische

- marktorientierte

- reformerische

---

39 Häufiger wird auch der Begriff der Erwachsenenpädagogik, der sich als Bereich der allgemeinen Pädagogik (Erziehungswissenschaft) versteht, verwendet (vgl. Arnold, 2001d, S. 96).
40 Das Verständnis von Erwachsenenbildungswissenschaft als eine integrative Anwendungswissenschaft scheint dem heterogenen Gegenstandsbereich besser zu entsprechen, als der Versuch, die Erwachsenenbildungswissenschaft als selbstständige Einzelwissenschaft zu etablieren (vgl. Friedenthal-Haase, 2001, S. 96).

- politökonomische

- neomarxistische

Erwachsenenbildungstheorien. Neben den anthropologischen, wissenschaftstheoretischen Grundannahmen ist für die Differenzierung von Theorieansätzen in der Erwachsenenbildung die Frage entscheidend, wie das Verhältnis vom Individuum zur Gesellschaft (zu seiner Umwelt gesehen) und mit welcher Herleitung, Berechtigung und Durchschlagskraft in der Erwachsenenbildung bestimmte Ziele akzeptiert, definiert und verfolgt werden, bzw. verfolgt werden dürfen und sollen (vgl. Siebert, 1977, S. 6f.).

2.3.2.1 Realistische Wende der Erwachsenenbildung

Stärker als in anderen Bereichen des Bildungssystems ist sowohl auf der Makro- als auch auf der Mikroebene in der Erwachsenenbildung das Subjekt der Bildung Ausgangspunkt und sich (im Extrem) selbstgenügender Zielpunkt von Bildungsangeboten. Der nur dem Subjekt des Lernens verpflichtete Bildungsansatz, der ganz in der Tradition des deutschen Bildungsbegriffs in der Erwachsenenbildung kultiviert wird, ist fundamental in der sogenannten *realistischen Wende* der Erwachsenenbildung in Frage gestellt worden (vgl. Schlutz, 2001, S. 271). Erwachsenenbildung wurde als gesellschaftliche Notwendigkeit erkannt und nun als Weiterbildung in einem modernen Zuschnitt präsentiert (vgl. Tietgens, 1979). Im Strukturplan des Deutschen Bildungsrates von 1970 wurde die Weiterbildung zum gleichberechtigten Teil des Bildungssystem „ernannt". Lebenslanges Lernen, flexibler Qualifikationserwerb wurden als moderne Anforderungen einer sich rapide verändernden Wirtschaft und Gesellschaft erkannt, für den der Einzelne ausgerüstet sein musste, wollte er auch in Zukunft seine Arbeitskraft verkaufen und/oder auch an einer sich differenzierenden und komplizierter werdenden Gesellschaft teilhaben. Die erwachsenenpädagogische Distanz und Kritik gegenüber einer solchen nur „anpassenden Weiterbildung", die den Qualifikationserfordernissen der Wirtschaft hinterherläuft und jene Ideale der Bildung aufgibt, die ausschließlich den Interessen der Subjekte der Weiterbildung verpflichtet sind, war und ist einschlägig (vgl. Dikau, 1972; Markert, 1973). So wurde insbesondere befürchtet, dass „...der Bildungsbegriff vom Qualifikationsbegriff abgelöst und nicht der umfassend lernende Erwachsene, sondern der Berufstätige zum Maßstab genommen wird." (Kreft/Mielenz, 1988, S. 594). Damit sei absehbar, dass das Lernen im Erwachsenenalter auf Anpassung an die Disziplinierung für die Arbeitswelt hinausläuft. Von eher reformpädagogischer Seite wurde „ ... der Vorwurf der Verschulung erhoben und von marxistischer Seite die Gefahr der Instrumentalisierung beschworen." (Schlutz, 2001, S. 271). Nur selten wurde das Allgemeinbildungspotenzial von modernen Qualifikationserfordernissen hervorgehoben[41], da zunächst mehrheitlich Forschungsergebnisse rezipiert wurden, die in das wirtschaftsferne Deutungsmuster zweckfreier Bildung passten, da sie mit einer bloßen „Anpassung" an die Verwertungsbedingungen des Kapitals eine Dequalifizierung, im Extrem eine Entmenschlichung der Subjekte voraussahen (vgl. Kern/Schumann, 1970; Baethge, 1992).

Erst ab Mitte der achtziger Jahre wird vor allem von der Berufspädagogik die inzwischen unübersehbare Erweiterung berufsbezogener Qualifikationsanforderungen und die Subjektivierung auch beruflicher Tätigkeiten thematisiert (vgl. Arnold/Bauerdick, 1997). Vor dem Hintergrund der bei modernen Produktionskonzepten in Teilen typischen „... Verlagerung der Verantwortung auf die Ebene der Wertschöpfung" (Schäffner, 2002, S. 346) gewinnen in den neunziger Jahren kompetenzorientierte Ansätze in der beruflichen Weiterbildung an Bedeutung. Sie stellen eine nur technisch-funktionale Berufsbildung in Frage und wollen umfassende, auch methodische Kompetenzen vermitteln und die Arbeitskräfte zur Übernahme von größeren Verantwortlichkeiten auch für den Inhalt und die Ergebnisse von Arbeitsprozessen qualifizieren[42]. Arnold (2001c) beobachtet in Zusammenhang mit dieser modernisierten Kompetenzentwicklung nicht nur eine Abmilderung, sondern in Teilen sogar eine Auflösung des traditionellen Gegensatzes zwischen Allgemein- und Berufsbildung. „Ihre Integration wird dabei paradoxerweise aus dem Bereich zweckorientierten beruflichen Handelns initiiert, weil die „Zwecke" des modernen, hochkompetitiven Wirtschaftens bereits vielerorts nur erfüllt werden können, wenn die handelnden Subjekte mehr können, als vorgegebene Zwecke zu erfüllen." (Arnold, 2001c, S. 45).

Die durch das Ernstnehmen von aus der Gesellschaft entspringenden Qualifikationserfordernissen gekennzeichnete „realistische Wende" hat in der Praxis der

---

41 Bereits 1976 wurde am Beispiel der Qualifikationsanforderungen unter den Bedingungen zunehmender Automatisierung die Möglichkeit eines Zusammenwachsens von berufsbezogenen und politischen bzw. allgemeinen Bildungsinhalten untersucht (vgl. Schoenheit, 1976). Einer Integration von beruflicher und politischer Erwachsenenbildung, die von den auf Ganzheitlichkeit ausgerichteten Qualifikationserfordernissen und – möglichkeiten moderner Arbeitsprozesse ausging, wurde eine größere praktische Relevanz zugesprochen, als einer eher demokratietheoretisch oder bildungstheoretisch begründeten Integration politischer Bildungsinhalte in die berufliche Bildung.

42 Vor dem Hintergrund unbefriedigender Ergebnisse von Qualifizierungsmaßnahmen in den neuen Bundesländern, die – so die Analyse – einseitig fachlich ausgerichtet waren, leistete das Bundesministerium für Bildung und Forschung (BMBF) mit dem Forschungsprogramm „Kompetenzentwicklung für den wirtschaftlichen Wandel – Strukturveränderung betrieblicher Weiterbildung" einen wichtigen Impuls für einen Paradigmenwechsel von der traditionellen beruflichen Weiterbildung zur Kompetenzentwicklung (vgl. Arnold/Schüßler, 2001, 52f.).

Erwachsenenbildung und insbesondere in der beruflichen Weiterbildung bis heute einen beträchtlichen Stellenwert. Schlutz (2001) weist jedoch zu Recht darauf hin, dass es sich bei der realistischen Wende auch um eine zeitbedingte Selbstinterpretation der Erwachsenenbildung / Weiterbildung handelte, mit der vor allem ein entschiedener Reformwille signalisiert werden sollte. So habe es beispielsweise vor dieser Wende immer schon an der harten Realität orientierte Angebote gegeben[43]. Daneben konnten im Zuge der realistischen Wende weiterhin Angebote der politischen Bildung beobachtet werden, in der die allgemeinen bürgerlichen Ideale der Selbststeuerung und der politischen und gestalterischen Teilhabe am Gemeinwesen in Konzepten zur Ermöglichung des „Selbstlernens" und des „Mitgestaltens" hoch gehalten wurden. Ebenso behaupteten in der Erwachsenenbildung andere „... weniger instrumentelle Formen und Typen von Weiterbildung (kulturelle Bildung, soziale Zielgruppenarbeit, Gesprächskreise, usw.) ihren Platz" (Schlutz, 2001, S. 271).

2.3.2.2 Reflexive Wende der Erwachsenenbildung

Die mit der realistischen Wende sich zuspitzende theoretisch konzeptionelle und politische Spannung wurde in der Erwachsenenbildungswissenschaft und in Teilen auch in der Praxis der Erwachsenenbildung selbst durch eine starke Fokussierung auf die Mikroebene scheinbar aufgelöst. So war die „Hinwendung zum Teilnehmer" das markante Signal für eine erneute, diesmal als *reflexive Wende* gedeutete Selbstdarstellung der zeitgemäßen Erwachsenenbildung (vgl. Schlutz, 1982). Die reflexive Wende in der Erwachsenenbildung erwuchs einerseits aus dem Widerstand gegen eine unmittelbare Vereinnahmung der Erwachsenenbildung durch vermeintlich unabwendbare – vor allem bildungsökonomisch begründete – Anforderungen der Gesellschaft. Zum anderen drängte sich im Rückblick auf das vermeintliche Scheitern der 68er Bewegung der durch Erfahrung geprägte Leitgedanke auf, „..... dass Bildung nicht zum Instrument der gesellschaftlichen Veränderungen werden darf, sondern auf das Individuum bezogen bleiben muss." (Tietgens, 2001, S. 274). Der Umgang mit sich selbst und mit anderen wurde als interessante erwachsenenpädagogische Aufgabenstellung erkannt, die zu einer Kultur der Wahrnehmung auszubauen sei (vgl. Tietgens, 2001, S. 275). Für die Erwachsenenbildung entstand damit die Möglichkeit, bedarfsnahe Angebote zu kreieren, die dem traditionellen subjektorientierten Bildungsverständnis „aus der Seele" sprachen.

---

43 Auch Tietgens weist darauf hin, dass es schon vor „der realistischen Wende" zahlreiche abschlussbezogene Weiterbildungsangebote gegeben hatte und die „realistische Wende" mehr auf die theoretische Ebene abzielte, die nun das, was praktisch schon weitgehend vorhanden war, theoretisch nachvollzog und legitimierte (vgl. Tietgens, 2001, S. 274).

Mit der reflexiven Wende bezieht sich die Erwachsenenbildung wiederum stärker auf die europäische Tradition der Aufklärung und will Menschen durch die Ermöglichung von Lern- und Reflexionsprozessen bei der Überprüfung und Weiterentwicklung eingelebter und bewährter Sichtweisen („Deutungsmuster") unterstützen. Schmitz (1984) spricht in diesem Zusammenhang von der Erwachsenenbildung als einem „lebensweltbezogenen Erkenntnisprozess". Der Umgang mit sich selbst und mit anderen wurde zu Konzepten des „reflexiven Lernens" und einer „reflexiven Didaktik" verdichtet, womit hier nicht ausschließlich methodisch, sondern auch inhaltlich das reflexive Moment betont wird (vgl. Siebert, 1996).

Weitere Begründungen dieser stärkeren Subjektorientierung der Erwachsenenbildung sind durch *lerntheoretische Forschungsbeiträge* geliefert worden. Sie stellten heraus, dass Menschen überhaupt nur vor dem Hintergrund und im Kontext ihrer „subjektiven Handlungsgründe" (vgl. Holzkamp, 1993, S. 28) lernen und Lernarrangements, die auf den Erwerb oder die Veränderung von Wertorientierungen abzielen, vorhandene persönliche Deutungsmuster der Lernenden, die einen direkten oder indirekten Bezug zum jeweiligen Lerngegenstand haben, berücksichtigen müssen (vgl. Tietgens, 1989).

In der erwachsenenpädagogischen Literatur ist dieser Konzeptansatz bis heute stark verbreitet[44], wobei das Leitmotiv der „Reflexivität" vor allem im Kontext der konstruktivistischen oder auch interaktionistischen Erwachsenenbildung[45] aufgegriffen und weiterentwickelt wird (Arnold/Siebert, 1996; Siebert, 1999) oder auch in der Veränderungsforschung zur Nachhaltigkeit von Organisations-

---

[44] Diese Theorieebene der Erwachsenenbildungsdiskussion ist nur noch in Teilen mit der Praxis der Erwachsenenbildung verkoppelt. Für die Praxis der Erwachsenenbildung war – nach Tietgens – die reflexive Wende nur kurze Zeit prägend: „Nicht mehr der Umgang mit anderen, sondern das Durchsetzen eigener Interessen gegenüber anderen wurde (in den letzten 20 Jahren) ein angebotsprägendes Leitmotiv." (Tietgens, 2001, S. 275).

[45] Der Konstruktivismus, der keine pädagogische Handlungstheorie, sondern eine Erkenntnistheorie ist, beeinflusst vor allem die pädagogische Theoriebildung in den letzten Jahren stark. Aus ihr ergeben sich für die Erwachsenenbildung weitreichende Konsequenzen, da Lernen in konstruktivistischer Sicht nicht lehrdeterminiert, sondern strukturdeterminiert ist. Die Schaffung von Lernarrangements oder Lebenssituationen, in denen Lernen ermöglicht wird, sieht die konstruktivistische Didaktik als zielführend an (vgl. Arnold/Siebert, 1996; Bolscho/de Haan, 2000). Der interaktionistische Konstruktivismus ist ein kulturtheoretisch begründeter Ansatz, der in unterschiedlichen Forschungsfeldern die Übertragbarkeit einer konstruktivistischen Erkenntniskritik auf Fragen methodischer und praktischer Anwendungen – u.a. auch auf die Erwachsenenbildung - bezieht (vgl. Reich, 1998).

entwicklungen zur Anwendung kommt (vgl. Schäffner, 2002)[46]. Erwachsenen-bildung versteht sich dabei nicht nur als Aneignung neuen Wissens, sondern umfasst ebenso die Vergewisserung, Überprüfung und ggf. Modifizierung vor-handener Deutungsmuster. Unter Deutungsmustern werden kognitive Perspekti-ven verstanden, die im alltäglichen Leben erworben werden, eng mit der Identi-tät der handelnden Personen verbunden sind und insofern auch affektiv mehr oder weniger stark besetzt sein können (vgl. Arnold et al., 1998). Mit dem Kon-zept der „Deutungsmuster" wird in den achtziger Jahren eine Kategorie in das Zentrum erwachsenenpädagogischer Reflexionen gestellt, die aufzeigt, welche individuellen lernfördernden oder hemmenden kognitiv-emotionalen Strukturen in der Bildungsarbeit mit Erwachsenen nicht nur im Sinne einer möglichen Restriktion zu beachten sind, sondern an die „konstruktiv" angeknüpft werden kann, um ein insbesondere lebensweltliches[47] Lernen von Erwachsenen wirk-sam zu gestalten. Erwachsenenbildung wird in diesem Kontext geradezu als Transformation von Deutungsmustern verstanden (vgl. Mezirow, 1997). Im Kern steht damit in der heutigen Erwachsenenbildung ein Verständnis vom Lernen im Mittelpunkt, wonach das Lernen von Erwachsenen

-   nicht eine bloße Abbildung des Gelernten sein kann und deshalb

-   prinzipiell als ,self directed learning' zu verstehen sei,

-   das von außen bestenfalls ermöglicht, „perturbiert" werden könne,

wodurch sich jedwede moralisierenden, technokratischen und belehrenden Konzepte verböten (vgl. Siebert, 2000, S. 23).

Es ist offensichtlich, dass mit der reflexiven Wende und ihrer Hinwendung zum Teilnehmer eine Fokussierung der erwachsenenpädagogischen Diskussion auf die Bedingungen eines *wirksamen Erwachsenenlernens* verbunden war. Die in diesen Diskussionen gewonnenen Erkenntnisse werden gelegentlich in griffige Leitgedanken einer Erwachsenendidaktik überführt, nach denen Erwachsenen-bildung dann wirksam sei, wenn sie

---

46 Damit werden in der Erwachsenenbildung wie übrigens auch in der Organisationsent-wicklung die kommunikativen Aspekte von Veränderungsprozessen in den Mittelpunkt gerückt, für deren Deutung und Steuerung mit dem symbolischen Interaktionismus eine paradigmatische Ausgangsbasis zur Verfügung steht (vgl. Schäffner 2002, S. 26 f).

47 Unter Lebenswelt wird in Anlehnung an Husserl die selbstverständliche Wirklichkeit der Menschen verstanden. „Die alltägliche Lebenswelt ist der Wirklichkeitsbereich, an der der Mensch in unausweichlicher, regelmäßiger Wiederkehr teilnimmt. Die alltägliche Lebenswelt ist die Wirklichkeitsregion, in die der Mensch eingreifen und die er verän-dern kann, indem er in ihr durch die Vermittlung seines Leibes wirkt." (Schütz/Luckmann, 1979, S. 25). In modernen Gesellschaften entsteht ein Bedarf nach Unterstützungsleistungen zum Aufbau, zur Überprüfung lebensweltlicher Orientierungen, der von der Erwachsenenbildung in Teilen erbracht werden kann oder sollte (vgl. Schmitz, 1984)

- „... der Selbststeuerung und Aktivität der Lernenden einen breiten Raum einräumt,

- die Aneignung und (Re-)Konstruktion von Inhalten vor dem Hintergrund individueller Situierungs- und sozialer Austauschgelegenheiten im Lernprozess arrangiert und

- insgesamt der Einbeziehung und Optimierung individueller Lernstrategien einen systematischen Stellenwert zukommen lässt." (Arnold et al., 2002, S. 6).

Diese Leitgedanken werden heute – 30 Jahre nach dem Einleiten der realistischen Wende – auch von einer modernisierten bedarfsorientierten beruflichen Weiterbildung im Wesentlichen geteilt. Aus unterschiedlichen Begründungszusammenhängen abgeleitet fokussieren in der aktuellen erwachsenenpädagogischen Diskussion sehr viele Beiträge auf die Frage, mit welchen Lehr- und Lernstrategien, mit welchen Methoden und Lernarrangements am ehesten ein wirksames Lernen Erwachsener ermöglicht wird. Statt von einem wirksamen Lernen wird dabei immer häufiger von einem nachhaltigen Lernen gesprochen. „Nachhaltig gelernt wird nicht durch lineare Wissensvermittlung, sondern durch eine selbsttätige Aneignung von relevantem Wissen," heißt es in einer Art Handlungsempfehlung bei Siebert (2000, S. 30). Mit ähnlicher Plausibilität rät Arnold dazu, emotionales und kognitives Lernen zu verknüpfen. Denn „... Nachhaltigkeit entsteht insbesondere durch die Verknüpfung der beiden Ebenen des emotionalen und kognitiven Lernens." (Arnold et al., 2002, S. 6). Beide Aussagen verdeutlichen, in welchen erwachsenenpädagogischen Diskussionskontext und in welchem Verständnis die gesellschafts- und bildungspolitische Debatte über Nachhaltigkeit speziell in der Erwachsenenbildung vorläufig (also noch nicht wirklich nachhaltig) assimiliert wird.

2.3.3 Nachhaltiges Lernen Erwachsener

Der Begriff der Nachhaltigkeit, der einer entwicklungsökonomischen Debatte entstammt und auf dauerhafte, selbsttragende und strukturbildende Entwicklungen setzt, wird in der Erwachsenenbildung bisher ausschließlich mit Bezug auf das systemtheoretische Denken des Sustainability-Ansatzes in seiner *lerntheoretischen Bedeutung* aufgegriffen. Es wird vorgeschlagen, nachhaltige Erwachsenenbildung als ein Erwachsenenlernen von den Eigenkräften und den Eigenanstrengungen der Lernenden her zu verstehen. Gesucht werden im Rahmen dieses systemtheoretischen Nachhaltigkeitsdenkens neuartige Erklärungen für das Gelingen oder Misslingen von individuellem und organisatorischem Lernen. Nachhaltige Bildung wird in diesem Diskussionsstrang der Erwachsenenbildung demnach zum *nachhaltigen Lernen Erwachsener*, mit dem ein Lernen gemeint ist, das zu anhaltenden Wirkungen im Hinblick auf die Weiterentwicklung,

Transformation oder Differenzierung von fachlichen, sozialen, methodischen und emotionalen Kompetenzen bei Erwachsenen führt (vgl. Arnold et al., 2002, S. 8). Nach Mader sei der Begriff der Nachhaltigkeit deshalb geradezu prädestiniert, den zentralen Forschungsgegenstand der Erwachsenenpädagogik zu markieren, der auf die Frage fokussiert, „... wie eine Lehr-, Lernsituation nachhaltiges Lernen hervorbringt." (Mader, 2001, S. 5)[48]. Wenn beim nachhaltigen Lernen nach der *dauerhaften Wirkung* von Bildungs-, Lern- und Entwicklungsprozessen gefragt wird, dann ähnelt diese Verwendung des Nachhaltigkeitskonzepts derjenigen, die in der Entwicklungszusammenarbeit anzutreffen ist. Eine Maßnahme gilt in der Entwicklungszusammenarbeit dann als nachhaltig, wenn sie nach Abschluss der externen Förderung dauerhaft Bestand hat, d.h. einen eigenständigen Entwicklungsprozess angestoßen hat und auch im Projektumfeld fortwirkt[49] (vgl. Messner, 2001, S. 14).

Bei dem Begriff des nachhaltigen Lernens von Erwachsenen können zwei Themenschwerpunkte und Deutungen des nachhaltigen Lernens unterschieden werden. Nachhaltiges Lernen kann als Nachhaltigkeit des Lernverhaltens oder im anderen Falle als die Nachhaltigkeit der Lernergebnisse verstanden und diskutiert werden[50].

Auf die *Nachhaltigkeit des Lernverhaltens* hat – allerdings in anderer Begrifflichkeit – erstmals der Deutsche Bildungsrat hingewiesen, als er von der Notwendigkeit des lebenslangen Lernens sprach[51]. Danach sollten alle Bildungsaktivitäten ganz allgemein „... nicht nur Kenntnisse und Fertigkeiten, sondern auch die Fähigkeit, immer wieder neu zu lernen" vermitteln (Deutscher Bildungsrat, 1970, S. 33). Ein wichtiges übergreifendes formales Bildungsziel ist seitdem die Verbesserung der Lernfähigkeit der Bürger, wozu auch eine entsprechend positive Grundeinstellung zur Weiterbildung gehört, damit das lebenslange Lernen zu einem alltäglichen Grundkonzept moderner Lebensgestaltung werden kann. In der Erwachsenenbildung wird in den letzten Jahren die Herausforderung des lebenslangen Lernens verstärkt in Zusammenhang mit der Herausbildung von „Selbstlernkompetenz" bzw. der „Erschließungskompetenz" diskutiert, die auch als „Fähigkeit des Sich-Selbst-Befähigens" umschrieben wird (vgl. Tietgens, 1989, S. 35). Um eine solche Selbstlern- bzw. Erschließungskompetenz zu fördern, ist es nach Simon (1992, S. 262) zielführend, bestimmte Prinzipien bei

---

48 Vgl. auch die Konzeption zu den aktuellen Forschungsschwerpunkten der Erwachsenen-
    bildung, an der Mader u.a. mitgearbeitet haben (Arnold et al., 2002).
49 Ähnlich wird der Begriff übrigens auch in Teilen bei der Evaluation von Umweltbera-
    tungsprojekten verwendet (vgl. Stockmann et al., 2001).
50 Beide Themenaspekte haben auch deutliche Überschneidungen, wenn es beispielsweise
    darum gehen sollte, in Lernprozessen Einstellungen und Kompetenzen zu vermitteln, die
    ein lebenslanges Lernen fördern sollen.
51 Auf die Parallelen zwischen Nachhaltigkeit, Wissensgesellschaft und dem Konzept des
    lebenslangen Lernens weisen Fischer/Dornmann (2000) hin.

der Gestaltung von Lehr- Lernprozessen anzuwenden[52]. Dabei ist jedoch insgesamt zu beachten, dass das Vorhandensein einer mehr oder weniger großen Selbstlernkompetenz zu einem bestimmten lebensbiographischen Zeitpunkt nicht nur durch die Qualität der erlebten Bildungsmaßnahmen geprägt ist, sondern in sehr starkem Maße auch von personalen, sozialen und situativen Determinanten der Bildungssubjekte abhängt (vgl. Schwalfenberg, 1994, S. 369).

Anders als bei der Zielsetzung der Nachhaltigkeit des Lernverhaltens geht es bei dem Ziel der *Nachhaltigkeit von Lernergebnissen* um den wirklichen Nutzen von Bildung, verstanden als die Anwendbarkeit und Nützlichkeit des Gelernten in der Berufs- und/oder Lebenswelt des Erwachsenen. Die schlichten, aber dennoch grundlegenden Fragen lauten, ob das Gelernte zumindest in dem Sinne nachhaltig ist, dass es den Transfer in den Alltag übersteht und dort zu Wirkungen führt, die vor und mit der Bildungsaktivität intendiert waren.

Um den Transfer von Erlerntem aus Lehr- und Lernsituationen z.B. in die betriebliche Praxis zu verbessern, liegen im praktischen Kontext erarbeitete Vorschläge für transferfördernde Maßnahmen vor (vgl. Rank/Thiemann, 1998, S. 51ff.). Maßnahmen, die den so verstandenen Transfer von Erlerntem bei betrieblichen Weiterbildungsmaßnahmen fördern können, sind für Rank/Thiemann (1998):

- Schaffen eines transferförderlichen Organisationsklimas

- Einbeziehung der Vorgesetzten und die „Send–my-boss"-Strategie (Schulung des Vorgesetzten zur Unterstützung des Transfers)

- Vor- und Nachbereitungsgespräche (z.B. Erwartungsabgleich, Zielvereinbarungen, Aktionsplanungsgespräch)

- Coaching (entwicklungsorientiertes Führen im Sinne der „Hilfe zur Selbsthilfe", möglichst auch in Form einer Follow-up-Maßnahme)

- Einbeziehung der Arbeitsgruppe (z.B. in Form simulierter Back-Home-Situationen im Seminar durch Rollenspiel)

- Lernpartnerschaften (tutoriale Lerngemeinschaften, Patenschaften (i.S. des Mentoring) oder Einführungs- bzw. Transferpartnerschaften zwischen einem Lernenden und einem ehemaligen Seminarteilnehmer)

- Grad der Freiwilligkeit bzw. Verpflichtung zur Weiterbildungsteilnahme

---

52 Simon formuliert diese Prinzipien vor dem Hintergrund von Ergebnissen der empirischen Lehr- Lernforschung. Die von ihm formulierten Prinzipien weisen starke Überschneidungen mit den in der Literatur weithin bekannten grundlegenden didaktischen Empfehlungen für die Gestaltung eines erwachsenengemäßen Lernens auf (vgl. Simon, 1992, S. 262ff.; Schüßler, 2000, S. 379ff.).

Auch von Schäffner (2002) werden Kriterien herausgestellt, die die Nachhaltigkeit von „organisatorischem Lernen" positiv (oder auch negativ) beeinflussen. Die Nachhaltigkeit von Lernergebnissen kann zusätzlich unter der Fragestellung untersucht werden, ob die erlernten Fähigkeiten und Kompetenzen ggf. auch in veränderten Anwendungszusammenhängen genutzt werden, dorthin also „transferierbar" sind, so dass sie auch angesichts des raschen gesellschaftlichen Wandels von (relativ) dauerhafter Natur sein können (vgl. Holzkamp, 1993, S. 183). Genau dieser Anspruch wird ja mit dem weiter oben angesprochenen Konzept der Schlüsselqualifikationen formuliert. Insbesondere die stark kognitivistisch ausgerichtete lernpsychologische Forschung konzentriert sich auf die Frage des Lerntransfers und kommt zusammenfassend zu dem eher skeptischen Resümee, dass die Ausbildung transferierbarer Lern- und Denkstrategien nicht als Ergebnis kurzfristiger Instruktions- und Interventionsmaßnahmen zu erwarten sei (vgl. Friedrich/Mandl, 1991, S. 22)[53]. Sie bilden sich vielmehr in längerfristigen Entwicklungsprozessen (Bildungsprozessen) der Menschen heraus. Die Möglichkeiten zur Untersuchung („Messung") der Wirksamkeit von *einzelnen* Bildungsaktivitäten scheinen deshalb hinsichtlich dieses Aspekts des nachhaltigen Lernens besonders stark eingeschränkt zu sein.

Es ist offensichtlich, dass die hier diskutierten Themenaspekte des nachhaltigen Lernens unter dem Gesichtspunkt der Effizienz- und Effektivitätssteigerung der Erwachsenenbildung von zentraler Bedeutung sind (vgl. Bardeleben/Herget, 2000, S. 79). Auch zum Zwecke der gesellschaftspolitischen Legitimation und zur Legitimation von Modellversuchen und einzelnen Bildungsmaßnahmen rücken in der Erwachsenenbildung Fragen der Wirksamkeit, des Qualitätsmanagements und der Qualitätssicherung immer mehr in den Mittelpunkt (vgl. Feuchthofen/Severing, 1995). Umso verwunderlicher ist es, dass eine auch empirisch ausgerichtete *Wirkungsforschung* (Evaluationsforschung) in der Erwachsenenbildung von vielen Autoren als defizitär bezeichnet wird. So stellen Rank/Wakenhut (1998, S. 11) fest, dass die deutschsprachige Erwachsenen- und Weiterbildungsforschung im Gegensatz zum anglo-amerikanischen Sprachraum über keine systematisch-empirische Wirkungs- und Transferforschung verfügt. Auch für den Bereich der beruflichen Weiterbildung, von dem zu vermuten wäre, dass er am ehesten „Effizienzkriterien" berücksichtigen würde, konstatiert

---

53 Andere konstruktivistische und kognitionstheoretische Arbeiten verweisen darauf, dass nachhaltiges Lernen ebenso an die Irritationsfähigkeit und Reflexionsfähigkeit Erwachsener gekoppelt ist, „denn gelernt wird, wenn Unterschiede wahrgenommen werden" (Siebert, 1997, S. 292). Dabei organisiert und konstruiert das Individuum sein Wissen nicht nach dem Maßstab einer Wahrheitsfindung, sondern nach dem Viabilitätsprinzip, d.h. danach, ob und wie ein daran orientiertes Handeln erfolgreich ist, von anderen nicht sanktioniert wird und sich somit als passend und brauchbar („viabel") erweist (vgl. v. Glasersfeld, 1996, S. 121f.).

Schreiber (1998) das Fehlen empirischer Analysen zur Wirksamkeit. „Das Wissen zu Wirkungen und Nutzen von Weiterbildung steht im umgekehrt proportionalen Verhältnis zu den Milliarden-Investitionen, die Unternehmen, Öffentliche Hand und Privatpersonen jährlich in berufliche Weiterqualifizierung tätigen. Es gibt in Deutschland so gut wie keine groß angelegte repräsentative Untersuchung, in der Weiterbildungseffekte das zentrale Thema sind." (Schreiber, 1998, S. 43).

Wenn in der Erwachsenenbildung demnach kaum systematische empirische Studien zur Erfolgskontrolle vorliegen, kann die Intensität, mit der in der Erwachsenenbildung über bestmögliche didaktische und methodische Arrangements nachgedacht wird, als eine Art Selbstvergewisserung darüber verstanden werden, dass die Wirkungen und die Wirksamkeit der Erwachsenenbildung in hohem Maße gegeben sind oder zumindest gegeben sein könnten, wenn die einschlägigen Prinzipien eines erwachsenengemäßen Lernens nur aufgegriffen würden. In Zusammenhang mit dieser Selbstvergewisserung scheint der Begriff der nachhaltigen Bildung, der zu einem nachhaltigen Lernen transformiert wird, zur Zeit besonders nützliche Dienste zu leisten. Seine häufige Verwendung zeigt die Anschlussfähigkeit der Erwachsenenbildung an einen zeitgemäßen gesellschaftspolitischen Diskussionsstrang und modernisiert die schon vielfach vorgetragenen Reden von einer wirksamen Erwachsenenbildung. Womöglich ist mit dem sprachlichen Transfer von einer wirksamen Erwachsenenbildung zu einer nachhaltigen Erwachsenenbildung die Hoffnung verbunden, „windows of opportunities" zu nutzen, um den defizitären Bereich der Wirkungsforschung in der Erwachsenenbildung systematisch zu strukturieren und unter einer zeitgemäßen Überschrift förderwürdige Forschungs- und Modellprojekte zu konzipieren, die die alten Fragen der Erwachsenenbildung nun nachhaltig beantworten werden.

2.3.4 Handlungsfelder als Bezugspunkte einer nachhaltigen Erwachsenenbildung

Nachdem bereits die im Abschnitt 2.2 nachvollzogene Diskussion zur nachhaltigen Bildung deutlich machte, dass die Frage der „Nachhaltigkeit von Bildungsinhalten" sukzessive auf das demokratietheoretisch begründete Konstrukt der „Gestaltungskompetenz" und auf die „Nachhaltigkeit von Kompetenzen" verschoben wird, zeigt die spezifische Adaption des Nachhaltigkeitsthemas in der Erwachsenenbildung bisher sogar eine fast ausschließlich lerntheoretische Argumentation, die das alte Thema einer wirksamen Erwachsenenbildung unter der Überschrift des nachhaltigen Lernens neu formuliert.

Insgesamt bleibt dabei ungeklärt, wie sich die formalen Inhalte einer Gestaltungskompetenz und auch von Schlüsselqualifikationen operationalisieren und über welche Inhalte und Lernarrangements sich diese überhaupt „vermitteln" lassen (vgl. Achtenhagen, 1996). Diese Einwände gelten in ähnlicher Weise sicher auch für das von Klafki vertretene bildungstheoretische Konzept einer zeitgemäßen Allgemeinbildung, das sich – wie in Kapitel 2.2. ausgeführt wurde – in Richtung einer nachhaltigen Bildung erweitern ließe. Sie gelten auch für den Themenkatalog, den die deutsche UNESCO-Kommission für die Weltdekade zur „Bildung für eine nachhaltige Entwicklung" vorgeschlagen hat, die von den Vereinten Nationen für den Zeitraum von 2005 bis 2014 ausgerufen wurde (vgl. Deutsche UNESCO-Kommission, 2003). Nach ihrem Vorschlag sollen sich internationale und nationale Programme zur nachhaltigen Bildung in den nächsten 10 Jahren auf folgende Themen konzentrieren (vgl. Deutsche UNESCO-Kommission, 2003, S. 3):

- Konsumverhalten und nachhaltiges Wirtschaften

- Kulturelle Vielfalt

- Gesundheit und Lebensqualität

- Wasser- und Energieversorgung

- Biosphärenreservate als Lernorte

- Welterbestätten als Lernorte

- Nachhaltigkeitslernen in der Wissensgesellschaft

- Bürgerbeteiligung und „good governance"

- Armutsbekämpfung durch nachhaltige Entwicklungsprojekte

- Gerechtigkeit zwischen den Generationen: Menschenrechte und ethische Orientierung

Dieses Themenspektrum, das einer *sachlogischen Problem- und Aufgabenanalyse* entspringt, enthält einige Überschneidungen mit den von Klafki bildungstheoretisch begründeten „Schlüsselproblemen", von denen Klafki hofft, dass auch die Lernenden von diesen elementaren kulturellen Inhalten erschlossen, gewissermaßen von ihnen „aufgeschlossen" werden (vgl. Klafki, 1996). Genau dies ist jedoch zu bezweifeln, wenn die Frage nach dem „*Was*", d.h. nach Zielen und Inhalten einer nachhaltigen Erwachsenenbildung, ohne die Frage nach dem „*Wie*", d.h. den Möglichkeiten ihrer Umsetzung sowie ihrer möglichst dauerhaften Wirkung beantwortet wird[54]. Wenn bestimmte Themen in einer nachhaltigen Erwachsenenbildung aufgegriffen und behandelt werden sollen, müssen schon

---

[54] Dies wird von de Haan (2001) anders gesehen, der betont, dass die Selektion von Inhalten aus den „Relevanzbeschreibungen" innerhalb der Fachdiskussion um eine nachhaltige Entwicklung möglich ist und erfolgen sollte, sodass „... *dann* die Frage lautet, *wie* man diese Inhalte thematisiert." (de Haan, 2001, S. 41; Hervorhebungen von I.S.).

bei der Themenauswahl und nicht nur bei der methodischen Gestaltung die fundamentalen Anforderungen berücksichtigt werden, die den wissenschaftlichen Diskussionsstand eines wirksamen (nachhaltigen) Erwachsenenlernens widerspiegeln. Neben der Nachhaltigkeitsrelevanz von Zielen und Inhalten muss sich eine nachhaltige Erwachsenenbildung, die – und das ist die doppelte Konnotation „nachhaltiger Erwachsenenbildung" – auch ein nachhaltiges Lernen ermöglichen will, vor allem um

- die Handlungsrelevanz und wahrnehmbare Nützlichkeit der vermittelten Kompetenzen in Beruf, Konsum oder Freizeit bemühen und auf

- ihre Anschlussfähigkeit an vorhandene Deutungsmuster, Wertorientierungen und Lebensstile der Erwachsenen achten.

Diese grundlegenden Anforderungen eines wirksamen erwachsenengemäßen Lernens sind mit der abstrakten Vermittlung des Nachhaltigkeitsthemas nur schwer zu erfüllen. Nachhaltigkeit ist – auch wenn sie beispielsweise auf die von der UNESCO vorgeschlagenen Themenfelder oder auf die Schlüsselthemen Klafkis heruntergebrochen wird – gemessen an diesen Anforderungen – ein sperriges Thema, weil das Konzept der Nachhaltigkeit

- eine globale und ganzheitliche gesellschaftliche Vision beschreibt, die – zumindest auf den ersten Blick – nur punktuelle und über viele komplexe Wirkungsketten vermittelte Bezüge zum Alltag der Menschen hat und kaum Rückmeldungen über eigene individuelle Beiträge zur Zielerreichung bietet,

- eine langfristige Perspektive einfordert, die auch die Handlungsmotivationen und Handlungsmöglichkeiten zukünftiger Generationen mit in Betracht zieht,

- zu komplexen Abwägungen zwischen ökonomischen, sozialen und ökologischen Zielsetzungen zwingt, die angesichts der ohnehin geringen Prognosefähigkeiten der Menschen ihre Beurteilungsfähigkeit häufig systematisch überfordern[55],

- auf die Handlungswirkungen und nicht auf die Handlungsabsichten abhebt, die angesichts des längerfristigen Beurteilungshorizonts und der komplexen Interdependenzen vieler Einflussfaktoren auseinanderfallen können[56],

---

55 Vgl. die von Dörner (1989) vorgestellten Untersuchungen zur Logik des Misslingens.
56 Auf die Unterscheidung und das mögliche Auseinanderfallen von Handlungsabsichten und Handlungsfolgen hat besonders eindringlich Mephisto in Goethes Faust hingewiesen, der sich als Teil einer Kraft beschreibt, „... die stets das Böse will und stets das Gute schafft" (Goethe, 1971, Vers. 1336). Homan greift diese Metapher auf, wenn er unterstellt, dass in modernen, arbeitsteiligen Gesellschaften die Moralisten zumindest gelegentlich in Gefahr geraten, durch allzu moralisches Argumentieren der allgemeinen Moral Schaden zuzufügen (vgl. Homann, 1996, S. 35).

- zahlreiche Unsicherheiten darüber enthält, was tatsächlich zur nachhaltigen Wirtschaftsweise führt, was zu der notwendigen Offenheit und scheinbaren Unbestimmtheit des Konzepts Nachhaltigkeit beiträgt,

- auf zahlreichen sachlichen Annahmen und Informationen beruht, deren Angemessenheit und Qualität häufig nur von Experten beurteilt werden kann,

- eine latente und teilweise auch manifeste Kritik gegenüber den modernen Lebens- und Konsumstilen formuliert,

- für die wohlhabenden Länder neue, ungewohnte Beurteilungsmaßstäbe von Wohlstand und Lebensqualität einfordert und

- in besonders gravierender Weise mit der Free Rider Problematik verwoben ist, da von einer verbesserten Nachhaltigkeit auch Menschen, Regionen, Staaten profitieren können, die keine eigenen Aufwendungen für ihr Zustandekommen erbracht haben.

Insbesondere das Auseinanderklaffen, aber auch das zunehmende Verwobensein der individuellen Lebenswelten mit den globalen Entwicklungen ist von Ulrich Beck in den letzten Jahren immer wieder thematisiert und als Kennzeichen moderner Gesellschaften beschrieben worden (vgl. Beck, 1997; Beck et al., 1995). Die offensichtliche Tendenz zur Individualisierung in den modernen Gesellschaften scheinen danach auf den ersten Blick alle Formen eines auf ein Ziel hin gerichteten gemeinschaftlichen Handelns unmöglich zu machen. Ist dem Egoismus-Fieber in den modernen Gesellschaften durch „... Ethik-Tropfen, heiße Wir-Umschläge und tägliche Einredungen auf das Gemeinwohl ..." überhaupt noch beizukommen, fragt deshalb Beck (Beck et al., 1995, S. 10). Dabei beobachtet er, dass nun gerade in der Sphäre, in der die individuellen Freiheiten am besten garantiert schienen – im Konsum nämlich – in einer vom Individualisierungsfieber gekennzeichneten Gesellschaft nun paradoxer Weise gerade zahlreiche Beispiele anzutreffen sind, in denen neue Formen eines solidarischen Handelns erprobt werden (vgl. Beck, 1995). „Vor dem Hintergrund des Parteienüberdrusses und der umfassende Krise unseres politischen Systems wird die Frage, wie sich der *einzelne Bürger* heute an der Meinungsbildung, der Mitwirkung und Entscheidung über *globale und vernetzte Fragen* überhaupt noch beteiligen kann und will, verblüffend einfach beantwortet: durch Kaffeetrinken, Weintrinken oder Tanken, oder durch „meine Geldanlagepolitik", kurz: durch verschiedene Ausdruckformen, die dem Konzept des nachhaltigen Konsums[57] zugeordnet werden können." (Schoenheit, 2001, S. 123).

Bereits 1988 hatte Benningsen-Foerder, als er vom „Kunden als Bürger und vom Bürger als Kunden" sprach, prognostiziert, dass die vormals klar getrennten Rollen des politischen Bürgers, der wählt, sich politisch organisiert und ggf. auch mal einen Leserbrief schreibt, auf der einen Seite und des wirtschaftlich zweckrational handelnden Konsumenten auf der anderen Seite, der seinen kleinen Vorteil stets im Blick hat, sich zusehends überschneiden werden (vgl. Benningsen-Foerder, 1988). Die unterstellte sektorale Dualität[58] im Handeln des Wirtschaftsbürgers (Bourgeois) und des politischen Bürgers (Citoyen), die jeweils auf das Private beim Konsum und auf das Allgemeine bei der Wahrnehmung der bürgerlichen Rechte fokussiert, wird deshalb auch modelltheoretisch immer häufiger in Frage gestellt[59]. So ist es nach Etzioni angesichts dieser Phänomene insgesamt schlüssiger, von einer *durchgehenden* Dualität moralischen *und* eigennützigen Handelns, dem sogenannten „Ich + Wir-Paradigma" auszugehen (vgl. Etzioni, 1996, S. 87ff.; Katterle, 1991, S. 134f.; imug, 1997, S.

---

[57] „Das Thema nachhaltiger Konsum umfasst eine Vielzahl von Lebensbereichen. Sie reichen von Lebensmitteln, Bekleidung, Reinigung und Pflege, Wohnen und Haushalt, über Freizeit und Unterhaltung bis hin zu Verkehr, Tourismus und Finanzdienstleistungen. All diese Bereiche werden wir mit der Weiterentwicklung des Nachhaltigen Warenkorbs aufgreifen. Dieser nachhaltige Warenkorb ist ein Leitfaden für einen verantwortungsvollen Konsum" (Künast, 2004, S. 1). Zum Begriff nachhaltiger Konsum vgl. Hansen/Schrader, 1997; Hedtke, 1999; Müller, 2001; Schoenheit, 2001; Schrader/Hansen, 2001. Zum Konzept des nachhaltigen Warenkorbs vgl. imug, 2002.

[58] Für das Vorhandensein auch uneigennütziger Verhaltensweisen gibt es zahlreiche Evidenzen, allerdings wird meistens der Ort ihrer Befriedigung eher in den nicht-ökonomischen Lebensbereichen Familie, Politik und „civil society" lokalisiert (vgl. Etzioni, 1994, S. 111). Häufig wird in diesem Zusammenhang eine Art „Zwei-Welten-Modell von ökonomischer Rationalität und außerökonomischer Moralität" (Ulrich, 1990, S. 181) unterstellt. Allerdings sind auch zahlreiche theoretische Anstrengungen zu beobachten, diese „Zwei-Welten-Theorie" von der Ökonomie her in Frage zu stellen, wenn von der Universalisierung des ökonomischen Modells menschlichen Verhaltens gesprochen wird (vgl. Frey, 1990, S. 329).

[59] Vgl. den Überblicksartikel von Heuer (2004) über neuere Forschungsergebnisse der „Verhaltensökonomie", die auf einen breiten Verhaltensmöglichkeitsspielraum der Entscheidungssubjekte hinweisen, die stärker von den individuellen Erfahrungen und dem sozialen Kontext geprägt sind, als die in den Modellannahmen des homo oeconomicus reflektiert wird. Auch Matthiesen (1995) und Hedtke (2001) setzen sich mit den Prämissen der „Standardökonomie" kritisch auseinander.

24)[60]. Wird dieses Doppelparadigma akzeptiert oder insgesamt die starke soziale und kulturelle Formung des menschlichen Verhaltens betont, dann wäre konsequenterweise zu untersuchen, unter welchen Bedingungen, in welchen Handlungsfeldern oder Systemen sich die moralische oder die eigennützige Seite stärker ausprägen und in welcher Weise institutionelle Regelungen hierauf wie Einfluss nehmen.

Die Sphäre des Konsums könnte demzufolge eine der Arenen sein, in der sich Formen der zeitgemäßen Partizipation der Bürger an gesellschaftspolitischen Zielstellungen und Meinungsbildungsprozessen herausbilden, sodass ein Zusammenwachsen von Bürger- und Konsumentenrollen zu beobachten ist. Werden diese Beobachtungen ernst genommen, könnte eine nachhaltige Erwachsenenbildung versuchen, jene *Handlungsfelder im nachhaltigen Konsum* und spiegelbildlich auch in den „dazugehörigen" nachhaltigen Produktionsstrukturen[61] besonders zu beachten, die geeignet sind,

- „die Ferne" des Konstruktes der Nachhaltigkeit von der Lebenswelt Erwachsener zu überwinden,

- seine hohe „Komplexität" in Zielsetzungen und alltägliche Handlungsanweisungen zu transferieren, die eine gewisse Plausibilität und „Sicherheit" bieten, dass gewünschte (nachhaltige) Ziele erreicht werden,

- den in der Regel schwer privatisierbaren Nutzen einer verbesserten Nachhaltigkeit doch deutlicher mit einem exklusiven Nutzen für diejenigen zu verbinden, die für die Ziele der Nachhaltigkeit bestimmte zusätzlichen Aufwendungen auf sich nehmen.

Eine solche Suche der nachhaltigen Erwachsenenbildung nach realen Handlungsfeldern, die diesen Anforderungen entsprechen, greift den grundsätzlichen, „funktionalistischen" Denkansatz von Robinsohn (1971) auf, dessen Programmentwurf in den siebziger Jahren die Initialzündung für die *deutsche Curriculumdiskussion* wurde (vgl. Frey et al., 1975). Grundlegend für die Frage der Findung, Auswahl und Legitimation von Lernzielen und –inhalten ist in dem Konzeptansatz von Robinsohn die Triade von „Situation", „Qualifikation" und „Curriculum". In Bildungsprozessen sollen Kompetenzen[62] entwickelt und

---

60 Auch das Konzept des Homo Cultaris geht von einem „ähnlichen" menschlichen Handlungsmodell aus, das Erfolgslogik und Empathievermögen verbindet. Danach können beispielsweise Konsumenten – unter bestimmten Bedingungen – verinnerlichen, was als tugendhaft zu gelten hat und ihre Präferenzen und ihr Handeln entsprechend reflektieren und steuern (vgl. Gruchy, 1987); vgl. zum Konzept der Präferenzen insbesondere im Handlungsfeld der „Geldanlage" in Kapitel 3.3.
61 Nachhaltige Konsum- und Produktionsstrukturen sind dabei in ihrer gegenseitigen Verzahnung zu verstehen (vgl. OECD, 1997, imug 2002).
62 Auf Unterscheidungen und Gemeinsamkeiten von „Qualifikation" und „Kompetenz" ist an anderer Stelle hingewiesen worden (vgl. FN 37)).

gefördert werden, die den Einzelnen befähigen können, die (Qualifikations-) Anforderungen von realen Handlungssituationen zu erfüllen. Der ausdrückliche Bezug auf reale Lebenssituationen kann innerhalb der bildungstheoretischen Diskussion „... als der Versuch gewertet werden, Bildungsprozesse stärker auf gesellschaftliche Praxis zu beziehen und durch die Analyse von Ausschnitten dieser Praxis zur Legitimation von Zielen und Inhalten von Bildungsprozessen beizutragen." (Hemmer/Zimmer, 1975, S. 195). Gegenüber diesem Konzeptansatz, der die realistische Wende der Erwachsenenbildung stark mitprägte, wurde und wird regelmäßig der Einwand der technokratischen Verkürzung und der Vorwurf der bloßen Anpassung der Bildungssubjekte an „Situationen" (an „die Gesellschaft") erhoben[63]. Auch wenn dieser Konzeptansatz im Kontext der Suche nach Zielen und Inhalten einer nachhaltigen Erwachsenenbildung hier ins Spiel gebracht wird, kann diese Kritik formuliert werden. Es könnte zusätzlich kritisch darauf hingewiesen werden, dass „... eine restlose Aufklärung des Zusammenhangs zwischen Lebenssituation, Qualifikation und Curriculumelementen" bereits in den siebziger Jahren deshalb als nicht möglich angesehen wurde, weil ein Totalmodell sozialer Erkenntnis nicht zur Verfügung stand (Achtenhagen, 1975, S. 182). Von solchen Totalmodellen der „sicheren Erkenntnis" der gesellschaftlichen Verhältnisse und ihrer Entwicklung scheinen die gegenüber den siebziger Jahren inzwischen wiederum moderneren Gesellschaften[64] sich noch einmal weiter entfernt zu haben. Bei der Argumentationsfigur der fehlenden „Totalmodelle" ist allerdings immer auch die Gefahr der „Simplifizierung durch Komplexitätskomplexion" gegeben (vgl. Achtenhagen, 1975, S. 183). Statt auf ganzheitliche schlüssige Ableitungen zu warten, können beispielsweise

- dem Konzept der Handlungsforschung folgend im Diskurs mit den erwachsenen Beteiligten an Bildungsprozessen akzeptable Vorschläge für Bildungsziele- und -inhalte erarbeitet und umgesetzt werden[65],

- technokratische Verkürzungen solange akzeptiert werden, wie sie es ermöglichen, aus Sicht der Erwachsenen nützliche Kompetenzen zu erlernen und

---

63 Vgl. auch die Ausführungen zur realistischen Wende der Erwachsenenbildung in Kapitel 2.3.2.1.

64 Nach Habermas drückt sich in Modernität „... immer wieder das Bewusstsein einer Epoche aus, die sich zur Vergangenheit ( ) in Beziehung setzt, um sich selbst als Resultat eines Übergangs vom Alten zum Neuen zu begreifen" (Habermas, 1981, S. 445). Nach diesem Verständnis gibt es zahlreiche Hinweise darauf, dass sich die aktuelle „Gesellschaft der Bundesrepublik Deutschland" gegenüber der Gesellschaft der 1970er Jahre wiederum als „moderner" verstehen kann (vgl. auch Beck et al., 1996).

65 Hemmer/Zimmer (1975) schildern eine Curriculumentwicklung für und mit dem Personal eines Krankenhauses, das dem Paradigma der Handlungsforschung folgt. Es war „... als ein in konkreter Lebenswelt angesiedeltes Kommunikationssystem organisiert, innerhalb dessen Theorie und Praxis, Untersuchung und Veränderung, Forschung und Handlung sich verschränken." (Hemmer/Zimmer, 1975, S. 199).

keine dezidierten Erkenntnisse über deren Nachhaltigkeitsschädlichkeit vorliegen und

- sie sich auf solche Handlungsfelder konzentrieren, in denen das Entstehen von Qualifikationsanforderungen zu beobachten ist, die – obwohl sie spezifisch und situationsbezogen sind – auch die Aneignung von allgemeinen, die Persönlichkeit stärkende Kompetenzen ermöglichen oder gar erfordern.

In der Erwachsenenbildung dürfte heute an der engen „... Verklammerung von Handlungsfeld und Handlungsfähigkeit..." (Achtenhagen, 1975, S. 190) schon allein deshalb festgehalten werden, weil sich heute Einrichtungen der Erwachsenenbildung zunehmend als Dienstleister verstehen, „... die ihren Auftrag aus Themenkonjunkturen der Lebenspraxis in ihren Einzugsmilieus schöpfen." (Harney, 2001, S. 230). Da es in der Erwachsenenbildung in der Regel um ein freiwilliges Lernen von Erwachsenen geht, kommt dieses in unserer mit höheren Freiheitsgraden und vielfältigen Handlungsoptionen ausgestatteten Gesellschaft häufig erst dann zustande, wenn die Bildungssubjekte die unmittelbare Nützlichkeit ihrer Bildungsanstrengungen antizipieren[66].

Die deutliche Verklammerung von Handlungsfeld und Handlungsfähigkeit ist im Memorandum für eine ökonomische Allgemeinbildung wiederzufinden, in dem Bildung als „... Ausstattung des Individuums mit jenen Kenntnissen, Fähigkeiten, Einsichten und Werthaltungen verstanden [wird], die es befähigen, seine eigene individuelle und soziale Identität zu entwickeln und jene Situationen erfolgreich zu bewältigen, mit denen es privat, beruflich und öffentlich konfrontiert wird." (Deutsches Aktieninstitut, 1999, S. 4). Dieses Verständnis von Bildung grenzt sich gegenüber abstrakten Forderungen nach Selbstverwirklichung und Individualität ab, bei denen die sozialen, ökonomischen, politischen und ökologischen Kontexte nicht berücksichtigt werden. Für eine nachhaltige Erwachsenenbildung dürften solche abstrakten Konzepte ebenso unzureichend sein, wie auch der Versuch, auf die Herausforderung der Nachhaltigkeit lediglich mit der Förderung von „Gestaltungskompetenz" zu reagieren oder einzelne Sachthemen der Nachhaltigkeit (siehe oben) schlicht als einen zusätzlichen, einen „gewollten" politischen Bildungsinhalt zu entfalten. Vielmehr müssten – und das greift die hier vorgetragene Argumentation auf – Handlungsfelder („Situationen") identifiziert werden, in denen Erwachsene bereits heute Aufgaben bewältigen und Kompetenzen einbringen können und müssen, in denen

---

66 „Marketing für die Erwachsenenbildung" oder „Weiterbildungsmarketing" werden vor diesem Hintergrund wichtiger. Nach Meisel geht es in der Erwachsenenbildung inzwischen nicht mehr um ein grundsätzliches Pro oder Contra, sondern um die Frage, „wozu und für welche Qualität von Bildung das Marketingdenken genutzt wird." (Meisel, 2001, S. 216)

- auf die Vision einer nachhaltigen Entwicklung explizit Bezug genommen wird,

- das Abwägen von sozialen, ökologischen und ökonomischen Zielperspektiven in einer kurz-, mittel- und langfristigen Perspektive ausdrücklich gefordert ist,

- das Thema der sozialen Gerechtigkeit auch in einem globalen Kontext und in Verbindung mit den ökonomischen Entwicklungschancen und ökologischen Verträglichkeiten behandelt wird.

Als ein solches Handlungsfeld wird in dieser Arbeit der Bereich des *Socially Responsible Investments* angesehen. Dieses Handlungsfeld, das sich in der nachfolgenden ökonomischen Analyse als ein Markt mit spezifischen Interaktionsmustern darstellt, wird für eine nachhaltige Erwachsenenbildung nicht deswegen zur Diskussion gestellt, weil es nur um die Erzeugung von instrumentellem Wissen und Können zur Bewältigung von spezifischen (ökonomischen) Handlungssituationen bei der Geldanlage gehen soll. Vielmehr soll es auch um die Frage gehen, ob Erwachsene in diesem Handlungsfeld und an diesem Lerngegenstand wesentliche Kenntnisse und Kompetenzen entwickeln und Werthaltungen und Handlungsmuster überprüfen, verfestigen oder verändern können, die für eine selbstbestimmte Lebensführung und für eine nachhaltige Entwicklung gleichermaßen wichtig sind.

3 Konzept und Realität des Socially Responsible Investments

3.1 Begriffliche Einordnung und Abgrenzung des SRI

In einer ersten pragmatischen Annäherung wird unter dem Socially Responsible Investment (SRI) sowohl der Markt als auch die Tätigkeit von privaten oder institutionellen Kapitalgebern verstanden, die ihr Geld nicht nur nach ökonomischen, sondern auch nach sozialen, ökologischen oder anderen ethischen Kriterien anlegen. In Wissenschaft und Praxis ist dieser Gegenstandsbereich von einer besonderen begrifflichen Unsicherheit und Beliebigkeit geprägt (vgl. Hansen et al., 2003, S. 10). So spricht Balz (1999, S. 57) von ethisch-ökologischen Geldanlagen, Schäfer (2000, S. 10) von ethischen Finanzdienstleistungen, während andere Autoren – ganz zeitgemäß – die Begriffe eines „grünen" und neuerdings auch eines „nachhaltigkeitsorientierten" Investments verwenden (vgl. Flotow/Häßler/Schmidt, 2001, S. 3). Eine Unterscheidung nach der historischen Entwicklung nehmen Schaltegger und Figge (2001) vor und sprechen dabei insgesamt von „sustainable investment products". Sie differenzieren nach Ethik-, Umweltschutztechnologie-, Ökoeffizienz- und Sustainable-Development-Fonds. Um die ungenaue und unbefriedigende Verwendung des Begriffs „ethisch" zu umgehen, ist gelegentlich auch von einem prinzipiengeleiteten Investment die Rede (vgl. Jäger/Waxenberger, 1998). Die überraschende Begriffsvielfalt[67] ist nicht nur dem Umstand zu verdanken, dass bestimmte Finanzdienstleister vermeintlich positiv besetzte Begriffe in einer gewissen Beliebigkeit benutzen, um beispielsweise einen „Ethikfond" oder einen „Nachhaltigkeitsfond" zu definieren und zu vermarkten, sondern verweist auch auf einen noch unzureichenden *wissenschaftlichen Diskussionsstand* im Bereich des SRI.

Mächtel (1996) setzt sich in seiner Dissertation mit den Erfolgsfaktoren sozial-ökologischer Geldanlagen auseinander und beschreibt die Entwicklung dieses sich entwickelnden Marktes. Balz (1999) und Schaltegger/Figge (2001) stehen für eine Reihe von Untersuchungen[68], die das bestehende Angebot an sozial-

---

67 Fast könnte man in Anlehnung an Goethe formulieren, wo Worte fehlen, stellen sich Begriffe umso schneller ein; vgl. dazu auch den Sänger F.R. David (1987) mit dem Lied „Words don't come easy".

68 Stellvertretend sind hier als weitere Studien zu nennen: Schäfer, 2000; Grieble, 2001; Deml/May, 2002 und Rosen, 2002. Für den amerikanischen Markt sind insbesondere zu nennen: Bruyn, 1987; Domini, 2001 und Sparkes 2002. Eine Übersicht zum britischen Markt liefern Mackenzie, 1997; Lewis, 2002 und Miles/Hammond/Friedman, 2002. Zu den wenigen Länder vergleichenden Studien siehe Schröder, 2003 sowie speziell zu Performance Gesichtspunkten Armbruster, 2000.

ökologischen Fonds systematisieren und Konzepte der Markterweiterung analysieren. Hier zeigt sich eine große inhaltliche Bandbreite von Fonds, die unter dem Dach des SRI bzw. unter anderen Dachbegriffen zusammengefasst werden. Eng verknüpft mit der Zielsetzung der Beschreibung und Analyse des jungen Marktes sind eine Reihe von Einzelstudien in Deutschland, aber auch im internationalen Raum, die in der Regel verhaltenswissenschaftlich ausgerichtet sind und mögliche Marktentwicklungshemmnisse analysieren[69]. Ein wichtiger Teilaspekt dieser Marktentwicklungsstudien sind die theoretisch und empirisch schwer zu analysierenden Präferenzen der Investoren[70].

Schließlich sind eine Reihe von Forschungsarbeiten anzutreffen, die den möglichen Zusammenhang zwischen der finanziellen Performance von Unternehmen bzw. der Steigerung des Unternehmenswerts und den spezifischen sozialen und/oder ökologischen Leistungen von Unternehmen zum Gegenstand haben[71]. Um in einem ersten Schritt Unternehmen mit guten sozial-ökologischen Qualitäten zu identifizieren, wird in einem Teil dieser Studien geradewegs auf vorhandene SRI-Fonds zurückgegriffen. Die dort gelisteten Unternehmen werden vergleichbaren Unternehmen gegenübergestellt, die keine besonderen sozial-ökologischen Qualitäten aufweisen, was – so die gewagte Unterstellung - durch die Nichtaufnahme in den entsprechenden Fonds indiziert sei. Die in einem zweiten Schritt an bestimmten Indikatoren gemessene Wertentwicklung der Unternehmen soll Rückschlüsse auf die grundlegende Forschungsfrage zulassen, ob verantwortliche Unternehmen kurz-, mittel – oder langfristig eine bessere finanzielle Performance aufweisen als weniger verantwortlich agierende, aber ansonsten vergleichbare Wettbewerber. Für das SRI sind diese Untersuchungen besonders relevant, weil sie direkt das klassische Motivbündel der Kapitalanlage zum Thema machen und – so die interessengeleitete Hypothese der an diesen Studien interessierten Finanzdienstleister – zeigen können, dass „ethisch-ökologische", „nachhaltige" oder „prinzipiengeleitete" Geldanlagen nicht unbedingt in Konflikt mit finanziellen Motiven stehen müssen. Der Mythos einer

---

69 Obwohl die empirisch abgesicherte Analyse des ethisch motivierten Investorverhaltens eine zentrale Bedeutung für das Verhalten der verschiedenen Marktakteure hat, gibt es nur wenige Forschungsprojekte in diesem Bereich. In einer Übersicht spricht Dunfee (2003, S. 249) deshalb bezüglich der ermittelten Motivlagen immer noch von einem „fog of confusion". Vgl zu den empirischen Studien im deutschsprachigen Raum Franck/Ginzel/Lucas, 1999, imug/muk, 2001. Für den britischen Markt wurde im Rahmen des Forschungsprojektes „Morals and Money" das ethische Investorverhalten untersucht. Vgl. dazu die Veröffentlichungen bei Mackenzie/Lewis, 1999; Lewis/Mackenzie, 2000; Lewis, 2001 sowie Webley/Lewis/Mackenzie, 2001.

70 Vgl. Kapitel 3.3.2.1, wo auf diesen Aspekt gesondert eingegangen wird.

71 Vgl. als Übersichten Griffin/Mahon, 1997; Reyes/Grieb, 1998; Bauer/Koedijk/Otten, 2002; Ziegler/Rennings/Schröder, 2002; Waddock, 2003 und die Metaanalyse von annähernd 100 Studien bei Margolis/Walsh, 2001.

finanziellen Underperformance als „Kosten" für das ethische Engagement wurde in der wissenschaftlichen Diskussion bereits von Moskowitz (1972) hinterfragt. Den Hintergrund bildete damals die Haltung von sozialen Aktivisten, die das Instrument des ethisch motivierten Investments zunächst nur politisch wahrnahmen[72]. Die inzwischen vielfältigen akademischen und unternehmensinitiierten Studien haben aber trotz anhaltenderer methodischer Diskussion[73] eines gemeinsam: es konnte kein genereller link zwischen einer positiven sozialökologischen Performance und einer negativen oder positiven ökonomischen Performance nachgewiesen werden. Umgekehrt ist aber festzustellen: „There is remarkable consistency, however, in finding negative returns following the announcement of a socially irresponsible event" (Hickman/Teets/Kohls, 2001, S. 73).

Eine stärker institutionenökonomisch reflektierte Auseinandersetzung mit „ethischen Finanzdienstleistungen" findet sich bislang nur bei Schäfer und Mitarbeitern (Schäfer, 2000; Schäfer/Türck, 2000). Sie geben einen Aufriss über die kapitalmarkttheoretischen Besonderheiten und die absatzwirtschaftlichen Konsequenzen eines Marktes, den sie als ethische Finanzdienstleistungen bezeichnen. Auch ein grobes Forschungsprogramm für den Bereich der „ethischen Finanzdienstleistungen" wird skizziert. Andere Beiträge zur institutionenökonomischen Analyse von Finanzdienstleistungen berücksichtigen nicht die Spezifika des SRI[74].

Einer koordinierten wissenschaftlichen Fundierung des SRI steht zuletzt auch die bisher weitestgehend isoliert voneinander stattfindende Diskussion sowohl in disziplinärer als auch räumlicher Hinsicht entgegen. So dominiert disziplinär die finanztheoretische Diskussion mit starker Praxisorientierung, während daneben ein mehr akademisch ausgeprägter Strang im Rahmen der Unternehmensethik und des ethischen Managements verfolgt wird. Nur vereinzelt finden sich Ansätze im Rahmen der empirischen Ökonomie (vgl. z.B. Wärneryd/Westlund, 1992; Anand/Cowton, 1993; Lewis/Mackenzie, 2000) oder der Marketingwissenschaft (vgl. z.B. Schlegelmilch 1997) wieder. Daneben zeigen sich Arbeiten für Einzelaspekte des SRI im Rechnungswesen (vgl. z.B. Gray/Owen/Adams,

---

[72] Vgl. dazu den historischen Überblick in Kapitel 3.2.
[73] Eine wichtige Rolle spielt hier die bereits angesprochene Diskussion um die multidimensionale Konzeptionalisierung des Konstruktes der sozialen Verantwortlichkeit, die Zugrundelegung verschiedener Zeithorizonte, die Vergleichbarkeit von Risiken sowie die Interpretation von Korrelationen im Sinne von Kausalitäten. So weisen Ziegler/Rennings/Schröder (2002) darauf hin, dass es immer noch Unklarheiten über die stärkere Wirkungsrichtung gäbe: Verbessern sich Unternehmen mit einer positiven sozialökologischen Performance auch ökonomisch oder nutzen besser performende Unternehmen ihre Situation zu einer Optimierung der sozial-ökologischen Performance?
[74] Vgl. z.B. Kaas, 1997; Kaas, 2001; Kaas/Schneider, 2002 und Kaas/Schneider/Zuber, 2002.

1996; Cowton, 1999, Fayers, 1998) oder in der Rechtsliteratur (vgl. z.B. Knoll, 2002). Eine integrative Diskussion wird durch das differierende Erkenntnisinteresse als auch die methodisch und konzeptionellen Unterschiede erschwert. In räumlicher Hinsicht haben sich in der wissenschaftlichen Analyse des SRI vor allem die USA und Europa (hier insbesondere England) als Schwerpunkte herausgebildet. Während sich angesichts der zunehmenden Internationalisierung von Unternehmen insbesondere im Bereich der sozial-ökologischen Bewertung von Unternehmen Länder übergreifende Kooperationen herausgebildet haben (vgl. imug, 1997, S. 221ff.), steht eine intensivere international vernetzte wissenschaftliche Diskussion noch aus[75].

Wenn der wissenschaftliche Diskussionsstand insgesamt rudimentär ist, so kann damit jedoch nicht allein die existierende Begriffsvielfalt und –unsicherheit erklärt werden. Sie verweist vielmehr auf ein strukturelles Problem der Phänomene, die unter dem jeweiligen Begriff zusammengefasst werden sollen. Die gewählten Begriffe versuchen – mehr oder weniger gekonnt - ein Dach für eine Entwicklung im Bereich der Finanzdienstleistungen zu beschreiben, die sich in einem wichtigen Punkt von den klassischen Finanzdienstleistungen abgrenzen, ansonsten jedoch vielfältige Differenzierungen aufweisen.

Um bewusst ein breites Dach über die Besonderheiten eines Teilmarktes des Finanzdienstleistungen aufzuspannen, versteht Peter Webster (2001, S. 9) unter „ethical investment …any investment activity where an assessment of the impact of enterprises upon the planet or is inhabitants (as distinct from the financial) impact upon the investor makes a difference to the investors decisions

- which enterprise to invest in

- how to engage with them

- what to expect of them in terms of risk, return or liquidity."

Diese breite Definition bezieht nicht nur „grün-ökologische Motive" mit ein, sondern umfasst auch Investorenaktivitäten und Motive aus dem kirchlichen und karitativen Bereich. Sie umfasst jedoch nicht nur „das Investieren", sondern ebenfalls das „Engagement", worunter verschiedene Formen der direkten Einflussnahme auf die Unternehmen, bzw. das Management der Unternehmen verstanden werden. Wesentlich und abgrenzend gegenüber „normalen" Finanzprodukten ist demnach, dass neben den „klassischen" Motiven bei der Geldanlageentscheidung (vgl. Bachem, 1987, S. 22f.; Perridion/Steiner, 1991, S. 9f.) mindestens ein zusätzlicher Gesichtspunkt auf der Seite des Investors eine Rolle

---

75 Eine Ausnahme stellt der weltweit angelegte Reader „Sustainable Banking – The Greening of Finance" von Bouma/Jeucken/Klinkers (2001) dar, der aber bewusst den Austausch zwischen verschiedenen Akteuren wie Forschungsinstituten, Unternehmen, Banken und NGOs in den Mittelpunkt stellt und weniger die vernetzte wissenschaftliche Diskussion.

spielt, der sich nicht auf seinen direkten Eigennutzen bezieht. Diese zusätzliche Erwägung, die bei der Investmententscheidung relevant werden kann, bewertet mögliche positive oder auch negative Folgen eines finanziellen Investments für Dritte oder für etwas Drittes. „Ethical Investment involves knowing what your money is doing, and knowing that these uses are in accordance with your own ethical standards" (Knowles, 1977, S. 1).

In dieser Arbeit soll der Begriff des Socially Responsible Investment verwendet werden, weil er am deutlichsten ein breites Dach für vielfältige inhaltliche Ausprägungen abbildet und ethisch und weltanschaulich hergeleitete Handlungspräferenzen auf den Finanzmärkten ebenso einbezieht wie soziale und ökologische Zielperspektiven. Darüber hinaus wird der Begriff des Socially Responsible Investment in internationalen Diskussionszusammenhängen am häufigsten verwendet, während in Deutschland (noch) mehrheitlich von ethisch-ökologischen Geldanlagen gesprochen wird (vgl. Schoenheit/Hansen, 2001, S. 24).

Socially Responsible Investment wird vom Social Investment Forum aus Großbritannien[76] verstanden „... as investment that combines investors financial objectives with their commitment to social concerns such as social justice, economic development, peace or a healthy environment" (Mistra, 2001, S. 8).

Der Begriff SRI wird in dieser Arbeit in zwei unterschiedliche Weisen verwendet. Unter SRI wird verstanden

1. eine besondere Art des Geldanlegens (eine Tätigkeit) und/oder

2. einen besonderen Markt, der gekennzeichnet ist durch

   - spezifische Produkte,

   - einer besonderen Kommunikation von unterschiedlichen Akteuren und

   - Bewertungen der sozialen und ökologischen Eigenschaften von Unternehmen.

Der zuletzt genannte Aspekt des SRI ist der zentrale Untersuchungsgegenstand der Arbeit.

3.1.1 Socially Responsible Investment als Tätigkeit

Als Socially Responsible Investment soll zunächst einmal eine Geldanlageform bezeichnet werden, die denjenigen Unternehmen zufließt, die besondere ökologische und/oder soziale Leistungen vorweisen können oder die aus der subjektiven Sicht von Investoren besondere Eigenschaften oder Verhaltensweisen zeigen, welche mit ihrem eigenen Wertsystem und/oder ihren

---

[76] Vgl. die Internetpräsenz des UK Social Investment Forums unter http://www.uksif.org.

gesellschaftspolitischen Präferenzen übereinstimmen. Für diese erste Begriffs-abgrenzung von SRI, die auf dieser Ebene auf die Tätigkeit des Investierens abhebt, kann in Abhängigkeit von dem Weg, über den der Investor seinen Einfluss auf die Unternehmen ausüben will, mit Mächtel (1996) zwischen einem *aktiven* und einem *passiven* SRI unterschieden werden (vgl. Abbildung 2).

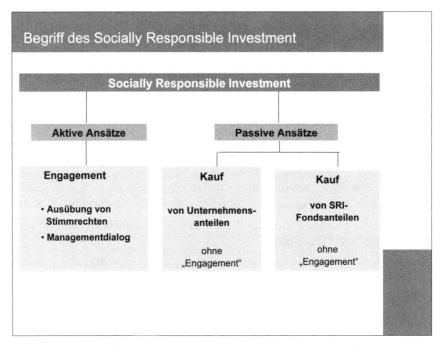

Abbildung 2: Begriff des Socially Responsible Investment (In Anlehnung an Mächtel 1996, S. 51[77].)

Mit den *aktiven* Ansätzen des SRI ist das Handeln von Investoren gemeint, das durch den Erwerb von Eigentumsanteilen an einem Unternehmen auch auf seine sozialen, ökologischen relevanten Verhaltensweisen einen „direkten" Einfluss ausüben will, indem beispielsweise auf Aktionärsversammlungen entsprechende

---

77 Mächtel benutzt den „Dachbegriff" des Nachhaltigen Investierens (vgl. auch imug 2002, S. 15f.).

Punkte zur Sprache gebracht werden[78]. Dies erfordert bei dem jeweiligen Investor zusätzlich zu seinem finanziellen Investment ein entsprechendes Engagement und den Einsatz von bestimmten Ressourcen (vor allem Zeit). Auch der Dialog mit dem Management kann als eine weitere Möglichkeit gesehen werden, direkt auf die Unternehmenspolitik Einfluss auszuüben. Einem in diesem Sinne „aktiven SRI-Investor" erscheint eine Geldanlage beispielsweise in einen Publikumsfonds als ungeeignet, weil er hier sein „Engagement" nicht realisieren kann. In der Regel wird dabei unterstellt, dass die Fondsgesellschaft auf den Hauptversammlungen vorrangig ihre eigenen Interessen bzw. die Gesamtinteressen „ihres Fonds" wahrnimmt und deshalb weniger auf die konkreten Wünsche einzelner Investmentfondsteilhaber eingehen kann.

Weniger Zeiteinsatz und „Engagement" auf Seiten der Investoren erfordern die *passiven Ansätze* des SRI. Der Investor kann hier zunächst einmal direkt in einzelne Unternehmen investieren, die seinen jeweiligen Wertvorstellungen entsprechen. Er unterstellt auch in diesem Fall einen positiven Effekt seines „Investments" in Bezug auf Ziele, die stark von seinen eigenen Wertvorstellungen und moralischen und politisch-gesellschaftlichen Präferenzen geprägt sind. Durch den Erwerb von Aktien sollen die Finanzierungskraft und so die Handlungsmöglichkeiten bestimmter Unternehmen verbessert werden. Auch wenn ein weiteres „Engagement" auf Seiten des Investors nicht erforderlich ist, sieht er sich vor die Aufgabe gestellt, Anlageentscheidungen in Bezug auf jedes einzelne Unternehmen zu treffen. Je nach Differenziertheit seiner jeweiligen Wertvorstellungen und moralischen und politisch-gesellschaftlichen Präferenzen, die er im Kontext seines Investments berücksichtigen will, bestehen für den Investor beträchtliche Informationsbeschaffungs- und –bewertungsprobleme. Er muss potenzielle Anlageobjekte hinsichtlich seiner Präferenzen untersuchen, entsprechende Entscheidungen treffen und ggf. im weiteren Zeitverlauf auch wieder überprüfen. Diese Tätigkeiten können für private und institutionelle Investoren mit erheblichen Kosten verbunden sein. Insbesondere private Investoren scheinen hier systematisch überfordert. Eine wichtige Variante der Tätigkeit des SRI stellen deshalb Investitionen in SRI-Fonds dar.

---

[78] In Deutschland spielt das „aktive SRI" noch eine untergeordnete Rolle, obgleich Aktionärsaktivisten versuchen, eine dem Unternehmen kritisch gegenüberstehende Öffentlichkeit herzustellen. Der Verband der kritischen Aktionäre versucht auf diese Weise, Einfluss auf die Unternehmen zu nehmen (vgl. Kritische Aktionäre der Deutschen Bank, 1990; O.V., 1998); In den Vereinigten Staaten von Amerika hat sich dieser „Shareholder-Aktivismus" als ein eigenständiger Aktionsansatz von NGOs herausgebildet. Gefördert wurde dies durch die spezifische Rechtssituation von Aktionären (insbesondere deren Resolutionsrecht) in den USA. Vgl. als Übersicht Marinetto, 1998; Graves, 2001 und O-Rourke, 2003. Eine Fallstudie zum Shareholder Aktivismus aus soziologischer Sicht liefert Broyles, 1998.

Bei dem Kauf von SRI-Fonds, investiert der Investor in Fonds, die aufgrund der von ihnen vorgelegten Anlagepolitik verdeutlichen, dass der gesamte Fonds ausschließlich (oder vornehmlich[79]) in Unternehmen investiert, die den in der Anlagepolitik definierten Grundsätzen entsprechen. Dem Investor wird in diesem Konzept die Auswahlentscheidung auf der Ebene der einzelnen Unternehmen abgenommen. Er muss prüfen, ob die Anlagepolitik mit seinen Wertvorstellungen und moralischen und politisch-gesellschaftlichen Präferenzen übereinstimmt und ob er es der entsprechenden Fondsgesellschaft zutraut, entsprechend der ausgewiesenen Anlagepolitik zu verfahren.

Die von Mächtel vorgeschlagene kategoriale Unterscheidung von „aktivem" und „passivem" SRI spiegelt womöglich auf einer oberflächlichen und zugleich abstrakten Ebene einige Unterschiede im Investorenverhalten wider. Dabei wird aber eine unglückliche Bezeichnung verwendet und wesentlich zentralere Unterscheidungsaspekte bleiben unberücksichtigt.

Zunächst besteht die Gefahr, durch eine terminologische Unterscheidung zwischen „aktiven" und „passiven" Ansätzen ein spezifisches Verhalten der Investoren zu kennzeichnen und über die normative Aufladung der Begrifflichkeiten eine falsche motivationale Kennzeichnung von Investoren vorzunehmen. In beiden Ansätzen kann sich aber das Verhalten von Investoren als äußerst aktiv oder passiv niederschlagen. Dem Kauf von Unternehmensanteilen oder SRI-Fondsanteilen (=„passiv") kann ein intensiver Informationsprozess über die finanzielle, soziale und ökologische Performance der relevanten Unternehmen vorausgehen, der sich zudem nach dem Erwerb kontinuierlich verstärken sowie einen Dialog mit dem Unternehmen einbeziehen kann. Auf der anderen Seite ist ein Verhalten in den „aktiven" Ansätzen denkbar, bei dem das aktuelle und zukünftige Handeln der betreffenden Unternehmungen wenig verfolgt und allein das Stimmrecht bei Hauptversammlung ritualisiert zur Kritik am Unternehmen ausgeübt wird.

Hier soll deshalb eine Unterscheidung vorgenommen werden, die die von Mächtel vorgenommene Typologisierung als taktisches und strategisches SRI interpretiert, um die wesentlichen Charakteristika beider Kategorien idealtypisch zu kennzeichnen (vgl. Abbildung 3).

---

[79] Die konkreten Formulierungen in der Anlagepolitik lassen hier selbstverständlich einen breiten Spielraum zu, dessen angemessene Nutzung den Investor überzeugen muss.

	Taktisches SRI	Strategisches SRI
Handlungsfeld	Politik	Wirtschaft
Lenkungsmechanismus	Öffentlichkeit	Markt
Lenkungsmedium	Kommunikation	Geld
Motivationslagen	sozial, ökologisch, ethisch	sozial, ökologisch, ethisch, finanziell
Akteursebene	kollektiv	individuell
Interaktionstyp	konfrontativ	dialogisch

Abbildung 3: Typologisierung eines taktischen und strategischen SRI

Wie Sparkes (2001, S. 202) betont, muss ein konzeptioneller Unterschied gemacht werden zwischen einer NGO, die einige Aktien kauft, um auf einen Kampagnenpunkt anhand eines Unternehmens und dessen Engagement in Bereichen wie Atomenergie, Gentechnologie oder Tierversuche aufmerksam zu machen, und derselben NGO, die für ihren Pensionsfonds den Investmentmanagern ausführliche SRI-Richtlinien an die Hand gibt. Können die ethischen Hintergründe dieselben sein, so beziehen sie sich doch auf ein anderes primäres Handlungsfeld mit eigenen Funktionsmechanismen. Für das taktische SRI steht dabei primär die Politik im Vordergrund, während als Handlungsfeld des strategischen SRI im Mittelpunkt die wirtschaftliche Sphäre genutzt wird. Um in den jeweiligen Feldern eine positive Wirkung zu entfalten, müssen die spezifischen Lenkungsmechanismen und –medien mit ihren eigenen Funktionsweisen beachtet werden. So wird die Deutsche Bank von Aktionären bezüglich des Umgangs mit den Ländern der so genannten Dritten Welt kritisiert. Bei der Hauptversammlung 2002 wurden dabei öffentlichkeitswirksame Aktionsformen genutzt, wie symbolische „Leichen" unter dem Motto „Unser Wirtschaftssystem geht über Leichen". Ziel war dabei die Herstellung einer kritischen Öffentlichkeit und die potenziellen Adressaten gingen weit über den Vorstand der Deutschen Bank hinaus. Das SRI wird bei diesen Formen als taktisch bezeichnet, da es sich hier nur um eine Methode unter anderen handelt, um in der Öffentlichkeit gehört zu werden. Daneben finden sich aber ebenso Aktionsformen, bei denen ohne Aktienbesitz Hauptversammlungen gestürmt werden, um auf strukturell vergleichbare Art und Weise auf Probleme bezüglich des unternehmerischen Handelns aufmerksam zu machen (vgl. Mackenzie, 1997; O'Rourke, 2003). Demgegenüber steht beim strategischen SRI die Beteiligung am Unternehmen im Mittelpunkt des Handelns. Hier wird über den Markt und das Lenkungsmedium Geld versucht, Einfluss auf das Verhalten der Unternehmen zu gewinnen. Der Zufluss bzw. Abfluss von Geld wird so zur Belohnung bzw. Bestrafung von Verhaltenstendenzen eingesetzt, die individuell als verantwortlich bzw. im Einklang mit eigenen Wertvorstellungen interpretiert werden. Der entscheidende Handlungs-druck vollzieht sich primär auf der Marktebene, während bei dem taktischen SRI der Druck über Öffentlichkeit gesucht wird, mit den vermittelten Konsequenzen, die von staatlichem Handeln bis hin zum veränderten Verhalten von aktuellen und potentiellen Mitarbeitern reichen können.

Ein zentraler Unterschied in den Typen lässt sich des Weiteren an den Motivationslagen festmachen. Im strategischen SRI besteht grundsätzlich neben den sozialen, ökologischen und ethischen Motiven auch ein finanzielles Motiv. Ausgehend von einer Politisierung des Konsumverhaltens, wie es sich in den Ansätzen eines „Shopping for a better World" durch das Council on Economic Priorities ausdrückt (vgl. imug et al., 1995; imug, 1997), wird von Konsumenten immer weniger ein Widerspruch zwischen marktlichem und sozial-ökologischem oder ethisch motiviertem Handeln erlebt. Im Gegenteil wird zunehmend Markt und Konsum als ein Handlungsfeld für die Artikulation des eigenen Gewissens erlebt. Diese Erfahrungen fördern eine Akzeptanz des Grundgedankens eines strategischen SRI. Beim taktischen SRI spielen dagegen prinzipiell die finanziellen Motive keine Rolle. Kein kritischer Aktionär der „IG Farben AG in Abwicklung" erwartet mit seiner oder ihrer finanziellen Beteili-gung eine Dividende. Im Gegenteil ist es nicht außergewöhnlich, dass beim taktischen SRI auch eine Schädigung des Unternehmens in Kauf genommen wird, die bis hin zum angestrebten Untergang des Unternehmens reichen kann (vgl. Sparkes, 2001, S. 202).

Die Motivationslagen korrespondieren auch mit der typischen Akteursebene und dem präferierten Interaktionstyp. So kann ein Öffentlichkeitsdruck stärker auf kollektiver Akteursebene erreicht werden. Die jeweiligen sozialen, ökologischen und ethischen Motive bzw. Themenkomplexe stehen gleichzeitig auch als Mit-telpunkt einer organisatorischen Vernetzung bzw. Formierung. Typischerweise handelt es sich dabei tendenziell eher um single-issue Ansätze. Das finanzielle Motiv ist dagegen stärker auf einer individuellen Ebene verankert, die obendrein eher der Logik des marktlichen Handelns entspricht. Für den präferierten Inter-aktionstyp steht deshalb beim taktischen SRI die gesuchte Konfrontation mit dem Unternehmen im Vordergrund, die publik werden muss, um eine Hand-lungskonsequenz in diesem Handlungsfeld zu ermöglichen. Beim strategischen SRI wird dagegen tendenziell stärker die dialogische Interaktion mit den Unter-nehmen angestrebt, die sich auch, vermittelt über die spezifischen Anforderun-gen, an SRI-Produkte vollziehen kann.

Hier sei noch einmal darauf hinzuweisen, dass es sich um idealtypische Konstel-lationen handelt. In der Realität können sich diese Formen stärker vermischen bzw. ergänzend genutzt werden, wenn bspw. ein konfrontativer Druck per Öf-fentlichkeit und gleichzeitig ein längerfristiger Dialog mit dem Unternehmen kombiniert werden (vgl. O'Rourke, 2003). Wichtig ist aber die Herausarbeitung der konzeptionellen Unterschiede, die eine alleinige Trennung in „aktiv" und „passiv" nicht ermöglicht.

Aufgrund der besonderen Bedeutung der strategischen und marktbezogenen Ansätze des SRI wird in dieser Arbeit unter *Socially Responsibility Investment* (als Tätigkeit) das Anlegen von Geld von privaten oder institutionellen Investoren direkt in Unternehmen oder in Fonds verstanden, das auf der Seite des Investors neben oder unter Ausschluss der klassischen Motive der Geldanlage (Sicherheit, Rendite, Liquidität) durch ein spezifisches Motiv oder Motivbündel geprägt ist, in dem sich das individuelle Wertsystem und die daraus resultierenden moralischen und gesellschaftspolitischen Präferenzen des Investors ausdrücken.

3.1.2 Socially Responsible Investment als Markt

Unter Socially Responsible Investment kann zugleich die Bezeichnung eines spezifischen Marktes verstanden werden. Nach von Stackelberg (1934, S. 29ff.) wird in der wirtschaftstheoretischen Diskussion der Markt als dreidimensionaler Raum mit beliebig vielen Subräumen gemäß der Elementarbestandteile von Nachfragern, einem Gut und Anbietern aufgefasst. Dieses Verständnis muss bei dem SRI-Markt um eine zusätzliche Marktebene erweitert werden. Damit gehören zum SRI-Markt neben Nachfragern nach Finanzprodukten (Investoren, Kapitalgeber) auch Anbieter von Finanzdienstleistungen, die als Finanzintermediäre spezifische Produkte entwickeln und ggf. sogar spezifische markttypische Distributionswege für diese Produkte benutzen, sowie die Unternehmen, die als Kapitalnehmer gegenüber den Finanzintermediären ebenfalls als „Nachfrager" auftreten.

Die wesentliche inhaltliche Abgrenzung des SRI-Marktes kann in den Besonderheiten der Finanzprodukte[80] (Investmentprodukte) gesehen werden, die auf diesem Markt von den Finanzintermediären verkauft und von den Investoren gekauft werden. SRI-Produkte unterscheiden sich von anderen Finanzprodukten nicht hinsichtlich konventioneller Merkmale, die auf Ziele von Investoren verweisen, die gelegentlich als magisches Dreieck der Kapitalanlage bezeichnet werden (vgl. Steiner/Bruns, 2002, S. 52). Bereits diese konventionellen Anlageziele stehen in einem Spannungsverhältnis zueinander, sodass es immer wieder zu Trade offs bei dem Versuch kommt, alle drei Ziele gleichermaßen zu erreichen. Bei SRI-Finanzprodukten tritt nun die von dem Finanzdienstleister zugesicherte Eigenschaft hinzu, die eingesammelten Gelder (Investments) nach be-

---

80 Neben Investmentprodukten können auch andere Finanzprodukte (Sparbücher, usw.) als Finanzpprodukte gesehen werden, die bestimmten sozialen, ökologischen und/oder ethisch begründeten Prinzipien verpflichtet sind.

stimmten sozialen, ökologischen oder anderen ethisch begründeten Prinzipien anzulegen. Der Markt des Socially Responsibility Investment kann deshalb als ein spezifischer Markt beschrieben werden, in dem Produkte angeboten und gekauft werden, die neben konventionellen weitere spezifische Qualitätsmerkmale aufweisen, die sich in der besonderen sozial und ökologisch und/oder ethisch begründeten Anlagepolitik ausdrücken. Statt von einem magischen Dreieck kann von einem magischen Viereck der Geldanlage gesprochen werden (vgl. Abbildung 4)

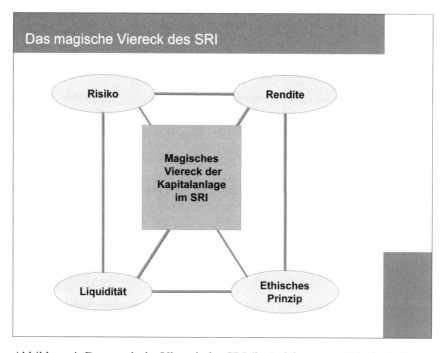

Abbildung 4: Das magische Viereck des SRI (in Anlehnung an Schäfer, 2001a, S. 406f.)

Wenn in dieser Arbeit von der besonderen Qualität von SRI-Produkten oder SRI-Fonds gesprochen wird, dann sind damit nicht die konventionellen Merkmale von SRI-Produkten gemeint, sondern die spezifischen Merkmale, mit denen sich diese Fonds gerade von „klassischen Anlageprodukten" unterscheiden. Unter der spezifischen Qualität eines SRI-Finanzprodukts wird seine Eignung gesehen, die Bedürfnisse von solchen Investoren zu befriedigen, deren Motive bei der Geldanlage auch von ihren moralischen und gesellschaftspolitischen Präferenzen gekennzeichnet sind oder die in der einen oder anderen Weise aus einem ethischen Prinzip abgeleitet werden können (s.o.)[81].

Es ist bereits deutlich geworden, dass unter SRI-Finanzprodukten in dieser Arbeit ausschließlich Fonds verstanden werden, die oben beschriebene besonderen Qualitäten aufweisen. Andere Formen der Geldanlage (z.b. Sparbücher) werden hier nicht näher betrachtet, da sich die in dieser Arbeit untersuchte Frage nach der Transparenz von sozial-ökologischen Unternehmensqualitäten bei diesen anderen „ethisch-ökologischen Finanzprodukten" nicht stellt, indem das hier eingesammelte Geld nicht direkt in bestimmte Unternehmen investiert wird[82]. Die strukturellen Überlegungen, die in dieser Arbeit hinsichtlich der SRI-Fonds vorgestellt werden, lassen sich in allgemeiner Weise jedoch auch auf die anderen „ethisch-ökologischen Anlageformen" übertragen[83]

3.1.3 SRI-Screening von Anlageobjekten

SRI-Finanzprodukte sichern in ihrer Anlagepolitik zu, das eingesammelte Kapital nur in Unternehmen zu investieren, die dieser Anlagepolitik entsprechen. Die Anlagepolitik hat also direkte Auswirkungen auf die Selektion von Unternehmen für das jeweilige Anlageportfolio eines SRI-Fonds. Die Beobachtung, Untersuchung, Bewertung und schließlich die Selektion von Unternehmen hinsichtlich ihrer Eignung, den Anforderungen der jeweiligen Anlagepolitik eines SRI-Fonds zu entsprechen, wird zusammenfassend häufig als Screening bezeichnet. In der Informationsökonomie werden als Screening und Signaling analoge Prozesse zur Überwindung von Informationsasymmetrien verstanden und damit als Wege zur Vermeidung eines Marktversagens. Während das Signaling grundsätzlich die kommunikativen Bemühungen des Anbieters kennzeichnen, dem Nachfrager die Qualität des Produktes glaubhaft zu vermitteln, wird

---

81 Vgl. zur grundlegenden Marketingdiskussion des Qualitätsbegriffs Wimmer, 1975; Weinberg/Behrens, 1978. Nachdem in der Managementdiskussion der Qualitätsbegriff stark technologisch und produktzentriert diskutiert wurde (vgl. z.b. die „Total Quality" Diskussion), hat sich auch hier eine stärkere Konsumentensicht bei der Qualitätsdefinition durchgesetzt, nicht zuletzt durch die Arbeiten zur Dienstleistungsqualität (z.b. Parasuraman/Zeithaml/Berry, 1985; Stauss, 1993; Buttle, 1996) oder zur Beziehungsqualität im Beziehungsmarketing (z.b. Hennig-Thurau, 2000).

82 Zusätzlich kann auf die geringe Marktbedeutung anderer Geldanlageformen und die „relativ" hohe Marktbedeutung von Fonds im gesamten Bereich der „ethisch-ökologischen Geldanlagen" hingewiesen werden (vgl. imug, 2002).

83 Die in Deutschland bestehenden „ethischen und ökologischen Anlageformen" werden von Wolf (1995) nach dem Kriterium der Ausgestaltung klassifiziert, wobei er zwischen Sparbriefen, Investmentfonds und sonstigen Anlageformen unterscheidet (s.a. Armbruster, 2000, S. 92ff.; Schäfer/Gülle, 2000).

das Screening eher als ein Nachfragerprozess verstanden[84], bei dem Informationen über die Qualität des angebotenen Produktes gesucht werden (vgl. Kaas, 1991, s.a. die intensivere Diskussion in Kapitel 4.2).

Aufgabe des Screening ist es, Transparenz über die sozialen und/oder ökologischen Eigenschaften und Verhaltensweisen von Unternehmen zu schaffen, um die in der jeweiligen Anlagepolitik eines SRI-Fonds zugesicherte Selektion hinsichtlich der Anlageobjekte zu ermöglichen. Dieses Screening wird in dieser Untersuchung gelegentlich auch ausdrücklich als SRI-Screening bezeichnet, um es von der vor- oder nachgelagerten oder parallel stattfindenden klassischen Finanzanalyse der Investitionskandidaten zu unterscheiden. (vgl. Abbildung 5).

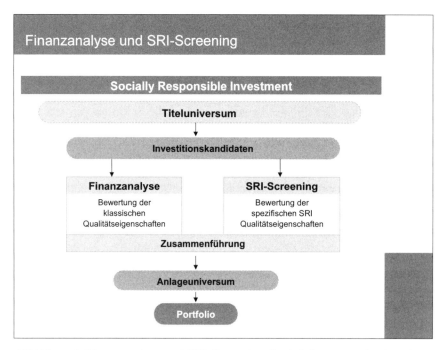

Abbildung 5: Finanzanalyse und SRI-Screening (in Anlehnung an Armbruster 2000, S. 253)

---

[84] Theoretisch sind auch die Möglichkeiten zu berücksichtigen, dass Anbieter das Screening verwenden (z.B. um Informationen über die Kreditwürdigkeit des Nachfragers zu ermitteln) oder Nachfrager eine Signalling vornehmen (z.B. indem sie ihre Kreditwürdigkeit dem Anbieter anhand von Kontoauszügen signalisieren).

Bei der Zusammenstellung eines Portfolios für einen SRI-Fonds können idealtypisch folgende Schritte unterschieden werden. Aus der Gesamtheit aller denkbaren Anlagetitel (Titeluniversum) ergibt sich aus grundlegenden Prämissen der Anlagepolitik in aller Regel eine Grundgesamtheit von „Investitionskandidaten". Aus der additiven oder integrierten Betrachtung der Ergebnisse der Finanzanalyse und des SRI-Screening können diese Investitionskandidaten selektiert werden. Im Ergebnis entsteht ein Anlageuniversum, das der jeweiligen Anlagepolitik – so muss man die Aussagen in den jeweiligen Anlagepolitiken der Fonds verstehen – vollständig entspricht. Aus diesem Anlageuniversum stellt das Anlagenmanagement das jeweils gültige Portfolio eines SRI-Fonds zusammen.

Bei dem SRI-Screening selbst kann zwischen einem Negativ- und einem Positiv-Screening unterschieden werden (vgl. Abbildung 6).

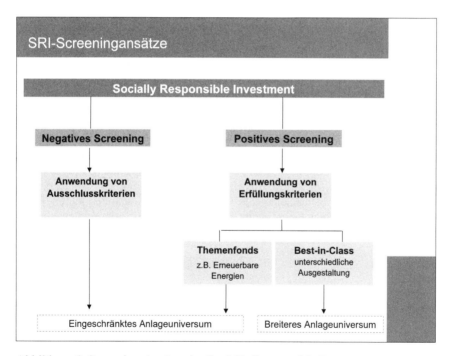

Abbildung 6: Screening-Ansätze im Socially Responsible Investment

Das *Negativ-Screening*[85] besteht in der Anwendung von Beurteilungskriterien gegenüber Unternehmen, Branchen (Rüstung, Tabak) oder Ländern, in denen

---

85 Wenn im Folgenden von Screening gesprochen wird, ist immer das SRI-Screening im definierten Sinne gemeint.

Unternehmen operieren, die als Ausschlusskriterien fungieren (vgl. Abbildung 6). In dem historischen Überblick (vgl. Kapitel 3.2) wird aufgezeigt, dass die Anwendung von Negativkriterien, die das Investment in bestimmte Unternehmen vermeiden bzw. ausschließen, die Urform des SRI darstellt und bis heute angewendet wird[86]. Das Negativ-Screening, bzw. die Berücksichtigung von vielen oder auch strengen Negativ- oder Ausschlusskriterien kann das Anlageuniversum merklich reduzieren.

Dies wird aus Sicht der Investoren, die sich von einem solchen Fonds angesprochen fühlen, zunächst nicht als störend empfunden werden, kann aber aus Sicht eines erfolgreichen Anlagenmanagements, das womöglich zusätzlich auch noch eine gute finanzielle Performance erzielen will, dann Schwierigkeiten erzeugen, wenn nicht genügend Anlagekandidaten, oder nur solche mit relativ schwacher finanzieller Performance, zur Verfügung stehen.

Alternativ oder in Ergänzung zu einem Negativ-Screening wird ein so genanntes Positiv-Screening angewendet, um die besondere Qualität eines SRI-Produktes zu erzeugen. Das *Positiv-Screening* besteht in der Anwendung von Beurteilungskriterien gegenüber Unternehmen, die als Erfüllungskriterien fungieren. Es wird unterstellt, dass es möglich ist, bestimmte soziale und/oder ökologische und/oder auch anders ethisch begründete Eigenschaften von Unternehmen anhand von Kriterien zu untersuchen und hinsichtlich der Erfüllung dieser Kriterien zumindest abgestufte Unterscheidungen treffen zu können. Unternehmen, die in einem solchen Positiv–Screening eine definierte Mindesthürde überschreiten, kommen als mögliche Investitionsobjekte in Frage. Werden keine (oder nur wenige und nicht zu „strenge") Negativkriterien, sondern nur Positivkriterien angelegt, können die selektiven Auswirkungen auf das mögliche Anlageportfolio aus Sicht des Anlagemanagements zu weniger Schwierigkeiten führen, wenn als Zielperspektive hier – zumindest am Rande - immer auch eine gute finanzielle Performance des Fonds angenommen wird.

---

[86] „Ein aktuelles Beispiel ist aber auch, dass CalPERS, der größte öffentliche US-Pensionsfonds mit einem Anlagevolumen von mehr als 151 Mrd US$, auch ganze Länder (u.a. Indonesien und Malaysia) aus seinen Portfolios ausgeschlossen hat, u.a. weil Menschenrechtverletzungen (z.B. die Toleranz von Kinderarbeit) eine Gefahr für die politische Stabilität dieser Länder darstellen:" (Garz/Volk/Gilles, 2002, S. 28).

Eine besondere Ausprägungsform des Positiv–Screening ist neben der Möglichkeit, *Themenfonds* zu kreieren[87], der so genannte *„Best-in-Class–Ansatz"* (vgl. Mansley, 2000, S. 94ff.; O'Brien, 1995). Er definiert die Hürde, die in einem Positiv–Screening zu überspringen ist, damit ein Unternehmen in das Anlageportfolio gelangen kann. Es werden also Unternehmen selektiert, die hinsichtlich ihrer sozialen und/oder ökologischen oder ihrer „nachhaltigen" Leistungen in Relation zu anderen Unternehmen einer Branche die Erfüllungskriterien besser realisieren. Der Best-in-Class–Ansatz bietet einen breiten Gestaltungsraum an. In Abhängigkeit von der gewählten Festlegung können beispielsweise „die besten" 5 % der Unternehmen einer Branche selektiert werden. Es können aber auch „die besten" 20 % aller Unternehmen einer anderen Grundgesamtheit sein, die aus einem schon vorhandenen Branchen übergreifenden Index selektiert werden (z.B. der Dow Jones Global Index). „Diese Vorgehensweise kommt den herkömmlichen, Benchmark-orientierten Ansätzen am nächsten." (Garz-Volk/Gilles, 2002, S. 29). Aus Sicht des Anlagemanagements weist dieser Ansatz eine Reihe von Vorzügen auf, die im Ergebnis zu einem breiteren Anlageuniversum führen können (vgl. Abbildung 6). „Entscheidend für das Risiko-Diversifikationspotenzial ist freilich der Grad der Anwendung des 'Best in Class'-Prinzips." (a.a.O.).

Da insbesondere im Positiv-Screening bereits feine Unterschiede bei der Gewichtung und Erfüllung der Kriterien für die Frage ausschlaggebend sein können, welche Unternehmen in ein Anlageuniversum aufgenommen werden und welche nicht, erhöhen sich die Anforderungen an das Screening der Unternehmen. Die anspruchsvolle Aufgabe des SRI–Screening ist die Erzeugung von Transparenz über die sozialen und ökologischen Qualitäten von Unternehmen.

Es kann als ein Spezifikum des SRI bezeichnet werden, dass sich für die besondere Aufgabenstellung des SRI-Screening Arbeitsprozeduren in unterschiedlichen institutionellen und anwendungsbezogenen Kontexten herausgebildet haben, die zusammenfassend als *externe sozial-ökologische Unternehmensbe-*

---

87 Themenfonds sind Produkte einer Ausdifferenzierung von Investmentfonds und gruppieren Werte nach spezifischen Anlagethemen. Diese können sich z.B. auf Branchen, Regionen oder Marktbereiche konzentrieren. Teilweise werden in der traditionellen Finanzpraxis auch SRI-Produkte generell als Themenfonds eingeordnet. Klassische Beispiele sind Branchen wie Technologie, Telekommunikation, Finanzen oder Gesundheit, es kann aber auch zu ausgefalleneren Branchenauswahlen führen wie den „Wasserfonds" von Pictet. Ein Beispiel für einen Themenfonds innerhalb des SRI ist der Themenfonds „New Energy Sector" der WestLB mit den Bereichen der erneuerbaren Energieformen Wind, Solar und Biomasse sowie dezentraler Energieversorgung, zukünftige Verteilungsstrukturen und neue technologische Ansätze der Energieerzeugung. Generell können derartige Fonds überdurchschnittliche Renditen erzielen, unterliegen jedoch auch höheren Schwankungen, wie das Beispiel der Informationstechnologie-Fonds zuletzt sehr deutlich machte.

wertung bzw. als *Unternehmenstest* (vgl. imug, 1997; Schoenheit, 1996; Hansen/Lübke/Schoenheit, 1993) oder gelegentlich auch als *Öko-Rating* (vgl. Haßler, 1994; Figge, 2000) oder als *Corporate Social Responsibility Rating* (Haßler, 2001). bezeichnet und näher beschrieben worden sind[88]. Zur besseren inhaltlichen Kennzeichnung des SRI-Screening wird hier der Begriff der externen sozial-ökologischen Unternehmensbewertungen verwendet, weil er keine thematische Eingrenzung der Untersuchungsinhalte[89] („Öko" und „Corporate Social Responsibility") und auch keine spezifische Ergebnisform des Screening („Rating"[90]) vorgibt, sondern sich auf den zu bezeichnenden Kernprozess konzentriert. Als externe sozial-ökologische Unternehmensbewertungen wird verstanden „... ein Arbeitsinstrument, mit dem Unternehmen von unabhängiger Seite unaufgefordert und anhand bestimmter Kriterien daraufhin untersucht und bewertet werden, inwieweit sie in ausgewählten Bereichen sozial und ökologisch verantwortlich handeln. Die gewonnenen Informationen werden in komprimierter Form veröffentlicht und stehen damit auch anderen Marktpartnern als Entscheidungshilfe zur Verfügung." (imug 1997, S. 75). Mit diesem Konzept wird kein feststehender materialer Kriteriensatz definiert anhand dessen Unternehmen bewertet werden, sondern es werden systematische Arbeitsprozeduren beschrieben, die eingehalten werden müssen, wenn man eine bessere Transparenz über soziale und ökologische Eigenschaften von Unternehmen erzeugen will. An der Transparenzerzeugung über die sozialen und ökologischen Unternehmensqualitäten sind nicht nur potenzielle Kapitalanleger interessiert. Auch auf Konsumgütermärkten und dem öffentlichen Beschaffungsmarkt und dem Arbeitsmarkt können eine bessere Transparenz über sozial-ökologische Unternehmensqualitäten Informationsbedarfe von Marktteilnehmern befriedigen (vgl. Abbildung 7).

---

[88] Schäfer(2003) spricht von sozial-ökologischen Ratings.

[89] Genauer müsste hier in der Folge der bisherigen Argumentation von der „Transparenz über SRI-Qualitäten von Unternehmen" gesprochen werden, wodurch die vielfältigen inhaltlichen ‚Ausprägungen', die über soziale und ökologische Aspekte hinausgehen, einbezogen würden.

[90] Der Begriff des „Ratings" (vgl. Everling, 1994) hat im Finanzdienstleistungsmarkt starke Konnotationen zum dort gut etablierten Finanzrating und wird deshalb gern genutzt, auch wenn das SRI-Screening gar nicht in ein „Rating" mündet. So werden bespielsweise für die Aufnahme in den Natur-Aktien-Index ausführliche Unternehmensprofile erstellt, auf dessen Grundlage ein unabhängiger Ausschuss über die mögliche Aufnahme eines Kandidaten in den Index entscheidet (vgl. http://www.natur-aktien-index.de/ vom 22.09.2003).

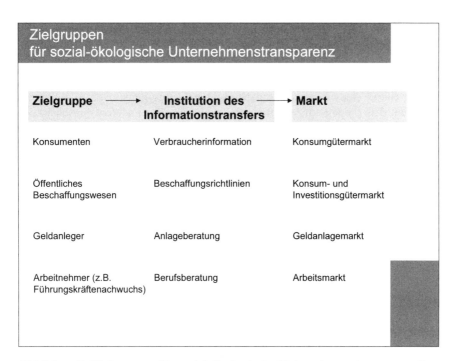

Zielgruppen für sozial-ökologische Unternehmenstransparenz		
Zielgruppe ⟶	**Institution des Informationstransfers** ⟶	**Markt**
Konsumenten	Verbraucherinformation	Konsumgütermarkt
Öffentliches Beschaffungswesen	Beschaffungsrichtlinien	Konsum- und Investitionsgütermarkt
Geldanleger	Anlageberatung	Geldanlagemarkt
Arbeitnehmer (z.B. Führungskräftenachwuchs)	Berufsberatung	Arbeitsmarkt

Abbildung 7: Zielgruppen für sozial-ökologische Unternehmenstransparenz (in Anlehnung an imug, 1997, S. 78)

Im SRI-Screening, das nach den jetzigen Ausführungen als finanzmarktbezogener Anwendungsfall von sozial-ökologischen Unternehmensbewertungen gesehen wird, werden die Erwartungen der Investoren in Beobachtungs- und Bewertungskriterien gegenüber den potenziellen Geldanlageobjekten (aktiennotierte Unternehmen) transformiert. Sie bilden die Grundlage für eine gezielte Datensammlung über die Untersuchungsobjekte und determinieren weitgehend die spätere – auf der Grundlage der gesammelten Daten möglichen – Unternehmensselektion (vgl. imug, 1997). Aus Sicht der gescreenten Unternehmen spiegeln sich in den Untersuchungskriterien die Erwartungen der Investoren an eine im weitesten Sinne „verantwortliche Unternehmensführung" wider[91].

Von Unternehmenspraktikern werden in den letzten Jahren die mehr oder weniger diffusen Auffassungen über das, was eine „verantwortliche Unternehmensführung" ausmacht, zunehmend mehr den Begriffen der *Corporate Social Responsibility* und der *Corporate Citizenship* oder auch der *nachhaltigen Unternehmensführung* zugeordnet. Mit einem Time-Lag hat sich inzwischen auch die

---

[91] Vgl. dazu das Kapitel 5.1 „Unternehmen und Gesellschaft".

Wissenschaft dieser Begrifflichkeiten angenommen und arbeitet an konzeptionellen Differenzierungen.

In den 80er Jahren entwickelte sich die Diskussion zur Verantwortung von Unternehmen in Bezug auf das polit-ökonomische Konzept der „Reagonomics", das im Sinne eines konsequenten Marktliberalismus einen Abbau staatlicher Markteingriffe propagierte. Als Resultat ergab sich unter anderem eine staatliche Vernachlässigung des Bildungswesens sowie des Gesundheitswesens bei steigender privater Verantwortungszuweisung. In diesen Zusammenhang ist der Begriff des *Corporate Citizenship* zu verankern, der eine Substitution staatlicher Aufgaben durch Unternehmen und damit die Erweiterung einer Verantwortungszuweisung kennzeichnet (vgl. Windsor, 2001). Im allgemeinsten Sinne wird als Corporate Citizenship das gesellschaftliche Engagement von Unternehmen bezeichnet (vgl. Schrader, 2004). Durch eine normative Verwendung steht damit das „gute bürgerschaftliche Verhalten" im Vordergrund. In einem engen Begriffsverständnis werden darunter insbesondere die Formen des Corporate Giving (im Wesentlichen Spenden- und Sponsoringaktivitäten) sowie Corporate Volunteering (wie z.B. Freistellung von Mitarbeitern für ehrenamtliche Zwecke oder Mentorenprogramme) verstanden (vgl. Schöffmann, 2001; Habisch, 2003, S. 97ff.).

Erweiterungen des Verständnisses zeigen sich zum einen in Richtung staatlicher Aufgaben und zum anderen in Richtung der Konsequenzen für das Kerngeschäft. Geht es um die Mitwirkung an staatlichen Aufgabenbereichen, steht zumeist die Verantwortung an den übergeordneten Regulierungen des Marktes im Vordergrund, die sich in der Praxis zumeist als Reaktionen auf das Fehlen staatlicher Governance Strukturen entwickeln (vgl. Haufler, 2001).

Erweitert man den Begriff des Corporate Citizenship auch auf das Kerngeschäft der Unternehmen, wird eine Verantwortungszuweisung auf die positiven und negativen externen Effekte der Geschäftätigkeit vollzogen (vgl. z.B. Logan, 1998). Insbesondere in der anglo-amerikanischen Diskussion zeigt sich eine dementsprechende Begriffsauffassung (vgl. Maignan/Ferrell, 2001).

Diese Begriffsauffassung verbindet die Geschäftätigkeit von Unternehmen mit der Umsetzung einer nachhaltigen Entwicklung, wodurch sich eine Nähe bis hin zur Auswechselbarkeit zum Begriff der *Corporate Social Responsibility* (CSR) ergibt. In der Literatur finden sich zunehmend Beispiele, in denen konzeptionelle Arbeiten zur CSR inzwischen unter dem Siegel der Corporate Citizenship publiziert werden (vgl. z.B. Pinkston/Carrol, 1994). In dieser Arbeit erfolgt eine Begriffsverwendung, die sich um eine Differenzierung zwischen diesen Konzepten bemüht. Hierzu wird unter dem Corporate Citizenship das gesellschaftliche Engagement außerhalb des Kerngeschäfts gefasst. Der Begriff der CSR beinhaltet dagegen den Bezug auf das Kerngeschäft der Unternehmen. In diesem Sinne definiert die EU Kommission CSR als „... ein Konzept, das den Unternehmen als Grundlage dient, auf freiwilliger Basis soziale Belange und Umweltbelange in ihre Unternehmenstätigkeit und in die Wechselbeziehungen mit den Stakeholdern zu integrieren (...). Sozial verantwortlich handelt ein Unternehmen, wenn es anstrebt, ein für alle Beteiligten akzeptables Gleichgewicht zwischen den Erfordernissen und Bedürfnissen der verschiedenen Stakeholder herzustellen." (EU-Kommission, 2002, S. 3). Auch die einflussreiche Internationale Standard Organisation (ISO) unternimmt eine Reihe von Anstrengungen, das Verständnis von CSR zu konkretisieren und – wenn dies konsensfähig ist – in einer „Norm" abzubilden (vgl. IISD, 2004; ISO, 2004)). Bei aller Unterschiedlichkeit in den weltweiten Diskussionen werden von der ISO gemeinsame Elemente eines CSR-Verständnisses entdeckt:

- „CSR is about the role of business in society and the expectations of society concerning firms;

- CSR is seen as a voluntary concept and is about activities that assume or include compliance with the law and also societally beneficial activities that are beyond compliance with the law;

- CSR is concerned with the role of management and management initiatives, managing social impact, and management systems;

- CSR includes a major focus on the impact of business activities and the results of those impacts, both positive and negative, on society;

- CSR is about the ongoing or regular activities of a business, and not unrelated philanthropic activities. However, some question whether philanthropy even qualifies as CSR;

- CSR is about measuring and improving performance on social, environmental and economic dimensions and can contribute to furthering the goal of sustainable development;

- CSR is about identifying, engaging and reporting performance to those who are impacted by the activities of the business." (ISO, 2004, S. 28f.)

Dieser Definitionsansatz ist weitgehend kompatibel mit den Diskussionsergebnissen eines so genannten Multi-Stakeholder-Dialogs, der im Rahmen der Europäischen Union über die Fragestellung geführt wird, was unter einer verantwortlichen Unternehmensführung zu verstehen sei (vgl. CSR EMS Forum, 2004). Gerade weil in diesem Konzeptverständnis von CSR der Beitrag der Unternehmen zur nachhaltigen Entwicklung betont wird, die qualifizierte Messung und Bewertung der sozialen und ökologischen Leistungen der Unternehmen und die Notwendigkeit der Kommunikation mit der Gesellschaft explizit herausgestellt wird, scheint es besonders geeignet, als Bezugspunkt für die weiteren Untersuchungen dieser Arbeit zu dienen.

Nachdem eine Einführung in die begrifflichen Grundlagen erfolgte, sollen nun die Hintergründe der Entstehung des SRI aufgezeigt werden. Die geschichtliche Herleitung dient zum einen der Einordnung der Akteure und Produkte sowie der inzwischen differenzierten Produktangebote. Auf dieser Basis kann dann anschließend eine theoretische Charakterisierung der Marktbeziehungen und – strukturen des SRI vorgenommen werden.

3.2 Historische Entwicklung und Abgrenzung

Die Grundidee des Socially Responsible Investment thematisiert die Verantwortung des einzelnen Bürgers für die Folgen seines Handelns. Auch die Handlung Geldanlage oder Investment wird hier als eine besondere Art des bürgerlichen und wirtschaftlichen Handelns gesehen. Es kann Folgewirken haben, für die man sich „verantworten" muss. Wie beschrieben, wird offensichtlich unterstellt, dass es für das investierende Subjekt neben und jenseits ökonomisch geprägter Kalküle (Sicherheit, Liquidität, Rendite usw.) weitere Kalküle geben kann, die im weitesten Sinne als außerökonomische, als moralische, d.h. ethisch begründete, Kalküle bezeichnet werden können.

Das SRI im engeren Sinne ist zwar ein relativ junges Phänomen. Es gibt aber vielschichtige historisch-gesellschaftliche Wurzeln für eine auch moralische Diskussion der Geldanlage, die für das Verständnis des heutigen Konzeptansatzes des SRI von Bedeutung sind. Diese historische Perspektive lässt sich über zwei Ansatzweisen begründen. Zum einen sind Märkte immer eingebunden in eine Makrosituation, die sich räumlich und zeitlich unterschiedlich manifestiert. Märkte prägen das gesellschaftliche Umfeld, umgekehrt werden sie aber auch geprägt von ihrem Kontext (vgl. Hansen/Bode, 1999, S. 12ff.). Dies bedingt eine historische Perspektive, die sich nicht auf den Blick zurück reduzieren lässt, sondern die jeweiligen Marktverhältnisse aus ihrer Entwicklung heraus versteht. Nur dieses Verständnis erlaubt dann auch die Einschätzung zukünftiger Entwicklungen. Zum anderen besteht beim speziellen Markt des SRI eine enge Beziehung zwischen vorherrschenden moralisch-ethischen Vorstellungen und ökonomischem Handeln. Die historische Analyse kann dabei aufzeigen, dass generell das Zusammendenken von Markt und Moral eine geschichtlich zu verortende Leistung ist, dessen jeweilige Ausformung einer starken Dynamik unterliegt.

Im Folgenden werden dazu signifikante Entwicklungsphasen anhand der Makrosituation und der jeweiligen Marktumsetzungen im Bereich SRI beschrieben. Im Vordergrund steht dabei die Frage nach der Motivationsstruktur der moralischen Dimension ökonomischen Handelns. Gleichzeitig soll aufgezeigt werden, welche unterschiedlichen Anforderungen an die Untersuchung und Bewertung von

Unternehmen in verschiedenen Konzepten des SRI impliziert sind. Abschließend erfolgt eine historisch typologische Unterscheidung des SRI, die Kerncharakteristika der zeitlichen Phasen zusammenfasst.

3.2.1 SRI und religiöse Ursprünge: „Virtue Stocks"

Die Verbindung von Geld und Moral ist keine Erfindung der Neuzeit. Sobald Menschen ethische Prinzipien entwickelten, stellte sich die Frage nach der Beziehung zwischen inneren Überzeugungen und weltlichem Handeln. So hat z.B. *Aristoteles* (384-322 v. Chr.), rund 200 Jahre nach Einführung des ersten Münzgeldes das Thema Geld und Zins in einem ethischen Zusammenhang diskutiert (Vgl. Born, 1994, S. 2f.). Seinem Verständnis nach war Geld eine tote, unfruchtbare Sache, die sich nicht vermehren könne außer durch naturwidriges Handeln, was der Philosophie Aristoteles' widersprach (vgl. Kramer, 1996, S. 46ff.). Er stempelte damit den Zins als Wucher ab.

Diese Auffassung findet sich ebenso in der judäisch-christlichen Glaubenslehre wieder. Im *Christentum* gab die Bibel die Vorlage zur Ablehnung des Zinsgeschäftes. So führt Born (1994, S. 5) aus, dass im Buch Mose den Juden verboten wird, vom eigenen Volk Zins zu erheben, nicht jedoch von Fremden. Ein eindeutigeres, allgemeines Zinsverbot ergab sich jedoch aus der Bergpredigt, in der es heißt: „Vielmehr liebet eure Feinde; tut wohl und leihet, dass ihr nichts dafür hoffet." (Lukas, 6:35). Erst Mitte des 16. Jahrhunderts erfolgte eine generelle Entschärfung des Zinsverbots und es wurde spätestens mit der Reformation unterschieden zwischen Zins und Wucher.

Noch weiter gehen die *jüdischen Glaubensvorstellungen*, die sich seit Tausenden von Jahren kaum geändert haben. Autoren wie Bressler (1996) sehen deshalb hier die Urwurzeln des ethischen Investments. Die jüdische Glaubenslehre besitzt eine umfassende Kodifizierung des ökonomischen Handelns. So ist eine direkte oder indirekte Verbindung mit der Produktion oder dem Verkauf nichtkoscherer Nahrung untersagt und geschäftliche Transaktionen sollen nicht am Sabbat getätigt werden. Dem übergeordnet, wird als generelle Leitlinie die Vermeidung von geschäftlichen Aktivitäten gefordert, die ethische, moralische und religiöse Kodices verletzen. So wird der Besitz oder die Beteiligung an Unternehmen abgelehnt, die in unnötigem Maße die Umwelt zerstören, Angriffswaffen produzieren oder verkaufen und an irreführenden Geschäftspraktiken sowie Wucher beteiligt sind.

Ein Zinsverbot besteht ebenfalls im *Islam*, erlassen durch den Propheten Mohammed, während der Gewinn aus dem Handel zugelassen ist[92]. Erklärt wird

---

92 Vgl. zur Geschichte, aber auch zur aktuellen Relevanz des Islam in Bezug auf das ethische Investment Wilson, 1997.

diese Haltung durch die Benachteiligung der Armen durch Wucherzinsen in der vorislamischen Zeit (vgl. Yusoff, 1992). Der Islam hält, im Gegensatz zum Christentum, oft heute noch am Zinsverbot oder zumindest an der Vermeidung hoher Zinseinnahmen fest. Daneben darf das Geld nicht überall angelegt, sondern es müssen bestimmte Prinzipien berücksichtigt werden. Die Scharia verbietet bspw. Investitionen in Firmen, die mit Alkohol, Drogen, Glücksspiel sowie Kino/ Theater, Pornografie, Tabak, Waffen oder Schweinefleisch in Verbindung stehen. Daneben setzt sie die Verpflichtung zu sozialer Gerechtigkeit (vgl. Saeed/Ahmed/Mukhtar, 2001).

So waren es die verschiedenen Religionsgemeinschaften, die nicht nur gedanklich, sondern auch praktisch den Grundstein für ein ethisches oder sozial verantwortliches Investment legten. *John Wesley* (1703-1791), der Gründer der methodistischen Kirche, war dabei besonders einflussreich. Für ihn zählte die Verwendung des Geldes zu den wichtigsten Lehren des Neuen Testaments (vgl. Mackenzie, 1997, S. 59). Er prangerte die chemische Industrie als Wurzel aller Gesundheitsschädigung an und drängte seine Gemeinde, Industrien zu meiden, die die Umwelt schädigten oder sich durch Bestechung etc. einen Vorteil verschafft hatten. Domini (2001, S. 29f.) zeigt sich überrascht, dass in dieser frühen Phase, in der die Industrialisierung noch nicht einmal begonnen hat, Industrien resp. Unternehmen bereits als mögliche Einflussnehmer auf Umwelt und Gesellschaft identifiziert werden.

Vor allem religiöse Gruppen wie *Methodisten und Quäker* wollten in den USA ihre Ideale auch ökonomisch umsetzen. Bei der Verwaltung des eigenen Kapitals definierten sie non-monetäre Kriterien für die Anlage. Das betraf dabei neben den kirchlichen Organisationen auch religiös geprägte Unternehmen, die bereits im 19. Jahrhundert ihre Pensionskassen unter ethischen Gesichtspunkten verwalteten. Als Ausschlusskriterien wurden die Sklavenhaltung definiert, Alkohol, Tabak, Glücksspiel, Pornographie und vor allem bei den pazifistischen Quäkern die Waffenproduktion (vgl. Armbruster, 2000, S. 78). Als „Sin Stocks" bezeichnet, wurden alle Verbindungen mit derartigen Geschäftsaktivitäten vermieden (vgl. Alperson et al., 1991, S. 2; Domini, 2001, S. 29f.). Positiv gedeutet wurden als „Virtue Stocks" nur tugendhafte Anlagemöglichkeiten akzeptiert.

1928 wurde in Boston der erste, i.w.S. ethische Fonds weltweit lanciert: der *Pioneer Fund*. Explizit wurde dabei das ethische Screening als Merkmal der Fonds definiert. Im Vordergrund stand dabei der Ausschluss der Alkohol- und Tabakindustrie. Diese moralischen Kriterien waren in den USA damals weit geteilt, wie sie sich auch in den Prohibitionsgesetzen niederschlugen.

In Deutschland wurden die ersten Initiativen zum ethischen Investment ebenso von kirchlichen Gruppen angestoßen. So begann das christlich-katholisch orientierte Styler Missionarssparinstitut, 1964 Anlagemöglichkeiten in Form von

Sparbriefen anzubieten, in denen ethische Negativkriterien berücksichtigt wurden (vgl. Grieble, 2001, S. 20). Zumeist beschränkten sich derartige zinsvergünstigte Kredite oder Spareinlagen auf die Unterstützung der jeweiligen Gruppierungen, wie bspw. der Missionarsarbeit.

Geldanlagemöglichkeiten, die nach religiösen Prinzipien zusammengestellt werden, besitzen auch in heutiger Zeit eine wichtige Marktrelevanz. Beispiele sind der islamische Amana Growth Fund, der mennonitische Mutual Aid's Praxis Growth Fund oder der katholische Ave Maria Catholic Values Fund (vgl. Dunfee, 2001, S. 248). *Die Screening-Prozesse* basieren in der Regel auf mehr oder weniger formalisierten Beratergremien. Die Pioneer Group Funds orientiert sich heute noch stark an den damaligen Richtlinien, die aber nie formalisiert wurden. Daneben werden Beratergremien eingesetzt, wie für den katholischen Mellon European Ethical Index Tracker mit führenden Vertretern des Silesianer-, Kapuziner-, und Jesuitenordens (vgl. Beck, 2003). Der Al Sukoor European Equity Fund von der Commerzbank-Tochter CICM wird von fünf arabischen Koranlehrern hinsichtlich der zu erfüllenden Kriterien beraten (Berg, 2003)[93]. Die getroffenen Screening-Entscheidungen variieren dabei stark. Einige katholische Fonds schließen beispielsweise Walt-Disney-Aktien aus, weil dieses Unternehmen auch den Partnern homosexueller Mitarbeiter soziale Leistungen gewährt. Von einigen Kritikern wird ebenso angeführt, dass die Pioneer-Fonds nicht „ethisch" sein können, da inzwischen auch Öltitel wie Exxon oder Rüstungskonzerne im Portfolio enthalten seien (vgl. Deml/Weber, 2000, S. 124f.). Dieses Verständnis eines ethischen Investments kann der Vielfalt inhaltlicher Ausformungen ethischer Kriterien und ihres dynamischen Wandels nicht gerecht werden. Insofern ist ein funktionales Verständnis, wie es in Kapitel 3.1 entwickelt wurde, analytisch vorzuziehen.

„Religion has played a key part in the development of SRI" (Mansley, 2000, S. 38). Als institutionelle Investoren kennzeichnen religiöse Gruppen nicht nur faktisch den Beginn des SRI, sie sind auch die Investoren mit der längsten Praxis eines ethischen Screening und allein durch ihre bis in die Jetztzeit reichende Existenz ein Indiz für die Überlebensfähigkeit ethisch geprägter Geldanlagen. Bis in die 60er Jahre wurde die Möglichkeit einer Verbindung zwischen ethischen Werten und Geldanlagen im traditionellen Finanzmarkt nicht wahrgenommen. Dies änderte sich fundamental durch eine zweite Welle des ethisch motivierten Investments in Form der politischen Fonds.

---

[93] Im Grundansatz werden Konzerne, die mehr als 5% ihres Umsatzes aus Zinseinnahmen erwirtschaften, nicht in das Profil aufgenommen. Um die Bedingung der sozialen Gerechtigkeit zu erfüllen, werden bis zu 0,3% des Fondsvermögens gespendet. Der Fonds stellt zwar einen Kompromiss zu den Forderungen des Koran dar, er entspricht in seinem Aufbau aber durchaus den Produkten islamischer Banken.

3.2.2 Gesellschaftliche Protestbewegungen: „Politische Fonds"

In den 60er Jahren politisierte sich in den USA eine Generation im Zusammenhang mit dem Krieg in Vietnam. Die Art der Kriegsführung hatte das Vertrauen vieler US-Bürger in ihre Regierung erschüttert und führte zu Protesten im ganzen Land. Diese fanden ihren Höhepunkt, als das Militär Napalm gegen die Vietnamesen einsetzte und die amerikanische Bevölkerung nun auch den Hersteller des Kampfstoffes Dow Chemical kritisierte (Domini, 2001, S. 33). Es hatte zuvor schon Kritik an Unternehmen gegeben, deren Geschäftstätigkeiten im Zusammenhang mit dem Vietnamkrieg standen. Am Beispiel von Dow Chemical wurden jetzt aber auch neue Formen des Protests ausprobiert. 1969 kam es zu einer der ersten Aktionärsresolutionen von kritischen Anlegern, die die Napalm Produktion von Dow Chemical in der Hauptversammlung kritisierten (vgl. Homolka, 1990, S. 97). Der Aktienkurs sank rapide, als die Anleger mit Aktienverkäufen und Protesten gegen das Chemieunternehmen ihrem Unmut Luft machten. Es war schließlich der Reputationsverlust, der Dow Chemical zunächst die Personalbeschaffung an den Universitäten fast unmöglich machte und schließlich zur Aufgabe der Napalm-Produktion führte (vgl. Simpson, 1991, S. 6).

Amerikanische Unternehmen wurden demnach zwar primär als Mitschuldige identifiziert, die durch unternehmerische Entscheidungen eine Verschlimmerung der Probleme herbeiführten, langsam entwickelte sich aber auch die Vorstellung, dass Unternehmen zugleich als Mittel und Kompetenzträger zur Lösung derselben Probleme beitragen können (vgl. Alperson et al. 1991, S. 3). Der Zusammenhang zwischen dem eigenen Investitionsverhalten und der damit eventuell verbundenen Unterstützung von Unternehmen, die Rendite aus menschlichem Leid zogen, war vielen Anlegern nun bewusst genug, ihr Verhalten zu überdenken.

Der erste politische Ansatzpunkt war in dieser Zeit zunächst die Frage nach dem Engagement von Unternehmen in dem Vietnamkrieg. Interessierte Anleger fanden am Markt dafür keine entsprechenden Angebote. Als sich 1971 die Anfragen von Gemeindemitgliedern der Methodistenkirche in den USA häuften, wandten sich einige Geistliche an Wall Street Unternehmen um Unterstützung. Die Auskunft, dass ein derartiger Fonds nicht umsetzbar sei, akzeptierten sie nicht und gründeten selbst einen Fonds namens *„Pax World Fund"*, dem weltweit ersten breit diversifizierten Investmentfonds nach ethischen Gesichtspunkten (vgl. Becker/McVeigh, 1999). Über das Ausschlussprinzip garantierte der Fonds, dass das angelegte Geld nicht Waffenproduzenten, eingeschlossen Verteidigungs- und Angriffswaffen sowie waffennahen Produkten wie z.B. Bauteile für Waffensysteme, zugute kommt. Als einer der ersten Fonds erweiterten sie aber später auch die Negativkriterien über Positivkriterien. Der Pax World Fund hat sich bis heute mit guten Performance Daten gehalten (vgl. Deml/Weber,

2000, S. 124). Nachdem der Pax World Fund die Marktchancen für derartige Fonds belegte, entschloss sich auch ein traditionelles Unternehmen zu einem ähnlichen Angebot. Der *Third Century Fund* wurde 1973 von Dreyfus aufgelegt, mit einem Schwerpunkt auf die „Verbesserung der Lebensqualität" und einem Engagement innerhalb des lokalen Unternehmensumfeldes. Wird auch die inhaltliche Ausgestaltung dieses Fonds angesichts der sehr großzügigen Interpretation von „Lebensqualität" kritisiert, so stellte er einen Meilenschritt in der Entwicklung des SRI dar. Sowohl in der öffentlichen Wahrnehmung als auch im marktlichen Angebot verließ das ethische Investment seine bisher nur in religiösen Zusammenhängen verortbare Existenz.

In den 70er Jahren erweiterten sich die Themen einer eingeforderten Verantwortlichkeit von Unternehmen hin zu Gleichberechtigungsfragen, Diskriminierungsproblemen und Arbeitnehmerrechten. Der entscheidende Schub zu einer Massenbewegung war aber die Verbindung von Unternehmen zum *Apartheidsregime in Südafrika*. Die Anti-Apartheid Bewegung formierte sich dabei über zwei Zielrichtungen. Zum einen wurde der Shareholder Aktivismus angewandt. Auf der Jahreshauptversammlung von General Motors 1971, dem größten Arbeitgeber sowohl Amerikas als auch Südafrikas, verlangten kritische Aktionäre einen Rückzug des Unternehmens aus Südafrika. Parallel dazu wurden Divestment Kampagnen gestartet, bei denen Universitäten, Gemeinden und andere institutionelle Anleger aufgefordert wurden, Aktien von Unternehmen mit Geschäftsbeziehungen nach Südafrika zu verkaufen. Der Druck auf Institutionen war so stark, dass die Frage nach einer sozialen Verantwortlichkeit von Geldern in einer breiten Öffentlichkeit diskutiert wurde. Schließlich kam es zu Senatsanhörungen, die zum einen bestätigten, dass amerikanische Gelder die ökonomische und militärische Macht des Apartheidsregimes stützen und zum anderen der Geldabfluss politische Wirkungen zeigen kann: „South Africa would indeed be economically wounded, if not crippled, by any significant cutoff of U.S. trade or investment flows" (U.S. Senate Subcommittee Report 1978, zitiert nach De Villiers, 1995, S. 200). Ab Mitte der 70er Jahre wurden auf staatlicher und kommunaler Ebene mehr und mehr Beschlüsse erlassen, die ein Investment in Südafrika untersagten. Bis Ende der 80er Jahre beteiligten sich über 150 amerikanische Universitäten als institutionelle Anleger in dieser Bewegung[94]. Der kombinierte Druck aus öffentlicher Diskussion und politischer Steuerung enormer Geldsummen führte dazu, dass Unternehmen wie General Electric, General

---

94 Es sei angemerkt, dass die Divestment Kampagne auch von Aktivisten kritisiert wurde, die über das finanzielle Engagement von amerikanischen Unternehmen ebenso positive Veränderungseffekte annahmen und der Abzug von Geldern auch den unterdrückten Afrikanern Schaden zufügen könne. Die Neuauflage einer Divestmentbewegung an amerikanischen Universitäten im Jahre 2002 wird noch kritischer diskutiert. Hier ist das Ziel Israel und dessen Verhalten gegenüber Palästinensern (vgl. Arenson, 2002).

Motors, Exxon oder IBM ihre direkten Investitionen in Südafrika beendeten (vgl. Mächtel, 1996, S. 64).

Auch hier reagierte der traditionelle Finanzmarkt, indem Fonds zu aktuellen sozialen und politischen Themen angeboten wurden. Dazu zählt Trillium Asset Management, 1982 als erstes Investmentunternehmen gegründet, das sich ausschließlich um Kunden mit sozialen Anlagemotiven kümmerte, sowie im gleichen Jahr der Calvert Social Investment Fund, der Süd-Afrika-freie Investments anbot (vgl. Becker/McVeigh, 1999).

Als 1993 Nelson Mandela vor der UN die Aufhebung der Sanktionen gegenüber Südafrika fordern konnte, betrachteten die Divestmentbewegungen dies auch als ihren Erfolg (vgl. Knoll, 2002, S. 685). Da aber die meisten ethischen Screenings sich exklusiv auf das Südafrika Engagement von Firmen konzentrierten, wurde damit von Analysten das Ende des SRI vermutet: „Investment strategy had been linked with not only a political and social solution, but also a single-issue campaign." (Taylor, 2001, S. 55f.). Eine Untersuchung des Social Investment Forums ergab dagegen, dass die Summe an Geldern im SRI Bereich sich Ende 1994 nicht von der Zeit vor der Aufhebung der Sanktionen unterschied[95]. Die Themen hatten sich erweitert. Ein entscheidender Faktor spielte dabei die Umweltbewegung.

3.2.3 Umweltbewegung: „Grüne Fonds"

In den USA bildeten soziale und politische Themen den Ausgangspunkt einer breiteren SRI Bewegung. Umwelt wurde zwar auch als ein wichtiger Bereich wahrgenommen, spielte aber im Gegensatz zu Europa nicht die dominierende Rolle (vgl. Jeucken, 2001, S. 85). In Europa und speziell Deutschland der siebziger und achtziger Jahre stärkte primär die Umweltbewegung das Bewusstsein für eine verantwortliche Orientierung bei Geldanlagen. Von Beginn an waren ökologische Probleme der Fokus dieser Form der ethisch motivierten Geldanlage (Grieble, 2001, S. 20). Auslöser waren erste sichtbare Anzeichen für die negativen Folgen menschlicher Eingriffe in die Natur wie das Waldsterben, Auswirkungen des Reaktorunglücks im weißrussischen Tschernobyl Mitte der achtziger Jahre oder auch erste Erkenntnisse über Klimaerwärmung und Verringerung der Ozonschicht (vgl. Hansen/Bode, 1999, S. 187ff.).

Nach Zirnstein (1994, S. 233) fanden die meisten Veränderungen durch menschliches Wirtschaften in der Natur erst in der zweiten Hälfte des 20. Jahrhunderts statt. Als ein Problem identifiziert er das Bevölkerungswachstum, das einen steigenden Ressourcenverbrauch und eine zunehmende Belastung durch Abpro-

---

[95] Die geschätzten Zahlen für 1991 beliefen sich auf $625 Milliarden, während es Ende 1994 $639 Milliarden waren (vgl. Social Investment Forum, 1995).

dukte nach sich zog. In den siebziger und achtziger Jahren wurden die Zusammenhänge zwischen grenzenloser Ausbeutung der Ressourcen zur Produktion, der Belastung durch schädliche Emissionen und die damit verbundene Minderung der Lebensqualität immer deutlicher. McCormick (1995, S. 56f.) charakterisiert in seinem Buch die Umweltbewegung als eine Akkumulation von Organisationen und Individuen mit unterschiedlichen Idealen und Motiven, mit annähernd gleichen Zielen und doch oft unterschiedlichen Vorgehensweisen. Aber auch der Staat sah eine Handlungsnotwendigkeit und verordnete als erste Maßnahme den Unternehmen die Bestellung von Umweltbeauftragten, deren Aufgaben sich an Umweltgesetzen wie Emissionsschutz-, Wasserhaushalts- und Abfallgesetz u.a. Themenbereichen (1970er Jahre) orientierten (vgl. Freimann, 1996, S. 131ff.).

Die Umweltorientierung fand international Unterstützung, z.b. 1968 auf der Biosphärenkonferenz und der Konferenz über die ökologischen Aspekte internationaler Entwicklung der UNO sowie durch den Club of Rome-Bericht „Grenzen des Wachstums" aus dem Jahr 1972. Im Jahr 1980 erfolgte dann die Veröffentlichung der World Conservation Strategy-Study, die zwar den Gedanken des sustainable development bereits beinhaltete, jedoch noch ein ökozentrisches Konzept und den Erhalt des Status quo bestehender Ökosysteme betonte (vgl. Schäfer, 2003, S. 22).

Die ersten marktlichen Umsetzungen zeigten sich in Deutschland in der Gründung der *Gemeinschaft für Leihen und Schenken GLS Gemeinschaftsbank eG* (1974) und der *Ökobank* (1988). Als erste prinzipiengeleitete Bank in Deutschland bot die anthroposophisch geprägte GLS Bank Sparbücher mit Teilverzicht auf Zinserträge an, die dadurch zinsgünstige Kredite z.b. an Biobauernhöfe oder alternative Wohnprojekte vergaben (vgl. Armbruster, 2000, S. 86). Sie arbeitet nicht gewinnorientiert, auch das Genossenschaftskapital wird nicht verzinst. Eng verbunden mit der Umweltbewegung entstand 1988 die Ökobank. Sie wurde als Genossenschaftsbank gegründet, um die gesellschaftlichen und politischen Ziele der Gründer und Mitglieder zu unterstützen. Das Unternehmensleitbild stellt einen Spiegel der gesellschaftlichen Entwicklung am Ende der achtziger Jahre dar. Ähnlich wie die GLS Bank bot die Ökobank zunächst Projektsparbriefe an, deren Verzinsung unterhalb des Marktniveaus der Vergabe zinsgünstiger Kredite für ökologische Projekte diente. In der späteren Erweiterung reichten die Produkte schließlich vom Girokonto bis hin zu eigenen Aktienfonds und Ende der Neunziger waren die Frankfurter die größte deutsche ethisch-ökologische Bank. Verluste, faule Großkredite, Missmanagement und eine mangelhafte Personalpolitik führten das Finanzinstitut bis an den Rand einer Pleite. Seit dem 1. Januar 2003 ist die Ökobank in die GLS Bank eingegliedert (vgl. Deml/May, 2002, S. 12).

Neben dieser Entwicklungstendenz, die sich aus der Umweltbewegung in den Geldmarkt bewegte, gab es umgekehrt auch die Bewegung des traditionellen Investmentmarktes, der sich ökologieorientierten Investmentformen öffnete (vgl. Kahlenborn, 2001, S. 178). Als Ergebnis der Erkenntnis der interdependenten ökonomischen und ökologischen Zusammenhänge, der Warnungen von Umweltaktivisten, der sichtbaren Veränderungen in der Umwelt kennzeichnete sich die Umweltpolitik dieser Zeit insbesondere durch regulative Eingriffe, die zumeist die Reduktion des industriellen Schadstoffausstoßes betrafen. Dies stärkte die Nachfrage nach Umwelttechnologien (end of the pipe-Technologien), die eben dieses Ziel unterstützten (vgl. Schäfer, 2003, S. 22). In dieser Phase bildeten Reparaturmaßnahmen (Nachsorge) den Schwerpunkt, wie z.b. Reinigungsstufen, Katalysatoren, Abfallentsorgungsvorrichtungen. Die eigentliche Entwicklung von umweltschonenderen Verfahren (Vorsorge) wurde dagegen vernachlässigt. Fondsanbieter entwickelten daraufhin ein Interesse an Technologieunternehmen, die Anlagen zur effizienteren oder regenerativen Energienutzung vertrieben. Ende der 80er Jahre wurden schließlich die ersten *Umwelttechnologiefonds* auf den Markt gebracht. Als Spezialfonds fassten sie Branchen zusammen, die von den strikteren Reglementierungen profitieren könnten. Primär zählten dazu Wassertechnologien (Versorgung/ Aufbereitung), Abfallverwertung/ -beseitigung, Recycling sowie Technologien zur Energieeinsparung oder Entwicklung erneuerbarer Energien. Beispiele für derartige Fonds sind SecuraRent, Eco Protect, SunLife Ecological Fund oder Focus Umwelttechnologie Fonds Euroinvest (vgl. die Übersicht bei Armbruster, 2000, S. 86). Diese Fonds hatten nur eine mäßige Performance und ein erhebliches Risiko aufgrund des engen Fokus. Zudem wurden die Wachstumschancen der Umwelttechnologiebereiche überschätzt, da statt spezialisierter Lösungen im Laufe des gesellschaftlichen Drucks und rechtlicher Maßnahmen übergreifende, integrative Lösungen für Produktionsanlagen entwickelt wurden (vgl. Schaltegger/Figge, 2001, S. 207).

Diese Marktentwicklung führte zu der Konzeption von *Eco-efficiency Fonds*, die die Umwelttechnologiefonds bald ablösten. Grundidee der Ökoeffizienz ist die Harmonisierung von Ökonomie und Ökologie. Produktionsprozesse und Produkte sollen rentabler gestaltet werden, die Steigerung der Umweltverträglichkeit ist dabei ein positiver Nebeneffekt. Im Endergebnis soll sich sowohl für Unternehmen als auch die Gesellschaft ein Gewinn ergeben: mehr Werte schaffen und gleichzeitig weniger Ressourcen verbrauchen und die Umwelt weniger belasten[96]. Ein erster Eco-efficiency Fond war 1994 EcoSar der Schweizer Sarasin Bank, andere folgten schnell, entweder als Modifikation der Umwelttechnologiefonds oder durch die Gründung spezialisierter Investmentgesell-

---

[96] Vgl. zum Begriff der Ökoeffizienz Schmidheiny, 1992; WBCSD, 1996; DeSimone/Popoff, 1997, S. 47.

schaften (vgl. Flatz et al., 2001, S. 226). Grundidee ist dabei immer die gleiche. Statt allein auf das Kriterium der Branchenzugehörigkeit abzustellen, wird systematisch in den verschiedensten Branchen nach ökologischen Pionieren gesucht. Erst wenn derartige Unternehmen sowohl in ökonomischer als auch ökologischer Dimension überdurchschnittlich abschneiden, werden sie in den Fonds aufgenommen.

Vergleicht man an dieser Stelle amerikanische und deutsche Produkte, wird der Entwicklungsunterschied in dieser Phase sehr deutlich. Während die Amerikaner eher soziale Aspekte in die Bewertung der Fonds mit einbeziehen (Auslöser: Friedens- und Antiapartheidsbewegung), liegt bei den deutschen Fonds der Fokus sehr eindeutig auf ökologisch-technischen Kriterien (Auslöser: Umweltprobleme). Bei beiden Vorgehensweisen handelt es sich um eher sektoral beschränkte Ansätze. Des Weiteren ist der amerikanische Markt von einem Shareholder Aktivismus und institutionellen Investoren gekennzeichnet, während in Europa stärker private Anleger als Kunden im Fokus der Betrachtung stehen, deren Motivationen weniger politisch ausgeprägt sind. Inzwischen verwischen sich zunehmend die Unterschiede und eine weitere Entwicklungsstufe kann beschrieben werden. Als neue Hauptakteure treten, in Amerika wie in Deutschland, nun auch verstärkt Unternehmen auf. Sie lenken mit ihrem Verhalten ihr Image und können damit die eigene Attraktivität für den Anleger beeinflussen, sodass die Entwicklung des sozial verantwortlichen Investments in dieser Phase stark von der unternehmerischen Sicht und den Forderungen der Anspruchsgruppen (Bürger, NGOs) geprägt wird.

3.2.4 Sustainability: „Nachhaltige Fonds"

Der SRI-Begriff entwickelte sich in den neunziger Jahren entlang des Leitbildes des *sustainable development*[97]. Die Erkenntnisse der letzten Jahrzehnte führten dazu, dass Gesellschaft und Wirtschaft neue Lösungsmöglichkeiten suchten für eine Erhaltung auch der zukünftigen Lebenschancen in einer globalen Perspektive. Eine wirtschaftliche und gesellschaftliche Änderung zu erreichen, die auf eine Befriedigung kulturell abhängiger Grundbedürfnisse der Menschen in einer intakten Umwelt durch eine umsichtige Wirtschaft abzielt, sollte nicht national in jedem Land separat, sondern innerhalb der weltweiten Partnerschaft erreicht werden.

---

[97] Auch wenn auf das Konzept der Nachhaltigen Entwicklung als Begründungshintergrund für eine „Nachhaltige Bildung und Erwachsenenbildung" eingegangen wurde, sollen hier die Kernaussagen in ihren zeitimmanenten Beziehungen vorgestellt werden, damit der unternommene Versuch einer historisch-typologischen Deutung des SRI nachvollziehbar wird.

Ein Meilenstein in dem gemeinsamen Vorgehen im Sinne dieser Idee ist die Rio-Konferenz, aber bereits zuvor gab es erste Schritte. Die Umweltschutzkonferenz von 1972 in Stockholm war der vorläufige Höhepunkt und initiierte die Gründung des UN Environment Programme im selben Jahr. 1983 rief wiederum die UN die World Commission on Environment and Development als unabhängige Sachverständigenkommission ins Leben, die vier Jahre später den als Brundtland-Report (1987) bekannt gewordenen Bericht „Our Common Future" vorlegte. Dieser war neben anderen Berichten die Grundlage zur Vorbereitung auf eine neue Umweltkonferenz in Rio de Janeiro.

Die Bedeutung des Brundtland-Reports liegt darin, dass in ihm zum ersten Mal ein Leitbild zu einer nachhaltigen Entwicklung auftaucht. „Sustainable development meets the needs of the present without compromising the ability of future generations to meet their own needs (WCED, 1987, S. 43), lautet das Handlungsprinzip in dem Bericht. Angestrebt wird somit die intra- als auch intergenerative Befriedigung der Bedürfnisse. Die damit verbundenen vielfältigen Probleme ökonomischer, ökologischer, sozialer, demographischer und kultureller Natur erfordern globales, regionales und lokales zukunftsgerichtetes Handeln.

Auf der Rio-Konferenz 1992 sollten die Forderungen und Vorschläge des Brundtland-Reports in verbindliche Verträge und Konventionen umgesetzt werden. Trotz der Teilnahme von 10.000 Delegierten aus 178 Staaten und der damit verbundenen Menge an Streitpotenzial verabschiedete die Konferenz je zwei internationale Abkommen und Grundsatzerklärungen sowie ein Aktionsprogramm zur weltweiten nachhaltigen Entwicklung. Nach Rio folgten 10 Jahre internationaler Bemühungen, die Abkommen umzusetzen, und 2002 fand dann der bisher letzte Weltgipfel für nachhaltige Entwicklung in Johannesburg statt.

Ein weiterer Motor für die Entwicklung des sozial verantwortlichen Investments ist das Leitbild der *Corporate Social Responsibility (CSR[98]).* Die Europäische Kommission beschreibt es als Konzept „...., das den Unternehmen als Grundlage dient, auf freiwilliger Basis soziale Belange und Umweltbelange in ihre Tätigkeit und in die Wechselbeziehung mit den Stakeholdern zu integrieren" (EU-Kommission, 2002, S. 7). Dieses Konzept weist sowohl interne als auch externe Ziele auf, die Erwartungen nach sozial verantwortlichem Handeln zufrieden stellen sollen. Intern orientiert sich das Konzept an den Mitarbeitern und das Unternehmen kann seine soziale Verantwortung durch Maßnahmen wie flexible, Arbeitszeiten, Weiterbildung, Altersvorsorge, Beteiligungen, Frauenförderung umsetzen. Extern stehen der Kunde und weitere Stakeholder im Fokus der Ver-

---

[98] Auf die grundlegende Bedeutung des Konzepts der Corporate Social Responsibility ist im Kapitel 3.1.3 bereits hingewiesen worden. Hier soll das CSR-Konzept kurz in den Zeitkontext eingeordnet werden, damit der unternommene Versuch einer historisch-typologischen Deutung des SRI nachvollziehbar wird.

antwortung. Durch Produkte und Dienstleistungen mit einem speziellen Customer Value, Förderungen im sozialen Bereich sowie von Kunst, Kultur und Sport und besonders durch die Sicherung der Arbeitsplätze können die Unternehmen diesen Anspruchsgruppen gerecht werden.

Beide Leitbilder, das des sustainable development und das der CSR, sind als Resultate der Erkenntnisse und Entwicklungen aus den vorangegangenen Kapiteln zu verstehen. Zum einen handelt es sich um einen Perspektivenwechsel, bei dem sich der Blick allein auf die negativen externen Auswirkungen des unternehmerischen Handelns erweitert hat, um auch die Möglichkeiten positiver Effekte auf Umwelt und Gesellschaft zu betrachten. Zum anderen hat sich das Verständnis der Zielbeziehungen verändert. Ökologische, soziale und ökonomische Ziele wurden oftmals über ein immanent antagonistisches Verhältnis konzeptionalisiert. Inzwischen werden nicht nur die wechselseitigen Abhängigkeiten untersucht, sondern auch Bereiche einer gegenseitigen Unterstützung in der Zieloptimierung wahrgenommen. Die in diesem Zusammenhang entstehenden Konzepte beinhalten unterstützende, holistische Instrumente, die helfen sollen, diese Erkenntnisse in allen Feldern der Politik und Gesellschaft umzusetzen und die globale Verantwortung gegenüber Wirtschaft, Gesellschaft und Umwelt widerzuspiegeln.

Diese generelle Entwicklung findet ihren Niederschlag im SRI-Markt, bei dem sich die SRI-Produkte inzwischen mehr in der Stärke der Ausprägung der drei Dimensionen unterscheiden, anstatt in der generellen Zielrichtung (sozial oder umweltorientiert). In Deutschland wird gemäß der gesellschaftlichen Entwicklung der Siebziger und Achtziger die ökologische Seite stärker betont als in Amerika. Zudem sind die Auswahlkriterien strenger als in den USA.

Obwohl immer noch ein Nischensegment, gab es in den letzten Jahren einen starken Trend hin zur Professionalisierung des Marktes, zu einem Wachstum an nachhaltig investiertem Kapital und zu einer Herausbildung an neuen Marktakteuren, die sich insbesondere mit den notwendigen informatorischen Begleitprozessen beschäftigen. Zu erwähnen sind dabei insbesondere die Etablierung von Research- und Rating-Agenturen und neu aufgelegte Börsenindices.

Weil für die Investoren die Einschätzung, ob ein SRI-Produkt zu ihnen passt, aufgrund der Komplexität der Dimensionen immer schwieriger wird, übernehmen *Research- und Rating-Agenturen*[99] diese signifikante Marktfunktion. Sie entscheiden nach Positiv-/ Negativkriterien und klassifizieren Unternehmen oft nach Leadern (die Besten der Branche) und Pionieren (entwickeln gezielt z.B. innovative Technologien, die Ersten aus der Branche). Es ist aber nicht nur die Ausdifferenzierung des Produktangebots, dass für Investoren Anlageentschei-

---

[99] Vgl. allgemein zur Rolle der Ratingagenturen im Finanzmarkt Kniese, 1996; Everling, 2001; Munsch/Weiß, 2002; Levich/Majnoni/Reinhart, 2002.

dungen erschwert. Auch die hinter den Fonds stehenden Unternehmen und deren Beziehungen sind unübersichtlicher geworden. So werden Unternehmen heutzutage von Firmen beliefert, die ihnen zwar nicht gehören, auf die sie aber einen immensen Einfluss haben (vgl. Domini, 2001, S. 43ff.). Rating-Agenturen stehen damit auch vor der Schwierigkeit, wie tiefergehende Industrie- und Handelsbeziehungen erfasst werden sollen.

Ein weiteres Hilfsmittel, das sich im Laufe der Ausdifferenzierung und Professionalisierung des SRI-Marktes herausgebildet hat, sind *Aktienindices*[100], die die wirtschaftliche Entwicklung und Kursperformance einzelner Marktsegmente abbilden (vgl. Deml/May, 2002, S. 134ff.). Im deutschsprachigen Raum startete 1997 der Naturaktienindex (NAI), der insgesamt 20 Werte umfasst. Er besteht zu 40 % aus US-Aktien und zu 60 % aus europäischen Aktien. Für die Aufnahme in den NAI muss ein Unternehmen mind. zwei Positivkriterien erfüllen. Ein Ausschluss erfolgt bei Vorhandensein bestimmter Negativkriterien, wie z.B. Diskriminierung von Frauen/ Minderheiten, Unterbindung gewerkschaftlicher Tätigkeit, Erzeugung von umwelt-/ gesundheitsschädlichen Produkten, Kinder- und Zwangsarbeit etc.. Dabei geht es nicht nur um das spezifische Unternehmen selber. Entscheidend ist ebenso eine Beteiligung und ein Einfluss auf Unternehmen mit besagten Negativkriterien. Wie alle Indices ist auch der NAI ständigen Veränderungen unterworfen, wenn z.B. ein Unternehmen durch Fusionen, Verkäufe oder Übernahmen den Anforderungen nicht mehr gerecht wird und ersetzt werden muss. Aber auch andere Gründe können zum Ausschluss führen. So berichten Deml/May (2002, S. 138), dass die amerikanische Handelskette „Whole Food Markets" aus dem Index entfernt wurde, weil Gewerkschaften ihr die Behinderung ihrer Arbeit vorwarf.

Im Vergleich zum NAI haben bspw. die Dow-Jones-Sustainability Group Indizes (Flatz et al., 2001) keine Ausschlusskriterien, sondern gehen innerhalb der Branchensegmente nach dem Prinzip „Bester der Branche" vor. Unternehmen, die eine hohe Anzahl von Nachhaltigkeitskriterien erfüllen, sammeln auf diese Weise Pluspunkte. Der DJSI hält über 300 Werte der weltweit größten Aktien.

Globale und regionale Politik als neuer Hauptakteur schafft in dieser Periode den Raum für offizielle Instrumente, die die Glaubwürdigkeit des sozial verantwortlichen Investments fördern und langfristig zu einer größeren Akzeptanz im Finanzalltag führen können. Wiederum wird nach Positiv- und Negativkriterien entschieden, die durch die Ansätze des sustainable development und der CSR einen holistischen Rahmen bekommen haben.

Die größte Tradition im Bereich der *Nachhaltigkeitsfonds* hat die Schweizer Privatbank Sarasin (vgl. Knörzer, 2001). Ihr Fonds, Sarasin OekoSar, wurde

---

[100] Vgl. zur Rolle von Aktienindices Schmitz-Esser, 2000; Wetzel, 2001; Rolfes/Jirousek, 2003.

1994 auf den Markt gebracht und legt weltweit in Aktien, Obligationen und Geldmärkten an. Das Ziel ist die Investition in Unternehmen, die einen Beitrag zum nachhaltigen Wirtschaften leisten und ihren ökonomischen Erfolg unter Rücksichtnahme auf ökologische und soziale Belange erreichen. Die Firmen sind jeweils die Besten der Branche (Leader-Prinzip). Der Fonds zeichnet sich durch überdurchschnittliche Rendite und Stabilität (auch im Krisenjahr 2001) aus. Generelle Ausschlusskriterien sind neben Tabak- und Rüstungsproduktion auch Pornographie, Kernenergie, Chlor- und Agrochemie, Gentechnik und Automobilindustrie. 1996 kam ein weiterer Sarasin Fonds auf den Markt, der Ökovision. Er fokussiert ökologisch orientierte Unternehmen, die umweltverträgliche Technologien, langlebige Verbrauchsgüter, ökologische Nahrungsmittel und regenerative Energien produzieren bzw. fördern. Auch humane Arbeitsbedingungen und/ oder eine demokratische Unternehmensstruktur werden in die Bewertung mit einbezogen. Wieder wird in Leader von zumeist KMUs investiert und generelle Ausschlusskriterien sind neben denen des OekoSar Fonds Tierversuche, Diskriminierung und Verletzung der Menschenrechte. Beide Fonds haben also eine Nachhaltigkeits-Orientierung, der Fonds Ökovision gewichtet die ökologische Performance der Unternehmen jedoch stärker.

3.2.5 Zusammenfassende Typologisierung

Die Darstellung der historischen Entwicklung sollte zeigen, dass es einen engen Zusammenhang zwischen der sozio-kulturellen Makrosituation und den spezifischen Marktentwicklungen im Bereich des SRI gab. Einen Versuch der übergreifenden Typologisierung gibt die folgende Abbildung wieder:

Gesellschaftlicher Hintergrund	Gegenstand der unternehmensbezogenen Bewertung	Exemplarischer SRI-Typus	Bewertungsansatz von SRI-Produkten
Integration von Moral und Markt	Sittliche Unternehmensführung	„Virtue Stocks"	Gesinnungsansätze
Gesellschaftliche Protestbewegungen	Unverantwortliche Unternehmensführung	„Politische Fonds"	Single Issue Ansätze
Ökologischer und sozialer Aufbruch	Ökologische und soziale Unternehmensführung	„Grüne Fonds"	Sektorale Ansätze
Globale und verantwortliche Wirtschaft	Verantwortliche Unternehmensführung	„Nachhaltige Fonds"	Ganzheitliche Ansätze

Abbildung 8: Historisch-typologische Unterscheidungen im SRI

Den Ursprung der SRI Bewegung stellen die „Virtue Stocks" dar. Nachdem religiöse Gruppierungen in den USA sich verstärkt in die weltliche Gesellschaft integrierten, stellten sie die fundamentale Frage, ob die Werte, die innerhalb der religiösen Gemeinschaft gelebt wurden, auch in der Sphäre des Marktes ihre Anwendung finden können. Erst die Aufhebung getrennter moralischer Prinzipien für die individuellen Werte und das ökonomische Handeln ermöglichte die Entwicklung des SRI. Der Anspruch an kapitalwürdige Unternehmen bestand in der „sittlichen" Unternehmensführung, die nach den jeweiligen religiösen Prinzipien definiert wurde. Die Heterogenität verschiedener religiöser Fonds zeigt die Variabilität des Bewertungsansatzes, der deshalb hier als Gesinnungsansatz verstanden wird.

Die religiösen Investments waren in erster Linie nach innen gerichtet. Sie versuchten, das äußere, weltzugewandte Handeln in Einklang mit den eigenen, inneren Werten zu bringen. Die gesellschaftlichen Protestbewegungen der 60er Jahre versuchten dagegen, diese Übereinstimmung mit einer nach außen gerichteten Motivation zu erreichen. Sie sahen in der Veränderung von Geldflüssen eine Möglichkeit zur Veränderung der Welt (vgl. Dillenburg/Greene/Erkeson, 2003, S. 168). Die Kritik richtete sich an eine als unverantwortlich wahrgenommene Unternehmensführung und der Handlungsansatz wurde durch den Shareholder Aktivismus geprägt. Im Vordergrund stand weniger die individuelle Investitionsentscheidung, als vielmehr der öffentlichen Druck auf die Unternehmen. Ein Hebel war dafür die Beeinflussung institutioneller Geldanleger. Diese Aktionsform förderte eine Konzentration auf single issues, um die Kampagnenfähigkeit zu intensivieren.

In den USA der 60er und 70er Jahre bestand eine Dominanz von sozialen Themenbereichen für das SRI. Langsam wurden auch ökologische Aspekte wahrgenommen sowie deren Relevanz für die Investitionsentscheidung. Der ökologische und soziale Aufbruch in Europa kehrte das amerikanische Verhältnis um. Für den europäischen SRI-Bereich dominierten die ökologischen Themen über die sozialen. Die „Grünen Fonds" wurden dabei aus zwei sehr unterschiedlichen Richtungen entwickelt. Zum einen waren es die ökologischen Bewegungen selbst, die vorhandenes Geldvermögen innerhalb der eigenen Netzwerke nutzen wollten. Statt einer Kritik an unverantwortlichen Unternehmen wurde nun die Alternative einer anderen Art von Unternehmensführung gesucht, die den eigenen ökologischen und sozialen Prinzipien entsprach. Auf der anderen Seite wurde von den traditionellen Märkten die Bewegung insoweit wahrgenommen, als sich Rahmendaten des Marktes wie die zunehmende Reglementierung umweltrelevanter Unternehmensprozesse veränderten. Neben den neuen Profitmöglichkeiten für bestimmte Unternehmen wurde aber ebenso das Potenzial von Investoren mit erweiterten Anlagemotiven entdeckt. Die hier vorgenommene Interpretation der ökologischen und sozialen Unternehmensführung basierte weniger auf einem ideologischen Prinzip als vielmehr auf der Minimierung von

Risiken und Entdeckung neuer, profitabler Potenziale. Beide Bewertungsansätze ähneln sich darin, dass sie einen sektoralen Ansatz für die SRI-Produkte entwickelt haben.

Inzwischen beginnt sich die teilweise bewusst konstruierte Opposition aufzulösen, bei der die gesellschaftlichen Bewegungen die Probleme artikulieren und Unternehmen darauf mehr oder weniger positiv reagieren. Das Prinzip einer globalen und verantwortlichen Wirtschaft wird grundsätzlich von den verschiedensten Akteuren wie NGOs, Regierungsinstitutionen und Unternehmen geteilt. Differenzen bestehen eher in der jeweiligen inhaltlichen Explikation. Zunehmend realisiert sich ein Bewusstsein, dass eine verantwortliche Unternehmensführung nicht mehr allein eine Frage der jeweiligen ethischen Grundposition ist. Um längerfristig am Markt zu überleben und Potenziale proaktiv zu realisieren, ist die Beachtung der so genannten triple bottom line unabdingbar, da ökologische Sensibilität, soziale Benefits und ökonomische Existenzfähigkeit einen engen Zusammenhang bilden. Dies spiegelt sich auch in den Nachhaltigkeitsfonds wider, die zum ersten Mal die sozialen, ökologischen und ökonomischen Dimensionen der Investitionskandidaten gleichgewichtet umsetzen. Die Bewertungsansätze sind damit komplexer, multi-dimensionaler oder auch ganzheitlicher geworden. Die Notwendigkeit an das informatorische Management der Bewertung sind dabei erheblich gestiegen. Im folgenden Kapitel kann diese Situation nun anhand eines Marktmodells für das aktuelle SRI und den jeweiligen Akteuren im Einzelnen dargestellt werden.

3.3 Situation und Entwicklung des Marktes des SRI

Nachdem SRI als gesellschaftliche Bewegung in seiner historischen Entwicklung dargestellt und dabei der gesellschaftliche und kulturelle Kontext des SRI deutlich herausgearbeitet wurde, soll in diesem Abschnitt der Markt des SRI genauer beschrieben werden. Dabei wird es zunächst um die Definition und die mögliche Abgrenzung dieses Marktes gehen. In einem zweiten Schritt wird auf die wesentlichen Akteure dieses Marktes und ihre besondere Interaktion näher eingegangen. Dies ist deshalb besonders wichtig, weil die in dieser Untersuchung zu diskutierende Frage der Transparenz über sozial-ökologische Unternehmensbewertungen aus unterschiedlichen Akteursperspektiven betrachtet werden kann. Es scheint sinnvoll, im Kontext der Darstellung auch aktuelle Marktzahlen vorzustellen, die einen Eindruck von der Relevanz dieses Marktes vermitteln. Als räumliche geografische Abgrenzung wird hier auf Deutschland als Markt eingegangen und gelegentlich mit Marktentwicklungen in den USA oder in anderen europäischen Ländern verglichen, wenn dies zum Verständnis beiträgt. Eine solche räumlich geografische Abgrenzung scheint gerade vor dem Hintergrund der dargestellten gesellschaftlichen, kulturellen Hintergründe, aber auch aufgrund besonderer rechtlicher Rahmenbedingungen gerechtfertigt. Die Vision eines einheitlichen europäischen Marktes scheint im Investmentbereich noch weit von der Realität entfernt zu sein. Auch wenn der grenzüberschreitende Verkauf von Investmentfonds zunimmt, „... sind eine Reihe von nationalen Märkten immer noch klar durch einheimische Anbieter dominiert." (Heinemann et al., 2003, S. 4). Insbesondere hinsichtlich des Anlegerschutzes und der spezifischen Regeln zur Werbung und zu den Informations- und Beratungspflichten gibt es erhebliche Unterschiede in den einzelnen europäischen Ländern (vgl. Heinemann et al., 2003, S. 6f.; Jeucken, 2001, S. 90).

3.3.1 Definition des Marktes für SRI

In zahlreichen Beiträgen von Praktikern und Wissenschaftlern zur Entwicklung des SRI in den USA oder in verschiedenen europäischen Ländern wird „... oft in einem stillschweigenden Einverständnis darüber gesprochen, was man im konkreten Fall unter einem Markt zu verstehen hat" (Bauer, 1995, Sp. 1709). Es werden dabei ganz unterschiedliche Referenzpunkte deutlich, an denen die Marktentwicklung festgemacht wird. So wird in einigen Beiträgen auf das in entsprechenden Produkten angelegte Kapital abgehoben[101], während in anderen Beiträgen die bloße Anzahl der SRI-Produkte[102] oder auch die Bekanntheit und Akzeptanz des SRI bei verschiedenen Investorengruppen[103], bei den potenziellen oder realen Nachfragern nach diesen Produkten offensichtlich als Indikatoren für Markt und Marktentwicklung stehen. Dieses auch in der wissenschaftlichen Literatur durchaus verankerte Verständnis von Markt (vgl. Engelhardt, 1997, Bauer, 1995) geht auf

- die jeweilige Menge von Nachfragern mit ihren spezifischen Bedürfnissen,

- die Güter mit ihren spezifischen Eigenschaftsbündeln oder

- die Anbieter mit ihren jeweiligen Instrumenten der Nutzenstiftung

ein. „Ein Markt besteht aus allen potentiellen Kunden mit einem bestimmten Bedürfnis oder Wunsch, die willens oder fähig sind, durch einen Austauschprozeß das Bedürfnis oder den Wunsch zu befriedigen." (Kotler/Bliemel, 1992, S. 12).

---

[101] In einer Reihe von Veröffentlichungen aus den USA und dem UK wird von einem außerordentlichen Wachstum der „socially responsibility industry" unter Angabe des Anlagevolumens gesprochen. Vgl. Rivoli, 2003, S. 271; Schepers/Sethi, 2003; Schueth, 2003, S. 191; Miles/Hammond/Friedman, 2002, S. 10; Kritisch äußert sich Entine (2003, S. 361f.) zu den dabei entstehenden Abgrenzungsproblemen.

[102] Vgl. z.B. Laufer, 2003b; McKenzie, 1998.

[103] Vgl. z.B. Friedman/Miles, 2001, S. 525; Kahlenborn, 2001, S. 181.

In einer gerade für unsere Zwecke angemessenen Definition von Markt werden alle drei genannten Elemente sichtbar, „... wenn ein Markt als Beziehung zwischen Käufern und Verkäufern einer bestimmten Ware oder Dienstleistung definiert wird." (Bauer, 2001, S. 1032). In dieser ersten Annäherung ist SRI demnach als Markt gekennzeichnet durch

-   Investoren, die bei ihren Investmententscheidungen bestimmte soziale und/oder ökologische Gesichtspunkte berücksichtigen wollen und nur in nach diesen Gesichtspunkten ausgewählten Unternehmen ihr Kapital anlegen wollen,

-   Finanzinstitute bzw. Fondsgesellschaften, die Investmentprodukte entwickeln, bewerben, distribuieren, verkaufen und managen und

-   Investmentprodukte, die die Besonderheit aufweisen, das eingesammelte Kapital nur in Unternehmen zu investieren, die auf jeden Fall nach bestimmten (den in der Anlagepolitik zugesagten) sozialen und/oder ökologischen Gesichtspunkten untersucht und „selektiert" wurden.

Wenn es sich bei dem SRI um einen Teil des Finanzdienstleistungsmarktes handelt, dann ist in Zusammenhang mit dieser Untersuchung nicht der Beschaffungsmarkt der Kapitalnachfrager (Unternehmen, Körperschaften des Staates usw.) gemeint. Vielmehr handelt es sich (aus Sicht der Finanzintermediäre und des Finanzdienstleistungsmarketing) um einen Absatzmarkt, auf dem ganz generell „... Banken, Kapitalanlagegesellschaften und sonstige Institutionen, die Zahlungsverkehrsleistungen, Finanzierungs- und Anlageleistungen sowie Versicherungsleistungen anbieten." (Kaas, 1997, S. 458).

SRI ist als Teilmarkt dieses Finanzdienstleistungsmarktes - und genauer noch - als Teilmarkt des Kapitalanlagemarktes (vgl. Bitz, 2002, S. 257 f.; Kaas, 1997, S. 458) zu verstehen, der sich fundamental durch die spezifischen und vom „normalen" Kapitalanlagemarkt unterscheidbaren Bedürfnisse der Nachfrager und die diese Bedürfnisse befriedigenden Produkte abhebt. Die Abgrenzung des Teilmarktes des SRI erfolgt demnach durch die Besonderheiten der Nachfrage im Sinne des Bedarfsmarktkonzepts. Er ist nachfragebezogen und nicht unternehmensbezogen (vgl. Bauer, 1995, Sp. 1715 f.).

3.3.2 Akteure am Markt für SRI

In der betriebswirtschaftlichen Geschichte gibt es eine lange, heftige Diskussion zur Begründung der Existenz von distributiven Institutionen wie der Handel (vgl. Weber, 1976; Shaw, 1994). Historisch entwickelte sich daraus eine Analyse wichtiger Funktionen des Handels, die seine Legitimität begründen sollte (vgl. Oberparleiter, 1918). Daneben gibt es eine analytische Fokussierung auf die Institution und die Ware, die als materielle Ansätze in der Handelsbetriebs lehre ihre Verwendung finden (vgl. Leitherer, 1989, S. 307ff.; Hansen, 1990, S. 8). Als jüngster Ansatz zur Erklärung und Analyse distributiver Institutionen hat sich der Transaktionskostenansatz der Neuen Institutionenökonomie etabliert (vgl. Picot, 1986). In der neueren Theorie der Kapitalmärkte spiegelt sich diese Entwicklung wider, wenn Banken als Distributionsunternehmen verstanden werden, „die zum Zwecke des Ausgleichs von Friktionen im Geldstrom ein zusammengehöriges Bündel von Tätigkeiten übernehmen" (Süchting/Paul, 1998, S. 7). Auch wird inzwischen die Herausbildung von Institutionen in Finanzmärkten über neo-institutionalistische Ansätze im Sinne einer Theorie der Finanzintermediation behandelt (vgl. Benston/Smith, 1976; Schmidt, 1981). In diesem Sinne treten auf dem als Absatzmarkt zu verstehenden Kapitalanlagemarkt Anbieter in Form von unterschiedlichen Finanzintermediären auf. Sie entwickeln, vertreiben und managen spezifische Produkte, in diesem Kontext SRI-Fonds als besondere Investmentfonds. Gekauft werden die SRI-Produkte von verschiedenen Nachfragern (Investoren), die Kapitalanlagemöglichkeiten nachfragen bzw. als Kapitalgeber fungieren (vgl. Abbildung 9).

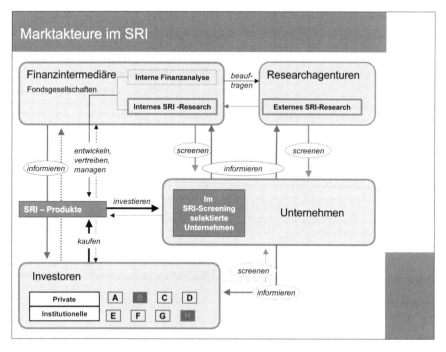

Abbildung 9: Marktakteure im SRI

Zum Management der SRI-Produkte gehört zentral auch das Investieren des von den Investoren eingezahlten Kapitals in bestimmte Unternehmen, die damit die letztlichen Kapitalnehmer sind. Neben den Nachfragern (Investoren) und den Fondsgesellschaften (Anbieter) müssen in einem dem SRI angemessenen und erweiterten Akteursspektrum des Marktes auch die Unternehmen als potenzielle oder reale Objekte der Kapitalanlage miteinbezogen werden. Dies ist sinnvoll, weil die spezifischen Bedürfnisse der Nachfrager darauf abzielen, dass ihr Kapital nur in bestimmten „selektierten" Unternehmen investiert wird, um so einen positiven Beitrag für ein soziales und/oder ökologisches Ziel zu leisten. In ein derart erweitertes Akteursmodell des SRI-Marktes gehören weiterhin so genannte Research-Agenturen, die darauf spezialisiert sind, das erforderliche SRI-Screening durchzuführen.

In der Regel erfolgt die Abbildung eines Marktes anhand des physischen Warenstroms. Die von Hansen (1990, S. 36) vorgenommene Erweiterung berücksichtigt zusätzlich die Kommunikations- und Wertströme. Es gehört zu den Besonderheiten des SRI-Marktes, dass neben dem Wertstrom die Kommunikationsströme über die sozialen und ökologischen Qualitäten von Unternehmen, die als potenzielle oder reale Investitionsobjekte für das jeweilige Fondsmanagement in Frage kommen, eine zentrale Rolle spielen. Neben den Finanzintermediären, die auch hinsichtlich des Kommunikationsstromes über die sozialen und ökologischen Qualitäten von Unternehmen eine intermediäre Rolle einnehmen, kommt hier den Research-Agenturen, die im Auftrag von Finanzintermediären handeln und über eine Spezialkompetenz im Bereich der Analyse und Bewertung des sozial-ökologischen Unternehmensverhaltens verfügen, eine wiederum vermittelnde Rolle zu. Die Unternehmen, die in diesem Marktakteursmodell Objekte eines Screening ihrer Leistungen sind, gestalten jedoch auch selbst die Informationsflüsse mit, indem sie im Rahmen des externen Screening auskunftsbereit sind und/oder indem sie im Rahmen ihrer unternehmenseigenen aktiven Informationspolitik Finanzintermediäre, Research-Agenturen aber auch Investoren und andere Teile der Öffentlichkeit über ihre Leistungen informieren.

3.3.2.1 Die Nachfrageseite: private und institutionelle Investoren

Bei der Nachfrageseite ist die Unterscheidung von privaten und institutionellen Investoren im SRI-Markt besonders wichtig. Die Handlungsmöglichkeiten und – restriktionen beider Gruppen unterscheiden sich ganz wesentlich voneinander[104], was auf der Produktseite durch die Unterscheidung von Publikums- und Spezialfonds gespiegelt wird.

---

[104] Meffert (1990) unterteilt generell das Finanzdienstleistungsmarketing in Privatkundenmarketing und Firmenkundenmarketing.

3.3.2.1.1 Private Investoren

Als private Investoren werden im SRI alle natürliche Personen angesehen, die willens und in der Lage sind, eigenes Geld in Fonds anzulegen. Dieses eingesammelte Geld wird von ihnen in Unternehmen investiert, die nach bestimmten sozialen und ökologischen und/oder anderen ethischen Gesichtspunkten untersucht und selektiert wurden. Zu den klassischen Motiven der Geldanlage muss bei den privaten Investoren also mindestens ein weiterer sozialer oder ökologischer Gesichtspunkt bei der Entscheidung für einen bestimmten Fonds hinzukommen. Da private Investoren im SRI damit hinsichtlich ihrer Einstellung gegenüber potenziellen und spezifischen Geldanlageobjekten definiert werden, können genauere Aussagen über sie empirisch grundsätzlich auf zwei Wegen generiert werden. Zum einen kann das reale Investorenverhalten beobachtet und anhand äußerer Merkmale genauer beschrieben werden[105]. Zum anderen kann unter Einbeziehung theoretischer Konstrukte, die das Entscheidungsverhalten von Investoren erklären, in unterschiedlichsten Untersuchungsdesigns analysiert werden, welche Präferenzen private Investoren hinsichtlich ihrer Geldanlage haben und durch welche weiteren subjektiven oder situativen und/oder anderen Umfeldbedingungen diese Präferenzen spezifisch beeinflusst werden[106].

Während bislang nur isolierte Umfrageergebnisse über die Bekanntheit und Akzeptanz von SRI-Fonds vorlagen[107], wurde im Jahr 2001 im Rahmen einer bundesweit repräsentativen empirischen Studie erstmals in Deutschland systematisch untersucht, inwieweit das wahrgenommene sozial-ökologische Engagement von Unternehmen einen Einfluss auf die Präferenzen und Anlageintentionen privater Investoren in der Bundesrepublik ausübt und welche Personengruppen als potenzielle Anleger für SRI-Fonds konkret in Frage kommen (vgl. imug/muk, 2001, Hennig-Thurau/Hansen/Bornemann, 2003). Insbesondere wurde die Wichtigkeit klassischer Geldanlagemotive im Verhältnis zu den SRI-spezifischen Motiven conjoint-analytisch untersucht. Auf dieser Basis konnten eine SRI-spezifische Typologie privater Investoren erarbeitet und zusammenfassende Aussagen über die Marktchancen des SRI bei privaten Investoren in Deutschland abgeleitet werden (vgl. Hennig-Thurau/Hansen/Bornemann,

---

[105] Damit würde den Stimulus-Response Ansätzen der Konsumentenverhaltensforschung gefolgt. Im Ergebnis können Fragen beantwortet werden, die beschreiben, wer, zu welchem Zeitpunkt, zu welchen Konditionen, welche SRI-Fonds kauft und verkauft, usw. (vgl. Foxall, 1999).

[106] Vgl. Kapitel 4.1.3, in dem im Kontext der verhaltenswissenschaftlichen Verortung des SRI auch die Motive von Investoren reflektiert werden.

[107] In den entsprechenden Umfragen (vgl. als Übersichten Mächtel, 1996, S. 143ff.; Armbruster, 2000, S. 280ff.) wurde in der Regel von ethisch-ökologischen Geldanlagen gesprochen (vgl. O.V., 1991; Devries, 1997, Franck/Ginzel/Lucas, 1999).

2003). Wesentliche Ergebnisse dieser Untersuchung sollen hier unter Bezugnahme auf die genannten Veröffentlichungen komprimiert vorgestellt werden.

Untersuchungsdesign

Im Januar 2001 wurde eine computergestützte Telefonumfrage durchgeführt. Die Sampleauswahl erfolgte anhand eines zweistufigen Klumpenauswahlverfahrens (vgl. Malhotra, 1994, S. 366) und führte zu 3301 kontaktierten Personen. Bei einer Ausschöpfungsquote von 36 % konnten 1204 Interviews durchgeführt werden. Befragt wurden nur solche Personen, die an den Entscheidungen über Geldanlagen im Haushalt beteiligt sind. Um eine Repräsentativität zu gewährleisten, wurde eine ex-post-Gewichtung der Stichprobe vorgenommen[108].

Bekanntheit und Kauf von SRI-Fonds

Die Bekanntheit von sozial-ökologischen bzw. ethisch-ökologischen Geldanlagen ist in den letzten Jahren in Deutschland kontinuierlich gestiegen. Während 1999 23,7 % der Bürger in einer gestützten Frage solche Geldanlageformen kannten, waren es in 2001 bereits 34 % und im Jahr 2003 sogar 43 % der Bevölkerung[109]. Deutlich geringer fällt jedoch die Kenntnis konkreter Anlageformen aus (vgl. Abbildung 10). Lediglich 16,5 % der Bevölkerung hat beispielsweise schon mal etwas von SRI-Fonds gehört[110]. Noch einmal deutlich kleiner ist die Zahl derjenigen, die schon einmal ein konkretes SRI-Produkt – zum Beispiel von einer Bank oder einem Anlageberater – angeboten erhalten haben[111]. Nur 0,68 % aller Befragten haben bereits einmal einen SRI-Fonds gekauft[112].

---

[108] Dies war notwendig aufgrund einer Unterrepräsentierung von Single-Haushalten und Überrepräsentierung von Geldanlegern (vgl. Hennig-Thurau/Hansen/Bornemann, 2003).

[109] In den Untersuchungen wurde mit minimalen Abweichungen die gleiche Frage gestellt (vgl. Henning-Thurau/Hansen/Bornemann, 2003; imug, 2003).

[110] Die Frage lautete wörtlich: „Haben Sie schon mal von Geldanlagen gehört, die solchen Unternehmen oder Projekten zufließen, die besondere ökologische oder soziale Leistungen erbringen?"

[111] Die Frage lautete wörtlich: „Sind Ihnen schon mal derartige sozial-ökologische Anlageformen angeboten worden?" Im Interview wurde vorher auf sozial-ökologische Fonds eingegangen.

[112] Die entsprechende Frage lautete wörtlich: „Haben Sie selbst schon Geld in soziale und ökologische Fonds angelegt?".

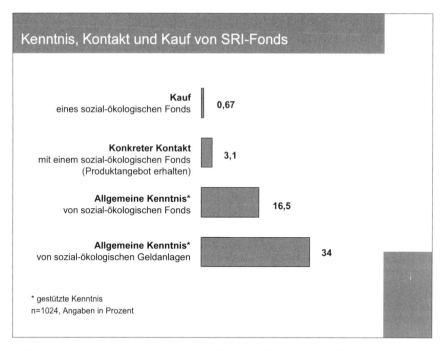

Abbildung 10: Kenntnis, Kontakt und Kauf von SRI-Fonds in Deutschland (imug/muk, 2001, S. 11-13).

Angesichts der beträchtlichen Lücke zwischen der allgemeinen Kenntnis und dem bekundeten Interessen an dieser Geldanlageform auf der einen Seite und dem tatsächlichen Kauf entsprechender Fonds auf der anderen Seite drängt sich gerade im Kontext einer Marktentwicklungsbetrachtung die Frage nach den spezifischen Gründen für dieses Auseinanderklaffen auf. Ganz grundlegend ist hier zunächst zu beachten, dass der Zusammenhang zwischen der Einstellung von Personen, ihren bekundeten Verhaltensabsichten und ihrem tatsächlichen Verhalten immer durch verschiedene konzeptionelle und situative Störgrößen abgeschwächt wird (vgl. Wicker, 1969; Ajzen/Fishbein, 1977; Solomon, 1999, S. 222ff.). Zugleich werden jedoch im SRI eine Reihe von spezifischen Hemmnissen deutlich, die wichtige Hinweise auf den Stand der Marktentwicklung geben (vgl. Abbildung 11).

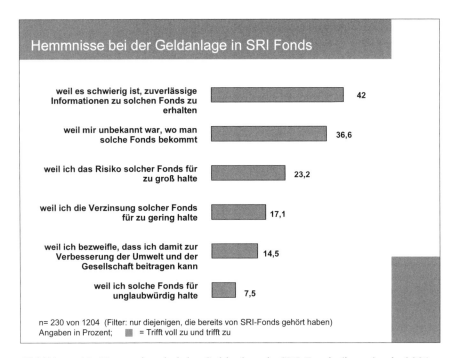

Hemmnisse bei der Geldanlage in SRI Fonds

weil es schwierig ist, zuverlässige Informationen zu solchen Fonds zu erhalten — 42

weil mir unbekannt war, wo man solche Fonds bekommt — 36,6

weil ich das Risiko solcher Fonds für zu groß halte — 23,2

weil ich die Verzinsung solcher Fonds für zu gering halte — 17,1

weil ich bezweifle, dass ich damit zur Verbesserung der Umwelt und der Gesellschaft beitragen kann — 14,5

weil ich solche Fonds für unglaubwürdig halte — 7,5

n= 230 von 1204 (Filter: nur diejenigen, die bereits von SRI-Fonds gehört haben)
Angaben in Prozent; ■ = Trifft voll zu und trifft zu

Abbildung 11: Hemmnisse bei der Geldanlage in SRI-Fonds (imug/muk, 2001, S. 17)

So fällt auf, dass die beiden am häufigsten genannten Hemmnisse für eine Geldanlage in SRI-Fonds die mangelnde Bekanntheit und das unzureichende Informationsangebot über diese Geldanlageform sind. Erst dann kommen – mit deutlichem Abstand – Nennungen, die auf die klassischen Motive der Geldanlage Sicherheit und Rendite abheben. Mit einem weiteren Abstand werden anschließend von 14,5 % der Befragten die SRI-typischen Qualitäten als Hinderungsgrund erwähnt und bezweifelt, dass mit dem Investment wirkliche Verbesserungen erreicht werden[113]. Von 7,5 % der Befragten wird die mangelnde Glaubwürdigkeit solcher Fonds als Hinderungsgrund angegeben, in solche Fonds zu investieren.

---

[113] Hier muss beachtet werden, dass nur die Befragten der repräsentativen Bevölkerungsstichprobe analysiert wurden, die schon einmal etwas von SRI-Fonds gehört hatten. Dies sind 16,5 % aller Befragten. Die entsprechenden Fragen zum gesellschaftlichen Verbesserungspotenzial und zur Glaubwürdigkeit von SRI-Fonds werden in der Gesamtstichprobe deutlich häufiger „als Einwand" bzw. Hinderungsgrund genannt (vgl. Hennig-Thurau/Hansen/Dorneimann, 2003).

Private Investoren mit Interesse an SRI-Fonds

Für eine tragfähige Aussage über das Potenzial an privaten Investoren für SRI-Fonds können jedoch einfache Umfrageergebnisse, die nach der Attraktivität entsprechender Produkte oder direkt nach der Kaufbereitschaft fragen, nur wenig beitragen[114]. Deutlich belastbarere Aussagen können erwartet werden, wenn die SRI-spezifischen Motive, nur in bestimmte nach sozialen und/oder ökologischen Gesichtspunkten selektierten Unternehmen zu investieren, in eine tatsächliche Relation zu den klassischen Geldanlagemotiven, insbesondere zu Renditeerzielung und Risikovermeidung gesetzt werden[115].

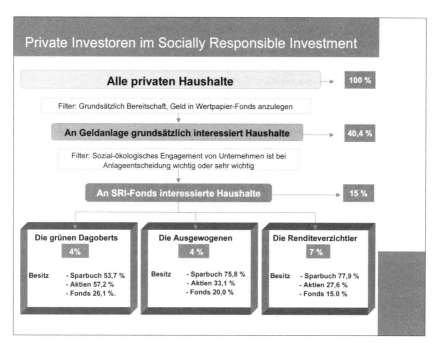

Abbildung 12: Private Investoren im Socially Responsible Investment (Quelle der empirischen Analyse: imug/muk, 2001; eigene Darstellung)

---

114 Solche direkten Abfragen von Merkmalswichtigkeiten produzieren tendenziell zu positive Ergebnisse, da sie unreflektiert einer Tendenz zur Anspruchsinflation auf Seiten der Befragten ausgesetzt sind (vgl. Hennig-Thurau/Hansen/Bornemann, 2003).

115 Für solche Aufgabenstellung eignet sich in der Marktforschung insbesondere die Conjoint-Analyse. Unter der Conjoint-Analyse wird ein Verfahren verstanden, das zur ganzheitlichen Bewertung von Produktkonzepten dadurch beiträgt, dass die Relevanz von Produktmerkmalen auf dekompositionellem Wege bestimmt wird (vgl. Backhaus et al., 2000, S. 498f).

Die in einem solchen anspruchsvolleren Untersuchungsdesign ermittelten Marktforschungszahlen zeigen, dass nur ein kleiner Teil der Haushalte, die sich überhaupt vorstellen können, eigenes Geld in Wertpapiere anzulegen – das sind 40,4 % der bundesdeutschen Haushalte – dem sozialen und ökologischen Engagement der Unternehmen in Zusammenhang mit einer möglichen Geldanlage eine wichtige Bedeutung einräumen (vgl. Abbildung 12).

Sowohl die grundsätzliche Bereitschaft, überhaupt eigenes Geld in Wertpapier-Fonds anzulegen, als auch die conjoint-analytisch ermittelte Wichtigkeit des Anlagemotivs, „... sozial und ökologisch engagierte Unternehmen zu bevorzugen"[116], stellen relevante Filter dar, deren Anwendung zur Selektion der Kernzielgruppe der privaten Investoren im SRI führt. Das Marktpotenzial für SRI-Fonds in Deutschland umfasst demnach 15 % der privaten Haushalte. Diese 15 % der privaten Haushalte lassen sich weiter in drei Subsegmente unterteilen, die sich – obwohl sie alle als relevante Zielgruppen für das SRI anzusehen sind – noch einmal voneinander hinsichtlich der relativen Wichtigkeiten der Ziele „Renditeerzielung", „Risikovermeidung" und „sozial-ökologisches Engagement" unterscheiden (vgl. Abbildung 13)[117].

Typologie privater Investoren im Socially Responsible Investment

- **Die grünen Dagoberts (4 %)**
  zeichnen sich dadurch aus, dass bei ihnen das Anlagemotiv Renditeerzielung im Vordergrund steht. Zugleich sind sie – wenn auch mit geringerem Gewicht – daran interessiert, dass ihr Geld in sozial und ökologisch verantwortlich agierende Unternehmen investiert wird. Risikoscheu sind die grünen Dagoberts ebenso wenig wie die anderen beiden SRI-Segmente. Männer sind in dieser Gruppe mit 60 % vertreten. Umweltengagement ist ihnen noch wichtiger als eine Sozialorientierung. Sie

---

[116] Die in dieser Untersuchung herausgefundenen Wichtigkeiten wurden im Rahmen der Conjoint-Analyse ermittelt, die sich auf drei Anlagewahlkriterien Rendite (3 % p.a., 9 % p.a., 15 % p.a.), Risiko (gering, mittel, hoch) und sozial-ökologisches Engagement (gering, mittel, hoch) beschränkte. Aus den möglichen $3^3 = 27$ Anlagealternativen wurden hypothetische Fonds generiert, die den Befragten verbal vorgestellt wurden. Die Befragten wurden gebeten zu entscheiden, für welchen Fonds der jeweils zur Entscheidung gestellten Alternative sie sich entscheiden würden (vgl. Henning-Thurau/Hansen/Bornemann, 2003).

[117] Für die Namensgebung von den in der Marktforschung identifizierten Zielgruppen gibt es keine andere Regel, als dass sie das Wesentliche prägnant, d.h. leicht kommunizierbar, ausdrücken soll. In den Veröffentlichungen, auf deren empirische Ergebnisse sich die hier gewählte Darstellung stützt, wird die als „grüne Dagoberts" genannte Gruppe als „Die Ertragsinteressierten mit ethischer Orientierung" bezeichnet. Die anderen beiden Gruppen werden als „Die Verantwortungsbewussten mit Gewinnerwartung" bzw. als „Die Idealisten" bezeichnet (vgl. imug, 2001).

nutzen auffallend viel das Internet. 57,5 % besitzen bereits Aktien, 21,4 % besitzen Fondsanteile.

- **Die Ausgewogenen (4 %)**
  zeichnen sich dadurch aus, dass bei ihnen das Anlagemotiv Renditeerzielung durchaus vorhanden, aber von leicht geringerer Bedeutung als das Motiv ist, in sozial und ökologisch verantwortlich agierende Unternehmen zu investieren. Frauen sind in dieser Subgruppe mit 59 % vertreten. Akademiker sind besonders überrepräsentiert ebenso wie leitende Angestellte und Selbstständige. Umweltengagement und Sozialorientierung sind – ohne das überzogen wird – gleichermaßen vorhanden. Sie nutzen das Internet durchschnittlich. 33,1 % besitzen bereits Aktien, 20,0 % besitzen Fondsanteile.

- **Die Renditeverzichtler (7 %)**
  zeichnen sich dadurch aus, dass bei ihnen das Anlagemotiv Renditeerzielung sehr schwach ausgeprägt ist. Deutlich im Vordergrund steht die Zielsetzung, das eigene Geld in sozial und ökologisch verantwortlich agierende Unternehmen zu investieren. Männer sind in dieser Gruppe mit 54 % vertreten, Bildungsmäßig entspricht diese Gruppe dem Bundesdurchschnitt. Beamte und leitende Angestellte sind überrepräsentiert. Umweltengagement und Sozialorientierung sind in dieser Gruppe gleichermaßen überdurchschnittlich stark ausgeprägt. Sie nutzen auffallend wenig das Internet. 27,6 % besitzen bereits Aktien, 15,0 % besitzen Fondsanteile.

Abbildung 13: Typologie privater Investoren im Socially Responsible Investment (imug/muk, 2001, S. 21-44)

Gerade im Hinblick auf eine Entwicklung segmentspezifischer Marketingkonzepte im SRI ist es sinnvoll, die unterschiedlichen Anlagepräferenzen und deren Gewichtung bei diesen drei Subsegmenten des SRI zu beachten. Hilfreich ist ebenfalls, die einzelnen Subsegmente des SRI anhand von Variablen näher zu beschreiben, um ein besseres Verständnis des jeweiligen SRI-Zielgruppensegments zu erhalten und die Ansprache und Steuerung dieser Segmente zu optimieren[118]. Hier bieten sich neben den produktspezifischen Daten über Besitz von Aktien oder Fonds vertiefende soziodemographische, psychographische und verhaltensbezogene Merkmale an (vgl. z.B. Freter, 1983)[119].

Zusammenfassend kann festgestellt werden, dass für das SRI eine relevante Zielgruppe von privaten Investoren vorhanden ist, die zur Zeit nicht einmal in Ansätzen mit den Produktangeboten erreicht wird. Eine mögliche Erklärung dafür sind zum einen die unzureichende Kommunikation und Schwächen im

---

[118] So liegen beispielsweise in der Energiewirtschaft auf der Grundlage von lebensstiltypologischen Segmentbildungen differenzierte Konzepte zur Kundenansprache vor (vgl. Schoenheit/Niedergesäß, 1995 und 1996).

[119] Vgl. imug/muk, 2001 zur ausführlichen Beschreibung der identifizierten drei Zielgruppen innerhalb des SRI-Zielgruppensegments.

Vertrieb, die somit wesentliche Engpässe für die weitere Marktentwicklung darstellen können. Zum anderen kann die Lücke zwischen Einstellung und Verhalten zur Erklärung beitragen, die auch aus dem Zusammenhang des umweltorientierten Konsums bekannt ist (vgl. Liere/Dunlap, 1980; Hines/Hungerford/Tomera, 1986/87; Derksen/Gartnell, 1993; Kuckartz, 1995). Darüber hinaus wird zu beachten sein, dass sicher auch die allgemeine Einstellung gegenüber den Aktienmärkten die Zielgruppe der SRI-Investoren nicht unbeeinflusst lassen wird.

3.3.2.1.2 Institutionelle Investoren

Unter institutionellen Investoren werden nicht natürliche Personen, sondern Organisationen und Institutionen verstanden, die i.d.R. über Anlagemittel in erheblicher Größenordnung verfügen (vgl. Gahn, 1994). Ihr Geldanlagevermögen wird häufig in so genannten Spezialfonds angelegt[120]. In Deutschland befanden sich im Juli 2003 ca. 505 Mrd. Euro in mehr als 5.500 Spezialfonds (vgl. BVI, 2003a). Allein innerhalb der letzten zehn Jahre verdreifachte sich die Anzahl der Spezialfonds und das verwaltete Vermögen stieg auf mehr als das Neunfache der damaligen Summe an. Eine hohe Bedeutung haben Spezialfonds insbesondere bei der Alterssicherung. Deren Anteil dürfte sich in den nächsten Jahren weiter erhöhen, unter anderem deshalb, weil im Rahmen der Rentenreform in Deutschland nun auch private und betriebliche Altersvorsorgeprodukte gefördert werden.

Das SRI kann insbesondere für solche institutionellen Investoren von Interesse sein, die in ihrem Selbstverständnis eine gesellschaftspolitische und/oder ethisch reflektierte normative Zielvorstellungen verankert haben. Bei ihnen besteht zumindest die Möglichkeit, dass die Grundidee des SRI[121] in der jeweiligen Institution einen satzungsgemäßen Bezugspunkt findet. Hierzu zählen insbesondere

- Kirchen, kirchliche Einrichtungen

- Stiftungen

- Poltische Parteien

- Gewerkschaften

- Non Governmental Organisations (NGO)

---

[120] Spezialfonds sind Investmentfonds, deren Anteile ausschließlich einem begrenzten Anlegerkreis (maximal 10 Anleger) angeboten werden dürfen, soweit es sich nicht um natürliche Personen handelt. Es gelten ansonsten die gleichen Anlagevorschriften und steuerlichen Bestimmungen wie bei den so genannten Publikumsfonds (vgl. BVI 2003, S. 1; s.a. Mössle, 1993; Laux,/ Päsler, 2001).

[121] „Putting your money where your principles are" (Gascoigne, 1999, S. 5).

Zu den institutionellen Anlegern (vgl. imug, 2002, S. 7), denen prinzipiell auch das SRI zur Verfügung steht, zählen aber auch

- Banken
- Private Versicherungsunternehmen (Erstversicherer und Rückversicherer)
- Sozialversicherungsträger
- Pensionskassen
- Unternehmen außerhalb des Versicherungssektors
- und sonstige Nichtbanken

Institutionelle Investoren haben grundsätzlich drei Wege, Kapital sozial- und ökologisch reflektiert anzulegen. Sie können in SRI-Publikumsfonds, in SRI-Spezialfonds investieren oder ein professionelles Assetmanagement beauftragen, kundenspezifische Kapitalanlagen zu tätigen, bei denen das SRI-Screening gemäß den Vorgaben des Investors beachtet werden muss. Bei diesen Alternativen werden Anlagen in SRI-Publikumsfonds eher die Ausnahme darstellen, da hier vermeidbar hohe Kosten für den institutionellen Investor anfallen.

Wie eine aktuelle Marktstudie zeigt, sind in Deutschland insbesondere die institutionellen Investoren, verglichen mit dem vorhandenen Anlagevermögen, nur marginal mit dem SRI befasst[122]. Mehr noch als bei Privatanlegern spielt bei den institutionellen Anlegern die finanzielle Performance eine sehr wichtige Rolle und es müssen deutliche Anlagerestriktionen wie Sicherheit und Kapitalerhalt streng beachtet werden (vgl. imug, 2002, S. 24). Größere Aufmerksamkeit für das SRI kann zur Zeit vor allem im kirchlichen Bereich und in ersten Ansätzen bei den Gewerkschaften beobachtet werden[123].

Wichtige Impulse für ein stärkeres Engagement von institutionellen Investoren im SRI werden in Deutschland von der *Rentenreform* und den sich in Umbruch befindenden Leistungen zur *Altersvorsorge* erwartet (vgl. Kahlenborn/Klumb/Interwies, 2001; Loew 2002, S. 27; Wilke, 2002; Müller/Hauser-Ditz, 2003, S. 14). Nach dem Vorbild Großbritanniens wurde auch in Deutsch-

---

[122] Im Rahmen eines vom BMBF geförderten Forschungsprojektes wurden 40 potenziell für das SRI infrage kommende institutionelle Investoren (Kirchen, Stiftungen und Gewerkschaften, Finanzintermediäre, Unternehmen und unabhängige Experten) befragt (vgl. imug, 2002).

[123] Wie in Kapitel 3.2 dargelegt, lässt sich dieses Interesse auch aus der historischen Entwicklung heraus begründen, vgl. Hoffmann, 1999; Döpfner/Hoffmann, 2000; Bassler/Kuhlo/Stoll, 2001; Hauser-Ditz/Müller, 2002.

land eine Berichtspflicht für Pensionsfonds eingeführt[124]. Demnach muss der Versorgungsberechtigte darüber informiert werden, ob und wie der Pensionsfonds ethische, soziale und ökologische Belange bei der Verwendung der eingezahlten Beiträge berücksichtigt[125]. Auch für die private Altersvorsorge wurde eine vergleichbare Berichtspflicht eingeführt[126].

Die Erfahrungen in anderen europäischen Ländern und insbesondere von Großbritannien[127] lassen vermuten, dass mit einer Offenlegungspflicht zugleich auch das Interesse an den sozialen und ökologischen Beobachtungsgesichtspunkten der Kapitalanlage stark steigen wird. Ob von den entsprechenden Vorschriften jedoch tatsächlich merkliche Impulse für ein stärkeres Engagement von finanzkräftigen institutionellen Investoren ausgehen werden, bleibt abzuwarten[128].

In Deutschland investieren nur zwei von insgesamt 158 Pensionskassen nach sozialen und ökologischen oder nach anderen ethischen Kriterien[129]. Ausschließlich von einem Pensionsfonds – der Metallrente – ist es nachvollziehbar, wie ethisch-ökologische Kriterien in der Anlagepolitik berücksichtigt werden (vgl. Terasa, 2003, S. 19). Auch der Anteil von Riester-Produkten, die zumindest ein soziales oder ökologisches Anlagekriterium berücksichtigen, wird am Gesamtangebot auf unter 1 % geschätzt (vgl. imug, 2002, S. 9).

---

124 Ein aktueller Überblick über gesetzlich vorgeschriebene Offenlegungspflichten in den verschiedenen Ländern, die zur Zeit stark diskutiert und deshalb zahlreichen aktuellen Veränderungen unterliegen, findet sich bei Loew (2002).

125 Vgl. § 115 Abs.4 des Versicherungsaufsichtsgesetzes (Bundesanstalt für Finanzdienstleistungsaufsicht, 2002).

126 Nach dem Altersvorsorge-Zertifizierungsgesetz ist der Anbieter von Produkten der privaten Altersvorsorge, die als Riester-Renten-Produkte gefördert werden sollen, verpflichtet, „... den Vertragspartner ... auch darüber zu informieren, ob und wie er ethische, soziale und ökologische Belange bei der Verwendung der eingezahlten Altervorsorgebeträge berücksichtigt." (Bundesministerium für Arbeit, 2002).

127 In Großbritannien sind ca. 25 Mrd. GBP in Pensionskassen angelegt, die nach sozialen und ökologischen Kriterien gemanagt werden. Ein wichtiger Durchbruch war hier die gesetzlich vorgeschriebene Offenlegungspflicht der Anlagepolitik in Form des seit Juli 2000 angewandten Pensions Review. Vgl. Sparks, 2000, sowie zu dem Diskussionsstand der wichtigen Akteure im Markt die empirische Untersuchung von Miles/Hammond/Friedman, 2002).

128 So kann beispielsweise die geforderte Offenlegungpflicht auch in Form einer „Fehlanzeige" realisiert werden. „Die Adig verzichtet bei der Verwendung der vom Kunden eingezahlten Altersvorsorgebeiträge ... im Interesse der Wahrung größtmöglicher Renditechancen für den Kunden auf die Berücksichtigung ethischer, sozialer und ökologischer Belange." (Adig o.J., zitiert nach Loew, 2002, S. 30).

129 In einer aktuellen Befragung wurden von den 158 in Deutschland existierenden Pensionskassen 75 angeschrieben, von denen 12 antworteten und zu Fragen ihres sozialökologischen Engagements Auskunft gaben (vgl. Terasa, 2003, S. 13-14).

3.3.2.2 Die Anbieterseite: Kapitalanlagegesellschaften und Investmentfonds

Die sinnvolle Unterscheidung zwischen Marktakteuren (Anbieter, Kapitalanlagegesellschaften, Fondsmanagement) und Produkten (Investmentfonds) wird sprachlich in der wissenschaftlichen Literatur und in den Praktikerbeiträgen nicht immer strikt durchgehalten. So entsteht gelegentlich der Eindruck, dass nicht Kapitalgesellschaften, sondern Investmentfonds selbst am Markt „agieren", ihnen also ein eigener Wille zukommt. Der Grund dafür liegt in den Besonderheiten des Kapitalanlagemarktes, da die am Markt agierenden Anbieter und die vorhandenen Produkte in einem direkten rechtlich definierten Zusammenhang zueinander stehen. Sie werden deshalb auch in diesem Kapitel zunächst zusammenfassend dargestellt und im Kapitel 3.3.3 noch einmal als Angebotsseite gesondert präsentiert.

Bei einem „Investmentfonds" handelt es sich um ein „Sondervermögen"[130] (vgl. Otter, 1999, S. 23f.), mit dem ein Portfolio bezeichnet wird, das die Gelder vieler Investoren (Anteilinhaber) und die davon erworbenen Vermögensgegenstände beinhaltet. Dieses Portfolio wird von einer Kapitalanlagegesellschaft, einem Spezialkreditinstitut, im eigenen Namen für gemeinschaftliche Rechnung der Anteilinhaber verwaltet. Die Anteilinhaber erhalten entsprechend ihrer Beteiligung Anteilsscheine. Rechtsgrundlage für die Auflegung, Organisation, Kontrolle und den Vertrieb von Investmentfonds[131] ist das Gesetz über Kapitalanlagegesellschaften (vgl. Brinkhaus/Scherer, 2003).

Ausschließlich für deutsche Kapitalanlagegesellschaften gilt, dass das von den Anlegern eingezahlte Sondervermögen[132] strikt von dem eigenen Vermögen der Kapitalanlagegesellschaft getrennt werden muss (vgl. Bitz, 2002, S. 259f.). Investmentfonds unterliegen der staatlichen Aufsicht[133], deren Grundintention

---

130 Der Begriff „Investmentfonds" ist juristisch nicht klar definiert. Das Gesetz über Kapitalanlagegesellschaften (KAGG) spricht vielmehr von „Sondervermögen" (vgl. KAGG, § 6,(1) Satz 1).

131 Ausländische Investmentanteile unterliegen dem Gesetz über den Vertrieb ausländischer Investmentanteile und über die Besteuerung der Erträge aus ausländischen Investmentanteilen (AuslInvestG).

132 Das von den Anlegern eingesammelte Sondervermögen muss in einer so genannten Depotbank verwaltet werden. Es ist zu beachten, dass die Fondsgesellschaften in der Regel Tochterunternehmen großer Finanzkonzerne sind. Insbesondere Banken und Versicherungskonzerne verfügen über eigene Kapitalanlagegesellschaften (vgl. Laux/Päsler, 1992, BVI, 2001).

133 Die aufsichtsführende Behörde ist die Bundesanstalt für Finanzdienstleistungsaufsicht (BaFin), die zum 1. Mai 2002 aus dem Zusammenschluss der Bundesaufsichtsämter für das Kreditwesen (BAKred), für den Wertpapierhandel (BAWe) und das Versicherungswesen (BAV) hervorging, vgl. Junker, 2003.

als Anlegerschutz verstanden werden kann[134]. So müssen in den Vertragsbedingungen, die das Verhältnis zwischen Kapitalanlagegesellschaft und Anteilsinhaber regeln, unter anderem Aussagen zu den Grundsätzen der Anlagepolitik, zur Höhe des Ausgabeaufschlages und zur Ausschüttung von Erträgen enthalten sein (vgl. Brinkhaus/Scherer, 2003). Für die Verwaltung des Sondervermögens steht der Kapitalanlagegesellschaft eine Vergütung zu, die dem Sondervermögen entnommen wird und deren Höhe ebenfalls in den Vertragsbedingungen angegeben werden muss. Die Anteile der Investmentfonds werden über private Vermittler, Banken, Sparkassen, Versicherungen oder über das Internet direkt an die Kunden verkauft. Allerdings dominieren Banken diesen Vertrieb „... und mehr als 80 % aller Fonds-Aktiva im Bestand resultieren aus dem Verkauf von ‚Inhouse-Fonds'" (Heinemann et al., 2003, S. 4). Investmentfonds ist damit die Bezeichnung für die Gesamtheit des von Anlegern eingezahlten Kapitals und der hierfür angeschafften Vermögenswerte, die von speziellen Kapitalanlagegesellschaften professionell betreut werden[135].

Wie oben angeführt, sind die Kapitalanlagegesellschaften – auch Fondsgesellschaften, oder Investmentgesellschaften genannt - allgemein als Finanzintermediäre zu verstehen, die „...von sich aus ein entsprechend gestreutes Wertpapieroder Immobilienvermögen aufbauen und den Anlegern als Marktleistung anbieten, sich mit kleinen Quoten an diesem Vermögen zu beteiligen." (Bitz, 2002, S. 257). Sie bieten wesentliche Transformationsleistungen zwischen Kapitalgebern und Kapitalnehmern an, deren Präferenzen strukturell schwer zu harmonisieren sind (vgl. Abbildung 14). In Investmentfonds bündelt eine Kapitalanlagegesellschaft die Gelder vieler Anleger, um sie nach dem Prinzip der Risikomischung in verschiedenen Vermögenswerten anzulegen und fachmännisch zu verwalten (Portfoliomanagement). Im Rahmen der Finanztransaktion können Transformationsleistungen in Bezug auf die Losgrößen, Fristen, Liquidität sowie auf die einzugehenden Risiken notwendig sein (vgl. Bitz, 1989, S. 433f.). Erst durch den Ausgleich aller divergenten Präferenzen mittels der Transformationsleistung der Finanzintermediäre kann Angebot und Nachfrage zusammengeführt werden. Finanzintermediäre[136] können ganz allgemein als Institutionen beschrieben

---

[134] Vgl. als Übersicht zur Anlagefondaufsicht und dem Anlegerschutz König (1998) und Otter (1999, S. 87-110). Grundsätzlich wird der besondere Schutzgedanke aus der treuhänderischen Verwaltung von Ersparnissen abgeleitet, ohne dass die Anleger dabei entsprechenden Einfluss auf Anlageentscheidungen ausüben können.

[135] Hinsichtlich der Anlagepolitik können Fixed Fonds und Managed Fonds unterschieden werden. Bei den Managed Fonds wird das Fondsvermögen ständig mit dem Ziel umgeschichtet, höhere Erträge und Kursgewinne zu realisieren (vgl. Bitz, 2002, S. 260).

[136] Bitz unterscheidet zwischen Finanzintermediären im weiteren und im engeren Sinne. Als Finanzintermediäre im weiteren Sinne werden auch Institutionen gezählt, die lediglich vermittelnd tätig sind, ohne selbst unmittelbarer Vertragspartner zu werden (vgl. Bitz 1989).

werden, die sich zwischen Kapitalgeber und Kapitalnehmer schalten, um zwischen ihnen zu vermitteln. Sie fungieren als Vertragspartner sowohl gegenüber der Angebots- als auch gegenüber der Nachfrageseite. Der Finanzintermediär tritt also selber in das Geschäft ein und trägt – wenn nicht Verträge mit beiden Seiten simultan geschlossen werden – solange ein besonderes Risiko, bis er Angebot und Nachfrage abgeglichen hat (vgl. Achleitner, 1999, S. 30). Insbesondere die eigentliche Ausführung der Finanztransaktion, die Abwicklung des Zahlungsverkehrs ist eine essentielle Funktion von Intermediären[137].

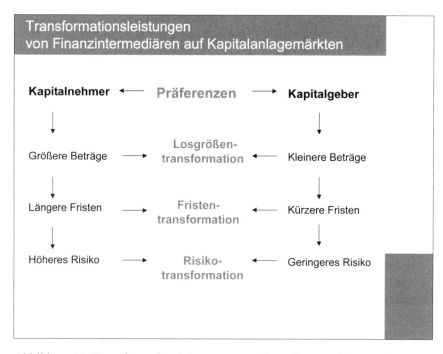

Abbildung 14: Transformationsleistungen von Finanzintermediären auf Kapital-
                anlagemärkten

Neben den klassischen Aufgaben der Finanztransaktion konzentrieren sich Finanzintermediäre insbesondere auch auf das Sammeln, Analysieren, Bewerten und Verbreiten von Informationen über Investitionsobjekte (insbesondere über aktiennotierte Unternehmen). Sie entwickeln einen Kompetenzvorsprung vor den einzelnen Investoren und können Transaktionskosten senken (vgl. Kapitel

---

[137] Der Grund für die Übertragung von organisatorischen Aufgaben der Finanztransaktion an Intermediäre liegt zumeist in Effizienz- und Kostenoptimierungskalkülen (vgl. Achleitner 1999, S. 29 und als Übersicht zu empirischen Belegen Berger/Hunter/Timme, 1993).

4). Diese idealtypisch richtige Beschreibung der Vorteile eines professionellen und institutionellen Kapitalanlagenmanagements wird im Hinblick auf die Marktrealität jedoch auch kritisch in Frage gestellt, denn „die Rendite institutionell gemanagter Portfolios bleibt hinter der Marktentwicklung zurück." (Menkhoff, 2001, S. 418)

Diese auch kritische Sicht auf das professionelle und institutionalisierte Kapitalanlagenmanagement nimmt nur auf die klassischen Ziele der Kapitalanlage (im Kern auf die erzielte Rendite) Bezug. Im SRI nehmen Finanzintermediäre jedoch auch zusätzlich eine „transformierende" Funktion wahr, die in dem allgemeinen Kontext distributiver Institutionen als *Gatekeeper-Funktion* beschrieben wurde (vgl. Hansen, 1990, S. 44ff.). Sie sammeln und interpretieren soziale und ökologische und/oder ethische Bedürfnisse und Präferenzen von Investoren und übersetzen diese Bedürfnisse in Zusammenhang mit der Entwicklung von Kapitalanlageprodukten in Selektionskriterien gegenüber Unternehmen. Mit dieser Interpretations- und Kommunikationsleistung signalisieren sie Unternehmen, welche Erwartungen in der Gesellschaft, zumindest jedoch bei den Investoren, die die Fondsgesellschaft als Zielgruppe ansprechen will, gegenüber einem verantwortlichen Unternehmensverhalten existieren (vgl. Abbildung 15).

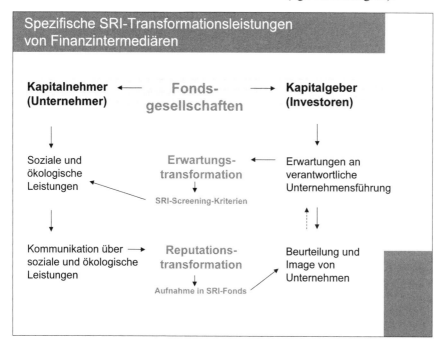

Abbildung 15: Spezifische SRI-Transformationsleistungen von Finanzintermediären

Sie konfrontieren die Unternehmen mit Fragestellungen und (nach der Sammlung von Unternehmensdaten) mit sozial-ökologischen Bewertungen, die von Fondsgesellschaften als gesellschaftlich relevant, zumindest als relevant für die von ihnen avisierten Zielgruppen erachtet werden.

Bei dieser SRI-typischen Transformationsleistung von Investorenerwartungen kommt den Fondsgesellschaften jenseits ihrer eigenen betriebwirtschaftlichen Ziele auch eine *gesellschaftspolitische Transmissionsfunktion* zu. Von der Angemessenheit dieser Interpretationsleistung kann es abhängen, ob bei den Unternehmen die (oder Teile der) gesellschaftlichen Präferenzen vollständig oder verzerrt ankommen.

Aus Sicht der Unternehmen können die Signale, die von den kriterienorientierten Fragestellungen und Bewertungen der Fondsgesellschaften ausgehen, deshalb als besonders relevant angesehen werden, weil Fondsgesellschaften in aller Regel nicht in Verdacht stehen, gesinnungsethisch und/oder mit spezifischen gesellschaftspolitischen Intentionen zu agieren. Vielmehr kann bei den Fondsgesellschaften unterstellt werden, dass sie im Kern als wirtschaftliche Geschäftseinheiten den ökonomischen Markterfolg ihrer SRI-Fonds oder ihrer Fondsideen anstreben, also auf der Grundlage solider Marktforschung und insbesondere der Analyse von Investorenpräferenzen arbeiten und die am Markt immer existierenden Unsicherheiten als normales wirtschaftliches Risiko ihres Handelns verstehen. Gestützt werden diese Vermutungen durch explorative, qualitative Einzelstudien für den englischen Raum. So bildeten nach Jayne/Skerratt (2003) auch bei explizit SRI affinen Fondsgesellschaften die finanziellen Kriterien oberste Relevanz bei der Bewertung potenzieller Investments. Ethische Kriterien wurden hier vor allem als langfristige Absicherung der Geschäftstätigkeiten interpretiert. Ebenso wurde bei den Interviews mit Fonds Managern bei Friedman/Miles (2001) deutlich, dass die ethische, soziale und ökologische Performance primär über die ökonomischen Benefits einer längerfristigen Geschäftsabsicherung, Risikominimierung und einer segmentspezifischen Attraktivität gedeutet wurden.

Wenn hier die markterfolgsorientierte Grundausrichtung von Fondsgesellschaften als besonderer Vorteil für die Wahrnehmung ihrer „Interpretationsfunktion" gesehen wird, so kann ebenso die mangelnde soziale und ökologische - man könnte im Kontext der oben geschilderten Begriffsverwirrung auch „ethische" - Eigenmotivation der Fondsgesellschaften kritisch hinterfragt werden. Zu überprüfen ist beispielsweise die Frage, ob „normale Fondsgesellschaften" in der Lage und legitimiert sind, diese im Rahmen der klassischen Aufgabenstellungen von Finanzintermediären ungewohnte Funktion der Transformation von gesellschaftlichen Erwartungen überhaupt angemessen auszufüllen. So wird vereinzelt bereits argumentiert, dass die Fondsgesellschaften, die SRI-Fonds an den Markt bringen, damit für sich selbst gegenüber der Öffentlichkeit einen höheren Standard an Verantwortlichkeit für ihr Handeln signalisieren. „The ethical mutual fund firm, by assessing the ethics of other companies in making investment decisions, becomes a type of judge, albeit a judge of ethics. (…This) implies that the ethical fund firm has accepted the prospect that they will be judged (and may be should be judged) more stringently than other firms." (Schwartz, 2003, S. 198).

Dies scheint besonders naheliegend, da Fondsgesellschaften ihre Gatekeeper-Funktion vorrangig sogar in umgekehrter Richtung wahrnehmen. Sie sammeln und interpretieren Daten über Leistungen und soziale und ökologische und/oder ethische Qualitäten von Unternehmen und leiten sie im eigenen Interesse und nicht im Auftrag der Unternehmen an die Öffentlichkeit bzw. an die Zielgruppen weiter, für die sie Finanzprodukte entwickeln und vermarkten. Dass die Fondsgesellschaften hier nicht im Auftrag der Unternehmen, sondern „auf eigene Rechnung" agieren, ist dabei wiederum von großer Bedeutung. Unternehmen haben – trotz aller Anstrengungen - den systemimmanenten Nachteil, dass die eigenen Kommunikationsaktivitäten über ihre eigenen sozialen und ökologischen Leistungen von relativ geringer Glaubwürdigkeit sind[138]. Versuche, durch Standardsetzungen bei der Berichterstattung oder durch Zertifizierungen der Berichterstattung diese Vertrauenslücke zu schließen, sind in aller Regel nur begrenzt erfolgreich (vgl. z.B. Owen/Swift/Hunt, 2001, Willis 2003). Laufer (2003a, S. 258) fasst eine Analyse der bisherigen Standardisierungsansätze mit dem Urteil zusammen: „Initiatives are credited for having variable scope, variable levels of inclusivity and engagement of stakeholders, variable levels of transparency in code and standards development, variable content, variable ability to measure and ensure compliance, variable flexibility in addressing differing operating contexts, variable quality of implementation and reporting, and most important, approaches to variable compliance verification."

In dieser Konstellation können Fondsgesellschaften – gerade weil sie mit einem wirtschaftlichen Geschäftsinteresse ausgestattet sind und auf „eigene Rechnung" handeln - ein besonderes Vertrauenspotenzial als qualifizierter Kommunikationsagent zwischen Unternehmen und der Gesellschaft ins Feld führen. Wenn Fondsgesellschaften Unternehmen in ihre unterschiedlichen Portfolien aufnehmen, signalisieren sie der Öffentlichkeit und den Investoren, dass diese Unternehmen den vom SRI-Fonds definierten Kriterien auf jeden Fall entsprechen. Auch an dieser Stelle zeigt sich im Agieren von SRI-Fondsgesellschaften eine zusätzliche über die traditionelle Aufgabenstellung von Finanzintermediären hinausgehende Leistung, die zugleich auch eine erhöhte Verantwortlichkeit im Handeln impliziert. Denn die Glaubwürdigkeit der Fondsgesellschaft kann im Kontext dieser Ausübung der Reputationstransformation selbst zur Diskussion gestellt werden. Schließlich kann auch das unterstellte ausschließlich wirtschaft-

---

[138] Vgl. Leiss, 1995; Beder, 1997; Peters/Covello/McCallum, 1997; Trettin/Musham, 2000.

liche Interesse am Markterfolg ihres jeweiligen SRI-Produktes zu opportunistischem Verhalten in Form von nicht gerechtfertigten Reputationstransformationen führen. Die anderen Marktteilnehmer und die Öffentlichkeit haben in der Regel nur unzureichende Möglichkeiten, hier mit eigenen Nachprüfungen kontrollierend einzugreifen (vgl. Kapitel 4).

3.3.2.3 Research-Agenturen als Gatekeeper im Informationsfluss zwischen Unternehmen und Fondsgesellschaften

Finanzintermediäre, die als Fondsgesellschaften auch auf dem SRI-Markt Produkte anbieten, können die für ihre Transformationsfunktionen erforderlichen Researchleistungen prinzipiell im eigenen Hause durchführen. Die klassische Finanzanalyse muss im SRI jedoch um eine gänzlich anders geartete Analyse und Bewertung von sozialen und ökologischen Qualitäten der Unternehmen, in die ggf. investiert werden kann, ergänzt werden. Das in Abbildung 9 als internes SRI-Research bezeichnete Screening von Unternehmen anhand von definierten sozialen und/oder ökologischen und /oder weiteren ethisch reflektierten Kriterien wird am SRI-Markt auch von unabhängigen Rating-Agenturen angeboten[139]. Aus der Sicht der Finanzintermediäre sind Research-Agenturen als externe Dienstleister zu verstehen, indem sie Researchaufträge an die Rating-Agenturen vergeben (können) oder die bereits vorhandenen Researchergebnisse, die von den Rating-Agenturen zunächst „auf eigene Rechnung" erarbeitet wurden, kaufen (vgl. Homolka/Nguyen-Khac 1996, S. 676f.). Aus Sicht der Fondsgesellschaften, die auf ein SRI-Screening auf jeden Fall angewiesen sind, ist jeweils zu entscheiden, ob das erforderliche Screening vom so genannten „Inhouse-Research" übernommen oder ob eine Rating-Agentur beauftragt und ein externes Research verwendet wird. Da diese Frage unmittelbar die Qualität des SRI-Screenings, aber auch die mögliche Qualitätswahrnehmung von SRI-Fonds durch die Investoren und auch die mehr oder weniger transparente Vermengung mit der Finanzanalyse[140] betrifft, wird sie im Rahmen dieser Untersuchung in Zusammenhang mit der Diskussion der empirischen Ergebnisse eingehender erörtert (vgl. Kapitel 7.4).

---

[139] In Deutschland werden Leistungen zum SRI–Screening zur Zeit von drei Agenturen angeboten und in den anderen europäischen Ländern dürften weitere 15 – 20 Ratingagenturen tätig sein (vgl. imug, 1997, S. 221-261; Schäfer, 2003, S. 60 – 113).

[140] Interessanterweise zeigten sich in ersten Experteninterviews sowohl eine empfundene Vorteilhaftigkeit externer Informationsanbieter bei Fondsgesellschaften als auch die Probleme der Integration derartiger Information: „Analysts are not getting CSR information that is useful to them ... an anlyst who is busy, needs to compare companies and to make that critical link between environmental data and corporate performance. There is a real need to tailor [CSR] directly for the financial community." (Interviewauszug aus Friedman/Miles, 2001, S. 532).

Die Rolle der Research-Agenturen ist mit ihrem Dienstleistungsverhältnis gegenüber bestimmten Finanzintermediären jedoch nur unzureichend beschrieben. Research-Agenturen nehmen vielmehr im SRI eine eigene aktive Rolle wahr. Ihr Entstehen und ihr Selbstverständnis sowie ihre Arbeitsweisen sind in weiten Teilen unmittelbar mit der Entwicklung des SRI verbunden (vgl. Kapitel 3.2). Kennzeichnend für die meisten Research-Agenturen ist ein

- wertebasiertes Commitment für soziale und ökologische Zielsetzungen,

- öffentliches Eintreten für Transparenz und Informationsoffenheit und

- eine internationale Kooperation und Vernetzung ihrer Arbeiten (vgl. imug, 1997, S. 221f.).

So gründeten beispielsweise 1996 in New York verschiedene Research-Agenturen die „Global Partners for Corporate Responsibility Research"[141]. Als Mission wurde definiert, „... to explore methods of sharing research on international corporate policies and practices in a rapidly expanding worldwide business environment, and to consider ways to make information about corporate social und environmental performance more readily accessible." (Council on Economic Priorities, 1996, S. 3). Die auch öffentliche und aktive Rolle von Research-Agenturen im SRI wird durch eigene Pressemitteilungen und Stellungnahmen beispielsweise zur Informationsoffenheit deutlich, aber auch durch die fallweise Veröffentlichung von Untersuchungsergebnissen in Form von Unternehmensprofilen[142] oder Unternehmensratings[143] und durch eine beträchtliche Präsenz auf internationalen Tagungen und Konferenzen unterstrichen.

Für die Unternehmen sind vielfach nicht die Fondsgesellschaften, die Ergebnisse des Screening verarbeiten, der unmittelbare Interaktionspartner, sondern die

---

[141] Die Gruppe hieß bei ihrer Gründung zunächst Global Partners Working Group bestand lediglich aus sechs Researchagenturen bzw. Forschungseinrichtungen (vgl. imug 1997, S. 229) und wurde 1999 in Global Partner for Corporate Responsibility Research (CSRR) umbenannt. Zu dieser Gruppe gehörten 1999: Ashahi Shimbun Cultural Foundation (Japan), Avanzi (Italien), Centre of Environment Studies (Indien), Council on Economic Priorities, CEP (USA), Ethibel (Belgien), Ethical Investment Research Service, EIRIS (Großbritannien), EthicScan (Kanada), imug Institut für Markt-Umwelt-Gesellschaft (Deutschland), Observatoire d`Ethique des Enterprises (Frankreich) (vgl. Global Partners for Corporate Responsibility Research,2000).

[142] In der Zeitschrift Öko-Invest werden regelmäßig so genannte Profile von untersuchten Ergebnissen veröffentlicht. Außerdem werden von Researchagenturen gefertigte Unternehmensprofile auf bestimmten Internetplatformen veröffentlicht, die umgangssprachlich als „Ratings" vorgestellt werden (vgl. z.B. http://www.ecoreporter.de).

[143] Vgl. eine Reihe von Veröffentlichungen der oekom AG wie z.B. Projektgruppe Ethisch-Ökologisches Rating / oekom research AG, 2002 und die kommerziellen Publikationen wie Corporate Responsibility Rating; Potentials Research; Corporate Responsibility Industry Report; Corporate Responsibility Benchmark Report; und Country Rating.

Research-Agenturen. Zum Teil wissen die von den Research-Agenturen gescreenten Unternehmen nicht einmal, für wen die Research-Agenturen im Einzelnen die Researchergebnisse zur Verfügung stellen (vgl. Kapitel 7.2).

Die eigenständige Rolle der Research-Agenturen kommt auch darin zum Ausdruck, dass sie zumindest teilweise das SRI-Screening zunächst „auf eigene Rechnung" anfertigen und erst in einem zweiten Schritt die vorliegenden Researchergebnisse an Fondsgesellschaften verkaufen[144]. Für die Ergebnisse dieses SRI-Screening existiert aus Sicht der Research-Agenturen ein spezifischer Absatzmarkt insbesondere bei den Fondsgesellschaften, aber auch bei großen anderen institutionellen Investoren und Assetmanagern (vgl. Schäfer, 2003, S. 34). Research-Agenturen können deshalb auch als Anbieter von Informations- und Bewertungsdienstleistungen über soziale und ökologische Qualitäten von Unternehmen verstanden werden, die im Wettbewerb zu anderen stehen und versuchen, ihre Marktpositionen aufzubauen, gegenüber Wettbewerbern zu behaupten und sogar Markteintrittsbarrieren zu errichten. Auffällig ist beispielsweise, dass in diesem kleinen und dynamischen Markt neue Research-Anbieter seit Ende der neunziger Jahre nicht in Erscheinung getreten sind (vgl. Schäfer, 2003, S. 35).

Zusammenfassend können deshalb die externen Research-Agenturen im SRI am besten als Gatekeeper im Informationsfluss zwischen Unternehmen und den Fondsgesellschaften gedeutet werden. Sie nehmen in vielfacher Weise eine selektierende und bewertende Rolle ein und können auch als eigenständiger Akteur die Marktentwicklung wesentlich mit beeinflussen. Für die Unternehmen repräsentieren die Research-Agenturen wichtige Stakeholder.

3.3.2.4 Unternehmen als Investitionsobjekte und Meinungsgegenstand des SRI

Die im SRI-Screening zu selektierenden Unternehmen sind in der hier getroffenen Definition des SRI als einen Absatzmarkt von spezifischen Kapitalanlagen nicht unmittelbar in die Geschäftsbeziehung zwischen Investoren und der Fondsgesellschaften einbezogen. Da die Fondsgesellschaften im Grunde jedoch „im Auftrag" der Investoren Unternehmen screenen, sie in ihre Fonds aufnehmen oder ausschließen, das eingesammelte Geld der Investoren in den ausgewählten Unternehmen anlegen und schließlich auch die Investoren darüber informieren, sind auch die Unternehmen als Akteure dieses Absatzmarktes zu

---

[144] So vertreibt beispielsweise die englische Researchagentur EIRIS eine Datenbank, in der über 2500 Unternehmen nach mehr als 40 Kriterien analysiert werden, die von den Fondsmanagern unter Zugrundelegung ihrer individuellen SRI-Anlagepolitik genutzt werden kann (vgl. Eiris, 2003).

verstehen. Unternehmen sind sogar der letztliche Meinungsgegenstand, über den sich SRI-Produkte von anderen Kapitalanlageprodukten unterscheiden.

Für die Unternehmen ergibt sich in der Interaktion mit den Fondsgesellschaften oder auch mit den von den Fondsgesellschaften beauftragten oder auf „eigene Rechnung" arbeitenden Research-Agenturen, die im modernen Unternehmensverständnis als Stakeholder oder als Repräsentanten von wichtigen externen Stakeholdern gesehen werden, die Aufgabe, die Bedürfnisse dieser Stakeholder soweit wie möglich zu erfüllen, ohne die Interessen anderer Stakeholder zu schädigen (siehe Kapitel 5). Der Versuch der Unternehmen, den Erwartungen der Fondsgesellschaften zu entsprechen, kann aus gesamtgesellschaftlicher Sicht oder aus der Perspektive der Nachhaltigkeit dann zu Fehlallokationen führen, wenn die Fondsgesellschaften als marktorientierte Unternehmen bei der Sammlung und Interpretation der Bedürfnisse der Gesellschaft (der Investoren) oder bei ihrer Übersetzung dieser Bedürfnisse in eine spezifische Anlagepolitik einschließlich der Definition von Selektionskriterien bewusst oder unbewusst selbst selektiv oder willkürlich vorgehen würden[145]. Die grundsätzliche Unterstellung, dass vom SRI auf jeden Fall „die richtigen" sozialen, ökologischen und/oder ethischen Allokationssignale in Richtung Unternehmen gesendet werden, ist zunächst einmal eine Vermutung und setzt im Übrigen eine Verständigung darüber voraus, was das „richtige, angemessene Agieren" von Unternehmen in den verschiedenen Märkten und Situationen kennzeichnet und was im Einzelnen unter einem verantwortungsvollen Unternehmensverhalten verstanden werden soll (vgl. Kapitel 5).

Ob für die Unternehmen bei der Aufnahme in SRI-Fonds die PR–Funktion oder die tatsächliche Kapitalzuflussfunktion wichtiger ist, kann nicht abschließend beurteilt werden[146]. In einer explorativen Befragung englischer Unternehmen wurden als positive ökonomische Effekte genannt (vgl. Miles/Hammond/Friedman, 2002, S. 41): Einfluss auf Aktienkurs, gesteigerte Investments, verbesserte Personalbeschaffung, Markenstärkung, veränderte Investorenwahrnehmung und auch Finanzierungsmöglichkeit. Es ist aber zu vermuten, dass nur wenige Unternehmen die Aktienanteile kennen, die konkret von ihrem Unternehmen in den verschiedenen SRI-Fonds gehalten werden. Die dennoch zu beobachtende Aufmerksamkeit, die das SRI-Screening bei Unter-

---

[145] Eine Umfrage der Investor Relation Society (2003) in England zeigt eine beträchtliche Unzufriedenheit von Unternehmen (Investor Relation Abteilungen) mit der Qualität vieler Anfragen im Umfeld des SRI.

[146] Ein Überblick über die in deutschsprachigen SRI-Fonds gelisteten Unternehmen ist unter http://www.nachhaltiges-investment.org nachzulesen. Eine Reihe deutscher Unternehmen, die in den 109 SRI-Fonds gelistetet sind (Research Datum, 6.10.2003), tauchen auf dieser Internet-Platform als Business-Partner auf. Stichprobenartige Nachprüfungen bei einzelnen Fonds zeigen, dass diese Liste unvollständig ist.

nehmen erfährt, verstärkt die Interpretation, dass es bei den Anstrengungen, die Anforderungen von SRI-Fonds zu erfüllen, primär um eine PR–Zielsetzung geht. So spricht Jeucken (2001, S. 90) von einem resultierenden „stamp of approval", den Unternehmen bei positiver Selektion innerhalb eines SRI-Fonds als Imagebestätigung wahrnehmen. Die von den Fondsgesellschaften geleistete Reputationstransformation (siehe oben) wird von den Unternehmen – so scheint es – als eine Art „objektiver Beleg" dafür genutzt, um der ansonsten skeptischen Öffentlichkeit zu zeigen, dass man tatsächlich in sozialen und ökologischen Dingen etwas leistet. Wird der entsprechende Fonds beispielsweise als Nachhaltigkeitsfond kommuniziert, kann sogar ein wenig von der Aura der Nachhaltigkeit auf die Großunternehmen abstrahlen, die in diesem Fonds gelistet sind. Stolze Werbeanzeigen[147] oder gezielt lancierte Pressemitteilungen[148] von Großunternehmen, denen es gelungen ist, in solchen Fonds gelistet zu werden, sind ein Indiz dafür, welchen zumindest kommunikativen Stellenwert die Reputationstransformation von SRI-Fondsgesellschaften haben kann.

Unternehmen als Marktakteure im SRI sind in erster Linie als zentraler Meinungsgegenstand des SRI von Interesse. Aus Sicht der Unternehmen stellt die Interaktion mit SRI-Fonds, externen Research-Agenturen, individuellen und institutionellen Investoren und mit der Öffentlichkeit eine besondere Herausforderung für die integrierte Unternehmenskommunikation dar[149]. Sie findet nach den Börsenskandalen in 2001 und 2002 in einer Situation statt, in der sich das Verhältnis zwischen Unternehmen, Analysten (hier sind die „Finanzanalysten" gemeint) und Anlegern grundlegend verschlechtert hat (vgl. Ohlig, 2003). In Reaktion auf die Börsenskandale ist § 34b als ein neuer Paragraph in das Wertpapierhandelsgesetz (WHPG) aufgenommen worden, der vorschreibt, dass Wertpapieranalysen (in der Terminologie dieser Untersuchung sind „Finanzanalysten" gemeint) mit „Sachkenntnis, Sorgfalt und Gewissenhaftigkeit" durchgeführt werden müssen (vgl. Schwark, 2003). Vor allem ist die Pflicht zur Offenlegung möglicher Interessenkonflikte verankert worden. Damit will der Gesetzgeber im Sinne des Anlegerschutzes unbegründete und interessengeleitete

---

147 Nachdem BMW die Auszeichnung „Nachhaltigkeits-Leader" vom Dow Jones Sustainability Index erhielt, wurden im September 2000 halbseitige Anzeigen geschaltet, in denen diese Beurteilung kommuniziert wurde.

148 Vgl. Pressemeldung der BASF vom 11. September 2003, in der auf die Anerkennung der TOP Performance von BASF vom wichtigsten Nachhaltigkeitsindex hingewiesen wird (vgl. BASF 2003).

149 Zum Begriff und Konzept der integrierten Unternehmenskommunikation vgl. Bruhn, 2003; Esch, 1999.

„Kaufempfehlungen" von Analysten verhindern[150]. Wenn hier auch ausschließlich die Finanzanalyse von Fondsgesellschaften gemeint ist in Verbindung mit Aussagen, die als Kaufempfehlungen zu deuten sind, berührt dies zumindest als Hintergrundthema auch die Rolle und die Verantwortlichkeit des SRI-Screening, wobei das Inhouse-Research mit den möglichen Interessenkonflikten insbesondere gegenüber den Unternehmen hier mehr tangiert ist als das SRI-Screening unabhängiger Agenturen. Insgesamt wird damit die Einschätzung von Research-Agenturen als aktive, die Marktentwicklung auch mitprägende Institutionen und die beträchtliche Betroffenheit der Unternehmen von ihren Veröffentlichungen deutlich unterstrichen.

3.3.3 Die Angebotsseite: SRI-Fonds und Indices

Das Angebot an Investmentfonds hat sich in den letzten 10 Jahren in Deutschland stark ausgeweitet. Dabei scheint „... die Institutionalisierung der Geldanlage, bei der private Ersparnisse durch professionelle Kapitalanleger wie Investment- und Pensionsfonds verwaltet werden (...), ein weltweit festzustellender Trend" zu sein (Gehrke, 2001, S. 5). Insbesondere Privatanlegern ist es gelungen, sich über den Erwerb von Anteilen an Investmentfonds am Produktivvermögen zu beteiligen (vgl. BVI, 2003b). Der Anteil der Publikumsfonds am gesamten privaten Geldvermögen ist kontinuierlich gestiegen und betrug im Jahr 2000 rund 12 % und in 2002 rund 11 %. (vgl. BVI, 2003b). Damit liegt Deutschland im internationalen Vergleich jedoch immer noch an einer nachgeordneten Stelle. Auch deshalb wird für Deutschland in Zusammenhang mit den absehbaren Veränderungen im Altersvorsorgesystem mit einem weiteren nachhaltigen Schub für das Sparen in Investmentanteilen gerechnet (Gehrke, 2001, S. 2).

Der Bundesverband deutscher Investmentgesellschaften (BVI) zählte im September 2003 insgesamt über 2400 Publikumsfonds, in denen insgesamt rund 426.000 Mill. Euro angelegt waren, darunter rund 1000 Aktienfonds mit einer Geldanlage von rund 126.402 Mill. Euro. Weiterhin waren über 5500 Spezialfonds mit einem Fondsvermögen von 505 Mill. Euro am Markt (vgl. BVI, 2003a). Der Anteil der deutschen Fonds an der Marktkapitalisierung der deutschen Aktiengesellschaften umfasst mit 7,36 % immerhin 48.460,4 Mill. Euro (vgl. Abbildung 16).

---

150 „Wenn ein Commerzbank-Analyst heute ein Interview etwa zu Automobilwerten geben möchte, muss er vorab die Compliance-Abteilung bitten, ihm eine Aufstellung über mögliche Verquickungen der Bank mit der Automobilindustrie zu geben. Erst dann darf er mit Journalisten oder anderen Interessenvertretern sprechen." (Panitz, 2003, S. 24).

Im Vergleich zu diesen Zahlen nehmen sich die Volumina, die ca. 70 deutschsprachigen SRI-Publikumsfonds zugerechnet werden können, ausgesprochen bescheiden aus.

	in Mio. Euro	in %
Marktkapitalisierung deutscher Aktien	658.573,0	100,00
- davon deutsche Publikumsfonds	22.496,9	3,42
- davon deutsche Spezialfonds	25.963,5	3,94
- davon deutsche Fonds insgesamt	48.460,4	7,36

Abbildung 16: Anteil deutscher Fonds an der Marktkapitalisierung der deutschen Aktien (BVI, 2003b)

Private und auch institutionelle Investoren haben in Deutschland Geldvermögen erst in einem derartigen Umfang in SRI-Fonds angelegt, dass zumindest für Deutschland von einem Nischenmarkt gesprochen werden kann. Schätzungen aus dem Jahre 2002 gehen davon aus, dass zwischen 3 und 4 Milliarden Euro in SRI-Fonds angelegt sind (vgl. imug, 2002, S. 8). Rund 2,6 Mrd. Euro sollen in so genannten Publikumsfonds und rund weitere 800 Mio Euro in so genannten Spezialfonds angelegt sein[151]. Während Publikumsfonds allen Investoren (privaten und institutionellen) offen stehen, werden Spezialfonds nur exklusiv einem begrenzten Anlegerkreis angeboten. Üblicherweise werden Investmentfonds danach unterschieden, in welchen

- Ländern und Regionen (internationale, regionale usw.)

- Branchen und Themen (Technologie, Rohstoffe usw.)

- Größenklassen der Unternehmen (Blue chips, small caps)

  investiert wird und mit welchen

- Investmentstilen (wert- oder wachstumsorientiert) und

---

151 Nach Schätzungen sind in den USA insgesamt 16% aller Investments Gegenstand eines SRI-Managements. Innerhalb der letzen 20 Jahre habe sich – so einige Beobachter – der vormalige Nischenmarkt zu einem relevanten Teilmarkt entwickelt (vgl. Rivoli 2003, S. 271).

- managementtechnischen Aspekten (Aufgabeausschläge, Ausschüttung, mit oder ohne aktives Management, usw.)

dies geschieht (vgl. BVI, 2003, S. 41f.). SRI-Fonds können noch einmal im Unterschied zu diesen Differenzierungen als Fonds mit einer besonderen Anlagestrategie bezeichnet werden. SRI-Fonds können als Sonderfonds bezeichnet werden, die in ihrer Anlagepolitik in Ergänzung zu den genannten Differenzierungen ausdrücklich nur in Unternehmen investieren, die nach bestimmten sozialen und ökologischen Kriterien gescreent und selektiert wurden. Die unterschiedlichen Fondstypen werden auch hinsichtlich einzelner Qualitätsaspekte in Kapitel 7.4 näher erläutert.

Wie auf dem klassischen Kapitalanlagemarkt spielen auch im SRI einzelne Indices eine besondere Rolle. Auf dem Kapitalmarkt haben Indices generell eine wichtige Orientierungsfunktion, indem sie zeigen, wie die Wertentwicklung eines bestimmtem Anlageuniversums sich gestaltet. Auf dem SRI-Markt ist gegenüber dieser klassischen Funktion die inhaltliche Ausrichtung und Positionierung des SRI-Index sogar noch wichtiger. Zunächst einmal müssen SRI-Indices die soziale und ökologische Positionierung des Index und die Umsetzung dieser Positionierung in ein qualifiziertes Screening deutlich kommunizieren, weil davon die Wahrnehmung und Akzeptanz dieses Index im SRI-Markt wesentlich abhängt. Wenn dann auch noch eine interessante Wertentwicklung belegt werden kann, ist dies – aus Sicht der Index-Erfinder – umso interessanter. Auf dem deutschsprachigen SRI-Markt sind drei Indices anzutreffen, die als Entwicklungshelfer für SRI-Investmentprodukte verstanden werden können[152]. Entwickelt und verbreitet werden kann ein entsprechender SRI-Index von Institutionen, aber auch von natürlichen Personen, die in der Lage sind, die inhaltliche Zusammensetzung und die Wertentwicklung eines definierten Index glaubwürdig zu kommunizieren[153]. Indices sind keine direkten Investmentprodukte. Sie stellen jedoch insbesondere im SRI eine Art Markenprofil dar, das von Fondsgesellschaften aufgegriffen und in die Ausgestaltung eines konkreten Finanzproduktes umgesetzt werden kann[154]. Der Benutzer des Index, der in

---

152 Es handelt sich um die Indexfamilie Dow Jones Sustainability Index (DJSIG) und den Natur-Aktien-Index (NAI) und die FTSE4 Good-Indexfamilie (vgl. Deml/Weber, 2000, S. 76ff.) Weiterhin ist als vierter Index auf die Ethibel Sustainable Index Familie hinzuweisen (vgl. Deml/Weber, 2000, S. 235f.), die jedoch in Deutschland von keinem deutschsprachigen Investmentprodukt genutzt wurde.

153 In der Regel werden Indices von den Börsen selbst definiert und herausgegeben. Auch im SRI sind Börsen zumindest an der Entwicklung, Finanzierung und Vermarktung der Indices beteiligt. Der Natur-Aktienindex ist unabhängig von einem klassischen Indexprovider im Umfeld des ethisch-ökologischen Investments entstanden (vgl. Deml/Weber, 2000, S. 76-80).

154 So profiliert sich der SRI-Investmentfonds Greeneffcts damit, dass in ihm ausschließlich in Unternehmen des Natur-Aktien-Index investiert wird.

seiner Produktpositionierung und erklärten Anlagepolitik auf die jeweilige Verwendung des Index hinweist, nutzt die am Markt mehr oder weniger durchgesetzte Bekanntheit und Akzeptanz eines Index, um konkrete Investmentprodukte zu vermarkten. Dazu wird in der Regel auch das vom SRI-Index-Besitzer verantwortete Screening mitübernommen bzw. „mitgekauft"[155]. In der Regel ist die Bezugnahme auf einen Index, dessen Name in aller Regel von Anfang an markenrechtlich geschützt ist[156], mit bestimmten Auflagen und Aufwendungen verbunden, die zwischen dem Besitzer des Index und der Kapitalanlagegesellschaft abzustimmen sind.

Gerade die spezifische Rolle der SRI-Indices verweist noch einmal auf die Besonderheiten des SRI-Marktes und auf die zentrale Funktion der Bewertungen des sozial-ökologischen Unternehmensverhaltens in diesem Markt. Obwohl die als SRI-Screening bezeichnete Researchaufgabe vordergründig nur als eine Dienstleistungsfunktion für die Produktentwicklung und –überwachung gesehen werden kann, zeigt sich, dass von der Qualität dieses Researches, welches deutlicher noch als die Finanzanalyse auch wertbasierte Entscheidungen enthält und die umfassende Kommunikation über die Methoden und die Informationsbasis erfordert, die Entwicklung dieses Marktes entscheidend abhängen kann. Fondsgesellschaften, Investoren und Unternehmen sind gleichermaßen an den Ergebnissen des SRI-Screening interessiert und in unterschiedlichem Maß von ihm betroffen.

Zum tieferen Verständnis der hier aufgezeigten spezifischen Interaktions- und Transparenzprobleme sollen im anschließenden 4. Kapitel relevante Elemente der Neuen Institutionenökonomie als theoretischer Bezugsrahmen vorgestellt und für die weitergehende Analyse genutzt werden.

---

[155] Schäfer (2003, S. 113f.) ordnet vermutlich deshalb Indices den Konzepten der Nachhaltigkeitsmessung zu, wobei hier der Nachhaltigkeitsbegriff als Dachbegriff für das SRI genommen wird.

[156] Vgl. zu dem Streit um die Markenrechte am Natur-Aktien-Index Öko-Test, 2003 und die Gerichtsverhandlung am Hamburger Landgericht (Aktenzeichen: 315 O 307/03). In dem Urteil wurde es dem Börsenbrief „Öko-Invest" untersagt, einen abweichenden Index als Natur-Aktien-Index zu vermarkten.

4 Bedeutung der Transparenz für die Entwicklung des SRI-Marktes

In der Welt der traditionellen Ökonomie gibt es keine theoretisch begründete Erklärung für die Existenz von Banken, Finanzintermediären oder Rating-Agenturen. Es herrschen die neoklassischen Annahmen, wie unendlich schnelle Reaktionsgeschwindigkeiten, homogene Güter, vollständige Konkurrenz, keine räumlichen, zeitlichen oder personenspezifischen Präferenzen, Marktakteure als Nutzenmaximierer und vollkommene Marktransparenz (vgl. Oberender/Väth, 1986). Jeder Marktteilnehmer besitzt zu jedem Zeitpunkt alle wesentlichen Informationen über das Marktgeschehen. Im vollkommenen Kapitalmarkt sind deshalb auch Anlageberater nutzlos, da jeder Marktteilnehmer Zugang zu den gleichen Informationen hat (vgl. Severidt, 2000, S. 45). In dem resultierenden Gleichgewicht hat ein Finanzkontrakt zu jedem Zeitpunkt einen fest definierten Preis, der für alle Marktteilnehmer gilt. Des Weiteren ist der Gewinn der Banken im Gleichgewicht gleich Null und sie haben keinen Einfluss auf Spar- und Investitionsentscheidungen von Kapitalanlegern- und nachfragern (vgl. Hartmann-Wendels/Pfingsten/Weber, 1998, S. 22).

Selbst die Existenz der funktionalen Erfordernisse des Finanzmarktes, wie die oben erwähnten Transformationen von Losgröße, Risiko und Fristen sind nicht ausreichend zur Erklärung von Banken. In dem vollkommenen Marktmodell könnten diese Funktionen auch unabhängig von der speziellen Institution „Bank" vom Markt selbst erfüllt werden (vgl. Polster, 2001, S. 195).

Noch weniger ist es in der klassischen Kapitalmarkttheorie möglich, dass Investoren soziale, ethische oder ökologische Motive in ihre Anlageentscheidungen einfließen lassen. Grundlage (fast) aller professionell gemanagten Finanzprodukte ist die Portfoliotheorie nach Markowitz (1952), nach der durch eine geeignete Mischung von Aktien eine Risikominderung gegenüber der Summe der Einzelrisiken erreicht werden kann. Das Anlegerverhalten ist somit durch zwei Faktoren bestimmt: durch die Maximierung der zu erwartenden Rendite und der individuellen Risikopräferenz. Jede Berücksichtigung von sozialen und ökologischen und/oder anderen ethisch begründeten Aspekten bedeutet sowohl bei der anbieterseitigen Fondszusammenstellung als auch bei der Nachfrage eine Verletzung der grundlegenden Annahmen. In diesen Modellen bedeutet die Einbeziehung derartiger Aspekte eine Abweichung vom optimalen Verhalten unter Hinnahme eines gesteigerten Risikos. Wenn überhaupt, kann dieses Risiko nur durch eine höhere Ertragsmöglichkeit modelltheoretisch integriert werden. Würden allerdings SRI-Titel generell eine bessere Performance aufweisen, gäbe es eine sofortige Marktreaktion, die Preise verändern und den systematischen Performancevorteil wieder ausgleichen würde.

Nun wurde in den vorherigen Kapiteln gezeigt, dass eine andere Realität im Bereich des SRI existiert. Es gibt Banken, Finanzintermediäre, Rating-Agenturen, SRI-Produkte und Marktteilnehmer, deren Investitionsentscheidungen von mehr als nur Rendite und Risikopräferenz beeinflusst sind. Die zugrunde gelegten Annahmen der Neoklassik waren immer schon heftiger Kritik ausgesetzt. Die Ansätze der Neuen Institutionenökonomik haben es aber bisher als Einzige geschafft sowohl einen alternativen Erklärungsrahmen aufzubauen als auch von der ökonomischen Theorie akzeptiert zu werden. Im Folgenden soll nun gezeigt werden, dass dieser Erklärungsrahmen auch geeignet ist,

- die Existenz von SRI-Märkten zu erklären,

- die Relevanz der Transparenz für SRI-Märkte zu verdeutlichen und

- Ansatzpunkte zur Transparenzsteigerung zu liefern, die der verbesserten Funktionsfähigkeit von SRI-Märkten dient.

Während im **Kapitel 4.1** zunächst der theoretische Bezugsrahmen für diese Analyse entwickelt wird, soll er im **Kapitel 4.2** konkreter auf wesentliche Transparenzprobleme des SRI angewendet werden.

4.1 Elemente neuerer Entwicklungen in der Kapitalmarkttheorie als theoretischer Bezugsrahmen

4.1.1 Neue Institutionenökonomie und Kapitalmärkte

Coase (1937) stellte die Frage, warum es überhaupt Unternehmen gibt, wenn nach der herrschenden Lehrmeinung der Markt als effizientester Koordinationsmechanismus gilt? Seine Antwort, dass der Preismechanismus Kosten der Benutzung verursache, blieb lange Zeit unbeachtet. Erst unter dem Begriff „Transaktionskosten", im Sinne von Kosten der ökonomischen Koordination und als Grundbaustein einer Theorie der ökonomischen Organisation, wurde dieser Gedanke in den 70er Jahren wieder aufgegriffen. Als übergeordneter Theorienzusammenhang fungiert seitdem die Neue Institutionenökonomie. Sie baut auf dem Grundgedanken der „alten" Institutionenökonomie auf, die am Anfang des 20. Jahrhunderts durch Wissenschaftler wie T. Veblen und J.R. Commons begründet wurde. Sie betonten die besondere Bedeutung von Institutionen für das ökonomische Geschehen, die als soziale oder politische Regulierungsinstanzen, normative Regelungen und dauerhafte Verhaltens- und Wertemuster verstanden werden (vgl. Schmid, 1989, S. 386). Während die Neoklassik nun Institutionen als exogene Variablen betrachtet, versucht der Institutionalismus diese Institutionen zu endogenisieren. Der ursprüngliche Institutionalismus bemüht sich dabei um die Entwicklung eines evolutionären, dynamischen Konzepts in Opposition zur Neoklassik (vgl. Hodgson, 1988). Im Unterschied dazu sieht sich die Neue Institutionenökonomie eher als „Reparaturprogramm" für die Neoklassik. Aber auch innerhalb der Neuen Institutionenökonomie zeigt sich ein heterogenes Programm von Methoden und Annahmen, die sich nicht immer widerspruchsfrei integrieren lassen. Zu unterscheiden sind vor allem die folgenden Teilbereiche mit spezifischen marketingrelevanten Fragestellungen (vgl. Richter/Furubotn, 1999, S. 34):

- *Transaktionskostentheorie*: Welche Kosten entstehen bei der Nutzung von ökonomischen Koordinationsmechanismen und welches institutionelle Arrangement führt zu ihrer Minimierung?

- *Property-Rights-Theorie*: Wie kann eine optimale Verteilung von Verfügungsrechten in einem Wirtschaftssystem aussehen?[157]

- *Prinzipal-Agent-Theorie*: Wie können die auftretenden Probleme von Delegation und Kooperation bei abgeschlossenen Verträgen möglichst effizient gelöst werden?

- *Informationsökonomik*: Wie können die Informationsasymmetrien bei unvollständigen Verträgen überwunden werden?

Grundlegend für das Verständnis der Institutionenökonomie sind die realitätsnäheren Annahmen. Während die Neoklassik das Prinzip der Rationalität postuliert, versuchen es die Individuen nach Williamson (1985, S. 45f.) zwar, können es aber aufgrund beschränkter Informationsaufnahme- und verarbeitungskapazitäten nur begrenzt sein. In dieser *begrenzten Rationalität* ist modelltheoretisch die Erkenntnis integriert, dass Menschen nicht allwissend sind und selbst bei der Existenz vollkommener Informationen die Beschaffung und Auswertung für ein Individuum zu teuer, aufwendig und mühsam wäre. Das bedeutet aber auch, dass nicht alle zukünftigen Ereignisse in Verträgen ausgehandelt werden können. Als Verhaltensmotivation wird *Opportunismus* angenommen, der auch Formen wie List und Tücke einschließt (vgl. Williamson, 1985, S. 47). Wichtig ist dabei, dass damit nicht ein dominantes Handlungsmuster postuliert wird, sondern allein die Möglichkeit eines derartigen Handelns berücksichtigt wird. Wenn nun Verträge unvollständig sind, könnte eine völlige Vertrauenswürdigkeit der Transaktionspartner diesen Mangel beheben. Wie Richter/Furubotn (1999, S. 5) zu berichten wissen, sind aber nicht alle menschlichen Eigenschaften nur anziehend und lobenswert. Sie können ihre Absichten verbergen, Daten fälschen, versprochene Leistung nicht erbringen etc.. Damit wird das Problem der unvollständigen Verträge zu einem Kostenproblem, um die Möglichkeit opportunistischen Verhaltens auszuschließen, zu kontrollieren und zu minimieren. Nach Williamson (1985, 56ff.) führen diese grundlegenden Verhaltensan-

---

157 Hier ergibt sich bspw. eine Abgrenzung zur Transaktionskostentheorie, die von der Unmöglichkeit einer optimalen Verteilung von Verfügungsrechten ausgeht, woraus spezifische Kosten der vertraglichen Absicherung resultieren (vgl. Williamson, 1990, S. 66).

nahmen zu einer *Unsicherheit*, die sich zum einen als Verhaltensunsicherheit zeigt. Zum anderen sind in der Neuen Institutionenökonomie aber auch die zukünftigen Umweltzustände unsicher. Grundsätzlich stellt sich dabei die Frage, wie die durch Unsicherheit begründeten Kosten gesenkt werden können. Dies beinhalten bspw. notwendige Anpassungen an Verträge aufgrund veränderter Umweltzustände, wie auch geeignete Anreiz- und Kontrollstrukturen, die die Verhaltensunsicherheit reduzieren können.

In dem Finanzbereich waren es Benston/Smith (1976), die als erste die Neue Institutionenökonomie theoretisch anwendeten. Zunächst stehen die Kostenvorteile einer unternehmensspezifischen Bündelung von Finanztransaktion im Vergleich zu einer marktlichen Lösung im Vordergrund. Im Fall einer Finanzdienstleistung entstehen die folgenden Kosten für eine rein marktliche Lösung (vgl. Richter/Furubotn, 1999, S. 51ff.):

- *Such- und Informationskosten*: Die Kosten, die ein Anleger aufwenden muss, um geeignete Investitionsmöglichkeiten zu finden und sich bspw. über die potenziellen Renditen und Risiken zu informieren.

- *Verhandlungs- und Entscheidungskosten*: Kosten einer Aushandlung von Modalitäten der Finanztitel und der Abwicklung des Auftrages.

- *Überwachung- und Durchsetzungskosten*: Kosten für die Sicherstellung der Einhaltung vereinbarter Konditionen und möglicher Vertragsveränderungen während der Laufzeit.

In einem engeren Sinne werden nun die Transaktionskosten in Verbund mit Produktionskosten zwischen verschiedenen institutionellen Arrangements verglichen. Nach Williamson hängen die Transaktionskosten von der Eigenschaft der Transaktionen ab. Zentral sind dabei die Faktorspezifität, die Unsicherheit und die Häufigkeit. Je spezifischer die transaktionsbedingten Ausgaben sind, desto geringer sind die Verwertungsmöglichkeiten außerhalb der Vertragsbeziehung und desto enger sind die Vertragspartner aufeinander angewiesen. Damit steigt aber die Gefahr einer opportunistischen Ausnutzung des Abhängigkeitsverhältnisses. Die Unsicherheit spielt eine entscheidende Rolle bei Finanztiteln und erhöht insbesondere die Informationskosten, aber auch die Absicherungskosten gegenüber opportunistischem Verhalten. Schließlich sinken die Transaktionskosten bei steigender Häufigkeit einer Transaktion.

Für die Institution Bank sprechen dabei die Wirkungen von Skaleneffekten, aber auch positive Verbundwirkungen im Sinne des Angebots von Leistungsbündeln. Die Vorteile reichen dabei von der Ressourcennutzung für die Erstellung verschiedener Leistungen bis hin zur Verwendung von nachfragebezogenen Informationen für die Erstellung zusätzlicher Leistungen (vgl. Süchting/Paul, 1998, S. 14). Für potenzielle Anlageinteressenten ergeben sich eine Fülle von komplexen Aufgaben und Informationsanforderungen, die eine rein marktliche Lösung mit unverhältnismäßig hohen Kosten belastet. Die Beschaffung, Verarbeitung und Kontrolle dieser Ressource ergibt dabei koordinatorische Vorteile durch die Institution Bank. Dieser Ansatz konzentriert sich vor allem auf die Kosten der Informationsbeschaffung. Es bleibt die Annahme eines potenziell gleichen Informationsstandes.

Wichtiger für die Beziehung zwischen dem Kapitalgeber als Anlageinteressenten und Kapitalnehmer ist die Situation asymmetrischer Informationen, bei dem die Kooperationspartner zu irgendeinem Zeitpunkt der Kooperation unterschiedlich gut informiert sind über relevante Sachverhalte. Daraus ergeben sich Gemeinsamkeiten, Abhängigkeiten und Interessenkonflikte, die anhand von Überlegungen aus der *Prinzipal-Agent-Theorie* und der *Informationsökonomie* verdeutlicht werden. In der Finanzierungstheorie wurde dieser Ansatz von Jensen/Meckling (1976) eingeführt. Im Kern der Betrachtung steht die Beziehung zwischen einem Auftraggeber (=Prinzipal) und einem Beauftragten (=Agent). Jenkins/Meckling (1976, S. 308) definieren diese Beziehung als „… a contract which one or more persons (the principals(s)) engage another person (the agent) to perform some service on their behalf which involves delegating some decision making authority to the agent." Diese Rollenbeziehung ergibt sich bspw., wenn ein Aktionär den Aufsichtsrat beauftragt, ein Arbeitgeber den Arbeitnehmer oder ein Anlageinteressent den Finanzdienstleister und der wiederum eine Research-Agentur. So beauftragt beispielsweise ein Anlageinteressent als Prinzipal eine Bank, sein Geld rentabel anzulegen und überlässt dabei der Bank einen Entscheidungsspielraum in ihrer konkreten Anlagepolitik. Im Ergebnis zeigt sich eine Kooperation, bei der sich eine gegenseitige Beeinflussung des Wohlergehens bzw. der Nutzenzuwächse zeigt. Dabei werden aber Informationsnachteile für beide Seiten offenkundig. Dies kann dann bis zur Verhinderung einer Vertragsbeziehung führen, obwohl sie für beide Seiten potenzielle Vorteile besitzen würde. So verbleibt für den Anlageinteressenten eine erhebliche Unsicherheit, ob bspw. die spezielle Anlagepolitik seinen Vorstellungen entspricht, ob die Renditeversprechungen eingehalten werden können und ob die Anlageanbieter auch wirklich alles in seinem Interesse managen werden.

Grundsätzlich sind für die Probleme einer asymmetrischen Informationsverteilung zwei Lösungswege möglich (vgl. Hartmann-Wendels/Pfingsten/Weber, 1998, S. 97). Zum einen ist der Abbau der Informationsasymmetrien denkbar, sodass vollständige und effiziente Verträge geschlossen werden können. Allerdings ist bei den gegebenen Verhaltensannahmen die Weitergabe von falschen Informationen, die den individuellen Nutzen des Informationssenders mehren könnten, nicht ausgeschlossen. Ein Kapitalgeber kann insofern nicht davon ausgehen, dass der potenzielle Kapitalnehmer vollständige und korrekte Informationen über seine Unternehmenslage übermittelt. Es werden also zusätzliche Kosten einer Überprüfung bzw. Beschaffung der Informationen von anderer Seite notwendig. Zum anderen kann der Lösungsschwerpunkt auf der Entwick-

143

lung von optimalen, d.h. vollständigen, Verträgen liegen, die über spezifische Verhaltensanreize die Probleme der asymmetrischen Informationen lösen. Auch hier werden zusätzliche Kosten notwendig. Aber gerade im Bereich komplexer Finanzbeziehungen sind vollständige Verträge nur hypothetisch denkbar, da nicht alle Ereignisse antizipierbar und absicherbar oder zu zeit- und kostenintensiv sind. Damit steigt die Gefahr suboptimaler Marktprozesse und das Scheitern von Markttransaktionen.

Die relevanten Probleme der Informationsasymmetrie können anhand zweier Kriterien systematisiert werden:

- wie determiniert das Verhalten vor Vertragsabschluss und

- wie beobachtbar es nach dem Vertragsabschluss ist (vgl. Abbildung 17).

Probleme bei asymmetrischer Informationsverteilung

		Verhalten nach Vertragsabschluss	
		beobachtbar	**Nicht beobachtbar**
Verhalten vor Vertragsabschluss	determiniert	**hidden characteristics** Qualitätsunsicherheit	nicht betrachtet
	nicht determiniert	**hidden intention** hold up	**hidden action** moral hazard

Abbildung 17: Systematisierung der Probleme bei asymmetrischer Information (nach Spremann, 1990, S. 566)

Hidden Characteristics: Das Informationsproblem besteht hier darin, dass dem Prinzipal vor dem Vertragsabschluss nicht alle Eigenschaften des beauftragten Agenten bekannt sind, bzw. der Agent einen Informationsvorsprung über die Qualität des Projektes besitzt. Als typischer Fall werden in der Kapitalmarkttheorie die Informationsdefizite bezüglich der Qualität eines Kreditnehmers angeführt (vgl. Schäfer, 1997, S. 59). Der Kreditgeber kann nicht sicher sein, dass der Kreditnehmer auch alle Informationen über etwaige wirtschaftliche Schwierigkeiten offenbart hat. Für den Prinzipal besteht das Problem dabei, eine Abwägung vorzunehmen zwischen den Informationskosten zur Unterscheidung geeigneter von weniger geeigneten Agenten und dem Risiko eines Nachteils bei der Entscheidung unter Unsicherheit. Für einen potenziellen Kapitalanleger wäre dies die Entscheidung über angebotene Investmentfonds bezüglich der Kompetenz und Vertrauenswürdigkeit des Fondmanagements, aber auch hinsichtlich der zugesagten Qualitäten von Fonds.

Hidden Intention: Hier handelt es sich um das Problem, dass der Prinzipal über das variable Verhalten des Agenten, das nur ex post beobachtbar ist, nicht vollständig informiert ist. Gemäß den Verhaltensannahmen ist nicht auszuschließen, dass der Agent die Spielräume zu seinem Vorteil nutzt. Dies kann einen Betrug (hold up = überfallen) in dem Sinne beinhalten, als Vertragslücken oder nicht optimale Vertragskonstruktionen ausgenutzt werden können. Im Beispiel des Kreditnehmers besteht so die Möglichkeit, dass der Kredit nicht optimal investiv genutzt wird. Dieses Verhalten kann beobachtbar sein, aber der Kapitalgeber kann nicht ohne größere Kosten vom Vertrag zurücktreten oder den Vertrag modifizieren. Dies betrifft insbesondere die „Sunk Costs", im Sinne von transaktionsspezifischen Investitionen. Zurückzuführen ist das Informationsproblem im Wesentlichen auf unvollständige Verträge, die andererseits nie vollkommen vollständig sein können.

Hidden Action: Angesprochen ist hier ein moralisches Risiko (Moral Hazard), bei dem Verhaltensspielräume ausgenutzt werden können, da das tatsächliche Verhalten nicht beobachtbar ist. Dies ist in Verträgen dann nicht leicht auszuschließen, wenn die zu erbringende Leistung auch von unbekannten exogenen Faktoren abhängen kann. Im Falle des Kreditnehmers besteht die Gefahr, dass mit dem Kredit risikoreicher umgegangen wird als geplant. Dies entspricht der Nutzenmaximierung, da es im negativen Falle eines Konkurs für den Kreditgeber nicht vollständig einsehbar sein kann, wieweit dieses Ergebnis an den Umweltfaktoren oder dem Verhalten des Kreditnehmers gelegen hat. Insofern kann insbesondere bei festen Rückzahlungsverpflichtungen der zu erwartende Gewinn durch ein gesteigertes Projektrisiko optimiert werden (vgl. Hartmann-Wendels/Pfingsten/Weber, 1998, S. 103f.). Ebenso ist die versprochene Rendite bei einer Kapitalanlage unsicher, da sich bestimmte Marktentwicklungen nicht vollständig antizipieren lassen. Damit ist aber auch der Renditeerfolg nicht vollständig auf die erbrachte Leistung des Fondsmanagements zurückzuführen. Theoretisch sind in diesem Fall spezifische Anreize erforderlich, um eine optimale Leistung beim Agenten zu gewährleisten.

4.1.2 Neue Institutionenökonomie und Produkteigenschaften im SRI

Obwohl Arrow (1985, S. 37) als wichtiger Vertreter der Prinzipal-Agent Theorie eine beträchtliche theoretische Reichweite der Modelle reklamiert, in dem er sie als „virtually universal in economy, representing a significant component of almost all transactions" sieht, kritisieren beispielsweise Weiber/Adler (1995b, S. 51) aus einer Marketingperspektive die vermeintlich universale Anwendbarkeit des Modells. Sie betonen, dass eine wesentliche Grundannahme dieser Theorie sich auf die Art des Leistungsversprechens bezieht. Bei normalen Austauschgütern ist der Transaktionsgegenstand bereits vor Vertragsabschluss fest definiert und vorhanden. Vielfach kann dabei von einer sich wiederholenden Transaktion ausgegangen werden, die Lerneffekte ermöglicht. Dies ist allerdings bei Finanzprodukten generell anders. Es ist daher wenig erstaunlich, dass schon relativ früh die Prinzipal-Agent Ansätze im Finanzbereich eingeführt wurden, da es hier nicht um Austausch-, sondern um so genannte *Kontraktgüter* geht (vgl. Kaas, 1992a, S. 888f.), bei denen das verhandelte Austauschobjekt ein Leistungsversprechen ist. Mit Ausnahme von extrem standardisierten Finanzdienstleistungen wie Spareinlagen mit vereinbarter Kündigungsfrist stehen die relevanten Merkmale von Finanzdienstleistungen vor Vertragsabschluss noch nicht fest und sind unsicher. Erst im Prozess der Kundenberatung und Vertragsgestaltung werden Leistungsversprechen und Qualitätsmerkmale genauer definiert (vgl. Schäfer, 1999, S. 5). Schoenheit (2004, S. 21) weist in einer empirischen Studie darauf hin, dass bei dem Finanzprodukt „Riester-Rente" selbst nach Vertragsabschluss wesentliche Aspekte der Kosten und der erst in Zukunft erfahrbaren Leistungen dem kaufenden Vertragspartner unklar bleiben.

In institutionenökonomischer Hinsicht stellt die Finanzdienstleistung damit besondere Anforderungen an die Überprüfbarkeit von kaufrelevanten Eigenschaften. Hierbei wird Bezug genommen auf eine Einteilung nach Nelson (1970), der *Such- und Erfahrungseigenschaften* unterscheidet, sowie auf Darby/Karni (1973), die *Vertrauenseigenschaften* hinzufügen. Sucheigenschaften zeichnen sich dadurch aus, dass ihr Vorhandensein von Konsumenten leicht durch eine Inspektion vor dem Kauf überprüft werden kann. Bei Finanzdienstleistungen handelt es sich dabei um das konkrete Leistungsangebot mit den spezifischen Konditionen, wie z.B. Grundgebühr für die Kontenführung, Möglichkeit einer Online-Kontenführung etc.. Dagegen können Erfahrungseigenschaften erst beim Konsum der Güter überprüft werden. So sind die Schnelligkeit von Buchungen oder das Bankverhalten bei überzogenem Konto erst bei dem Konsum von Finanzdienstleistungen erfahrbar. Weder vor noch nach dem Kauf lassen sich Vertrauenseigenschaften generell oder nur zu prohibitiv hohen

Kosten überprüfen[158]. Komplexere Finanzdienstleistungen wie Kapitalanteile als Anlagemöglichkeit zeichnen sich wesentlich durch Vertrauenseigenschaften und in geringerem Ausmaß durch Erfahrungseigenschaften aus (vgl. Kaas, 1997, S. 463). Der Erwerb eines Kapitalanteils stellt eine äußerst komplexe Entscheidung für den Investor dar, die hoher fachlicher Kompetenz bedarf und dennoch selbst für den fachkundigen Investor hinsichtlich der Erfolgsfaktoren auch nach der Anlageentscheidung im Verlauf der Geschäftsbeziehung schwer einzuschätzen ist. Zudem wird der Erfolg der Geldanlage nicht unabhängig von dem Investor erreicht, denn dieser hat als Shareholder Einflussrechte. Selbst bei prinzipieller Überprüfbarkeit wandeln sich deshalb Erfahrungseigenschaften bei Fonds hin zu Quasi-Vertrauensqualitäten, da ihre Überprüfbarkeit realistischerweise unterbleibt. Diese Tendenz wird durch zu hohe Kosten eines langen Entwicklungszeitraumes oder geringer Transaktionshäufigkeit i.S. eines Trial-and-Error-Prozesses verstärkt (vgl. Schäfer, 1999, S. 6).

Das Qualitätsrisiko eines Fonds wird bei SRI-Produkten noch durch zusätzliche informatorische Probleme aufgrund von spezifischen Unsicherheitsfaktoren verstärkt. Hierbei können exogene und endogene Unsicherheiten unterschieden werden.

Betrachtet man nun die SRI-Fonds allein aus traditioneller, renditeorientierter Perspektive, zeigen sich als *exogene Unsicherheiten* vor allem die Abhängigkeit von der Entwicklung des rechtlichen Umfelds. Wie bereits im geschichtlichen Abriss dargestellt, ist die marktliche Entwicklung von SRI-Fonds in starkem Maße von dem rechtlichen Rahmen abhängig, sei es in Form von Offenlegungsmaßnahmen, Leitlinien für institutionelle Geldanlagen oder staatlichen Regulierungen im Nachhaltigkeitsbereich. In der traditionellen Betrachtung ergibt sich ein zusätzliches Risiko, das durch eine entsprechende Portfolio-Zusammenstellung mit ausgleichenden Risiken abgeschwächt werden kann (vgl. Schäfer, 2000, S. 36). Allerdings können sich dabei Widersprüche mit den speziellen Screening-Kriterien ergeben. Investoren unterliegen regelmäßig Fehleinschätzungen über die Wirkung des Zufalls auf den Kapitalmärkten. „Es fällt ihnen schwer, die unvorhersehbaren, zufälligen, unkontrollierbaren Entwicklungen auf den Märkten zu akzeptieren." (Jordan, 2003, S. 276)

---

[158] In der Neuen Institutionenökonomie wurden diese Eigenschaften zunächst zur Charakterisierung von Gütern verwendet, danach eher als Eigenschaften behandelt. Aus Marketingsicht ist die Frage relevant, inwiefern diese Eigenschaften als objektiv oder subjektiv einzuschätzen sind. Hier gibt es eine Diskussion, die bisher noch zu keinem Konsens gekommen ist (vgl. dazu Kaas/Busch, 1996, S. 244). In dieser Arbeit wird davon ausgegangen, dass Finanzdienstleistungen spezifische objektive Qualitäten aufweisen, die dementsprechend eingeordnet werden können. Trotzdem gibt es auch eine sich überlagernde subjektive Komponente, die die Überprüfbarkeit der Eigenschaften je nach Kompetenz, Erfahrung und präferiertem bzw. toleriertem Transaktionskostenaufwand beeinflussen kann.

Die *endogene Unsicherheit* bezieht sich primär auf die Verhaltensunsicherheit der an der Kooperation beteiligten Akteure. Angesprochen wurden im Rahmen der Prinzipal-Agent Theorie bereits die Aspekte des Hold up und Moral Hazard. Aus einer traditionellen Kapitalmarktperspektive stellt sich die Frage, ob hierbei strukturelle Unterschiede zwischen SRI-Produkten und Fonds ohne soziale, ökologische bzw. ethische Ausrichtung relevant werden. Nach Schäfer (2000, S. 38) können sich dabei sowohl abschwächende als auch verstärkende Tendenzen je nach involvierten Unternehmen in ihrer Rolle als Kapitalnehmer ergeben[159]. Zum einen kann das Verhaltensrisiko relativ gemindert werden, wenn die Kapitalnehmer sich durch homogenere Wertvorstellungen und Interessenlagen auszeichnen. Die Gefahr der Ausnutzung von Verhaltensspielräumen wird dabei als tendenziell geringer angesehen. Theoretisch kann dies durch institutionsökonomische Ansätze gestützt werden, die eine stärkere Integration von sozialen Aspekten marktlichen Handelns vornehmen[160]. Verhaltensunsicherheiten treten aus Sicht des Investors / Prinzipals jedoch zunächst einmal unmittelbar gegenüber der Fondsgesellschaft / Agent auf, da ihm von dieser Seite ein Leistungsversprechen zugesichert wurde. So weist Deml (1994, S. 285) darauf hin, dass insbesondere im Bereich des so genannten grauen Kapitalmarktes die Anzahl betrügerischer Beratungspraktiken für ethische Finanzdienstleistungen überdurchschnittlich hoch sei. Eine relative Zunahme der endogenen Unsicherheit lässt sich tendenziell insbesondere dann begründen, wenn sich in dem jeweiligen SRI-Fonds ein hoher Anteil an jungen, innovativen Unternehmen befindet. Hierbei ergibt sich eine Nähe zum Problem von Start Up Unternehmen, deren Marktakzeptanz ein höheres Risiko aufweist.

Für SRI-Produkte ergibt sich eine zusätzliche Unsicherheitskomponente, die aus der SRI-Qualitätsdimension resultiert. Das Leistungsversprechen beinhaltet nicht nur spezifische Riskoabschätzungen und Renditeprognosen. Fundamental ist bei SRI das Versprechen einer Einhaltung bestimmter sozialer, ökologischer und anderer ethisch begründeter Kriterien. Die Einhaltung ist aber nur schwer zu objektivieren und zu quantifizieren. Auch ex-post kann der Anleger häufig nicht oder nur mit prohibitiv hohen Kosten einen derartigen Sachverhalt überprüfen. Diese spezielle *SRI-Qualitätsunsicherheit* wird auf zwei Ebenen relevant. Zum einen besteht sie in der Beziehung zwischen Anleger und Finanzintermediär. Hierbei tritt der Anleger als Prinzipal auf, der dem Finanzintermediär als Agent Anweisungen zur Anlage gibt. Die Unsicherheit besteht nun für den Anleger, ob die Zusagen einer speziellen sozialen, ökologischen oder ethischen Fondspolitik

---

[159] Die Kreditgeber (Prinzipale) und die Unternehmen als Kreditnehmer (Agenten) werden bei Schäfer in ihrem direkten Verhältnis betrachtet.

[160] Vgl. dazu Hodgson (1988, S. 165, 209) und die institutionsökonomischen Untersuchungen von Distributionskanälen bei Dixon/Wilkinson (1986) oder Heide/John (1988), bei denen die Einbeziehung von Elementen des sozialen Austauschs den Erklärungswert erheblich steigern konnten.

im Bereich des Screening und Management eingehalten werden. Die im Fonds aufgenommenen Unternehmen können strukturell als Kapitalnehmer nun die Rolle eines Agenten für den Prinzipal Finanzintermediär einnehmen. Dabei entsteht die zusätzliche Unsicherheit, ob die vom Unternehmen zugesicherten SRI-Verhaltensaspekte auch eingehalten werden. Das heißt, für den SRI-Anleger ergibt sich eine direkte und eine vermittelte indirekte Unsicherheitskomponente: entsprechen die vom Finanzintermediär versprochenen SRI-Qualitäten der intendierten Fondspolitik und verhalten sich die Unternehmen gemäß der intendierten Fondspolitik? Über die Verbindung von traditionellen Unsicherheitsproblemen bezüglich exogener und endogener Unsicherheiten mit der SRI-Qualitätsunsicherheit besteht ein Poolrisiko (vgl. Schäfer, 2000, S. 43), das erhebliche informatorische Anforderungen an die Transparenz stellt und SRI-Produkte fundamental von konventionellen Finanzdienstleistungen unterscheidet.

4.1.3 Verhaltenstheoretische Analyse der SRI-Anleger

Der Markt der Neuen Institutionenökonomie ist eine kalte, anonyme Institution. Marktakteure sind zwar nicht mehr die hyperrationalen, allwissenden Nutzenmaximierer der Neoklassik, sie streben aber immer noch nach Rationalität. Und sie sind weiterhin isolierte Konsumenten bzw. Investoren ohne jegliche soziale Bezüge. Aus marketingwissenschaftlicher Perspektive wird bei der Neuen Institutionenökonomie deshalb bemängelt, dass weder Bezüge verschiedener Kaufakte aufeinander erfasst werden noch affektive Kaufprozesse oder soziale Faktoren erklärt werden können (vgl. Hansen/Bode, 1999, S. 255f.; Weiber/Adler, 1995a, S. 75f.). So wird beispielsweise bei Williamson (1986, S. 177f.) kurz erwähnt, dass als Verhaltenskomponente auch der Eigenwert sozialer Beziehungen innerhalb der Austauschsituation eine Rolle spielen könnte. Modelltheoretisch ist dies jedoch systematisch nicht vorgesehen und nicht relevant. Informelle Beziehungen, Gewohnheiten und Vertrauen sind aber notwendige Elemente jeder Vertragsbeziehung und jeder Gesellschaft. Wenn diese Phänomene nicht modelltheoretisch integriert sind, werden kooperative Tendenzen im Markt zu realen Störgrößen der theoretischen Welt.

In Kapitel 2.3.4 wurde bereits das „Ich + Wir Paradigma" angesprochen, das hier von einem grundsätzlich anderen Theorierahmen ausgeht. Zum einen sind demnach Individuen immer auch Teile sozialer Kollektive, die wiederum persönliche, individuelle Entscheidungen nachhaltig prägen (vgl. Etzioni, 1996, S. 28). Diese Eingebundenheit ist in seiner gegenseitigen Bedingtheit und Prägung nur zusammen denkbar. Individuen erleben diesen sozialen Kontext nicht als einen rein strategischen Moment, sondern als einen integralen Bestandteil ihrer Existenz. Diese Internalisierung einer sozialen Verbundenheit stellt dann auch die Beziehung von individuellen und altruistischen Handlungen neu dar. Beide

Handlungen und Motivkomplexe stehen in einem kreativen Verhältnis zueinander und werden nicht als Gegensatzpaare angesehen. Individualität entwickelt sich demnach in der Gemeinschaft und ist nur in ihr denkbar. Es gibt eine Verpflichtung gegenüber kollektiven Werten, die dann ebenso die individuellen Handlungen prägen (vgl. Etzioni, 1996, S. 38; Hedtke, 2001, S. 273).

Im Rahmen der Kapitalmarkttheorie konnte argumentiert werden, dass die fehlende Berücksichtung einer derartigen sozialen Verbundenheit nur eine untergeordnete Rolle spiele, da soziale und emotionale Aspekte für Kapitalmarktentscheidungen generell weniger wichtig seien. Dem widerspricht zunächst am auffälligsten die beharrliche Existenz von SRI-Produkten. Es stellt sich also die Frage, wie sich konkret die Anlagemotivation hinsichtlich sozialer, ökologischer oder anderer ethischer Aspekte modelltheoretisch integrieren lässt.

Üblicherweise erfolgt eine additive Ergänzung, die entweder als Begründung im Sinne eines „SRI-Motivs"[161] verwendet wird oder als eine Abweichung von dem „Normalfall" der Investitionsentscheidung. Bei Schäfer (2000, S. 30) zeigt sich primär der Versuch einer ad hoc Ergänzung des allgemeinen Erklärungsrahmens. Insofern erhält die ethische Kapitalanlage einen Zusatznutzen, der als Altruismus interpretiert wird und ein Potenzial von Reputationseffekten besitzen soll[162]. Eine modelltheoretische Integration ist dann nur noch als Verzerrung des Anlegerverhaltens möglich. Dieses binäre Denken setzt sich in Begrifflichkeiten fort, die das „normale Verhalten" der Kapitalanlage von dem ethisch motivierten Anlageverhalten als primär statt sekundär, ökonomisch statt außerökonomisch, Kern statt Zusatz, quantitativ statt qualitativ oder objektiv versus subjektiv charakterisieren (vgl. Schäfer, 2000). In diesem Sinne ist das ethische Anlageverhalten eine modelltheoretische Störgröße, eine Anomalie. Problematisch ist zudem eine latent paternalistische Perspektive, die die theoretischen Grundannahmen im Sinne einer normativen Intention umdeuten: Selbst wenn die Anleger andere Motive haben, so sollten sie sich doch primär auf die klassischen Kapitalanlagemotive konzentrieren. So beruhigt die Bank Sarazin Investoren, die an Nachhaltigkeit interessiert sind, dass „Unternehmen, die zwar sehr umweltverträglich arbeiten, aber finanziell negativ bewertet werden, ... als Investment ... von vornherein nicht in Frage kommen." (Plinke, 2002, S. 5).

Ähnlich argumentiert Figge (2002, S. 7f.), der die ethischen Aspekte als Nebenbedingungen erfasst, die zu einer Abweichung vom „normalen" Portfolio führen. Jeder Einbezug von nicht-finanziellen Faktoren verletzt damit die grundle-

---

161 Theoretisch fragwürdig wird es dann, wenn die Benennung eines derartigen Motivs gleichzeitig auch als Erklärungsvariable verwendet wird. Vgl. zu der tautologischen Gefahr in konsumtheoretischen Motivationstheorien Norden, 1990, S. 147ff..

162 Hennig-Thurau/Hansen/Bornemann (2003, S. 8) kritisieren zu Recht, dass die Ergänzungsstrategie bei Schäfer keine Integration sein kann, solange nicht die metatheoretischen Inkongruenzen diskutiert werden.

genden Annahmen der Portfoliotheorie. Modellimmanent wird diese Entscheidung deshalb auf die Zunahme des Risikos reduziert. Normalerweise wird dies aber nur in Kauf genommen, wenn dem eine potenziell höhere Rendite gegenübersteht. Dies ist aber empirisch nicht belegt und auch motivationstheoretisch wenig plausibel als Motiv für eine ethische Kapitalanlage, die ja gerade außerökonomisch motiviert sein soll. Letztlich bleibt auch hier die soziale, ökologische oder ethisch beeinflusste Investmententscheidung eine unlogische, idiosynkratische Marotte.

Grundlage der theoretischen Probleme einer Integration ist das Paradigma der *Kapitalmarkttheorie*, wie es in der betriebswirtschaftlichen Finanztheorie seine Anwendung findet. Das eine Standbein bildet die *Theorie der rationalen Erwartungen* (vgl. Muth, 1961). Dabei wird angenommen, dass die Akteure eine Vorstellung von dem ökonomischen Funktionieren der Märkte haben und vergangene Fehler nicht wiederholen. Durch eine systematische Verbesserung der Ergebnisse bei Fehlern ergibt sich als Wirkung, dass diejenigen Kurse als Rendite Komponenten zustande kommen, die die Marktteilnehmer auch erwartet haben. Mag auch nicht jeder individuelle Marktteilnehmer sich demgemäß verhalten, so gilt dieses Prinzip doch auf einer aggregierten Ebene. Darauf baut die *These der Informationseffizienz* auf (vgl. Fama, 1970), nach der sich alle Informationen zur Beeinflussung von Wertpapierkursen unmittelbar bei Bekanntwerden auch in den Kursen niederschlagen. Es kann keine Ausnutzung von Informationen geben, die über ein vorgegebenes Risiko hinaus eine höhere Rendite ermöglichen, da sie schnell zugänglich wären und über Arbitrageprozesse nivelliert werden würden. In diesem Modell können sich danach individuelle Portfolios nur über unterschiedliche Risikopräferenzen begründen lassen. Mit leichten Modifikationen bildet dieser Ansatz bis heute die Grundlage für die vorherrschenden Kapitalmarktmodelle (vgl. Roßbach, 2001, S. 22). Nicht nur, dass in diesen Modellen SRI-Produkte als Fremdkörper erscheinen müssen, modellimmanent sind sie auch zum Untergang bestimmt, da eine suboptimale Renditestrategie zum Ausscheiden aus dem Markt führen muss.

Auch bei einer neoinstitutionalistischen Modifikation der Kapitalmarktmodelle ändert sich nicht die dargestellte grundlegende Problematik der Integration des SRI-Verhaltens. Hier sei daran erinnert, dass der Neoinstitutionalismus die Neoklassik verbessern und nicht ersetzen wollte. Ebenso verkennt die Argumentation, dass der Neoinstitutionalismus die neoklassischen Modelle „näher" an die Realität bringen würde (vgl. z.B. Kaas, 1994, S. 245; Weiber/Adler, 1995b, S. 44) und somit eventuell auch die realen Phänomene des SRI aufnehmen könne, die wissenschaftstheoretische Intention des Neoinstitutionalismus und der Neoklassik. So betonte Friedman (1953), dass nicht die Grundannahmen, sondern die abgeleiteten Modellkonsequenzen einen empirischen Gehalt haben müssen. Solange also Kapitalmarktmodelle einen Erklärungs- und Prognosewert für die realen Entwicklungen der Kapitalmärkte besitzen, kann eine realitätsbezogene

Kritik nicht isoliert an den Grundannahmen ansetzen. Hinzu kommt, dass die Kapitalmarktmodelle in ihrem Bezug auf die Realität als Veranschaulichungsmodelle (vgl. Kötter, 1986) einzuordnen sind. Im Gegensatz zu Idealmodellen versuchen sie nicht, durch realitätsnahe Annahmen reale Sachverhalte in idealisierter Form abzubilden. Sie sind vielmehr wie eine „als-ob-Konstruktion" aufzufassen, die Funktionsweisen und Entwicklungstendenzen veranschaulichen wollen. Insofern kann die Navigationstauglichkeit einer Seekarte nicht dadurch verbessert werden, dass die Inseln alle eine realitätsgetreuere Farbe erhalten. Genauso wenig kann die klassische Kapitalmarkttheorie dadurch verbessert werden, indem die Anlegermotive durch Integration eines SRI-Motivs realistischer gestaltet werden.

Ein anderer Kritikansatz der Finanzierungstheorie setzt nun daran an, dass auch die Erklärungsreichweite dieser Modelle zunehmend an ihre Grenzen gelangt. Ansatzpunkte sind zunächst Marktphänomene wie Spekulationsblasen, angefangen von der Tulpenzwiebel-Manie im 17. Jahrhundert bis hin zum Internetaufstieg zum Jahrtausendwechsel (vgl. Shleifer, 2000; Shiller, 2000). Die Marktvolatilität in den 80er Jahren erreichte einen Punkt, an dem die Schwankungen nicht mehr nur als kleine Abweichungen von der prognostizierten Pfadrichtung der Markteffizienzmodelle eingeordnet werden konnten. Wenn Preisveränderungen am Kapitalmarkt genauso gut durch „Sonnenflecken" oder „Naturmystik" (vgl. Shiller, 2003, S. 84) erklärt werden können, sind die wissenschaftlichen Modelle fundamental bedroht. Obwohl alternative Modelle bereits in den 50er Jahren entwickelt wurden, waren es diese Erklärungsschwierigkeiten, die zu einem Aufschwung für solche finanzwirtschaftlichen Ansätze führten, die das Geschehen der Finanzmärkte unter explizitem Einbezug der menschlichen Verhaltensweisen zu erklären versuchten. Diese Ansätze werden zusammenfassend als *Behavioral Finance* bezeichnet. Ihr Ziel besteht darin, „fundamentale menschliche Verhaltensaxiome zu finden, mit denen das Geschehen auf den Finanzmärkten erklärt werden kann, um auf dieser Basis zu einer verhaltenswissenschaftlich fundierten Finanzmarkttheorie zu gelangen." (Roßbach, 2001, S. 10f.). Über die Analyse des Investorverhaltens wird versucht, in Form einer aggregierten Modellebene die Marktereignisse zu erklären und zu prognostizieren, die von der traditionellen Finanztheorie nicht abgebildet werden können (vgl. Schäfer/Vater, 2002, S. 741). Insofern ist die entscheidende Wende weniger die disziplinäre Öffnung hin zu psychologischen und soziologischen Disziplinen. Die paradigmatische Veränderung liegt in dem Wandel von einem Veranschaulichungsmodell hin zu einem Idealisierungsmodell. Auslöser war also nicht die isolierte Frage nach der Realitätsnähe des angenommenen Investorverhaltens, sondern die Abnahme der Brauchbarkeit von modellimmanent abgeleiteten Konsequenzen. Es ist erst der Wechsel hin zum Idealisierungsmodell, der die Frage nach dem realen Investorverhalten modelltheoretisch relevant werden lässt. Insofern steht hier forschungspragmatisch im Vordergrund, die Grundannahme zum Verhalten der Marktakteure nicht a priori festzusetzen, sondern empirisch zu ermitteln und auf dieser Basis eine Modellbildung vorzunehmen (vgl. DeBondt, 1982, S. 8).

Im Gegensatz zu der klassischen Markttheorie sind die empirischen Verhaltensannahmen von Investoren gekennzeichnet von einer Kombination kognitiver und emotionaler Prozesse, weiteren Motiven neben der Gewinnerzielung und einer selektiven Informationsnutzung (vgl. Goldberg/Nitzsch, 2000, S. 25). Die bisherigen Studien zum Investorverhalten fassen so genannte *Anomalien* zusammen, die als systematische Abweichungen das Kapitalmarktgeschehen beeinflussen. Strukturiert werden können sie nach den Phasen der Informationswahrnehmung, Informationsverarbeitung und dem Entscheidungsverhalten. Als Beispiele können angeführt werden (vgl. die Übersicht bei Roßbach, 2001, S. 13f.):

Informationswahrnehmung

Bsp.: Selektive Wahrnehmung; Meinungsführerschaften; Überbewertung von Informationen mit hohem subjektiven Verfügungsgrad; abnehmende Risikosensitivität bei längeren Trends mit wachsender Tendenz zur plötzlichen Trendumkehrerwartung.

Informationsverarbeitung

Bsp.: Komplexitätsreduktion; Verankerung an Ausgangsdaten; Bewertung von Verlust/Gewinn über Nähe zu einem Bezugspunkt, Verlustaversion.

Entscheidungsverhalten

Bsp.: Heuristiken; Kognitive Dissonanzen; Entscheidungen auf Basis verallgemeinerter individueller Erfahrungen; Selbstüberschätzung; zu frühe Realisierung von Gewinnen und Aussitzen von Verlusten; Sunk-Cost Effekt (Beharren auf getätigten Investitionen bei negativen Verläufen); Regret Avoidance (Passivität durch Vermeidung einer Enttäuschung aktiver Fehlentscheidungen).

Sind die Forschungen zum empirischen Verhalten individueller Anleger fundiert und relativ weit fortgeschritten, so ist die Transformation hin zu Makromodellen des Kapitalmarkts weniger weit. In Ansätzen existieren Modelle wie die Behavioral Portfolio Theory (vgl. Shefrin/Stateman, 1995), aber ihre Erklärungsreichweite ist noch nicht abschließend zu bewerten bzw. den klassischen Modellen noch nicht gleichwertig. Insofern ist ein Paradigmawechsel in nächster Zukunft nicht zu erwarten, die bisherige Entwicklung aber als vielversprechend einzuschätzen. Selbst in der Kapitalmarktpraxis existieren inzwischen sowohl amerikanische als auch deutsche Fonds, die nach den Grundsätzen der Behavioral Finance gemanagt werden[163].

Für die Integration des SRI-Verhaltens ist zunächst eine Interpretationsform der Behavioral Finance zu kritisieren, die sich in dem Schlagwort der „Anomalien" festmacht (vgl. Oehler, 1991, 1992). Referenzpunkt bleibt dabei immer das „normale" Anlegerverhalten der traditionellen Kapitalmarkttheorie: rational und allein auf die Vermögensmehrung bedacht. Abweichungen ergeben sich dann allein aus Unvernunft, Fehlern oder Unvermögen (vgl. Shefrin, 2000, S. 3). Insofern wird auch von „Irrationalitäten" (vgl. Glaser/Nöth/Weber, in Druck) gesprochen. So mag es wenig verwundern, wenn als besonderer Wert der Behavioral Finance der Nutzen für Investoren angeben wird, ihre eigenen Fehler zu erkennen und einzudämmen (vgl. Schäfer/Vater, 2002, S. 748). Des Weiteren ergibt sich dementsprechend ein strategischer Vorteil für die disziplinierteren, „vernünftig gebliebenen" Investoren: „... profitable strategies can be designed to exploit these anomalies and extract pure rents for rational investors." (Moskowitz, 1998, S. 3).

Unklar bleibt in dieser Interpretation, inwieweit allgemeine menschliche Verhaltensweisen, denen zudem ein systematischer Charakter zugesprochen wird, ausgeschaltet werden können. Noch problematischer wird es, wenn eine Trennung vorgenommen wird zwischen dem unverfälschten, vernünftigen und dem irrationalen, menschlichen Anlegerverhalten. Beispielsweise werden die Kategorien des Risikoverhaltens der klassischen Kapitalmarkttheorie dadurch als ökonomisches Verhalten eingeordnet, während die „Anomalien" des Anlegerverhaltens dem psychologischen Verhalten zugeordnet werden. Für Frankfurter/McGoun (2002) zeigt sich in dieser Auffassung eine grundlegende Konfusion, in der einmal gemachte Annahmen über die Realität im Laufe der Zeit mit der Realität selbst verwechselt werden. Sie betonen, dass ein ökonomisches Risikoverhalten natürlich eine psychologische Kategorie ist, genauso wie die postulierte Nutzenmaximierung im Kern eine kognitive wie auch eine emotionale und soziale Kategorie besitzt.

Entwickelt man diesen Gedankengang weiter, so zeigt sich als problematische Ursprungsdichotomie die Trennung des Investorverhaltens vom Konsumentenverhalten. Während der Standard für das Investorenverhalten die rationale Abwägung von Risiken und Renditemöglichkeiten beinhaltet, kann sich das „psychologische" Konsumentenverhalten vollkommen „irrational" darstellen. Beide Verhaltensmomente sind in der Kapitalmarkttheorie akzeptiert und legitim, solange sie sich auf die ihnen zugestandenen Phänomenbereiche beschränken.

---

[163] Vgl. dazu auch die Umfrage von Hofäcker (2001) über die Nutzung verhaltenstheoretischer Ansätze im Fondsmanagement deutscher Fondsgesellschaften, die sich im Gegensatz zu amerikanischen Gesellschaften noch zurückhaltend zeigen.

Anleger wünschen sich eine Kapitalvermehrung und verhalten sich dabei sehr vernünftig, um dann mit der realisierten Rendite die unvernünftigsten Dinge tun zu dürfen. Diese Trennung zeigt sich dann auch bei Schäfer (2000, S. 30), wenn der soziale, ökologische oder ethische Zusatznutzen einer SRI-Anlage die „normalen" Investoren plötzlich in „Konsum-Investoren" verwandelt. Wie Frankfurter/McGound (2002, S. 383) aber deutlich machen, kann eine derartige Trennung weder theoretisch noch praktisch gemacht werden: „Socially responsible investing may be a personal preference, or it may reflect a well-founded belief that socially responsible firms perform better in the long term. There is no way to separate rational investment from idiosyncratic consumption."

Deshalb sind die oben angeführten Beispiele für „Verhaltensanomalien" beim Investorenverhalten aus Sicht der Marketingwissenschaft wenig originell und bahnbrechend. Sie referieren im Wesentlichen den konsensualen Wissensstand der modernen Konsumentenforschung. Die Unterscheidung in ein rationales und irrationales Konsumentenverhalten ist für Marketingwissenschaftler keine tragfähige Konstruktion. Vielmehr verhalten Konsumenten sich mal mehr oder weniger kognitiv, emotional oder sozial und ökologisch verantwortlich. Hiermit deckt sich dann die Marketingperspektive mit dem „Ich + Wir Paradigma". Sie entwickelt aber diesen Ansatz weiter. Für das Marketing ist der theoretische Referenzpunkt keine postulierte a priori Vernunft, sondern die empirisch abbildbare, praktische Konsequenzen implizierende subjektive Psychologik der Konsumenten. Aus Marketingsicht gibt es deshalb eine empirische Begründung dafür, warum die theoretisch unterschiedliche Einordnung und Wahrnehmung der Handlungsprozesse Konsum und Anlageinvestition nicht notwendig ist. Hinzu tritt die Kritik an einer künstlichen Trennung zwischen Investorenrolle und Konsumentenrolle. Geldanlageentscheidungen sind bezüglich der zu erreichenden Ziele, aber auch bezüglich der Alternativen (wie die Aufteilung eines diskretionären Budgets auf spezifische Anlageobjekte, spätere und aktuelle Kaufprozesse) als Konsumhandlungen einzuordnen, in denen nicht permanent ein Rollenwechsel vorgenommen wird.

Erste explorative Studien zu dem empirischen Anlegerverhalten von SRI-Investoren stützen diesen Gedankengang. So stellten Lewis/Mackenzie (2000) bei einer Befragung von über Tausend ethischen Investoren in England fest, dass 80 % der Befragten gemischte Portfolios haben, also sowohl SRI-Fonds als auch traditionelle Marktfonds. Die Anlageentscheidung ist hier nicht einfach auf die Frage: Renditeüberlegung oder Zusatznutzenstrategie zu reduzieren. Es zeigen sich vielmehr gemischte, teilweise konfliktäre Motivlagen, die sich sowohl in Fonds mit als auch ohne soziale, ökologische oder ethische Aspekte artikulieren können. Interessant ist dabei die Anwendung unterschiedlicher Anlagestrategien bei ein und demselben Investoren. Was in den traditionellen Kapitalmarktmodellen nur als irrational verurteilt werden kann, wird im Rahmen der verhaltenswissenschaftlichen Ansätze als Beispiel für das Phänomen des *Mental Accounting* gedeutet. Dieser Erklärungsansatz wurde innerhalb der Marketingwissenschaft von Thaler (1985) entwickelt. Ausgangspunkt ist dabei, dass Entscheidungen von der Einordnung ihrer Resultate beeinflusst werden. Bei dem Mental Accounting werden nun Einkommens- und Ausgabenentscheidungen als ein Einrahmungsprozess konzeptionalisiert, bei dem die Konsumenten unterschiedliche mentale Konten für einzelne Handlungsprozesse anlegen. In diesem Modell ist es abbildbar, dass Anleger unterschiedliche mentale Konten für SRI-Fonds und traditionelle Fonds haben, die zu einem heterogenen Anlageverhalten führen können, dem aber subjektiv, kontenbezogen eine eigene Rationalität zugesprochen werden kann. Das bei einem Konsumenten für die gleichen ökonomischen Ergebnisse unterschiedliche Bewertungsmaßstäbe angelegt werden, ist auch generell kein ungewöhnliches Verhalten für die Konsumentenwissenschaft. So gibt es insbesondere in der Geschenkforschung empirisch gestützte Thesen, dass Geld aus unterschiedlichen Quellen (z.B. normales Einkommen versus Geschenk versus unerwartete Einnahme) auch unterschiedliche Konsumhandlungen bedingen kann (vgl. Zelizer, 1989; Belk/Wallendorf, 1990; Otnes/Beltramini, 1996).

In einem Simulationsexperiment versuchten Webley/Lewis/Mackenzie (2001) das Phänomen des Mental Accounting genauer zu analysieren. In ihrer Studie verstärkten ethische Investoren ihr Investment sogar, wenn ihre Fonds eine schlechtere Performance aufwiesen. Aus Sicht der Behavioral Finance entspricht ein derartiges Verhalten dem *Sunk Cost Phänomen*, bei dem Anleger eher geneigt sind, Aktien im Gewinn- als im Verlustbereich zu verkaufen, um nicht Verlustrealisationen hinnehmen zu müssen[164]. Dies erklärt allerdings noch nicht, warum ein derartiges Verhalten deutlich stärker bei ethischen als bei Standardinvestoren zu beobachten war. Hier greifen Ansätze aus dem Konsumentenverhalten, die ein erhöhtes Commitment bei identitätsbezogenen Konsumhandlungen empirisch feststellen. Letztlich kann diese Identifikation sogar soweit gehen, dass Konsumenten eine stellvertretende Verantwortlichkeit für die Marke empfinden und die Marketingaktivitäten „ihres" Unternehmens auch als Außendarstellung ihrer selbst empfinden (vgl. Muniz/O'Guinn, 2001). Wichtig ist dabei, dass diese identitätsbezogene Loyalität nicht auf spezifische Produktbereiche beschränkt ist. Die besondere Identitätseignung kann deshalb nicht per se objektbezogen auf SRI-Produkte im Gegensatz zu traditionellen Fonds beschränkt werden. Genauso ist eine besondere Beziehung bei traditionellen Fonds denkbar, wenn bspw. branchenbezogene Fonds aus einem familiären Berufs-

---

164 Vgl. zu dem Phänomen Goldberg/Nitzsch, 2000, S. 94ff. Inzwischen gibt es auch empirische Bestätigungen, bei der 10000 amerikanische Depots und die durchgeführten Transaktionen untersucht wurden (vgl. Weber/Vossmann, 1999, S. 4). Interessant ist dabei, dass die Studien für professionelle und private Investoren keine signifikant abweichenden Ergebnisse aufwiesen: der Anteil der realisierten Gewinne überstieg jeweils deutlich die Anzahl der realisierten Verluste.

schwerpunkt heraus präferiert werden. Die spezifische Eignung der SRI-Fonds liegt eher in einer übergelagerten Tendenz der Artikulation sozialer Werte im Konsum (vgl. Hansen/Bode, 1999, S. 224f.). Letztendlich wird die Fragwürdigkeit einer motivationalen Trennung von SRI-Verhalten und traditionellem Anlegerverhalten durch Forschungsprojekte wie von Lewis (2001) deutlich. In Fokusgruppen mit ethischen und traditionellen Investoren zeigte sich auch bei den Standardinvestoren, dass ihr Anlageverhalten nicht primär durch Einkommensmehrung motiviert war, sondern durch verwendungsbezogene, soziale Motive wie „Ich möchte meiner Familie später etwas hinterlassen"; „Ich möchte nicht zu einer Belastung für andere werden".

Zusammenfassend lässt sich feststellen, dass eine verhaltenswissenschaftliche Einordnung der SRI-Produkte und deren Anleger nicht additiv und nicht innerhalb der traditionellen Kapitalmarktmodelle erfolgen kann. Im Rahmen der Behavioral Finance Ansätze lassen sich dabei Ansatzpunkte finden, die eine verhaltenswissenschaftliche Analyse des Investorverhaltens einfordern und umsetzen. Deutet man nun diese Perspektive nicht einfach als „Anomalien-Ansatz" oder „Realitätsannäherung", sondern als grundlegenden paradigmatischen Wandel innerhalb der Finanztheorie, öffnen sich neue Analysefelder insbesondere für die soziale, ökologische oder ethische Komponente des Anlageverhaltens. Dies impliziert eine Aufgabe der artifiziellen Trennung zwischen Konsumrolle und Anlegerrolle.

4.2   SRI und Transparenz

4.2.1 Transparenzprobleme im SRI-Markt

In einem vollkommenen Markt – so die oben beschriebene modelltheoretische Annahme - besteht kein Transparenzproblem. Jeder Marktteilnehmer hat Zugang zu den relevanten Informationen und es herrscht eine vollständige Transparenz. Die Neue Institutionenökonomie hat dagegen mit einem größeren Realitätsbezug aufgezeigt, dass die eng miteinander verknüpften Probleme der Unsicherheit und der asymmetrisch verteilten Information zu einer fundamentalen Einschränkung der Funktionsfähigkeit von Märkten führen können. Zum einen ist hier zunächst einmal die individuelle Gefährdung zu berücksichtigen, dass auf der Ebene einzelner Marktbeziehungen Verträge, die einen Nutzenzuwachs auf beiden Vertragsseiten ermöglichen könnten, durch unzureichende Information verhindert werden. Auf der anderen Seite zeigt sich aber auch auf einer aggregierten Ebene die Gefahr eines Marktversagens. Fehlende Markttransparenz kann zu einer suboptimalen Ressourcenallokation auf den Finanzmärkten führen, die sich über die Finanzierungsfunktion auch auf andere Märkte negativ auswirken kann.

Eine branchenübergreifende Konsequenz von Transparenzdefiziten beschrieb Akerlof (1970) als *adverse Selektion*. Am Beispiel des Automarktes ging er von einer Qualitätsunsicherheit bezüglich der Angebote aus. Rationale und risiko-neutrale Käufer werden dann bereit sein, einen Durchschnittspreis für ein Auto zu bezahlen. Modelltheoretisch führt dies dazu, dass Verkäufer mit Autos besse-rer Qualität zu diesem Preis nicht verkaufen werden und die Durchschnittsquali-tät der angebotenen Autos sinkt. Wird dies von den Käufern antizipiert, sinkt der Durchschnittspreis und die adverse Selektion beschleunigt sich. Am Ende verbleiben die qualitativ schlechtesten Produkte am Markt und der Preis tendiert zu dem Preisgleichgewicht von Null. Für den SRI-Markt besteht die Qualitäts-unsicherheit neben der ökonomischen Qualität vor allem bezüglich der postu-lierten SRI-Qualitäten von Fonds. Werden hier die Transparenzprobleme der Nachfrager nicht beseitigt, besteht die Gefahr, dass qualitativ überzeugende SRI-Fonds sich am Markt nicht durchsetzen können. Die sozial-ökologisch interessierten Anleger werden in diesem Fall keine Chancen zur Realisierung ihrer Wertvorstellungen sehen und sich vom Markt abwenden. Wie oben be-schrieben, sind die SRI-Märkte im Vergleich zu traditionellen Finanzmärkten von noch intensiveren Informations- und Unsicherheitsproblemen gekennzeich-net: „Die Anbieter entsprechender Finanzprodukte müssen deshalb einen ... beträchtlichen Aufwand betreiben, um potenzielle Kunden von dem Wahrheits-gehalt der jeweils ausgelobten Eigenschaft eines ‚Anlageproduktes' zu überzeu-gen." (Schoenheit, Hansen, 2001, S. 25f.).

Die Entwicklung des SRI-Marktes hängt ganz wesentlich davon ab, ob und wie es den Marktakteuren gelingt, die genannten spezifischen Probleme zu überwin-den, die sich als Phänomene der hohen Unsicherheit und der Informationsge-winnung,–bewertung und –vermittlung sowie der Vertrauensbildung beschrei-ben lassen.

Zu berücksichtigen ist dabei allerdings, dass entgegen der populären Vorstellung nicht jegliche Erhöhung der Transparenz aus ökonomischer Sicht immer positiv zu bewerten ist. Insbesondere ist hier die Ebene der Marktgegenseite (Nachfra-ger) und der Marktnebenseite (Konkurrenten) zu unterscheiden (vgl. Oberen-der/Väth, 1986). Eine erhöhte Transparenz auf der Marktgegenseite steigert die Wahlmöglichkeiten und wirkt sich positiv auf den Wettbewerb aus. Dagegen erhöht die Transparenz auf der Marktnebenseite die Einsicht in jeweilige Akti-ons-Reaktions-Verbundenheiten, die sich negativ auf den Wettbewerb nieder-schlagen können.

Weiterhin stellt sich das Transparenzproblem für SRI-Märkte in erster Linie nicht als Problem der Informationsmenge, sondern als ein Problem der Aussa-gekraft, der Verständlichkeit und der Glaubwürdigkeit von Informationsangebo-ten dar. So kann beispielsweise für potenzielle Anleger ein zuviel an Informati-onen mehr zur Verwirrung führen und das Entscheidungsverhalten nicht vereinfachen, sondern erschweren. In dieser Situation kann eine Informations-entlastung durch einfache, verständliche und glaubwürdige „information chuncks" das Entscheidungsverhalten der Anleger verbessern. Für Fondsgesell-schaften besteht das wesentliche Problem nun gerade in der Integrationsfähig-keit von sozial-ökologischen Informationen mit den traditionellen ökonomi-schen Informationen über Unternehmen. Das heißt jedoch insgesamt, dass die Lösung von Transparenzproblemen im SRI situations- und adressatenbezogen konzeptioniert werden muss.

Im Rahmen einer jetzt differenzierten Betrachtung von Transparenzdefiziten kann aus Sicht von potenziellen Investoren im SRI folgende Unterscheidung vorgenommen werden:

1. Transparenz über den Bedarf (Bedarfstransparenz)

2. Transparenz über Angebotsalternativen (Angebotstransparenz)

3. Transparenz über spezifische SRI-Qualitäten (Qualitätstransparenz)

4. Transparenz über die klassischen finanziellen Qualitäten (Finanztransparenz)

ad 1) Bedarfstransparenz

Vor dem Hintergrund des explizierten Theoriezusammenhanges dieser Arbeit können unter Bedarfen von Investoren ihre auf Geldanlageprodukte bezogenen Bedürfnisse verstanden werden, die mit dem Willen und der potenziellen Kauf-kraft verbunden sind, diese Produkte zu erwerben[165]. „Im Bedarf kommen die Bedürfnisse zu Geltung, deren Befriedigung sich der Mensch durch wirtschaftli-che Güter erhofft." (Balderjahn, 1995, Sp. 180). Bedarfstransparenz im Kontext der Geldanlage bezeichnet eine mehr oder weniger große Klarheit darüber, welche Bedürfnisse[166] mit dieser Form des wirtschaftlichen Handelns befriedigt werden können.

An Transparenz über die Bedarfe von potenziellen Investoren muss zunächst einmal *die Anbieterseite* selbst fundamental interessiert sein. Zu den Aufgaben des Finanzdienstleistungsmarketing gehört zu einem ganz wesentlichen Teil „ ... das systematische Suchen nach unbefriedigten und latenten Bedürfnissen des Konsumenten und nach Ansatzpunkten für deren Konkretisierung durch ein

---

[165] Diese Definition greift das in der Marketingwissenschaft verbreitete Verständnis von Bedarf auf, der als fundamentales abstraktes Handlungsmotiv von Konsumenten gedeutet wird, wenn es auf Wirtschaftsgüter gerichtet und mit einer Kaufkraft ausgestattet ist (vgl. Diller, 2001).

[166] Im Rahmen dieser Arbeit sollen die unterschiedlichen Theoriezugänge zum Verständnis menschlicher Bedürfnisse nicht weiter aufgegriffen werden (vgl. dazu Scherhorn, 1959; Hondrich, 1975; Rosenberger, 2004).

entsprechendes Leistungsangebot." (Balderjahn, 1995 Sp. 185). Die Erzeugung von Bedarfstransparenz bezeichnet im SRI die Erzeugung eines umfassenden Wissens über die Motive des Anlegerverhaltens und seiner Hintergründe, die im ökonomischen und im außerökonomischen Bereich liegen können (vgl. Kapitel 3.3.2.1).

Wie im Kapitel 4.1 herausgearbeitet wurde, spielt in der klassischen Kapitalmarkttheorie das Vorhandensein von außerökonomischen Präferenzen bei Investoren keine bzw. nur eine als Störfaktor zu eliminierende Größe dar. Es darf vermutet werden, dass bei Finanzintermediären diese Interpretationsfolie eine dominierende Rolle spielt und die Wahrnehmung von sozialen und ökologischen Präferenzen im Kontext der Kapitalanlage bei den Finanzintermediären deshalb deutlich erschwert ist. Finanzintermediäre werden angesichts theoretisch scheinbar gut begründeter Interpretationen von Bedarfslagen bei Investoren (siehe oben) kaum spezifische Anstrengungen unternehmen, um Informationen über die Hintergründe des SRI-Verhaltens zu erhalten und zu verstehen[167]. Die Transparenz über die tatsächlichen Bedarfe von Investoren ist deshalb insgesamt mit einem deutlichen Filter zuungunsten „außerökonomischer" Präferenzen versehen. Hinzu kommt die die Finanzintermediäre bestätigende Erfahrung, dass SRI-Fonds zur Zeit nur Nischenprodukte darstellen und ihr aktueller Marktanteil (noch) die „Marktanomalie-These" zu bestätigen scheint.

Der Mangel an Bedarfstransparenz auf dem SRI-Markt ist jedoch nicht nur für die Anbieterseite kennzeichnend und eine zu beachtende Determinante bei der Beurteilung des Marktentwicklungspotenzials, sondern muss auch auf der *Nachfrageseite* untersucht und beachtet werden.

Wenn hier davon ausgegangen wird, dass Bürger zahlreiche gesellschaftliche und persönliche Wertvorstellungen haben (vgl. Hansen/Bode, 1999, S. 201f.; S. 224f.), die sich bisher nicht angemessen im Bereich der Kapitalanlage niederschlagen, dann kann vermutet werden, dass vielen Investoren nicht klar ist, dass sie einen Teil dieser „latent vorhandenen Bedürfnisse" (s.o.) auch im Kontext der Kapitalanlage befriedigen können.

Für diese Annahme spricht, dass

- für viele private Investoren die verschiedenen Dimensionen von Chancenpotenzialen der Geldanlagen nicht präsent und aufgrund der oft nur sporadisch eintretenden Bedarfssituation dafür wenig Routinen entwickelt sind,

---

[167] Auf der Grundlage von drei Fallstudien über die Produktentwicklung von SRI-Fonds und nach Sichtung der wissenschaftlichen Literatur muss vermutet werden, dass auch bei den Finanzintermediären, die SRI-Produkte entwickeln und am Markt platzieren, keine systematischen Marktforschungsanstrengungen anzutreffen sind (vgl. imug, 2004a).

- potenziell an SRI-Produkten interessierte private Investoren von entsprechenden Produktangeboten nichts wissen,

- das Abwägen und Austarieren von ökonomischen und außerökonomischen Motiven angesichts der Langfristigkeit von Kapitalanlagen die Entscheidungsfindung eher zusätzlich kompliziert als erleichtert.

Die Grundvermutung einer mangelnden Bedarfstransparenz im SRI hebt deshalb im Kern darauf ab, dass erst im Kontakt mit dem Angebot bzw. im Kontext einer Anlageberatung latent vorhandene Bedürfnisse bei (Teilgruppen der) Investoren in einen konkreten Bedarf transformiert werden können. Die Erzeugung von Bedarfstransparenz macht es für den entscheidenden Investor erforderlich, seinen objektiven Handlungsrahmen zu analysieren, ihn mit seinen eigenen Zielen (Präferenzen, Nutzenerwartungen, Bedürfnissen) abzugleichen und auf das vorhandene Güterangebot (in diesem Falle das Angebot an Kapitalanlagemöglichkeiten) mit der Fragestellung zu beziehen, in welchem Maße es zur Bedarfsdeckung beitragen kann[168]. Konkrete Suche und Bewertung von Produkten ist zeitlich nachgelagert und setzt zunächst eine ganzheitliche Ist- und Zielanalyse voraus, aus der individuelle, das heißt auf den besonderen Bedarf abgestimmte Anforderungen zu stellen sind. Bedarfstransparenz ist auf Seiten des Investors das Ergebnis eines innerpsychischen kognitiven und emotionalen Vorgangs, den er prinzipiell allein oder unter Hinzuziehung fachkundiger Beratung anstreben bzw. verbessern kann. Angesichts des häufig langen Planungshorizonts ist bei einer solchen ganzheitlichen Bedarfsanalyse zu beachten, dass sich der individuelle, objektive Handlungsrahmen des Investors ebenso verändern kann, wie seine ökologischen und sozialen Präferenzen. Angesichts zahlreicher endogener und vor allem auch exogener Unsicherheiten stellen sich deshalb für die Erzeugung bzw. die Verbesserung der Bedarfstransparenz besonders hohe Anforderungen. Es kann vermutet werden, dass zumindest der einzelne private Investor dabei überfordert ist. Die Erzeugung von Bedarfstransparenz kann als wichtige Aufgabenstellung einer qualifizierten Anlageberatung verstanden werden. Vor dem Hintergrund der auf ökonomische Zielpräferenzen eingeschränkten Deutung von Kundenbedürfnissen, werden Anlageberater vermutlich immer nur die Bedürfnisse „heraushören" oder „aktiv ansprechen", die sie selbst zielführend für eine angemessene Anlageentscheidung halten.

---

[168] „Das Ziel- und Präferenzprofil der Anleger sowie deren spezifische Situation sind aber der Vermögensverwaltung für die Ableitung fundierter Anlageentscheidungen von besonderer Bedeutung.... Eine Auswahlentscheidung .... muss bei der sauberen Erfassung des Anlegerprofils beginnen." (vgl. Wittrock, 2003, S. 9). Diese richtige Analyse von Wittrock blendet bei dem Anlegerprofil allerdings die möglicherweise auch noch zu berücksichtigenden sozialen und ökologischen Präferenzen des Anlegers einfach aus.

ad 2) Angebotstransparenz

Bereits im Zusammenhang mit der Analyse der unterstellten mangelnden Bedarfstransparenz ist die Kenntnis der Angebotsseite gerade im SRI als wichtige Voraussetzung für die Entwicklung von Bedarfstransparenz gekennzeichnet worden. Ohne die Interdependenzen der hier vorgestellten Transparenzdifferenzierungen zu vernachlässigen, wird im Folgenden gesondert die Angebotstransparenz behandelt.

Angebotstransparenz kann als wesentlicher Bestandteil der Markttransparenz verstanden werden, womit in der Regel die Menge (das Angebot), die Preise und die Qualitäten der angebotenen und nachgefragten Güter gemeint sind (vgl. Kuhlmann/Stauss, 2001, S. 1079). Markttransparenz „... heißt aus der Sicht von nachfragenden Marktteilnehmern auf einer grundlegenden Stufe zunächst einmal, dass entsprechende Angebote überhaupt bekannt sind. Dies nennen wir Angebotstransparenz." (Schoenheit/Hansen, 2001, S. 26). Gerade bei Produkten, bei denen neben den Such- insbesondere auch Vertrauenseigenschaften eine dominierende Rolle spielen, kann es Sinn machen, zwischen Angebots- und Qualitätstransparenz zu differenzieren. Angebotstransparenz meint im SRI den Grad der Informiertheit über vorhandene Kapitalanlagemöglichkeiten, die in der einen oder anderen Weise soziale und ökologische Kriterien bei dem Investment berücksichtigen. Jenseits von Qualitätseinschätzungen hinsichtlich der sozialen und ökologischen Qualitäten oder hinsichtlich der finanziellen Nutzenstiftungen der Kapitalanlage kann es – das ist die theoretisch hier zu entfaltende Grundvermutung – eine unzureichende Informiertheit auf Seiten der Investoren über die Existenz entsprechender Produkte geben. Diese Grundvermutung ist durch empirische Untersuchungen erhärtet worden (vgl. Kapitel 3.3).

Defizite in der Angebotstransparenz können insbesondere aufgrund der Kommunikationspolitik der Fondsgesellschaften und ihrer Distributionsorgane auftreten. Hier besteht die bereits im vorangehenden Abschnitt herausgearbeitete Gefahr, dass in der ökonomisch geprägten Banken- und Versicherungswelt die Möglichkeiten eines sozial-ökologischen Investments aus dem „Normalgeschäft" ausgeblendet und in der Folge zumindest nicht kompetent und engagiert genug kommuniziert werden.

Während die Verbesserung von Bedarfstransparenz wesentlich auf das Instrument der Anlageberatung verweist, kann die Verbesserung der Angebotstransparenz, die sich ja auf Sucheigenschaften bezieht, die in den Katalogen und Prospekten der Fondsgesellschaften auffindbar sein müssen, durch Suchmaschinen ermöglicht werden, wie sie heute in verschiedenen Internetportalen in verschiedenen Branchen zur Verfügung stehen. Zumindest wenn es um Sucheigenschaften von SRI-Produkten geht, hat „das Aufkommen moderner Informations- und Kommunikationstechnologien ... die Transparenzproblematik in ein neues Licht gestellt." (Kuhlmann/Stauss, 2001, S. 1080). Internetportale übernehmen die

Suchaufgaben, die in anderen Branchen Makler, Branchenverzeichnisse oder beispielsweise auch Reisebüros übernehmen, wenn sie Bedürfnislagen des Reiselustigen mit dem unübersichtlichen Marktangebot abgleichen und anhand äußerlicher Kennzeichen von touristischen Angeboten (Sucheigenschaften) ein für den Einzelnen passendes Angebot vorschlagen. Die Kenntnis von SRI-Fonds, das Wissen um ihre äußeren Merkmale, wie sie in Produktprospekten in der Regel beschrieben sind, ist wichtig und dennoch, so die weiterführende Vermutung, häufig nicht ausreichend, um sich – angesichts der nicht offensichtlich beobachtbaren Qualität der Produkte - für eine bestimmte Kapitalanlageform zu entscheiden. Immerhin werden mit SRI-Fondsprodukten komplexe und in die Zukunft reichende Versprechen abgegeben, die auf die besonderen Leistungen dieser Produkte verweisen.

ad 3) Qualitätstransparenz

Die beiden wesentlichen Dimensionen, die die Qualität von SRI-Fonds ausmachen, sind die zugesicherten sozial-ökologischen Qualitäten und die bei jeder Kapitalanlage in Aussicht gestellte Rendite (vgl. Kapitel 3.1). Bei beiden Eigenschaftsbündeln und Dimensionen handelt es sich um Vertrauenseigenschaften, über die Transparenz herzustellen es besonderer Anstrengungen bedarf. Angesichts von Zeit- und Kompetenzrestriktionen wird dies dem Investor nicht möglich sein.

Angesichts der hohen Komplexität von sozial-ökologischen Unternehmensbewertungen, die nicht einfach nur ein Negativscreening anhand weniger Kriterien, sondern komplexe Best-in-Class-Konzepte verfolgen (siehe Kapitel 3.1.3), ist das Potenzial an Irreführung bei diesen Geldanlagen als besonders hoch einzustufen, sodass ein großes Maß an Transparenzdefiziten erwartet werden muss. Diese können zum einen daraus herrühren, dass die Fondsgesellschaften selbst Transparenzdefizite bei der Beschaffung von sozial-ökologischen Informationen über ihre im Fonds befindlichen und potentiellen Unternehmen zu bewältigen haben. Zum anderen kann auch die Kommunikationspolitik gegenüber den Investoren Schwachpunkte aufweisen, in deren Folge Transparenzdefizite nicht abgebaut werden können.

ad 4) Finanztransparenz

Die Transparenz über die finanzielle Performance betrifft die Erreichung ökonomischer Geldanlageziele, wie Rentabilität, Liquidität und Sicherheit. Die Entwicklung des SRI-Marktes hängt zusätzlich zu der Transparenz über sozial-ökologische Sachverhalte auch davon ab, wie die finanzielle Performance der SRI-Produkte wahrgenommen wird.

Jede Anlageentscheidung ist durch eine hohe Komplexität gekennzeichnet, bei der die Einschätzungen und Vermutungen der Anleger über zukünftige Markt-zustände eine wesentliche Rolle spielen (vgl. Wärneryd, 1999, S. 206). Da die Geldanlage eine Kontraktleistung darstellt und damit zum Zeitpunkt des Kaufes auch die finanzielle Performance nur ein mehr oder weniger vages Leistungsver-sprechen sein kann, besteht von vorneherein zunächst einmal ein hohes Transpa-renzdefizit, das in der Investmentbranche insgesamt gut bekannt ist und in unter-schiedlicher Art und Weise gelöst wird. Insbesondere Ratings[169] erweisen sich hier „... als ein äußerst effektives Marketing-Instrument, da sie trotz geringer Diagnostizität in Bezug auf zukünftige Renditen und Risiken vom Anleger unkritisch als Qualitätssiegel interpretiert werden." (Jordan, 2003, S. 284). Gelegentlich wird Fondsgesellschaften deshalb vorgehalten, dass sie durch die Hervorhebung geschickt gewählter Performance-Daten Investoren bewusst in die Irre führen (vgl. Feuerborn, 2001) bzw. dass sie die stets schlichten Urteils-heuristiken von Anlegern zielstrebig ausnutzen (vgl. Bazermann, 2001). Aktuell hat Jordan (2003) nachgewiesen, dass Anleger deutlich verzerrte Risiko-Rendite-Wahrnehmungen haben, die zu falschen Produktbeurteilungen führen. Sie kommt zu dem Schluss, dass angesichts der beträchtlichen exogenen Unsi-cherheiten bei Investmentprodukten und der Neigung von Investoren, einfache Heuristiken anzuwenden, neue und nicht-irreführende Marketing-Konzepte und Maßnahmen ebenso erforderlich sind, wie möglicherweise auch besondere Maßnahmen zum Schutze[170] der Investoren (vgl. Jordan, 2003, S. 285).

Die kritisch kommentierten Versuche von Fondsgesellschaften oder auch von Finanzberatern durch Ratings und durch so genannte Performance-Charts, die rückwärtsgerichtet Renditen und Wertschwankungen von Fonds häufig prägnant visualisieren, um so eine Aussage zur „finanziellen Qualität" eines Fonds zu untermauern, sind auch im SRI anzutreffen. Gerade im SRI wird damit in Teilen auf eine vorgefasste Meinung bei potenziellen Investoren reagiert, die einen trade-off zwischen Verantwortung und Rendite unterstellen[171]. Insgesamt kann deshalb bei SRI-Fonds von einer bemerkenswert vielschichtigen Intransparenz über Qualitätseigenschaften ausgegangen werden, die alle Vertrauenseigen-schaften darstellen. Kapitalanleger, die in SRI-Fonds investieren, gehen ein

---

[169] Hier sind die klassischen Ratings in der Investmentbranche gemeint, in denen „...Aussagen zur Qualität bestimmter Investmentfonds..." ausschließlich auf Rendite- / Risikoabwägungen basieren (Götz, 2003, S. 18).

[170] Jordan bezeichnet es als besondere Aufgabe der Konsumentenforschung, solche Phäno-mene aufzudecken und einer Problemlösung durch Bewusstseinsbildung, gesetzliche Re-gelungen oder freiwillige Verpflichtungen zur Werbegestaltung zuzuführen (vgl. Jordan 2003, S. 284).

[171] So verbinden in der Untersuchung rund ¾ aller Haushalte eine geringe oder sehr geringe Verzinsung mit sozial-ökologischen Fonds. (vgl Henning-Thurau/Hansen/Bornemann, 2003).

besonders hohes Qualitätsrisiko ein, das umso gravierender ist, weil Finanzanlagen oft nicht reversibel und nicht nachbesserungsfähig sind (vgl. Nader, 1995, S. 13).

4.2.2 Ansätze zur Behebung der Transparenzproblematik

Vor dem Hintergrund der Neuen Institutionenökonomie wurden in Kapitel 4.1.1 zwei grundsätzliche theoretische Lösungswege für die Behebung der Transparenzproblematik aufgezeigt. Zum einen können als primärer Ansatzpunkt zusätzliche Informationen dienen, zum anderen eine (meist vertraglich organisierte) Reduktion der Relevanz von Informationen. In der institutionsökonomischen Umsetzung bedeutet der erste Weg, das Zustandekommen von Verträgen und die reibungslose Kooperation von Prinzipal und Agent durch die Reduktion der Informationsasymmetrien zu erleichtern. Es werden zusätzliche und situationsangepasste Informationen zur Verfügung gestellt (Agent) bzw. verwertet (Prinzipal). Bei dem zweiten Lösungsweg wird die Bedeutung der Informationsasymmetrien für die Vertragsverhandlungen und für die reibungslose Kooperation dadurch verringert, dass insgesamt die Stärkung des Vertrauens zwischen Prinzipal und Agent angestrebt wird (vgl Göbel, 2002, S. 110f.; Klische, 1995).

Beide Grundkonzepte sind sowohl für die Interaktion von Investoren (Prinzipale) und Fondsgesellschaften (Agenten) als auch für die spezifische Interaktion zwischen Fondsgesellschaft, die in diesem Fall als Prinzipal agiert, und der externen SRI-Rating-Agentur, die im Binnenverhältnis zur Fondsgesellschaft als Agent mit ihrer Arbeit einen wesentlichen Beitrag zur Erbringung der spezifischen SRI-Qualität von Investmentfonds leistet, von Bedeutung. Wesentlicher Bezugs- Ausgangspunkt dieser Arbeit sind jedoch die Transparenzprobleme und Unsicherheiten von Investoren (Prinzipale) im SRI. Die im gewählten Theoriekontext grundlegenden Handlungsmöglichkeiten von Fondsgesellschaften und Investoren zur Reduktion der Informationsasymmetrien stehen deshalb zunächst im Mittelpunkt der Untersuchung. Dabei kann die Unterscheidung von Konzepten zur Reduzierung von Transparenzproblemen, die vor dem Vertragsabschluss möglich sind und die der Erleichterung von Vertragsverhandlungen und – abschlüssen dienen, und solchen, die nach dem Vertragsabschluss anwendbar sind, aufgegriffen werden (vgl. Abbildung 18).

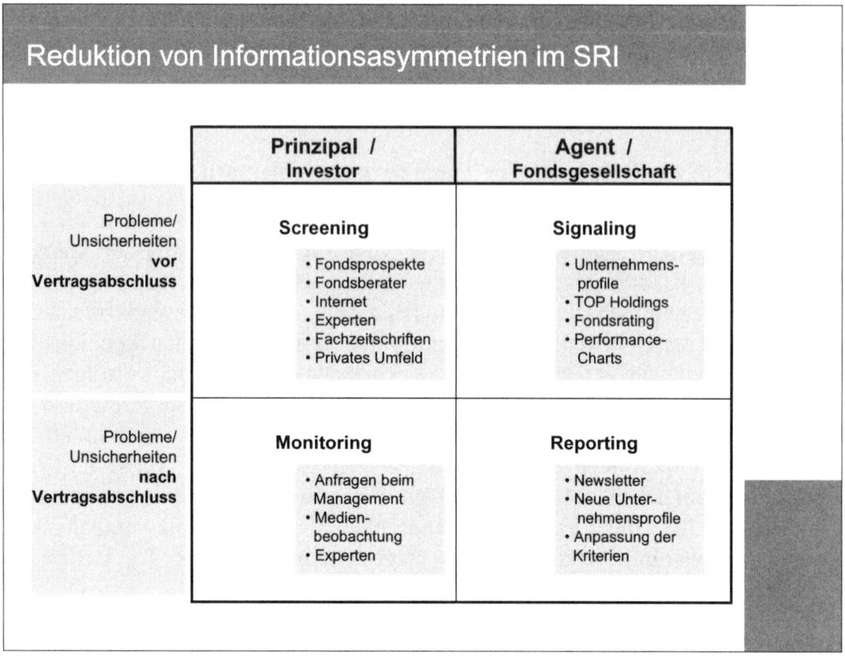
Reduktion von Informationsasymmetrien im SRI
Prinzipal / Investor
Agent / Fondsgesellschaft
Probleme/ Unsicherheiten vor Vertragsabschluss
Screening
• Fondsprospekte
• Fondsberater
• Internet
• Experten
• Fachzeitschriften
• Privates Umfeld
Signaling
• Unternehmens-profile
• TOP Holdings
• Fondsrating
• Performance-Charts
Probleme/ Unsicherheiten nach Vertragsabschluss
Monitoring
• Anfragen beim Management
• Medien-beobachtung
• Experten
Reporting
• Newsletter
• Neue Unter-nehmensprofile
• Anpassung der Kriterien

Abbildung 18: Reduktion von Informationsasymmetrien im SRI (in Anlehnung an Göbel, 2002, S. 110)

Screening

Die Qualitätsunsicherheit vor dem Vertragsabschluss kennzeichnet die Probleme des Anlegers als Prinzipal, der nur über mangelhafte Informationen bezüglich zugesicherter Eigenschaften des SRI-Fonds und der Kompetenzen und Vertrauenswürdigkeit der Fondsgesellschaften besitzt. Er kann sich nun über ein Screening (vgl. Stiglitz, 1975) selbständig Informationen beschaffen, um Unsicherheiten z.B. in Bezug auf hidden characteristics abzubauen. Für den individuellen Anleger kann die Beschaffung dieser Information sehr teuer sein. Er muss am Beginn seines Screenings damit rechnen, dass er nur pauschale, zu ungenaue oder aus seiner Sicht wenig glaubwürdige Informationen beschaffen kann. Immerhin stehen für ihn neben der Fondsgesellschaft prinzipiell auch private und fondsunabhängige Informationsquellen (Internet, Experten, privates Umfeld) zur Verfügung. Für ihn ist das Screening jedoch stets ein Abwägungsprozess, bei dem die Kosten und Qualität der Informationsbeschaffung mit dem Nachteil einer Entscheidung bei unvollständiger Information verglichen werden müssen.

Signaling

Statt die Informationsprobleme durch den Prinzipalen lösen zu lassen, kann auch der Agent als besser informierte Marktseite selbst aktiv werden. Im Rahmen einer zusätzlichen Offenbarung bzw. Selbstdeklaration versucht der Agent den Prinzipalen spezifische Informationen zu übermitteln, um ihn von Leistungsqualität und Kompetenz des Produktes oder seiner eigenen Leistungsfähigkeit zu überzeugen (vgl. Spence, 1973; Leland/Pyle, 1977). Im klassischen Modellfall der adversen Selektion bei Akerlof bedeutet dies, den Käufern eine informatorische Möglichkeit anzubieten, die ihnen hilft, die Wagen guter und schlechter Qualität voneinander zu unterscheiden. Ein Beispiel ist dann die Gewährung einer Garantie für das Auto, die für Anbieter schlechterer Qualität zu teuer werden könnte. Er könnte des Weiteren Zertifikate und unabhängige Prüfungsberichte dem Verkäufer anbieten. Zu beachten sind dabei zum einen wiederum die Kosten des Signaling in Relation zu den zusätzlich abgeschlossenen Verträgen sowie die Absicherung gegenüber möglichen Trittbrettfahrern bzw. bewusst täuschendem Signaling von Konkurrenten. Letztendlich darf es für die Anbieter minderer Qualität nicht profitabel sein, die guten Anbieter zu imitieren (vgl. Süchting/Paul, 1998, S. 17). Fondsgesellschaften können Investoren beispielsweise die Einsicht in sozial-ökologische Bewertungen der Unternehmen gewähren, die für ein Investment des jeweiligen SRI-Fonds vorgesehen sind. Sie könnten ggf. auch zusichern, den Investor stets über TOP-Holdings des Fonds zu informieren und bei jeder Veränderung der Portfoliozusammensetzung umfassend über die sozial-ökologische Qualitäten neu hinzukommender Unternehmen zu informieren. Sie signalisieren in diesem Fall mehr Informationen als Wettbewerber und kündigen zusätzlich eine Leistungsbereitschaft an, um mögliche Unsicherheiten zu reduzieren, die nach Vertragsabschluss auftreten können.

Monitoring

Die Probleme nach dem Vertragsabschluss beziehen sich auf Unsicherheiten und Informationsprobleme bezüglich der Verhaltensweisen des Agenten. Gibt es Verhaltensspielräume, die nicht exakt vertraglich vorgegeben sind (=unvollständige Verträge) bzw. nicht beobachtbar sind, können Beobachtungs- und Kontrollaktivitäten im Sinne des Monitoring notwendig sein. Generell besteht bei Finanzdienstleistungen das Problem einer unsicheren Zukunft. Das heißt, es bestehen nicht antizipierbare Ereignisse, die die Leistung (hier realisierte Performance) beeinflussen und deshalb auch Zurechnungsprobleme zwischen der Leistung und dem Engagement der Agenten/Fondsgesellschaften aufwerfen. Bei SRI-Leistungen kommt erschwerend die Unsicherheit bezüglich des sozial-ökologischen Screening der Fondsgesellschaften hinzu. Es stellt sich so bspw. die Frage, ob die selektierten Unternehmen kontinuierlich auf ihre Eignung bezüglich der Screening-Kriterien untersucht werden, ob eine angemessene

Anpassung der Untersuchungs- und Bewertungskriterien im Zeitverlauf erfolgt oder ob neue Unternehmen, deren sozial-ökologische Leistungen sich im Zeitverlauf deutlich verbessert haben, ggf. in das Anlageuniversum aufgenommen werden. Unsicher kann der Investor im Verlaufe einer - möglicherweise langen – Vertragsbeziehung auch darüber sein, ob Fondsgesellschaften ihre informatorischen Aufgaben gegenüber den Unternehmen angemessen erfüllen. Die Vielzahl von Managementaufgaben, die bei einer (in der Regel) langfristigen Kapitalanlage erforderlich sind, zeigt modelltheoretisch auf, dass für das SRI ein Finanzintermediär fortlaufende Anpassungsaufgaben für den Anleger aufgrund von Skaleneffekten in einer kostengünstigeren Weise übernehmen kann als der Anleger selber. Allerdings verbleiben bei dem Prinzipal die Unsicherheiten, ob diese verborgenen Leistungen tatsächlich erbracht werden.

Das Monitoring des Prinzipalen bezieht sich nur auf die unmittelbare Beobachtung des Fondsmanagements hinsichtlich der fortwährenden Einhaltung der zugesicherten Leistungen. Ein „Do it yourself-Monitoring" kann der Investor, der diese Fragen klären will, schnell als zu teuer ansehen (vgl. Diamond, 1984). Wenn der Agent nicht selbst diese Monitoringlücke durch aktives Reporting füllt, wird bei dem Agenten der Bedarf nach einem effizienten Monitoring durch glaubwürdige und kompetente Dritte wachsen. Die Aussagen von Rating-Agenturen oder anderen unabhängigen Dritten (z.B. der Stiftung Warentest) können hier für den Investor von Interesse sein.

Reporting

Auf der anderen Seite ergeben sich auch für den Agenten nach Vertragsabschluss informatorische Möglichkeiten, um die Markttransparenz zu erhöhen. Angesprochen sind dabei strukturell ähnliche Aktivitäten wie beim Signaling, die hier aber über den laufenden Stand der Leistungserstellung nach Vertragsabschluss Auskunft geben.

Neben diesen direkten Maßnahmen zur Reduzierung der Informationsasymmetrien sind verschiedene *andere Instrumente* und Institutionen zu erwähnen, die nicht auf bessere und mehr Information, sondern auf den Aufbau und die Stabilisierung von Vertrauen zwischen Prinzipal und Agent setzen.

Dieser Konzeptansatz zeichnet sich durch die Annahmen aus, dass Informationsasymmetrien nicht vollständig behoben werden können und dass statt einer Problemlösung, eine Lösung vom Problem der asymmetrischen Informationsverteilung dadurch angestrebt wird, dass der Aufbau und die Stabilisierung einer *vertrauensvollen Beziehung* zwischen Prinzipal und Agent systematisch gefördert wird (vgl. Giddens, 1995; Hennig-Thurau, 2000). „Trust in another party reflects an expectation or belief that the other party will act benevolently." (Withener et al., 1988, S. 513).

In der Finanztheorie wird dieser Konzeptansatz als *Reputationsaufbau* diskutiert, der als Instrument des Agenten insbesondere bei mehrperiodigen Verträgen eingeführt wurde (vgl. Spremann, 1988). Die Grundidee ist dabei, dass der Aufbau von Reputation bei dem Finanzdienstleister als Agent die Unsicherheit über sein Verhalten auf Seiten des Prinzipal reduziert. Über ein beobachtbares bzw. kommunizierbares vergangenes Verhalten entsteht eine Erwartung bezüglich des zukünftigen Verhaltens. Der Prinzipal vertraut auf die zukünftige Verwirklichung ex ante wahrgenommener Fähigkeiten und Eigenschaften. Zudem kann der Prinzipal davon ausgehen, dass eine Zuwiderhandlung beim Agenten als Abbau von Reputationskapital verstanden und deshalb vom Prinzipal vermutlich unterlassen wird. Reputationsschäden auszugleichen – so kann der Agent vermuten –, ist für den Prinzipal sehr teuer. Diese Reputation kann sich sowohl auf der personellen Ebene (der Anlageberater) als auch auf der institutionellen Ebene (der Fondsgesellschaft) niederschlagen. Um diese Reputation auch dem potenziellen Marktpartner zu signalisieren, sind eine Reihe von Maßnahmen denkbar (vgl. Kaas, 1997, S. 465). Sie reichen von der allgemeinen Imagekampagne, über den gezielt herbeigeführten Größeneindruck, die Einbeziehung wissenschaftlich ausgewiesener Experten, bis hin zum rückwärtsgerichteten Beleg über die besondere Performance eines Finanzproduktes[172].

Hier können auch die Beurteilungen unabhängiger Institute - oder auch die Kooperation mit ihnen - eine wichtige Rolle spielen. Die freiwillige Verpflichtung, an Ratings unabhängiger Institute teilzunehmen, und die Ratings selber dienen in diesem Sinne als Vertrauensindikator. Hierdurch wird auch das Problem der adversen Selektion umgangen, bei dem die potenziellen Käufer eben keine Möglichkeit haben, anhand der Signaling-Maßnahmen der Verkäufer eine Unterscheidung zwischen qualitativ hochwertigen und minderwertigen Produkten vorzunehmen. Bei Kaas (1992b, S. 482) heißt es dazu: „Bei Vertrauensgütern setzt die Kommunikationspolitik, um wirksam zu sein, das voraus, was sie aufbauen soll, nämlich Vertrauen." Diese Leistung bedarf deshalb häufig der Einschaltung von dritten Institutionen mit einer eigenen, interessenungebundenen Glaubwürdigkeit. In diesem Kontext füllen dritte Institutionen, wie Rating-Agenturen, die Rolle eines *Reputationsagenten* für Fondsanbieter aus und die eines *Screening/Monitoringagenten* für Anleger, sowohl vor als auch nach Vertragsabschluss.

Als weitere eigenständige Institutionen des Marktes zur Transparenzverbesserung sind die *Zusammenschlüsse* auf Seiten der Agenten und der Prinzipale zu

---

172 Zum Konzept eines gezielten Reputationsmanagements vgl. Smythe/Dorward/Rehack, 1992; Bromley, 1993; Davies, 2003; Schwaiger/Hupp, 2003; Wiedmann/Walsh, 2003.

nennen. Im Kontext der Finanzdienstleister ist dies bspw. der *Bundesverband deutscher Banken*, der als Interessenvertreter der Anbieter von Finanzdienstleistungen an der Transparenzerhöhung des Marktes arbeitet. Die Intention des Verbandes besteht in der Verbreitung von Vorabinformationen, Maßnahmen zur transparenten Vertragsgestaltung (wie Standards für Fondsprospekte) und Regelung von außergerichtlicher Schlichtung mittels Ombudsmännern (vgl. Bundesverband deutscher Banken, 2003). Auch im SRI haben sich auf nationaler und europäischer Ebene Zusammenschlüsse von Fondsgesellschaften, teilweise unter Einbeziehung von weiteren Marktakteuren, gebildet, die sich beispielsweise für eine leichter vergleichbare Produktinformation einsetzen (vgl. Eurosif 2003, Forum Nachhaltige Geldanlage, 2003).

Aus institutionsökonomischer Sicht schaffen solche Verbände Kontroll- und Vergleichsmöglichkeiten und übernehmen Teilfunktionen des Signaling, Reporting, wie auch des Reputationsmanagements.

Dieser Interessen gebundenen Agentinstitution steht die Prinzipalinstitution *Verbraucherzentrale Bundesverband* und die Stiftung Warentest in Deutschland gegenüber. Durch Testen von Finanzdienstleistern und deren Produkten erleichtern sie die Screening- und Monitoringaufgaben für den einzelnen Agenten.

Es ist deutlich geworden, dass sich mit dem in diesem Kapitel vorgestellten theoretischen Bezugsrahmen, der auf einzelne Elemente der Neuen Institutionenökonomie in Verbindung mit einer sozioökonomischen und verhaltenswissenschaftlichen Deutung des Anlegerverhaltens zurückgreift, wesentliche Transparenzprobleme des SRI-Marktes systematisch erklären lassen. Im Kern der Transparenzproblematik des SRI steht die soziale und ökologische und/oder die nach anderen ethisch reflektierten Kriterien durchgeführte Bewertung von Unternehmen, die für das SRI selektiert werden sollen. Ob Unternehmen als Ganzes überhaupt sinnvoller Weise zum Gegenstand einer auch ethischen Prinzipien folgenden Bewertung gemacht werden können und welche Implikationen damit verbunden sind, soll im anschließenden Kapitel diskutiert werden.

5 Theoretische Bezugspunkte zur Transparenzerzeugung über soziale und ökologische und andere ethische Unternehmensqualitäten

Die institutionenökonomische Analyse wesentlicher Transparenzprobleme des SRI hat gezeigt, dass im Zentrum der Informationsasymmetrien Aussagen über die soziale und ökologische oder die nach anderen ethisch begründeten Kriterien abgeleitete Bewertung von Unternehmen stehen. Socially Responsible Investment kann verkürzt als ein Investment in Unternehmen verstanden werden, die zuvor aus der Vielzahl der Unternehmen (und möglichen Geldanlageobjekte) selektiert worden sind. Wenn im Kapitel 3 dieser Vorgang als Screening gedeutet wurde, so soll in diesem Kapitel der dem Screening zugrundeliegende Vorgang der sozial-ökologischen Unternehmensbewertungen näher untersucht werden.

Ganzheitliche sozial-ökologische Unternehmensbewertungen können nur im Kontext grundlegender betriebswirtschaftlicher theoretischer Bezugspunkte verstanden, kritisch analysiert und konzeptionell weiterentwickelt werden. Prinzipiell ist mit sozial-ökologischen Unternehmensbewertungen die Frage verbunden, wie das Verhältnis von Unternehmen zur Gesellschaft zu sehen ist und in welchem Umfang Unternehmen gesellschaftlich verantwortlich handeln können oder gar müssen. Beide Themenkomplexe nehmen aufeinander Bezug und sind in den letzten zwanzig Jahren in den Wirtschaftswissenschaften Gegenstand grundlegender und kontroverser Deutungen gewesen, die im Folgenden referiert werden sollen. In **Kapitel 5.1** sollen wesentliche betriebswirtschaftliche Deutungen des Verhältnisses der Unternehmung zur Gesellschaft analysiert werden, während in **Kapitel 5.2** die wesentlichen Positionen zur gesellschaftlichen Verantwortung von Unternehmen im Kontext unternehmensethischer Ansätze vorgestellt und hinsichtlich der Konsequenzen für sozial-ökologische Unternehmensbewertungen befragt werden. Abschließend wird im **Kapitel 5.3** auf Managementkonzepte eingegangen, die einen theoretischen Rahmen für die Fragestellung abbilden, welche Formen der institutionellen und instrumentellen Verankerung einer verantwortungsvollen Unternehmensführung von so grundlegender Bedeutung sind, dass sie zum Gegenstandsbereich für eine nachvollziehbare soziale und ökologische oder auch einer Bewertung von Unternehmen gemacht werden können.

5.1 Unternehmen und Gesellschaft

5.1.1 Grundlinien im betriebswirtschaftlichen Verständnis der Unternehmung

Erst in den letzten zwanzig bis dreißig Jahren hat sich in den Wirtschaftswissenschaften das Verständnis von „der Unternehmung" als einem sozialen System durchgesetzt, wobei insbesondere die verhaltenswissenschaftlich geprägte Betriebswirtschaftslehre wesentliche Beiträge lieferte (vgl. Beckenbach, 1990, S. 76).

In der *klassischen Mikroökonomie* werden Unternehmungen als Instrumente in der Hand ihrer Eigentümer angesehen. Damit erfolgt traditionell eine Gleichsetzung von Unternehmer und Eigentümer und von Unternehmer und Unternehmung. Mit dieser Sichtweise verbunden ist die Prämisse der Gewinnmaximierung als Unternehmensziel und die implizite Annahme, dass dieses Ziel mit Hilfe eindeutiger Ziel-Mittel-Beziehungen bis auf die unterste Ebene der Unternehmensstruktur verbindlich projiziert werden kann. Handlungsspielräume der im Unternehmen Tätigen, die aufgrund eigener Motive von vorgegebenen Zielen abweichen oder deren Modifizierung herbeiführen, ist im Konzept ebenso wenig vorgesehen, wie die Einflussnahme externer gesellschaftlicher Gruppen oder Institutionen auf die Zielbildung von Unternehmen. „An economist who believes that a 'firm' is a profit-maximizing agent (whether by conscious, rationale decisions or otherwise), endowed with a known and given technology, and operating to a well defined market constraint, will see no need for any special theory of the firm: the theory of the firm is nothing but the file of optimising methods (and perhaps market structures)" (Archibald, 1987, S. 357).

Die mikroökonomische Theorie der Unternehmung hat betriebswirtschaftlich ihren Niederschlag gefunden in der Definition Gutenbergs, nach der der kapitalistisch-marktwirtschaftliche Betriebstyp „Unternehmung" als *autonomes Gebilde* erscheint, in dem die Kapitalgeber unabhängig von Mitbestimmungsrechten übergeordneter Stellen oder der Belegschaft alle Entscheidungen in Orientierung am erwerbswirtschaftlichen Prinzip fällen (vgl. Gutenberg, 1983/1951, S. 458ff.). Eine solche Typencharakterisierung, die fälschlicherweise häufig als Aussage über die Realität interpretiert wird, hat zu einer starken Kritik an den Axiomen der mikroökonomischen Unternehmenstheorie über den Zielinhalt (Gewinnmaximierung) und die Zielbildung (Ein-Mann-Konzept) geführt. Sie sind Ausgangspunkt für betriebswirtschaftliche Bemühungen um ein realistisches Unternehmensverständnis (vgl. Cyert/March, 1963). Diese Bemühungen werden getragen durch neuere betriebswirtschaftliche Konzepte, die – wie der entscheidungsorientierte Ansatz – die Integration verhaltenswissenschaftlicher Theorien einleiten und – wie der systemtheoretische Ansatz – den Blick für die vielfältigen Umweltbeziehungen des Unternehmens öffnen (vgl. Heinen, 1969; Ulrich, 1971; Kirsch, 1979; Pfriem, 1996).

Die *neuere mikroökonomische Diskussion* geht in ihrem „institutional organizational approach" über die enge und wenig realitätsnahe Sichtweise der neoklassischen „theory of the firm" hinaus (vgl. Williamson/Winter, 1991; Schmidt, 1999). Sie erweitert die Perspektive u.a. dadurch, dass sie nicht mehr allein die kleine, eigentümergeleitete Unternehmung als Referenzmodell verwendet, sondern auch Großunternehmen in die Analyse einbezieht, in denen – wie bei der Aktiengesellschaft – die Trennung von Eigentum und Geschäftsführung erfolgt. Damit wird mit dem Management ein zweites unternehmerisches Willensbildungszentrum anerkannt. Auf der Grundlage des methodologischen Individualismus und der Eigennutzhypothese werden nun die Analyse von unterschiedlichen Unternehmensverfassungen und die in ihnen zum Ausdruck kommenden Verteilungen von Verfügungsrechten zu einer wesentlichen Frage der volkswirtschaftlichen Effizienzbetrachtung (vgl. Kapitel 2). Diese wichtige Weiterentwicklung einer „theory of the firm" ist jedoch hinsichtlich der Fragestellung der gesellschaftlichen Verflechtung von Unternehmen nur in Teilen erhellend, da es in diesem theoretischen Ansatz im Kern um die Erklärung der Gründung einer Unternehmung geht. So besteht für Pfriem das soziale und ökologische Problem „...nicht in den Bedingungen der Gründung von Unternehmen, sondern in den weitreichenden Folgen ihrer Existenz." (Pfriem, 1996, S. 250).

Insbesondere das *Koalitionsmodell* der Unternehmen hat die verhaltenswissenschaftliche Ausrichtung der Betriebswirtschaftslehre konsequent aufgegriffen (vgl. Cyert/March, 1963; Staehle, 1969; Schreyögg, 2003). Alle im Unternehmen Tätigen wurden im Koalitionsmodell als „Akteure" gesehen, die bestimmte Leistungen in das Unternehmen einbringen und die dafür materielle und immaterielle Gegenleistungen erwarten (können). „Die Vorstellung vom Ziel- und Entscheidungsmonismus, die der neoklassischen Modellbildung Gutenbergscher Prägung zugrunde liegt, wird abgelöst von der Pluralismus-These sowohl in Bezug auf Zielinhalte, als auch in Bezug auf die am Zielbildungsprozess mitwirkenden Personen." (Freimann, 1989, S. 19). Mit der zusätzlichen Berücksichtigung auch nichtmarktlicher Beziehungen und Ziele werden sämtliche Auswirkungen eines Unternehmens als betriebswirtschaftlich relevant herausgestellt – und zwar als relevant für das Unternehmen selbst. Damit rücken auch *externe Effekte* in das Handlungsfeld von Unternehmen. „Als externe Effekte lassen sich die gegenseitigen Einwirkungen von Wirtschaftssubjekten, die nicht über den Markt erfasst und bewertet werden, bezeichnen." (Wicke, 1989, S. 43).

In der Ausdifferenzierung dieser Interpretationsansätze des Phänomens „Unternehmen" wird von der Betriebswirtschaftslehre heute ein differenziertes Verständnis vom Unternehmen entfaltet, das nicht mit a priori feststehenden oder vorgegebenen Zielen verbunden ist, sondern dessen Ziele sich in einem komplexen Prozess aus dem Zusammentreffen und den Interdependenzen von Interessen all derer ergeben, die das Unternehmen im Austausch gegen angebotene Anreize mit Ressourcen versorgen. Unternehmen werden somit als offene soziale Systeme begriffen, die in ein Netz vielfältiger Beziehungen zu externen und internen Gruppen eingebunden und den Ansprüchen und Interessenartikulationen unterschiedlicher Akteure ausgesetzt sind.

Als besonders wichtige theoretische Konzepte, die dem Bereich der Unternehmensführung zugeordnet werden können und die speziell die Schnittstellen zwischen Unternehmen und ihrem gesellschaftlichen Umfeld behandeln, können der so genannte „Stakeholder-Approach" und die Theorie „externer Lenkungssysteme" angesehen werden.

5.1.2 Unternehmen und ihre Stakeholder

Um die internen und externen Anforderungen, die auf ein Unternehmen einwirken und deren Handlungen letztendlich bestimmen, adäquat erfassen zu können, wurde in der Betriebswirtschafts- und Managementlehre das „Stakeholder-" oder „Anspruchsgruppenkonzept" entwickelt. Der Begriff „Stakeholder" wurde erstmals 1983 vom Stanford Research Institut benutzt, um deutlich zu machen, dass Aktionäre (stockholder) nicht die einzige Gruppe sind, die das Management beachten muss (vgl. Freeman, 1984). Freeman definiert Stakeholder als Gruppen oder Individuen, die die Zielerreichung einer Organisation beeinflussen können oder von dieser betroffen sind. Dabei betont er besonders die Notwendigkeit, auch gegnerische Gruppen als Stakeholder zu betrachten. „The modern professional manager also regards himself, not as an owner disposing of personal property as he sees fit, but as a trustee balancing the interests of many diverse participants and constituents in the enterprise, whose interests sometimes conflict with those of others." (CED, 1971, S. 94).

Im Rahmen des Anspruchsgruppenkonzeptes wird zwischen internen und externen Anspruchsgruppen unterschieden. Als interne Anspruchsgruppen lassen sich Eigentümer, Management und Mitarbeiter unterscheiden. Zu den externen Anspruchsgruppen gehören zum Beispiel externe Fremdkapitalgeber, Lieferanten, Kunden, Nachbarn, Umweltverbände, Presse und Behörden (vgl. Abbildung 19). Das Anspruchsgruppenkonzept verdeutlicht, dass es eine Vielzahl von Personen und Gruppen gibt, die einerseits von Handlungen eines Unternehmens betroffen sind und auf deren Leistungen das Unternehmen andererseits angewiesen ist.

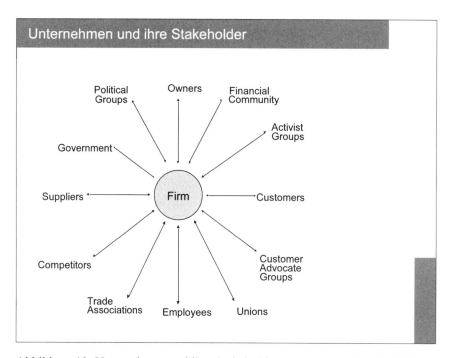

Unternehmen und ihre Stakeholder

Political Groups — Owners — Financial Community — Activist Groups — Government — Suppliers — Firm — Customers — Competitors — Customer Advocate Groups — Trade Associations — Employees — Unions

Abbildung 19: Unternehmen und ihre Stakeholder (Freemann, 1997, S. 604)

Die Grundfunktion von Unternehmen besteht zunächst in der Schaffung ökonomischer Werte durch die Erstellung entgeltlicher Leistungen (Produkte, Dienstleistungen) für Abnehmer. Die geschaffenen Geldwerte, die in dem Unternehmen entstehen (Wertschöpfung), dienen der Erfüllung weiterer Funktionen, wie der Einkommenserzielung für die beschäftigten Mitarbeiter, der Kapitalverzinsung, der Entrichtung von Steuern (zur Finanzierung von Staatsausgaben) oder sozialen und kulturellen Aufgaben (Sozialleistungen, Sponsoring, usw.). Darüber hinaus ist das Unternehmen aber auch gezwungen, die Erstellung von Produkten und Dienstleistungen so zu erbringen, dass die Ansprüche der Stakeholder, die im Namen übergeordneter Interessen der Gesellschaft erhoben werden, Berücksichtigung finden. Gemäß dieser Auffassung resultiert der Erfolg eines Unternehmens nicht allein aus dem Marktgeschehen, sondern ist auch von anderen, nichtmarktlichen Faktoren abhängig (vgl. Freemann/Gilbert, 1991, S. 23).

Wenn damit externe Effekte mitberücksichtigt werden, weil die Beiträge der davon Betroffenen als ebenfalls wichtig für das Unternehmen gewertet werden und damit gleichzeitig der gesamtwirtschaftliche Nutzen der Unternehmen nicht mehr nur über Marktgrößen definiert wird, so entfällt die einfache, eindimensionale Legitimation über den monetären Unternehmenserfolg. Eine Legitimation ergibt sich nun vielmehr erst daraus, dass auch Ansprüche anderer außermarktlicher Anspruchsgruppen Berücksichtigung finden. Das Anspruchsgruppenkonzept impliziert ein gänzlich anderes Verständnis von Unternehmen hinsichtlich ihrer gesellschaftlichen Funktion und Legitimation. Ein Unternehmen kann danach definiert werden als „multifunktionale und dementsprechend pluralistisch legitimierte Wertschöpfungseinheit, die sozioökonomische Funktionen für verschiedene Anspruchsgruppen (...) erfüllt" (Ulrich/Fluri, 1995, S. 60).

Die Beschreibung von Unternehmen als multifunktionale Wertschöpfungseinheiten bedeutet allerdings nicht, dass diese deshalb alle Ansprüche, die gestellt werden, erfüllen würden, könnten oder wollten. Hier muss eine Definition und Bewertung der Stakeholder vorgenommen werden. Zum einen ergeben sich aus den Ansprüchen zum Teil erhebliche Zielkonflikte und zum anderen zeigen die in den vergangenen Jahren dominierenden Diskussionen um den so genannten Shareholder Value, dass die Möglichkeiten, Ansprüche durchzusetzen, bei einzelnen gesellschaftlichen Anspruchsgruppen nach wie vor sehr unterschiedlich ausgeprägt sind.

Speziell aus der Perspektive einer „ökologischen Betriebwirtschaftslehre" (vgl. Seidel, 1992; Tischler, 1996; Hansmann, 1998; Behrens, 1999) ist im Rahmen des Stakeholder- bzw. Anspruchsgruppenkonzeptes - wie es von Freeman entwickelt und u.a. von Vertretern der St. Gallener Schule aufgegriffen wurde (vgl. Ulrich, 1968; Rüegg-Stürm, 2003) - kritisch gefragt worden, wer denn in diesem Konzept eigentlich der legitime Sprecher der Umwelt bzw. der Natur sei. Hier sei das Konzept der Anspruchsgruppe im eigentlichen Sinne unpassend, da „die Natur" oder „die Umwelt" nicht „authentisch" vertreten werden könnten. Da das Stakeholder-Modell – so wird weiter argumentiert – auf Seiten der Unternehmen und der Anspruchsgruppen „...die Sprachhandlungsfähigkeit der Beteiligten voraus(setzt)" (Pfriem, 1996, S. 164), müsse insbesondere überprüft werden, auf welchem Wege ökologische Belange (Interessen) gegenüber der Unternehmung artikuliert werden können. Insbesondere die Theorie der externen Lenkungssysteme kann die personalisierte bzw. akteursbezogene Sicht überwinden und das Stakeholder-Modell ergänzen.

5.1.3 Theorie externer Lenkungssysteme

Anders als im Stakeholder-Konzept, das auf eine akteursbezogene Sichtweise fokussiert und damit – wie aufgezeigt – in Teilen Einflusskonzepte lückenhaft abbildet, nimmt die Theorie externer Lenkungssysteme eine funktionale Betrachtung vor. In der Theorie der externen Lenkungssysteme wird der Blick auf die Rahmenbedingungen und externen Einflüsse gerichtet, denen Unternehmen in ihrem Handeln ausgesetzt sind.

Während sich weite Teile der Wirtschaftswissenschaften fast ausschließlich mit der Funktionsweise von Markt und Preismechanismus als Lenkungssystem der Wirtschaft beschäftigen, unterscheidet die Theorie externer Lenkungssysteme die drei Bereiche „Markt", „Politik" und „Öffentlichkeit" (vgl. Dyllick, 1989). Sie versucht, die relevantesten Einflusssphären zu bestimmen, denen Unternehmen in ihrem Handeln und ihrer Selbstbehauptungsfähigkeit unterliegen (vgl. Abbildung 20).

Unternehmen und externe Lenkungssysteme

	Externe Lenkungssysteme		
	Markt	**Politik**	**Öffentlichkeit**
Charakteristika	Tauschsystem: - Güter und Leistungen werden getauscht - Individuelle Nutzenmaximierung als Legitimation	Autoritätssystem: - demokratisch legitimiert - mit hierarchischer Hoheitsgewalt ausgestattet	Kommunikationsarena: - prinzipiell frei zugänglich - Themen und Meinungen werden gegen Aufmerksamkeit getauscht
Lenkungs-mechanismus	Preis Nachfrage Wettbewerb	Gesetzliche Regelung Vollzugskontrolle Rechtsprechung	Publizität Öffentliche Meinungsbildung
Art der unternehmerischen Einflussnahme	Preis, Qualität Marktkommunikation Verträge, Kooperationen	Lobbyarbeit Verbandsarbeit politische, juristische Stellungnahmen	PR Dialoge mit Meinungsführern Berichterstattung

Abbildung 20: Unternehmen und externe Lenkungssysteme (in Anlehnung an Fichter, 1998, S. 13)

Die Charakteristika, die Lenkungsmechanismen und die Möglichkeiten der Einflussnahme von Unternehmen in diesen Systemen sind deutlich unterschiedlich. Während die Analyse und systematische Gestaltung der marktbezogenen Optionen von Unternehmen geradezu das zentrale Forschungs- und Anwendungsfeld der Marketingwissenschaft bzw. der marktorientierten Unternehmensführung umschreibt, werden die unternehmerischen Handlungsoptionen in den Lenkungssystemen Politik und Öffentlichkeit eher dem Aufgabenbereich der Public Relation zugeordnet (vgl. Meffert/Kirchgeorg, 1998).

Insbesondere die Lenkungssysteme Öffentlichkeit und Markt weisen zunehmend starke Überschneidungen auf. Dies hängt mit der starken Bedeutungszunahme der Imagepolitik sowohl auf der Produkt- wie auch auf der Unternehmensebene zusammen. Zum anderen können gerade viele Stakeholder-Organisationen in den Arenen der öffentlichen Meinungsbildung ein so großes Gewicht erlangen, dass auch marktbezogene Folgewirkungen, also Veränderungen des Käuferverhaltens, zu beobachten sind. Besonders intensiv sind die Phänomene des Zusammenspiels von öffentlicher Meinungsbildung und Auswirkungen auf den Markterfolg von Produkten und Unternehmen im Rahmen der Krisenkommunikation untersucht worden (vgl. z.B. Osterloh/Tiemann 1995).

Die Verbindung zwischen dem Konzeptansatz der externen Lenkungssysteme mit dem Stakeholder-Ansatz ist darin zu sehen, dass oftmals ausgewählte Anspruchsgruppen als Repräsentanten der Lenkungssysteme „Markt", „Politik" und „Öffentlichkeit" betrachtet bzw. mit diesen Einflusssphären gleichgesetzt werden. Diese Gleichsetzung ist allerdings irreführend, weil Unternehmen wie auch Anspruchsgruppen sich in ihren Interaktionsbeziehungen unterschiedlicher Lenkungssysteme bedienen. So mobilisiert beispielsweise Greenpeace die Öffentlichkeit durch PR-trächtige Aktionen und nutzt in anderen Bereichen das Lenkungssystem Markt, in dem die mögliche Marktmacht kritischer Konsumenten beispielsweise für den Kauf FCKW-armer Kühlschränke organisiert wird. Auch staatliche Einrichtungen, die im Kern das staatliche Lenkungssystem repräsentieren, können auf der anderen Seite mit beträchtlichem Einfluss als Einkäufer das Lenkungssystem „Markt" nutzen und in Teilen sogar durch kritische Pressearbeit das Lenkungssystem „Öffentlichkeit" repräsentieren (vgl. Umweltbundesamt, 1999).

Das Strukturmodell zur Beschreibung und Analyse der Beziehungen zwischen Unternehmen und Anspruchsgruppen trägt der Tatsache Rechnung, dass externe Lenkungssysteme nicht als einseitige Einflussnahme von Markt, Politik und Öffentlichkeit auf Unternehmen verstanden werden können, sondern Unternehmen ihrerseits durch Marketing, politische Lobbyarbeit und Öffentlichkeitsarbeit bemüht sind, die Lenkungssysteme und Rahmenbedingungen in ihrem Sinne zu beeinflussen (vgl. Wiedmann, 1989, 1996).

Die Verzahnung marktrelevanter Veränderungen mit gesellschaftsbezogenen und öffentlichen Meinungsbildungen wird besonders konsequent in Konzepten des gesellschaftsbezogenen Marketing reflektiert. Die instrumentell vormals deutlich getrennten Aufgabenstellungen von Markenbildung auf der einen Seite und dem Aufbau eines bestimmten Unternehmensimages auf der anderen verzahnen sich dabei ebenso wie die Unterscheidung zwischen Marketing und PR (vgl. Raffée/Wiedmann, 1985; Wiedmann, 1993, 1996).

Gerade der Ansatz des gesellschaftsorientierten Marketing arbeitet besonders deutlich heraus, dass Unternehmen – obwohl sie unter einem zunehmend in komplexen Systemen sich verstärkenden Druck stehen – über eigenständige Reaktionsmöglichkeiten verfügen und die Wahrung bzw. der Ausbau von unternehmerischen Handlungsmöglichkeiten zu einer wichtigen Aufgabenstellung wird. Indem dies als Aufgabenstellung formuliert wird, kann jedoch auch von der prinzipiellen Existenz von unternehmerischen Handlungsspielräumen ausgegangen werden.

5.2 Unternehmen und sozial-ökologische Verantwortung

Die von der gesellschaftlich orientierten Betriebswirtschaftslehre reflektierte Verzahnung der Institution Unternehmen mit vielfältigen Bezugs- und Anspruchsgruppen in der Gesellschaft und die Beobachtung, dass unternehmerische Entscheidungen Folgewirkungen haben, die weit in andere soziale und ökologische Systeme hineinreichen, hat die Frage nach der Legitimität unternehmerischen Handelns in den letzten Jahren mit einer neuen Nachdrücklichkeit hervorgehoben. Wenn realistischer Weise davon ausgegangen werden muss, dass zum einen unternehmerisches Handeln nicht eindeutig mit ökonomischen Marktgrößen begründet werden kann, sondern sich in einem Spannungsfeld unterschiedlicher Interessen vollzieht und zum anderen auch die Zielvorgaben nicht deterministisch vorgegeben, sondern in einem Entscheidungs- und Aushandlungsprozess festgelegt werden, ist mit diesem Verständnis von der Unternehmung zugleich auch ganz offensichtlich zu konstatieren, dass bei unternehmerischen Entscheidungen *Handlungs- und Entscheidungsspielräume* prinzipiell vorhanden sind.

Mit der empirischen - und dann auch in Theoriekonstrukten reflektierten - Konstatierung von Handlungsspielräumen wird ein wesentlicher Schritt auf dem Weg zu einer auch ethisch reflektierten und begründeten Unternehmensführung gegangen, da damit implizit die Anerkennung der eigenen Verantwortung verbunden ist. Wenn Freiheitsgrade bei Entscheidungen gegeben sind, kann und muss das entscheidende Subjekt Verantwortung für „seine" Entscheidung, die eben nicht nur Vollzug von Notwendigkeiten ist, übernehmen. „Verantwortung resultiert als Konsequenz aus der auf Willensfreiheit basierenden individuellen Entscheidungsmöglichkeit und der damit einhergehenden Zurechenfähigkeit. Aufgrund dessen muß der Entscheidungsträger als Verursacher die Folgen seiner Handlung übernehmen." (Melz, 1987, S. 86). Die Frage nach der gesellschaftlichen Verantwortung der Unternehmen ist deshalb die Frage „... ob die Unternehmung eine Verantwortung hat, die über die Erbringung wirtschaftlicher Leistungen hinausgeht." (Dyllick, 1989, S. 374).

Die mögliche oder notwendige Akzeptanz und aktive Übernahme von Verantwortung berührt fundamentale Fragen des menschlichen Handelns und die

179

daraus sich ergebenden Folgen (vgl. Jonas, 1979, S. 8). Verantwortung akzeptieren und zu übernehmen ist „... ein Handeln (Tun oder Unterlassen) zu vertreten, für die Folgen des Handelns sowie die Beweggründe, die zu diesem Handeln geführt haben, vor sich selbst und anderen einzustehen." (Hansen, 1988, S. 713). In diesem modernen Verständnis von Verantwortung werden - was die Unternehmung betrifft – die Stakeholder als innere und äußere Beurteilungsinstanzen für die Qualität der Verantwortungsübernahme akzeptiert[173].

Antworten auf die Fragen nach einer unternehmerischen Neuorientierung und der Ausgestaltung einer möglichen gesellschaftlichen Verantwortung der Unternehmen in Anbetracht der gesellschaftlichen Probleme und Herausforderungen werden vor allem von einer *Wirtschafts- und Unternehmensethik* erwartet, die sich mit der Frage befasst, wie moralische Normen und Ideale unter den Bedingungen der modernen Wirtschaft und Gesellschaft von Unternehmen zur Geltung gebracht werden können oder müssen.

5.2.1 Unternehmensethik als systematisches Reflektieren über verantwortliches Unternehmensverhalten

In der Betriebswirtschaftslehre, die in der Forschung und Lehre im Kern auf ökonomische Sichtweisen fokussiert war, hat die Unternehmensethik lange Zeit keine wesentliche Rolle gespielt (vgl. Küpper/Picot, 1999, S. 132). In wichtigen betriebswirtschaftlichen Handbüchern zur Allgemeinen Betriebswirtschaftslehre gehört beispielsweise „Entscheidung" zu den zentralen Begriffen, wohingegen der Begriff „Verantwortung" hier äußerst selten vorkommt (vg. Grochla/Wittmann, 1976; Wittmann et al., 1993). Erst in den achtziger und neunziger Jahren sind systematische Ansätze für die Etablierung einer eigenständigen Wirtschafts- und Unternehmensethik auszumachen[174]. Mit dem zunehmenden Gewicht wirtschafts- und unternehmensethischer Diskussion wird die neue bedeutende Rolle der Wirtschaft und insbesondere der Unternehmen für die Gesellschaft ausgedrückt, die in den letzten zwanzig Jahren auch ein neues Konfliktpotenzial hat entstehen lassen. Insbesondere im Nachgang zu eklatanten und dramatischen Unfällen wie in Bophal und Seveso und ihrer weiten öffentlichen Skandalierung sind Fragen der Ethik in Unternehmensentscheidungen mit einer größeren öffentlichen und auch wissenschaftlichen Aufmerksamkeit disku-

---

[173] Vgl. insbesondere Nunner-Winkler (1993, Sp. 1187), die zwischen Verantwortungsinhalt, Verantwortungsträger und beurteilenden Instanzen über die tatsächliche Verantwortungsübernahme unterscheidet und hier wiederum zwischen transzendentem (Gott), innerem (Gewissen) und äußerem (Mitmenschen).

[174] Vgl. insbesondere Ulrich, 1981; Steinmann/Löhr 1991; Koslowski, 1988; Homann/Blome-Drees, 1992; Enderle et al., 1993 und das 1999 erschienene umfassende Handbuch der Wirtschaftsethik (Korff et al. 1999).

tiert worden. Auch im Kontext der steigenden Umweltverschmutzung und der Frage der Einhaltung von Sozialstandards in der Dritten Welt haben unternehmensethische Diskussionsbeiträge zunächst in den USA und zunehmend auch in Deutschland an Einfluss gewonnen[175].

Ausgangspunkt aller unternehmensethischen Konzepte sind unterschiedliche Deutungen zur Rolle der Unternehmen in der Gesellschaft (vgl. das vorangehende Kapitel) und die Frage, in welchem Umfang und wie unternehmerische Entscheidungen auch in *Verantwortung* gegenüber internen und externen Anspruchsgruppen (Stakeholder) bzw. gegenüber der Gesellschaft oder der Umwelt als Ganzes getroffen werden können oder müssen (vgl. Heeg, 2002).

Die Bewertung der Verantwortungsübernahme basiert auf Moral. Steinvorth (1990, S 207) versteht unter Moral „...die Gesamtheit der Regeln, nach denen Menschen oder andere urteilsfähige Wesen ihre Handlungen und möglichen Wollensobjekte auch außerhalb und unabhängig von Theorie und Reflexion als gut oder böse, richtig oder falsch bewerten und in eine mehr oder weniger konsistente Präferenzskala bringen". Demgegenüber kann Ethik als das systematische Nachdenken über Moral, als die „Theorie der Moral" bezeichnet werden (vgl. Steinvorth, 1990, S. 207). Von Moral oder von einem moralischen Verhalten wird gesprochen, wenn das Verhalten und die in ihm sich ausdrückenden Normen den „Wert- und Sinnvorstellungen einer Handlungsgemeinschaft" (Pieper, 1994, S. 26) entsprechen. In der Ethik, verstanden als „Lehre vom richtigen Handeln" (Koslowski 1988, S. 6), geht es darum „ ... Regeln der Moral zu formulieren, allgemeinverbindliche von nicht allgemeinverbindlichen Regeln zu unterscheiden und die allgemeinverbindlichen Regeln zu rechtfertigen oder zu begründen." (Steinvorth, 1990, S. 207). Da die Menschen in der Regel zunächst einmal ihre Handlungen und Wollensobjekte unreflektiert bewerten, „ ...geht die Moral der Ethik voraus und kann es keine Ethik ohne Moral, wohl aber Moral ohne Ethik geben." (Steinvorth, 1990, S. 207). Ethik zielt auf das Eingreifen in die menschliche Praxis: „Ziel ist hier nicht die Erkenntnis, sondern das Handeln."[176].

Auch unternehmensethische Reflektionen haben in der Regel moralische Konflikte als Ausgangspunkt, die jedoch nur auftreten können, „... wenn das Handeln in und von Unternehmen nicht durch wirtschaftliche, rechtliche und andere

---

[175] Vgl. den Überblick von Küpper (1992). Hansen/Bode (1999, S. 398) nennen als Gründe für eine geringere Akzeptanz von wirtschafts- und unternehmensethischen wissenschaftlichen Reflexionen in Deutschland (im Vergleich zu den USA), das in Deutschland und Europa strengere Rechtssystem und das wissenschaftsimmanent in Deutschland stark verankerte Postulat der Werturteilsfreiheit, das eine häufig dem Ideologievorwurf ausgesetzte unternehmensethische Diskussion erschwerte.

[176] Aristoteles zitiert nach Koslowski, 1988, S. 6.

Rahmenbedingungen vollständig determiniert ist" (Küpper/Picot, 1999, S. 132), es also im eigentlichen Sinne überhaupt etwas zu entscheiden gibt.

Für Steinmann/Löhr stellt sich Unternehmensethik als eine wissenschaftliche „... Lehre von denjenigen idealen Normen dar, die in der Marktwirtschaft zu einem friedensstiftenden Gebrauch der unternehmerischen Handlungsfreiheit anregen sollen." (Steinmann/Löhr 1994, S. 134). Damit wird die normative und in vielen Fällen strittig zu diskutierende Vorgabe „soll zum friedensstiftenden Gebrauch anleiten" in die Definition von Unternehmensethik bereits integriert. Küpper/Picot halten gerade das Gebiet der Unternehmensethik für sehr sensibel und latent dem Vorwurf der Ideologie und Nichtwissenschaftlichkeit ausgesetzt. Sie schlagen deshalb eine stärker auf die beobachtbaren Sachverhalte fokussierte Definition vor, wenn sie den „... Gegenstand der Unternehmensethik in der Untersuchung ethischer Fragestellungen des wirtschaftlichen Handelns von sowie in Unternehmungen..." sehen (Küpper/Picot 1999, S. 135).

In der Ethik werden grundlegend gemäß des methodologischen Ansatzes die

1. deskriptive und präskriptive Ethik und

   gemäß der inhaltlichen Auffassung die

2. deontologische und teleologische Ethik

unterschieden, wobei diese Ausprägungen jeweils miteinander kombiniert werden können.

ad 1): In der deskriptiven Unternehmensethik, die erfahrungswissenschaftlich ausgerichtet ist, wird untersucht und beschrieben, was in bestimmten Gruppen, Schichten, Kulturen usw. unter moralischem Handeln verstanden wird, wie mehr oder weniger dementsprechend kongruent gehandelt wird, welche Konflikte in bestimmten Handlungssituationen auftreten und welche Entscheidungsregeln faktisch angewendet werden (vgl. Hunt/Vitell, 1993, S. 776f.). Auf Unternehmen angewendet geht es in der deskriptiven Ethik um eine Bestandsaufnahme des moralischen Handelns in Unternehmen und seiner Hintergründe. Diese empirische Forschungsrichtung der Unternehmensethik ist in den USA besonders stark verbreitet (vgl. Palazzo, 2000)[177]. Sie ist für eine Bestandsaufnahme der moralischen Ist-Situation und als Ausgangspunkt einer präskriptiven Ethik aussagereich.

Von präskriptiven Ethikansätzen werden dagegen Hilfestellungen erwartet, die auf eine reflektierte Begründung für das Sollen von Handlungen fokussieren (vgl. Hunt/Vitell, 1986, S. 6ff.). Ansätze einer präskriptiven Unternehmensethik leiten Empfehlungen für die Anwendung bestimmter Normen in Unternehmen

---

[177] Hansen/Bode (1999, S. 404) weisen darauf hin, dass explikative Elemente in diese unternehmensethische Forschung intergriert werden, wenn biologische und soziologische Tatbestände als Determinanten zur Erklärung ethischen Handelns berücksichtig werden.

her, die „... in Bezug auf ihren Wahrheitsanspruch weder rein analytisch logisch noch empirisch überprüfbar" sind (Küpper/Picot, 1999, S. 138). Ihre Qualität hängt von der Akzeptanz bei Einzelnen bzw. bei relevanten Stakeholdern des Unternehmens ab. Die Ableitung begründeter präskriptiver materieller oder prozessualer Normen führt in die philosophischen Grundlagen der Ethik. Die Anwendung präskriptiver, ethisch nicht begründeter Normen hat gerade dieser Ausprägung in der Betriebswirtschaftslehre den Vorwurf der unerwünschten Normativität eingebracht.

ad 2): Insbesondere für die Diskussion präskriptiver, unternehmensethischer Fragestellungen ist die Unterscheidung von Bedeutung zwischen der so genannten Gesinnungsethik, die auf die dem Handeln zugrundeliegenden Wertvorstellungen und Motive abhebt, und der Verantwortungsethik, die auf die vertretbaren oder nicht vertretbaren Folgen einer Handlung fokussiert. Dieser Unterscheidung liegt theoriegeschichtlich die in den letzten zweihundert Jahren besonders stark diskutierte Spannung zwischen deontologischen und teleologischen Ansätzen zugrunde. „A teleological ethic is an ethic of purpose.... By contrast, a deontological ethic is an ethic of duty." (Brady, 1996, S. 3-4). Während es demnach in Ansätzen der deontologischen Ethik - nämlich in der Gesinnungsethik - ausschließlich auf die vertretbaren „guten" Absichten und Handlungsmotive ankommt, deren moralische Qualität unabhängig von den Resultaten des Handelns gesehen werden, legen teleologische Ansätze - die Verantwortungsethik - den ausschließlichen Fokus auf die vertretbaren „guten" Ergebnisse und Folgen einer Handlung, deren moralische Qualität wiederum unabhängig von den sie treibenden Handlungsmotiven gesehen wird[178].

Für das im Managementkontext immer im Vordergrund stehende ergebnis- und zielorientierte Denken hat die von Max Weber (1919, S. 174f.) so genannte Verantwortungsethik per se einen besonders herausgehobenen Stellenwert. Sie birgt zugleich von vorneherein die sprichwörtliche Gefahr, dass von den (positiven) Folgen her argumentierend die eingesetzten Mittel leicht „heilig" gesprochen werden können. Dennoch steht die Verantwortungsethik im Kontext von externen sozial-ökologischen Unternehmensbewertungen im Zentrum des Interesses, da in diesen Unternehmensbewertungen explizit auf die „Folgen" von unternehmerischem Handeln abgehoben wird, die wiederum Gegenstand der Analyse und Bewertung sein sollen[179].

---

[178] Vgl. insbesondere Brady, der den Versuch unternimmt, die hinlänglich bekannte Dichotomie durch einen dritten Ansatz, genauer gesagt durch eine „dritte Kategorie", die er „caring" nennt, aufzulösen (vgl. Brady, 1996). In der Literatur sind weitere integrative Konzepte anzutreffen, bei denen beispielsweise neben der „Intention" und den beobachteten „Ergebnissen" insbesondere auch die eingesetzten „Mittel" zum Gegenstand ethischer Reflexion werden (vgl. Gert, 1966, S. 8ff.).

[179] Vgl. imug, 1997, S. 109f.; sowie Haßler, 1994; Apel, 1997.

Doch stellen sich bei der Verfolgung dieser Ansätze verschiedene Fragen, näm-lich, für welche positiven oder negativen Folgen unternehmerischen Handelns Verantwortung von wem übernommen werden soll, was überhaupt die dem unternehmerischen Handeln mehr oder weniger direkt zurechenbaren Folgen sind und wer darüber entscheidet, ob diese Folgen „gut" oder „schlecht" oder womöglich nicht zumindest „akzeptierbar" sind? Der Versuch einer Beantwor-tung dieser Fragen liegt mit dem Handlungsprogramm der utilitaristischen Ethik vor, in der solche Alternativen für das Handeln vorgeschlagen werden, „... die das größtmögliche Glück für die größtmögliche Zahl von Personen in Aussicht stellen, gemessen an dem jeweils eigenen Verständnis von Glück der betroffe-nen Personen" (Brady 1996, S. 4, eigene Übersetzung d.V.)[180].

Vor diesem Hintergrund sollen wesentliche unternehmensethische Diskussions-beiträge der deutschsprachigen Betriebswirtschaftslehre dargestellt und auf ihre Relevanz für die Konzeptionierung sozial-ökologischer Unternehmensbewer-tungen überprüft werden. Dabei wird einer Typologie gefolgt und es werden Ansätze unterschieden, die, von den Paradigmen der Ökonomie her argumentie-rend, den Fokus ethischer Reflexionen und Bemühungen auf die so genannten *Rahmenbedingungen* legen, denen Ansätze gegenübergestellt werden, die, *von der Ethik* herkommend, materiale Vorschläge für ein ethisches Handeln der Unternehmen unterbreiten. Es werden abschließend Ansätze diskutiert, die in gewisser Weise zwischen diesen Konzepten stehen und stärker auf den *Prozess einer normativen Festlegung* eines unternehmensethischen Verhaltens abheben. Es wird damit eine Anregung von Gerlach aufgegriffen, für den sich wirtschafts-und unternehmensethische Ansätze „... dadurch unterscheiden, mit welchem Ausgangsparadigma, der Ethik oder der Ökonomie, sie zunächst `ansetzen`." (Gerlach, 1999, S. 835).

5.2.2 Ordnungstheoretische Unternehmensethik

Das Handeln von Unternehmen findet immer in einem durch das konkrete Wirt-schafts-, Rechts- und Sozialsystem strukturierten Raum statt, „... dessen Normen und Strukturmerkmale Rahmenbedingungen für das einzelwirtschaftliche Han-deln sind." (Küpper/Picot 1999, S. 142). Diese Rahmenbedingungen können als so prägend angesehen werden, dass eine als „rahmenbezogene Unternehmens-ethik" zu bezeichnende Konzeption in diesen Rahmenbedingungen den systema-tischen Ort der Moral sieht (vgl. Homann/Blome-Drees, 1992, S. 20ff.). „Wer

---

180 Abel weist zu Recht darauf hin, dass solche Fragen einen metaethischen Charakter haben. Bei einem Weg sie zu beantworten, müssen so genannte „Brückenprinzipien" bemüht werden. Insbesondere müssen empirische Forschungen, die dem Paradigma des radikalen Individualismus folgen, die Fragen der „Zielerreichung" (Folgenabschätzung) klären (vgl. Abel 1996, S. 108).

bei der Frage der Implementation hoher moralischer Ideale nicht zentral über institutionell bedingte Anreize und Fehlanreize redet, hat die Bedingungen für moralisches, solidarisches Handeln in der anonymen Großgesellschaft noch nicht zur Kenntnis genommen." (Homann, 1996, S. 39). Die Steuerbarkeit der Handlungen von Akteuren in komplexen Systemen gelingt für Vertreter der neuen institutionellen Ökonomie nur über Regeln, durch die Anreize („Anreiz-ethik") gesetzt werden. Die direkte Beeinflussung der Motive wird hier – so die grundsätzliche Annahme – versagen. Damit wird deutlich, dass es in diesem Ansatz weniger um die Begründung von ethischen Normen geht, sondern im Zentrum seiner Betrachtung die Frage nach ihrer Implementierung steht. „Eine moralische Norm hat keine Gültigkeit, solange ihre Durchsetzbarkeit nicht sichergestellt ist." (Homann, 1993, S. 37).

Nach Homann muss deshalb bei der Konzeptionierung einer Wirtschafts- bzw. Unternehmensethik bedacht werden, dass der Wettbewerb in modernen Markt-wirtschaften systematisch Handlungsstrategien fördert, die erhellend durch das so genannte Gefangenen-Dilemma abgebildet werden (vgl. Homann/Blome-Drees, 1992, S. 46). Es beantwortet unter Zugrundelegung bestimmter Annah-men die Frage, welche Vor- und Nachteile der einzelne Handelnde von den Folgen seines Handelns erwarten kann, wenn von anderen Interaktionsteilneh-mern – wie es in Wettbewerbssituationen der Fall ist – nicht von vorneherein ein kooperierendes Agieren antizipiert werden kann. Auch ein prinzipiell auf Ko-operation abzielender Handelnder kann durch die Antizipation der Möglichkeit, dass andere „Mitspieler" prinzipiell die „Chance" eines opportunistischen Ver-haltens[181] haben - also auch trickreich nicht kooperieren und ihn so in eine schlechtere Position bringen könnten - gemäß den Implikationen des Gefange-nen-Dilemmas – dazu verleitet werden „die defektive Strategie"[182] zu wählen. So besagt denn auch die übergreifende Erkenntnis aus der Analyse von Dilem-ma-Strukturen, dass die so genannten „defektiven Strategien" gegenüber den „kooperativen Strategien" die - spieltheoretisch gesprochen – dominanten Stra-tegien sind (vgl. Homann, 1999, S. 78).

Würde ein Unternehmen – so die Übertragung auf die Frage der Unternehmens-ethik – innerhalb einer gegebenen Rahmenordnung freiwillig eine moralische Vorleistung erbringen, so könnte unter funktionierenden Wettbewerbsbedingun-gen die Konkurrenz einen ökonomischen Vorteil daraus ziehen (vgl. Ho-mann/Blome-Drees, 1992, S. 28). Hier wird selbstverständlich unterstellt, dass

---

[181] Zu den verhaltensbedingten (anthropologischen) Grundannahmen des Gefangenendi-lemmas siehe Axelrod, 1987 und als Kritik an der Vernachlässigung des sozialen Kon-texts im Gefangenendilemma Smillie, 1993.

[182] Unter defektiver Strategie wird im Modell des Gefangenen-Dilemmas das unkooperative Handeln aufgrund individueller Vorteile verstanden, dass zu kollektiven Selbstschädi-gungen führt (vgl. Homann/Blome-Drees, 1992, S. 32).

die moralische Leistung beispielsweise Aufwendungen erforderlich macht, die die Kostenstruktur des Unternehmens im Vergleich zu den Wettbewerbern verschlechtert. Es wird also ein prinzipielles Gegeneinanderlaufen von Ökonomie und Moral unterstellt[183]. Wenn dem so wäre, würden – nach Homann – diejenigen Unternehmen als erstes aus dem Markt verdrängt, die sich am stärksten von moralischen Motiven leiten lassen (vgl. Homann/Pies, 1994, S. 8). Die Moral kann insofern sinnvoller Weise nur wettbewerbsneutral in der Rahmenordnung verankert werden, weil so die damit verbundenen Handlungsrestriktionen gleichermaßen für alle Unternehmen gelten. Unter Bezugnahme auf das Gefangenen-Dilemma, das nur rational handelnde Egoisten in der Konstruktion des homo oeconomicus (h-o) kennt, begründet Homann denn auch, dass Moral „... in modernen Gesellschaften nur via h-o-Test geprüfte institutionelle Arrangements realisiert" werden sollte (Homann/Pies, 1994, S. 12).

Für die Unternehmen bedeutet dann selbstverständlich die Einbindung der Moral in die Rahmenordnung eine Entlastung vom eigenen Tun und von zusätzlichen Legitimationsbemühungen. Unter der Voraussetzung einer angemessen gestalteten Rahmenordnung wird die Gewinnmaximierung auf der Ebene individueller unternehmerischer Entscheidungen dann geradezu zur moralischen Pflicht. Nur so kann über den marktwirtschaftlichen Koordinationsmechanismus am besten zum Gemeinwohl beigetragen werden (vgl. Homann/Blome-Drees, 1992, S. 39).

Damit ergeben sich deutliche Berührungspunkte und Überschneidungen mit Positionen des *ökonomischen Fundamentalismus.* Darunter wird in der Literatur zur gesellschaftlichen Verantwortung der Unternehmen die Position neoliberaler Ökonomen, wie z.B. Milton Friedman, F. A. von Hayek oder Theodore Levitt, subsumiert (vgl. Simon, 1994, S. 13). Das von ihnen vertretene Wirtschaftmodell knüpft an den „Laissez-faire" Liberalismus des 19. Jahrhunderts an und beruht damit wesentlich auf der von Adam Smith aufgestellten Wirtschaftstheorie. Danach erhält jeder Teilnehmer am Wirtschaftprozess (Unternehmen, Haushalte, einzelne Arbeitnehmer) seinen Teil von den in der Gesellschaft verfügbaren Gütern dadurch, dass er selbst Waren liefert oder Dienstleistungen erbringt, die von anderen Teilnehmern gewünscht werden. „Nicht vom Wohlwollen des Metzgers, Brauers und Bäckers erwarten wir das, was wir zum Essen brauchen, sondern davon, dass sie ihre eigenen Interessen wahrnehmen." (Smith, 1978. S. 17). Diese fundamentalökonomische Position reduziert die Aufgaben von Unternehmen auf ihren Beitrag zur Ressourcenallokation, wie dies am prägnantesten von Milton Friedmann (1970, S. 33) formuliert wurde. „There is one and only one social responsibility of business – to use its resources and engage in activities designed to increase its profits so long as it stays within the rules of the

---

183 Vgl. Homann/Blome-Drees, 1992, S. 132ff., wo die unterschiedlichen Fallkonstruktionen zum Verhältnis Erfolg und Ethik vorgestellt werden.

game, which is to say, engages in open and free competition without deception or fraud.". Gelegentlich wird vor diesem Hintergrund deshalb jede Art von unternehmensethischer Reflexion abgelehnt (vgl. Schneider, 1990, S. 872). Bei genauerer Betrachtung hat jedoch auch diese Position durchaus – wie auch bei Homann gezeigt – eine explizite unternehmensethische Fundierung. Sie stützt sich auf die Auffassung, „... dass es gerade Faktoren des Selbstinteresses und des Wettbewerbs sind, die in komplexen, anonymen Gesellschaften zur gesellschaftlichen Wohlfahrt weitaus effizienter beizutragen vermögen, als jedes unmittelbar altruistische Handeln." (Korff et al., 1999, S. 23). Weitergehend kann sich ein Ethikverständnis, das dem Eigeninteresse einen bestimmten Stellenwert einräumt, sogar auf die Grundforderung christlich geprägter Ethiktradition beziehen, die besonders klar in dem Gebot „Liebe deinen Nächsten wie dich selbst" zum Ausdruck kommt. Unter den Bedingungen einer sozial und ökologisch aufgeklärten Marktwirtschaft kann sich das Eigeninteresse als besonders wichtiger Produktivfaktor erweisen, der auch zum Vorteil „des Nächsten" gerät. Die von Homann besonders prononciert vertretene unternehmensethische Richtung zeigt auf, dass eine vorschnell und undifferenziert vorgetragene, nur moralisierende Kritik an einer vom Egoismus getriebenen Wirtschaft nicht ausreicht.

In den fundamentalökonomischen Konzepten besteht – bei unterstellt angemessen gestalteter Rahmenordnung – für eine besondere Unternehmensethik systematisch an sich kein Bedarf. Homann argumentiert jedoch differenzierter und erkennt an, dass die Rahmenordnung aus praktischen und systematischen Gründen niemals vollkommen sein wird. Die Dynamik und Komplexität von Wirtschaftsprozessen selbst führe dazu, dass die Rahmenbedingungen in aller Regel den Erfordernissen hinterherhinken. In diesen Fällen sei eine moralische Verantwortungsübernahme, die „... über das normale Maß der systemkonformen Gewinnorientierung hinausgeht", erforderlich (Homann/Blome-Drees, 1992, S. 116). Defizite und Mängel der Rahmenordnung zu erkennen und zu verändern, ist für ihn gerade die typische Aufgabe seiner institutionenökonomischen Unternehmensethik. Ihr geht es nicht um einseitige moralische Vorleistungen, sondern vielmehr um die Wahrnehmung einer politischen Verantwortung (vgl. Homann/Blome-Drees, 1992, S. 162). Die Aufgabenstellung umfasst die Verbesserung einer mangelhaften Rahmenordnung, wobei zu prüfen ist, welche Handlungs- und Einflussmöglichkeiten den Unternehmen überhaupt zur Verfügung stehen. Für diese Aufgabenstellung der Unternehmensethik werden so genannte „Normstrategien" herausgearbeitet. Die beruhen auf einer Typologisierung von möglichen unternehmerischen Handlungssituationen, die hinsichtlich der Dimensionen „Rentabilität" und „moralische Akzeptanz" geordnet werden (vgl. Abbildung 21).

Unternehmensethik wird demnach auch bei Vertretern des ökonomischen Fundamentalismus als spezieller Teilbereich der Wirtschaftsethik mit einer eigenständigen Aufgabenstellung gesehen (vgl. Küpper/Picot, 1999, S. 132ff.). Allerdings kann die Unternehmensethik eine eigenständige Aufgabe überhaupt nur erfüllen, weil durch die Rahmenbedingungen, unter denen Unternehmen agieren, nicht alle auch ethisch relevanten Entscheidungen vollständig determiniert sind und Defizite dieser Rahmenordnung systematisch nicht ausgeschlossen werden können.

Abbildung 21: Unternehmensethische Handlungsfelder und Normstrategien (vgl. Homann/Blome-Drees, 1992, S. 133, 141)

Implizit wird damit jedoch auch eine Begründung dafür gegeben, dass sich das Handeln der Unternehmung aus einer (gesamt-)wirtschaftlichen Sicht nicht nur an der Legalität orientieren darf, wenn es legitim sein will. Dies wäre nur unter den Bedingungen eines offenen und freien Wettbewerbs ohne Möglichkeit der Täuschung und Übervorteilung der Fall. Hier geht es nicht um ein situatives Fehlverhalten von Individuen, sondern es scheinen wichtige strukturelle *Eigenschaften realer Märkte* zu sein, die im Kontext einer wachsenden Komplexität einer weltweit arbeitsteiligen Wirtschaft solche Konsequenzen für die Verhaltensweisen der Marktakteure haben, die auch ethische Bewertungen erfordern[184]. Zu nennen sind in diesem Zusammenhang:

- Das Streben der Unternehmen, eine Monopolstellung zu erlangen und sich dem Wettbewerb zu entziehen, schafft für einzelne Unternehmen besondere Handlungsspielräume, die wettbewerbspolitisch zumindest unerwünscht sind.

- Die externen Effekte des wirtschaftlichen Handelns, die den Verursachern nicht zugeschrieben und im Marktmechanismus nicht berücksichtigt werden, entwickeln sich insbesondere im Bereich des Ressourcenverbrauchs und der Klimaveränderungen zu einem gravierenden und inzwischen universellen Problem des einzelwirtschaftlichen Handelns.

- Die wachsende Komplexität wirtschaftlichen Handelns, das in Teilen und im Kontext des wissenschaftlich-technischen Fortschritts mit dem Management unumkehrbare Risiken (Atomtechnik, Bio- und Gentechnik usw.) verursacht, erfordert neue Abwägungsprozesse zwischen Aufwand und Ertrag unter Einbeziehung eines schwer zu bewertenden und auf jeden Fall kontrovers diskutierten Risikopotenzials (vgl. Beck, 1986).

- Die unvollkommenen Informationen der Marktteilnehmer über die relevanten Marktdaten, die sich angesichts der Komplexität des modernen Wirtschaftens zunehmend asymmetrisch verteilen, erfordern zunehmende Anstrengungen und Transaktionskosten.

Diese Eigenschaften von Märkten ermöglichen zusammengenommen Verhaltensweisen, deren moralische Legitimität fragwürdig sein kann (vgl. Kaas, 1999, S. 237). Ob diese als kritisch zu beurteilenden Eigenschaften von Märkten durch eine unternehmensethisch begründete Verbesserung der Rahmenbedingungen systematisch und vollständig verbessert werden können, ist zu bezweifeln. Wenn dies aber nicht vollständig möglich erscheint, wird eine moderne Wirtschaftsordnung „...ohne ein Minimum an ethischen Normen, an die sich die Mitglieder (des Gemeinwesens) ohne Rücksicht auf Anreize und Sanktionen gebunden fühlen" nicht auskommen (Hax, 1993, S. 776).

Bei einer einseitigen und ausschließlichen Fokussierung auf die Gestaltung der Rahmenbedingungen bleibt deshalb im Ergebnis doch das „...ethisch berechtigte Misstrauen gegenüber einer Wirtschaft, die im Blick auf die zu bewältigenden Aufgaben in entscheidenden Dimensionen versagt, indem sie jede Verantwortung für die negativen Nebenwirkungen ihres Handelns ... weit von sich weist." (Korff et al., 1999, S. 24).

---

[184] Vgl. Hansen, 1995, Sp. 616; Hansen/Bode, 1999, S. 399; Kaas, 1999, S. 237.

Der in Teilen bei Entscheidungsträgern in Unternehmen und bei Vertretern des „ökonomischen Fundamentalismus" zu beobachtende Versuch, *Verantwortungszuschreibungen und überzogene Erwartungshaltungen* der Gesellschaft mit dem Verweis auf die unternehmerische Kernaufgabe abzuwehren, basiert häufig auf „Selbstbilder entscheidungsloser Vollzüge" (Beck, 1993, S. 196) (vgl. Abbildung 22). Allerdings entsprechen diese Selbstbilder eines nur reflexartig reagierenden unternehmerischen Handelns i.d.R. nicht den tatsächlich gegebenen *Handlungsspielräumen* in den Organisationen und für die Organisationen (vgl. Picot, 1974). Wären Entscheidungen tatsächlich immer durch vermeintliche Sachzwänge determiniert, könnte man „die Wirtschaft" auch als Computerspiel simulieren und Güter sowie Gewinne anschließend entsprechend verteilen. Die oben genannten Eigenschaften von Märkten eröffnen geradezu Handlungsmöglichkeiten für das unternehmerische Management. Geht man jedoch davon aus, dass Menschen und damit betriebliche Entscheidungsträger *Handlungsspielräume* besitzen sollten, ergibt sich hieraus die Notwendigkeit einer auch individualethisch verankerten Verantwortung, denen mit bloßen Verweisen auf die Rahmenbedingungen nicht mit vollständiger Überzeugungskraft entgegengetreten werden kann.

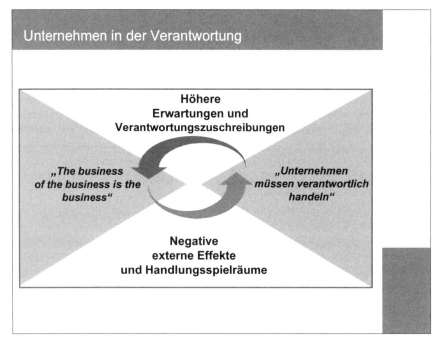

Abbildung 22: Unternehmen in der Verantwortung

Bei unternehmensethischen Konzepten, die Moral vor allem in die Rahmenbedingungen verlegen und eine fundamentalökonomische Position beziehen, wird
die Ethik faktisch von der Ökonomie dominiert. Es wird eine Übersetzung von
Ethik in „terms of economic" vorgenommen. Eine angemessene Rücküberset-
zung erfolgt nicht.

Die Relevanz dieser unternehmensethischen Konzeption für externe sozial-
ökologische Unternehmensbewertungen kann in folgenden Punkten gesehen
werden:

1. Auch die ausschließliche Verfolgung strikter ökonomischer Zielsetzungen in
   den Unternehmen kann mit unternehmensethischen Begründungen vorgetragen werden. Die Erfüllung der ökonomischen Grundfunktionen eines Unternehmens kann – in einem weiten Verständnis – deshalb auch als Wahrnehmung einer gesellschaftlichen Verantwortung interpretiert werden.

2. Es müssen die Schwierigkeiten ernst genommen werden, für Unternehmen
   als Vorreiter in einer Wettbewerbsgesellschaft besondere Leistungen im Bereich der gesellschaftlichen Verantwortung zu übernehmen.

3. Verantwortliches Handeln von Unternehmen „anreizethisch" zu verstehen
   und entsprechende Instrumente vorzusehen, kann gerade für externe sozial-
   ökologische Unternehmensbewertungen als zentraler Punkt der eigenen ethischen Legitimation gesehen werden. Positive oder negative Bewertungen erzeugen Sanktionspotenzial, das Unternehmen benötigen, damit sich verantwortliches Verhalten „lohnt".

4. Branchenstandards und vergleichbare Standards, die die Übernahme von
   gesellschaftlicher Verantwortung im Konzept einer kooperativen Selbstbindung regeln, sind besonders wichtig, da sie das Problem des Trittbrettfahrer-
   tums reduzieren. Voraussetzung ist allerdings, dass der Sanktionsmechanis-
   mus funktioniert und dies ist schwer herstellbar.

5. Auch die politische Lobbyarbeit, wie z.B. die Mitwirkung in Gremien, die
   aus der Perspektive der gesellschaftlichen Verantwortlichkeit auf eine Verbesserung der Rahmenbedingungen abzielt, könnte als ein noch zu operatio-
   nalisierender Indikator für „unternehmensethisches Verhalten" herangezogen
   werden.

5.2.3 Normativ-materialer Ansatz zur Konkretisierung einer gesellschaftli-
chen Verantwortung der Unternehmen

Anders als der im Wesentlichen institutionsökonomisch begründete Ansatz zur
Unternehmensethik, der den zentralen Ort der Moral in den Rahmenbedingungen identifiziert und – das ist das Ergebnis der bisherigen Argumentation – für
die Lösung ethischer Probleme ökonomische Argumentationsfiguren benutzt,

leiten normativ-materiale Ansätze der Unternehmensethik geradezu - von der Ethik herkommend - Empfehlungen in Bezug auf ethische Normen für Unternehmen ab. Sie werden den ökonomischen Prinzipien entgegengestellt und ihre Durchsetzung wird kraft der besseren Argumente erwartet, denn die von der normativen Unternehmensethik im Ergebnis formulierten, auch wertenden Aussagen „... sind in Bezug auf ihren Wahrheitsanspruch weder rein analytisch logisch noch empirisch überprüfbar" (Küpper/Picot, 1999, S. 138). Sie werden deshalb normativ-materiale Ansätze genannt, weil sie sich ausdrücklich mit dem *Inhalt ethischer Normen* beschäftigen, die von Unternehmen als Ziele verfolgt und/oder als freiwillige Beschränkung ihres Handelns beachtet werden sollten. Gerade wenn die Aussagen einer materialen Unternehmensethik präskriptiv sind und sich – wissenschaftstheoretisch argumentierend - einer analytischen oder empirischen Überprüfung entziehen, müssen „... die *Gründe* und *Gesichtspunkte für* wie *gegen* ihre Geltung wie auch ihre Einhaltung so umfassend als möglich herausgearbeitet" werden (Küpper/Picot, 1999, S. 141; Hervorhebung im Original).

Grundlegend für diesen unternehmensethischen Ansatz ist es, dass die für Unternehmen anwendbaren Normen auf *logisch deduktivem* Wege aus fundamentalen Werten abgeleitet werden. Es bestehen also a priori Annahmen über die Welt und den Menschen, die dann auf das wirtschaftliche Handeln umgesetzt werden. Zentrale Bezugspunkte bildeten dafür zumeist religiös geprägte Glaubenssysteme wie auch politisch motivierte Ideologiemodelle. Die historische Darstellung der Entwicklung des SRI zeigte bereits, dass sich aus christlichen und nicht-christlichen Religionsmodellen normative Konzeptionen entwickelten, die sich auch auf die ökonomische Realität des Investmentmarktes bezogen[185]. Ein Beispiel dafür ist die Christliche Sozialethik, als „... Gesamtheit der sozialphilosophisch (aus der wesenhaft sozial veranlagten Menschennatur) und sozialtheologisch (aus der christlichen Heilsordnung) gewonnenen Erkenntnisse über Wesen und Ordnung der menschlichen Gesellschaft und über die sich daraus ergebenden und auf die jeweiligen geschichtlichen Verhältnisse anzuwendenden Normen und Ordnungsaufgaben" (Höffner, 1962, S. 137). Nach Rusche (1993, S. 46ff.) können hier als Prinzipien und Zielsetzungen im Sinne inhaltlicher Normen aufgeführt werden:

- das Personalitätsprinzip
  (im Sinne einer Würde des Menschen, die sich nicht funktional, zweckgebunden reduzieren lässt)

- das Sozialitätsprinzip
  (im Sinne eines sozialen Aufeinander-angewiesen-Seins des Menschen)

---

[185] Vgl. auch Kreikebaum (1996, S. 93ff) als Übersicht zu religiösen Fundierungen von normativ-materiellen Ethiken des wirtschaftlichen Handelns.

- das Solidaritätsprinzip
  (im Sinne einer gemeinwohl-orientierten Verantwortung für sozial Schwächere)
- das Subsidaritätsprinzip
  (im Sinne einer Ermöglichung der Potentialerfüllung auf niederster Ebene, die nicht durch höhergeordnete Instanzen gehemmt werden sollte)
- das Gerechtigkeitsprinzip
  (im Sinne einer legalen Gerechtigkeit, einer Vertrags- und Tauschgerechtigkeit sowie einer Verteilungsgerechtigkeit)

Derartige Sozialethiken wurden sowohl in der römisch-katholischen als auch in der evangelischen Theologie entwickelt. Sie sind stark geprägt durch die im Laufe der Industrialisierung sich aufdrängenden sozialen Probleme, deren Lösung sich neben den christlichen Sozialreformern auch politische Gruppierungen widmeten (vgl. Kreikebaum, 1996, S. 13). Unternehmensethische Umsetzungen der Sozialethiken finden sich beispielsweise in den Arbeiten von Lay (1983, 1993).

Andere normativ-materielle Ansätze entstammen politisch-ideologischen Systemen. Im Rahmen der deutschen Betriebswirtschaftslehre ist hier insbesondere Nicklisch (1932) zu nennen, der einen geschlossenen normativ-ethischen Ansatz entwickelte. Ausgangspunkt für ihn ist eine notwendige Begrenzung des wirtschaftlichen Egoismus, was eine Minderung sozialer Spannungen bewirke und zu einem gesamtwirtschaftlichen Optimum führen soll. Wenn in diesem Ansatz explizit von der Verantwortlichkeit der Unternehmer für die Gemeinschaft die Rede ist, so wird auf das Prinzip allgemeingültiger ethischer Werte rekurriert. Diese ethische Setzung lässt sich zum einen aus der Entwicklung der Betriebswirtschaft erklären, die sich als junge Disziplin der „Privatwirtschaftslehre" von dem zunächst dominanten Bezugspunkt einer reinen Anweisungslehre im Sinne des Unternehmerinteresses absetzen wollte (vgl. Schneider, 1982, S. 134ff.; Hansen/Bode, 1999, S. 56ff.). Zum anderen darf der Hintergrund des sich etablierenden Nationalsozialismus nicht vergessen werden. Was bei Nicklisch als Verpflichtung des Einzelnen gegenüber dem sozialen Gesamtkörper gemeint war, wird deutlich in seinen euphorischen Bestrebungen einer nationalsozialistischen BWL: Die Betrachtung „... zeigt, daß gerade in der Entwicklung der Betriebswirtschaftslehre sehr früh die gleiche Richtung festgestellt werden kann wie in der nationalsozialistischen Bewegung. Das ist der Grund, weshalb gerade sie sich im nationalsozialistischen Staat zu Hause fühlen kann." (Nicklisch, 1933, S. 307).

Diese ethische Fundierung der Betriebswirtschaftslehre aus politisch-ideologischen Systemen heraus hat in der deutschen Betriebswirtschaftslehre die normativ-materiellen Ansätze einer ethischen Konzeption nachhaltig diskreditiert. Nur im Kontext der politischen Bewegungen der 60er und 70er Jahre zeigten sich noch Versuche, die bspw. die gesellschaftsneutrale Objektivität einer Gutenbergschen Konzeption der Betriebswirtschaftslehre als stark einseitig, als implizit normativ kritisierten. Als eine Alternative dazu wurde die Arbeitsorientierte Einzelwirtschaftslehre (AOEWL) entwickelt (vgl. WSI-Forum, 1973). Statt allein an dem „Kapitalinteresse" sich zu orientieren, sollte die Betriebswirtschaftslehre nun als Ausgangspunkt die Interessen der abhängig Beschäftigten zu Grunde legen. Auch dieser normativ-materielle Ansatz geriet im Laufe der Zeit als eine kurze Verirrung vom wissenschaftlich-objektiven Pfad in Vergessenheit.

Unbelasteter von derartigen politischen Erfahrungen zeigten sich anglo-amerikanische Ansätze aufgeschlossener gegenüber normativ-ethischen Konzeptionen[186]. Ein Anknüpfungspunkt ist hier beispielsweise die „Theorie der Gerechtigkeit" (vgl. Rawls, 1993), die versucht, die Prinzipien der Gleichheit und Freiheit so zu fassen, dass möglichst keine Benachteiligungen für spezielle Gruppen der Gesellschaft erwachsen. Konkreter noch lassen sich z.B. in Verfassungen, Grundgesetzen und grundlegenden Proklamationen zentrale Grundnormen, wie die Unantastbarkeit der Menschenwürde, die freie Entfaltung der Persönlichkeit oder das Recht auf körperliche und geistige Unversehrtheit finden, „... aus denen auch weitere allgemein akzeptierte Normen, wie z. B. Chancengleichheit oder Konsumfreiheit, abgeleitet werden können." (vgl. imug 1997, S. 104f.).

Ein anderes Beispiel ist der Versuch von Frederick (1986), das verantwortliche Verhalten von Unternehmen beispielsweise aus Grundwerten der menschlichen Gesellschaft abzuleiten. Konkrete Ausgangspunkte eines normativen unternehmensethischen Konzepts sind bei Frederick u.a. die Menschenrechtserklärung der Vereinten Nationen, die in der Schlussakte von Helsinki vereinbarten Menschenrechtsprinzipien sowie Bezüge auf Prinzipien zum Thema Rassendiskriminierung in Südafrika (vgl. Frederick, 1986, S. 134f.). Auf dieser Grundlage wird ein „Normatives Manifest" vorgelegt, dessen Aussagen „... sich auf einem hohen Abstraktionsniveau befinden" (Simon, 1994, S. 32).

Materiale normative Ansätze wurden in der Betriebswirtschaftslehre in den letzten Jahren – vor allem im Bereich der Gemeinwirtschaft – immer weniger vertreten. Als wesentliche Kritikpunkte stehen neben den deutschen Erfahrungen die eher idealistischen Aussagen im Vordergrund, die mangelnde Operationalisierbarkeit „... und die fehlende theoretische und wissenschaftstheoretische Fundierung..." (Küpper/Picot, 1999, S. 141).

---

[186] Siehe dazu auch die Analyse von Palazzo (2002), die derartige Unterschiede in Bezug auf den unternehmensspezifischen Umgang mit expliziten Normen auf eine Vielzahl von historischen und kulturellen Unterschieden zwischen den USA und Deutschland zurückführt.

Vor diesem Hintergrund kann übergreifend von grundlegenden Schwierigkeiten gesprochen werden, einen materiellen Kanon von unternehmensethischen Grundsätzen zu formulieren. Der existierende Wertepluralismus in der Gesellschaft, der sich auch in den Unternehmen und bei den Stakeholdern des Unternehmens widerspiegelt, beträchtliche kulturelle und wertbezogenen Unterschiede in verschiedenen Teilen der Welt, in denen gerade global agierende Unternehmen wirken, erschweren es offensichtlich, konkrete materielle Aussagen über ein unternehmensethisches Agieren von Unternehmen zu definieren und anzuwenden. Dies zeigt sich sowohl in den Versuchen, für bestimmte historische, kulturelle, und geographische Räume kontextual-situative Wertekataloge zu definieren (vgl. z.b. Thompson, 1995; Paul, 1996), als auch bei den Ansätzen zu übergreifenden Wertebestimmungen. Wenn dennoch am Anspruch der Möglichkeit oder gar der Notwendigkeit von „ethical universals" gesprochen wird, dann werden im Ergebnis sehr allgemeine moralische Prinzipien vorgetragen, die ihrerseits beispielsweise erst moralisches Handeln ermöglichen sollen oder die moralisches Handeln ihrerseits glaubwürdig machen u.a.m. (vgl. Bird, 1996, S. 119ff.). Sie sind in gewisser Weise dem weltanschaulichen Pluralismus der modernen Gesellschaft vorgelagert. Die Frage der Operationalisierbarkeit und Anwendbarkeit für unternehmensethische Problemlösungen und die Ausgestaltung eines Konzeptes der gesellschaftlichen Verantwortung der Unternehmen bleibt hier jedoch bestehen[187].

Die Relevanz dieser unternehmensethischen Konzeption für sozial-ökologische Unternehmensbewertungen kann vor allem in folgenden zu beachtenden Punkten gesehen werden:

1. Die Definition eines materiellen Kanons eines „gesellschaftlich verantwortlichen Handelns", der als Referenzmaßstab zur Beurteilung des tatsächlichen Verhaltens herangezogen wird, ist aus systematischen und pragmatischen Gründen besonders schwierig und umstritten und nicht zu verfolgen.

2. Die Orientierung an grundlegenden Prinzipien und das Commitment zu solchen Prinzipien kann womöglich als Indikator für verantwortliches Unternehmensverhalten herangezogen werden, auch wenn in einzelnen Fällen operationale Umsetzung nicht ohne weiteres gegeben sein muss.

---

187 Küpper/Picot (1999, S. 141f.) weisen jedoch darauf hin, dass materiale normative Konzepte in bestimmten Teilbereichen (Marketing) und Themengebieten der Wirtschaftsethik (Korruption) durchaus einen Stellenwert haben.

5.2.4 Prozessorientierte Verankerung einer gesellschaftlichen Verantwortung der Unternehmen

Prozessorientierte Ansätze der Unternehmensethik stehen – so könnte man bildlich formulieren – zwischen unternehmensethischen Ansätzen, die Rahmenbedingungen als Ort der Moral definieren, und normativ-materialen Ansätzen, die von ethischen Reflexionen herkommend zu Aussagen gelangen, die der Ökonomie äußerlich gegenübergestellt werden. Prozessorientierte Ansätze befassen sich mit der Fragestellung, wie man innerhalb der Unternehmungen und in ihrem Umgang mit externen Stakeholdern zu ethischen Normen kommen kann und sollte. Sie fokussieren ihre Fragestellung und ihre Handlungsanweisungen auf die Ausgestaltung des Weges zur Normenfindung und legen insofern selbst kein materiales Gerüst unternehmensethischer Vorschläge fest.

In der Betriebswirtschaftslehre sind neben dem Ansatz von Ulrich (1981), der die ökonomische Rationalität durch philosophisch ethische Überlegungen erweitern will, der Ansatz von Steinmann und seinen Schülern besonders bekannt geworden, der auch als Konzept einer dialogorientierten Unternehmensethik bezeichnet wird (vgl. Steinmann/Löhr, 1992; Steinmann/Zerfaß, 1997). Beide Konzepte greifen auf grundlegende Theorien einer Diskursethik zurück (vgl. Habermas, 1983, 1991; Lorenzen, 1987, 1991). Sie werden gelegentlich zusammenfassend auch als kommunikationsorientierte Ansätze verstanden und bezeichnet (vgl. Kreikebaum, 1996, S. 132ff.). Für sie ist insgesamt wesentlich, dass die Betroffenen an der Bestimmung der Normen partizipieren.

Der wissenschaftstheoretische Bezugspunkt vor allem für die dialogorientierte Unternehmensethikkonzeption von Steinmann sind die Überlegungen der Erlanger Schule (Konstruktivismus), die nach einem dreistufigen Verfahren[188] praktische Probleme einer theoriegeleiteten Bearbeitung zuführen (vgl. Lorenzen, 1987). Ausgangspunkt – der von den hier zu diskutierenden Unternehmensethikkonzepten übernommen wird – sind stets die lebenspraktischen Erfahrungen der handelnden Akteure, d.h. ihre unmittelbare Lebenspraxis. Im Mittelpunkt unternehmensethischer Reflexionen stehen Konflikte über das richtige Handeln, die umso eher auftreten, je weniger traditionelle und anerkannte Werte einen allgemeinen und verbindlichen Orientierungsrahmen liefern. Ihre Lösung kann und soll friedlich erfolgen, d.h. im allgemeinen freien Konsens im Sinne einer freien Zustimmung aus Einsicht in die Richtigkeit von vorgetragenen guten Gründen. Die konstruktive Wissenschaftstheorie sieht es als eine zentrale lebenspraktische Erfahrung an, dass ein solcher freier Konsens friedlich zustan-

---

[188] So unterscheidet Ulrich (1987, S. 136) die Stufen einer unternehmenspolitischen Verständigung im Sinne eines normativen Managements, eine zweite Ebene der strategischen Systemsteuerung als strategisches Management und auf der dritten Stufe des operativen Managements den operativen Ressourceneinsatz.

de kommen kann, und insofern das Friedensziel von der Wissenschaft nicht begründet werden muss. Es ist als lebenspraktische Orientierung immer schon vorgegeben (vgl. Lorenzen, 1987, S. 239). Es wird in der dialogorientierten Unternehmensethik denn auch aufgegriffen, die als eine wissenschaftliche „... Lehre von denjenigen idealen Normen [verstanden wird, d.Verf.], die in der Marktwirtschaft zu einem friedensstiftenden Gebrauch der unternehmerischen Handlungsfreiheit anleiten sollen." (Steinmann/Löhr, 1994, S. 106).

Hinsichtlich der unternehmerischen Handlungsfreiheit, die auch das Gewinnprinzip einschließt, besteht für Steinmann zunächst einmal eine grundsätzliche Richtigkeitsvermutung (vgl. Steinmann/Löhr, 1991, S. 8). Sie muss nicht grundsätzlich legitimiert werden, sondern nur in den Fällen, in denen zuvor unterstellte Zustimmung der Betroffenen - und das sind im Kontext der bisherigen Argumentation die Stakeholder - nicht mehr gegeben ist. Hier muss nach einer konfliktlösenden Handlungsstrategie gesucht werden, die im besten Fall konsensfähig ist. In diesem „Konfliktfall" ist die prinzipielle Rechtfertigung des Gewinnprinzips dann jedoch situativ eingeschränkt und seine situative Geltung ist von der Zustimmung der jeweils Betroffenen abhängig. Damit konzipieren Steinmann/Löhr letztlich ein hierarchisch übergeordnetes Verhältnis zwischen gesellschaftlicher Verantwortung und Gewinnprinzip. Sie schließen im Übrigen solche Fälle aus dem Begriff der Unternehmensethik aus, in denen die Verfolgung von Grundsätzen gesellschaftlicher Verantwortung funktional für die Gewinnerzielung ist (vgl. Steinmann/Löhr, 1994, S. 109). Erst wenn die in diesen Fällen gegebene Harmonie nicht anzutreffen ist und es zu Konflikten kommt, werden unternehmensethische Reflexionen notwenig, bei denen es um das Ausloten von moralisch vertretbaren Handlungsspielräumen für das Unternehmen geht. Sollten keine das Unternehmen sichernde und zugleich konsensfähige Alternativen zur Verfügung stehen, müssen Regelungen auf Verbands- oder Gesetzgebungsebene gesucht werden (vgl. Steinmann/Olbrich, 1998). Der dialogorientierte Ansatz der Unternehmensethik fokussiert damit vor allem auf „Krisensituationen", in denen die Legitimität des unternehmerischen Handelns von der Öffentlichkeit oder bestimmten Stakeholdern in Frage gestellt wird. Im konzeptionellen Zentrum der dialogorientierten Unternehmensethik steht deshalb auch eine Art prozessuale Anleitung zur Regelung von Konflikten.

Im Anschluss an Habermas (1981, 1983, 1991) und Kambartel (1974, 1989) werden Kriterien für einen *idealen Dialog* vorgetragen, für den als grundlegendes Stilmittel die argumentative Verständigung, die „... nur auf die Vernunft vertraut", proklamiert wird (Steinmann/Löhr, 1994, S. 86). Konkretisiert wird die Grundfunktion des Unternehmensdialoges[189] durch einsichtige Verfahrens-

---

[189] Das methodische Konzept des Instruments Unternehmensdialog ist im Kontext verschiedener Anwendungsbeispiele von Hansen und Mitarbeitern ausführlich dargestellt worden (vgl. Hansen et al., 1995, 1996; Hansen, 2001; Rettberg, 1999).

und Verhaltensregeln. Hier geht es um die Unvoreingenommenheit, die Nicht-Persuasiviät, den Verzicht auf Appelle, die Zwanglosigkeit und die Sachverständigkeit, die zusammengenommen dazu dienen, dass die gemeinsam erarbeiteten und festgelegten Normen ihre Geltungskraft nur den wechselseitigen Verständigungsprozessen verdanken (vgl. Steinmann/Löhr, 1991, S. 61f.).

Selbstverständlich sind diese Idealbedingungen in der Realität nicht immer vollständig einzuhalten und dies ist denn auch der Haupteinwand gegen das Konzept Steinmanns. Voraussetzungen eines solchen Unternehmensdialogs sind beispielsweise, dass alle für die Problemlösung relevanten Personen (Institutionen) involviert sind. Sie sollten unbeschränkte Zugangsmöglichkeiten zu den Informationen haben, die für die Problemanalyse und –behebung erforderlich sind. Sie sollten aber auch die Fähigkeit besitzen, die Wirkungen bestimmter Handlungen abzuschätzen und die strengen Dialogregeln einzuhalten (vgl. Hansen et al., 1995).

Der Gegenstandsbereich, auf den sich die Unternehmensethik insgesamt und die dialogorientierten Verfahren insbesondere konzentrieren sollten, liegt für Steinmann/Löhr im Kernbereich unternehmerischer Tätigkeit, also der Leistungsziele, der Unternehmensstrategien und der gewählten Managementprozesse und – instrumente. Ihnen geht es insofern fundamental um Fragen der Gewinnerzielung und weniger um Fragen der Gewinnverwendung. Mildtätigkeit, Mäzenatentum, soziales Engagement sowie grundsätzliche Überlegungen zur Verteilungsgerechtigkeit können ihrer Meinung nach zwar als Ausdruck persönlicher ethischer Einstellungen verstanden werden, sind aber nicht dem Gegenstandsbereich der (ihrer) Unternehmensethik zuzurechnen (vgl. Löhr, 1991, S. 242f.). Für sie ist die Unternehmensethik dort besonders gefordert, wo bei der effizienten Handlungskoordination des unternehmerischen Managements grundlegende Konflikte auftreten. Dabei werden vier mögliche Konfliktfelder unterschieden. Sie können eher Außen (das heißt im äußeren Umfeld des Unternehmen) oder eher Innen (im Unternehmen) auftreten und sie können sich eher auf die Strategien oder eher auf die eingesetzten Mittel beziehen (vgl. Steinmann/Löhr, 1991, S. 14-15).

Wenn im Konzept der dialogischen Unternehmensethik die Freiwilligkeit und Nicht-Persuasivität bereits tragende Stilelemente für den Prozess der Normenfindung darstellen, so gilt dies insbesondere auch für die Ergebnisse. Im Unterschied zum Recht sind die so gefundenen Normen nicht sanktionsbewehrt und können nicht mit äußerem Zwang durchgesetzt werden. Wenn sie demnach auch nicht eingeklagt werden können, so ist die öffentliche Beobachtung und ggf. Kritik an der möglichen Nichteinhaltung von im Dialog erarbeiteter unternehmerischer Selbstverpflichtung dennoch als eine Art „öffentliches Sanktionspotenzial" anzusehen. Der kritischen Öffentlichkeit kommt insgesamt daher bei

Löhr (1991, S. 249) eine wichtige Rolle als Kontroll- bzw. moralische Sanktionsinstanz zu.

Die gegenüber dem dialogorientierten Ansatz häufig vorgetragene Kritik (vgl. z.B. Schneider, 1990, 1991) bezieht sich wesentlich auf die als unrealistisch bewerteten und niemals vollständig einzuhaltenden Bedingungen einer „herrschaftsfreien Kommunikation". Gelegentlich wird dem Ansatz auch vorgehalten, dass unternehmerisches Agieren immer zielorientiert und absichtsvoll sei, wodurch der authentische Dialog schnell zu einem strategischen Spiel verkomme[190]. Die kritischen Einwände sprechen nach Steinmann und Mitarbeitern jedoch nicht generell gegen das von ihnen favorisierte Dialogprinzip, sondern fordern womöglich eher dazu auf, verbesserte institutionelle und planerische Überlegungen anzustellen, wie die offensichtlichen Schwachstellen überwunden werden können[191].

Anders als Steinmann setzt Ulrich in seiner Konzeption nicht an der unmittelbaren Lebenspraxis, sondern stärker am „kommunikativen Interesse" an (vgl. Lorenzen, 1991, S. 64). Die Logik des Zusammenlebens und insbesondere des freien Redens und Argumentierens enthält bereits ein fundamentales ethisches Prinzip, das Ulrich in den Mittelpunkt seiner Konzeption stellt. Wer argumentiert – so heißt es bei Ulrich – erkennt prinzipiell bereits an, dass Menschen als freie Subjekte ansprechbar sind. So ist denn die normative Bedingung des Argumentierens die „... wechselseitige Anerkennung von Gesprächspartnern als mündige (münd-ige) Personen." (Ulrich, 1997, S. 79).

Ulrich geht es insgesamt um den Entwurf eines neuen, fundamental anderen wirtschaftswissenschaftlichen Paradigmas, das er als Sozialökonomie bezeichnet (vgl. Ulrich, 1993, S. 13, Ulrich, 1994a). Die Vermittlung von Ethik und Ökonomie vollzieht sich bei Ulrich unter dem Primat der „Diskursethik". Sein Ziel ist die Transformation des normativen Fundaments der ökonomischen Rationalitätskonzeption von einer utilitaristischen Ethik hin zu einer kommunikativen, bzw. „diskursiven Ethik" (vgl. Ulrich, 1993, S. 13). Es geht um die konstitutive Vermittlung von Ethik und Ökonomie, die allerdings unter dem Primat der Ethik[192] vorgenommen wird, auch wenn Ulrich selbst von einer integrativen Wirtschaftsethik spricht (vgl. Ulrich, 1997).

---

[190] Vgl. z.B. Greer/Bruno, 1996. Eine grundlegende kritische Auseinandersetzung mit der dialogorientierten Unternehmensethik wird von Abel vorgetragen, der sich auch kritisch mit Prämissen des Konstruktivismus auseinandersetzt (vgl. Abel, 1979, 1983, 1996).

[191] Vgl. Steinmann/Löhr, 1989, S. 328. Hansen et al. haben in ihren Arbeiten einen besonderen Fokus auf eine angemessene methodische Umsetzung der anspruchsvollen Dialoganforderungen in die Praxis gelegt (vgl. Hansen et al., 1995).

[192] „Die Ökonomie wird [bei Ulrich, d.Verf.] nicht mit der, sondern in die Ethik integriert." (Gerlach, 1997, S. 871).

Er schlägt vor, dass Unternehmen auf einer ersten fundamentalen Ebene zu-
nächst festlegen müssen, dass sie – die als quasi öffentliche Institutionen ver-
standen werden – ihre Wert- und Interessenkonflikte unter Beteiligung der
Betroffenen zu regeln haben (vgl. Ulrich, 1987). Hier wird die regulative Idee
des unternehmerischen Dialogs verankert. Auf einer zweiten Ebene entwickelt
Ulrich die Leitidee einer offenen Unternehmensverfassung, die den potenziell
Betroffenen ein tatsächliches Mitspracherecht einräumt und sie so zu tatsächlich
Beteiligten macht. Auf einer dritten Ebene unterbreitet Ulrich Vorschläge zur
Gestaltung der Beziehungen zu solchen relevanten Gruppen der Unternehmung
bzw. ihren Stakeholdern. Er trägt die Leitidee eines konsensorientierten Managements vor, mit dem die Beziehungen zur den Stakeholdern durch entsprechende Dialoge reguliert werden. Sollten Dialogformen aus praktischen Erwägungen nicht möglich sein, sind die Interessen der potenziell Betroffenen im
Sinne einer „social responsiveness" zu berücksichtigen. Er zielt insgesamt auf
eine „regulative Idee ökonomischer Vernunft ... , die in sich schon modernen
ethischen Ansprüchen genügt und so der moralisch enthemmten und institutionell entfesselten industriegesellschaftlichen Rationalisierungsdynamik von innen
her eine lebenspraktisch vernünftige Orientierung weisen könnte." (Ulrich,
1994b, S. 78). Der systematische Ort der Moral liegt für Ulrich weder in den
Rahmenbedingungen noch in den handelnden Individuen, sondern in den Unternehmen selbst.

Obwohl die Unternehmen als Ort der Moral nicht überlastet werden sollen, ist
im Konzept von Ulrich die Unternehmensführung aufgefordert, das Gewinnstre-
ben ständig einer durchgängigen (und damit anders als bei Steinmann, der eine
fallweise, situative Reflexion fordert) selbstkritischen ethischen Reflexion zu
unterziehen. Von einer grundsätzlichen Richtigkeitsvermutung des Gewinnprinzips – wie wir sie bei Steinmann vorfinden – wird hier nicht ausgegangen. Der
normative Vorrang des Gewinnprinzips ist aufgehoben, das im Gegenteil auf
allen Entscheidungsebenen zur Disposition steht (vgl. Ulrich/Fluri, 1995, S. 31).
Gefordert ist ein „...permanenter Prozeß der vorbehaltlosen kritischen Reflexion
und Gestaltung tragfähiger normativer Bedingungen der Möglichkeit lebensdienlichen unternehmerischen Wirtschaftens." (Ulrich, 1997, S. 428). Der selbst
formulierte Anspruch, eine Integration von Ethik und Ökonomie zu leisten, soll
über die regulative Idee der Sozialökonomik ermöglicht werden. Danach kann
eine Handlung oder eine Institution dann als (sozialökonomisch) rational gelten,
„... die freie und mündige Bürger in der vernunftgeleiteten politisch-
ökonomischen Verständigung unter allen Betroffenen als 'wertschaffend' (Wertschöpfung) bestimmt haben (könnten)." (Ulrich, 1994b, S. 84). Bereits in dem
von Ulrich stammenden Zusatz „könnten" wird ausgedrückt, dass sich diese
regulative Idee nur sehr schwer in konkreten Handlungszusammenhängen wird
umsetzen lassen. Wenn bei Ulrich der gesellschaftliche Diskurs ständig erforderlich wird, ergibt sich die Frage nach der Institutionalisierung im Rahmen pri-

vatwirtschaftlicher Unternehmensverfassungen mit besonderem Nachdruck. Sie kann von Ulrich nicht befriedigend beantwortet werden. Gemeinsam mit Steinmann wird jedoch – in unterschiedlichen Akzentuierungen – die Notwendigkeit von Verständigungsprozessen zwischen den Unternehmen und seinen Stakeholdern thematisiert. Für sozial-ökologische Unternehmensbewertungen ergeben sich aus diesem Konzept folgende Konsequenzen:

1. Für die Konzeptionierung und Ausgestaltung externer sozial-ökologischer Unternehmensbewertungen können aus den prozessorientierten unternehmensethischen Konzeptionen von Steinmann und Ulrich bei allen Unterschiedlichkeiten im Detail dennoch wichtige Hinweise und Anforderungen abgeleitet werden. Insbesondere Ulrich entdeckt in den letzten Jahren zusehends den „Wirtschaftsbürger", der als politischer, wirtschaftlicher und privater Akteur moralisch orientiert handeln kann und teilweise auch handelt. Der einzelne Akteur wird von Ulrich insofern anthropologisch mit der prinzipiellen Bereitschaft und Fähigkeit ausgestattet gesehen, moralische Selbstverpflichtungen aus freier Einsicht zu folgen (vgl. Ulrich, 1997, S. 23).

2. Es existieren – in Teilen erprobte und konzeptionell begründete - Verfahren zur Einbeziehung von Stakeholdern in die Diskussion über ein mehr oder weniger verantwortliches Unternehmensverhalten.

3. Im Kern der Unternehmensethik steht die Sachpolitik des Unternehmens, die Leistungsziele, Strategien und Managementinstrumente umfasst.

4. Die Tatsache ob und wie weit Unternehmen sich auf mehr oder weniger qualifiziert angelegte Dialogverfahren mit ihren Stakeholdern einlassen, kann selbst zu einem Indikator für eine verantwortliche Unternehmenspolitik erhoben werden.

5.3 Verankerung einer sozialen und ökologischen Verantwortung im Unternehmen

Nachdem im vorangegangenen Kapitel theoretische Konzepte vorgestellt wurden, die das veränderte Verhältnis zwischen Unternehmen und Gesellschaft und die aus diesem Kontext erwachsene Frage der unternehmerischen Verantwortung gegenüber internen und externen Stakeholdern, gegenüber der Gesellschaft und der Umwelt thematisieren, soll in diesem Abschnitt untersucht werden, welche Konzepte in der betriebswirtschaftlichen Literatur zur Integration unternehmensethischer Grundüberlegungen und/oder einer besonderen sozialen und ökologischen Verantwortung im Kontext sich verändernder Umfeldbedingungen vorgeschlagen werden.

Die hier vorgestellten theoretischen Reflexionen sind erforderlich, weil sie auf einer nun konkreteren Ebene Hinweise geben können, anhand welcher objektivierbaren Tatbestände, im Rahmen externer sozial-ökologischer Unternehmensbewertungen bzw. des SRI-Screening von Rating-Agenturen, ggf. festgestellt werden kann, ob Unternehmen mehr oder weniger umfangreich oder angemessen verantwortlich agieren. Wenn der Betrachtungsgegenstand damit das mehr oder weniger verantwortliche Agieren des Unternehmens ist, müssen zunächst einmal betriebswirtschaftlich reflektierte Gestaltungsvorschläge zur Verankerung von ethischen und/oder sozialen und ökologischen Zielsetzungen im Unternehmen analysiert werden.

Der Fokus der folgenden theoretischen Reflexion ist jedoch nicht der Prozess der Verankerung einer stärkeren oder gewandelten unternehmensethischen Ausrichtung eines existierenden Unternehmens oder der Verankerung eines besonderen verantwortlichen Sozial- oder Umweltmanagementsystems oder eines Nachhaltigkeitsmanagements, wie sie in Konzepten des organisatorischen Wandels oder des Change Managements diskutiert werden (vgl. Hansmann, 1997; Burnes, 2000; Carnall, 2003; Cameron/Green, 2004). Vielmehr geht es hier um eine strukturelle Betrachtung, die fragt, welche

- führungsbezogenen

- personellen

- organisatorischen und

- informatorischen

Voraussetzungen in einem Unternehmen existieren müssen, damit die besondere Übernahme einer weitergehenden gesellschaftlichen Verantwortung der Unternehmen zumindest möglich wird, bzw. ihr eine gewisse Erfolgswahrscheinlichkeit zugesprochen werden kann.

Einleitend wird in **Kapitel 5.3.1** und im Kapitel **5.3.2** auf die Unterschiede einer in- und outputbezogenen Betrachtung bzw. von sektoralen und ganzheitlichen Konzepten eines verantwortlichen Unternehmensverhalten eingegangen. Vor diesem Hintergrund werden im **Kapitel 5.3.3** die verallgemeinerbaren grundlegenden Gestaltungsaufgaben einer verantwortlichen Unternehmenspolitik vorgestellt. Die im Ergebnis dieser Reflexion identifizierten Elemente einer verantwortungsvollen Unternehmensführung – das ist die Annahme – sind wichtige Gegenstände von sozial-ökologischen Unternehmensbewertungen.

5.3.1 In- und outputbezogene Betrachtung des verantwortlichen Unternehmensverhaltens

In den unternehmensethischen Reflexionen im vorangegangenen Kapitel ist die besondere Eignung der Verantwortungsethik für den in dieser Forschungsarbeit behandelten Untersuchungsgegenstand herausgestellt worden. Nicht die Einstellungen und Absichten der agierenden Unternehmen, sondern die faktischen Resultate ihres Handelns sollten als Gradmesser unternehmensethischer Konzepte herangezogen werden (vgl. Kapitel 5.2). In einem schlichten Analogieschluss könnte gefolgert werden, dass dementsprechend nun auch ausschließlich die ökologischen und sozialen „Ergebnisse" des Handelns der unmittelbare Gegenstand der externen Analyse und Bewertung des unternehmerischen Handelns sein müssten. Eine solche rein *outputbezogene Betrachtungsweise* hat auf den ersten Blick eine Reihe von Vorteilen. Outputbezogene Analysen und Bewertungen sind vorteilhaft, weil sie

- per Definition eine direkte Beziehung zwischen dem unternehmerischen Agieren und einem sozialen und/oder ökologischen Nutzen herstellen, der ggf. auch außerhalb des Unternehmens, in den Umweltzuständen oder bei den Stakeholdern zu beobachten und im besten Falle auch zu messen ist,

- sich in Teilen auch auf numerisch vorliegende Daten und Fakten beziehen können, die mit bestimmten anderen Daten geschickt zu mehr oder weniger sinnvollen Kennziffern umgewandelt werden können,

- sich auf die Vergangenheit beziehen, also das tatsächlich beobachtete Verhalten von Unternehmen zum Gegenstand haben,

- damit in der öffentlichen Wahrnehmung von verantwortlichem Unternehmensverhalten weniger in Verdacht stehen, lediglich den Reputationszielen der Unternehmen zu dienen.

In den bisher veröffentlichten sozial-ökologischen Bewertungskonzepten von Rating-Agenturen sind denn auch eine Reihe von outputgezogenen Kriterien zu finden, die in diesen Systemen umgangssprachlich auch als Kriterien über die tatsächliche sozial-ökologische *Performance* bezeichnet werden. In ihnen geht es beispielsweise um die tatsächliche Reduzierung des Energie- und Wasserverbrauchs pro Produktionseinheit oder um die Zahl der durch den Produktionsprozess verursachten Berufskrankheiten (vgl. imug, 1997, S. 172f.; FTSE4Good, 2002; Stiftung Warentest, 2004). In ihnen dokumentieren sich – so die Unterstellung - die Ergebnisse eines verantwortlichen Unternehmensverhaltens. Auch in den vorgestellten Rahmenkonzeptionen für eine Nachhaltigkeitsberichterstattung werden outputbezogene Elemente stark betont, die in diesen Konzepten als ökologische und soziale Leistungsdaten bezeichnet werden und ähnliche Kriterien nennen, wie sie in den zuvor erwähnten sozial-ökologischen Bewertungs-konzepten angewendet werden (vgl. IÖW/imug, 2001; Global Reporting Initiative, 2002).

Solche outputbezogenen Aussagen zur sozialen und ökologischen Verantwortungsübernahme von Unternehmen haben oberflächlich gewisse Ähnlichkeiten mit der Analyse der finanziellen Ergebnisse eines Geschäftsjahres, wie sie im Jahresabschluss bzw. der Gewinn und Verlust-Rechnung vorgenommen wird. Bei genauerem Hinsehen bietet jedoch ein (zumindest transparenter) Jahresabschluss mehr. Er zeigt auch die getätigten Investitionen und die begründet vorgenommenen Rückstellungen und Rücklagen auf, die eine Gewähr dafür bieten sollen, dass auch zukünftig die definierten Unternehmensziele erreicht werden können. Dieser Input des Unternehmens in die zukünftige Unternehmenspolitik ist in einer verkürzt nur auf die „Ergebnisse" fokussierten Analyse der sozialen und ökologischen Ergebnisse eines Unternehmens nicht enthalten. Sie gibt allenfalls einen *zeitpunktbezogenen Eindruck* von den Leistungen des Unternehmens, der jedoch die Investments des Unternehmens innerhalb des betrachteten Zeitraums nicht vermittelt. Aus diesem Grund ist es nicht nur naheliegend, sondern dringend geboten, trotz der im vorangegangenen Kapitel herausgestellten Präferenz für verantwortungsethische Denkhaltungen, den von den Unternehmen geleisteten Input in die Ermöglichung einer sozial und ökologisch und ethisch reflektierten Unternehmenspolitik mit zu betrachten. Eine *inputbezogene Analyse* des verantwortlichen Unternehmensverhaltens fokussiert auf alle von einem Unternehmen getroffenen Vorkehrungen, Leistungen und Aktivitäten, die ein verantwortungsvolles Unternehmensverhalten in Zukunft ermöglichen bzw. herbeiführen sollen.

Sie reflektiert die grundlegenden Annahmen der Theorien der Unternehmensführung[193], nach denen alle und demzufolge dann auch soziale, ökologische und andere ethische „Ergebnisse" einer Unternehmung nicht im luftleeren Raum, sondern nur als Resultat von zielgerichteten Anstrengungen entstehen können: „Ein wesentliches Merkmal von Führung besteht in dieser Hinsicht in ihrer *Zielgerichtetheit*. Wer führt, will eine Person oder ein System in Richtung eines ihm oder ihr erstrebenswert erscheinenden Zielzustands bewegen. Diese gilt gleichermaßen für die Personal- wie die Unternehmensführung." (Macharzina, 2003, S. 37, Hervorhebung im Original).

---

[193] Vgl. u.a. als zentrale Quellen Ulrich/Fluri, 1995; Hinterhuber, 1996/1997; Staehle, 1999; Steinmann/Schreyögg, 2000; Macharzina, 2003.

5.3.2 Ganzheitliche und sektorale Konzepte des verantwortlichen Unternehmensverhaltens

Folgt man der betriebswirtschaftlichen Literatur zur Verankerung ethischer, sozialer und ökologischer Ziele in der Unternehmensführung, dann kann zwischen ganzheitlichen und sektoralen Ansätzen unterschieden werden. Die Implementierung *ganzheitlicher Konzepte* orientiert sich häufig an den facettenreichen und nicht immer überschneidungsfreien Leitbildern der nachhaltigen oder auch sozial-ökologischen Unternehmensführung, der Corporate Social Responsibility bzw. einer Corporate Citizenship (vgl. Pfriem, 1996; Deutscher Bundestag, 2002; Maaß/Clemens, 2002; McIntosh et al., 2003; Schrader, 2004).

Ihnen ist gemeinsam, dass

- eine verantwortliche Gesamtausrichtung des Unternehmens in einem längerfristigen Planungs- und Zeithorizont postuliert wird,

- bei der soziale, ökologische und andere ethisch begründete Zielsetzungen in einem Gesamtkonzept einer verantwortungsvollen Unternehmensführung berücksichtigt werden,

- wobei die definierten Verantwortungsthemen in die allgemeinen Strukturen der Unternehmensführung und des Managements zu integrieren sind, statt sie isoliert in gesonderten institutionellen Arrangements zu verfolgen,

- so dass im Prinzip kein funktionaler Arbeitsbereich der Unternehmung ausgeschlossen ist,

- wobei insgesamt von einer zumindest prinzipiellen Vereinbarkeit sozialer und ökologischer Zielsetzungen mit den ökonomischen Aufgaben und Zielen der Unternehmung ausgegangen wird.

Gerade im Kontext ganzheitlicher Konzepte scheint sich die Anforderung „... einer gekonnten Integration des Umwelt- und Sozialmanagements ins konventionelle ökonomische Management des Unternehmens" (Schaltegger et al., 2002, S. 2) mit besonderer Dringlichkeit zu stellen. So könnte es sich wohl geradezu als Besonderheit ganzheitlicher Konzepte der verantwortlichen Unternehmensführung herausstellen, dass sie nicht spezifische institutionalisierte bzw. organisatorische und personelle Verankerungen im Unternehmen in den Vordergrund stellen, sondern dass sie die Verantwortungsthemen in die klassischen Unternehmensfunktionen und –Organisationsstrukturen integrieren. Während in der Literatur bei dem Sozial- und Umweltmanagement in der Regel von einer eigenständigen Institutionalisierung und organisatorischen Verankerung der damit verbundenen Zielsetzungen gesprochen wird, scheint die besondere Herausforderung des Nachhaltigkeitsmanagements geradezu seine Einbindung „... in das konventionelle Management [zu] sein." (Schaltegger et al., 2004, S. 64)[194]. Mit der „Integrationsidee" der ganzheitlichen Konzepte eines verantwortlichen Unternehmensverhaltens in das traditionelle Management des Unternehmens kann allerdings die Gefahr des Untergehens und der Beliebigkeit der spezifischen ökologischen und sozialen Zielsetzungen verbunden sein. So können denn auch Umfrageergebnisse erklärt werden, die aufgrund von pauschalen Selbstauskünften der Unternehmen feststellen, dass bereits mehr als die Hälfte der Unternehmen mit mehr als 1000 Mitarbeitern als „nachhaltigkeitsorientiert" eingestuft werden können (vgl. Schulz et al., 2002, S. 19), während sich bei empirischen Untersuchungen zur konkreten Implementierung von zertifizierten Umweltmanagementsystemen herausstellt, dass nur ein kleiner Teil der Unternehmen diesen in Expertenkreisen einmütig als essentiell angesehenen Schritt bereits gegangen ist (vgl. BMU/UBA, 2000; CSR Austria, 2003). Für externe sozial-ökologische Unternehmensbewertungen zeigt sich deutlich das Problem, dass pauschale Selbstauskünfte der Unternehmen, ob und wieweit generelle Konzepte der verantwortlichen Unternehmensführung vorhanden sind und angewendet werden, vor dem Hintergrund des „Integrationspostulats" zu deutlich positiveren Ergebnisse führen können, als wenn die spezifische Institutionalisierung und das spezifische Management der sozialen und ökologischen Verantwortung zum Gegenstand der Beobachtung und Bewertung werden.

Von einem Sonderfall der ganzheitlichen Konzepte unternehmensethischer Ausrichtungen von Unternehmen kann gesprochen werden, wenn - wie es bei einigen Vertretern der Unternehmensethik geschieht - überhaupt nur dort Unternehmensethik als relevant angesehen wird, wo es um die Lösung von Konflikten und Dilemmasituationen im ansonsten zweckrational ökonomisch ausgerichteten Unternehmen geht (vgl. Steinmann/Löhr, 1994, S. 113f.). In diesem Fall ist die „gesonderte" und explizite „Institutionalisierung der Unternehmensethik" eine Voraussetzung dafür, dass die unterstellten Konflikte und Dilemmata überhaupt identifiziert und angemessen bearbeitet werden können. In diesem Fall müssen

---

[194] Auffällig ist, dass es zahlreiche Vorschläge in der betriebswirtschaftlichen Literatur gibt, wie die spezifische Umweltverantwortung von Unternehmen oder die soziale Verantwortung organisatorisch, funktional und personell in Unternehmen zu verankern sei (siehe unten), während entsprechende Vorschläge für ein allgemeines CSR- oder Nachhaltigkeitsmanagement schlicht fehlen und in der einschlägigen Literatur nicht erwähnt werden (vgl. Schaltegger/Burritt/Petersen, 2003). Auch bei den Unternehmen, von denen aufgrund ihrer eigenen Berichterstattung davon ausgegangen werden kann, dass sie die Leitidee der Nachhaltigkeit in ihre Unternehmensgrundsätze aufgenommen haben, findet keine explizite organisatorische und personelle Verankerung der Nachhaltigkeit statt. Vielmehr wird - aufbauend auf gut implementierten Umwelt- und Sozialmanagementsystemen - auf Koordinationskreise u.ä. hingewiesen, in denen übergeordnete Nachhaltigkeits- oder CSR-Themen besprochen werden (vgl. dazu die Berichte von Degussa, VW u.a.m. in Klaffke, 2003).

spezielle „...'Ethikmaßnahmen' zum Ziel haben, eine Unternehmenskultur *gegenseitiger Ernstnahme* zu schaffen ... und vom Geist getragen sein, die aktive Suche nach Gestaltungsspielräumen zu forcieren." (Ulrich/Luna/Weber, 1996, S. 129, Hervorhebung im Original). Spezifische unternehmensethische Institutionalisierungsformen werden in diesem Fall als ein Indiz für die Ermöglichung eines ethisch reflektierten und verantwortlichen Verhaltens des Unternehmens und der im Unternehmen Handelnden gesehen[195].

Steinmann unterscheidet bei dem von ihm beobachteten Ethikmanagement in der Unternehmenspraxis den Compliance-Ansatz, der ethisch begründet die Entscheidungsfreiräume der Mitarbeiter einengt und kontrolliert, von dem Integritäts-Ansatz, dessen Erfolg viel stärker davon abhängt, „... ob es gelingt, die Wertvorstellungen des Unternehmens in alle Führungssysteme zu integrieren." (Steinmann/Kustermann, 1999, S. 215). Da jedoch auch in diesem Fall nicht ausgeschlossen werden kann, dass einzelne Mitarbeiter ethisch verwerflich handeln, sind auch hier gesonderte „... Verhaltensstandards, Kontrollinstrumente und Anreizsysteme notwendig." (Steinmann/Kustermann, 1999, S. 215).

Auch Wieland (2001) sieht in dem von ihm vorgeschlagenen Werte–Management eine spezifische Institutionalisierung der Unternehmensethik vor. Er unterscheidet vier Stufen einer bewussten und gesteuerten Verankerung unternehmensethischer Konzepte in Unternehmen. Nach einer Verankerung von grundlegenden Werten im Unternehmen (Schritt 1), der Formulierung und internen Kommunikation bestimmter Unternehmenspolitiken und Richtlinien (Schritt 2) erfolgt die Implementierung spezifischer Instrumente, wie Compliance-Programm, Ethik-Audit-System (Schritt 3), wobei abschließend eine spezifische und gesonderte Institutionalisierung des „Ethik-Managements" vorgesehen ist, das sich beispielsweise in einem Ethik-Compliance-Office etabliert (Schritt 4).

Die gesonderte Institutionalisierung von Konzepten, Managementsystemen und Instrumenten ist insgesamt für *sektorale Konzepte* der Integration bestimmter sozialer und ökologischer Verantwortungsübernahmen von Unternehmen kennzeichnend. Als sektorale Konzepte können die insbesondere in Deutschland stark diskutierte Leitidee einer umweltorientierten Unternehmensführung (vgl. Stahlmann, 1994), die in den letzten 20 Jahren für die Unternehmenspraxis als Umweltmanagementkonzepte (vgl. Seidel, 1999) oder als Konzepte des marktorientierten Umweltmanagements (vgl. Meffert/Kirchgeorg, 1998) konkretisiert wurden. Auch die spezielle Übernahme einer Verantwortung für die sozialen Bedingungen, unter denen beispielsweise Zulieferbetriebe in Ländern produzie-

---

195 Als Beispiele einer Institutionalisierung von Ethik-Konzepten in Unternehmen werden in der Literatur „Ethik-Kodices", „Ethik-Beauftragte- bzw. -Verantwortliche", „Ethik-Kommissionen", „Ethik-Seminare", „Ethik-Gesprächskreise", „Ethik-Hotlines" usw. genannt (vgl. Wieland, 1993; Ulrich/Luna/Weber, 1998).

ren, in denen – aus Sicht der Entwicklungsländer – nur minimale arbeitsrechtliche und gesundheitsbezogene Sozialstandards existieren[196], kann als sektorale Übernahme einer speziellen Unternehmensverantwortung angesehen werden (vgl. Lohrie, 2001; Gilbert, 2003).

Bei genauerer Analyse verschmelzen vielfach die Unterscheidungen zwischen ganzheitlichen und sektoralen Ansätzen. Zumindest in der betriebswirtschaftlichen Literatur des deutschen Sprachraums stand die Berücksichtigung gesellschaftlicher Umweltschutzanforderungen ohnehin im Zentrum von Ansätzen einer ganzheitlich gemeinten gesellschaftsorientierten Unternehmensführung (vgl. Wiedmann, 1996) und von Konzepten der dialogischen Unternehmensethik (vgl. Dyllick, 1989; Hansen, 1996).

Bei der betriebswirtschaftlichen Analyse der Anforderungen an ein marktorientiertes Umweltmanagement haben insbesondere Meffert/Kirchgeorg (1998) den

- unternehmensübergreifenden und den

- funktionsübergreifenden

Charakter eines konsequenten Umweltmanagements theoretisch schlüssig herausgearbeitet. Unternehmensübergreifend muss ein konsequentes Umweltmanagement angelegt sein, weil nur eine koordinierte Steuerung der Material- und Informationsflüsse im vertikalen Wettbewerb dazu führen kann, dass das Durchlaufprinzip in ein Kreislaufprinzip überführt wird (vgl. Meffert/Kirchgeorg, 1998, S. 20f.). Funktionsübergreifend ist das Umweltmanagement deshalb zu konzeptionieren, weil nicht nur Beschaffung, Produktion und Absatz, sondern ebenso Forschung und Entwicklung, Lagerhaltung und Logistik, Finanzierung, Planung, Organisation und Führung Beiträge zur ökologischen Zielerreichung liefern müssen (vgl. Meffert/Kirchgeorg, 1998, S. 19). Auch andere Autoren sprechen von der Notwendigkeit einer ökologischen Orientierung betrieblicher Grund- und Querschnittfunktionen, die einem spezifischen Umweltmanagement erst zum Erfolg verhelfen (vgl. Hopfenbeck/Jasch, 1993; Seidel, 1999)[197]. Als ein besonderes Kennzeichen dieser vorsorgenden Umweltmanagementkonzepte wird schließlich gesehen, dass sie „... sowohl internes Mittel für einen verbesserten Umweltschutz im Unternehmen als auch als externes Kommunikationsmittel gegenüber den verschiedenen Bezugsgruppen einsetzbar" sind (Hopfenbeck/Jasch, 1993, S. 42).

---

[196] Schätzungen gehen davon aus, dass ca. 10 % des Warenwerts im Welthandel unter Verstoß gegen fundamentale Arbeitsrechte hergestellt werden (vgl. Greven/Scherrer, 1998, S. 30f.).

[197] Antes/Steeger/Tiebler (1992) kommen nach einer Befragung von Geschäftsleitungen des produzierenden Gewerbes zu der Aussage, dass die unternehmerischen Querschnittfunktionen in geringerem Umfang als Ansatzpunkt für die betriebliche Umweltpolitik gesehen werden.

Obwohl eine spezifische Institutionalisierung und organisatorische Verankerung (z.B. Umweltschutzbeauftragter) des Umweltschutzes in der Unternehmensorganisation und der Einsatz besonderer Instrumente in vielen Konzeptbeiträgen explizit gefordert wird[198], betonen diese gleichzeitig, dass

- eine Durchdringung *aller* Unternehmensfunktionen und Hierarchiestufen erforderlich sei, da die Allgegenwärtigkeit umweltschutzbezogener Problemstellungen von jedem Mitarbeiter ein umweltorientiertes Handeln erfordere,

- die Verankerung in Unternehmensverfassung und -zielen und in der gesamten Unternehmenskultur ein wesentlicher Erfolgsfaktor sei und

- der Umweltschutz *insgesamt* als Führungsaufgabe zu sehen sei (vgl. Meffert/Kirchgeorg, 1998, Seidel, 1999, Schaltegger et al., 2002).

Auch bei sektoralen Ansätzen eines verantwortlichen Unternehmensverhaltens zeigt sich demnach die Notwendigkeit einer immer auch ganzheitlichen Verankerung dieser Konzepte im Unternehmen. So hat es zumindest in Deutschland den Anschein, als wenn ganzheitliche Konzepte des Nachhaltigkeitsmanagements oder des CSR-Managements in den Unternehmen vielfach auf bereits implementierte Umweltmanagement- oder Sozial- und Personalmanagementsysteme aufbauen (vgl. Schulz et al., 2002). Nicht der additive Neuaufbau von nebeneinander bestehenden Qualitäts-, Sicherheits-, Sozial- und Umweltmanagementsystemen, die nun durch weitere CSR- oder Nachhaltigkeitsmanagementsysteme oder spezifische „Ethikmaßnahmen" und Komitees ergänzt werden, scheint für diese Unternehmen die richtungsweisende Aufgabe zu sein. Vielmehr scheint es darum zu gehen, die in Teilen bereits vorhandenen unterschiedlichen Zielperspektiven, Managementansätze und Instrumente systematisch zu einem Gesamtkonzept zu integrieren[199]. Allerdings liegen hierzu zurzeit weder schlüssige theoretische Konzepte noch überzeugende Praxisbeispiele vor[200].

---

[198] Vgl. insbesondere Seidel (1995), der die spezifische organisatorische Verankerung als wichtigste Anforderung hervorhebt.

[199] So sprechen Ebert/Lörcher/Merten (2002) von großen Defiziten der speziellen Nachhaltigkeitsinstrumente im Bereich des klassischen Managements. Außerdem drohe, „ ... dass zusätzlich eingeführte Instrumente nur schwer oder gar nicht akzeptiert werden."(Ebert/Lörcher/Merten, 2002, S. 24). Vor diesem Hintergrund wird von ihnen das EFQM-Modell für Excellenz als geeignetes „Integrationsmanagement-Konzept" angesehen.

[200] Der Wunsch nach Integration von sozialen und ökologischen Zielsetzungen in das klassische Management ist jedoch in der unternehmerischen Realität selten anzutreffen. Hier werden „... Umwelt- und Sozialfragen sehr oft organisatorisch und methodisch getrennt vom ökonomischen Management behandelt, was dazu führen kann, dass sowohl Gemeinsamkeiten als auch Konflikte zuwenig erkannt und somit zuwenig effektiv oder gar nicht angegangen werden." (Schaltegger et al., 2002, S. VI).

5.3.3 Grundlegende Gestaltungsaufgaben einer verantwortungsvollen Unternehmenspolitik

Mit Blick auf den uneinheitlichen betriebswirtschaftlichen Diskussionstand zur Verankerung sozialer und ökologischer Verantwortungsübernahmen und von Ethikkonzepten in Unternehmen können dennoch verallgemeinernd drei grundlegende und funktionsübergreifende Gestaltungsaufgaben einer verantwortungsvollen Unternehmenspolitik unterschieden werden (vgl. Abbildung 23).

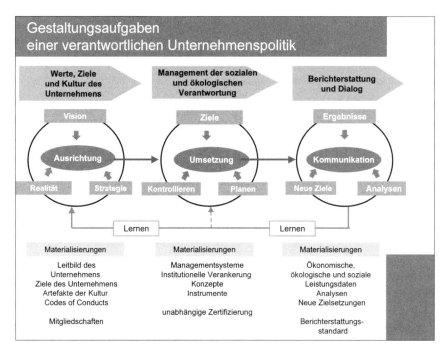

Abbildung 23: Gestaltungsaufgaben einer verantwortlichen Unternehmenspolitik

Zu unterscheiden sind:

- *Ausrichtung* des Unternehmens, die sich in den Werten und Visionen des Unternehmens, seinen grundlegenden Zielen und Basisstrategien und seiner gesamten Unternehmenskultur niederschlägt

- *Umsetzung* der Visionen und Basisstrategien des Unternehmen, die durch das strategische und operative Management[201] der sozialen und ökologischen Verantwortung gesteuert wird und im Ergebnis eine bestimmte Performance[202] des Unternehmens in ökonomischen, sozialen und ökologischen Zielgrößen erbringt

- interne und externe *Kommunikation* des Unternehmens, in der über die erzielten Ergebnisse, aber auch über die Analyse und Festlegung neuer Zielsetzungen berichtet wird, um einen Dialog mit den Stakeholdern des Unternehmens zu ermöglichen.

Die jeweiligen unternehmerischen Aktivitäten zur Gestaltung der unternehmerischen Verantwortung können neben der oben herausgestellten sozial-ökologischen *Performance* als wichtige Beobachtungsfelder für sozial-ökologische Unternehmensbewertungen verstanden werden. Sie sollen deshalb im Folgenden auch hinsichtlich der Frage näher untersucht werden, anhand welcher Dokumente oder Datenspuren sich die Wahrnehmung dieser Gestaltungsaufgaben durch das jeweilige Unternehmen materialisiert und einem externen Beobachter ggf. zugänglich gemacht werden kann.

5.3.3.1 Werte und Unternehmenskultur als Gestaltungsaufgabe

Jedes Management eines Unternehmens sollte – das ist ein Gemeinplatz der Literatur zum modernen Management – „...implizit (Philosophie, Vision, Mission) oder explizit (Grundsätze, Satzung, Charta, Statuten) über ideale Vorstellungen von den gegenwärtigen und zukünftigen Verhaltensweisen seiner Unternehmung verfügen." (Staehle, 1991, S. 573). In der schriftlich niedergelegten Unternehmenspolitik, Unternehmensphilosophie oder den Unternehmensleitlinien spiegeln sich – mehr oder weniger unverfälscht - die Werte der Eigentümer

---

[201] Vor dem Hintergrund der gerade in Deutschland gut etablierten Umweltmanagementsysteme, für die auch entsprechende Standards existieren, wird hier nur für das Aufgabenfeld „Umsetzung" von Management gesprochen. Im Unterschied dazu wird gelegentlich auch für das Aufgabengebiet „Ausrichtung" der Managementbegriff bemüht und vom „Wertemanagement" (vgl. z.B. Wieland, 2001) oder vom „normativen Management" gesprochen (vgl. z.B. Bleicher 1991, S. 53). Dabei kann die dann zu treffende Differenzierung zwischen normativen auf der einen und einem strategischen und operativen Management auf der anderen Seite den unzutreffenden Eindruck vermitteln, als seien lediglich auf der allgemeinen Werteebene im Unternehmen „normative" Entscheidungen zu treffen, die – wenn sie einmal getroffen sind - im restlichen Management-Prozess nur noch einer instrumentellen Vernunft unterlägen.

[202] Unter Performance werden hier die Ergebnisse der Leistungserbringung im Sinne einer outputorientierten Betrachtung (s.o.) verstanden (vgl. Gleich, 2001).

und Manager ebenso wider wie die Erwartungen der Stakeholder. Die sich in diesen Dokumenten niederschlagenden Werte und generellen Ziele des Unternehmens „.... üben hinsichtlich der externen und internen Umwelt eine Filter-, Bewertungs- und Auswahlfunktion aus." (Staehle, 1991, S. 573).

In vielen Beiträgen in der betriebswirtschaftlichen Literatur der letzten Jahre ist die zentrale Bedeutung der Unternehmenskultur für die Steuerung des Gesamtunternehmen, aber auch hinsichtlich des Chancen- bzw. des Restriktionspotenzials für die Implementierung bestimmter Managementkonzepte (z.b. Beschwerdemanagement[203]) betont worden. Insbesondere Meffert/Kirchgeorg (1998, S. 420) haben in Bezug auf das Chancenpotenzial des Umweltmanagements festgestellt, dass die jeweilige Unternehmenskultur ein verhaltensprägendes Element darstellt, das als weicher strategischer Erfolgsfaktor wesentlichen und ganzheitlichen Einfluss auf die Umsetzung ökologischer Zielsetzung hat. Dierkes/Marz (1992, S. 228) gehen noch einen Schritt weiter, wenn sie formulieren, dass der Erfolg eines Umweltmanagements nicht nur von der Unternehmenskultur abhänge, sondern selbst eine spezifische unternehmenskulturelle Leistung darstelle.

Unternehmenskultur wird in Anlehnung an Schein (1985, 1985, S. 9f.) verstanden als ein System von Werten, grundlegenden Basisannahmen und Artefakten, das sich im Laufe der Unternehmensentwicklung aus der Interaktion von internen und externen Stakeholdern herausbildet. Eine Kulturanalyse, die diesem Verständnis folgt, bezieht auch die unbewussten und nichtexplizierten Grundannahmen der Organisationsmitglieder mit ein, indem sie versucht, den Verankerungsgrad der Unternehmenswerte bei den individuellen Organisationsmitgliedern zu messen (vgl. Heinen, 1987, S. 26f.). Je nach Verankerung, Übereinstimmungsgrad und Vereinbarkeit mit den formalen Instrumenten der jeweiligen Unternehmensführung können verschiedene Unternehmenskulturtypen entwickelt werden. Nach Heinen liegt dabei die Hauptunterscheidung in der Funktionalität der Steuerungsinstrumente in Bezug auf die Unternehmenskultur.

Die Analyse der Unternehmenskultur darf sich nicht positivistisch verkürzt allein auf das wahrnehmbare Verhalten verlassen (vgl. Osterloh, 1993). Sie muss auch die symbolhafte Bedeutung bestimmter Eigenheiten des Unternehmens (Artefakte) beachten, worunter nicht nur Gebäudeformen, Raumgestaltungen und andere äußerlich sichtbare Gegenstände, sondern auch Anreizsysteme

---

[203] Das Konzept des Beschwerdemanagements wird hier nur exemplarisch angesprochen, weil sich an diesem an sich sehr spezifischen und scheinbar leicht abgrenzbaren Managementkonzept belegen lässt, wie prägnant auch hier – parallel und zugleich als eigenständige Aufgabenstellung - die Verankerung in der Grundauffassung des Beschwerdemanagements in der Unternehmenskultur betont wird (vgl. Hansen/Schoenheit, 1987; Hansen/Jeschke, 1992; Stauss/Seidel, 1996).

z.B. für verantwortliches Agieren von Mitarbeitern im Umweltschutz oder anderes mehr gemeint ist (vgl. Meffert/Kirchgeorg, 1998, S. 422).

Dieser Hinweis ist für eine externe Beobachtung und Bewertung der Unternehmenskultur deshalb relevant, weil die gelebten Werte und die ganzheitliche Unternehmenskultur eines Unternehmens für externe Beobachter nicht direkt wahrnehmbar sind. Allerdings ist auch mit dem Verweis auf Artefakte keine vollständige Klarheit verbunden, weil jeweils zu entscheiden bleibt, welche „Gegenstände, Programme usw." als symbolhaft aufgeladen gelten und die Ausprägung einer bestimmten Unternehmenskultur real signalisieren bzw. ausdrücken sollen. Wichtiger noch erscheint deshalb die Auffassung, dass sich die Werte und Visionen eines Unternehmens in aller Regel auch in zentralen schriftlich vorliegenden Unternehmensdokumenten ausdrücken. Das Unternehmensleitbild und die übergeordneten Ziele und die Politik des Unternehmens können als besonders geeignete „Materialisierungen" zumindest der demonstrativ betonten Werte und der gewollten Unternehmenskultur angesehen werden. Sie kommen auch in unternehmensübergreifend geltenden Verhaltensstandards zum Ausdruck, die den Charakter einer freiwilligen Selbstbindung[204] des Unternehmens haben (vgl. Dierkes/Marz, 1992). Sie können insgesamt als „policies"[205] eines Unternehmens verstanden werden, weil sie

a) Ergebnis eines Prozesses im Unternehmen sind – was den Dialog mit seinen Stakeholdern nicht aus-, sondern einschließt – und

b) „… das strategische und operative Verhalten in eine Richtung lenken sollen, die der Realisierung einer erstrebten Vision entspricht." (Bleicher, 1999, S. 179).

Die in den „policies" sich ausdrückende Grundorientierung kann für alle Funktionseinheiten des Unternehmens bei strategischen und operativen Entscheidungen eine Aktionsvorgabe schaffen und die Vielfalt von Handlungsoptionen einschränken. Sie wirkt deshalb „ … vor dem Hintergrund steigender Komplexität handlungsentlastend" (Bleicher, 1999, S. 184) und verringert – transaktionskostentheoretisch argumentiert - den unternehmensinternen Koordinationsaufwand (vgl. Dill/Hügler, 1997, S. 147ff.). Ein wichtiges Element der „policies" sind die von den Unternehmen formulierten übergeordneten Unternehmenszie-

---

[204] Bei Kaas (1999, S. 267) gewinnt bereits die gelebte und nach außen kommunizierte (vgl. Abschnitt 5.3.3.3) Unternehmenskultur den Charakter einer Selbstbindung, da sie nicht bei Bedarf (im Konfliktfall) beiseite geschoben werden kann.

[205] Bleicher, der früher zwischen einem normativen, strategischen und operativen Management unterschied (vgl. Bleicher, 1991), spricht später ausdrücklich von „policies" eines Unternehmens, die sich in den Leitbildern oder den Mission Statements materialisieren, deren Aufgabe es sei, „ eine generelle Zielausrichtung und eine Grundorientierung für das strategische und operative Management [zu] vermitteln." (Bleicher, 1999, S. 179). Dieser Auffassung und Begriffsverwendung wird in dieser Untersuchung gefolgt (s.o.).

le[206]. Aus der betriebswirtschaftlichen Forschung über Unternehmensziele, vor allem von Raffée und Mitarbeitern[207], kann die Entwicklungstendenz herausgelesen werden, dass

- vergangenheits- und gegenwartsbezogene ertragswirtschaftliche Kennzahlen nicht mehr an der Spitze der Zielsysteme stehen und

- Ziele, die sich an den Stakeholdern[208] orientieren (Qualität des Angebotes oder soziale Verantwortung) an Bedeutung gewinnen (vgl. Macharzina, 1993, S. 176).

Die verantwortliche Gesamtausrichtung von Unternehmen kann sich zusätzlich aber auch in bestimmten Mitgliedschaften des Unternehmens in nationalen und übernationalen Organisationen und Institutionen, die sich in besonderer Weise für soziale und/oder ökologische Zielsetzungen einsetzen, ausdrücken. Diese Mitgliedschaften können für externe Beobachter ebenfalls als grober Indikator für eine übergeordnete verantwortliche Ausrichtung des Unternehmens angesehen werden[209].

Wenn in diesem Abschnitt die Verankerung sozialer, ökologischer und anderer ethisch reflektierter Werte im Unternehmen und der Unternehmenskultur besonders betont und die „policies" von Unternehmen, die grundlegende Unternehmensziele einschließen, als „richtungsweisend" interpretiert wurden, können sie

---

[206] Nach Heinen (1976, S. 28) steht am Beginn jeder wirtschaftlichen Tätigkeit die Auswahl der anzustrebenden Ziele aus einer Anzahl möglicher Alternativen. Unternehmensziele können hinsichtlich des zeitlichen Horizonts (kurz-, mittel-, langfristig), des Inhalts (strategisch, operativ), des Geltungsbereichs (übergreifend, einzelne Geschäftsbereiche), des Fokus (Finanzen, Markt, Gesellschaft) und des Rangs (Ober-, Unterziele) und der Prioritäten unterschieden werden (vgl. Nagy, 2002, S. 50).

[207] Vgl. insbesondere Fritz/Förster/Raffée/Silberer, 1984; Raffée/Förster/Krupp, 1988; Raffée/Fritz, 1992.

[208] Die in Kapitel 5.2 vorgestellte fundamentalökonomische Position wird selbstverständlich auch in der betriebswirtschaftlichen Theorie über Unternehmensziele abgebildet. So wird erklärt, dass für Unternehmen, auch wenn sie Beiträge zum Umweltschutz leisten, die Erhaltung der Umwelt damit noch lange nicht zu einem Unternehmensziel wird. „Unternehmungen werden nicht gegründet, um Umweltschutzpreise zu gewinnen, sondern um nachhaltig ökonomische Erträge zu erwirtschaften." (Staehle/Nork, 1992, S. 80). Die Interessen von Stakeholdern werden hier bestenfalls zu beachtenswerten Nebenbedingungen, die „... in die unverändert ökonomisch ausgerichtete Zielfunktion der Unternehmung eingehen." (Staehle/Nork, 1992, S. 81).

[209] Vgl. beispielsweise die Mitgliedschaften in sozial-ökologisch engagierten Unternehmensverbänden oder –initiativen wie z.B. ecosense, B.A.U.M., future und UnternehmensGrün oder die Unterzeichnung öffentlicher Erklärungen zur unternehmerischen Verantwortung für die Umwelt, wie z.B. die Unterzeichnung der ICC-Charter, des B.A.U.M.-Ehrenkodex, des UN-Global Compact oder der CERES-Principles.

allein allerdings nicht als hinreichender Beobachtungsbereich des verantwortungsvollen Unternehmensverhaltens angesehen werden. Sie stellen lediglich eine – allerdings besonders wichtige und notwendige - Voraussetzung dafür dar, dass sich konkrete Managementkonzepte im Unternehmen wirksam entfalten können und tatsächliche soziale und ökologische Nutzenstiftungen zielstrebig herbeigeführt werden können.

5.3.3.2 Das Management der sozialen und ökologischen Verantwortung als Gestaltungsaufgabe

Management der sozialen und ökologischen Verantwortung soll zunächst nichts anderes heißen, als dass heute – in Ergänzung zu den klassischen Managementaufgaben – auch die Wahrnehmung *sozialer und ökologischer Verantwortung* eine spezifische unternehmerische Aufgabe ist, die es im Unternehmen, so eine entsprechende Gesamtausrichtung des Unternehmens erfolgt ist, erfolgreich *„zu managen"* gilt (vgl. Göbel, 1992, S. 20). Dyllick warnt davor, diese Managementaufgabe nur „instrumentell" anzulegen, sie also nicht in der Unternehmenskultur und den „policies" zu verankern, „.... da sie von außen hinterfragt und angezweifelt werden und im Innern (dann) nicht die erforderliche Wertebasis ... zu schaffen vermögen." (Dyllick/Hamschmidt, 2000, S. 104)

Die Einwände gegen eine bloße Instrumentalisierung von Managementaufgaben können jedoch nicht davon ablenken, dass eine tatsächliche Verankerung der gesellschaftlichen Verantwortung in den Unternehmen nicht ohne den Einsatz spezifischer Managementkonzepte und Instrumente auskommen kann (vgl. Seidel, 1990, S. 215). Bei dem Management der sozialen und ökologischen Verantwortung geht es insgesamt darum, die im Unternehmen verankerten Werte, die Visionen und Leitbilder des Unternehmens so effizient wie möglich umzusetzen. Der Begriff bezieht sich nicht nur auf die oberste Führungsebene, sondern auf alle Akteure unabhängig von der Unternehmenshierarchie, die „.... initiativ, entscheidend, anordnend, durchsetzend, kontrollierend und mit Kompetenz und Verantwortung ausgestattet, tätig sind." (Eschenbach, 1997, S. 49).

Im Fokus des Managements der sozialen und ökologischen Verantwortung sind jene Organisations- und Führungsmaßnahmen, mit denen Ziele festgelegt werden, Programme und Maßnahmen durchgesetzt und die Zielerreichung überprüft werden (vgl. Dyllick/Hamschmidt, 2000 S. 107). Bei der konkreten Ausgestaltung des Managements der sozialen und ökologischen Verantwortung spielen in den letzten Jahren zunehmend international standardisierte oder gar normierte

Managementsysteme eine zentrale Rolle[210]. „Diese Managementsysteme beruhen heute auf dem Mechanismus eines systematischen Plan-Do-Check-Act-Kreislaufs, somit auf der Wirkung systematischer, selbstorganisierter, aber überwachter Kontroll- und Verbesserungszyklen." (Dyllick/Hamschmidt, 2000, S. 107). Sie sehen in verschiedenen Ausprägungen vor, dass

- eine allgemeine Politik für den Gegenstandsbereich des Managementsystems ausformuliert im Unternehmen vorliegen muss (Umweltpolitik, Sozialpolitik o.a.m.),

- eine Ist-Zustandsmessung vorgenommen wird und konkrete Ziele ausformuliert werden,

- die institutionellen Verankerungen einschließlich der Verantwortlichkeiten und Zuständigkeiten im Unternehmen klar ausgewiesen werden,

- eine Planung hinsichtlich der für die Zielerreichung erforderlichen Maßnahmen und die dafür bereitzustellenden personellen und sachlichen Ressourcen durchgeführt und fortgeschrieben wird,

- bestimmte Instrumente zur Zielerreichung eingesetzt werden,

- Anstrengungen zur kontinuierlichen Erfolgskontrolle unternommen werden und

- Anstrengungen zur kontinuierlichen (zumindest internen) Kommunikation unternommen werden.

Die Relevanz solcher Managementsysteme für sozial-ökologische Unternehmensbewertungen ist als besonders hoch zu bewerten:

1. Bereits die *bloße Existenz* eines geregelten, systematischen Managementprozesses in den zu untersuchenden Unternehmen ist ein wichtiger Indikator für die Ernsthaftigkeit, mit der ein Unternehmen sich mit Fragen zur Umsetzung der sozialen und ökologischen Verantwortlichkeit auseinandersetzt. Hinzu kommt, dass die erwähnten Managementsysteme in Teilen auch Gegenstand von unternehmensunabhängigen Überprüfungen (Zertifizierung) sind, was ihre Verwendbarkeit für externe Unternehmensbewertungen weiter erhöht.

2. Weiterhin impliziert das Vorhandensein von normierten oder zumindest standardisierten Umwelt- und Sozialmanagementsystemen den systemati-

---

[210] Managementsystem bezeichnet als spezieller Begriff die institutionelle Seite des Managements (vgl. Janzen, 1996, S. 13f.). Als Beispiele sind zu nennen: EFQM-Modell im Bereich des Total Quality Managements, die Umweltmanagementsysteme nach ISO 14001 und nach EMAS und die SA 8000 und die AA 8000 Managementsysteme, die auf das Sozialmanagement aufbauen (vgl. Leipziger, 2001, 2003; SAI, 2001; Waddock/Bodwell, 2002).

schen Einsatz von spezifischen Instrumenten in diesem Unternehmen, deren Anwendung demzufolge als weiterer inputbezogener Indikator für eine verantwortliche Unternehmenspolitik angesehen werden kann.

3. Außerdem werden von Unternehmen im Rahmen der jeweiligen Managementsysteme Daten gesammelt und bewertet, die Hinweise auf die relevante *Zielerreichung* geben. Damit liegt in diesem Unternehmen zumindest Datenmaterial vor, das für die oben erwähnte „outputbezogene" Betrachtung des verantwortlichen Unternehmensverhaltens besonders relevant ist.

Das Vorhandensein von *standardisierten Managementsystemen* ist deshalb nicht nur ein übergreifender Indikator für die auch institutionalisierte Verankerung einer sozialen und/oder ökologischen Verantwortlichkeit im Unternehmen selbst. Es ist in vielen Fällen eine unternehmensinterne Voraussetzung dafür, dass substantielles Datenmaterial vorliegt, um Aussagen über die weiter oben ausgeführte sozial-ökologische *Performance* der Unternehmen treffen zu können. Gerade weil die Analyse von sozialen und ökologischen Leistungsdaten („Performance") für die sozial-ökologischen Unternehmensbewertungen so zentral ist, soll im Folgenden vor allem auf die Instrumente der *sozial-ökologischen Leistungsmessung* vertiefend eingegangen werden. Aus der Perspektive von sozial-ökologischen Unternehmensbeobachtungen und -bewertungen sind vorrangig solche Instrumente des Managements interessant, die traditionell den Bereichen des Controlling und des betrieblichen Rechnungswesens zugeordnet werden, deren Aufgabenstellungen sich jedoch im Rahmen einer umfassender gesehenen gesellschaftlichen Verantwortung der Unternehmen erweitern.

So beschäftigt sich beispielsweise die betriebliche Umweltökonomie zunehmend mit der Frage, wie die Umweltleistung eines Unternehmens gemessen, bewertet und entsprechend auch gesteuert werden kann. Diese Aufgabenstellung wird in der 1999 verabschiedeten ISO-Norm 14031 zur so genannten Umweltleistungsmessung abgebildet[211]. Im deutlichen Unterschied zur weithin bekannten ISO

---

[211] Die DIN EN ISO 14031 befasst sich mit der Problematik der Bewertung der Umweltleistung von Organisationen/Unternehmen. Sie bedient sich zur Lösung verschiedener Kennzahlen bzw. Indikatoren und bettet diese in einen Kreislaufprozess der Umweltleistungsbewertung ein. Die ISO 14031 ist ein Instrument, das Organisationen mit einem Umweltmanagement-System bei der Beurteilung der Umweltleistung unterstützt. Gleichzeitig kann sie als Leitfaden für kleine und mittelständische Unternehmen dienen, die bisher noch kein Umweltmanagement-System aufgebaut haben. Ohne Beratungs- und Zertifizierungskosten kann sie bei der Ermittlung der wesentlichen Umweltaspekte, der Bestimmung von Umweltleistungskriterien und der Bewertung der Umweltleistung helfen. Die deutsche Fassung der ISO 14031 wird vom NAGUS herausgegeben (vgl. NAGUS, 2000).

14001[212], kommt es bei dieser Norm zur Umweltleistungsmessung „...primär auf die Ergebnisse eines Umweltmanagements, auf die tatsächliche „environmental performance" einer Organisation" an (Seifert, 2001, S. 45). Als besondere Vorteile dieser ISO-Norm, die auch aus der Perspektive einer vergleichenden externen Unternehmensbewertung eine Rolle spielen, werden hervorgehoben[213]:

- Beschränkung auf Informationen, Daten und Indikatoren, die für das jeweilige Unternehmen wesentlich sind

- Steuerung des Unternehmens mit diesen Kennzahlen, die auch in andere Kennzahlensysteme integriert werden können

- Möglichkeiten zu Mehrjahresvergleichen

- Transparente Darstellung der Umweltleistungen

Obwohl in dieser Norm der Fokus ausschließlich auf der Messung der Umweltleistung von Organisationen liegt und eine vergleichbare Norm für die Konzipierung einer sozialen Leistungsmessung von Unternehmen nicht vorliegt, sehen einige Autoren in dieser Norm einen Maßstab, der aufzeigt, „... was nachhaltigkeitsorientierte Leistungsbewertungen ... im 21. Jahrhundert zu leisten hätten." (Seifert, 2001, S. 49).

Auch von der Europäischen Union ist in Zusammenhang mit der Überarbeitung der Umweltmanagement Verordnung, die als EMAS II[214] bekannt ist, ebenfalls ein Schritt in Richtung Umweltleistungsmessung gegangen worden. Umweltleistung wird von der Europäischen Kommission definiert als die Ergebnisse des Managements der Organisation hinsichtlich ihrer Umweltaspekte, wobei hier unterschieden wird (Europäisches Parlament/Rat der Europäischen Union, 2001, Art 2, c) zwischen

- Leistungen des Umweltmanagementsystems (Tätigkeiten) und

- Leistungen im Sinne einer Reduktion der betrieblichen Umweltaspekte bzw. Umweltauswirkungen (Ergebnisse der Tätigkeiten, operative Ebene)

---

212 Die ISO 14001 fokussiert auf Umweltmanagementsysteme und nicht auf die Umweltleistung und ihre Messung (vgl. Woodside/Aurrichio/Yturri, 1998; Hillary, 2000).

213 Vgl. dazu Seifert, 2001, S. 47, der als positives Praxisbeispiel insbesondere auf die Veränderungen der Umweltberichterstattung bei der Kunert AG hinweist.

214 Vgl. die als EMAS II bezeichnete Verordnung (EG) Nr. 761/2001 des Europäischen Parlaments und des Rates vom 19. März 2001 über die freiwillige Beteiligung von Organisationen an einem Gemeinschaftssystem für das Umweltmanagement und die Umweltbetriebsprüfung (EMAS) sowie Wassmuth, 1999.

Die in EMAS II vorgestellte Vorgehensweise zur Messung der Umweltleistung kann in analoger Weise auch auf die Messung der Sozialleistung von Unternehmen ausgeweitet werden (vgl. Abbildung 24).

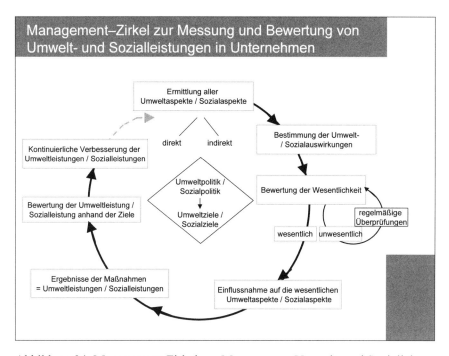

Abbildung 24: Management-Zirkel zur Messung von Umwelt- und Sozialleistungen in Unternehmen[215]

Danach sind in einem ersten Schritt jeweils alle Umweltaspekte und Sozialaspekte zu ermitteln, die mit der Produktion und/oder den Produkten oder dem Vertrieb und Marketing der Produkte zu tun haben. Bei dem zweiten wichtigen Schritt geht es darum, die möglichen Auswirkungen auf die Umwelt oder auch Mitarbeiter, Anwohner oder andere Stakeholder, die nicht dem Umweltthema zuzuordnen sind, zu erfassen. Wie dies konkret geschehen kann, scheint auf den ersten Blick bei Umwelt- und Sozialauswirkungen sehr unterschiedlich zu sein. Während man hoffen kann, hinsichtlich der Umweltauswirkungen von Produkten und Produktion unter Bezugnahme auf naturwissenschaftlich nicht strittige Zusammenhänge häufiger zu eindeutigen Folgeabschätzungen zu gelangen,

---

[215] Diese Darstellung lehnt sich an das in EMAS II vorgesehene Modell der Messung der Umweltleistung an. Vgl. auch Günther/Berger, 2001, S. 51.

kann vermutet werden, dass entsprechende Folgeabschätzungen im sozialen Bereich (noch) schwieriger vorzunehmen sind und offensichtlich auch von normativen Prämissen mitgeprägt sind. Bei den Abschätzungen der sozialen Auswirkungen und Folgen wird man in strittigen Fällen nicht umhinkommen, mit den jeweils betroffenen Stakeholdern eine gemeinsame und von ihnen mitgetragene Deutung der unterstellten Auswirkungen auf das Sozialsystem zu erarbeiten[216]. Vermutlich wird diese Lösung auch in einigen schwierigen Fällen bei der Bewertung von Umweltauswirkungen im Kern nicht anders aussehen. Diese Einschätzung trifft auch für den im Rahmen des Management-Zirkels vorgesehenen dritten Schritt zu, der auf die Bewertung der Wesentlichkeit von Umwelt- und Sozialauswirkungen abhebt.

Kennzeichnend für EMAS II und für ISO 14031 ist jedoch gleichermaßen, dass keine Indikatoren, Kennzahlen oder Grenzwerte materiell vorgegeben werden, anhand derer die faktische Umweltleistung gemessen werden soll: „Vielmehr werden die Unternehmen aufgefordert, Bewertungskriterien selbst zu definieren, die umfassend, unabhängig, nachprüfbar und reproduzierbar sein müssen..." (Günther/Berger, 2001, S. 51).

Mit dieser dann unternehmensindividuellen Definition von Kennziffern ist – aus der Perspektive von externen Unternehmensbeobachtungen und –bewertungen - das Problem einer geringen Vergleichbarkeit verbunden. Genau auf die Problematik dieser Schnittstelle von ökologischen und sozialen betrieblichen Informationssystemen, die unternehmensinterne Informationsbedürfnisse befriedigen, und einer ganzheitlichen öffentlichen Berichterstattung der Unternehmen hat Freimann (1990, S. 181ff.) frühzeitig hingewiesen. Freimann unterscheidet zwischen Konzepten, die der Messung und Bewertung von sozialen und ökologischen Folgen unternehmerischen Agierens dienen und arbeitet als gemeinsamen Problempunkt heraus, dass die hier zu bewertenden (und zu kommunizierenden) unternehmerischen Leistungen aggregiert und so zusammengefasst werden müssen, dass „...auch die unterschiedlichen Dimensionen sozialer und ökologischer Handlungsfolgen als solche erkennbar ..." werden, ohne dass die Besonderheiten des jeweiligen Unternehmens oder der Branche verloren gehen (Freimann, 1990, S. 186). Im Zentrum steht für ihn deshalb die Frage, anhand welcher Indikatoren, der Erfolg „gemessen" und kommuniziert werden kann. Dieser von Freimann gewählte Fokus und die von ihm formulierte Problemstel-

---

[216] Mit dem Konzept des Unternehmensdialoges liegt ein instrumenteller Gestaltungsvorschlag für entsprechende Verhandlungen vor (vgl. Hansen/Niedergesäß/Rettberg/Schoenheit, 1995; Hansen/Niedergesäß/Rettberg, 1996; Hansen, 1996; Rettberg, 1999; Hansen, 2001).

lung[217] ist für Konzepte der externen sozial-ökologischen Unternehmensbewertungen von besonderer Bedeutung, weil er sich von vorneherein auf betriebliche Mess- und Bewertungsinstrumente für soziale und ökologische Zielformulierungen in Verbindung mit ihrer Anwendbarkeit für eine angemessene, auch externe Berichterstattung der Unternehmen konzentriert.

Damit ist deutlich die Schnittstelle zu der dritten Gestaltungsaufgabe eines verantwortlichen Unternehmensverhaltens benannt worden, auf die im nächsten Abschnitt eingegangen wird.

5.3.3.3 Berichterstattung und Dialog als Gestaltungsaufgabe

Bereits bei der näheren Untersuchung der grundlegenden unternehmerischen Gestaltungsaufgabe „Werte und Unternehmenskultur" sind zahlreiche Schnittstellen zum Aufgabengebiet der internen Kommunikation deutlich geworden. Als Aktionsbereich des internen Marketing werden unter *interner Kommunikation* alle kommunikativen Maßnahmen verstanden, die zur Gestaltung unternehmensinterner Austauschbeziehungen angewandt werden. Nach Stauss (1995, Sp. 1050) können dabei die interne Individualkommunikation (z.B. Trainings oder Dialoge zwischen Management und Kontaktpersonal) und auch die interne Massenkommunikation (z.B. Rundschreiben oder Firmenzeitschriften) unterschieden werden. Die bewusste Gestaltung der Unternehmenskultur und die Entwicklung und Verankerung von „policies" ist ohne - zumindest interne - Kommunikation nicht möglich: „Erst über eine breite Kommunikation werden Voraussetzungen für eine unternehmensweite verhaltensbeeinflussende Wirkung auf die Mitarbeiter geschaffen." (Bleicher, 1999, S. 187). Zusätzlich bilden aussagefähige Leitbilder die Grundlage für eine Kommunikation des unternehmerischen Wollens nach außen. Auch bei der Gestaltung des Managements der sozialen und ökologischen Verantwortung sind gerade in Zusammenhang mit der Beobachtung und Bewertung der tatsächlichen Leistungen des Unternehmens eine Reihe von internen und externen Kommunikationsfunktionen angesprochen worden. Unternehmensintern ist eine Berichterstattung über die Leistungen und ihre Bewertung zunächst ganz instrumentell erforderlich, um eine Anpassung der Ziele und Maßnahmen im Sinne eines kybernetischen Kreislaufs

---

[217] Dieser Frage ist das von der Europäischen Union geförderte Forschungsprojekt „Measuring the Environmental Performance of Industry" (MEPI) nachgegangen (vgl. Berkhout et al., 2001). Die Autoren kommen u.a. für den Gegenstandsbereich des Umweltschutzes zu dem Ergebnis, dass ein Kernsatz von Kennzahlen existiert, der eine vergleichende Bewertung der Umweltleistung von Unternehmen ermöglicht, und dass eine Angleichung der internationalen Diskussion zu beobachten ist, die wesentlich auch durch die Global Reporting Initiative und dem Wunsch nach vergleichbar gestalteter Berichterstattung von Unternehmen initiiert ist.

vorzunehmen[218]. Die *unternehmensexterne Berichterstattung* kann in einem weiteren Sinne als Beitrag zu einem übergreifenden Lernmodell verstanden werden (vgl. Abbildung 23). Indem Unternehmen in einer umfassenden Perspektive unter Einbeziehung der sozialen, ökologischen und anderen ethisch reflektierten Zielsetzungen berichten und dabei über die zur Zielerreichung ergriffenen Maßnahmen und Vorkehrungen sowie über die erreichten Ergebnisse informieren, ermöglichen sie den Dialog mit der Gesellschaft und spezifischen Stakeholdern.

Die unternehmensinterne und externe Berichterstattung und der dadurch ermöglichte Dialog mit den Stakeholdern des Unternehmens wird in dieser Arbeit als eigenständige und grundlegende Gestaltungsaufgabe der verantwortlichen Unternehmensführung bezeichnet, weil

- sie mit dem modernen und dieser Arbeit zugrundegelegten Unternehmensverständnis auf das engste verbunden und für die Gestaltung der Beziehung der Unternehmen zur Gesellschaft und zu seinen Stakeholdern unverzichtbar ist *(Funktion der Berichterstattung)*,

- sie selbst als ein eigenständiges Handlungsfeld des verantwortlichen Unternehmensverhaltens anzusehen ist und zu einem eigenständigen, herausgehobenen Beurteilungskriterium für die Verantwortungsübernahme wird *(Berichterstattung als Meta – Kriterium)*,

- bei der Berichterstattung über soziale und ökologische Verantwortlichkeiten besondere Anforderungen zu beachten sind, da es sich bei den Inhalten um besonders schwer zu überprüfende Vertrauenseigenschaften handelt, für die es – anders als bei der Finanzberichterstattung - keine verbindlichen Normen gibt. *(Anforderungen und Schwierigkeiten der Berichterstattung)*

Aufgrund des in dieser Arbeit gewählten Verständnisses von Unternehmung wird die umfassende Berichterstattung der Unternehmen gegenüber der Gesellschaft und ihren Stakeholdern als ein Mittel eingeordnet, den Dialog mit der Gesellschaft und den Stakeholdern der Unternehmen zu ermöglichen. Nach Ness/Mirza (1991) benötigt die Gesellschaft, die sich gegenüber den Unternehmen in der Rolle eines Prinzipalen befindet, die qualifizierte Informationen von und über die Unternehmen, um über die Weitervergabe der so genannten „licen-

---

[218] Schultz/Burschel/Losen (2001) betonen diesen Punkt sogar besonders, indem sie den Nachhaltigkeitsbericht als ein Managementinstrument bezeichnen, bei dem die Dokumentations- und Planungs- und Kontrollfunktion im Vordergrund steht.

se to operate"[219] zu befinden. Die damit angesprochene zivilgesellschaftliche Steuerung der Unternehmen, die eine angemessene Transparenz über die sozialen und ökologischen Ziele und Leistungen der Unternehmen voraussetzt, scheint gerade im Zeitalter der Globalisierung an Bedeutung zu gewinnen (vgl. Burschel/Losen, 2002). In dem Maße, wie nationale politisch-rechtliche Ordnungsrahmen immer weniger in der Lage sind, „... für einen fairen und auf Dauer zukunftsfähigen Ausgleich der Interessen zu sorgen" (Müller, 2001, S. 15), könnte ein System an Bedeutung gewinnen, in dem die qualifizierte soziale und ökologische Berichterstattung der Unternehmen einen öffentlichen Dialog ermöglicht, „... bei dem das Sanktionspotenzial der öffentlichen Meinungsbildung zum Zuge käme." (IÖW/imug 2002, S. 27). Es scheint, als ob angesichts globaler, aber auch nationaler Problemlagen und Aufgabenstellungen, bei deren Lösung dem Staat bestenfalls die Förderung einer Ermöglichungskultur zufällt, „Transparenz" zu einem strategischen Erfolgsfaktor wird, da er „... der Zivilgesellschaft die Möglichkeit (gibt), handlungsmächtige Kooperationen[220] in ihren Aktionen zu kontrollieren." (Riess/Schackenberg, 2002, S. 16).

Transparenzverbesserung berührt zentral die *Gestaltungsaufgabe der „Berichterstattung"*, die von Unternehmen vor allem in Form der klassischen Finanz- und Geschäftsberichterstattung praktiziert wird (vgl. Birk, 1991; Kieninger, 1993). Sie ist auf nationaler Ebene durch rechtliche Rahmenbedingungen und Normen detailliert geregelt und fokussiert auf die wirtschaftlichen Aktivitäten der Unternehmen, die monetär erfasst und bewertet werden, um unternehmensinternen und -externen Stakeholdern notwendige Informationen über die Vermögens-, Finanz- und Erfolgslage des Unternehmens bereitzustellen (vgl. Klaffke, 2003).

In der Betriebswirtschaftslehre wird allerdings seit mehr als 30 Jahren über eine erweiterte gesellschaftliche Berichterstattung von Unternehmen diskutiert[221]. Empirische Bezugspunkte dieser Diskussion waren die in den siebziger Jahren vereinzelt praktizierten Sozialberichterstattungen und die seit den achtziger

---

[219] Der Begriff „license to operate" wird im angloamerikanischen Bereich häufiger von Unternehmen verwendet, um die Abhängigkeit „quasi öffentlicher Unternehmen" von der Gesellschaft zu beschreiben. „Society's 'license to operate' now imposes new, legitimate demands for doing business – including both significant opportunities and costs. Capitalizing on these opportunities requires that companies be willing to use their science and technology competencies to respond appropriately to these new demands." (vgl. Dow Chemical Company, 2004).

[220] Was oder wer mit den handlungsmächtigen Kooperationen vor dem Hintergrund einer abnehmenden Rolle des Staates gemeint ist, kann vermutet werden, wenn darauf hingewiesen wird, dass ausgewiesene Wirtschaftsorganisationen den Erfolgsfaktor Transparenz erkannt haben und ihn „... in den vielzitierten stakeholder dialogues" (Riess/Schackenberg, 2002, S. 16) bereits praktizieren.

[221] Vgl. vor allem Dierkes, 1974; Brockhoff, 1975; Freimann, 1989.

Jahren stetig anwachsende Zahl von Umweltberichterstattungen[222] und Umwelterklärungen[223] (vgl. IÖW/imug, 2002, S. 52ff.). In den letzten 10 Jahren sprechen eine Reihe von Anzeichen dafür, dass die noch vereinzelt fortgeführten Sozialberichterstattungen und die eher noch zunehmende Zahl von Umweltberichten und Umwelterklärungen in eine vom Anspruch her ganzheitliche und integrative Nachhaltigkeitsberichterstattung[224] überführt werden (vgl. Cornier/Gordon, 2001; IÖW/ imug, 2002).

„Berichterstattung" von Unternehmen kann ganz generell als *besondere Form der Unternehmenskommunikation* angesehen werden. Sie kann prinzipiell entweder auf der Grundlage gesetzlicher Verpflichtungen oder auf freiwilliger Basis erfolgen. Für Umwelt-, Sozial- und Nachhaltigkeitsberichterstattungen gibt es in Deutschland wie in vielen anderen europäischen Ländern[225] keine spezielle Publikationspflicht. Dennoch zeichnen sich freiwillige Umwelt-, Sozial- und Nachhaltigkeitsberichterstattungen gegenüber der sonstigen Unternehmenskommunikation dadurch aus, dass sie eine weiche Form der Selbstbindung darstellen, indem sie sich implizit oder explizit an bestimmte fundamentale Standards der Kapitalmarktkommunikation von Unternehmen[226] oder - deutlicher spezifiziert - an bestimmten Normen[227], Standards und Empfehlungen für die Umwelt- und Nachhaltigkeitsberichterstattung orientieren. Bei allen Unterschieden im Detail ist diesen Gestaltungsempfehlungen[228] gemeinsam, dass sie die Beliebigkeit der Unternehmenskommunikation über soziale und ökologische

---

[222] Zur Entwicklung der Umweltberichterstattung vgl. insb. Fichter, 1998a.

[223] Unternehmen, die ihr Umweltmanagementsystem an der EMAS-Verordnung ausrichten und entsprechend zertifizieren lassen, sind verpflichtet, nach Abschluss der erforderlichen Prüfungen, standortbezogen eine Umwelterklärung zu publizieren, die eine Art Ergebnisbericht des gesamten Auditierungsverfahrens darstellt (vgl. Wicenic, 1998, S. 19).

[224] Ganzheitliche Berichterstattungen, die in die Tradition der Diskussion um eine erweiterte gesellschaftliche Berichterstattung einzureihen sind, werden teilweise auch CSR-Reporting oder als Corporate Citizenship-Reporting bezeichnet und von einzelnen Unternehmen praktiziert (vgl. Schult/Burschel/Losen, 2001).

[225] In Frankreich (seit 2002) und Dänemark (seit 1995) sind Unternehmen einer bestimmten Größenordnung zur Berichterstattung über soziale und/ oder ökologische Tatbestände gesetzlich verpflichtet (vgl. Krüger, 2002).

[226] Vgl. die Anforderungen der OECD an die Berichterstattung von Unternehmen im Rahmen des Jahresabschlusses, die aus der Perspektive einer angemessenen „Corporate Governance" gestellt werden (vgl. OECD, 1999).

[227] Vgl. den DIN 33922 Leitfaden für die Gestaltung von Umweltberichten für die Öffentlichkeit (DGQ, 1997).

[228] Vgl. im Folgenden die Auswahl der Gestaltungsempfehlungen für eine ganzheitliche Berichterstattung der Unternehmen: The Association of Chartered Certified Accountants (ACCA), 2001; Frings/ifeu, 2002; Wirtschaftsprüferkammer, 2002; European Federation of Accountants (FEE), 2002; Heemskerk/Pistorio/Scicluna/WBCSD, 2003.

Ziele und Leistungen des Unternehmens bewusst einengen, indem sie ausgehend von allgemeinen Grundsätzen wie

- Wahrheit und Wesentlichkeit
- Vergleichbarkeit und Stetigkeit
- Klarheit über den zeitlichen und räumlichen Bezugsrahmen
- Adressantengerechtigkeit und Verständlichkeit
- Verifizierbarkeit und Transparenz

einen Darstellungsrahmen für die Berichterstattung mehr oder weniger konkret vorgeben. Solche Grundsätze und der darauf basierende Darstellungsrahmen „.... dienen der Sachlichkeit und Glaubwürdigkeit von Berichten und damit als Grundlage für den Dialog." (IÖW/ imug 2002, S. 82). Unternehmen, die sich freiwillig implizit oder explizit an einem oder mehreren Standards orientieren, tun dies, um die Glaubwürdigkeit und damit Wirksamkeit ihrer Berichterstattung zu erhöhen. Der für die Nachhaltigkeitsberichterstattung insbesondere von großen, aktiennotierten Unternehmen relevanteste Standard[229] sind die Sustainability Reporting Guidelines der *Global Reporting Initiative (GRI)* (vgl. Global Reporting Initiative, 2002). Die GRI ist mit Unterstützung der UNEP 1997 mit dem Ziel gegründet worden, die nachhaltigkeitsorientierte Berichterstattung weltweit zu harmonisieren. „The Global Reporting Initiative (GRI) is a long-term, multi-stakeholder, international process whose mission is to develop and disseminate globally applicable Sustainability Reporting Guidelines" (GRI, 2002, S. 1). Die angestrebte Harmonisierung der Nachhaltigkeitsberichterstattung bezieht sich auf die Berichtsformate (wie soll berichtet werden), Struktur der Berichte (wie soll ein Bericht aufgebaut sein), auf die Inhalte (über was soll berichtet werden) und auf die Verifizierbarkeit der Berichte (wie soll eine unabhängige Überprüfung sichergestellt werden) (vgl. IÖW/imug, 2002, S. 80). Ein besonders wichtiges Element des GRI-Konzeptes umfasst die von der GRI vorgeschlagenen 140 Indikatoren, die von den Unternehmen zur Berichterstattung über

- Vision und Strategie des Unternehmen
- Profil des Unternehmens
- Managementsysteme des Unternehmens

---

[229] Im Umweltbericht 2003/2004 des VW Konzerns wird betont, dass bei einer ausschließlichen Orientierung an den GRI-Richtlinien auch Nachteile in Kauf zu nehmen wären. Neben den GRI-Richtlinien waren für die VW-Berichterstattung deshalb auch „... zusätzliche Leitfäden und Normen externer Institute, Rating-Organisationen und Beratungsfirmen ..., weitere Eckpfeiler bei der Erstellung dieses Berichts" (Volkswagenkonzern, 2003, S. 10).

- ökonomische Leistungen des Unternehmens (Kennzahlen)
- ökologische Leistungen des Unternehmens (Kennzahlen) und
- soziale Leistungen des Unternehmens (Kennzahlen)

genutzt werden sollen (vgl. GRI, 2002). Während es sich bei den ökonomischen, ökologischen und sozialen Leistungen um eine output- bzw. ergebnisbezogene Betrachtung handelt, beziehen sich die Indikatoren zur Kennzeichnung der Managementsysteme und der Vision und Strategie des Unternehmens auf unternehmensinterne Vorkehrungen und Prozesse, die ein nachhaltiges Agieren des Unternehmens möglich und wahrscheinlich machen sollen. Dieser Strukturvorschlag der GRI, auf den eine stetig wachsende Zahl von Unternehmen explizit Bezug nimmt, ist weitgehend deckungsgleich mit den in diesem Kapitel herausgestellten Beobachtungsbereichen einer verantwortungsvollen Unternehmensführung.

Zusammenfassung

Gegenstand des Kapitels 5.3 war die Frage anhand welcher objektivierbaren Tatbestände, sozial-ökologische Unternehmensbewertungen feststellen können, ob Unternehmen mehr oder weniger umfangreich oder angemessen verantwortlich agieren. Es wurde betont, dass hierfür zunächst einmal betriebswirtschaftlich reflektierte Gestaltungsvorschläge zur Verankerung von ethischen und/oder sozialen und ökologischen Zielsetzungen im Unternehmen analysiert werden müssen. Die Analyse hat bestätigt, dass die

- *Performance* der Unternehmen
  (die output- bzw. ergebnisbezogenen ökologischen und sozialen Leistungen der Unternehmen)

zwar ein wichtiger, aber *nicht* der ausschließliche Beobachtungsgegenstand von externen Bewertungen sein dürfen. Auch was Unternehmen tun, um eine verantwortliches Verhalten zu *ermöglichen* und *langfristig* sicherzustellen, muss in Betracht gezogen werden. Es wurde deutlich, dass in den unternehmerischen Gestaltungsbereichen

- *Policy*
  (die verantwortliche Ausrichtung des Unternehmens)

- *Management*
  (die institutionalisierte Verankerung der sozialen und ökologischen Verantwortung)

- *Berichterstattung*
(die unternehmensinterne und externe Kommunikation über die Zielerreichung)

zusätzliche Ansatzpunkte zur Beobachtung und Bewertung der sozialen und
ökologischen Qualität der Unternehmenspolitik liegen.

Diese insgesamt *vier Beobachtungsbereiche* haben vielfältige Verzahnungen
untereinander. Sie bieten allerdings – das hat die Analyse gezeigt – zahlreiche,
auch in der Unternehmenspraxis verankerte konkrete Anknüpfungspunkte, die
erforderlich sind, wenn das abstrakte Konstrukt einer „verantwortlichen Unternehmensführung" zum Gegenstand einer vergleichenden Unternehmensbewertung gemacht werden soll.

6 Leitideen und ihre Konsequenzen für externe sozial-ökologische Unternehmensbewertungen und ihre Kommunikation als theoriegestützter Bezugsrahmen

Am Beispiel des Socially Responsible Investment wird in dieser Arbeit die Frage untersucht, ob und wie eine verbesserte Markttransparenz einen Beitrag zur nachhaltigen Erwachsenenbildung leisten kann. Die theoriegeleitete *informationsökonomische Analyse* des Marktes prognostiziert eine erhebliche asymmetrische Informationsverteilung, die für die Entwicklung dieses Marktes, aber auch für die Möglichkeiten des nachhaltigen Lernens in Zusammenhang mit dem SRI als besonders hinderlich angesehen wird. Erste empirische Untersuchungen zu dem zurückhaltenden Engagement von privaten und institutionellen Investoren bestätigen diese theoriegeleitete Deutung von Marktentwicklungshemmnissen. Die Transparenzprobleme fokussieren auf die Bewertung und die darauf bezugnehmende Selektion von Unternehmen nach sozialen und ökologischen und ggf. nach anderen ethisch begründeten Kriterien. Zur Überwindung dieser Informationsasymmetrien haben sich in den letzten Jahren Arbeitsprozeduren in unterschiedlichen institutionellen und anwendungsbezogenen Kontexten herausgebildet, die zusammenfassend als *unternehmensexterne sozial-ökologische Unternehmensbewertung* bezeichnet werden. Die eigenständige Institutionalisierung dieser Arbeitsprozeduren, die sich in besonderem Maße um Glaubwürdigkeit und Qualität der Leistungserbringung bemühen muss, kann institutionentheoretisch schlüssig erklärt werden.

Da die normativen und instrumentellen Aspekte von sozial-ökologischen Bewertungen von Unternehmen bislang nur vereinzelt im wissenschaftlichen Kontext untersucht wurden (vgl. Hansen/Lübke/Schoenheit, 1992; imug, 1997), ist in dieser Arbeit die Frage der unternehmerischen Verantwortung unter Bezugnahme auf den betriebwirtschaftswissenschaftlichen Diskussionsstand über *unternehmensethische Konzepte* genauer reflektiert worden. Im **Kapitel 6.1** sollen wesentliche Leitideen und Konsequenzen für externe sozial-ökologische Unternehmensbewertungen aufgezeigt werden, die sich auf deduktivem Wege aus diesen unternehmensethischen Reflexionen ergeben. Hierbei geht es im Kern um den Begründungszusammenhang und die grundsätzliche Legitimation externer sozial-ökologischer Unternehmensbewertungen[230] (vgl. Abbildung 25).

---

[230] Vgl. zur Notwendigkeit der Legitimation von externen sozial-ökologischen Unternehmensbewertungen imug, 1997, S. 99ff..

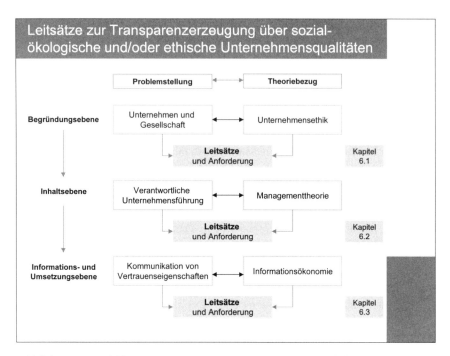

Abbildung 25: Leitideen zur Transparenzerzeugung über sozial-ökologische und/oder ethische Unternehmensqualitäten

Während sich die Leitideen aus unternehmensethischen Theoriezusammenhängen noch auf die grundsätzliche Berechtigung, Ausrichtung und auf Prozess- und Transparenzqualitäten der Unternehmensbewertungen beziehen, können aus der *managementtheoretischen Reflexion* des vorangegangenen Kapitels, die klare Hinweise auf die Verankerung und Gestaltung von sozialen, ökologischen und/oder ethischen Werten in Unternehmen ergeben hat, bereits konkretere Leitideen und Konsequenzen für systematische Versuche formuliert werden, Transparenz über die soziale und ökologische und/oder ethische Unternehmensqualitäten zu messen. Dies soll im **Kapitel 6.2** geschehen.

Die Ergebnisse von sozial-ökologischen Unternehmensbewertungen müssen – in welcher Form auch immer – an die potenziellen Investoren kommuniziert werden, damit die spezifische Qualität ihrer Geldanlage sichtbar wird. Die grundlegenden Empfehlungen, die vor dem Hintergrund informationsökonomischer Betrachtungen formuliert werden können, sollen dann abschließend im **Kapitel 6.3** in Form von Leitsätzen und Konsequenzen konkretisiert werden. Schließlich werden im **Kapitel 6.4** die Konsequenzen für die im Kapitel zu diskutierenden empirischen Untersuchungen zusammenfassend vorgestellt.

6.1 Leitideen für sozial-ökologische Unternehmensbewertungen im Kontext unternehmensethischer Reflexionen

Die in der Betriebswirtschaftslehre in den letzten zwanzig bis dreißig Jahren intensiv geführte Diskussion um die veränderte Rolle von Unternehmen in der Gesellschaft und die unterschiedlichen Versuche, ethische Reflexionen im Kontext betriebswirtschaftlichen Denkens und Handelns zu etablieren, bieten zahlreiche und gut begründete Theorieelemente an, ein Konzept von externen sozial-ökologischen Unternehmensbewertungen betriebswirtschaftlich und gesellschaftsbezogen zu begründen und auf einer allgemeinen Ebene angemessen zu konzeptionalisieren. Es ist deutlich geworden, dass eine weitgehende und theoretisch fundierte Akzeptanz einer grundsätzlichen gesellschaftlichen Verantwortungsübernahme durch die Unternehmen existiert. Damit scheinen wichtige Argumente zur Fundierung einer prinzipiellen Legitimität von externen sozial-ökologischen Unternehmensbewertungen vorzuliegen. Die übergeordneten und zum Teil impliziten Erkenntnisse sollen im Folgenden in Form von Leitsätzen herausgearbeitet werden, aus denen jeweils die für den Untersuchungsgegenstand deduzierbaren Konsequenzen abgeleitet werden. Dieses deduktive Verfahren stellt im Ergebnis einen theoriegestützten Bezugsrahmen für die weitere Untersuchung dar.

Leitsatz 1
Unternehmen sind moralische Akteure.

Der Rekurs auf den unternehmensethischen Diskussionsstand in der Betriebswirtschaftslehre ist lohnend, weil er zeigt, dass die Frage nach dem *moralischen Status von Unternehmen* klar positiv beantwortet werden kann. Da Unternehmen nicht nur die Summe individueller Handlungsvollzüge von Managern und Mitarbeitern sind, sondern sie ganzheitliche, zielorientierte Organisationen sind, kommt ihnen „... ein eigener, von den Individuen verschiedener moralischer Status zu, der auch nicht einfachhin durch gesellschaftliche und wirtschaftliche Rahmenbedingungen (...) bestimmt wird." (Enderle, 1993, Sp. 1098). Enderle betont in diesem Zusammenhang zu Recht, dass diese Sichtweise eine enorme Bedeutung für die Unternehmen hat. Diese Erkenntnis kann als Grundlage dafür gelten, dass Unternehmen überhaupt unter Bezugnahme auf ethisch reflektierte Kriterien, die die soziale und ökologische Verantwortlichkeit des Unternehmens operationalisieren wollen, von externen Dritten beurteilt werden können. Wenn das Unternehmen als Träger ganzheitlicher Verantwortung (vgl. Koerber, 2002) und damit als eine Art moralischer Akteur gesehen wird, ist der wichtige Stellenwert der wirtschaftlichen und rechtlichen Rahmenordnung für das unterneh-

231

merische Agieren damit ebenso wenig bezweifelt, wie die Bedeutsamkeit auch einer individualethischen Fundierung der Unternehmenspolitik. Entscheidend ist an dieser Stelle, dass externe sozial-ökologische Unternehmensbewertungen damit das Unternehmen als Institution ganzheitlich betrachten und analysieren können.

Konsequenzen für sozial-ökologische Unternehmensbewertungen:

- Ganzheitliche, auch normativ wertenden Urteile über Unternehmen als Ganzes sind zulässig.

- Bei ganzheitlichen Beurteilungen von Unternehmen hinsichtlich ihrer sozialen, ökologischen und/oder ethischen Qualität ist die ethische Reflexion der bewertenden Handlungen erforderlich.

Leitsatz 2
Verantwortliches Unternehmensverhalten zeigt sich an den Ergebnissen.

Deutlich wurde in Zusammenhang der unternehmensethischen Reflexion weiterhin, dass gesinnungsethische Ansätze, die auf die Motivation des Handelns abheben, die komplexen Handlungssituationen in wirtschaftlichen Zusammenhängen verfehlen, in denen „...von einem Auseinanderfallen von Motiven und Konsequenzen ausgegangen werden" muss (Abel, 1996, S. 103). Unternehmerisches Agieren in der Marktwirtschaft muss als Teil jener Kraft verstanden werden, die in der Regel „das Böse" (den Eigennutz) will und gelegentlich, jedoch nicht automatisch und nicht immer „das Gute" (den Wohlstand und das Glück möglichst vieler) schafft[231]. Grundlegend für externe sozial-ökologische Unternehmensbewertungen sollte die utilitaristische Moralphilosophie sein, die auf den größtmöglichen Nutzen von Handlungen für die Gesamtheit der Betroffenen abhebt. Ausschlaggebend ist hierbei nicht das eigene Wohlergehen bzw. „.... das Wohlergehen bestimmter Gruppen, Klassen oder Schichten, sondern das aller von den Handlungen Betroffenen." (Höffe, 1992, S. 11). Zu der Frage, was als Nutzen- oder Schadensstiftung grundsätzlich ins Kalkül zu ziehen ist, hat sich in den letzten Jahre in der Betriebswirtschaftslehre die Sichtweise etabliert, nach der Nutzenstiftungen nur gesteigert werden „dürfen", wenn sie „... nicht zum

---

[231] In freier Anlehnung an das berühmte Mephisto-Bekenntnis. Vgl. auch Binswanger (1985), der das Fauststück und die Rolle von Mephisto mit großem Erkenntnisgewinn für die Deutung der Funktionsweisen der modernen Marktwirtschaft untersucht.

Schaden eines anderen bzw. einer anderen Institution – auch nicht der Umwelt – erfolgen." (Loitlsberger, 1997, S. 553). Im Kontext der Nachhaltigkeitsdiskussion wird dieser Anspruch sogar auf die möglichen Nutzen- und Schadensstiftungen bezogen, die aus heutigen Entscheidungen für die nachfolgenden Generationen erwachsen können. Spätestens hier wird jedoch deutlich, dass dieser dem Utilitarismus entlehnte Ansatz selbst vor schwerwiegenden Abwägungsaufgaben steht, weil in vielen Fällen ein Kompromiss zwischen verschiedenen prognostizierbaren Nutzen- und Schadensstiftungen erforderlich sein wird. Externe sozial-ökologische Unternehmensbewertungen müssen versuchen, die in diesem Zusammenhang existierenden Bewertungsprobleme transparent zu machen.

Konsequenzen für sozial-ökologische Unternehmensbewertungen:

- Die tatsächlichen sozialen und ökologischen Nutzenstiftungen durch das unternehmerische Agieren sind wichtiger als die zugrundeliegenden Handlungsmotive.

- Die Einstellungen und Motive des Handelns (der Manager) sind keine relevanten Ansatzpunkte für die Bewertung des verantwortlichen Unternehmensverhaltens.

- Dilemmasituationen bei externen Nutzenstiftungen (z.B. Umweltnutzen versus Kundennutzen) sind zu berücksichtigen und im Kontext von Bewertungsfragen transparent zu machen.

Leitsatz 3

Unternehmerische Verantwortung ist ein ganzheitliches Konzept, das auch die ökonomischen Leistungsindikatoren und die Gewinnerzielungsabsicht integriert.

In einigen Beiträgen zur gesellschaftlichen Verantwortung der Unternehmen wird der unternehmerische Gewinn zwar weiterhin als Beurteilungsmaßstab für die Überlebensfähigkeit und –würdigkeit eines Unternehmens dargestellt, aber nicht mehr als Ziel unternehmerischer Aktivitäten, sondern als unverzichtbares Mittel gesehen. Im Gegensatz zur Position der ökonomischen Fundamentalisten wird der Gewinnerzielung nur noch der Rang einer zu erfüllenden Nebenbedingung eingeräumt, während das eigentliche Ziel des Unternehmens in der Wahrnehmung seiner gesellschaftlichen Aufgaben gesehen wird.

Andere Positionen zur gesellschaftlichen Verantwortung gehen dagegen – ähnlich wie die ökonomischen Fundamentalisten – von dem Primat der Gewinnerzielung aus. Erst auf dieser Basis sei die Übernahme gesellschaftlicher Verantwortung möglich und sinnvoll. Als besondere Variante dieser Auffassung wird von einer weitgehenden Identität der Zielsysteme gesprochen und eine übergreifende Harmonie zwischen gesellschaftlichen und ökonomischen Zielen erhofft[232]. Eine solche einseitige Sicht auf das Verhältnis von Ökonomie und Moral muss sich den Vorwurf gefallen lassen, dass hier die Übernahme gesellschaftlicher Verantwortung „harmonisiert" und womöglich auch „instrumentalisiert" wird (vgl. Ridder 1993, S. 27). Zum Teil handelt es sich aber auch eher um strategische Beschwörungsklauseln, die zur Motivierung der Unternehmen in Richtung gesellschaftlicher Verantwortungsübernahme eingesetzt werden (vgl. Hansen, 2004).

Es wird insgesamt jedoch deutlich, dass im Spannungsfeld von ökonomischer Rentabilität und der Übernahme von Verantwortung verschiedene Grundtypen in einer kurz- und mittelfristigen Perspektive unterschieden werden können und müssen, für die unterschiedliche unternehmensstrategische Reaktionstypen zur Verfügung stehen (vgl. Abbildung 26).

In dieser Betrachtung zeigt sich, dass die Erreichung des Gewinnziels in einer kurz- und langfristigen Perspektive *konfliktär* zur Erreichung gesellschaftlicher Ziele bzw. der Berücksichtigung besonderer ethischer Normen stehen kann. Aufgabe des Managements ist es nun jedoch gerade, Lösungswege aus solchen Dilemmasituationen zu suchen. So stehen alle in den verschieden ethischen Handlungssituationen möglichen Basisstrategien „... unter dem Postulat, dass sie sich zumindest langfristig rechnen müssen." (imug, 1997, S. 29). Nicht nur die Entdeckung der Kompatibilitätszonen, sondern ihre bewusste Herbeiführung kann als Aufgabe eines modernen Managements der sozialen und ökologischen Verantwortung angesehen werden (vgl. Göbel, 1992).

---

[232] Die aktuelle Redeweise, nach der Corporate Socially Responsible als Business Case zu verstehen sei, greift diese Argumentation auf (vgl. z.B. Fombrun, 1997; Reinhardt, 1999; Aigner/Hopkins/Johansson, 2003 und kritischer dazu Dyllick/Hockerts, 2002).

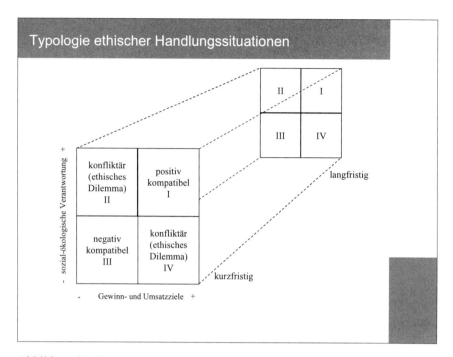

Abbildung 26: Typologie ethischer Handlungssituationen (Hansen, 1995, Sp. 622)

Bei externen sozial-ökologischen Unternehmensbewertungen sollten deshalb auch solche Leistungen und Aktivitäten von Unternehmen mit zum Gegenstand der Analyse und Bewertung gemacht werden, deren Motive nicht uneigennützig sind. „Der ethische Rigorismus, von Handelnden den Verzicht auf die Eigennützigkeit zu verlangen, ist z.T. völlig überflüssig (...) und mindert die Durchsetzungskraft von Normen..." (Abel, 1996, S. 108). Als lobenswertes verantwortliches Handeln der Unternehmen sollte deshalb nicht nur das beschrieben und bewertet werden, was auf eine Einschränkung des Gewinnprinzips hinausläuft, sondern alle Maßnahmen und deren Folgen, die für das Wohlergehen aller Betroffenen optimal sind (vgl. Höffe, 1992, S. 11). Schematische Positionen, die als ethisches und verantwortliches Handeln nur jenes zulassen wollen, das auf eine situative Einschränkung des Gewinnprinzips hinausläuft, verkennen darüber hinaus, dass dem menschlichen und dem unternehmerischen Handeln häufig eine Vielzahl von Motiven zugrunde liegt und sich eigennützige mit uneigennützigen Handlungen häufig so sehr verbinden, dass schon von daher „.... die Forderung der Befolgung ethischer Normen um ihrer selbst willen unrealistisch ist." (Abel, 1996, S. 105). Damit wird auf einer grundlegenden Ebene Homann und Blome-Drees zugestimmt, wenn sie pointiert formulieren, dass

235

Moral und normative Regelungen und bestimmte Elemente der unternehmerischen Verantwortung nicht gegen, sondern nur in und durch die Wirtschaft und Gesellschaft durchgesetzt werden können (vgl. Homann/Blome-Drees, 1992, S. 19). Korff et al. sprechen sogar von einem Misstrauen gegenüber einer Ethik, „... die glaubt, die Wohlfahrt der Menschheit durch unmittelbare Induktion altruistischer Motive in das ökonomische Handeln sicherstellen zu können." (Korff et al., 1999, S. 23).

Konsequenzen für sozial-ökologische Unternehmensbewertungen:

- Auch die ökonomische Leistungsfähigkeit und wirtschaftlichen Rahmenbedingungen des unternehmerischen Handelns müssen in einer Gesamtbetrachtung des verantwortlichen Unternehmensverhaltens einbezogen werden.
- Unternehmensstrategien, die ökonomische und soziale und ökologische win-win-Perspektiven aufzeigen, sind positiv zu bewerten.

Leitsatz 4

Unternehmerische Verantwortung bezieht sich auf die Art der Gewinnerzielung und die Art der Gewinnverwendung.

Trotz einer intensiv geführten Diskussion kann bis heute nicht von einer einheitlichen Abgrenzung des Begriffs der gesellschaftlichen Verantwortung der Unternehmen gesprochen werden. „The term (Social Responsibility) is a brilliant one: it means something, but not always the same thing, to everybody. To some it conveys the idea of legal responsibility or liability; to others it means socially responsible behaviour in an ethical sense; to still others the meaning transmitted is that of 'responsible for, ' in a causal mode; many simply equate it with 'charitable contributions', some take it to mean socially 'conscious' or 'aware'; many of those who embrace it most fervently see it as a mere synonym for 'legitimacy', in the context of 'belonging' or being proper or valid; a few see it as a sort of fiduciary duty imposing higher standards of behaviour on businessmen than on citizens at large." (Votaw, 1973, S. 11f.).

Bis heute herrscht vor allem Uneinigkeit und Unklarheit darüber, ob und wie weit sich die unternehmerische Verantwortung auch auf andere Bereiche als auf die betrieblichen Kernfunktionen im Rahmen der staatlich gesetzten Ordnung erstreckt. Sollen Unternehmen also nur für kritische Phänomene Verantwortung ergreifen, die unmittelbar ihren Handlungen zugeordnet werden können (z.B. Verursacherprinzip) oder sollen Unternehmen sich auch für Problemlagen und

Problemlösungen zuständig fühlen, die nicht unmittelbar durch das eigene unternehmerische Handeln verursacht werden, zu denen jedoch aufgrund der Kompetenz des Unternehmens seiner Ressourcen und Einflussmöglichkeiten ein Beitrag erwartet werden kann (z.B. Entwicklungspolitik, Kultur)? Auch die jüngsten Anstrengungen der International Standard Organisation (ISO) sind noch nicht zu einer abschließenden Norm einer Corporate Social Responsibility gekommen, wenn sich auch eine in weiten Teilen konsensfähige Interpretation herauszubilden scheint (vgl. ISO, 2004).

Zur Strukturierung einer verantwortungsethischen Diskussion hat Nummer-Winkler (1993) hinsichtlich des Verantwortungsinhalts vorgeschlagen, zwischen den Aufgabenfeldern

- auf jeden Fall vermeiden (Verantwortung haben)

- auf jeden Fall tun (Verantwortung haben) und

- möglicherweise tun (Verantwortung übernehmen)

zu unterscheiden. Prononcierte Beiträge zur Unternehmensethik fokussieren darauf, dass im Zentrum unternehmensethischer Reflektionen der *Kernbereich* unternehmerischer Aufgaben und die möglicherweise konfliktträchtigen Mittelwahlen stehen müssen. Zentraler Gegenstand – so könnte man hier für die Gestaltung externer sozial-ökologischer Unternehmensbewertungen folgern – sind dementsprechend nicht die Fragen der verantwortlichen Einkommensverwendung, sondern die sozial-ökologischen Qualitäten der Einkommenserzielung, die also „die originäre Aufgabe der Unternehmung in der Marktwirtschaft" betrifft (Steinmann/Zerfaß, 1993, Sp. 1120). Wirtschaft generell – so wird von Korff et al. (1999, S. 23) argumentiert – gewinnt ihre Effizienz aus der Begrenzung ihrer Aufgabenstellung. Dies könnte und sollte in gleicher Weise auch für den Gegenstandsbereich der Verantwortungszuschreibung gelten. Es sollte demnach niemand von „der Wirtschaft" erwarten „... dass sie in der Humanisierung der menschlichen Bedürfniswelt ihre ureigene Aufgabe erblickt oder dass sie für die Lösung der zunehmend diffiziler werdenden Probleme der personalen Beziehungswelt der Menschen unmittelbare Zuständigkeit beansprucht, obschon doch beides im Zusammenhang mit den Entwicklungen der neuzeitlichen Produktionsweise gesehen werden muss." (Korff et al., 1999, S. 23). Wenn Korff et al. sich mit guten Gründen gegen eine moralische *Allzuständigkeit* der Unternehmen wenden, so kann jedoch konstatiert werden, dass von Unternehmen zwar eine über ihre Tätigkeit und deren Folgen weit hinausreichende Verantwortungsnahme nicht gesellschaftlich einklagbar ist, jedoch diese – wenn sich eine Unternehmung dazu entschließt – positiv bewertbar ist[233]. Externe sozial-

---

[233] Das Konzept der Corporate Citizenship (vgl. auch Kapitel 3.1) hebt beispielsweise genau diesen Aspekt als zentralen Fokus der Verantwortung heraus (vgl. Ulrich, 2002; Schrader, 2004).

ökologische Unternehmensbewertungen können sich also sowohl auf den Kern der unternehmerischen Verantwortung konzentrieren und gleichzeitig wesentliche Elemente der Gewinnverwendung und des Kompetenztransfers in die Gesellschaft ebenso zum Gegenstand der Analyse und Bewertung machen. Abgrenzungs- und Zurechenbarkeitsfragen müssen im Einzelfall beachtet werden.

Konsequenzen für sozial-ökologische Unternehmensbewertungen:

- Sozial-ökologische Unternehmensbewertungen müssen sich auf den Kern der unternehmerischen Leistungserbringung konzentrieren.

- Auch solche Elemente des gesellschaftlichen Engagements der Unternehmen, die sich in Formen der verantwortlichen Gewinnverwendung ausdrücken, sind in einer ganzheitlichen Bewertung des Unternehmensverhaltens zu berücksichtigen.

- Falls ein als kompensatorisches Handeln zu deutendes Agieren von Unternehmen im Bereich der Gewinnverwendung gegen sozial-ökologische oder ethische Defizite im Bereich der Kernleistungen „verrechnet" werden soll, ist dies transparent zu machen.

Leitsatz 5

Eine allgemeingültige, konsensfähige und operationalisierbare Festlegung dessen, was unter einem gesellschaftlich verantwortlichen Unternehmen zu verstehen sei, ist nicht möglich.

Eng verbunden mit der Vagheit des Konstrukts „gesellschaftliche Verantwortung" oder auch einer Corporate Social Responsibility ist der Einwand, dass keine operationalen Handlungsanweisungen für das Management direkt aus diesen Konstrukten ableitbar seien. Im Anwendungsfall stellt sich die Beschreibung der Unternehmung als offenes, soziales System, das aus der Perspektive einer Verantwortlichkeit die verschiedenen Ansprüche erfolgreich bearbeitet, häufig als ungenügend heraus (vgl. Pfriem, 1996, S. 186). Eine solche Beschreibung klärt – so die kritischen Einwendungen - nämlich überhaupt nicht, warum und wie sich eine konkrete Unternehmung hinsichtlich inkompatibler oder gar diametral entgegengesetzter Ansprüche entscheiden kann oder sollte. Es kann jedoch gefragt werden, ob dieser Einwand nicht in Teilen selbst zu wenig reflektiert ist und den Wunsch nach eindeutigen Handlungsanweisungen in unangemessener Weise überhöht. Die Forderung nach einer Präzisierung aller Einzelheiten mit klaren „Wenn – Dann - Anweisungen" kann sowohl am sachlich Erforderlichen als auch am Möglichen vorbeigehen. Hierbei ist vor allen Dingen zu beachten, dass die Definition dessen, was als gesellschaftlich verantwortlich zu bezeichnen ist, notwendigerweise im Zeitablauf Veränderungen unterliegt und von den jeweils betroffenen Gruppen unvermeidlich abweichend interpretiert wird. Dyllick (1989, S. 114) begreift genau deshalb das Konstrukt der „gesellschaftlichen Verantwortung" nicht als ein operationales Ziel, sondern vielmehr als eine regulative Idee, die zwar vage, aber dennoch nicht nutzlos, sondern durchaus in der Lage sei, unternehmerisches Handeln auch in unvorhergesehenen Situationen wirkungsvoll zu steuern.

Die unternehmensethische Diskussion zeigt deutlich, dass es ausgesprochen problematisch ist, ein materiales und fixiertes Konzept der gesellschaftlichen Verantwortung von Unternehmen einer externen sozial-ökologischen Bewertung zugrunde zu legen. Es ist die Leistung diskurs- und dialogorientierter Ansätze, aufgezeigt zu haben, dass in der modernen Gesellschaft eine friedliche Handlungskoordination nur durch eine Vernunftethik herbeigeführt werden kann, in der „... für Normen gute Gründe geltend gemacht werden bzw. gemacht werden könnten." (Steinmann/Zerfaß, 1993, Sp. 1118). Diese Begründungspflicht muss unterschiedliche Handlungssituationen immer wieder neu berücksichtigen, sodass „... die Unternehmensethik nicht als ein Kanon ein für allemal geltender inhaltlicher Normen verstanden werden darf." (Steinmann/Zerfaß, 1993, Sp. 1118). Sozial-ökologische Unternehmensbewertungen können sich deshalb nicht auf ein vorliegendes geschlossenes Konzept der verantwortlichen Unternehmensführung beziehen. Sie müssen selbst das ihrer Untersuchung zugrundeliegende Konzept einer öffentlichen vernunftgeleiteten Diskussion zugänglich machen.

Konsequenzen für sozial-ökologische Unternehmensbewertungen:

- Es müssen besondere Anstrengungen zur Legitimation der gewählten Untersuchungskriterien unternommen werden.

- Insbesondere ist Transparenz über alle wesentlichen Elemente des Untersuchungsansatzes, der verwendeten Beurteilungskriterien und des Bewertungsverfahrens herzustellen.

- Eine Fortentwicklung und Veränderung der Beurteilungsgesichtspunkte im Zeitverlauf muss gewährleistet und nachvollziehbar realisiert werden.

Leitsatz 6

Öffentlichkeit und Markt müssen als Arenen der Meinungsbildung über verantwortliches Unternehmensverhalten verstanden und aktiv genutzt werden.

Gegenüber dem Grundkonstrukt der „gesellschaftlichen Verantwortung" der Unternehmen ist gelegentlich vorgetragen worden, dass damit das Problem der unternehmerischen Macht nicht gelöst sei, solange keine Formen zur Institutionalisierung der Verantwortung gefunden werden. Man beschränkt sich – so die Kritik der „radikaldemokratischen Institutionalisten"[234] - auf Appelle an das gesellschaftliche Verantwortungsbewusstsein der Manager, für die verbindliche institutionelle Regelungen jedoch fehlen. Die von Steinmann und Ulrich in unterschiedlichen Akzenten vorgetragenen Vorschläge zur Verankerung von Dialog- und Mitbestimmungsinstrumenten in den Unternehmensverfassungen konnten nicht vollständig überzeugen und waren für die Praxis weitgehend folgenlos. Nicht zuletzt vor diesem Hintergrund und aus der Beobachtung eines wachsenden öffentlichen Interesses an dem, was Unternehmen in sozialen und ökologischen Fragen leisten, ist der eigene kommunikative Ansatz konsequent zu Ende gedacht und der „öffentliche Diskurs als Ort der Moral in der modernen Gesellschaft" entdeckt worden (Ulrich, 1997, S. 334). Die Öffentlichkeit wird damit systematisch als legitimes und notwendiges Lenkungssystem gegenüber Unternehmen etabliert. Externe sozial-ökologische Unternehmensbewertungen können ihre gesellschaftliche Funktion genau an dieser Schnittstelle zwischen Öffentlichkeit und Unternehmen wahrnehmen (vgl. Schoenheit, 1996, S. 182f.).

Konsequenzen für sozial-ökologische Unternehmensbewertungen:

- Untersuchungsergebnisse über das sozial-ökologische und/oder ethische Unternehmensverhalten sollten den Status eines zusätzlichen Entscheidungsmerkmals bei Konsumenten, Geldanlegern und anderen Marktakteuren erhalten.

- Die Kontinuität und Stetigkeit von externen Unternehmensbewertungen ist sicherzustellen, sodass Veränderungsprozesse initiiert und beobachtet werden können.

- Die Untersuchungsergebnisse müssen einer breiten öffentlichen und auch wissenschaftlichen Diskussion zugänglich gemacht werden.

- Diskurse und eine kontinuierliche Metadiskussion über verantwortliches Unternehmensverhalten und die Möglichkeiten der Bewertung des Unternehmensverhaltens sind durchzuführen.

---

[234] So nennt Dyllick (1989, S. 102) die Positionen von Ulrich.

6.2 Leitideen im Kontext managementtheoretischer Reflexionen

Während die Leitideen, die vor dem Hintergrund unternehmensethischer Reflexionen formuliert wurden, die Gesamtanlage und den Begründungszusammenhang und die grundsätzliche Legitimation von sozial-ökologischen Unternehmensbewertungen ansprechen, sollen im Folgenden Leitideen und ihre Konsequenzen für die sozial-ökologischen Unternehmensbewertungen vorgestellt werden, die auf der Grundlage managementtheoretischer Reflexionen zu entwickeln sind. Dazu werden die Ausführungen in Kapitel 5.3 hinsichtlich der Frage zusammengefasst, an welchen Tatbeständen sich ein sozial und ökologisch verantwortliches Verhalten von Unternehmen konkret festmachen lässt, um es in ein transparentes und wissenschaftlich begründetes Mess- und Bewertungskonzept zu überführen.

Leitsatz 7

Verantwortliches Unternehmensverhalten muss immer in der Unternehmenskultur verankert sein.

In großer Einmütigkeit heben alle managementtheoretischen Beiträge den zentralen Stellenwert der Unternehmenskultur für eine soziale und ökologische Ausrichtung eines Unternehmens hervor. Unternehmenskulturen sind kein kurzfristig veränderbares Phänomen, sondern sie entwickeln und verändern sich kontinuierlich und werden vielfach als Ausdruck von „ungeschriebenen Regeln" in einem Unternehmen angesehen. Es kann deshalb mit einer großen Plausibilität unterstellt werden, dass die Verankerung von sozialen und ökologischen Wertorientierungen im Unternehmen und/oder eine wirkliche Verankerung der Idee des „nachhaltigen Wirtschaftens" oder von ähnlichen Konstrukten vielfältige positive *Auswirkungen* auf die soziale und ökologische Qualität des Unternehmens hat. Gerade weil die Unternehmenskultur nicht kurzfristig veränderbar ist oder leicht „umkippen" kann, wird sie – wie wir gesehen haben – sogar als ein Element der Selbstbindung angesehen, das in dem hier zu diskutierenden Zusammenhang einen wichtigen Hinweis auf das ansonsten schwer prognostizierbare zukünftige Verhalten von Unternehmen enthält.

Da es zu den konstitutiven Elementen des wissenschaftlichen Verständnisses von Unternehmenskultur gehört, dass sie stärker in den gelebten als in den geschriebenen Normen zum Ausdruck kommen, dass die wichtigen Aussagen stärker zwischen den Zeilen als in den Zeilen zu finden sind und dass Unternehmenskultur sich vielfach in spezifisch aufgeladenen Symbolen und Artefakten ausdrückt, sperrt sich dieser Beobachtungsgegenstand gegen eine leichte und vergleichende Bewertung von Dritten, die sich auf intersubjektiv nachvollziehhare Tatbestände beziehen muss. Ein so begründeter Verzicht auf die Beobachtung der Unternehmenskultur im Rahmen sozial-ökologischer Bewertungen von Unternehmen könnte aus der Perspektive vertretbar sein, dass die Wirkungen der Unternehmenskultur ohnehin in den leichter beobachtbaren und „messbaren" Verhaltensweisen und Leistungen des Unternehmens ihren Niederschlag finden. Gerade weil die Unternehmenskultur jedoch als „Treiber" und zugleich auch als stabilisierendes Element einer verantwortungsvollen Ausrichtung von Unternehmen angesehen werden kann, sollte – trotz der offensichtlichen besonderen Schwierigkeiten einer nachvollziehbaren externen Bewertung – eine angemessene Beobachtung der Unternehmenskultur im Rahmen von sozial-ökologischen Unternehmensbewertungen erfolgen.

Konsequenzen für sozial-ökologische Unternehmensbewertungen:

- Die Verankerung von sozial-ökologischen Elementen in der Unternehmenskultur sollte durch geeignete Indikatoren (Artefakte, Anreizsysteme, usw.) „gemessen" werden.

- Die Grenzen von kriterienorientierten „Messkonzepten" sind im Verhältnis zu einem ganzheitlich verstehenden Ansatz zu beachten.

Leitsatz 8

Verantwortliche Unternehmen haben grundlegende Elemente der verantwortlichen Ausrichtung ihrer Politik in Unternehmensleitlinien und/oder in anderen zentralen Dokumenten des Unternehmens schriftlich niedergelegt.

- Policy–Ebene -

Die verantwortliche Ausrichtung des Unternehmens wird wesentlich durch seine Unternehmenskultur geformt (siehe oben). Auf einer eher formalen und dokumentierbaren Ebene legen Unternehmen ihr grundlegendes Selbstverständnis, wie ihre Verhaltensmaxime gegenüber den Mitarbeitern, Kunden, Zulieferern, als auch zur Umwelt und zur Gesellschaft insgesamt in zentralen Unternehmensdokumenten schriftlich nieder. Gegenüber der skeptischen Grundhaltung, dass solche Dokumente häufig nur Allgemeinplätze enthalten, die keinerlei Verbindlichkeit aufweisen und vielfach nicht das Papier wert seien, auf dem sie stehen, wird aus managementtheoretischer, aber auch aus unternehmenspraktischer Erfahrung entgegengehalten, dass die Existenz schriftlicher Unternehmensleitlinien und übergeordneter Ziele, eine die Verhaltensweisen von Unternehmen steuernde Wirkung haben. Sie sind – so die in Kapitel 5.3 dargestellten

Auffassungen - ein Element der Selbstbindung, auf das Manager und Mitarbeiter, aber ggf. auch externe Stakeholder sich im Konfliktfall beziehen können. Das gleiche gilt für spezifische Code of Conducts und für Mitgliedschaften des Unternehmens in nationalen und internationalen Gremien und Institutionen, die sich mit bestimmten übergeordneten oder mit spezifischen Aspekten einer verantwortungsvollen Unternehmenspolitik beschäftigen.

Konsequenzen für sozial-ökologische Unternehmensbewertungen:

- Unternehmensleitlinien und übergeordnete Sozial-, Umwelt- und Ethikpolitiken müssen berücksichtigt werden.

- Das Vorhandensein und die inhaltliche Qualität von verschiedenen Business Codes of Conducts sind positiv zu bewerten.

- Die Mitarbeit und Mitgliedschaften in nationalen und internationalen Gremien und Initiativen und Vereinigungen, die soziale und ökologische oder andere ethische Ziele fördern, sind positiv zu berücksichtigen.

Leitsatz 9

Die Umsetzung ökologischer und sozialer Zielsetzungen und die Beachtung anderer ethisch begründeter Werte ist in verantwortlichen Unternehmen organisatorisch und personell eindeutig und effizient geregelt.

- Management–Ebene -

Es herrscht in der Managementtheorie und in der Unternehmenspraxis weitgehende Einigkeit darüber, dass ökologische und soziale Zielsetzungen nur umgesetzt werden können, wenn im Unternehmen spezifische organisatorische und personelle Vorkehrungen dafür getroffen werden. Eine Reihe von standardisierten Managementsystemen und –normen bieten ein akzeptiertes Rahmengerüst für die Beantwortung der Frage, wie diese Verankerung im Kern ausgestaltet sein muss. Einige dieser Managementsysteme erfordern externe Zertifizierungen, die als eine Art Zuverlässigkeitsurteil anzusehen sind, dass die Anforderungen des jeweiligen Managementsystems in dem Unternehmen angemessen umgesetzt werden. Nicht zuletzt vor dem Hintergrund, dass das Management-Zertifizierungswesen ein Geschäftsfeld darstellt, auf dem verschiedene Anbieter untereinander in einem Preis-, Qualitäts-, wie auch Kommunikationswettbewerb stehen, ergibt sich für die Unternehmen, aber auch für externe sozial-ökologische Unternehmensbewertungen, die Suche nach den „besseren Managementsystemen". Hier ist allerdings zu beachten, dass Unternehmen die konkrete Ausgestaltung ihres Managementsystems gemäß ihrer besonderen Situation vornehmen müssen und auch Kostengesichtspunkte eine Rolle spielen. Wichtiger als dass „bestimmte Managementsysteme" angewendet (und ggf. zertifiziert) werden, scheint die Beachtung grundlegender Prinzipien. Hier zeigt sich ein gewisses Dilemma externer sozial-ökologischer Bewertungen, für die ein von unabhängiger Seite zertifiziertes Managementsystem die Aufwendungen für die eigene Bewertungsarbeit reduzieren würde.

Konsequenzen für sozial-ökologische Unternehmensbewertungen:

- Die soziale und ökologische Verantwortungsübernahme muss in Managementsystemen der Unternehmen verankert sein.

- Eine externe Zertifizierung von Managementsystemen unterstreicht die Qualität des Managementsystems. Allerdings können auch eigene Managementsysteme der Unternehmen, die nicht extern zertifiziert sind, eine hohe Qualität besitzen.

- Der Einsatz spezifischer Planungs- und Controllinginstrumente kann als Hinweis auf die besondere Qualität des verantwortlichen Managements angesehen werden.

Leitsatz 10

Verantwortungsvolle Unternehmensführung zeigt sich an messbaren Ergebnissen im ökonomischen, sozialen und ökologischen Bereich.

- Performance–Ebene -

Der konzeptionelle Denkansatz externer sozial-ökologischer Bewertungen fokussiert letztlich auf die positiven Ergebnisse einer verantwortungsvollen Unternehmensführung für die Gesellschaft und die Umwelt, weil mit guten Gründen (siehe Kapitel 5.2) nicht einem gesinnungsethischen, sondern einem verantwortungsethischen Konzept gefolgt wird. Verantwortliche Unternehmen, die in Austauschprozessen mit ihren Stakeholdern stehen, müssen für diese Stakeholder in einer balancierten Art und Weise positive Ergebnisse erwirtschaften. Auch die Shareholder werden im Übrigen als Stakeholder gesehen, sodass konsequent – wie es im Leitsatz 3 ausgeführt wurde – auch die ökonomischen Ergebnisse im Sinne einer ganzheitlichen Beurteilung relevant sind. Während sich für Beobachtung und Beurteilung der ökonomischen und finanziellen Performance von Unternehmen weitgehend konsensfähige Standards und Verfahren durchgesetzt haben, sind die Fragen nach der Messung des ökologischen und sozialen Erfolges unternehmerischen Handelns im Sinne einer ergebnisorientierten Betrachtung noch stark in der Diskussion. Umwelt- und Sozialmanagementsysteme (siehe Leitsatz 9) verlangen, dass Unternehmen beispielsweise die Auswirkungen ihrer Tätigkeiten auf Umwelt und Gesellschaft anhand von Indikatoren beobachten und „messen". Sie geben jedoch – mit guten Gründen – nicht vor, anhand welcher Indikatoren dies zu erfolgen habe. Die Situation jeder Branche und jedes einzelnen Unternehmens wird als zu unterschiedlich angesehen, als dass eine verbindliche Definition von Indikatoren möglich scheint. Allerdings zeichnen sich vor allem im dem Diskussionszusammenhang einer Standardisierung der Nachhaltigkeitsberichterstattung Tendenzen ab, genau solche „Core Indicators", aber auch „Industry Indicators" vorzuschlagen und anzuwenden (vgl. Global Reporting Initiative, 2002, S. 80ff.).

Der hier aufscheinende Konflikt zwischen unternehmensindividuellen Messkonzepten und Messkonzepten (vor allem Indikatoren und Kennziffern), die für alle oder zumindest für einen bestimmten Teil von Unternehmen gelten sollen, kennzeichnet insgesamt das Konzept einer vergleichenden sozial-ökologischen Unternehmensbewertung. Auf der einen Seite können unternehmensindividuelle Ansätze aus der Perspektive des einzelnen Unternehmens vollkommen ausreichend und besonders zielführend sein; auf der anderen Seite erleichtern allgemeinere Ansätze die Vergleichbarkeit zwischen den Unternehmensleistungen. Immer dort, wo Kennziffern gebildet werden, die unter Angabe von Referenzpunkten (Umsatz, Mitarbeiterzahl, Branchendurchschnitt, usw.) eine schnelle Vergleichbarkeit der jeweils gemessenen Performance suggerieren, ist besondere Vorsicht geboten. So können Kennziffern sich im Zeitverlauf aufgrund zahlreicher „sachfremder" Faktoren ändern oder von vorneherein bei einem Vergleich zwischen Unternehmen, die z.B. unterschiedliche Fertigungstiefen haben, stark voneinander abweichen, ohne eine unterschiedliche Unternehmenspolitik zu indizieren.

Konsequenzen für sozial-ökologische Unternehmensbewertungen:

- Es sind quantifizierbare Indikatoren und Kennziffern für die soziale und ökologische Erfolgsbeurteilung zu verwenden.

- Branchen-, größenmäßige und regionale Unterschiede müssen bei vergleichenden Bewertungen berücksichtigt werden.

- Das Veröffentlichen von (auch „schlechten") Kennziffern und faktischen Aussagen zu den „Ergebnissen" ist insgesamt positiv zu bewerten.

- Veränderungen der „Performance" sind stets auch auf „sachfremde" Einflüsse hin zu überprüfen.

Leitsatz 11

Verantwortliche Unternehmen erkennen die Informationsbedürfnisse der Öffentlichkeit und ihrer Stakeholder an.

- Berichterstattungs- und Dialog-Ebene -

An verschiedenen Stellen dieser Arbeit ist auf den zentralen Stellenwert einer besonderen Informationsoffenheit (Disclosure) von Unternehmen hingewiesen worden, die für externe sozial-ökologische Unternehmensbewertungen eine Art „Meta-Kriterium" darstellt. In überspitzter Formulierung ist damit gemeint, dass die Tatsache einer systematischen und kontinuierlichen Unternehmensberichterstattung wichtiger eingeschätzt wird, als die möglicherweise positiven oder eher kritischen Tatbestände, über die berichtet wird. Indem Unternehmen berichten, begeben sie sich in einen öffentlichen Diskussionszusammenhang, aus dem sie sich – ohne gute Gründe – nicht ohne weiteres wieder zurückziehen können. Für die aktive Berichterstattung der Unternehmen gilt insbesondere, dass sie sich bemühen muss, die Beliebigkeit der Informationsdarstellung von Unternehmen durch eine Art der freiwilligen Selbstbindung einzugrenzen. Die Berücksichtigung grundlegender Anforderungen an das „Instrument Berichterstattung" ist hier ebenso bedeutsam wie die Anlehnung der Berichterstattung an konsensfähige konkretere Standards der Umwelt-, Sozial- und/oder der Nachhaltigkeitsberichterstattung.

Einer der wesentlichen Gesichtspunkte zur Beurteilung der Qualität der Berichterstattung ist das Ausmaß der Einbeziehung relevanter Stakeholder. Sie signalisiert insbesondere die Dialogfähigkeit des Unternehmens und kann im Übrigen in Teilen mehr zur Glaubwürdigkeit der Berichterstattung beitragen als formale Zertifizierungen, die die Richtigkeit von Angaben bestätigen sollen.

Zur Informationsoffenheit und Dialogfähigkeit von Unternehmen gehört auch ihre Bereitschaft und Fähigkeit, auf externe Anfragen von Kunden, aber auch von Experten und Rating-Agenturen konstruktiv zu reagieren. Auf Seiten der Unternehmen müssen hierbei jedoch die entstehenden Kosten eines solchen Anfragenmanagements und die Ausgrenzung von Informationen, die zu den Geschäftsgeheimnissen zu zählen sind, als restriktive Bedingungen beachtet werden.

Konsequenzen für sozial-ökologische Unternehmensbewertungen:

-   Informationsoffenheit und Dialogbereitschaft sind als wichtige Meta–Qualität eines verantwortlichen Unternehmensverhaltens besonders positiv zu bewerten.

- Der Umfang und die Qualität der Berichterstattung über ökonomische, soziale, ökologische und/oder andere ethische Themen müssen berücksichtigt werden.
- Die Orientierung an konsensfähigen Standards einer seriösen Berichterstattung sind positiv zu bewerten.
- Die Bereitschaft und Praxis von Unternehmen, Dialoge mit ihren (ggf. auch kritischen) Stakeholdern systematisch zu gestalten, sind positiv zu bewerten.

6.3 Leitideen im Kontext informationsökonomischer Reflexionen

In den vorherigen Abschnitten wurden Leitideen zur Begründung und konzeptionellen Ausrichtung von sozial-ökologischen Unternehmensbewertungen vorgestellt, die die Überführung eines solchen Konzeptes in ein konkreteres Beobachtungs- und Bewertungsinstrument ermöglichen sollen. In diesem Abschnitt werden abschließend Leitideen für die Umsetzungs- und Informationsebene vorgetragen. Sie gehen insbesondere darauf ein, dass es sich bei den Ergebnissen der diskutierten Screening- und Bewertungsvorgänge um Vertrauenseigenschaften handelt, an deren Kommunikation unter Bezugnahme auf die Ausführungen in Kapitel 4 spezifische Anforderungen zu formulieren sind.

Leitsatz 12

Die Glaubwürdigkeit von sozial-ökologischen Unternehmensbewertungen muss sichergestellt werden.

Es kann unterstellt werden, dass die gesellschaftliche Akzeptanz von Aussagen über das sozial-ökologische und verantwortliche Unternehmensverhalten nur dann gegeben ist (bzw. sich graduell erhöhen kann), wenn die Glaubwürdigkeit der schwer nachprüfbaren Untersuchungsergebnisse durch die spezifische Unabhängigkeit der Untersuchungsarbeit bzw. bei den in dieser Untersuchungsarbeit involvierten Institutionen und Personen gewährleistet ist. Die sicherzustellende Unabhängigkeit kann sich auf die zu beobachtenden Unternehmen, aber auch auf die Fondsgesellschaft beziehen. Sie soll garantieren, dass keine sachfremden Erwägungen das Screening beeinflussen.

Konsequenzen für sozial-ökologische Unternehmensbewertungen:

- Die Unabhängigkeit der Unternehmensbewertung von den untersuchten und bewerteten Unternehmen ist sicherzustellen.

- Es muss die Unabhängigkeit der sozial-ökologischen und/oder ethischen Unternehmensbewertungen von den wirtschaftlichen Interessen der involvierten Fondsgesellschaften sichergestellt werden.

- Es sind strenge Verhaltenscodizes oder ähnliche Konzepte anzuwenden.

- Die abschließende Bewertung (ggf. das Rating) der Unternehmen kann durch spezifische Arrangements (z.B. gesonderte „Jury") von dem eigentlichen Screening institutionell und/oder personell getrennt werden.

Leitsatz 13

Die Qualität und Kompetenz der sozial-ökologischen Unternehmensbewertungen muss sichergestellt werden.

Obwohl die Sicherstellung von Glaubwürdigkeit Auswirkungen auf die wahrgenommene Qualität von sozial-ökologischen Unternehmensbewertungen haben kann, ist die Qualität der Screeningleistungen nicht nur über ihre „Unabhängigkeit" zu definieren. Um eine Vielzahl von Unternehmen in einer ganzheitlichen Art und Weise systematisch zu beobachten und vergleichend zu bewerten, ist eine bestimmte fachliche und auch organisatorische Kompetenz erforderlich. Die fachliche Kompetenz ist nicht ohne Rückgriff auf den wissenschaftlichen Diskussionsstand über das Verständnis einer verantwortlichen Unternehmensführung und die Optionen ihrer Messung und Bewertung möglich. Zur Sicherstellung der Qualität können aber auch zahlreiche Prozessanforderungen zählen, die die Vielzahl von potenziellen Fehlerquellen weitgehend ausschließen sollen. Dazu gehören beispielsweise das doppelte Überprüfen von relevanten Informationen und die Sicherstellung eines Feedbacks des Unternehmens zu den ermittelten Tatbeständen.

Konsequenzen für sozial-ökologische Unternehmensbewertungen:

- Eine wissenschaftliche Auseinandersetzung mit dem Arbeitsansatz muss bereits bei Kriterienentwicklung und Verfahrensimplementierung ermöglicht und gefördert werden.

- Die Validierung ausgewählter Untersuchungsergebnisse durch unabhängige Dritte erhöht die Glaubwürdigkeit der Untersuchungsergebnisse.
- Die Anwendung von Instrumenten der Qualitätssicherung für Researchleistungen muss sichergestellt werden.

Leitsatz 14

Es gilt, die Glaubwürdigkeit und Kompetenz der sozial-ökologischen Unternehmensbewertungen zu signalisieren.

Es gehört zu den Besonderheiten des Socially Responsible Investment, dass Fondsgesellschaften Investoren über die Eigenschaften der von ihnen vertriebenen Finanzprodukte informieren. Sie sind deshalb auch die Akteursgruppe, die in geeigneter Form dafür sorgen muss, mögliche Verhaltensunsicherheiten der Investoren hinsichtlich der erwarteten (oder der in Aussicht gestellten) spezifischen SRI-Qualitäten der Investmentfonds zu überwinden.

Die von der Informationsökonomie auf einer generellen Ebene vorgeschlagene Möglichkeit, diese Verhaltensunsicherheit durch gezielten Aufbau und Einsatz von Reputation zu überwinden, dürfte im SRI an Grenzen stoßen. Die Fondsgesellschaften, die aufgrund ihrer Größe und Herkunft in der Lage sind, ein relevantes „Reputationskapital" aufzubauen, könnten vor dem Problem stehen, dass ihnen in aller Regel keine besondere Kompetenz in sozial-ökologischen oder nachhaltigen Themenfeldern zugeschrieben wird. Andere Konzepte zur Signalisierung von Glaubwürdigkeit und Kompetenz werden dementsprechend an Bedeutung gewinnen. So kann die Beauftragung unabhängiger Institutionen, die für das Research zuständig sind, besonders herausgestellt werden oder es können auch in der Kommunikationspolitik entsprechende Qualitätsstandards verwendet werden. Weiterhin ist zu prüfen, ob differenziert nach Kundengruppen auch eine umfassende Einsicht in die Methodologie und in die Ergebnisse des Screening gewährt wird.

Konsequenzen für die Kommunikation sozial-ökologischer Unternehmensbewertungen durch Fondsgesellschaften:

- Die Reputation der Fondsgesellschaft kann entwickelt und genutzt werden.
- Die institutionelle Unabhängigkeit und Qualität des Screening ist in der Kommunikation herauszustellen.

Es sollten Qualitätsstandards und Zertifizierungen der Qualität in der Kommunikation verwendet werden.

- Die Zugänglichkeit zu den Bewertungskriterien, -verfahren und die Ergebnisse ist (ggf. differenziert) sicherzustellen.

6.4 Konsequenzen für die eigenen Untersuchungen zur Transparenz im Socially Responsible Investment

Dem Social Responsible Investment liegt kein einheitliches soziales, ökologisches oder ethisches Gesamtkonzept zugrunde, das in eine bestimmte Vorstellung eines „verantwortlichen", „nachhaltigen" oder „sozialen" Unternehmens transformiert werden könnte.

- Die potenziellen Investoren in SRI-Fonds, deren Bedürfnisse die Fondsgesellschaften befriedigen wollen, werden sich auch in Zukunft differenziert darstellen. Sie werden Spielraum für die unterschiedlichsten sozial-ökologischen und/oder ethischen Positionierungen von Fonds zulassen, die ihrerseits dementsprechend unterschiedliche Anlagepolitiken und Selektionskriterien formulieren werden.

- Auch die normativ-ethischen Reflexionen zum verantwortlichen Unternehmensverhalten zeigen, dass ein einheitliches materiales operationalisiertes Konzept nicht sinnvoll ist und auch nicht als konsensfähig angesehen wird. Sie unterstreichen jedoch eindringlich die Notwendigkeit, bestimmte Verfahrensqualitäten bei externen sozial-ökologischen Unternehmensbewertungen einzuhalten.

- Auf einer konkreteren Ebene wird im Kontext managementtheoretischer Überlegungen deutlich, dass auch aufgrund von branchen-, größen- und situativen Besonderheiten ein einheitliches vergleichendes Bewertungskonzept an Grenzen stößt und – wenn dies nicht berücksichtigt wird - eine Reihe von „Ungerechtigkeiten" produziert.

- Schließlich belegen informationsökonomische Überlegungen nachdrücklich, dass es erforderlich ist, hohe Anforderungen an die Unabhängigkeit und Qualität der sozial-ökologischen Unternehmensbewertungen durchzusetzen. Sie können dabei helfen – wenn sie am Markt entsprechend signalisiert werden -, existierende Unsicherheiten zu überwinden. Aussagen zur Unabhängigkeit und zur Qualität der sozial-ökologischen Unternehmensbewertungen belegen die ansonsten schwer prüfbaren Qualitätseigenschaften von SRI-Fonds.

Vor dem Hintergrund der unternehmensethischen, managementtheoretischen und informationsökonomischen Reflexionen dieses Kapitels ist jedoch auch deutlich geworden, dass es möglich und aus gesamtgesellschaftlicher Sicht auch sinnvoll ist, wenn Unternehmen generell zum Gegenstand einer ganzheitlich sozialen und ökologischen Bewertung gemacht werden. Ein solches Vorgehen erweist sich nach den getroffenen Ausführungen als legitimiert und wissenschaftlich vertretbar, wenn

- das SRI-Screening bestimmten selbstauferlegten Regeln hinsichtlich der Prozessqualität und der Transparenz beim Vorgehen und der Ergebnisdarstellung folgt[235] (Leitsätze 1 bis 6),

- die relevanten Ansatzpunkte verantwortlichen Unternehmensverhaltens im SRI-Screening in der Unternehmenskultur- und –politik, in den installierten Managementsystemen, in relevanten Kennziffern und in der Berichterstattung der Unternehmen gesehen werden und neben sozialen und ökologischen auch ökonomische Zielsetzungen beachtet werden (Leitsätze 7-11),

- spezifische Anstrengungen unternommen werden, die Qualität des SRI-Screening sicherzustellen und in angemessener Weise gegenüber den Investoren und ggf. anderen Teilen der interessierten Öffentlichkeit zu signalisieren (Leitsätze 12-14).

Insbesondere informationsökonomische Überlegungen verweisen auf die Notwendigkeit, die empfundenen Unsicherheiten hinsichtlich der zugesicherten SRI-Qualitäten der entsprechenden Fonds dadurch zu überwinden, dass die Unabhängigkeit und Qualität des Screening signalisiert wird und Transparenz über die Screeningmethoden und –ergebnisse hergestellt wird. Auch im Kontext der vorgestellten unternehmensethischen Reflexionen sind eine Reihe von Begründungen dafür vorgetragen worden, eine umfassende Transparenz über die Screeningmethoden und –ergebnisse zu erzeugen, um den gesellschaftlichen Diskurscharakter externer sozial-ökologischer Unternehmensbewertungen sicherzustellen. Damit die verschiedenen Stakeholder ihre Lenkungsfunktion auch hinsichtlich sozialer und ökologischer Zielsetzungen wahrnehmen können, benötigen sie Informationen über die Leistungen der Unternehmen in diesen Feldern.

Gerade weil eine verbindliche und zugleich operationalisierbare Definition des verantwortlichen Unternehmensverhaltens nicht möglich scheint und weil weiterhin unter dem allgemeinen Dachbegriff des Sozially Responsible Investment

---

235 Vgl. auch die Ausführungen zu Formen und Verfahren der Legitimation von sozial-ökologischen Unternehmenstests, in denen der besondere Stellenwert der „Legitimation durch Verfahren" betont wird (vgl. imug, 1997, S. 114ff.).

eine Vielzahl von Varianten eines verantwortlichen Unternehmensverhaltens subsumiert werden, ist es erforderlich, eine maximale Nachvollziehbarkeit der jeweiligen Unternehmensbewertungen zu ermöglichen.

Bei empirischen Forschungen ist zu beachten, dass im Socially Responsible Investment die Aufgabenstellung der Transparenzerzeugung über sozial-ökologisches Unternehmensverhalten in zwei Stufen erfolgen muss: Es geht in der ersten Stufe um die Transparenzerzeugung über sozial-ökologische Unternehmensqualitäten. Die zweite Stufe stellt die Kommunikation der Ergebnisse dieses Screening in den Mittelpunkt, die auch Aussagen über das Screening selbst, über die Qualität des Screening enthalten muss. Eine Kernfrage der folgenden empirischen Untersuchungen richtet sich daher auf die Unterstellung einer mangelnden *Transparenz über Transparenzerzeugungsprozesse* im SRI. Diese Vermutung ist mit den handlungsbezogenen Fragen verbunden, wie und von wem eine bessere Transparenz über das Screening erzeugt und signalisiert werden kann.

Grundsätzlich kann es als Aufgabenstellung des Fondsmanagements von SRI-Fonds angesehen werden, die besondere Qualität des eigenen Leistungsangebots zu signalisieren. SRI-Fonds müssen ihre Anlagepolitik gegenüber potenziellen Investoren ohnehin erläutern und zumindest in allgemeiner Weise beschreiben, nach welchen sozialen, ökologischen oder anderen ethisch begründeten Prinzipien Unternehmen untersucht und selektiert werden. Vor dem Hintergrund der in diesem Kapitel vorgestellten Leitideen handeln Fondsgesellschaften nur dann verantwortlich, wenn sie Investoren zusätzlich auch darüber informieren (signalisieren),

- wie das Screening durchgeführt wurde,
- von wem das Screening durchgeführt wurde (Unabhängigkeit),
- wie die (hohe) Qualität des Screening sichergestellt wurde,
- wie die konkreten Ergebnisse des Screening aussehen.

Gerade gegenüber Fondsgesellschaften, die Bewertungen des sozial-ökologischen Verhaltens von Unternehmen zum Gegenstand ihrer Geschäftspolitik machen, sind in legitimer Weise Anforderungen an die Transparenz der eigenen Produktpolitik zu formulieren. Diese unternehmensethisch begründete Anforderung ist jedoch auch informationsökonomisch und damit letztlich aus der einzelwirtschaftlichen Perspektive der Fondsgesellschaften in ähnlicher Weise zu begründen. Nur wenn – so die Argumentation – diese Transparenz hergestellt wird, ist ein tatsächlicher Qualitätswettbewerb in diesem Spezialmarkt möglich, der ansonsten, den zahlreichen Risiken eines „lemon market" ausgesetzt bleibt (vgl. Akerlof, 1970).

Mit den in diesem Kapitel vorgestellten Leitsätzen und Konsequenzen für sozial-ökologische Unternehmensbewertungen ist ein theoretischer Bezugsrahmen entwickelt worden, der insbesondere für eine Operationalisierung der Konstrukte „Screeningqualität" und „Informationsqualität von SRI-Fonds" genutzt werden kann. Empirische Untersuchungen zur Screeningqualität und zur Informationsqualität von SRI-Fonds, die im nächsten Kapitel vorgestellt werden, sind aus dem hier entwickelten Theoriezusammenhang abgeleitet und vor seinem Hintergrund zu interpretieren.

7 Empirische Untersuchungen zur Transparenz von sozial-ökologischen Unternehmensqualitäten im Rahmen des Socially Responsible Investments

Empirische Untersuchungen zu den Determinanten des Investorenverhalten im SRI (vgl. imug/muk, 2001; imug, 2002) haben die informationsökonomisch begründete Hypothese bestätigt, dass sowohl private als auch institutionelle Investoren bei ihren Entscheidungen erhebliche Unsicherheiten hinsichtlich der sozial-ökologischen Qualität der SRI-Fonds zu überwinden haben. Aus Sicht der Investoren stellt die mangelnde Transparenz über die jeweils ausgelobten sozial-ökologischen und ethischen Qualitäten des jeweiligen Fonds eine Barriere für den Kauf dar (vgl. Abbildung 11, Kapitel 3.3.2.1.1). Es kann deshalb vermutet werden, dass für die weitere Entwicklung des SRI-Marktes die Verbesserung der Transparenz über die Screeningqualität der einzelnen SRI-Fonds einen wesentlichen Beitrag leisten kann.

Wie in Kapitel 3 aufgezeigt wurde, sind an der Transparenzerzeugung über soziale und ökologische Unternehmensqualitäten im SRI unterschiedliche Akteure beteiligt. Die institutionenökonomische Betrachtung des SRI im Kapitel 4 hat verdeutlicht, dass es notwendig ist, die im Markt des SRI existierenden institutionellen Arrangements hinsichtlich der Möglichkeiten und Restriktionen der Transparenzerzeugung genau zu beachten.

Deshalb wird im **Kapitel 7.1** zunächst erläutert, wie die übergeordneten Fragestellungen der empirischen Forschungen akteursbezogen variiert und in ein spezifisches Untersuchungsdesign transformiert worden sind. Auch die übergeordneten Ziele und Gegenstände der akteursbezogenen empirischen Forschungen werden vorgestellt. In dem **Kapitel 7.2** werden die empirischen Forschungsergebnisse zu Fragen der Transparenzerzeugung zunächst aus Sicht der Akteursgruppe Unternehmen behandelt, indem auf ihre Erfahrungen in der Interaktion mit Research-Agenturen schwerpunktmäßig eingegangen wird. Im **Kapitel 7.3** wird anschließend das Thema Screeningqualität aus der Perspektive der Akteursgruppe Research-Agenturen vertiefend diskutiert, in dem ihre Aktivitäten untersucht werden, die Unabhängigkeit und Qualität ihrer Researchanstrengungen sicherzustellen und insbesondere gegenüber Fondsgesellschaften zu signalisieren. Schließlich werden im **Kapitel 7.4** die Forschungsergebnisse dargestellt und diskutiert, wie die tatsächliche Screening- und Informationsqualität der SRI-Fonds (bzw. der diese Fonds managenden Fondsgesellschaften) aus Sicht der Investoren zu beurteilen ist. Es wird weitergehend untersucht, welche Möglichkeiten für Fondsgesellschaften existieren, ihre Aussagen über die spezifischen SRI-Qualitäten ihrer Produkte in glaubwürdiger Weise gegenüber den Investoren zu kommunizieren. Dabei werden insgesamt die im Kapitel 6 als Ergebnis der theoretischen Ausführungen formulierten

Anforderungen an die Transparenzerzeugung über soziale und ökologische Unternehmensqualitäten als interpretierender Bezugsrahmen genutzt.

7.1 Ziele und Gegenstände der empirischen Untersuchungen

Gegenstand der theoriegeleiteten empirischen Untersuchungen sind die bisherigen Aktivitäten und Leistungen der relevanten Akteure im Socially Responsible Investment, die darauf abzielen, eine bessere Transparenz über sozial-ökologische Qualitäten von Unternehmen zu erzeugen und angemessen zu kommunizieren. Ziel der empirischen Untersuchungen ist es,

- ein wissenschaftlich begründetes Verständnis von Screeningqualität und Informationsqualität für das SRI zu entwickeln und zu überprüfen,

- abgesicherte Aussagen zur gegenwärtigen Screening- und Informationsqualität problemorientiert zu generieren und

- Ansatzpunkte und Instrumente für eine Verbesserung der Screening- und Informationspolitik zu identifizieren.

Der empirischen Forschung sind folgende *übergeordnete Leitfragen* zugrunde gelegt worden:

1. Wie ist die Qualität des Screening zu beurteilen, das als Grundlage für die SRI-Produkte dient ?

2. Welche Möglichkeiten existieren, die Qualität des Screening zu verbessern ?

3. Wie kann eine ggf. hohe Screeningqualität angemessen gegenüber den Investoren signalisiert werden ?

4. Wie ist die Qualität der Information, die den Investoren und der interessierten Öffentlichkeit über SRI-Fonds zur Verfügung stehen ?

5. Welche Möglichkeiten existieren insgesamt, die Qualität der Informationen über SRI-Fonds zu verbessern ?

Von der Beantwortung dieser Fragen können in erster Linie Gestaltungsempfehlungen für das Marketing von Finanzintermediären erwartet werden, die erfolgreich SRI-Produkte am Markt platzieren wollen. Diese gewählte Perspektive ist nicht selbstverständlich, denn – wie einleitend aufgezeigt – sind auch Unternehmen als potenzielle oder reale Objekte eines SRI-Screening und die das Screening realisierenden Research-Agenturen eigenständige Akteure am SRI-Markt (vgl. Abbildung 9 in Kapitel 3.3.2), aus deren jeweiliger Handlungs- und Interessenperspektive andere Leitfragen im Vordergrund stehen würden. Auch aus einer übergeordneten gesamtgesellschaftlichen Perspektive ließen sich leitende Fragestellungen für eine empirische Forschung im gewählten Theoriezusammenhang ableiten, die womöglich stärker die Wirkungen des SRI-Research bei den Unternehmen und in der Gesellschaft im Sinne einer als wünschenswert definierten Zielerreichung in das Zentrum stellen würden. Die hier gewählte klassische Marketingperspektive eines zentralen Marktakteurs (Finanzintermediäre bzw. Fondsgesellschaften) kann jedoch dann die öffentliche und demokratische Meinungsbildung über soziale und ökologische Qualitätsbeurteilungen von Unternehmen unterstützen, wenn – wie es im theoretischen Kontext dieser Forschungsarbeit getan wird - die einzelwirtschaftliche Interessenperspektive von Finanzintermediären mit den Anforderungen einer Stärkung des öffentlichen Dialogs über verantwortliches Unternehmensverhalten verbunden wird (vgl. Kapitel 5.2).

In den oben vorgestellten Leitfragen wird zwischen der *Qualität des Screening* und der *Qualität der Information*, die für potenzielle Investoren u.a. auch über das Screening zur Verfügung stehen, unterschieden. Insbesondere für Fondsgesellschaften, die SRI-Produkte definieren und vermarkten, sind beide Untersuchungsbereiche relevant. Sie beschreiben Teilaufgaben, die insgesamt der *Transparenzerzeugung* über sozial-ökologische Unternehmensqualitäten dienen. An der Herstellung von Transparenz über die sozial-ökologischen und ethischen Unternehmensqualitäten sind jedoch verschiedene Akteure beteiligt und interessiert. Sie sind in unterschiedlicher Art und Weise von den Untersuchungsbereichen Screening- und Informationsqualität tangiert (vgl. Abbildung 27).

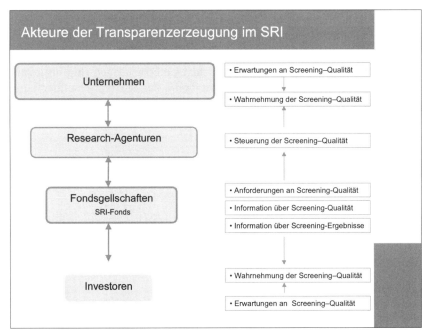

Abbildung 27: Akteure der Transparenzerzeugung im SRI

- Die *Unternehmen* als Objekte der sozial-ökologischen Beobachtungen und Bewertungen haben bestimmte Erwartungen an das SRI-Screening, nehmen Stärken und Schwächen des tatsächlichen SRI-Screening wahr und können Aussagen zur Qualität dieses Screening – aus der unmittelbaren Sicht der Betroffenen – formulieren.

- Die unternehmensexternen *Research-Agenturen*[236] steuern als Akteure und Subjekte die Qualität des Screening und erzeugen Transparenz über das sozial-ökologische Unternehmensverhalten. Sie versuchen, den Anforderungen gerecht zu werden, die von den Fondsgesellschaften an sie gestellt werden. Dazu kann auch gehören, dass Fondsgesellschaften Aussagen zur Screeningqualität oder Ergebnisse des Screening an Investoren kommunizieren wollen.

- Schließlich gehören die *Fondsgesellschaften* dazu, die als Verwender und unmittelbare Nutzer des Screening diese Ergebnisse verwenden, um SRI-Fonds am Markt zu positionieren und an private oder institutionelle Investoren zu verkaufen. Sie beauftragen das Screening, legen Anforderungen an die Qualität des Screening fest und können ggf. die besondere Screeningqualität gegenüber Investoren kommunizieren.

Die Investoren sind nicht unmittelbar an der Transparenzerzeugung beteiligt[237]. Sie sind vielmehr Nutzer[238] der vorhandenen Informationsangebote. Ihre grundsätzlichen Erwartungshaltungen hinsichtlich der Einlösung von Qualitätsversprechen auch im SRI sind mehrfach belegt worden.

Die in dieser Arbeit verwendeten empirischen Untersuchungen sind insgesamt akteursbezogen ausgerichtet worden, wobei die für das SRI typische Interaktion zwischen Unternehmen, Research-Agenturen und Fondsgesellschaften ebenso berücksichtigt wurde, wie die unterschiedliche Betroffenheit von den einzelnen Forschungsfragen (vgl. Abbildung 28).

---

[236] Auch die Inhouse Research der Fondsgesellschaften nimmt hier eine identische Funktion wahr.

[237] Selbstverständlich können Investoren selbst aktiv nach Informationen über Unternehmen suchen und so auch aktiv die Transparenzerzeugung steuern. In dem hier vorgestellten vereinfachten Interaktionsmodell sind sie auf die Rolle der Nutzer von Ergebnissen der Transparenzerzeugung reduziert.

[238] Neben den Investoren können weitere Teilöffentlichkeiten Interesse an den Screeningergebnissen haben und sie für ihre Meinungsbildung über einzelne Unternehmen nutzen. Die Ausstrahlungseffekte sozial-ökologischer Unternehmensbewertungen, die im Kontext des SRI erstellt werden, sind auch bei verschiedenen Stakeholdern (z.B. Mitarbeitern) zu beobachten.

Themenschwerpunkte der empirischen Untersuchungen ■ Hauptaspekt bei akteursbezogener Untersuchung ▨ Nebenaspekt bei akteursbezogener Untersuchung	Akteure		
	Unternehmen	Research-Agenturen	Fondsgesellschaften
Identifizierung von Stärken und Schwächen in der bisherigen Screeningqualität	■	■	■
Identifizierung von Möglichkeiten, die Screeningqualität zu verbessern	▨	■	▨
Identifizierung von Möglichkeiten, eine (ggf. hohe) Screeningqualität angemessen zu kommunizieren		▨	■
Identifizierung von Stärken und Schwächen in der bisherigen Informationsqualität			■
Identifizierung von Möglichkeiten, die Informationsqualität zu verbessern			■

Abbildung 28: Akteursbezogene Themenschwerpunkte der empirischen Untersuchungen

Die Entwicklung von *Befragungs- und Beobachtungsinstrumenten* für die empirischen Untersuchungen und die *Erhebung der Daten,* die in dieser Arbeit vorgestellt und diskutiert werden, fand im Wesentlichen im Rahmen eines vom BMBF- geförderten Forschungsprojektes statt. Ziel dieses Forschungsprojektes[239], das unter der Bezeichnung „Investorenentscheidungen als Determinanten für eine nachhaltige Unternehmensführung" in der Zeit von September 2000 bis November 2003 durchgeführt wurde, war es, die Möglichkeiten einer Marktentwicklung des SRI zu untersuchen (vgl. imug/muk, 2001). Ausgangs- und wesentlicher Referenzpunkt dieser Forschungen waren die Ergebnisse theoriegeleiteter Befragungen von privaten und institutionellen Investoren, die in der ersten Phase dieses Projektes durchgeführt und veröffentlicht wurden (vgl. imug, 2002; Hennig-Thurau/Hansen/Bornemann, 2002). Die Ergebnisse dieser

---

[239] Das Forschungsprojekt wurde vom imug Institut für Markt-Umwelt-Gesellschaft e.V. in Kooperation mit dem Lehrstuhl Marketing I: Markt und Konsum durchgeführt. Als wissenschaftlicher Projektleiter fungierte im imug Institut der Autor dieser Arbeit, der auch an der Entwicklung der Erhebungsinstrumente und Auswertung beteiligt war. Im imug Institut waren im Rahmen des dreijährigen Forschungsprojekts weiterhin Uwe Grazek und Roland Pätzold (mit befristeten Zeitverträgen) und Kathrin Klaffke als festangestellte Mitarbeiterin befasst.

Untersuchungen machten deutlich, dass „... die mangelnde Transparenz hinsichtlich des Wahrheitsgehalts der zugesagten „ethischen" oder „nachhaltigen" Eigenschaften des jeweiligen Finanzproduktes ....ein wesentliches Markthemmnis darstellen." (Schoenheit/Hansen, 2001, S. 26).

In der hier vorliegenden Arbeit wird auf empirische Ergebnisse zurückgegriffen, die vom imug in Kooperation mit dem Lehrstuhl Marketing I: Markt und Konsum der Universität Hannover in 2002 und 2003 im Rahmen des genannten BMBF-Forschungsprojektes erhoben worden sind, um Ansatzpunkte für eine verbesserte Kommunikation und Interaktion zwischen Research-Agenturen und Unternehmen und zwischen Fondsgesellschaften und Investoren herauszufinden. Für die Forschungsfragen der vorliegenden Arbeit konnten vor allen Dingen die Befragung von aktiennotierten Unternehmen hinsichtlich ihrer Erfahrungen in der Interaktion mit Research-Agenturen genutzt werden (Unternehmensperspektive auf Screeningqualität). Es war weiterhin möglich, auf die Untersuchung von deutschsprachigen SRI-Fonds zurückzugreifen, deren SRI-Qualitätsversprechen untersucht worden ist. Und schließlich ist eine umfangreiche Expertenbefragung differenziert ausgewertet worden, in der verschiedene Konzepte der Transparenzverbesserung im SRI überprüft wurden. Insbesondere diese Expertenbefragung, die im Sommer 2003 konzipiert und durchgeführt wurde, ist explizit im theoretischen Kontext der hier vorliegenden Arbeit angelegt worden[240].

In den genannten Untersuchungen sind aus der Perspektive der Fondsgesellschaften, der Investoren und der Unternehmen immer auch explizit oder implizit Aussagen zur Qualität der Arbeit der Research-Agenturen enthalten. Da die Research-Agenturen jedoch nicht unmittelbar selbst untersucht wurden, ist für die hier vorliegende Arbeit zusätzlich auf empirisches Material der imug Beratungsgesellschaft zurückgegriffen worden. Im Rahmen eines von der EU geförderten Projektes zur Entwicklung eines Qualitätsstandards für das Corporate Socially Responsibility Research sind im Frühjahr 2003 15 europäische SRI-Research-Agenturen befragt worden[241]. Bei dieser Befragung handelte es sich um eine problemorientierte Bestandsaufnahme hinsichtlich der Bemühungen von Research-Agenturen, eine hohe Researchqualität sicherzustellen. Auch auf diese internen Befragungsergebnisse kann insbesondere im Kapitel 7.3 zurückgegriffen werden. Auch sie werden in der hier vorliegenden Forschungsarbeit erstmals umfassend interpretiert und publiziert.

Da die im Kontext dieser Arbeit verwendeten empirischen Ergebnisse in Teilen unter verschiedenen Forschungs- bzw. Entwicklungsperspektiven erarbeitet worden sind, handelt es sich insgesamt um eine Sekundäranalyse (vgl. Kie-

---

240 Diese das BMBF-Projekt „abschließende" Expertenbefragung wurde vom wissenschaftlichen Projektleiter - dem Autor dieser Arbeit - selbst konzipiert und ausgewertet.
241 Diese Befragung wurde von Kirein Franck (imug Beratungsgesellschaft) durchgeführt.

colt/Nathan, 1998, Beutelmeyer/Kaplitza, 1999) des im imug Institut und in der imug Beratungsgesellschaft vorliegenden empirischen Materials. Dieses empirische Material wird vor dem Hintergrund des hier vorgestellten Theoriezusammenhangs interpretiert und ist in Teilen – unter Verwendung der Rohdaten – neu zusammengestellt und ausgewertet worden[242].

Eine solche sekundäranalytische Vorgehensweise ist wissenschaftlich vertretbar, wenn bei der Interpretation der Ergebnisse die spezifischen Entstehungszusammenhänge berücksichtigt werden (vgl. Kromrey, 2000, S. 510; Diekmann, 2002, S. 172f., S. 540f.). Aus diesem Grunde werden in den nachfolgenden Abschnitten der Kontext der empirischen Untersuchungen und der methodische Ansatz jeweils detailliert vorgestellt.

Forschungsökonomisch ist eine solche Sekundäranalyse sogar ausgesprochen vorteilhaft, wenn es gelingt, wesentliche Aussagen ohne gesonderte Primärerhebungen abzusichern (vgl. Schnell/Hill/Esser, 1999, S. 240). Als projektspezifischer Vorteil ergibt sich zudem, dass der Autor der Sekundäranalyse auch für die Primäranalyse verantwortlich war. Dadurch konnten insbesondere die traditionellen Fehlerquellen der Sekundäranalyse bezüglich unterschiedlicher Operationalisierungen und Indikatorenäquivalenz reflektiert und vermieden werden (vgl. Friedrichs, 1998).

7.2 Unternehmen und Research-Agenturen

Die Sammlung und Bewertung von Informationen über die sozialen und ökologischen Leistungen von Unternehmen ist das besondere Aufgabenfeld von Research-Agenturen im Socially Responsible Investment. Um diese Aufgabe zur erfüllen, treten sie mit den Unternehmen, die Gegenstand ihres SRI-Screening sind, in Kontakt. In diesem Kapitel soll genau diese Interaktion zwischen Research-Agenturen und Unternehmen untersucht werden. Dabei liegt der Schwerpunkt der akteursbezogenen Betrachtung in diesem Kapitel bei den Unternehmen. Ihre Beurteilung der Qualität der Screening-Leistungen von Research-Agenturen im Kontext des SRI steht im Zentrum des Interesses. Im ersten Schritt soll zunächst einmal die Beziehung zwischen den Unternehmen und den Research-Agenturen unter Bezugnahme auf die Prinzipal-Agent-Theorie problemorientiert interpretiert werden. Anschließend werden die Ziele

---

[242] Ergebnisse, die in dieser Arbeit vorgestellt werden und die bereits veröffentlicht worden sind, werden nach üblichen Standards zitiert. Nicht veröffentlichte Ergebnisse und solche, die explizit im Kontext der hier vorliegenden Untersuchung erstellt worden sind, werden ohne weitere Quellenverweise vorgestellt.

und Methoden der empirischen Forschung erläutert, deren Ergebnisse im dritten Schritt vorgestellt und diskutiert werden.

7.2.1 Interaktion von Unternehmen und Research-Agenturen in der institutionenökonomischen Interpretation des SRI

Die sozial-ökologische Leistungsbeurteilung von Unternehmen kann als finales Transparenzproblem des Socially Responsible Investment verstanden werden, das jeden Kapitalgeber vor schwierige Aufgaben der Informationssammlung und –bewertung stellt. Kapitalgeber, die als Investoren oder im gewählten Theoriezusammenhang Prinzipale genannt werden, stellen bestimmten Unternehmen, die als Kapitalnehmer (Agenten) bezeichnet werden, für einen befristeten Zeitraum Kapital zur Verfügung, wofür sie bestimmte Gegenleistungen erwarten. Unternehmen als Kapitalnehmer könnten jedoch vor dem Vertragsabschluss (dem Investment) ihren Informationsvorsprung gegenüber dem Investor nutzen und nicht alle Eigenschaften ihres Unternehmens wahrheitsgemäß signalisieren (Hidden Characteristics). Sie könnten zusätzlich auch das gegebenenfalls investierte Kapital für andere Zwecke verwenden, als es dem sozial und ökologisch motivierten Investor recht sein mag (Hidden Intention). Unter Bezugnahme auf institutionenökonomische Überlegungen konnte nachgewiesen werden, dass die direkte Interaktion und Vertragsverhandlungen zwischen Investor und Unternehmen insbesondere auch im SRI mit enormen Transaktionskosten für den Investor verbunden sind, wobei auch dann immer noch erhebliche Unsicherheiten für den Abschluss von Verträgen mit von ihm ausgewählten Unternehmen verbunden bleiben (vgl. Kapitel 2). Es zeigt sich, dass die Institution Fondsgesellschaft in der Lage ist, die hier anstehenden Kooperations- und Transaktionsaufgaben effizienter zu lösen als der einzelne Investor. Der Prinzipal Investor verlagert deshalb seine Screening- und Monitoringaufgaben (vgl. Kapitel 3) auf Fondsgesellschaften, die ihm gegenüber als Agenten fungieren und versuchen müssen, seine Erwartungen zu erfüllen. Gerade für das Screening und Monitoring der spezifischen SRI-Qualitäten von Unternehmen geben Fondsgesellschaften den „vom Investor stammenden Auftrag" häufig[243] an Research-Agenturen weiter. Fondsgesellschaft und Research-Agentur schließen dafür Verträge ab, in denen die Besonderheiten des Leistungsaustauschs über die Screening- und Monitoringleistungen der Research-Agentur geregelt werden. Auch zwischen Fondsgesellschaft und Research-Agentur ergeben sich spezifische Kontroll- und Abstimmungsaufgaben, die in den Kategorien der Prinzipal-Agent-Theorie sinnvoll strukturiert werden können (vgl. Kapitel 2). Schließlich kommt es in Zusammenhang mit dem beauftragten Screening und Monitoring zu einer Interaktion zwischen Research-Agentur und Unternehmen[244]. Als potenzielle Investitionsobjekte des SRI tragen Unternehmen auf zwei hauptsächlichen Wegen zur Transparenz über ihre sozial-ökologischen Unternehmensqualitäten bei: zum einen durch ihre in Deutschland und vielen anderen Ländern freiwillige Berichterstattung über soziale und ökologische Leistungen (vgl. Klaffke, 2002), vor allem jedoch auch durch ihre freiwillige Informationsoffenheit gegenüber unternehmensexternen Research-Agenturen. Obwohl keine formalen Verträge zwischen Research-Agentur und Unternehmen für den Austausch von Leistungen geschlossen werden, könnte man von impliziten Verträgen sprechen, bei denen – wie in der institutionenökonomischen Theorie herausgearbeitet wird – beträchtliche Unsicherheiten auf beiden Seiten bestehen. Es kann sogar vermutet werden, dass diese Unsicherheiten auf Seiten der Unternehmen besonders hoch sind,

---

[243] Im Kapitel 7.4 wird ausgeführt, dass rund die Hälfte der deutschsprachigen SRI-Fonds auf Researchergebnisse unabhängiger SRI-Research-Agenturen zurückgreifen. Die anderen Fonds nutzen das so genannte Inhouse-Research, worunter Arbeitsbereiche innerhalb der Fondsgesellschaft verstanden werden, die sich auf das SRI-relevante Screening und Monitoring von Unternehmen spezialisiert haben (vgl. Schäfer/Preller, 2003, S. 37f.). In den USA klagte 2002 die Börsenaufsichtsbehörde SEC gegen zehn größere Wall Street Investmentfirmen wegen Interessenkonflikten und mangelnder Trennung zwischen Inhouse Research und Beratung. Im April 2003 gab es eine Einigung, in der die Investmentfirmen über $1,4 Milliarden Schadensersatz zahlten und sich bereit erklärten, ihre Inhouse Research umzuorganisieren. Dies beinhaltet u.a. eine radikale Trennung zwischen Research und Investment Banking; die Zwangsverpflichtung, für mindestens 5 Jahre ihren Investmentkunden zusätzliche unabhängige Beratung kostenlos anzubieten, sowie eines speziellen öffentlichen Audits, das die Einhaltung der Auflagen kontrolliert (vgl. Rosato, 2003).

[244] Diese hier formal vorgestellte Weitergabe von Screeningaufgaben vom Investor zur Fondsgesellschaft zur Research-Agentur kann in der Realität auch genau den anderen Verlauf nehmen. Research-Agenturen screenen Unternehmen „auf eigene Rechnung", verkaufen die Screeningergebnisse an Fondsgesellschaften, die daraus Finanzprodukte gestalten, die der Investor kauft. In diesem Fall bündeln nicht Fondsgesellschaften unterschiedliche Erwartungen von Investoren an ein Investment-Produkt, das sie konzipieren und auf der Grundlage eines entsprechenden Research realisieren, vielmehr nutzen sie vorhandene Research-Leistungen, die in Bezug auf bestimmte Investorenerwartungen für die Produktgestaltung verwendet werden. Die Produktgestaltungsspielräume sind dann durch die zugrundeliegenden Researcheigenschaften geprägt (vgl. Kapitel 7.3).

da keine expliziten Vertragsverhandlungen geführt werden und Research-Agenturen ihrerseits vielfältige Intentionen mit dem Screening verfolgen können und ihr Handeln für das Unternehmen in großen Teilen nicht beobachtbar ist (vgl. Abbildung 29).

Aus Sicht der Unternehmen können zumindest dann halbwegs plausible Aufwands- und Ertragsabschätzungen vorgenommen werden, um sich für oder gegen eine freiwillige Kooperation mit der Research-Agentur zu entschließen, wenn die konkreten Ziele und Aufgaben der Research-Agentur beobachtbar sind und wenn zusätzlich erkennbar ist, wie die Research-Agentur mit den zur Verfügung gestellten Informationen umgeht.

Unsicherheiten in der Interaktion Unternehmen und Research-Agenturen aus Sicht der Unternehmen

		Verhalten der Research-Agentur nach Signaling des Unternehmens	
		beobachtbar	**Nicht beobachtbar**
Auftrag und Ziel der Research-Agentur	**beobachtbar**	**hidden information** - Welche Informationen liegen von anderen Unternehmen vor - Welche anderen Informationsquellen stehen über das Unternehmen zur Verfügung	**hidden characteristics** - Welche Sorgfalt - Wie wird bewertet - Wie wird dokumentiert
	nicht beobachtbar	**hidden intention** - Wofür Verwendung - Welche Vertraulichkeit z.B. Veröffentlichung/Presse	**hidden action** - Wofür Verwendung - Welche Vertraulichkeit z.B. Weitergabe an Wettbewerber

Abbildung 29: Unsicherheitswahrnehmungen von Unternehmen bei der Interaktion mit Research-Agenturen

Kooperation heißt im Binnenverhältnis zwischen Research-Agentur und Unternehmen im SRI, dass in einem ersten Schritt von den Unternehmen die gewünschten Informationen zur Verfügung gestellt werden. Zur Kooperation gehört die (zumindest implizit) in Aussicht gestellte Gegenleistung der Research-Agentur, die zur Verfügung gestellten Informationen potenziellen Investoren zur Erleichterung ihrer Investmententscheidung weiterzuleiten. Selbst wenn diese Weiterleitung vollständig und unverfälscht vonstatten ginge und wenn dies durch das Unternehmen beobachtbar und in Zusammenhang mit häufigeren Interaktionen also kontrollierbar wäre, bliebe eine Unsicherheit auf Seiten des kooperierenden Unternehmens bestehen, die in der spezifischen asymmetrischen Informationsverteilung begründet liegt und als Hidden Information[245] bezeichnet werden kann. Die Research-Agentur hat beispielsweise die Informationen von mehreren Unternehmen (Wettbewerber) vorliegen und kann die möglichen Chancen eines bestimmten Unternehmens, die Anforderungen des Investors zu erfüllen, deutlich besser einschätzen. Auch kann die Research-Agentur Informationen über das jeweilige Unternehmen aus dritten Quellen haben, die dem Unternehmen nicht bekannt sind, oder von denen das Unternehmen nicht weiß, dass sie der Research-Agentur zur Verfügung stehen. Die Möglichkeit der Hidden Information erhöht aus Sicht der Unternehmen die Unsicherheiten in der Kooperation mit der Research-Agentur.

Hidden Characteristics bezeichnen – ähnlich wie in Kapitel 4 ausgeführt – die spezifischen Unsicherheiten von Unternehmen in Bezug auf Eigenschaften der Research-Agentur, die sich der Beobachtung durch die Unternehmen entziehen. Die Sorgfalt und Qualität der Arbeit der Research-Agentur kann hier ebenso eine Rolle spielen, wie die von ihr angewandten Bewertungsverfahren. Unternehmen werden nicht davon ausgehen können, dass – wie gerade idealtypisch formuliert – die von ihnen zur Verfügung gestellten Informationen vollständig und unverfälscht an den Investor weitergegeben werden. In der Regel wird eine Art Informationsverdichtung und eine Bewertung der zur Verfügung gestellten Information erfolgen. Zu den Hidden Characteristics können insofern insbesondere die internen Verfahren und Methoden der Informationsbewertung, -dokumentation und -weiterleitung von Research-Agenturen, die – sofern sie nicht transparent sind - die spezifischen zusätzlichen Unsicherheiten bei den Unternehmen verstärken und die Kooperationswilligkeit mit Research-Agenturen merklich belasten können.

Sind für das einzelne Unternehmen die Ziele und Aufgaben der Research-Agentur nicht beobacht- und beurteilbar, ergeben sich besonders gravierende Unsicherheiten für das Zustandekommen einer Kooperation. Aufgrund der Möglichkeiten eines Ex-post-Opportunitätsverhaltens (vgl. Richter/Furubotn, 2003, S. 162) kann nicht ausgeschlossen werden, dass die zur Verfügung gestellten Informationen nicht auch für andere Zwecke genutzt werden, die in Teilen erst später beobachtbar werden können (Hidden Intention), oder die sich in Teilen jeder Beobachtung entziehen können (Hidden Action).

---

245 Unter Hidden Information werden in der Informationsökonomik Informationen verstanden, die nur einer Partei über weitere Umweltzustände zur Verfügung stehen, die jedoch auch für die andere Vertragspartei wichtig sind (vgl. Schweizer, 1999, S. 4f.). Der Begriff der Hidden Information wurde im Kapitel 4 nicht eingeführt.

Diese Unsicherheiten auf Seiten des Unternehmens werden bei erstmaligen Kooperationen bzw. in Zusammenhang mit dem Zustandekommen einer Kooperation mit Research-Agenturen besonders gravierend sein. Bei mehrperiodischen Kooperationen können insbesondere die zuletzt erwähnten Unsicherheiten, die hinsichtlich der Möglichkeit versteckter Intentionen und versteckter Aktionen durch die Research-Agentur auftreten, verringert werden[246]. Die Research-Agenturen können ihrerseits diese Unsicherheiten antizipieren und gegenüber den Unternehmen durch eine gezielte Reputationspolitik die Kooperationsschwellen verringern. Auch ein gekonntes Signaling ihrer Aufgaben und Ziele und ihrer Arbeitskonzeption kann dazu beitragen, die Kooperationswilligkeit und damit latent auch die Qualität der zur Verfügung gestellten Informationen zu erhöhen.

Je besser es den Research-Agenturen gelingt, gegenüber den zu screenenden Unternehmen die Zielsetzung, die Seriosität und die Qualität ihrer Arbeit zu erläutern und gegenüber den Unternehmen eine weitgehende Transparenz über die angewandten Bewertungsmethoden und die Verbreitung der Researchergebnisse zu erzeugen, desto eher werden Unternehmen die strukturell vorhandenen Unsicherheiten in der möglichen Kooperation mit Research-Agenturen überwinden und freiwillig kooperieren. Diese freiwillige Kooperation der Unternehmen liegt im unmittelbaren einzelwirtschaftlichen Interesse der Research-Agenturen: Sie wollen auf relevante Informationen über die Unternehmen zurückgreifen, diese können aber in weiten Teilen nur von den Unternehmen selbst generiert werden.

Damit ergibt sich die Frage, wie Unternehmen die bisherige Interaktion mit Research-Agenturen beurteilen und in welchem Umfang das Signaling der Research-Agenturen als angemessen beurteilt wird und welche Verbesserungsmöglichkeiten hier auf Seiten der Unternehmen gesehen werden.

7.2.2 Ziel und Vorgehen der empirischen Analyse

Ziel der empirischen Untersuchungen ist es, aus Sicht der Unternehmen, die Gegenstand des SRI-Screening von Research-Agenturen sind, zu erfahren,

- wie die Kommunikation mit den unternehmensexternen Research-Agenturen gestaltet wird,

---

[246] Hier muss beachtet werden, dass bei einer zu engen und eingespielten Kooperation die Wahrnehmung der Unabhängigkeit der Research-Agentur beeinträchtigt werden kann. Wenn diese Problemlage ernsthaft eintreten würde, könnte die Aufgabenstellung gerade darin bestehen, das Optimum an Distanz und Nähe in der Kooperation zwischen Unternehmen und Research-Agentur zu definieren.

- wie die Qualität dieses Research aus Sicht des Unternehmens beurteilt wird und

- welche Verbesserungsvorschläge existieren, um die Interaktion zwischen Unternehmen und Research-Agenturen zu verbessern.

Zur Beantwortung dieser Fragen, gibt es kaum empirisches Material. Die vorhandene Literatur setzt sich eher analytisch und deskriptiv mit den Kommunikationsaufgaben von Unternehmen auf dem Kapitalmarkt auseinander (vgl. Diehl/Loistl/Rehkugler, 1998) oder umreißt den entscheidungsorientierten Handlungsrahmen einer umweltorientierten Investor-Relations Politik von Unternehmen (vgl. Stoffels, 2002). Die Interaktion von Unternehmen mit SRI-Research-Agenturen oder SRI-Fondsgesellschaften spielt als spezifisches Aufgabenfeld in der Literatur bisher weder in systematisch-analytischen Untersuchungen noch in der empirischen Forschung eine Rolle. In Großbritannien hat immerhin die Investor Relations Society unter ihren Mitgliedern eine Umfrage durchgeführt und eine Art „Stimmungsbild" als Ergebnis skizziert, nach dem es zum Alltag von Investor Relation Abteilungen bei britischen börsennotierten Unternehmen gehören soll, dass sie von einer Vielzahl von unübersichtlichen Fragebögen zu Themen der Corporate Social Responsibility „überschwemmt" werden. Es wird eine „Ermüdung" und „Unlust" auf Seiten der Investor-Relation-Abteilungen konstatiert und warnend in Richtung Research-Agenturen formuliert, dass diese Art von Anfragen die zarte Pflanze der Corporate Social Responsibility eher gefährden als fördern würde[247].

Als direkte Ressourcen der *sekundäranalytischen empirischen Untersuchung* wird auf eine Befragung des Deutschen Aktieninstituts und des Instituts für Ökologie und Unternehmensführung (vgl. Flotow/Häßler/Kachel, 2003, S. 33f.) und auf eine Befragung des imug Instituts zurückgegriffen (vgl. imug, 2004).

- Vom deutschen Aktieninstitut wurde in Kooperation mit dem Institut für Ökologie und Unternehmensführung im August 2002 eine Umfrage bei 964 börsennotierten deutschen Unternehmen zu verschiedenen Themen des „nachhaltigen Investments"[248] durchgeführt. In einem Teilbereich der Umfrage wurde auch auf die Erfahrungen und Einschätzungen zu nachhaltigkeitsbezogenen Anfragen und Fragebögen eingegangen (vgl. Flotow/Häßler/Kachel, 2003, S. 33f.). Ausschließlich dieser Teil der Umfrage

---

247 Im März 2003 wurde eine Telefonumfrage bei 202 Mitgliedern der Investor Relations Society zur Interaktion mit CSR-Research- und „Lobby-Groups" durchgeführt (vgl. IRS, 2003).

248 Der Fragebogen hatte die Überschrift „Umfrage zur Bedeutung von Umwelt- und Nachhaltigkeitsfonds und –indices für Unternehmen" (vgl. Flotow/Häßler/Kachel, 2003, S. 46).

wird hier als sekundäranalytisches Material genutzt. Von den rund 10 % der Unternehmen, die bei dieser Umfrage insgesamt geantwortet hatten, liegen Aussagen insbesondere zur Intensität des Informationsaustausches zwischen Unternehmen und Research-Agenturen und zur Qualitätsbeurteilung von Fragebögen der Research-Agenturen aus Sicht der Unternehmen vor. Die 96 börsennotierten Unternehmen, die sich an dieser Umfrage beteiligt hatten, bilden nach Auffassung der Autoren „... einen repräsentativen Querschnitt sowohl nach Branchen als auch nach Unternehmensgröße." (Flotow/Häßler/Kachel, 2003, S. 22).

- Als zweite Ressource der Sekundäranalyse wurden Ergebnisse ausgewertet, die einen Teilbaustein eines größeren Forschungsprojektes (s.o.) vom imug Institut darstellen. Im Sommer 2003 wurden vom imug Institut die DAX 30 Unternehmen in einer schriftlichen Befragung ausschließlich zu den Aspekten der Interaktion zwischen Unternehmen und Research-Agenturen bzw. Fondsgesellschaften schriftlich befragt[249]. 21 der 30 angeschriebenen Unternehmen hatten geantwortet, was einer Rücklaufquote von 70 % entspricht. Es kann davon ausgegangen werden, dass die Ergebnisse dieser Befragung die Sichtweisen von großen aktiennotierten Unternehmen zu den aufgeworfenen Fragen angemessen wiedergeben (vgl. imug, 2004).

Zu beachten ist bei beiden Untersuchungen, dass eine leichte Verzerrung zugunsten von solchen Unternehmen vorliegen kann, die sich intensiver mit den schriftlichen und telefonischen Anfragen von Research-Agenturen auseinandergesetzt haben. Eine solche Verzerrung ist jedoch akzeptabel, weil es bei den hier zu beantwortenden Fragen gerade um die Beurteilung der Researchleistungen im SRI durch die betroffenen Unternehmen geht, die nur aus der erlebten Interaktion zu beantworten ist. Wenn auch bei den befragten Unternehmen eine durch die Interessenlage geprägte Sicht der Qualität des externen Research nicht ausgeschlossen werden kann, ist die Informationsquelle Unternehmen für die Qualitätsbeurteilung des Research dennoch besonders geeignet. Da die Research-Agenturen und die Fondsgesellschaften die verwendeten Fragebögen und das spezifische Vorgehen im Research tendenziell als Geschäftsgeheimnis behandeln, dürften die mit diesen Fragen und der Beantwortung dieser Fragebögen befassten Mitarbeiter der großen aktiennotierten Unternehmen einen besonders guten - weil auch vergleichenden - Überblick über die praktizierten Researchstandards haben.

---

[249] Der Fragebogen hatte die Überschrift „Informationsflüsse zwischen Unternehmen, Fondsgesellschaften und Rating-Agenturen". Es handelt sich um einen standardisierten Fragebogen, der insgesamt 10 geschlossene und offene Fragen umfasst. Angeschrieben wurden die für Investor Relation zuständigen Arbeitsbereiche der DAX Unternehmen (vgl. imug, 2004).

Das Phänomen von sozial erwünschten Antworten kann bei beiden Befragungen insgesamt als gering angesehen werden, da zumindest bei der hier vorgenommenen Sekundärauswertung nicht das soziale und ökologische Engagement der befragten Unternehmen selbst, sondern ausschließlich ihre Erfahrungen in der Interaktion mit Research-Agenturen und Fondsgesellschaften im Vordergrund standen.

7.2.3 Ergebnisse der Untersuchung

7.2.3.1 Interaktion zwischen Unternehmen und Research-Agenturen

Für große börsennotierte Aktiengesellschaften gehört die systematische Kommunikation mit relevanten Investoren bzw. Investorengruppen und ihren Repräsentanten zu einem Aufgabengebiet, das als „Investor-Relations" organisatorisch in nahezu allen börsennotierten Unternehmen verankert ist (vgl. Diehl/Loistl/Rehkugler, 1998; Diegelmann/Giesel/Jugel, 2002; Stoffels, 2002; Ebel/Hofer, 2003). Während sich der Arbeitsbereich Investor-Relations in der Vergangenheit nahezu ausschließlich „... mit dem wirtschaftlichen Ergebnis eines Unternehmens sowie (mit) Vorgängen, die einen Einfluss auf dessen Bilanz und Erfolgsrechnung haben können", beschäftigt hatte (Freimüller, 2001, S. 713), es also um Themen ging, die aus der klassischen Sichtweise von Investoreninteressen abgeleitet waren, wird in den letzten Jahren auch der Informationsaustausch mit SRI-Research-Agenturen häufig über diesen Arbeitsbereich abgewickelt. Dies ist einerseits konsequent, weil es sich auch hier um Investor-Relations handelt. Zugleich ist dies ungewöhnlich und ungewohnt, weil dabei Themen behandelt werden, die üblicherweise nicht zum Kompetenzspektrum der Investor-Relations-Abteilungen gehören, sondern eher von den Umwelt- und Sozial- bzw. den Personalabteilungen bearbeitet werden. Viele Anfragen zu sozialen und ökologischen Aktivitäten und Leistungen der Unternehmen werden direkt an die entsprechenden Arbeitsbereiche gerichtet und von ihnen bearbeitet. Auch die Einschaltung des Arbeitsbereichs Öffentlichkeitsarbeit bzw. Public Relations ist in den Unternehmen bei entsprechenden Anfragen weit verbreitet. Die schriftliche Befragung von Unternehmen durch SRI-Research-Agenturen gehört auch in Deutschland inzwischen zum Alltag zumindest von großen börsennotierten Unternehmen.

- 62,5 % der befragten Unternehmen haben in den letzten 12 Monaten Fragebögen von Research-Agenturen und Fondsgesellschaften[250] zu sozialen und

---

[250] Es wurde ausdrücklich nach Anfragen und Fragebögen mit einem „professionellen Hintergrund" gefragt, um sie von Anfragen z.B. von Diplomanden abzugrenzen (vgl. Flotow/Häßler/Kachel, 2003, Fragebogen, S. 1).

ökologischen Leistungen des Unternehmens erhalten und bearbeitet (vgl. Flotow/Häßler/Kachel, 2003, S. 33).

- Rund 20 % der antwortenden Unternehmen gaben an, dass sie zwischen 11 und 20 unterschiedliche Fragebögen zu sozialen und ökologischen Aspekten der Unternehmenstätigkeiten in den letzten 12 Monaten erhalten und bearbeitet haben[251].

- Keines der befragten DAX 30 Unternehmen lehnt – nach eigenen Angaben - die Beantwortung und Bearbeitung von Fragebögen von Research-Agenturen ab (vgl. imug, 2004, S. 19).

Auffallend ist, dass der von den Unternehmen bekundete Zeitaufwand für die Beantwortung der Fragebögen sehr unterschiedlich ausfällt bzw. stark unterschiedlich wahrgenommen wird (vgl. Abbildung 30). Während rund ¼ der befragten Unternehmen nur bis zu 5 Personen-Arbeitstage auf die Bearbeitung und Beantwortung entsprechender Anfragen verwendet haben, geben einige Unternehmen an, mehr als 50 Arbeitstage hierauf zu verwenden. Bemerkenswert ist, dass die Hälfte der Unternehmen auf diese Frage gar nicht geantwortet hatte. Da die „Verweigerungsrate" bei dieser ansonsten nicht besonders heiklen Frage[252] im Vergleich zu den anderen Fragen auffällig hoch ausfällt, darf vermutet werden, dass die Unternehmen selbst keine klaren Vorstellungen davon haben, wie zeitaufwändig die Bearbeitung der entsprechenden Anfragen tatsächlich ist.

---

[251] Die Frage lautete: „Wie häufig hat Ihr Unternehmen in den letzten 12 Monaten Anfragen bzw. Fragebögen von Fondsgesellschaften bzw. Rating-Agenturen zu sozialen und ökologischen Aspekten der Tätigkeit ihres Unternehmens erhalten?" Die Aussagen der Unternehmen zu dieser Frage sind in der öffentlich zugänglichen Berichterstattung sehr grob gestaffelt, sodass nur relativ undifferenziert festgestellt werden kann, dass 42,7 % die Kategorie „1 bis 10 Fragebogen" ankreuzten (vgl. Flotow/Häßler/Kachel, 2003, S. 34).

[252] Die Frage lautete: „Wie viele Personen-Arbeitstage hat Ihr Unternehmen in den vergangenen 12 Monaten in die Beantwortung von Anfragen bzw. Fragebögen zu sozialökologischen Fragestellungen investiert?" (Flotow/Häßler/Kachel, 2003, Anhang).

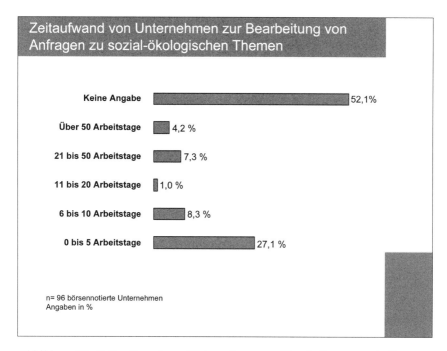

Abbildung 30: Zeitaufwand von Unternehmen zur Bearbeitung von Anfragen zu sozial-ökologischen Themen (Flotow/Häßler/Kachel, 2003, Anhang)

Dies mag damit zusammenhängen, dass in der Mehrzahl der Fälle verschiedene Abteilungen des Unternehmens in die Bearbeitung und Beantwortung der Fragebögen eingeschaltet werden (vgl. imug, 2004, S. 20) und in vielen Unternehmen ein systematisches Anfragenmanagement, das auch ein internes Zeitcontrolling umfasst, nicht installiert zu sein scheint (vgl. FN 255).

Neben der reaktiven Bearbeitung von Anfragen und insbesondere von Fragebögen der Research-Agenturen führen Unternehmen eine Reihe von anderen systematischen Aktivitäten durch, um Investoren, aber auch Research-Agenturen über ihre sozialen und ökologischen Leistungen zu informieren. Dazu zählen

- die Veröffentlichung und gezielte Versendung von Nachhaltigkeits-, bzw. von Umwelt- und Sozialberichten,

- das Hinterlegen von weiteren Informationen im Internet,

- die Durchführung von Analysten-Treffen und

- der Besuch von Tagungen, auf denen die Unternehmensleistungen präsentiert werden (vgl. imug, 2004, S. 14 f.).

Zusammenfassend kann festgestellt werden, dass die Bearbeitung von Anfragen und Fragebögen von SRI Research-Agenturen bei den großen börsennotierten Unternehmen zu einem fast schon „normalen" Aufgabengebiet der Investor-Relations Abteilungen geworden ist, die unternehmensintern in der Regel der koordinierende bzw. federführende Arbeitsbereich für die Interaktion mit Research-Agenturen ist. Die im Rahmen der Prinzipal-Agent-Theorie unterstellten Unsicherheiten scheinen in Bezug auf die von den Unternehmen „beobachtbaren" Verhaltenselementen der Research-Agenturen weitgehend relativiert zu werden. Offensichtlich begünstigt hier die Regelmäßigkeit der Interaktion ein Erfahrungslernen und den Aufbau eines Vertrauenskapitals in der Interaktion.

7.2.3.2 Qualität und Transparenz des SRI-Screening aus Sicht der Unternehmen

Unternehmen, die in den letzten Jahren regelmäßig von unternehmensexterner Seite nach sozialen und ökologischen Aspekten ihrer Unternehmenstätigkeit untersucht wurden, beurteilen die Qualität der Fragebögen hinsichtlich der Aspekte

- Verständlichkeit und Klarheit
- Übersichtlichkeit und Struktur
- Vollständigkeit
- Wesentlichkeit

insgesamt mit nur durchschnittlichen Noten (vgl. Flotow/Häßler/Kachel, 2003, S. 36; imug, 2004, S. 16f.). Inhaltlich wird vor allem der häufig zu geringe Branchenbezug vieler Fragebögen kritisiert. Erwartet wird eine „...bessere Strukturierung der Fragebögen nach Branchenspezifika" und eine stärkere „... Berücksichtigung der länderspezifischen Gegebenheiten. In Deutschland und anderen Staaten Mitteleuropas sind bestimmte Verhaltensweisen im sozialen Umfeld, aber auch beim Umweltschutz Standard und tägliche Praxis. Fragen wie z.B. nach Kinderarbeit wirken da befremdlich und vermindern die Akzeptanz der Fragebögen." [253]

Noch deutlich kritischer wird von den Unternehmen die wissenschaftliche Fundierung der Fragebögen beurteilt (vgl. imug, 2004, S. 17). Dies kann daran liegen, dass aus Sicht der Unternehmen viele Fragen nicht systematisch begründet und hergeleitet, sondern nur schlicht „gestellt" werden. So wird unterneh-

---

[253] Im Folgenden werden schriftliche Kommentare von Vertretern der DAX Unternehmen im Rahmen der Untersuchung des imug (2004) zitiert, bei der in einer offenen Frage nach weiteren Verbesserungsvorschlägen für die Interaktion zwischen Unternehmen und SRI-Research-Agenturen gefragt wurde.

mensseitig beispielsweise Unverständnis bei Fragestellungen geäußert, die auf die Verwendung bestimmter, offensichtlich als problematisch angesehener Chemikalien durch das Unternehmen abheben. „Mir ist die Ursache für die Auflistung der Chemikalien nicht klar, kein Mensch aus der Praxis würde eine derartige Aufstellung benutzen. Entweder handelt es sich um Supergifte wie Pentachlorphenol oder Lindan (dort ist der Ersatz in Deutschland unstrittig und die Frage danach damit hinfällig) oder man fragt sich, warum diese Substanzen als restrikiv anzusehen sind. Ein schönes Beispiel ist Bisphenol A, ein Epoxidharz, welches in großen Mengen in Kunststoffen eingesetzt wird. Eine Reihe von Substanzen wird nicht aufgelistet, einige davon sind aber viel gefährlicher, wie Benzol oder Komplexbildner im Abwasser." (Unternehmenszitat aus imug, 2004).

Besonders problematisch muss es jedoch erscheinen, dass über die Hälfte der befragten DAX-Unternehmen nur von wenigen Research-Agenturen bzw. Fondsgesellschaften die konkreten Bewertungsmethoden kennen (vgl. imug, 2004, S. 17). Zwar erklären mehr als die Hälfte der befragten DAX-Unternehmen, dass ihnen die Ergebnisse der Unternehmensbewertung von den meisten Research-Agenturen bzw. Fondsgesellschaften mitgeteilt werden (vgl. imug, 2004, S. 18), dennoch scheinen die meisten Unternehmen, die sich an solchen Unternehmensbefragungen beteiligen, nur äußerst vage Vorstellungen von den Bewertungsprozessen zu haben, die innerhalb der Research-Agenturen und /oder Fondsgesellschaften ablaufen, um die Eignung der einzelnen Unternehmen zur Aufnahme in SRI-Fonds zu überprüfen (vgl. Flotow/Häßler/Kachel, 2003, S. 37). Bemängelt wird auf Seiten der Unternehmen ebenfalls, dass zu wenig Rückmeldungen erfolgen. „Die gegebenen Antworten sollten teilweise nicht nur vom Unternehmen, sondern auch von den Research-Agenturen noch einmal hinterfragt werden (oft ist eine äußere Sichtweise noch sehr hilfreich bzw. kann Missverständnisse in den unternehmenseigenen Antworten aufklären helfen). Diese Art des Feedbacks haben wir noch nie erlebt." (Unternehmenszitat aus imug, 2004). Auch das einleitend unterstellte Vorhandensein asymmetrischer Informationen zwischen Unternehmen und Research-Agenturen hinsichtlich des Abschneidens anderer Unternehmen wird von den Unternehmen als kritischer Punkt angesprochen. „Des Weiteren erhält man als Teilnehmer von den meisten Agenturen bisher relativ wenig Feedback zum Abschneiden, insbesondere gegenüber direkten Konkurrenten sowie keine detaillierte Methodik zur Auswertung." (Unternehmenszitat aus imug, 2004).

Die von der Prinzipal-Agent-Theorie herausgestellten Hidden Characteristics, die sich auf die „nicht beobachtbaren" Verhaltenselemente der Research-Agenturen beziehen und bei denen es im Kern um die Frage der Bewertung der gesamten Unternehmensleistung geht, nachdem die Unternehmen ihre Informationen zur Verfügung gestellt haben, erweist sich in dieser Analyse demnach als besonderer Schwachpunkt in der bisherigen Interaktion.

Vor diesem Hintergrund gibt es aus Sicht der Unternehmen eine Reihe von Möglichkeiten, die Interaktion zwischen Research-Agenturen und den Unternehmen im Kontext des SRI-Screening zu verbessern.

7.2.3.3 Verbesserungspotenzial des SRI-Screening aus Sicht der Unternehmen

Die Unternehmen sehen sowohl auf Seiten der Research-Agenturen als auch auf Seiten der Unternehmen deutliche Verbesserungspotenziale, um das SRI-Screening effizienter und transparenter zu gestalten (vgl. Abbildung 31).

Nahezu einmütig ist das Votum auf Seiten der Unternehmen, den Umfang der Fragebögen und die Vielzahl der Fragebögen zu reduzieren, um im Ergebnis zu einer Art Standard zu gelangen, auf den von Unternehmensseite dann entsprechend standardisiert geantwortet werden kann. „Die Fragebögen sollten übergreifend gewisse Standards erfüllen, das heißt, dass immer gewisse Inhalte Standard sein sollten (analog zu den Anfragen von Finanzanalysten, die sich auf eine kleine Auswahl von Kenngrößen geeinigt haben und die dann von allen Unternehmen problemlos bereit gestellt werden können)." (Unternehmenszitat aus imug, 2004).

Ein weiterer Vorschlag, der von Seiten der Unternehmen nahezu einmütig unterstützt wird, hebt auf die technische Komponente der Interaktion zwischen Unternehmen und Research-Agenturen ab. Die mindestens jährlich sich wiederholende Bearbeitung schriftlich vorliegender Fragebögen der Research-Agenturen wird als unpraktisch und nicht angemessen angesehen. Zum einem wird vorgeschlagen, die Zeitabstände zu verlängern; zum anderen wird eine EDV-gestützte Bearbeitung von Fragebögen überwiegend für sinnvoll gehalten. Im Einzelnen wird vorgeschlagen, dass die Research-Agenturen „..... vorab Auswertungen des vorhandenen publizierten Informationsmaterials der Unternehmen vornehmen, denen dann die entsprechenden Unternehmensprofile nur noch zur Verifizierung und zur Beantwortung von Spezialfragen zur Verfügung gestellt werden." (Unternehmenszitat aus imug, 2004). Die Hälfte der Unternehmen, die sich an der Befragung beteiligt hatten, spricht sich auch für andere Methoden der Datenerfassung aus, die bisher wesentlich in der Schriftkommunikation stattfindet. „Häufig wäre es sinnvoll, wenn man auch die hinter den Researchunternehmen stehenden Personen persönlich kennen würde. Fragebögen sind sehr unpersönlich. Häufig wäre es für die Unternehmen von großem Vorteil, wenn Sie in einem persönlichen Gespräch die ‚Politik' (z.B. Vergangenheit, ...) des Unternehmens erklären könnten." (Unternehmenszitat aus imug, 2004).

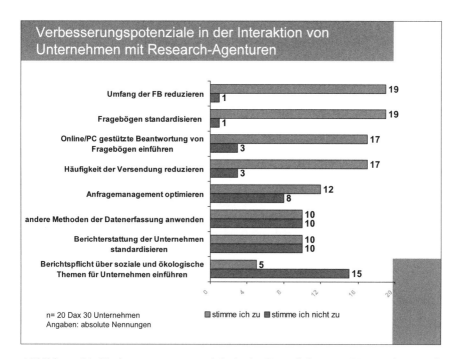

Abbildung 31: Verbesserungspotenziale in der Interaktion von Unternehmen mit Research-Agenturen (imug, 2004, S. 21)[254]

Verbesserungspotenzial sehen die Unternehmen jedoch auch deutlich auf der „eigenen Seite". Insbesondere wird von der Hälfte der Unternehmen ein besseres Anfragenmanagement beim eigenen Unternehmen eingefordert[255]. „Da die eingehenden Fragebögen eine unterschiedliche Ausrichtung haben, ist die

---

[254] Die Frage lautete: „Für eine weitere Marktentwicklung bei ethisch-ökologischen Geldanlagen ist die Qualität der Fragebögen sowie die Qualität der zur Verfügung gestellten Informationen von entscheidender Bedeutung. Wie beurteilen Sie die folgenden Ansätze und Lösungsvorschläge?" (8 Vorgaben mit den Ausprägungen: Stimme ich voll zu / Stimme ich weitgehend zu / Stimme ich weniger zu / Stimme ich überhaupt nicht zu) (vgl. imug, 2004).

[255] Der Begriff des Anfragenmanagements ist in der Befragung nicht näher definiert worden. Da jedoch alle 20 befragten Unternehmen eine Aussage zu dem vorgegebenen Item des „Anfragenmanagements" machten, kann unterstellt werden, dass zumindest ein diffuses Grundverständnis mit diesem Begriff bei den Unternehmen vorhanden ist. Ein Anfragenmanagement kann im Kontext der Interaktion zwischen Research-Agenturen und Unternehmen als die möglichst effiziente und zielorientierte Entgegennahme, Bearbeitung, Beantwortung, Dokumentation und Kontrolle von professionellen Anfragen Dritter zu sozialen und ökologischen Aspekten der Unternehmenstätigkeit durch das Unternehmen verstanden werden.

Beantwortung dieser Umfragen von unterschiedlichen Personen /Bereichen aus unserer Sicht gerechtfertigt. Hierbei muss sichergestellt sein, dass bei Fragen, deren spezifischer Inhalt von Kollegen gezielter beantwortet werden kann, diese auch eingeschaltet werden." (Unternehmenszitat aus imug, 2004).

Schließlich glaubt die Hälfte der DAX 30 Unternehmen, die sich an der Befragung beteiligt hat, dass die Standardisierung der eigenen aktiven Berichterstattung über soziale und ökologische Themen die Interaktion mit den Research-Agenturen verbessern kann. Vorgeschlagen wird eine „... Optimierung der eigenen Berichterstattung bzw. des Internetauftritts im Hinblick auf Einstellung von Informationen, die regelmäßig von Rater- bzw. Stakeholderseite von uns angefordert werden (macht ggf. Fragebogenaktionen von Universitäten, Diplomanden etc.) überflüssig bzw. die im Fragebogen bereits von Raterseite eingestellten Daten sind lediglich zu überprüfen." (Unternehmenszitat aus imug, 2004). Besondere Hoffnungen werden in einzelnen Fällen auf das Internet als Kommunikationsmedium gesetzt. So wird die „... Etablierung der eigenen Unternehmenswebsite als ein mögliches Tool, bei dem sich Interessenten die relevanten Informationen selber abrufen können," vorgeschlagen (Unternehmenszitat aus imug, 2004).

Mehrheitlich auf Ablehnung stößt jedoch der Vorschlag, eine Berichtspflicht der Unternehmen zu sozialen und ökologischen Themen zu etablieren[256].

Zusammenfassend kann festgestellt werden, dass sich zumindest die großen börsennotierten Unternehmen in Deutschland aktiv und konstruktiv mit dem SRI-Screening auseinandersetzen, das von Research-Agenturen als Basisleistung für das Socially Responsible Investment durchgeführt wird. Aus Sicht der Unternehmen sind insbesondere die so genannten Hidden Characteristics in der Interaktion mit den Research-Agenturen problematisch. Sie zeigen deutliche Unzufriedenheiten hinsichtlich der fehlenden Transparenz bei den Bewertungsprozessen, die nach dem Beantworten von Fragebögen bei den Research-Agenturen bzw. bei den Fondsgesellschaften erfolgen. Die von den Unternehmen favorisierten Lösungsvorschläge heben in erster Linie auf eine Vereinfachung des Informationsaustauschs ab, der durch eine Standardisierung der Fragestellungen erreicht werden soll. Ob eine solche Vereinheitlichung des SRI-Screening aus Sicht der Research-Agenturen und der Fondsgesellschaften als sinnvoll und möglich angesehen wird, bleibt abzuwarten. Immerhin müssen Fondsgesellschaften mit ihren SRI-Produkten auf differenzierte Investorenbedürfnisse reagieren und versuchen Research-Agenturen, mit eigenen unterschiedlichen Screening-Ansätzen auf unterschiedliche Bedürfnislagen von

---

[256] Eine solche Berichtspflicht existiert in einigen europäischen Ländern (vgl. Cornier/Gordon, 2001).

Fondsgesellschaften (und Investoren) zu reagieren[257]. So scheint der schlichte Ruf nach einer Vereinheitlichung von Beurteilungskriterien (und dann auch der darauf aufbauenden Fragebögen) allenfalls vordergründig, „.... marktlogisch am bisherigen Widerstand der Anbieter von ... Screeningleistungen" zu scheitern (Schäfer/Preller, 2003, S. 34). Als grundlegende Ursache für die existierende Pluralität von Bewertungsansätzen muss vielmehr auf die unterschiedlichen wissenschaftlichen und politischen Konzepte zur Deutung eines verantwortlichen Unternehmensverhaltens hingewiesen werden, die womöglich nur zum Preis der vollkommenen Beliebigkeit unter einem einheitlichen Konzept des „ethischen", des „prinzipiengeleiteten" oder des „nachhaltigen Investments" vereinheitlicht werden können.

7.3 Researchqualität bei unternehmensunabhängigen Research-Agenturen

Im Kapitel 7.2 wurde die Interaktion zwischen Unternehmen und Research-Agenturen aus Sicht der *Unternehmen* betrachtet. Es zeigte sich, dass Unternehmen aus ihrer Interessen- und Handlungsperspektive differenzierte Aussagen zur Researchqualität der entsprechenden Agenturen formulieren können. Im Einzelnen sind spezifische Defizite in der Researchqualität deutlich geworden, die nicht nur die unmittelbar betroffenen Unternehmen tangieren, sondern den unterstellten Wirkungszusammenhang des SRI, der eine verbesserte Transparenz über sozial-ökologische Unternehmenseigenschaften unterstützen will, fundamental in Frage stellen. Wenn die Unternehmen nämlich keine Rückmeldungen über die Bewertungen der Research-Agenturen erhalten und sie nicht (immer) erfahren, für welche SRI-Produkte die Researchergebnisse verwendet werden, kann nicht erwartet werden, dass die SRI-spezifischen Transformationsleistungen von Finanzintermediären wirklich wahrgenommen werden (vgl. Kapitel 3.3).

Im theoretischen Kontext dieser Arbeit werden *Research-Agenturen* als eigenständige Dienstleistungsunternehmen verstanden, die für bestimmte Kunden (Fondsgesellschaften) spezialisierte und komplexe Aufgaben der sozial–ökologischen Unternehmensbewertung übernehmen.

Aus Sicht der *Fondsgesellschaften* muss es beim Leistungsaustausch mit den Research-Agenturen darum gehen, den Gegenstand, die Qualität, die Schnellig-

---

[257] So weisen Fondsgesellschaften mit klarer wettbewerblicher Intention gelegentlich darauf hin, dass die bei ihnen zugrundeliegenden besonders strengen ökologischen und sozialen Kriterien, den unpräziseren Kriterien anderer Nachhaltigkeitsfonds bzw. – Indices in jeder Weise überlegen sind (vgl. Securvita, 2003).

keit usw. des Unternehmensresearch so zu definieren und zu kontrollieren, dass sie die gewünschten Informationen für die Entwicklung und Vermarktung ihrer Finanzprodukte zu angemessenen Preisen und Qualitäten erhalten. Finanzinstitutionen sind als Prinzipale gegenüber den Research-Agenturen einzustufen, die vor allen Dingen Anforderungen an die Qualität des Research definieren und überwachen müssen[258]. Fondsgesellschaften müssen aber auch die Qualität des Research, das den eigenen Fondsprodukten zugrunde liegt und als ein wesentliches Element die spezifische Qualität des jeweiligen Finanzproduktes prägt, gegenüber den Investoren signalisieren. Dafür stehen den Fondsgesellschaften drei Basisstrategien zur Verfügung, die im Kapitel 4.2.2 in Zusammenhang mit dem Signaling von Vertrauenseigenschaften bereits in allgemeiner Form vorgestellt worden sind:

- Hinweise auf die Zusammenarbeit mit einer externen Research-Agentur[259], die mit ihrer spezifischen Reputation (Unabhängigkeit, Kompetenz) die gewünschte Glaubwürdigkeit sichern soll (*Reputationsstrategie*).

- Differenzierte Darstellung der verwendeten Researchmethoden und – kriterien und/oder der Ergebnisse des Research (*Reportingstrategie*).

- Hinweis auf die besonderen Anstrengungen zur Qualitätssicherung (*Qualitätssicherungsstrategie*).

Die Fondsgesellschaften transformieren die von ihnen wahrgenommenen Erwartungen der Investoren an die Qualität des Screening (Research) in Anforderungen an die Research-Agenturen (vgl. Abbildung 14), die sich gegenüber Fonds-

---

[258] Auch wenn das SRI-Research als so genanntes Inhouse-Research durchgeführt wird, ergeben sich strukturell die gleichen Aufgabenstellungen, die allerdings durch andere Instrumente (in der Regel „einfacher") geregelt werden. Dem geringeren Aufwand der Steuerung und Kontrolle eines Inhouse-Research stehen bestimmte Nachteile gegenüber, die insbesondere in der womöglich geringeren Glaubwürdigkeit und in der leicht zu unterstellenden Vermengung von finanzanalytischen und SRI-analytischen Erkenntnissen bestehen.

[259] Auch im Falle eines Inhouse-Research wird die Fondsgesellschaft selbstverständlich besondere Anstrengungen unternehmen, um die Reputation ihres Research zu unterstreichen. Hier kann versucht werden, einen Transfer des jeweiligen Banken-Images (seriös, professionell, usw.) auf die Researchleistungen zu erreichen. Dass die jeweilige Bank (Finanzintermediär) im Bereich der verantwortlichen Unternehmenspolitik (Nachhaltigkeits- oder CSR-Management, einschließlich des eigenen Reporting) ansonsten womöglich nicht besonders ausgewiesen ist, kann als Nachteil bzw. Risiko einer solchen Reputationsstrategie angesehen werden. In diesem Zusammenhang ist es interessant, dass es vereinzelte Stimmen gibt, die von den Fondsgesellschaften, die SRI-Fonds am Markt platzieren, erwartet wird, dass sie sich auch als Gesamtunterernehmen den in diesem Fonds explizierten Zielsetzungen unterwerfen oder zumindest über ihre eigene soziale und ökologische Unternehmenspolitik berichten (vgl. Eurosif, 2003).

gesellschaften in der Rolle eines Dienstleistungsanbieters (Agenten) befinden, der seinerseits die Erfüllung der Kundenwünsche signalisieren muss. Die Research-Agenturen müssen deshalb ihrerseits die drei Basisstrategien beachten und durch selbständige Aktivitäten umsetzen, weil sie sich davon Wettbewerbsvorteile am engen Markt des SRI-Research versprechen können[260].

7.3.1 Ziele und Vorgehen der empirischen Analyse

Gegenstand der empirischen Untersuchung sind demnach bestimmte Leistungen und Aktivitäten von unternehmensunabhängigen Research-Institutionen, die im Feld der sozialen und ökologischen und/oder ethischen Unternehmensbewertung tätig sind. Sie sind dann als SRI-Research-Agenturen identifiziert und hier mit untersucht worden, wenn sie mehr als drei Jahre Erfahrungen in der kriterienorientierten Bewertung von Unternehmen hatten, die sie durch zumindest allgemeine Veröffentlichung entsprechender Untersuchungsergebnisse oder durch Ausweis bestimmter Kunden im SRI, die dieses Research in Auftrag geben, belegen können. Insgesamt wurden 15 Research-Agenturen in Europa, davon drei in Deutschland identifiziert, die diesen Anforderungen entsprachen.

Indem Research-Agenturen aus verschiedenen europäischen Ländern Gegenstand der Analyse werden, müssen die unterschiedlichen kulturellen Hintergründe und Zugänge zum SRI in der Betrachtung berücksichtigt werden. Immerhin sind in Europa unterschiedliche Entwicklungen des SRI zu erkennen, die nicht immer in die gleiche Richtung weisen (vgl. Kapitel 3.2, vgl. Eurosif, 2003, S 13f.). Gerade im Bereich des SRI-Research ist jedoch eine unverhältnismäßig hohe Kooperation und Vernetzung zu beobachten[261]. So arbeiten allein 9 der 15 hier untersuchten europäischen Research-Agenturen in zwei unterschiedlichen europäischen Netzwerken zusammen und tauschen Konzepte und Untersuchungsergebnisse aus. Der strukturelle Hintergrund für diese Kooperationen kann darin gesehen werden, dass

- für ein qualifiziertes Screening von international agierenden Unternehmen eine nur nationale Researchkompetenz nicht ausreicht und

- viele SRI-Fonds in Unternehmen aus den unterschiedlichsten Herkunftsregionen investieren und dabei vergleichbare Researchergebnisse benötigen.

---

[260] Zum anderen können die Research-Agenturen so auch selbst einen aktiven Beitrag zur besseren Transparenz am Markt des SRI und damit zur Marktentwicklung leisten. In Kapitel 3.2 ist im Zusammenhang mit der Entstehungsgeschichte des SRI-Research darauf hingewiesen worden, in welchem Umfang Teile der heute bekannten Research-Agenturen an der aktiven Entwicklung des SRI-Marktes beteiligt waren. Ihre Funktion geht deshalb deutlich über die eines bloßen Dienstleisters hinaus.

[261] Vgl. das Mission Statement der „Global Partners for Corporate Responsibility Research" (vgl. imug, 1997, S. 229).

Bereits in der Vergangenheit hat es vereinzelte Versuche gegeben, die Arbeit von Research-Agenturen und –Instituten, die im Bereich der sozial-ökologischen Unternehmensbewertungen tätig sind, vergleichend zu beschreiben und zu analysieren. Gemeinsam ist diesen Versuchen, die in der Regel ohne jeden theoretischen Kontext auskommen (vgl. Mistra 2001; Reich et. al, 2001)[262], dass stillschweigend davon ausgegangen wird, dass es sich bei diesen sozial-ökologischen Unternehmensbewertungen nicht um einen Prozess der Untersuchung und Bewertung des mehr oder weniger verantwortlichen Unternehmensverhaltens geht (vgl. Schoenheit, 1996), sondern dass es sich um jeweils geschlossene Konzepte handelt, die mal als „Öko-Rating" (vgl. Haßler, 1994; Figge, 2000), als „Corporate Responsibility Rating" (Haßler, 2001), auch als „Nachhaltigkeitsrating" (vgl. Haßler/Bammert, 2003) oder als „Nachhaltigkeitsbonitätsprüfung" eines prinzipiengeleiteten Investments (Schäfer/Preller, 2003) bezeichnet werden. Zu wenig beachtet wird insbesondere der akteursbezogene Kontext, in dem Research-Agenturen vor allem zu Fondsgesellschaften und möglichen anderen Kunden ihres Research stehen. „Eine Organisation, die ihre Arbeit vornehmlich als Auftragsarbeit ... versteht, wird die erhobenen Daten prinzipiell nicht ohne Genehmigung ... weitergeben..." (imug, 1997, S. 211). So kann es nicht wirklich verwundern, wenn von den Research-Agenturen, die im SRI tätig sind, „.... detaillierte Einblicke in Kriterienspezifikationen und Analyseprozesse .... verweigert" werden (Schäfer/Preller, 2003, S. 155).

Ein Benchmark für eine die Bedürfnisse von Investoren angemessen berücksichtigende Transparenz über die Untersuchung und Bewertung von sozial-ökologischen Unternehmensqualitäten sollte deshalb nicht im SRI-Research, das wesentlich als Auftragsarbeit für Fondsgesellschaften realisiert wird, sondern bei Projektansätzen gesucht werden, die es sich auf der Grundlage einer unabhängigen Finanzierung leisten können, einzig und allein das Ziel zu verfolgen, für relevante Marktteilnehmer eine größtmögliche Transparenz über soziale und ökologische Unternehmensqualitäten zu erzeugen und die bestrebt und in der Lage sind, in angemessener Art und Weise „... die erarbeiteten Bewertungen von Unternehmen der allgemeinen Öffentlichkeit zu unterbreiten." (imug, 1997, S. 211). Zur Initiierung und institutionellen Absicherung einer solchen Arbeit wurde bereits 1986 die Errichtung einer Stiftung Unternehmenstest vorgeschlagen (vgl. Moll, 1986). Der Konzeptansatz einer vollständig transparenten und dialogorientierten sozial-ökologischen Unternehmensbewertung wurde in Deutschland zu Beginn der neunziger Jahre entwickelt (vgl. Hansen/Lübke/Schoenheit, 1993; imug, 1997) und ist in einer umfassenden Untersu-

---

[262] Zu erwähnen sind auch zahlreiche Diplomarbeiten, in denen es stets bei einer schlichten phänomenologischen Gegenüberstellung von Research-Agenturen bleibt, ohne dass die zugrundeliegenden Konzepte theoretisch reflektiert werden (vgl. Grünewald, 1996; Beckstett, 1997; Neumann, 2001; Tamer, 2002).

chung über Unternehmen der Nahrungs- und Genussmittelindustrie erstmalig systematisch angewendet worden (vgl. imug et al., 1995)[263]. Die Besonderheit dieser Unternehmenstest-Untersuchungen[264], die im Kontext dieser Arbeit von Bedeutung ist, besteht in der Nachvollziehbarkeit und damit hohen Transparenz[265] der Untersuchungskonzeption und der veröffentlichten Unternehmensbewertungen. Diese Nachvollziehbarkeit und Transparenz ist nicht nur dialogethisch wünschenswert (vgl. Kapitel 6, Leitsatz 14), sondern sie ist – anders als es im SRI zur Zeit gesehen wird - auch äußerungsrechtlich dringend anzuraten[266]. Den Research-Agenturen, aber auch jedem anderen „Autor"[267], der sich mit sozial-ökologischen Unternehmensbewertungen direkt an die Öffentlichkeit wendet und in diesem Zusammenhang auch Unternehmen mit positiver oder weniger positiver Beurteilung nennt[268], wird von der deutschen Rechtsprechung durchaus ein Ermessensspielraum hinsichtlich der Anwendung von Bewertungskriterien und der darauf basierenden Bewertungen zugebilligt[269]. Zugleich wird aber erwartet, dass eine besondere Sorgfaltspflicht in der Untersuchung angewendet und eine angemessene Fairness und auch Nachvollziehbarkeit bei der Beurteilung beachtet wird, weil solche bewertenden Äußerungen gravieren-

---

[263] Der damalige Präsident der Arbeitsgemeinschaft der Verbraucherverbände, Prof. Dr. Steffens, sprach auf einer Pressekonferenz bei der Vorstellung der ersten Untersuchungsresultate von einem völlig neuen und wohl auch „sensationellen" Ansatz der Verbraucherinformation (vgl. imug, 1997, Vorwort).

[264] Folgende weitere Veröffentlichungen im Konzeptansatz des „Unternehmenstest" (Schoenheit, 2001, S. 1709) liegen vor: imug, 2001; imug et al., 1997, 1999, 2000.

[265] Die Herkunft, Ausprägung bzw. der operational definierte Erfüllungsgrad und die Gewichtung aller Kriterien (ca. 70 bis 80) sind in den Unternehmenstest-Veröffentlichungen ebenso nachzulesen, wie die Beurteilung jedes einzelnen Unternehmens zu jedem einzelnen Kriterium.

[266] Keßler (1997) setzt sich im Rahmen des Unternehmenstests mit äußerungsrechtlichen Fragen einer öffentlich zugänglichen Unternehmensbewertung durch Dritte auseinander und formuliert allgemeine Anforderungen insbesondere an die Sorgfaltspflichten der untersuchenden „Testinstitutionen".

[267] In äußerungsrechtlichen Erörterungen wird der Sender von Informationen genauer betrachtet, dem gegenüber um so höhere Anforderungen an die Sorgfaltspflicht bestehen, je höher seine eigene öffentliche Reputation und der Verbreitungsgrad seiner Nachrichten ist (vgl. Keßler, 1997, S. 288).

[268] Beide Elemente treffen für das SRI-Screening nur sehr eingegrenzt zu. In aller Regel sind die SRI-Screening-Ergebnisse gerade nicht öffentlich, allgemein und leicht zugänglich. Und weiterhin werden in der Regel allenfalls die positiv gescreenten Unternehmen erwähnt und über die anderen nicht selektierten Unternehmen keine spezifischen Angaben verbreitet.

[269] Die deutsche Rechtsprechung hat sich in wesentlichen Teilen in Zusammenhang mit rechtlichen Auseinandersetzungen um Veröffentlichungen der Stiftung Warentest insgesamt zu einem liberalen Standpunkt durchgerungen (vgl. Keßler, 1987).

de Auswirkungen auf die wirtschaftliche Zukunft des jeweiligen Unternehmens haben können (vgl. Keßler, 1997).

Im Akteursmodell des SRI muss diese Erwartungshaltung zunächst einmal von den Fondsgesellschaften wahr- und ernstgenommen werden. Sie definieren das Ausmaß der Transparenz über die genaue Anlagepolitik des SRI-Fonds und legen fest, wie potenzielle Investoren über die Qualität und/oder über die Ergebnisse des SRI-Research informiert werden. Sie sind im SRI die unmittelbaren und damit äußerungsrechtlich verantwortlichen Sender der Aussagen über ihre Fonds und ggf. auch über die bewerteten Unternehmen.

Ziel der hier vorliegenden Teilstudie ist es deshalb, den Grad der Erwartungserfüllung von Research-Agenturen zu untersuchen. Ihr Angebot an SRI Screeningleistungen orientiert sich an den Erwartungen von Investoren als auch von Fondsgesellschaften, die sich in der Rolle eines Gatekeepers zwischen Investoren und Research-Agenturen befinden. Neben den eingesetzten Instrumenten zur Erfüllung von Erwartungen sind auch *eigene Konzepte* von besonderem Interesse, die von Research-Agenturen zur Verbesserung der Transparenz angeboten werden.

Im Kontext des gewählten Theoriezusammenhangs, der in Kapitel 6 zu übergeordneten Leitfragen zur Transparenzerzeugung verdichtet wurde, sollen hier folgende Fragen in Bezug auf die Akteursgruppe Research-Agenturen untersucht werden:

- Welche idealtypischen unterschiedlichen *Positionierungsstrategien*, die die Interaktion zwischen Fondsgesellschaften und Research-Agenturen maßgeblich prägen und insofern Auswirkungen auf die Frage der Transparenz über Researchqualitäten haben können, sind bei Research-Agenturen zu beobachten? (vgl. Kapitel 7.2.3.1)

- Wie verstehen und sichern Research-Agenturen die *Unabhängigkeit* ihrer Researchleistungen? (vgl. Kapitel 7.2.3.2)

- Was verstehen Research-Agenturen unter *Researchqualität* und durch welche Maßnahmen und Instrumente unterstützen sie eine bessere *Transparenz über ihre Researchleistungen* (Reportingstrategie und Qualitätssicherungsstrategie)? (vgl. Kapitel 7.2.3.3)

Zur Beantwortung dieser Fragen, wurden

1. wesentliche öffentlich zugängliche *Materialien von den 15 Research-Agenturen* ausgewertet, die an der Entwicklung des Qualitätsstandards beteiligt sind (vgl. Ziffer 1). Dazu wurden die entsprechenden Internetseiten der Research-Agenturen am 15.1. 2003 und am 1.11.2003 dokumentiert und aus-

gewertet (Kurz: Internet-Recherche bei SRI-Research-Agenturen) sowie um die Zusendung einschlägiger Unterlagen gebeten.

2. Materialien und nicht veröffentlichte Ergebnisse eines *Entwicklungsprojektes* analysiert, das mit dem Ziel durchgeführt wurde, einen Qualitätsstandard für das SRI-Research zu entwickeln und zu etablieren (kurz: Entwicklungsprojekt Qualitätsstandard für SRI-Research).

Während es sich bei der Internet-Recherche um eine Auswertung von Unternehmensdokumenten handelt, in denen die Research-Agenturen nach selbst definierten Konzepten ihre Arbeit darstellen, handelt es sich bei Auswertung der Dokumente des Entwicklungsprojekts für einen Qualitätsstandard im Kern um einen Prozess der teilnehmenden Beobachtung. Als etablierte soziologische Forschungsmethode (vgl. Aster, 1989; Gans, 1999, S. 546) hat sie seit den 80er Jahren zunehmend auch im wissenschaftlichen und praktischen Feld der Marktforschung an Akzeptanz gewonnen (vgl. Hirschman, 1986; Sanders, 1987; Belk/Sherry/Wallendorf, 1988; Sherry, 1995). Die methodologischen Vorzüge dieser Methode liegen insbesondere in dem Zugang zu sozialen Gruppen, bei denen Einstellungen und Verhalten eine starke situationale Kontingenz aufweisen sowie von den geteilten Vorstellungen und Bedeutungen abhängen (vgl. McCall/Simmons, 1969). Des Weiteren mindert die Interaktion des Forschers im natürlichen Forschungsfeld die Gefahr von Reaktivitätsproblemen und Forschungsartefakten[270]. In einem Vergleich zwischen traditionellen Interviews und teilnehmender Beobachtung kommen Becker/Geer (1957, S. 28) zu dem Urteil: „The most complete form of the sociological datum, after all, is the form in which the participant observer gathers it (...). Such a datum gives us more information about the event under study than data gathered by any other sociological method. Participant observation can thus provide us with a yardstick against which to measure the completeness of data gathered in other ways." Angesprochen wird damit auch die Integrationsfähigkeit der teilnehmenden Beobachtung mit anderen sozialwissenschaftlichen Forschungsmethoden, um traditionelle Verfahren stärker zu fokussieren und die Lücken der konventionellen Datenerhebungsverfahren aufzufüllen (vgl. Sieber, 1973). In diesem Forschungszusammenhang sind dies vor allem die Analyse schriftlicher Dokumente des Entwicklungsprojektes, die – und das ist die Besonderheit - von den Untersuchungsobjekten (den Research-Agenturen) selbst erarbeitet worden sind. Es wird in diesem Zusammenhang deshalb von einer teilnehmenden Beobachtung gesprochen, weil der Autor der hier vorliegenden Forschungsarbeit in seiner

---

[270] Sanders (1987, S. 73) begründet dies bspw. mit den Worten: „Actors have more things to worry about (getting the job done, maintaining one's reputation in the eyes of peers, finishing the grocery shopping, and so on) than impressing the researcher or figuring out his/her intentions."

Rolle als Geschäftsführer der imug Beratungsgesellschaft direkte Einblicke in die Definition und den Ablauf dieses Entwicklungsprojektes hatte[271]. Damit lassen sich die genannten Vorteile der teilnehmenden Beobachtung besonders intensiv nutzen, da der Autor in der relevanten sozialen Gruppe integriert ist und Zugang zu den begleitenden situationalen Umständen, Intentionen und Vorstellungen hat. Wie bei jeder sozialwissenschaftlichen Forschung gilt es, die Vorteile der subjektiven Involviertheit der Forscher zu nutzen und die Probleme eines möglichen Mangels an Objektivität zu minimieren. Hierzu wurde auf methodische Empfehlungen zurückgegriffen, die zum einen in der *Triangulation* und zum anderen in der *Rückkoppelung* mit den Forschungssubjekten bestehen. Unter Triangulation wird allgemein die kombinatorische Nutzung verschiedener Quellen, Methoden, Forscher und Theorien zur Untersuchung des gleichen Problems verstanden, mit dem Ziel einer vertiefenden Beobachtung und dichteren Beschreibung (vgl. Flick, 1991). In diesem Zusammenhang sind es insbesondere die verschiedenen Quellen und Methoden, die zur Anwendung kamen. Dabei handelt es sich im Wesentlichen um schriftlich vorliegende Dokumente dieses Entwicklungsprojektes, die ganzheitlich interpretiert wurden[272]. Folgende Dokumente wurden in diesem Zusammenhang ausgewertet:

---

[271] Die imug Beratungsgesellschaft ist mit ihrem Geschäftsbereich des „investment research" eine der aktiv an der Entwicklung eines Qualitätsstandard für das SRI-Research beteiligten Institutionen. Der Projektantrag wurde von der belgischen Research-Agentur Ethibel, der britischen Research-Agentur EIRIS und der deutschen Research-Agentur „imug investment research" in Zusammenarbeit mit einer deutschen Verbraucherorganisation (Verbraucherzentrale Baden-Württemberg e.V.) eingereicht. Er hatte das explizite Ziel, einen Qualitätsstandard für das SRI-Research zu entwickeln und zu etablieren. Die Generaldirektion Beschäftigung und Soziales hat diesen Antrag angenommen und förderte in 2003 die Entwicklungsarbeiten an einem Qualitätsstandard für das SRI-Research finanziell und ideell. Der Autor dieser Forschungsarbeit ist selbst nicht unmittelbar mit dem Entwicklungsprojekt befasst gewesen, das von Kirein Franck in der imug Beratungsgesellschaft verantwortlich geleitet wurde.

[272] In diesem Sinne wird auf die interpretative Konsumforschung Bezug genommen (vgl. Hirschman, 1989), deren Leitlinie als kritische Analyse von Texten zur Bestimmung ihrer singulären oder multiplen Bedeutungen formuliert wird. Als „Text" werden dabei alle Ausdrucksformen menschlichen Handelns verstanden, wie Literatur, Kunst, Rituale, nonverbale Kommunikationsmuster etc. (vgl. Holbrook/O'Shaughnessy, 1988, S. 400).

- ein schriftlich vorliegender *Projektantrag* zur Entwicklung eines Qualitäts-standards für das SRI-Research, der am 1. Juli 2002 bei der Generaldirektion Beschäftigung und Soziales eingereicht wurde[273]

- ein schriftlich vorliegender Fragebogen, der im Rahmen dieses Entwick-lungsprojektes (vgl. Ziffer a) im Frühjahr 2003 an 19 europäische Research-Agenturen verschickt wurde. Der Fragebogen liegt in englischer Sprache vor und enthält 62 Fragen, die das vorhandene Qualitätsmanagement der befrag-ten Institutionen betreffen. 15 Research-Agenturen haben diesen Fragebogen ausgefüllt und zurückgesendet

- ein nicht veröffentlichtes *Diskussionspapier*, das die wesentlichen Ergebnisse der Befragung zusammenfasst und den beteiligten Research-Institutionen im Rahmen eines Workshops im Sommer 2003 zur Diskussion gestellt wurde

- drei nicht veröffentlichte *Entwurfsfassungen* für einen freiwilligen Qualitäts-standard, die im Zeitraum von Juni 2003 bis Oktober 2003 diskutiert wurden

- zahlreiche schriftliche *Stellungnahmen* von einzelnen Research-Agenturen, zu den verschiedenen Varianten eines zu entwickelnden Qualitätsstandards (siehe d), die streng vertraulichen Charakter haben und nicht zitiert werden dürfen

- ein von den Research-Agenturen am 24.10. 2003 in Hannover einstimmig verabschiedeter Entwurf eines *Qualitätsstandards* für das SRI-Research, der seit November 2003 öffentlich zugänglich ist (vgl. SRI Research/Rating Qua-lity Standard, 2003)

Damit steht für die empirische Analyse umfangreiches und einschlägiges Da-tenmaterial zur Verfügung, das im Rahmen des theoretischen Kontexts dieser Arbeit eine differenzierte Beantwortung der oben genannten Fragen zulässt.

Neben der Triangulation wurde die Qualität der empirischen Datenerhebung durch Rückkoppelung abgesichert. Die dabei verwendeten Kriterien der Credibi-lity (Glaubwürdigkeit) und Confirmability (Bestätigung) aus der Feldforschung

---

[273] Vor dem Hintergrund der Richtlinie der Europäischen Union vom 2.7.2002 (vgl. EU-Kommission, 2002) wird in vielen Dokumenten der Begriff der Corporate Social Respon-sibility als Dachbegriff für eine Reihe von Aktivitäten benutzt, Unternehmen zur freiwil-ligen Übernahme einer umfasseneren gesellschaftlichen Verantwortung zu verleiten, um so die Europäische Union zu einem innovativen und besonders erfolgreichen Wirtschafts-raum weiterzuentwickeln (vgl. Fichter/Clausen, 1998; McIntosh et al., 2003; Schrader, 2004). Da dem SRI in den entsprechenden EU-Dokumenten eine sehr große Rolle für die Zielerreichung zugeschrieben wird, ist das Projekt „Developing a Voluntary Quality Standard for Corporate Sustainability und Responsibility Research (CSRR)" definiert worden.

entsprechen den traditionellen Gütekriterien der internen Validität und Objektivität (vgl. Lincoln/Guba, 1986; Wallendorf/Belk, 1989). Die Glaubwürdigkeit der Interpretation lässt sich neben einem verlängerten Aufenthalt im Feld insbesondere durch die Einschätzung der Interpretation von den Informanten selber und weiteren Experten absichern. Ein Schwerpunkt lag in dieser Arbeit auf der Rückkoppelung der Auswertungsergebnisse mit den betroffenen Research-Agenturen selber. Eine weitgehende mit den hier vorliegenden Texten identische Entwurfsversion wurde in die englische Sprache übersetzt und den drei Research-Agenturen zur Verfügung gestellt. Ansprechpartner waren langjährige, verantwortliche Manager der Research-Agenturen (Herwig Peeters, Stephen Hine, Kirein Franck). Es wurde um schriftliche Kommentierung auf die Fragen hin gebeten, ob die getroffenen Unterscheidungen sinnvoll und wichtig sind, um unterschiedliche Entwicklungsrichtungen in den Research-Agenturen zu verstehen. Es wurde selbstverständlich auch gefragt, ob die interpretierenden Darstellungen der Organisationen im Kern zutreffend und fair sind. Von den drei Institutionen sind schriftliche Stellungnahmen im Dezember 2003 eingetroffen, die zu Überarbeitungen des vorliegenden Textes geführt haben.

Als weitere mögliche Einwände gegen den hier gewählten Ansatz der teilnehmenden Beobachtung und inhaltsanalytischen Interpretation von Dokumenten der Research-Agenturen zum Thema Researchqualität und Transparenz kann vorgetragen werden, dass

- der unmittelbare Gegenstand der empirischen Analyse ausschließlich die von den Research-Agenturen selbst produzierten Aussagen, in denen wichtige Aspekte der Qualitätsbeurteilung von ihnen hätten übersehen werden können

- die Research-Agenturen in Zusammenhang mit Statements über die SRI-Researchqualität immer auch Geschäftsentwicklungsinteressen verbinden können, die eine tendenziöse Einfärbung möglich erscheinen lassen

- Aussagen zur tatsächlichen Qualität und den tatsächlich installierten Qualitätssicherungsmaßnahmen von den Research-Agenturen zu positiv dargestellt werden

Diese Einwände müssen berücksichtigt werden, sind jedoch in Bezug auf die hier zu diskutierenden Fragen deutlich zu relativieren. Bei dem Entwicklungsprojekt handelt es sich um ein kooperatives Projekt, das viele Research-Agenturen betrifft und dessen auch im öffentlichen Interesse liegende Aufgabenstellung u.a. in der Finanzierung durch die EU zum Ausdruck kommt. Auch die Mitwirkung eines Verbraucherverbandes, der keinerlei Geschäftsinteressen mit dem Entwicklungsprojekt verbindet, unterstreicht diesen Aspekt. Weiterhin ist zu beachten, dass die Dokumente, auf die sich die Analyse im engeren Sinne bezieht, zwischen den beteiligten Research-Agenturen ausführlich diskutiert und verabschiedet worden sind, sodass „Einseitigkeiten" weitgehend ausgeschlossen werden können. Das abschließende Dokument liegt inzwischen auch öffentlich zugänglich vor, so dass der aktuelle Diskussionsstand der Research-Agenturen zu diesen Themen nachvollzogen werden kann. Es ist hervorzuheben, dass es bei der Beantwortung der in diesem Abschnitt aufgeworfenen Fragen nicht um die Beurteilung der tatsächlichen Qualität der Researchleistungen der entsprechenden Agenturen geht, sondern um die Ermittlung der relevanten Aspekte der Researchqualität und die bisherigen Anstrengungen, Transparenz über die Researchleistungen herzustellen.

In Abwägung aller Argumente wird der hier gewählte Ansatz im Kontext dieser Arbeit deshalb als vertretbar angesehen.

7.3.2 Ergebnisse der Untersuchung

Im Folgenden sollen die Ergebnisse der empirischen Analyse vorgestellt werden. Dabei werden in einem ersten Schritt idealtypisch drei Positionierungsstrategien von Research-Agenturen unterschieden und ihre Auswirkungen auf die Definition und Kommunikation von Researchqualität überprüft. Es wird sich zeigen, dass die dargestellten Positionierungsstrategien insbesondere Auswirkungen auf die Frage haben, ob und wie Research-Agenturen oder Fondsgesellschaften die Selektion bestimmter Unternehmen vornehmen und auch begründen müssen. Im zweiten Schritt sollen die Bemühungen der Research-Agenturen diskutiert werden, die Unabhängigkeit ihres Research zu gewährleisten und zu kommunizieren. Schließlich soll in einem dritten Schritt das bei SRI-Research-Agenturen vorherrschende Verständnis von Researchqualität untersucht und ihre Versuche beschrieben werden, diese Qualität zu sichern und gegenüber Dritten zu kommunizieren.

7.3.2.1 Marktpositionierungen von Research-Agenturen

In der historischen und akteursbezogenen Analyse des SRI (vgl. Kapitel 3.2 und 3.3) ist bereits deutlich geworden, dass die einfache und klare Rollendefinition von SRI-Research-Agenturen als bloße Dienstleister für Fondsgesellschaften (oder auch anderer „Prinzipale") möglicherweise zu eng gegriffen ist. Nahezu alle SRI-Research-Einrichtungen liefern auch eigenständige Beiträge zur Marktentwicklung und beteiligen sich an der öffentlichen Meinungsbildung über ein angemessenes SRI. Um das unterschiedliche Agieren von Research-Agenturen zu verstehen, müssen – das ist die Hypothese - die unterschiedlichen Herkünfte und Positionierungsstrategien bei den Research-Agenturen im Umfeld des SRI beachtet werden. Unter Positionierungsstrategie wird „... eine eher aufgrund von Plausibilitäten heuristisch festgelegte Richtung für die Positionierung von Objekten..." verstanden (Brockhoff, 2001, S. 1278). In Bezug auf die Positionierungsstrategie von Research-Agenturen wird hier vor allem auf den gewählten Hauptansatzpunkt in ihrer Leistungserbringung abgehoben,

- für den sie sich bewusst oder unbewusst als unabhängige Research-Agentur in ihrem wirtschaftlichen und gesellschaftlichen Umfeld entschieden haben und/oder

- mit dem sie offensichtlich ihre wirtschaftliche Überlebensfähigkeit am besten garantiert sehen und/oder

- durch den sie glauben, am wirkungsvollsten einen nützlichen Beitrag zur gesellschaftlichen Entwicklung liefern zu können.

Die gewählte Positionierungsstrategie kann auch als Versuch gedeutet werden, im SRI-Screening einen spezifischen USP zu definieren, um in einem kleinen und dynamischen Markt erfolgreich zu sein. Dabei werden die unterschiedlichen Selbstverständnisse und Rollen von Research-Instituten am SRI-Markt und insbesondere in ihrem Verhältnis zu den Fondsgesellschaften deutlich. Es kann vermutet werden, dass ihre konkreten Interaktionen mit den Unternehmen, die sie screenen (vgl. oben), von diesen unterschiedlichen Marktpositionierungen kaum betroffen sind. Auf der Grundlage der analysierten Dokumente unterscheiden wir zwischen folgenden drei denkbaren Marktpositionierungen von Research-Agenturen im Bereich des SRI:

- Label- bzw. Index-Provider

- Research-Provider

- Dienstleistungs-Provider

Diese drei Positionierungsstrategien sollen am Beispiel von drei Research-Agenturen bzw. -Instituten näher beschrieben werden, die den drei Marktpositionierungen – so die Ergebnisse der Dokumentenanalyse – besonders deutlich zuzuordnen sind. Dennoch ist zu betonen, dass die drei Positionierungsstrategien idealtypisch verstanden werden müssen und es in der Realität auch bei den vorgestellten Research-Agenturen zum Teil fließende Übergänge gibt. Aus diesem Grunde wurde mit besonderer methodischer Sorgfalt vorgegangen, indem die – zunächst hypothetisch entwickelten - Einordnungen und Beschreibungen der drei Research-Agenturen wie oben beschrieben mit relevanten Vertretern dieser Einrichtungen abgestimmt wurden.

Dabei wird vorrangig auf die folgenden differenzierenden Aspekte in einem ganzheitlich interpretierenden Sinne vergleichend eingegangen (vgl. Abbildung 32)

288

	Ethibel	EIRIS	imug
Positionierung	Label-Provider	Research-Provider	DL-Provider
Herkunft / Hinter-grund	NGO	Kirche	Wissenschaft
Stil	Botschafter	Info-Broker	Berater
Kundenintegration	gering	mittel	hoch
Kriteriensatz	eigener, normativ	eigener, pluralistisch	pluralistisch
Kontraktpolitik mit Fonds	Label-Nutzung	Datenbank-Nutzung	DL-Nutzung
Raum	Belgien – Europa	Europa-Welt	Deutschland
Beispiel-Projekt	Ethibel-Label	EPM	NAI

Abbildung 32: Positionierungsstrategien von Research-Agenturen im SRI

- Herkunft / Hintergrund
- Stil (des marktbezogenen Auftretens)
- Ausmaß der Kundenintegration[274]
- Flexibilität oder Starrheit des verwendeten Kriteriensatzes für das Research
- Gegenstand der Kontraktpolitik mit Fondsgesellschaften
- Geographischer Raum des Wirkens
- Beispielhaftes Projekt

---

[274] Als Kunden aus Sicht der Research-Agenturen werden hier die Fondsgesellschaften gesehen, die die unmittelbaren Nutzer der Research-Dienstleistungen sind. Hier wird be-wusst von Kundenintegration, nicht von der allgemeinen Berücksichtigung von „Stake-holderinteressen" gesprochen. Bei der Kundenintegration wird der aus dem Dienstleis-tungsmarketing stammende Gedanken einer Integration des externen Faktors auf alle Sach- und Dienstleistungen erweitert. Man versteht dann darunter, „daß Nachfrager durch von ihnen zur Verfügung zu stellende sog. externe Faktoren in betriebliche Leistungser-stellungsprozesse eingreifen und diese mitgestalten." (Kleinaltenkamp, 1997, S. 350). Die von Research-Agenturen gelegentlich wortreich reklamierte Einbeziehung von Stakehol-derinteressen ist bei genauerem Hinsehen besonders diffus. So ist beispielsweise nicht nur zu fragen, welche Stakeholder überhaupt als relevant anzusehen sind und wie man sich diese „Einbeziehung" praktisch vorstellen kann. Darüber hinaus stellt sich die zu-meist unbeantwortete Frage, wessen Stakeholder überhaupt gemeint sind, wenn bei-spielsweise eine belgische Research-Agentur ein deutsches Unternehmen (das in ver-schiedenen Ländern tätig ist) für eine luxemburgische Kapitalanlagegesellschaft, die für Investoren in der Schweiz tätig ist, untersucht.

Ethibel als Label- bzw. Index–Provider

Ethibel ist 1992 in Brüssel als eine Non-Profit-Organisation gegründet worden, die ihre Wurzeln in belgischen Non-Governmental Organisations (NGOs) aus dem Bereich der alternativen Finanzierung, der Umwelt- und Friedensbewegung und anderer sozialer Bewegungen hat (vgl. die Website <http://www.ethibel.org> vom 18.11.2003). Ethibel ist zunächst insbesondere in Belgien dadurch bekannt geworden, dass es auf der Grundlage eines eigenen fest definierten Kriteriensatzes Unternehmen untersucht und positiv selektiert hat, die in eine „Positivliste" (Ethibel-Register) aufgenommen wurden. Ethibel betont, dass der Kriteriensatz intensiv im Dialog mit relevanten Stakeholdern erarbeitet wurde und Stakeholdern auch ein maßgeblicher Einfluss bei der Unternehmensselektion zukommt. Zudem seien relevante Stakeholdergruppen institutionell bei Ethibel eingebunden. Für diese von Ethibel selektierten Unternehmen wurde das so genannte *„Ethibel-Label"* kreiert, das für diese Unternehmen eine „ethisch positive Bewertung" signalisieren soll. Der offizielle Ethibel Sprachgebrauch zur Bezeichnung und Charakterisierung des Untersuchungsansatzes und der positiv ausgewiesenen Unternehmen ist vielfältig[275].

Ethibel ist in besonderem Maße bemüht, die Qualität des eigenen Research und die Involvierung von relevanten Stakeholdern zu betonen. Der von Ethibel gewählte Ansatz hat in Belgien dazu geführt, dass über 70 % der belgischen SRI-Fonds sich heute auf das Research von Ethibel beziehen, indem sie in der einen oder anderen Form zusichern, nur in Unternehmen zu investieren, die im Ethibel Register enthalten sind. Das Ethibel SRI-Screening ist deshalb nicht als auftragsbezogenes Research zu verstehen, bei dem eine Integration spezieller Kundenbedürfnisse erforderlich ist. Vielmehr wird das SRI-Research „auf eigene Rechnung" und im selbst definierten Konzept realisiert. Je kompetenter, transparenter und glaubwürdiger das dem Ethibel Label zugrundeliegende Research erscheint, desto höher können die Chancen eingeschätzt werden, dass Fondsgesellschaften bei ihrer Produktentwicklung darauf zurückgreifen. Vor dem Hintergrund des belgischen Markterfolgs[276] versucht Ethibel das Label und den Arbeitsansatz in andere europäische Länder zu transportieren.

Im Juni 2000 hat Ethibel die Organisation „Stock at Stake" gegründet, an die das eigentliche Research übertragen wurde[277]. Stock at Stake ist zugleich der belgi-

---

[275] „It implies an integrated approach to sustainability and a multi stakeholder approach...and is seen as CSR-Screening of companies..." (Ethibel, 2003, S. 3).

[276] Insgesamt hat das belgische SRI in den neunziger Jahren einen starken Aufschwung genommen (vgl. Eurosif, 2003).

[277] Auf der homepage von SGS-Belgium steht dazu: „... Stock at Stake, was founded ... to separate the responsibilities of ethical certification (done by Ethibel) and the research and advice tasks (Stock at stake)". SGS-Belgien fungiert als Partner bei Stock at Stake (vgl. http://www.sgs.be/sgs/sgsbeweb.nsf vom 11.11.2003).

sche Partner der SiRi-Group geworden (vgl. Ethibel, 2003). Ethibel verfolgt den hier vorgestellten Arbeitsansatz des Label- und Index-Provider konsequent weiter und hat in 2002 in Kooperation mit Standards & Poors den *Ethibel Sustainability Index* (ESI) am Markt platziert. Basierend auf einem festen Satz an Positivkriterien werden in der ESI-Indexfamilie Unternehmen nach dem „best in sector" und dem „best in region" – Ansatz selektiert (vgl. Ethibel, 2002). Mit der Definition und Darstellung eines Index investiert der Indexbetreiber (in diesem Fall also Ethibel und Standard & Poors) in das kontinuierliche Research und die erforderliche Kommunikation über diesen Index. Die von Ethibel gewählte Marktpositionierung geht davon aus, dass Fondsgesellschaften ein gut ausgewiesenes Label oder einen weithin akzeptierten Nachhaltigkeitsindex nutzen wollen, um erfolgreich SRI-Fonds zu lancieren. Die Aufgabe, Transparenz und Qualität am Markt zu signalisieren, ist in diesem Fall die Aufgabe des Label- bzw. Index-Provider.

Ethical Investment Research Services (EIRIS) als Research–Provider

EIRIS wurde 1983 in London von kirchlichen und gemeinnützigen Vereinigungen als Research-Organisation mit dem Auftrag gegründet, Entscheidungsgrundlagen für Kapitalanlagen von Kirchen und karitativen Einrichtungen zu liefern. EIRIS erstellt keine Ratings oder Positiv- oder Negativlisten von Unternehmen, die durch die Anwendung eines spezifischen Kriteriensatzes zustande kommen, sondern untersucht Unternehmen mit einem breiten Satz von Kriterien und dazugehörigen Indikatoren, die im Dialog mit Kunden, Experten und Unternehmen sowie Partner-Organisationen und durch die Beobachtung von Wettbewerbern und des Zeitgeschehens weiterentwickelt werden (vgl. die Website <http://www.eiris.org> vom 15.12.2003).

Die Researchleistungen von EIRIS werden den Kunden vor allem in Form einer Datenbank, dem *Ethical Portfolio Manager* (EPM), zur Verfügung gestellt. Dem Kunden und Nutzer des Research bzw. des EPM wird die Möglichkeit eingeräumt, aus der Vielzahl der untersuchten Kriterien, jene auszuwählen und ggf. auch zu gewichten, die seinen eigenen Präferenzen oder seinen Verwendungsabsichten am besten entsprechen. So screent der Nutzer (Assetmanager, Fondsmanager, Forscher) nach seiner selbst definierten Politik in der Datenbank die dort hinterlegten Informationen über ca. 2500 Unternehmen aus Europa, Nord-Amerika und dem asiatischen Raum. Durch den hohen Individualisierungsgrad bei der Verwendung der Researchergebnisse und den kontinuierlichen Anpassungsprozess der untersuchten Kriterien kann von einer mittleren Kundenintegration bei dem EIRIS–Researchansatz gesprochen werden. Das SRI-Screening ist jedoch nicht auftragsbezogen, sondern wird von EIRIS „auf eigene Rechnung" vorangetrieben. Zur Researchaufgabe kommt deshalb die Vertriebsaufgabe hinzu, das fertige und ständig aktuell gehaltene Research, das in Form einer

Datenbank vorliegt, zu verkaufen. Dies scheint EIRIS, das als „Europas größte unabhängige Researchorganisation" (Schäfer/Pesel, 2003, S. 108) angesehen wird, gut zu gelingen[278]. EIRIS ist bestrebt, die Zahl der untersuchten Unternehmen weiter zu erhöhen und arbeitet mit insgesamt neun Researchpartnern zusammen, die in ihren Regionen das EIRIS-Research unterstützen. Auch außerhalb Europas sieht EIRIS Möglichkeiten für die Verwendung des Research.

Als Research-Provider, der mit einer Online-aktualisierbaren Datenbank ein angemessenes Darstellungsformat zu besitzen scheint, kann das EIRIS-Research flexibel eingesetzt werden. Neben der Nutzung des Research für Indices[279] kommen vor allem institutionelle Investoren und Assetmanager als Anwender in Frage.

Die von EIRIS gewählte Marktpositionierung geht davon aus, dass Fondsgesellschaften, Index-Provider und Assetmanager sorgfältig recherchierte Informationen in einer jeweils individualisierten Form nutzen möchten. Hinsichtlich der Qualität wird EIRIS insbesondere eine hohe Prozessqualität und die Unabhängigkeit gegenüber den Kunden des Research signalisieren müssen. Die Fragen der Bewertung und Selektion von Unternehmen liegt nicht in der Verantwortung von EIRIS.

imug als Dienstleistungs–Provider

Das imug ist 1992 als wissenschaftliches Forschungsinstitut an der Universität Hannover mit dem Ziel gegründet worden, Konzepte für ein verantwortliches Wirtschaften zu erforschen. In Deutschland hat das imug die Methodik des sozial-ökologischen Unternehmenstests entwickelt und bekannt gemacht. Der Konzeptansatz wurde in einer Reihe von branchenbezogenen Untersuchungen in Kooperation mit deutschen Verbraucherorganisationen und dem Umweltbundesamt angewendet. Die Ergebnisse, wie z.b. Bewertungskriterien, sind zum Zwecke der Verbraucherinformation detailliert veröffentlicht worden. Der konzeptionelle Hintergrund und Fragen der Legitimation wurden auch im wissenschaftlichen Kontext zur Diskussion gestellt. Das Konzept des „Unternehmens-

---

[278] Mehr als zwei Drittel aller SRI-Fonds in Großbritannien werden durch das EIRIS-Research unterstützt. Der EPM wird seit zwei Jahren auch in anderen europäischen Ländern vertrieben (vgl. Schäfer/Presel, 2003, S. 108).

[279] Für die Londoner Börse stellt EIRIS beispielsweise das Research für die FTSE4Good Index-Familie zur Verfügung (vgl. Dennis, 2002).

test als Verbraucherinformation" wird inzwischen auch von der Stiftung Warentest aufgegriffen[280].

Seit 1999 bietet die imug Beratungsgesellschaft[281], die 1995 aus dem Kreise der imug Vereinsmitglieder gegründet wurde, Researchleistungen für Kunden im Bereich des SRI an. Die Researchkompetenz, die im imug für veröffentlichte Verbraucherinformationsprojekte (Unternehmenstest) entwickelt wurde, ist für Screeningaufgaben im SRI genutzt worden. Bei diesem Screening verwendet das imug keinen eigenen feststehenden Kriteriensatz, sondern stellt als ein Dienstleistungs-Provider seine Researchkompetenz für verschiedene Kunden im SRI zur Verfügung. Die Kundenintegration ist hoch, da das Research nicht vorgefertigt und abgerufen, sondern auftragsbezogen für den jeweiligen Kunden realisiert wird. Verknüpft mit diesem kundenbezogenen Ansatz sind Beratungs- und Marktforschungsleistungen, die SRI-Kunden für die Produktentwicklung und für Marketingaufgaben nutzen können. imug ist der deutsche Researchpartner von EIRIS. Es verwendet also u.a. auch die EIRIS–Kriterien bei dem SRI-Screening deutscher, österreichischer und Schweizer aktiennotierter Unternehmen. imug hat weitere Kunden und führt beispielsweise für den in Deutschland bekannten Natur-Aktien-Index[282] das Monitoring und Screening der Unternehmen durch, die in diesem Index gelistet sind bzw. gelistet werden sollen. Verwendet wird hier der öffentlich vorliegende Kriteriensatz des NAI, bei dem im Übrigen ein unabhängiger Ausschuss auf der Grundlage des imug Research über

---

[280] In der Dezemberausgabe 2004 und in den ersten test-Heften 2005 veröffentlichte die Stiftung Warentest drei Untersuchungen, bei denen es um die vergleichende sozial-ökologische Bewertung von Unternehmen geht. Die Erkenntnisse und Aussagen dieser Untersuchung wurden in Verbindung mit der Ergebnissen „klassischer" vergleichender Produkttests publiziert (vgl. Stiftung Warentest, 2003). Die Stiftung Warentest hatte im Januar 2004 des imug Institut für Markt-Umwelt-Gesellschaft an der Universität Hannover beauftragt, den ersten von der Stiftung Warentest selbst verantworteten Unternehmenstest über die sozialen und ökologischen Leistungen von ca. 10 Unternehmen der Waschmittelindustrie zu bearbeiten. Weltweit das erste Mal ist ein vergleichender Unternehmenstest in Verbindung mit einem klassischen Produkttest in der Zeitschrift „Konsument" des österreichischen Vereins für Konsumenteninformation (VKI) zum Produktthema „Joggingschuhe" veröffentlicht worden (vgl. VKI, 2000). Das imug Konzept des Unternehmenstests war der explizite Bezugspunkt und das Screening der Sportartikelhersteller wurde ebenfalls vom imug Institut durchgeführt (vgl. Spitalky, 2002).

[281] Die imug Beratungsgesellschaft hat die Rechtsform einer GmbH. Als Aufgabengebiet der imug GmbH wird umrissen, „...Unternehmen und gesellschaftliche Organisationen, die mit sozialen und ökologischen Innovationen am Markt erfolgreich sein wollen, zu beraten und ggf. auch bestimmte Agenturleistungen für sie zu übernehmen." (Website <http://www.imug.de> vom 3.12.2003).

[282] Zum Konzept des Natur-Aktien-Index vgl. die Website <http://www.nai-index.de> sowie o.V., 2002.

die Aufnahme und den Ausschluss der Unternehmen aus dem Index entscheidet[283].

Die vom imug gewählte Marktpositionierung geht davon aus, dass es in Deutschland Fondsgesellschaften, Index-Provider, Assetmanager und andere Kunden gibt, die neben einer individualisierbaren Standard SRI-Research[284] weitere differenzierte Researchleistungen benötigen und in diesem Zusammenhang eine zusätzliche Beratungs- und Marketingkompetenz und –erfahrung zu schätzen wissen.

Hinsichtlich der Researchqualität wird das imug vor allen Dingen eine hohe Prozessqualität und die Unabhängigkeit des Research gegenüber den Kunden signalisieren müssen. Die Verwendung bestimmter Kriterien im Research und die im SRI immer erforderliche Bewertung und Selektion von Unternehmen werden nicht vom imug, sondern durch die Kunden, z.B. durch die Fondsgesellschaften oder durch die von ihnen eingesetzten unabhängigen Ausschüsse oder Beiräte, vorgenommen.

Die hier geschilderten *drei Positionierungsstrategien* machen deutlich, dass es im Bereich der unabhängigen Research-Agenturen auffällige Unterschiede gibt, wie das sozial-ökologische Unternehmensresearch als marktfähige Dienstleistung im SRI gestaltet wird. Die wesentlichen strukturellen Unterschiede zwischen den drei exemplarisch analysierten Research-Agenturen bestehen nicht in den verwendeten Kriterien und den Researchmethoden, in den analysierten Dokumenten und in dem Commitment für eine hohe Prozessqualität, sondern vielmehr in der Art und Weise, wie die Researchleistungen von ihnen am Markt platziert und angeboten werden. Insbesondere die Unterschiede in der strategisch gewollten und praktizierten Kundenintegration führen hinsichtlich der Frage nach einer verbesserten Transparenz über die Screeningkriterien und die Screeningergebnisse zu sehr unterschiedlichen Aufgabenzuordnungen bei Research-Agentur auf der einen und Fondsgesellschaft oder Assetmanagement auf der anderen Seite. Es ist deutlich geworden, dass in dem Maße wie die Kundenintegration bei dem SRI-Research zunimmt, sich auch die Verantwortlichkeiten der Transparenzerzeugung *über* das Screening bzw. über die Screeningqualität auf die Kundenseite verlagert. Die Sicherstellung und Kommunikation der Unabhängigkeit des Screening ist jedoch für alle drei genannten Positionierungsstrategien von zentraler Bedeutung.

---

[283] „Die 25 Werte sind nach Branchen und Ländern gestreut. Sie werden vom unabhängigen NAI-Ausschuss überprüft..., der das qualifizierte Unternehmensresearch des Instituts für Markt-Umwelt-Gesellschaft (imug)...“ nutzt (securvita, 2003).

[284] imug investment research vertreibt beispielsweise das Datenbanktool EPM von EIRIS in Deutschland und Österreich (vgl. imug investment research, 2003).

7.3.2.2 Sicherstellung und Kommunikation der Unabhängigkeit des SRI-Screening

Trotz der heute[285] erkennbaren unterschiedlichen Positionierungsstrategien von Research-Agenturen haben alle untersuchten Researcheinrichtungen die grundlegende Gemeinsamkeit, dass sie sich in ihren Ländern als unternehmensunabhängige Institutionen etabliert haben, deren Kernkompetenz darin besteht, Unternehmen nach ausgewählten sozialen und ökologischen und/oder ethischen Gesichtspunkten zu analysieren und zu bewerten. Die institutionenökonomische Deutung ihrer Existenz legt die Vermutung nahe, dass die Tätigkeit der sozialökologischen Unternehmensbewertung eine komplexe Forschungs- oder Dienstleistung ist, die eine spezialisierte Institutionalisierung nötig, auf jeden Fall aber – das scheint die inzwischen anscheinend stabile Existenz dieser Institutionen zu belegen – möglich macht. Neben dem Kompetenzargument ist das Glaubwürdigkeitsargument eine zweite strukturelle Begründung für die eigenständige Existenz solcher Researcheinrichtungen. Bei den von diesen Institutionen produzierten Leistungen handelt es sich um Informationen, die in hohem Maße bewertend das Verhalten von Unternehmen in der Öffentlichkeit qualifizieren. Der Bedarf, diese Aussagen mit einer besonderen Glaubwürdigkeit auszustatten, kann gerade bei dem in dieser Arbeit untersuchten SRI als besonders hoch angesehen werden. Die institutionelle Unabhängigkeit von den untersuchten und bewerteten Unternehmen und die institutionelle Unabhängigkeit von den Fondsgesellschaften, die die Researchergebnisse für die Definition und Vermarktung von SRI-Fonds und anderen SRI-Produkten nutzen, und von anderen sachfremden Einflussnahmen ist eine wichtige und spezifische Begründung für die Existenz von „unabhängigen Research-Institutionen"[286]. Neben der Herausstellung der „formalen Unabhängigkeit", die sich aus den Besitz- und Rechtsverhältnissen in der jeweiligen Institution ergibt, kann ihre Unabhängigkeit durch eine gezielte Reputationspolitik der Research-Institute aufgezeigt und die entsprechende Wahrnehmung unterstützt werden.

Die Analyse der 15 europäischen Institute zeigt in diesem Zusammenhang allerdings bereits auf der Ebene der „formalen Unabhängigkeit" ein überraschend undeutliches Bild. Ganz überwiegend sind die untersuchten Research-Agenturen heute als wirtschaftlich agierende Unternehmen organisiert, die in der Regel in einem gemeinnützigen („Not-For-Profit") Bereich ihren Ursprung

---

[285] Es ist bemerkenswert, dass die hier exemplarisch vorgestellten drei Research-Agenturen bereits 1996 gemeinsam mit einigen anderen Researcheinrichtungen ein Mission Statement über die gemeinsame Vision eines unabhängigen und qualifizierten Research von sozialen und ökologischen Unternehmensleistungen unterschrieben haben (vgl. Council on Economic Priorities (CEP),1996).

[286] Von den im Rahmen dieser Arbeit untersuchten 43 SRI-Fonds beziehen 20 das Research ausschließlich von unabhängigen Research-Institutionen, weitere 4 teilweise.

haben. Lediglich vier der 15 untersuchten Institutionen sind heute als Not-for-Profit-Organisationen einzustufen. Sie sind als Stiftungen oder in enger Kooperation mit einer NGO institutionalisiert. Bemerkenswert ist vor allem, dass nicht alle Institutionen ihre Besitzverhältnisse offen legen. Drei Institutionen stellen keinerlei Informationen über die Shareholder zur Verfügung, zwei weitere nennen aus Gründen der Vertraulichkeit nicht die Namen ihrer Shareholder. Die veröffentlichten Besitzverhältnisse deuten auf ein breites Spektrum an informellen und formellen Einflussmöglichkeiten hin. Sie zeigen, dass einige Researcheinrichtungen im vollständigen Besitz von Stiftungen und Verbänden sind, sie zeigen aber auch, dass Banken und Venture Kapital ebenso wie Privatpersonen zur Finanzierung von einzelnen Research-Agenturen beitragen.

Unabhängige Researcheinrichtungen sind demnach überwiegend als wirtschaftlich agierende Kleinunternehmen verfasst, die sich mehrheitlich aus dem Non-Profit-Hintergrund heraus entwickelt haben. Die in Teilen fehlende Klarheit und Transparenz über die tatsächlichen Besitzverhältnisse überrascht und kann als Belastung für eine tragfähige Reputationspolitik angesehen werden, insbesondere wenn Finanzintermediäre involviert sind.

Jenseits der Sicherstellung der „formalen Unabhängigkeit" haben neun Research-Agenturen einen so genannten „Integrity Code" für sich definiert, in dem mögliche Interessenskonflikte und deren Lösung innerhalb der Research-Agentur thematisiert werden. Integrity Codes sind im angloamerikanischen Sprachraum gerade an Universitäten und Forschungseinrichtungen weit verbreitet (Macfarlane, 2003; Davis, 2002; Stexhe/Verstraeten, 2000). Sie sind eine spezifische Form von Codes of Conduct, mit denen Unternehmen und Organisationen intern und extern eine freiwillige Selbstverpflichtung zum jeweils im Code abgebildeten Thema kommunizieren (vgl. Leipziger, 2003, S. 36f.; Degen, 2003; Williams, 2000; Ebenroth/Karl, 1987).

Insbesondere im klassischen Finanzresearch der Investment-Branche scheint die Verankerung von Grundsätzen des integren Handelns angesichts aktueller Skandale dringend geboten. So warnte die amerikanische Association for Investment Management and Research bereits 2001 vor reputationsbedingten Markteinbrüchen mit den Worten: „AIMR is concerned that the deterioration of investors confidence in the objectivity of sell-side research ... could greatly undermine the integrity of this research and harm the reputation of the entire investment profession". (Association for Investment Management and Research (AIMR), 2001, S. 1). Auch wenn die Dringlichkeit eines Integrity Codes im Bereich des SRI-Research womöglich als wenig vordringlich eingeschätzt werden kann, weil bisher keine Verfehlungen in diesem Bereich öffentlich diskutiert werden und die kurzfristige Spekulationen ermöglichenden Fehlinformationen aus dem Bereich des SRI-Research weniger naheliegend erscheinen, werden von den SRI-Research-Agenturen in ihren Integrity Codes ähnliche Themen aufgeworfen, wie sie auch bei den klassischen Finanzanalysten im Vordergrund stehen (vgl. Abbildung 33).

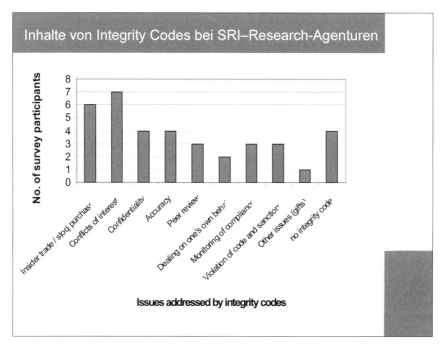

Abbildung 33: Inhalte von Integrity Codes bei SRI-Research-Agenturen

So existieren beispielsweise bei sechs Research-Agenturen explizit Regularien, die den so genannten Insider-Handel[287] betreffen und bei drei Agenturen wird

---

[287] Unter Insiderinformationen werden nicht öffentlich bekannte präzise Information verstanden, welche die Kursentwicklung und –bildung auf einem geregelten Markt erheblich beeinflussen können (vgl. Europäisches Parlament/Rat der Europäischen Union, 2003). Sobald Personen von diesem Informationsvorsprung Gebrauch machen, spricht man vom Insider-Handel. In Deutschland existierten lange freiwillige Insiderregeln, die sich aber als wenig effektiv erwiesen. Im Rahmen der Novellierung des Börsengesetzes wurde der Tatbestand des Insider-Handels durch die EG-Richtlinie von 1989 zur „Koordinierung der Vorschriften betreffend Insider-Geschäfte" auch in das deutsche Recht aufgenommen. Aufgrund der rapiden Entwicklung von Finanzprodukten und neuer Informationstechnologien wurde Anfang 2003 von der EG eine Neuformulierung vorgenommen. Als wesentlicher Beweggrund für die Kritik am Insider-Handel wird die Minderung der Transparenz von Finanzmärkten angesehen und die Gefahr eines Vertrauensschwundes von Anlegern in die Integrität der Finanzmärkte (vgl. Europäisches Parlament/Rat der Europäischen Union, 2003, Art. 15, 24).

von den Mitarbeitern eine Erklärung darüber verlangt, ob und wie sie privat („auf eigene Rechung") Geld in Aktien anlegen. Auch die Selbstverpflichtung der Vertraulichkeit und die Genauigkeit des Research wird bei einigen Agenturen in den Integrity Codes angesprochen. Sieben Agenturen thematisieren explizit mögliche Interessenkonflikte, die auch bei unabhängigen Research-Agenturen auftreten können, wenn beispielsweise neben dem SRI-Screening

- auch beratende Tätigkeiten gegenüber Unternehmen übernommen werden

- mit Campaining-Groups und anderen NGOs zusammengearbeitet wird

- SRI-Marktforschungen durchgeführt und veröffentlicht werden oder

- Trainings und Tagungen für verschiedene Zielgruppen durchgeführt werden.

In dem SRI Research/Rating Quality Standard, der in einem ersten Schritt von 15 SRI-Research-Agenturen im November 2003 verabschiedet und akzeptiert wurde, finden sich denn auch insgesamt neun Prinzipien zur Integrität und zu ethischen Selbstverpflichtungen von Research-Agenturen (vgl. SRI Research/Rating Quality Standard, 2003, S. 5-6). Neben der generellen Selbstverpflichtung zur Unabhängigkeit, Objektivität und Professionalität wird grundlegend die Notwendigkeit der Rechenschaftslegung[288] hervorgehoben. SRI-Research-Agenturen „... müssen ebenso transparent und rechenschaftspflichtig sein, wie die Unternehmen, die von ihnen hinsichtlich dieser Punkte untersucht werden." (vgl. SRI Research/Rating Quality Standard, 2003, S. 6). Hierzu gehört nach diesem Standard auch, dass die Finanzierungsquellen der Research-Agenturen gegenüber einem unabhängigen Auditor offengelegt werden müssen (vgl. a.a.O., S. 8).

Um institutionelle Interessenkonflikte zu vermeiden, die aus unterschiedlichen Arbeitsfeldern innerhalb der Research-Agentur entspringen können, wird in dem Standard festgelegt, dass die Research-Agentur umfassende Transparenz darüber herzustellen hat, wie sie die unterschiedlichen Funktionen und Aufgaben innerhalb der Research-Agentur so voneinander trennt, dass die Objektivität des Research nicht gefährdet ist (vgl. a.a.O., S. 7). Es müssen weiterhin Prozeduren installiert werden, die sicherstellen, dass Analysten mögliche Interessenkonflikte jederzeit innerhalb der Research-Agentur repressionsfrei artikulieren können (a.a.O., S. 7).

Diese Elemente eines Integrity Codes können als Bestandteil einer systematischen Reputationspolitik von unabhängigen Research-Agenturen angesehen werden, die sich auf dem Gesamtmarkt des SRI-Research in einer Wettbewerbs-

---

[288] In der englischen Version wird von Accountability gesprochen, was in diesem Kontext am ehesten mit Rechenschaftslegung im Sinne einer nachvollziehbaren Berichterstattung über die Geschäftstätigkeit übersetzt werden kann.

position mit dem so genannten „Inhouse-Research" von Banken und Fondsgesellschaften befinden (vgl. Kapitel 1.3). Die Tatsache, dass 15 unabhängige Research-Agenturen in einer Art Eigeninitiative die Schwachstellen in der faktischen und der kommunikativen Behandlung des Themas „Unabhängigkeit" bearbeiten und Lösungen vorbereiten, sollte jedoch nicht nur als Hinweis gewertet werden, dass hier ein möglicher wettbewerblicher Vorteil gegenüber dem „Inhouse-Research" betont bzw. ausgebaut wird. Im Kontext dieser Forschungsarbeit unterstreicht diese Entwicklung die Wichtigkeit der Dimension der Unabhängigkeit für die Sicherstellung der Glaubwürdigkeit des Research über soziale und ökologische Qualitäten von Unternehmen.

Eng verknüpft mit der Frage der institutionellen, personellen und finanziellen Unabhängigkeit sind die Fragen der Qualität des Research, auf die im nächsten Abschnitt eingegangen wird.

7.3.2.3 Kommunikation und Transparenz über die Qualität des Screening

Im theoretischen Kontext dieser Arbeit wurde das Thema Transparenz über die Qualität des Screening bei Research-Agenturen aus Sicht der potenziellen Investoren betrachtet. Es wurde weiter konkretisiert, dass insbesondere eine Transparenz über die verwendeten Kriterien und über die Researchergebnisse für die Investoren von Interesse sind[289]. Dieses Transparenzinteresse des Investors ist unmittelbar an SRI–Fonds gerichtet und bezieht sich demnach immer konkret auf die für diesen Fonds verwendeten Kriterien und auf jeweils die Unternehmen, in die dieser Fonds investieren will. Bei einem (finanzkräftigen) institutionellen Investor wird die Fondsgesellschaft in Kooperation mit der Research-Agentur die gewünschte Transparenz in der größtmöglichen Tiefe herstellen wollen und können. Allerdings wird auch dieser Investor gebeten und verpflichtet werden, die zur Verfügung gestellten Unternehmensprofile und bewertungen nicht an Dritte weiterzugeben oder gar zu veröffentlichen. Fondsgesellschaften und Research-Agenturen - sofern es sich um Agenturen vom Typ Research-Provider oder Dienstleistungs-Provider handelt - haben in der Regel beide ein wirtschaftlich begründetes Interesse daran, dass die zur Verfügung gestellten detaillierten Unternehmensprofile nicht allgemein, sondern nur exklusiv zugänglich sind. Lediglich für Research-Agenturen vom Typ Label- oder Index-Provider kann es wirtschaftlich gesehen Sinn machen, die Researchergebnisse der positiv selektierten Unternehmen umfassend zugänglich zu machen.

Insofern stellt sich die Frage, wie Research-Agenturen neben der Unabhängigkeit (s.o.) grundsätzlich auch die Qualität ihrer Arbeit kommunizieren können

---

[289] Auch aus der Perspektive der gescreenten Unternehmen sind diese Aspekte besonders wichtig (vgl. Kapitel 7.2).

(vgl. Kapitel 6, Leitsatz 14). Als Adressaten ihres Signaling einer besonderen Qualität des Research kommen in erster Linie die sie beauftragenden Fondsgesellschaften in Frage. Sie – die wir im Verhältnis zu den Research-Agenturen als Prinzipale verstehen – haben die Aufgabe, eine bestimmte Qualität der Aufgabenerfüllung zu definieren und die Einhaltung zu überwachen. Fondsgesellschaften sehen sich aber auch selbst gezwungen, die Qualität des Research, das sie beauftragen und gegenüber dem Investor verantworten, am Markt zu kommunizieren. Hier ist zunächst die Reputationsstrategie relevant, die auf den guten Namen der beauftragten Research-Agentur und deren Unabhängigkeit abhebt sowie ein umfassendes Reporting (Kriterien und Ergebnisse). Wie oben dargestellt, stößt dies jedoch an Grenzen. Insofern könnten weitere glaubwürdige Signale, die die besondere Qualität des Research unterstreichen, gesendet werden, was zusammenfassend als Qualitätssicherungsstrategie bezeichnet wird. Unter *Qualitätssicherungsstrategie* können im theoretischen Kontext dieser Arbeit alle systematischen Bemühungen einer Institution verstanden werden, eine besondere Qualität in der Leistungserbringung sicherzustellen und gegenüber Dritten zu kommunizieren[290].

Die Beobachtung wesentlicher Aktivitäten der unternehmensunabhängigen Research-Agenturen zeigt, dass sie den strategischen Stellenwert einer Qualitätssicherungsstrategie für ihre Arbeit erkannt haben und dabei sind, Konzepte der Qualitätssicherung zu implementieren und zu kommunizieren. Ein wichtiger Meilenstein war die Entwicklung eines freiwilligen Qualitätsstandards[291], der seit November 2003 in einer Pilotversion vorliegt und von 15 europäischen Researchinstitutionen unterschrieben und im Rahmen seiner Anwendung erprobt und optimiert werden soll (vgl. SRI Research/Rating Quality Standard, 2003). „Developing the pilot versions of the Quality Standard an the Transparency Matrix CSRR TM 1.0 has been the first stage of an ongoing development towards a fully verifiable und certifiable standard for CSRR quality management systems." (SRI Research/Rating Quality Standard, 2003, S. 19).

Bei der Entwicklung und Anwendung eines Qualitätsstandards für das SRI-Research kann unterschieden werden zwischen der Verständigung darüber,

---

290 Der Begriff des Qualitätsmanagements wird in der Wissenschaft und in der Praxis in unterschiedlichen Kontexten diskutiert (vgl. Oess, 1991; Stauss, 1994; Bruhn, 2003). Die hier bei den Research-Agenturen beobachtete Qualitätssicherungsstrategie greift die Grundüberlegung des Total Quality Managements auf, das als „... langfristig angelegte Entwicklung und Umsetzung eines hohen Qualitätsbewusstseins im ganzen Unternehmen durch einen Prozess der ständigen Verbesserung von innerbetrieblichen Abläufen und Marktleistungen...." abhebt (Hansen/Bode, 1999, S. 268).

291 „CSRR-QS 1.0 is a quality standard comprising guidelines und rules, commitments and proofs on the transparency und quality and on the accountability und verifiability of the processes involved in Corporate Sustainability and Responsibility Research". (SRI Research/Rating Quality Standard, 2003, S. 1).

welche Merkmale des SRI-Research als relevant für die Qualität angesehen werden und wie die Einhaltung dieser Merkmale überprüft und kommuniziert werden kann. Die Qualitätsmerkmale im SRI-Research beziehen sich auf die Methodologie des Research, die verwendeten Ressourcen, den Researchprozess selbst, auf die mit dem Research befassten Mitarbeiter, das Reporting über das Research und administrative Aspekte der Research-Institution (vgl. Abbildung 34).

Qualitätsmerkmale des SRI–Research	
Methodologie	- Mehr als die Einhaltung gesetzlicher Anforderungen untersuchen - Soziale und ökologische Kriterien berücksichtigen - Balance sicherstellen, z.B. zwischen harten und weichen Kriterien, zwischen Policy-, Management- und Performance-Ebene, zwischen vergangenheits- und gegenwartsbezogenen Kriterien, zwischen sozialen und ökologischen Kriterien, zwischen Unternehmen verschiedener Größenordnung und Branchen - Relevanz / Wesentlichkeit der Untersuchungskriterien sicherstellen - Globale Untersuchung der Unternehmen sicherstellen - Konsistenz und Vergleichbarkeit der Bewertungen zwischen Unternehmen sicherstellen - Laufendes Monitoring der untersuchten Unternehmen sicherstellen - Aktualität der Aussagen über Unternehmen sicherstellen
Ressourcen	- Unabhängige Ressourcen verwenden - Stakeholder einbeziehen - Double Check von Informationen durchführen
Prozess	- Qualitätsmanagementsystem anwenden - Organisation und das Management von Qualität sicherstellen - Verantwortlichkeiten detailliert festlegen - Dokumentation von Unternehmenskontakten und Researchprozessen vorsehen - Datensicherheit beachten
Mitarbeiter	- Angemessene Ausbildung und Training sicherstellen - Unabhängigkeit des Researchprozesses sicherstellen - Bezahlung der Mitarbeiter nicht von Researchergebnissen abhängig machen

Reporting	- Researchmethodologie, insbesondere die Bewertungssysteme veröffentlichen - Unternehmensprofile vollständig den untersuchten Unternehmen zugänglich machen - Unternehmensprofile gekürzt öffentlich zugänglich machen - Geschäftsbericht veröffentlichen
Administration	- Angemessene Organisationsstruktur entwickeln - Qualität auch im Subcontracting sichern - Beschwerde-Management einrichten

Abbildung 34: Qualitätsmerkmale des SRI–Research (in Anlehnung an SRI Research/Rating Quality Standard, 2003)

Vergleicht man diese von den Research-Agenturen implizit vorgenommene Definition von Researchqualität mit den in Kapitel 4 vorgestellten Anforderungen an soziale und ökologische Unternehmensbewertungen, dann kann eine weitgehende Übereinstimmung festgestellt werden. Im Bereich der Methodologie wird auch bei dem hier diskutierten Qualitätsstandard kein materialer zu codifizierender Kriteriensatz vorgeschlagen, dessen Anwendung oder Nichtanwendung als Indikator für Qualitätsresearch angesehen werden soll. Vielmehr werden grundsätzliche Anforderungen an die Methodologie gestellt, die – das kann unter Bezugnahme auf die in Kapitel 6 (vgl. Leitsätze 1 bis 11) zusammengestellten Anforderungen festgestellt werden – theoretisch schlüssig begründet werden können. Während die im theoretischen Anforderungsprofil herausgearbeitete Notwendigkeit der Legitimation des Untersuchungsansatzes und der jeweils verwendeten Untersuchungskriterien im diskutierten Qualitätsstandard durch die starke Betonung der Stakeholderintegration angemessen berücksichtigt scheint, ist die im theoretischen Anforderungsprofil (vgl. Kapitel 6, Leitsätze 6 und 13) postulierte wissenschaftliche Metadiskussion im Qualitätsstandard allerdings nicht angemessen abgebildet. Die hier vorherrschende Qualitätsvorstellung hebt stark auf die unmittelbaren Erwartungshaltungen der Marktakteure ab und vernachlässigt in diesem Zusammenhang womöglich den Bedarf nach einer jenseits von der partikulären Interessen einzelner Marktteilnehmer erforderlichen allgemeinen wissenschaftlichen Reflexion solcher Unternehmensbewertungen.

Allerdings haben auch die im Qualitätsstandard angesprochenen Qualitätsmerkmale des SRI-Research den offensichtlichen Mangel, dass sie insgesamt (noch) eher an einen Code of Conduct als an einen Qualitätsstandard erinnern. Das mag zum einen an dem zentralen Stellenwert von einigen schwer zu operationalisierenden Begriffen liegen[292]. Zum anderen handelt es sich bei dem hier vorliegenden Qualitätsstandard um einen ersten Entwurf, für den konkretere Anwendungsrichtlinien erst noch entwickelt werden müssen.

Wichtig für die Qualitätssicherungsstrategie der Research-Agenturen ist der glaubwürdige Nachweis, dass dieser Qualitätsstandard nicht nur unterschrieben, sondern tatsächlich auch angewendet wird. Dafür liefert für den externen Beobachter lediglich das im Qualitätsstandard enthaltene Reporting Indizien. Allerdings ist gerade dieses Reporting (s.o.) vor dem Hintergrund unterschiedlicher Positionierungsstrategien der Research-Agenturen (s.o.) problematisch. Gerade bei der hier erwarteten umfassenden Offenlegung der Ergebnisse des Unternehmensresearch nicht nur gegenüber bestimmten Klienten, sondern gegenüber einer breiten Öffentlichkeit, spielen Gesichtspunkte ökonomischer Zweckmäßigkeit und Vertraulichkeit eine besondere Rolle. „A way must be designed ... to balance the right to know and to understand and the right to protect the economic viability, the know-how and confidentiality." (SRI Research/Rating Quality Standard, 2003, S. 13). Aus Sicht der am Markt agierenden Research-Agenturen und Fondsgesellschaften ist vollständige Transparenz – wie im Kapitel 4 bereits theoretisch begründet ausgeführt – nicht die angemessene Lösung. Als Lösungsweg wird in dem Qualitätsstandard deshalb eine so genannte „Transparency Matrix" vorgeschlagen, in der allerdings nur die wesentlichen Kriterien der Researchmethodologie, einschließlich der Bewertungsmethoden, in einem einheitlichen Format abgebildet werden sollen (vgl. SRI Research/Rating Quality Standard, 2003, S. 11).

Das entscheidende Instrument, das die tatsächliche Anwendung und Einhaltung des Qualitätsstandards glaubwürdig kommunizierbar machen soll, wird denn auch in einer unabhängigen *Auditierung und Zertifizierung* gesehen (vgl. SRI Research/Rating Quality Standard, 2003, S. 19). Um diesen Prozess einzuleiten, sind Überlegungen vorhanden, eine „Trade Association" der unabhängigen Research-Agenturen zu gründen, die die Regularien der Auditierung und Zertifizierung festlegt und sich womöglich zum „Besitzer" des Instruments und Verfahrens machen könnte (a.a.O.).

Die hier im theoretischen Bezugsrahmen dieser Arbeit analysierten Bemühungen der Research-Agenturen belegen eindringlich die in Kapitel 6 (Leitsätze 13 und 14) informationsökonomisch abgeleitete Notwendigkeit, im SRI besondere Anstrengungen darauf zu verwenden, die Unabhängigkeit und die Qualität des Screening sicherzustellen und zu kommunizieren. Es bleibt allerdings zu fragen, ob insbesondere durch Zertifizierungen von Researchleistungen Unsicherheiten bei potenziellen Marktteilnehmern tatsächlich merklich reduziert werden kön-

---

[292] Was bedeutet z.B. die Anforderung konkret, dass die Balance zwischen vergangenheits- und gegenwartsbezogenen Kriterien eingehalten bzw. beachtet werden muss?

nen. Institutionelle Investoren werden jenseits von Hinweisen auf eine zertifizierte Researchqualität versuchen, sich einen eigenständigen Einblick in die Anlagepolitik und das zugrundeliegende Research zu verschaffen. Ob für sie ein zusätzliches Signaling einer besonderen Researchqualität attraktiv, aufwandsreduzierend und deshalb vorteilhaft ist, kann bezweifelt werden. Auch für den Bereich der Publikumsfonds kann gefragt werden, ob private Investoren mit dem Signaling einer besonderen Researchqualität durch Hinweis auf

a. zertifizierte unabhängige Research-Agenturen

b. Researchmethodologie und Ergebnisse wie sie beispielsweise die Transparency Matrix vorsieht

größeres Vertrauen gegenüber dem SRI-Produktangebot entwickeln werden. Es ist zu vermuten, dass privaten Investoren viel stärker unmittelbar an Aussagen über die Qualität der jeweiligen SRI-Fonds gelegen ist. Diese müssen jedoch vorrangig von den diese Fonds managenden Fondsgesellschaften bereitgestellt werden. Selbstverständlich können auch in diesem Kontext Hinweise auf die besondere Researchqualität als sinnvoll angesehen werden.

Im anschließenden Kapitel 7.4 sollen deshalb die Fondsgesellschaften und die SRI-Fonds selbst hinsichtlich ihrer Leistungen zur Sicherstellung und zur Kommunikation von SRI-Qualitäten untersucht werden. Die in diesem Abschnitt speziell untersuchten Research-Agenturen und das bei ihnen in Ansätzen erkennbare Konzept einer Qualitätssicherungsstrategie, die an der Entwicklung eines Qualitätsstandard festgemacht werden kann, soll hier auch in Gegenüberstellung zu anderen Instrumenten der Transparenzerzeugung analysiert werden.

7.4 Transparenz über sozial-ökologische Qualitätsmerkmale von SRI-Fonds

Die Eigenart von SRI-Finanzprodukten ist es, den Investoren zuzusichern, das zur Verfügung gestellte Kapital nur in Projekte - bei Aktienfonds sind es aktiennotierte Unternehmen –zu investieren, wenn diese Projekte oder Unternehmen der im jeweiligen SRI-Finanzprodukt festgelegten und veröffentlichten Anlagepolitik entsprechen. In der veröffentlichten Anlagepolitik von SRI-Fonds spielen soziale, ökologische und andere ethisch begründete Erwägungen eine explizite Rolle. Bei allen ethisch-ökologischen Geldanlageprodukten (oder Social Responsible Investment-Produkten), die wir so nennen, weil sie „... neben ökonomischen Nutzenstiftungen für den Investor auch besondere soziale, ökologische und andere ethische Nutzenstiftungen in Aussicht stellen, werden Qualitäten der Geldanlage in den Vordergrund gestellt, die von dem einzelnen Investor letztlich nicht nachgeprüft und bewertet werden können." (Schoenheit/Hansen,

2001, S. 26). Die Anbieter entsprechender Finanzprodukte müssen deshalb einen (mehr oder weniger) beträchtlichen Aufwand betreiben, um potenzielle Kunden von dem Wahrheitsgehalt der jeweils ausgelobten Eigenschaft eines „Anlageproduktes" zu überzeugen. Da es sich bei diesen Aussagen hochgradig um Vertrauenseigenschaften handelt (vgl. Kapitel 4.2.1), wird glaubwürdige Informationspolitik in diesem Markt zu einem Schlüsselbegriff. Auch wenn Fondsgesellschaften gegenüber den Research-Agenturen als Prinzipale agieren und selbst vor den Schwierigkeiten stehen, die Qualität des von den Research-Agenturen zur Verfügung gestellten Research zu kontrollieren (siehe Kapitel 7.3), treten sie gegenüber den Investoren als beauftragte Agenten auf, die ihren Prinzipalen (den Investoren) genau eben diese Qualität signalisieren müssen.

Vor diesem Hintergrund sind insbesondere in Bezug auf Fondsgesellschaften, die SRI-Fonds managen, eine Reihe von grundlegende Fragen zu stellen:

- Wie klar wird in den einzelnen SRI-Fonds die soziale und ökologisch geprägte Anlagepolitik dargestellt?

- Wie gut ist die Qualität des jeweiligen Research über sozial-ökologische Unternehmensqualitäten für die einzelnen SRI-Fonds?

- Wie wird von den SRI-Fonds (von den Fondsgesellschaften) Transparenz über die sozial-ökologischen Qualitäten der Unternehmen hergestellt, die jeweils für das Investment selektiert worden sind bzw. selektiert werden?

- Welche Ansätze und Instrumente eignen sich, um die Transparenz über die spezifische Qualität von SRI-Fonds zu verbessern?

Nachdem im Kapitel 7.4.1 zunächst einmal die Ziele und das spezifische Vorgehen bei der empirischen Analyse vorgestellt werden, sollen anschließend im Kapitel 7.4.2 die Forschungsergebnisse im Einzelnen zur Diskussion gestellt werden.

7.4.1 Ziel und Vorgehen der empirischen Analyse

Ziel der empirischen Untersuchung ist es zu ermitteln,

- wie deutschsprachige SRI-Fonds die Einhaltung ihrer sozialen, ökologischen und/oder ethischen Aussagen sicherstellen (Researchqualität = Screeningqualität der Fondsgesellschaften hinsichtlich sozialer, ökologischer und/oder ethischer Qualitäten potenzieller Investitionsobjekte für die am Markt platzierten SRI-Fonds),

- wie deutschsprachige SRI-Fonds potenzielle Investoren über die sozialen, ökologischen und/oder ethischen Qualitäten ihrer Fonds informieren (Informationsqualität = Signalingqualität der Fondsgesellschaften hinsichtlich der Qualitätseigenschaften der am Markt platzierten Fonds) und

- mit welchen Maßnahmen und Instrumenten eine verbesserte Qualitätstransparenz von SRI-Fonds erreicht werden, d.h. wie die Signalingqualität der Fondsgesellschaften gegenüber Investoren verbessert werden kann.

Zur Beantwortung der aufgeworfenen Fragen kann auf empirische Daten zurückgegriffen werden, die das imug Institut im Rahmen eines vom BMBF-geförderten Forschungsprojektes (vgl. Kapitel 7.1) erhoben hat.

In einem ersten Teilprojekt wurde vom imug eine vergleichende Fondsbewertung durchgeführt (vgl. imug, 2003), die im Ergebnis schließlich ein Ranking von 43 SRI-Fonds hinsichtlich der Erfüllung der definierten Kriterien ermöglichte. In dieser Fondsbewertung sind umfangreiche Daten zur Beurteilung der Screeningqualität und der Informationsqualität von SRI-Fonds erhoben worden. Ziel der vom imug durchgeführten Studie war es zu überprüfen, „...ob eine kriterienorientierte vergleichende Bewertung ausgewählter Qualitätsaspekte von ethisch-ökologischen Fonds möglich ist und mit vertretbarem Aufwand durchgeführt werden kann (Machbarkeit) und zugleich zu interessanten und differenzierenden Ergebnissen und Erkenntnissen führt, die zum Zwecke einer verbesserten Markttransparenz über ethisch-ökologische Finanzprodukte genutzt werden können (Nutzbarkeit)." (Grazek/Schoenheit, 2003, S. 46). Untersucht wurden in dieser *Teilstudie „SRI-Fondsqualität"* 63 deutschsprachige SRI-Publikumsfonds. Als SRI-Publikumsfonds wurden Fonds definiert, die mindestens ein, häufig jedoch mehrere soziale und/oder ökologische und/oder ethische Kriterien nach eigener Auskunft in ihrer Anlagepolitik verankert haben und Privatpersonen als Anlageobjekte in Deutschland angeboten werden (a.a.O., S. 27f.).

Auf die Daten der vom imug für die Zwecke eines vergleichenden Rankings von SRI-Fonds durchgeführten empirischen Analyse der Research-, Informations- und Servicequalität von deutschsprachigen SRI-Fonds kann zurückgegriffen werden (Datenerhebung I). Diese Daten wurden für die hier vorliegende Forschungsarbeit in Teilen neu berechnet und in Verbindung mit den Ergebnissen einer Expertenbefragung umfassend interpretiert (vgl. Abbildung 35).

Diese Expertenbefragung ist in einem weiteren Schritt und zu einem späteren Zeitpunkt als *Teilstudie „Marketing und Vertrieb von SRI-Fonds"* des BMBF-Forschungsprojektes durchgeführt worden. Sie wurde im Sommer 2003 realisiert und ist explizit im Theoriekontext der hier vorliegenden Forschungsarbeit konzipiert worden. Experten des SRI wurden zum einem zu dem durchgeführten Fondsrating (s.o.) als auch zu weiteren Aspekten der Signalingqualität von Fondsgesellschaften, die SRI-Fonds am Markt platzieren, befragt. Insgesamt wurden bei dieser schriftlichen Befragung die Einschätzung von 24 leitenden Mitarbeitern von Fondsgesellschaften, die deutschsprachige SRI-Fonds managen, und von weiteren 14 unabhängigen Experten aus dem Bereich der Wissenschaft und aus NGO's zu ausgewählten Aspekten der Research- und Informationstransparenz von SRI-Fonds eingeholt (Datenerhebung II).

Abbildung 35: Vorgehen zur Untersuchung der Qualitätstransparenz von SRI-Fonds

Dieses mehrstufige Vorgehen, das eine für die untersuchten SRI-Fonds marketingrelevante Veröffentlichung beinhaltete, die dann wiederum von Experten in einer Art Evaluation kommentiert werden konnte, soll im Folgenden detailliert vorgestellt und hinsichtlich ihrer empirischen Aussagekraft diskutiert werden.

7.4.1.1 Operationalisierungen

In einem ersten Schritt wurden die Begriffe Research-, Informations- und Servicequalität hinsichtlich ihrer Anwendbarkeit für eine Untersuchung von SRI-

Fonds definiert und operationalisiert. Dazu wurden qualitative Interviews mit insgesamt 7 Experten durchgeführt. Den Experten[293] wurde eine erste Entwurfsfassung zu den möglichen Operationalisierungen vorgestellt und ihre Kommentare und Ergänzungen berücksichtigt. Fünf der sieben Experten kamen aus dem Umfeld von Fondsgesellschaften, wodurch die Praxistauglichkeit der Untersuchungs- und Bewertungskriterien sichergestellt werden sollte. In der Datenerhebung II wurde ein größerer und heterogenerer Expertenkreis befragt, wodurch auch die Abbildung unterschiedlicher Sichtweisen zwischen Experten aus Fondsgesellschaften und von unabhängigen Experten beispielsweise aus dem Bereich der Wissenschaft ermöglicht wird.

Vor dem Hintergrund des oben dargestellten theoretischen Bezugsrahmens[294] wurde bei der Operationalisierung des Begriffs „Researchqualität von SRI-Fonds" nicht der Weg gewählt, einen materiellen Kanon „richtiger" Kriterien zu definieren, anhand derer überprüft werden soll, ob es sich um einen mehr oder weniger qualifizierten Nachhaltigkeits-, Umwelt- oder auch Sozialfonds handelt. Zum einen zeigt bereits die grobe typologische Einordnung sehr unterschiedliche Fonds (vgl. Abbildung 38), die nicht an einem einheitlichen Ethik- oder Nachhaltigkeitsmaßstab beurteilt werden können. Zum anderen sind sozialökologische und ethische Beurteilungen eines mehr oder weniger „verantwortlichen Unternehmensverhaltens" naturgemäß nicht als „richtig" oder „falsch" einzustufen. Im theoretischen Kontext der Untersuchung wurde herausgearbeitet, dass gerade dann, wenn eine materielle Prüfung der von jeweiligen SRI-Fonds angewendeten Kriterien nicht zielführend ist, an den Prozess und an die Nachvollziehbarkeit der Unternehmensbewertungen umso höhere Anforderungen zu stellen sind. Die in der Untersuchung gewählte Operationalisierung von „Researchqualität eines SRI-Fonds" konzentrierte sich deshalb auf Prozessqualitäten, die eine unabhängige und nachvollziehbare Untersuchung und Bewertung von Unternehmen sicherstellen können. Abbildung 36 zeigt die vorgenommene Operationalisierung von Researchqualität.

---

293 Bei den Experten handelte es sich um Erol Bilecen, Sarasin, Basel; Peter Grieble, Verbraucherzentrale Baden-Württemberg, Stuttgart; Prof. Schäfer, Universität Stuttgart; Christian Grüner, Fairsicherungsladen, Wuppertal; Manuela v. Ditfurth, Invesco, Frankfurt; Ralf Olbrück, Pro Secur, Köln; Norbert Schnorbach, Securvita, Hamburg.

294 Der in dieser Forschungsarbeit entwickelte theoretische Bezugsrahmen lag zum Zeitpunkt der ersten Überlegungen zur SRI-Fondsbewertung nicht ausformuliert, sondern nur in Form eines skizzenhaften Positionspapiers vor. Durch die Ausformulierung des theoretischen Bezugsrahmens entstanden marginale Akzentveränderungen. So wird beispielsweise die 2002 vorgesehene Unterscheidung von Informations- und Servicequalität als nicht haltbar aufgegeben, da unter Informationsqualität hier auch die faktische Leistungsfähigkeit von SRI-Fonds verstanden werden kann.

Operationalisierung „Researchqualität"
1. Fragebögen und Bewertung sind nach Branchen differenziert
2. Anzahl Unternehmen im Portfolio, die nach sozial-ökologischen Kriterien untersucht wurden
3. Anzahl Unternehmen im Portfolio, die beim Research besucht wurden
4. Zeitnahe Auswertung der Unternehmensdokumente durch das Unternehmensresearch
5. Anzahl der Unternehmensdokumente, die in das Research einfließen
6. Anzahl unternehmensunabhängiger Infoquellen im Research
7. Einbezug kritischer Stakeholder in den Researchprozess
8. Rückmeldung der Researchergebnisse an die Unternehmen
9. Monitoring der Branchen, Unternehmen und Themen im Research
10. Durchführung von Länderresearch
11. Entscheidung eines unabhängigen Beirats über die Titelauswahl
12. Unabhängigkeit des Research vom Fondsmanagement
13. Anwendung von Qualitätsstandards im Research
14. Anzahl untersuchter Unternehmen pro Analyst
15. Verweildauer der Analysten im Researchteam
16. Erfahrung der im Unternehmensresearch tätigen Analysten

Abbildung 36: Operationalisierung von Researchqualität bei SRI-Fonds

Auch der Begriff der „Informationsqualität" wurde in einer operationalisierten Form konkretisiert (vgl. Abbildung 37). Er beschreibt Leistungen der einzelnen Fondsgesellschaften, potenziellen Investoren eine bessere Transparenz über ihre jeweiligen SRI-Fonds zu ermöglichen. Dazu gehört wesentlich auch die Schaffung von Transparenz über die „Researchqualität", die dem jeweiligen Fondsprodukt zugrunde liegt.

Operationalisierung „Informationsqualität"
1. Das Fondskonzept liegt vollständig und verständlich vor
2. Die Kriterien für die Unternehmensauswahl sind öffentlich zugänglich
3. Nachvollziehbarkeit/Verständlichkeit der Kriterien für die Unternehmensbewertung
4. Die Kriterien stimmen mit dem Fondskonzept überein
5. Zugänglichkeit der Ergebnisse des Research
6. Informationsgehalt der veröffentlichten Researchergebnisse
7. Veröffentlichung und Verfügbarkeit der Portfoliozusammensetzung
8. Veröffentlichung und Verfügbarkeit der finanziellen Performance
9. Veröffentlichung der Finanzperformance nach anerkannten Standards
10. Veröffentlichung und Verfügbarkeit des Fondsbenchmarks
11. Die Qualität der telefonischen Auskünfte
12. Die Qualität des Internetauftritts

Abbildung 37: Operationalisierung von Informationsqualität bei SRI-Fonds[295]

Für jedes der insgesamt 28 Indikatoren für Research- bzw. Informationsqualität von SRI wurden in fast allen Fällen jeweils 4 Abstufungen definiert, die objektive Messanweisungen für die Datenauswertung darstellten[296]. Es wird deutlich, dass zur Messung offensichtlich sowohl metrische als auch nicht-metrische Ordinal- und Nominalskalen (vgl. Bagozzi, 1994, S. 10ff.) verwendet wurden, die - wenn die Ergebnisse zu den einzelnen Kriterien zu einer Gesamtaussage

---

[295] In der im Rahmen des BMBF vom imug durchgeführten Untersuchung wurden zwischen Informationsqualität (Kriterien 1 bis 10) und Servicequalität (Kriterien 11 und 12) unterschieden (vgl. Grazek/Schoenheit, 2003, S. 31). Die Tatsache, dass die Messung des Kriteriums 11 mit dem Instrument des Mystery Calls (vgl. Wilson, 2001; Hesselink/Wiele, 2003) durchgeführt wurde und Auskünfte (Kriterium 11) und Internetangebote (Kriterium 12) umgangssprachlich auch als „Service" verstanden werden können, rechtfertigt kaum, hier von einer unterscheidbaren Dimension auszugehen. Im Folgenden wird in dieser Untersuchung deshalb ausschließlich von Informationsqualität unter Einbeziehung der 12 Kriterien gesprochen.

[296] Vgl. die imug Kriterien für die Qualitätsbeurteilung sozial-ökologischer Fonds (Grazek/Schoenheit, 2003, S. 54-58).

(beispielsweise über die Researchqualität) verdichtet werden - in angemessener Art und Weise miteinander verknüpft werden müssen (vgl. imug, 1997, S. 139ff.).

7.4.1.2 Datenerhebung I zur Research- und Informationsqualität von SRI-Fonds

Zur kriterienorientierten Untersuchung der SRI-Fonds hinsichtlich der Research- und Informationsqualität wurden drei Instrumente der Datenerhebung eingesetzt. Zum einen wurde zur Ermittlung der Researchqualität im August 2002 ein Fragebogen an Fondsgesellschaften gesendet, die zu diesem Zeitpunkt einen oder mehrere SRI-Fonds am Markt platziert hatten. Zu diesem Zeitpunkt (August 2002) wurden insgesamt 63 deutschsprachige SRI-Publikumsfonds identifiziert. Es wurde um eine fondsbezogene Beantwortung der Fragen gebeten, da einige Fondsgesellschaften mehrere SRI-Fonds managen. Der standardisierte Fragebogen enthielt im Wesentlichen geschlossene Fragen, in denen Tatbestände zur Anlagepolitik des Fonds und zum Research abgefragt wurden. Von den angeschriebenen Fondsgesellschaften wurden auswertbare Fragebogen zu 43 SRI-Fonds zurückgesendet. Aussagen zur tatsächlichen Research- und Informationsqualität können demnach über 43 deutschsprachige Publikumsfonds – das sind immerhin mehr als 2/3 aller zum Zeitpunkt der Untersuchung vorhandenen SRI-Fonds - getroffen werden. Sofern es sich um Aussagen handelt, die durch die Auswertung öffentlich zugänglicher Informationsquellen (Prospekte, Internet) möglich waren, konnten im Einzelfall auch Aussagen über alle 63 Fonds formuliert werden.

Zweitens wurden zur Untersuchung der Informationsqualität auch öffentlich zugängliche Unterlagen zu den einzelnen Fonds (Prospekte, Internet) inhaltsanalytisch untersucht. Die Materialsammlung wurde im September 2002 abgeschlossen.

Weiterhin wurde in einem dritten Schritt die Qualität der Auskünfte durch jeweils zwei Telefonanfragen überprüft, in denen Anfragen von potenziellen Kunden simuliert und das Antwortverhalten dokumentiert und bewertet wurde (vgl. Matzler/Kittinger-Rosanelli, 2000; Haas, 2002; s.a. FN 295). Die Mystery Calls wurden im September 2002 durchgeführt.

7.4.1.3 Ranking von SRI-Fonds

Auf der Basis der so erhobenen Daten über die Research- und Informationsqualität wurde ein Ranking der SRI-Fonds erstellt. Bei dem Ranking wurde auf das vom imug entwickelte Konzept des vergleichenden sozial-ökologischen Unternehmenstests zurückgegriffen (vgl. Hansen/Lübke/Schoenheit, 1993; imug,

1997; Schoenheit, 2001). Bei einer vergleichenden und kriterienorientierten Unternehmensbewertung besteht die Notwendigkeit, allgemeine Konstrukte wie in diesem Falle „Researchqualität" und „Informationsqualität" von SRI-Fonds zu konkretisieren und in Kriterien, Indikatoren und Messanweisungen zu transformieren, damit eine nachvollziehbare Bewertung ermöglicht wird. Bei dem Ranking der 43 SRI-Fonds wurden die oben erläuterten und von den Experten intensiv diskutierten operationalisierten Definitionen von Research- und Informationsqualitäten von SRI-Fonds als Kriteriensatz genutzt, der in seiner Gesamtheit ein differenzierendes Urteil über die Qualität des Fonds – so die Hypothese – ermöglichen sollte.

Jeder Fonds wurde auf der Basis der vorliegenden Daten zu den definierten Kriterien bewertet. Die mehr oder weniger umfassende Erfüllung bei jedem einzelnen Kriterium wurde als Beleg für eine höhere oder niedrigere Researchbzw. Informationsqualität der untersuchten Fonds gedeutet. Die Einzelergebnisse pro Kriterium wurden am Ende zu einer Kennziffer zusammengefasst.

Der Bewertungs-Algorithmus der Untersuchung folgt den Prinzipien der „Nutzwert-Analyse" (vgl. imug, 1997). Die Bewertung des Erfüllungsgrades wurde jeweils auf einer Skala von 1 (= „Kriterium nicht erfüllt") bis 4 (= „Kriterium voll erfüllt") vorgenommen. Die Bewertung „?" für ein Untersuchungskriterium wurde dann vergeben, wenn keine ausreichenden Informationen vorlagen. Um festzustellen, ob die Datenbasis für eine zusammenfassende Kennziffer ausreicht, wurde ferner errechnet, wieviel Prozent der eigentlich für eine Bewertung des Untersuchungsbereiches erforderlichen Untersuchungskriterien durch die vorliegenden Informationen abgedeckt werden konnten. Wenn die Prozentzahl unter der Bewertungshürde von 50 Prozent lag, wurde keine Bewertung ausgesprochen und das Symbol „?" als Bewertungsziffer ausgewiesen, da für eine valide Bewertung mindestens die Hälfte der nötigen Informationen vorliegen sollte. Um die unterschiedliche Relevanz einzelner Kriterien auszudrücken, wurde in der Bewertung ein Gewichtungsfaktor (von 1 = niedrig bis 4 = hoch) berücksichtigt[297].

Schließlich erfolgte eine Transformation der Bewertungskennziffern in so genannte *Bewertungsindices*, die die Ergebnisse der Bewertung auf einer Skala von 0 bis 100 darstellen. Diese Bewertungsindices dienen der präziseren Einordnung der Ergebnisse von 0 (schlechte Bewertung) bis 100 (hervorragende

---

[297] Um zur Bewertung (Bewertungsziffer) für einen Untersuchungsbereich zu gelangen, wurden nachfolgende Schritte vorgenommen: Multiplikation des Gewichtungsfaktors mit der Bewertung des jeweiligen Kriteriums, Addition der so errechneten Punkte, Division dieser Summe durch die Summe aller Gewichtungsfaktoren, die tatsächlich in die Bewertung eingeflossen sind (also nicht durch den Faktor „nicht ausreichende Information" gleich „?" gesetzt wurden). Die so errechneten Bewertungsziffern drücken die unterschiedlichen Qualitäten der untersuchten SRI-Fonds aus.

Bewertung) und zeigen gleichzeitig, wo der Fonds im Vergleich zu anderen untersuchten Fonds und zum Branchendurchschnitt anzusiedeln ist. Dabei sind die 16 Kriterien zur Researchqualität mit 60 % und die 12 Kriterien zur Informationsqualität mit 40 % in ein Gesamturteil über den jeweiligen Fonds eingegangen.

7.4.1.4 Datenerhebung II (Expertenbefragung)

Nachdem das Ranking in der Fachöffentlichkeit deutlich vorgestellt wurde und eine Resonanz sogar in Medien zu beobachten war, die eine breite Öffentlichkeit ansprechen[298], sind insgesamt 58 Experten zu der Eignung und den unterschiedlichen Wichtigkeiten der in dem Ranking verwendeten Kriterien und zur generellen Bedeutung einer verbesserten Transparenz für die Entwicklung des SRI-Marktes befragt worden. Als Experten wurden definiert

- alle Manager von Fondsgesellschaften, die unmittelbar für SRI-Fonds in Deutschland zuständig sind und sich an der Datenerhebung I beteiligt hatten,

- Wissenschaftler, die sich im deutschsprachigen Raum explizit mit Themen des SRI befasst haben,

- Vertreter von NGOs, die sich explizit mit Themen des SRI beschäftigt haben.

Die Rücklaufquote betrug 65 %, wobei 24 Experten aus Fondsgesellschaften, die SRI-Fonds managen, 5 Wissenschaftler und 9 Vertreter von NGOs geantwortet haben. Das deutliche Übergewicht der Experten aus den Fondsgesellschaften war intendiert, da insbesondere auch die Relevanz einer verbesserten Transparenz für die Praktiker in den Fondsgesellschaften überprüft werden sollte. Bei der Interpretation der Ergebnisse muss allerdings der jeweilige institutionelle Hintergrund (die „Herkunft") der jeweiligen Experten beachtet werden.

Die schriftliche Befragung wurde im Juni und Juli 2003 durchgeführt. Verwendet wurde hier ein standardisierter Fragebogen, der neben geschlossenen auch offene Fragen enthielt. Die Befragten sind ausdrücklich noch einmal auf das bereits veröffentlichte Ranking und die dort verwendeten Kriterien hingewiesen worden.

Für das hier gewählte Untersuchungsdesign, das als Besonderheit eine nochmalige umfangreiche *Expertenbefragung nach* der Veröffentlichung von Untersuchungsergebnissen vorsah, können spezifische Vor- und Nachteile unterstellt werden.

---

298 Vgl. FTD, 2002; Lohse, 2003, o.V., 2003.

So kann beispielsweise vermutet werden, dass sich die Veröffentlichung der Untersuchungsergebnisse in Form eines Ranking, das für die Fondsgesellschaften marketingrelevante Aussagen enthielt, besonders positiv auf die Genauigkeit und Ernsthaftigkeit der einzelnen Expertenstatements ausgewirkt haben dürfte. Auch die Anschaulichkeit des zur Diskussion gestellten Instrumentes eines „vergleichenden Fondstests" dürfte durch diesen Ansatz ein erhöhtes Ausmaß haben. Die besondere Praxisrelevanz des gewählten Untersuchungsansatzes kann jedoch möglicherweise auch Auswirkungen auf die Unvoreingenommenheit der Expertenstatements haben, weil insbesondere die Experten aus den Fondsgesellschaften immer sehr genau vor Augen haben konnten, wie sich die zur Diskussion gestellten Aspekte der Research- und Informationsqualität auf eine öffentlich zugängliche Qualitätsbeurteilung „ihres Fonds" oder die von relevanten Wettbewerbern auswirken würde. Eine kurzfristig interessengeleitete Beantwortung einiger Fragen kann vor diesem Hintergrund nicht vollständig ausgeschlossen werden. Dies muss kein systematischer Nachteil des gewählten Verfahrens sein, sollte jedoch bei der Interpretation der Ergebnisse berücksichtigt werden.

7.4.2 Ergebnisse

Im Folgenden werden die Ergebnisse der Untersuchung im Einzelnen behandelt. Dabei soll zunächst eine grundlegende Typologie der untersuchten SRI-Publikumsfonds entwickelt werden, die im theoretischen Kontext der Arbeit und durch Auswertung der schriftlich vorliegenden Fondskonzeptionen möglich war.

7.4.2.1   Fondstypologie und Struktur der SRI-Publikumsfonds

Die Analyse der zu den einzelnen SRI-Fonds vorliegenden Dokumente (Verkaufsprospekte, Internetpräsentationen u.a.m.) macht es möglich, die unter dem Sammelbegriff[299] Sociallly Responsible Investment zusammengefassten Fonds unterschiedlichen Fondstypen zuzuordnen.

In der deutschsprachigen Literatur über SRI-Finanzprodukte und SRI-Fonds im Besonderen sind eine Reihe von Typologisierungsversuchen anzutreffen (vgl. Grazek/Schoenheit, 2003, S. 11ff.). Neben finanztechnischen Differenzierungsmöglichkeiten, die wie bei klassischen Fondsprodukten auch bei SRI-Fondsprodukten möglich und sinnvoll sind, werden SRI-Fonds gelegentlich

---

299 Das imug selbst verwendete in weiten Teilen des Forschungsprojektes den Sammelbegriff „ethisch-ökologische Geldanlagen" bzw. „ethisch-ökologiche Finanzprodukte oder Fonds". Zu den Begriffen zur Kennzeichnung des in dieser Untersuchung behandelten Marktes siehe auch Kapitel 1.3.

auch nach dem jeweiligen Anlegerkreis unterschieden, wobei hier die Unterscheidung von institutionellen und privaten Investoren dominiert. Schwerpunktmäßig konzentrieren sich die in der Literatur diskutierten Typologisierungsansätze hinsichtlich der Anwendung unterschiedlicher sozialer, ökologischer und/oder ethischer Kriterien. So schlagen beispielsweise Schaltegger/Figge (2001) eine typologische Unterscheidung nach der historischen Entwicklung vor und sprechen dabei von „sustainable investment products". Sie differenzieren nach Ethik-, Umweltschutztechnologie-, Ökoeffizienz- und Sustainable-Development-Fonds. Schäfer (2000, S. 64) weist zusätzlich auf den spezifischen Typus von religiös geprägten Investmentfonds und auf so genannte Spendenfonds hin. Auch andere Typologisierungsvorschläge[300] weisen eine gewisse Beliebigkeit auf. Weder die Zahl noch die vermeintliche Strenge der in der jeweiligen Anlagepolitik der Fonds angewendeten Kriterien kann als eindeutiger Beleg für eine typologische Klassifizierung von SRI-Fonds herangezogen werden. Das Öko-Institut geht bei seiner Klassifizierung von Umweltfonds deshalb von vornherein einen praxisbezogenen Weg, indem es eine differenzierte Unterscheidung von fünf Fondstypen anhand der Selbsteinstufung untersuchter Fonds durchführt. Die fondseigenen Klassifizierungen erstrecken sich dabei über Öko-, Öko-Pionier-, Ethik-, und Umwelttechnologiefonds bis hin zu Nachhaltigkeitsfonds (vgl. Grießhammer, 2000). Das imug Institut wählt für die Typologisierung von SRI-Fonds einen Ansatz, der die erklärte Anlagepolitik der jeweiligen Fonds und die verwendeten sozialen und ökologischen oder ethischen Selektionskriterien als empirischen Ausgangspunkt für die Einstufung nimmt. Die erklärten und faktischen Schwerpunktsetzungen bei den angewendeten Selektionskriterien und die jeweils als Anlageuniversum definierten Unternehmen ermöglichen die Unterscheidung von insgesamt 7 SRI–Fondstypen. (vgl. Abbildung 38).

---

300 Vgl. Pesel, 1995; Wolff, 1995; Mächtel, 1996; Armbruster, 2000; Kahlenborn/Interwies/Kraemer, 2000.

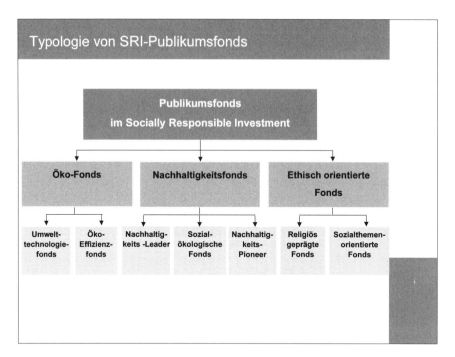

Abbildung 38: Typologie von SRI-Publikumsfonds (in Anlehnung an Gra-
zek/Schoenheit, 2003, S. 25)

Die im Kapitel 3.2 in der historisch-typologischen Untersuchung des SRI idealtypisch „nacheinander" anzutreffenden Arten von Fondsprodukten existieren in
Teilen heute „nebeneinander". Wie die Zuordnung der 43 näher untersuchten
SRI-Publikumsfonds zu den einzelnen Typen zeigt, liegt ein deutlicher Schwerpunkt bei den so genannten Nachhaltigkeitsfonds. Mehr als die Hälfte aller
deutschsprachigen Fonds können als Nachhaltigkeitsfonds eingestuft werden,
weil sie die weitverbreitete formale Dreisäulendefinition von Nachhaltigkeit
aufgreifen und ökonomische, soziale und ökologische Positivkriterien gleichermaßen berücksichtigen (vgl. Kapitel 3.1).

SRI-Fondstyp	Anlagepolitik
Umwelttechnologiefonds 11 Fonds	Auswahl von Unternehmen, die zur Umwelttechnologiebranche zu zählen sind und Produkte sowie Dienstleistungen anbieten, die der Schonung und dem Erhalt der Umwelt dienen.
Öko-Effizienzfonds 2 Fonds	Investitionen in ökologisch vorbildliche und vor allem öko-effiziente Unternehmen. Vergleichbare Berücksichtigung von ökonomischer und ökologischer Performance.
Nachhaltigkeits-Leader-Fonds 28 Fonds	Investitionen in Blue Chips[301] bei gleichzeitiger Berücksichtigung von ökologischer, ökonomischer und sozialer Performance.
Nachhaltigkeits-Pionier-Fonds 3 Fonds	Investitionen in Small und Mid Caps[302] bei gleichzeitiger Berücksichtigung von ökologischer, ökonomischer und sozialer Performance.
Sozial-ökologische Fonds 13 Fonds	Gleichzeitige Berücksichtigung von ökologischer, ökonomischer und sozialer Performance ohne Fokussierung auf Blue Chips oder Small und Mid Caps.
Religiös geprägter Fonds 2 Fonds	Nach religiösen Wertvorstellungen investierende Fonds
Sozialthemenorientierter Fonds 1 Fonds	Soziale Aspekte als Anlageschwerpunkt. Es sollen Unternehmen als Anlageobjekte identifiziert werden, die gewisse Sozialstandards einhalten oder im sozialen Bereich etwas Besonderes leisten.

Abbildung 39: Typologisierung und Anlagepolitik von 43 SRI-Publikumsfonds (in Anlehnung an Grazek/Schoenheit, 2003, S. 26)

Dies ist jedoch eher eine formale Definition von „Nachhaltigkeitsfonds", da auch sozial-ökologische Fonds, Öko-Effizienzfonds und auch Umwelttechnologiefonds mit guten Argumenten als relevant für die Einleitung und Verstetigung einer nachhaltigen Entwicklung eingestuft werden können.

---

301 Der aus dem amerikanischen Sprachgebrauch stammende Begriff „Blue Chips" bezeichnet umsatzstarke Aktien von substanzstarken großen, international bekannten und weltweit bedeutenden Unternehmen (Standardwerte), deren Kursentwicklung gleichzeitig auch der Berechnung des Index zugrunde gelegt wird. Blue Chips an der deutschen Börse sind etwa BASF, Siemens, Telekom und Allianz.

302 Die als „Small und Mid Caps" bezeichneten Aktien beziehen sich auf Unternehmen mit kleiner und mittlerer Börsenkapitalisierung. Im deutschen Sprachgebrauch findet sich dafür teilweise auch der Begriff der „Nebenwerte".

7.4.2.2 Einzelaspekte zur Researchqualität von SRI-Fonds

Im Folgenden werden die Aussagen zu ausgewählten Aspekten der Research-qualität genauer diskutiert. Dabei werden sowohl die Ergebnisse der faktischen Beurteilung der untersuchten SRI-Fonds als auch die Expertenmeinungen zur Wichtigkeit der einzelnen Aspekte der Researchqualität herangezogen. Besonde-re Aufmerksamkeit verdienen die Einzelaspekte der Researchqualität, die von unabhängigen Experten und den Experten der Fondsgesellschaften hinsichtlich ihrer Wichtigkeit deutlich unterschiedlich beurteilt werden (vgl. Abbildung 40).

Abbildung 40: Divergierende Einschätzungen zur Wichtigkeit von Einzelaspek-ten der Researchqualität von SRI-Fonds

Auf der Grundlage eines durchgeführten und veröffentlichten Rankings von deutschsprachigen SRI-Fonds sind 38 Experten gebeten worden, die Wichtigkeit einzelner Aspekte der Researchqualität zu beurteilen. Es ist demnach zu beach-ten, dass alle Experten bei ihrem Urteil hinsichtlich der Wichtigkeit einzelner Aspekte die veröffentlichten Ergebnisse zur gemessenen Researchqualität be-reits vor Augen hatten. In der Abbildung 40 werden die durchschnittlichen Beurteilungen der faktischen Researchqualität bei den untersuchten 43 SRI-

318

Publikumsfonds in Form eines *Qualitätsindex* (Datenerhebung I)[303] und darüber hinaus die von den Experten ermittelten Wichtigkeiten in Form eines *Wichtigkeitsindex* (Datenerhebung II)[304] vorgestellt. Nachdem zuvor bei der Diskussion der Wichtigkeit einzelner auf die Differenzierung zwischen den Experten aus Fondsgesellschaften und den Experten aus Wissenschaft und NGOs im Einzelnen eingegangen wurde, kann nun bei der tabellarischen Darstellung des Wichtigkeitsindex diese Differenzierung vernachlässigt werden. Im Text werden ggf. die Differenzierungen der Expertenurteile aufgegriffen.

Auffallend ist insgesamt, dass die Wichtigkeit der einzelnen Aspekte im Urteil der Experten deutlich unterschiedlich ist. Als sehr wichtig (Wichtigkeitsindex über 80) werden 3 Kriterien, als eher wichtig (Wichtigkeitsindex 70 bis 80) 6 Aspekte der Researchqualität beurteilt (vgl. Abbildung 41). Ein Kriterium wird als weniger wichtig (Index 60 bis 70) und immerhin 6 Kriterien werden als unwichtig eingestuft (Index unter 60).

Aspekte der Researchqualität von SRI-Fonds	Wichtigkeits-index	Qualitäts-index
Sehr wichtig		
Anzahl Unternehmen im Portfolio, die nach sozial-ökologischen Kriterien untersucht wurden	87	77
Anzahl unternehmensunabhängiger Infoquellen im Research	86	89
Anwendung von Qualitätsstandards im Research	82	67
Wichtig		
Erfahrung der im Unternehmensresearch tätigen Analysten	77	66
Monitoring der Branchen, Unternehmen und Themen im Research	77	84

---

303 Der Qualitätsindex wurde wie folgt berechnet: Der Erfüllungsgrad jedes einzelnen Kriteriums wurde auf einer Viererskala erfasst (vgl. Kapitel 7.4.1.4 „Datenerhebung II"). Zur Verdeutlichung wurden die Mittelwerte (der durchschnittlichen Qualitätsbewertungen) durch die Formel „Qualitätsindex = 133 1/3 - (33 1/3 x Mittelwert)" auf einer Skala von 0 (schlechtester Wert) bis 100 (bester Wert) transformiert.

304 Der Wichtigkeitsindex wurde folgendermaßen gebildet: Die Abfrage zu jedem Item ließ 4 Abstufungen (von 1 sehr wichtig bis 4 völlig unwichtig) zu. Zur Verdeutlichung wurden die Mittelwerte (der durchschnittlichen Expertenbewertungen) durch die Formel „Wichtigkeitsindex = 133 1/3 - (33 1/3 x Mittelwert)" auf einer Skala von 0 (schlechtester Wert) bis 100 (bester Wert) transformiert.

Unabhängigkcit dcs Rcscarch vom Fondsmanagcmcnt	75	61
Zeitnahe Auswertung der Unternehmensdokumente durch das Unternehmensresearch	75	67
Fragebögen und Bewertung sind nach Branchen differenziert	72	68
Einbezug kritischer Stakeholdern in den Researchprozess	71	69
Weniger wichtig		
Rückmeldung der Researchergebnisse an die Unternehmen	67	69
Unwichtig		
Verweildauer der Analysten im Researchteam	58	51
Anzahl der Unternehmensdokumente, die in das Research einfließen	57	95
Durchführung von Länderresearch	54	51
Anzahl untersuchter Unternehmen pro Analyst	51	41
Anteil der Unternehmen, die im Rahmen des Research besucht wurden	51	9
Ein unabhängiger Beirat entscheidet über die Titelauswahl	45	53

Abbildung 41: Wichtigkeiten und durchschnittliche Bewertungen von Aspekten der Researchqualität bei SRI-Fonds

Im Folgenden sollen auffällige Einzelergebnisse hervorgehoben und interpretiert werden, wobei die Wichtigkeitseinstufungen in Gegenüberstellung zu den tatsächlichen Qualitätsbeurteilungen besonders beachtet werden. Auch die möglichen Unterschiede zwischen den Experteneinschätzungen aus den Fondsgesellschaften und den unabhängigen Experten werden im Einzelfall benannt und interpretiert.

Die drei wichtigsten Aspekte der Researchqualität sind

- die Anzahl der untersuchten Unternehmen
- die Anzahl der unternehmensunabhängigen Informationsquellen und
- die Existenz und Beachtung von Qualitätsstandards im Research

Auf diese Qualitätseigenschaften wird im Folgenden näher eingegangen.

Anzahl der untersuchten Unternehmen

Die Anzahl der Unternehmen eines SRI-Fonds, die tatsächlich sozial-ökologisch beobachtet und untersucht werden, wird als wichtigstes Qualitätsmerkmal bezeichnet. Betrachtet man nur dieses wichtige Kriterium, dann sind SRI-Fonds, die nicht alle Unternehmen, die in ihren Fonds gelistet sind, nach SRI-Gesichtspunkten screenen, schlechter zu beurteilen als ein Fonds, der viele oder sogar alle Unternehmen seines Portfolios regelmäßig und zeitnah screent. Auch wenn dieses Qualitätskriterium, das von den befragten Fondsmanagern *und* den unabhängigen Experten gleichermaßen als besonders wichtig beurteilt wird, für eine Selbstverständlichkeit gehalten werden kann, zeigt die Untersuchung der 43 Fonds, dass lediglich 27 Fonds in den letzten 12 Monaten alle in ihrem Fonds gelisteten Unternehmen untersucht und hinsichtlich der inhaltlichen Eignung zur Aufnahme in den jeweiligen Fonds bewertet haben. 8 Fonds hatten sogar weniger als 50 % der Unternehmen ihres Portfolios in den letzten 12 Monaten untersucht.

Unternehmensunabhängige Informationsquellen

Als weiteres wichtiges Qualitätskriterium wird die Anzahl der bei der Unternehmensbewertung berücksichtigten unternehmensunabhängigen Informationsquellen auch hier wiederum von den Fondsmanagern und den unabhängigen Experten genannt. In der Betonung dieses Qualitätskriteriums für das Research und damit für die Qualität des Fonds, der auf dieses Research Bezug nimmt, drückt sich die Sorge aus, dass Aussagen der zu bewertenden Unternehmen die wesentliche Informationsquelle bei der Datenbeschaffung darstellen (vgl. imug, 1997, S. 145). Die Untersuchung der Fonds hinsichtlich dieses Qualitätskriteriums ihres Research zeigt positive Ergebnisse. Es kann allerdings vermutet werden, dass die Fondsmanager in ihren Antwortstrategien die „soziale Erwünschtheit" und die geringe externe Verifizierbarkeit ihrer Antworten zu diesem wichtigen Qualitätsaspekt deutlich vor Augen hatten und dadurch ein zu positives Bild von der tatsächlichen Researchqualität gezeichnet wurde. Die genauere Definition, welche typischen unternehmensunabhängigen Informationsquellen regelmäßig zu berücksichtigen sind, kann hilfreich sein, um eine größere Klarheit über die tatsächliche Qualität des Research zu erzielen.

Qualitätsstandard

Das dritte von den Experten als sehr wichtig eingestufte Kriterium ist das Vorhandensein eines Qualitätsstandards im Research. Hier fällt auf, dass die unabhängigen Experten (Wichtigkeitsindex 88) die Wichtigkeit dieses Aspektes noch stärker hervorheben als die befragten Fondsmanager (Wichtigkeitsindex 79). Bereits im Kapitel 7.3 hat das Thema des Qualitätsstandards bei der Untersuchung der 15 europäischen Research-Agenturen eine große Rolle gespielt. Von den 43 untersuchten deutschsprachigen SRI-Fonds konnten nur 5 Fonds auf einen auch öffentlich zugänglichen Qualitätsstandard für das Unternehmensre-search verweisen. 18 weitere Fonds verwenden – nach eigenen Auskünften - einen nicht öffentlich zugänglichen Qualitätsstandard für das sozial-ökologische Unternehmensresearch. Die Erarbeitung eines aussagefähigen Qualitätsstandards für das sozial-ökologische Unternehmensresearch kann somit als fehlendes und hilfreiches Instrument zur Transparenzerzeugung über Vertrauenseigenschaften angesehen werden.

Insgesamt *sechs weitere Aspekte des Research* werden von den Experten als „wichtig" eingestuft. Im theoretischen Kontext dieser Forschungsarbeit konnte vermutet werden, dass der Qualitätsaspekt „Unabhängigkeit des Research vom Fondsmanagement" von den Experten besonders betont wird.

Unabhängigkeit des Research vom Fondsmanagement

Während bei allen anderen von den Experten als wichtig eingestuften Qualitäts-eigenschaften die Bewertungen von Fondsmanagern und unabhängigen Exper-ten weitestgehend deckungsgleich sind, zeigen sich bei dem Qualitätsaspekt „Unabhängigkeit des Research vom Fondsmanagement" jedoch deutliche Unter-schiede. So stufen die Fondsmanager (n=24) diesen fast schon als weniger wichtig ein (Wichtigkeitsindex 79), wogegen ihn die unabhängigen Experten (n = 13) gerade für besonders wichtig halten (Wichtigkeitsindex 88).

Die Unabhängigkeit des Research über die sozialen und ökologischen Qualitäten der Unternehmen vom Fondsmanagement soll sicherstellen, dass nicht die Inte-ressen des Fondsmanagement, das auch auf die finanzielle Performance oder anlagetechnische Einzelfragen achten muss, informell die sozial-ökologischen Unternehmensbewertungen beeinflusst. Von den 43 deutschsprachigen SRI-Fonds lassen 17 Fonds das sozial-ökologische Research vollständig von exter-nen Research-Agenturen durchführen. 11 weitere vergeben das Research zu-mindest in Teilen an externe Agenturen. Die restlichen 13 Fonds nutzen aus-schließlich das so genannte „Inhouse-Research". Auch in diesem Fall können noch einmal Unterschiede festgestellt werden, wenn nach strengen Vorkehrun-gen gefragt wird, die eine unsachgemäße Beeinflussung der Researchergebnisse verhindern sollen („Chinese Walls").

Fondsgesellschaften, die ausschließlich auf ein Inhouse-Research setzen, müs-sen vor dem Hintergrund dieser Ergebnisse besondere Anstrengungen auf sich nehmen, um die Qualität ihres Research zu belegen.

Von den Experten wurden insgesamt sieben Aspekte für die Beurteilung der Researchqualität als weniger wichtig bzw. als unwichtig eingestuft (vgl. Abbil-dung 41).

Personaleinsatz im Research

Auffällig ist, dass Qualitätsaspekte, die auf den Personaleinsatz für das Research abheben, eher als unwichtig angesehen werden. Sowohl die Zahl der pro Analyst zu screenenden Unternehmen als auch die Zahl der Unternehmen, die im Rahmen des Research besucht werden, sind nach Auffassung der Experten deutlich unwichtig. Zugleich fällt die faktische Qualitätsbeurteilung dieser Aspekte vergleichsweise schlecht aus. Bei einem Drittel der untersuchten SRI-Fonds werden im Rahmen des verwendeten Research von einem Analysten mehr als 75 Unternehmen untersucht und beobachtet. Der direkte Kontakt zwischen Analysten und untersuchten Unternehmen, z.b. durch Unternehmensbesuche, ist die deutliche Ausnahme. Bei der großen Mehrzahl der Fonds werden die Unternehmen im Rahmen des verwendeten Research nicht oder nur in Einzelfällen aufgesucht. Es muss deshalb vermutet werden, dass das Screening sich wesentlich auf die Auswertung von schriftlichen Materialien und Dokumenten konzentriert, was eine vergleichsweise hohe Fallzahl von Unternehmensbeurteilungen bei den Analysten zulässt, andererseits Fragen nach der Verifizierung der verwendeten Informationen aufwirft. In dem Zusammenhang ist interessant, dass insbesondere die Experten aus den Fondsgesellschaften dem Qualitätsaspekt „Verweildauer der Analysten im Researchteam" eine auffällig höhere Bedeutung zusprechen (Wichtigkeitsindex 64) als die unabhängigen Experten (Wichtigkeitsindex 46). Hierin könnte sich die Erfahrung der Fondsmanager ausdrücken, die im direkteren Kontakt mit den Analysten die fachliche Kompetenz und Erfahrenheit von Analysten womöglich als wichtig erleben.

Titelauswahl durch Beirat

Überraschend ist ferner, dass die Existenz eines unabhängigen Beirats als unwichtig für eine Aussage über die Researchqualität angesehen wird. Dies ist deshalb überraschend, weil mit der Existenz eines Beirats eine Trennung zwischen Research und endgültiger Beurteilung und Titelauswahl sichergestellt werden kann. Nur 4 der 43 untersuchten Fonds verfügen denn auch tatsächlich über einen Beirat, der unabhängig vom Fondsmanagement über die Auswahl der Titel entscheidet. 24 Fonds haben einen Beirat mit einer beratenden Funktion und 15 Fonds verfügen über keinen Beirat.

Zusammenfassend kann festgestellt werden, dass insbesondere von den Fondsgesellschaften institutionalisierbare Formen, die ein unabhängiges Research sicherstellen und auch gegenüber Kunden signalisieren können, nur in Ansätzen und eher zurückhaltend eingesetzt und auch als weniger relevant eingeschätzt werden. Stattdessen wird auf qualifizierte Informationsverarbeitung und Erfahrung im Research gesetzt, das sich wesentlich als eine kriterienorientierte Sammlung und Bewertung von schriftlich vorliegenden Informationen versteht. Ein vorzeigbarer Qualitätsstandard, der die Prozessqualität überwacht und ggf. auch gegenüber Dritten signalisiert, ist kaum vorhanden, wird jedoch von allen Beteiligten als besonders sinnvoll angesehen.

7.4.2.3   Einzelaspekte zur Informationsqualität von SRI-Fonds

Im Folgenden werden ausgewählte Aspekte der Informationsqualität von SRI-Fonds diskutiert. Dabei geht es um die Fragen, welche Informationen in welchen Medien (z.b. Prospekte, Unterlagen, Internet, Beratung) von den Fondsgesellschaften für den interessierten Investor zur Verfügung gestellt werden[305].

Auch hier werden die Ergebnisse der faktischen Beurteilung der Informationsqualität bei den untersuchten SRI-Fonds und die Expertenmeinungen zu den Wichtigkeiten der einzelnen Aspekte der Informationsqualität gleichermaßen herangezogen und für die Interpretation der Ergebnisse genutzt. Insbesondere bei der Beurteilung der Wichtigkeit einzelner Aspekte der Informationsqualität zeigen sich deutliche Unterschiede zwischen den unabhängigen Experten und den Experten der Fondsgesellschaften (vgl. Abbildung 42).

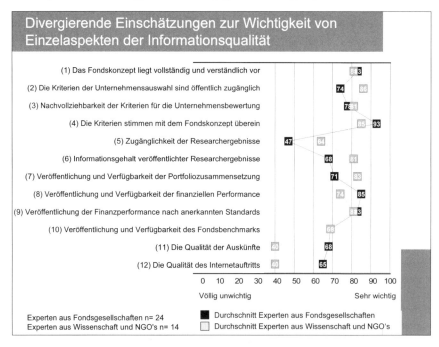

Abbildung 42: Divergierende Einschätzungen zur Wichtigkeit von Einzelaspekten der Informationsqualität von SRI-Fonds

---

305 Eine Untersuchung über die Kundenberatung der Vertriebslinien von SRI-Fonds wurde gesondert durchgeführt. Die Aussagen ergänzen die hier vorgestellten Ergebnisse hinsichtlich der Informations- und Beratungsqualität in den Vertriebskanälen von SRI-Fonds (vgl. Hansen et al., 2003).

In der Abbildung 43 werden zunächst die durchschnittlichen Beurteilungen der faktischen Informationsqualität bei den untersuchten 43 SRI-Publikumsfonds in Form eines Qualitätsindex[306], aber auch die von den Experten ermittelten Wichtigkeiten in Form eines Wichtigkeitsindex[307] im Überblick vorgestellt.

Aspekte der Informationsqualität von SRI-Fonds	Wichtigkeits-index	Qualitäts-index
Sehr wichtig		
Die Kriterien stimmen mit dem Fondskonzept überein	90	88
Das Fondskonzept liegt vollständig und verständlich vor	82	88
Veröffentlichung der Finanzperformance nach anerkannten Standards	82	82
Veröffentlichung und Verfügbarkeit der finanziellen Performance	81	96
Eher wichtig		
Nachvollziehbarkeit/Verständlichkeit von Kriterien der Unternehmensbewertung	79	85
Die Kriterien für die Unternehmensauswahl sind öffentlich zugänglich	78	85
Veröffentlichung und Verfügbarkeit der Portfoliozusammensetzung	75	59
Informationsgehalt der veröffentlichten Researchergebnisse	73	38
Weniger wichtig		
Veröffentlichung und Verfügbarkeit des Fondsbenchmarks	69	74
Unwichtig		
Die Qualität der Auskünfte	58	45
Die Qualität des Internetauftritts	56	72
Zugänglichkeit der Ergebnisse des Research	54	57

Abbildung 43: Wichtigkeiten und durchschnittliche Bewertungen von Aspekten der Informationsqualität bei SRI-Fonds

Auch im Bereich der Informationsqualität wird die Wichtigkeit der einzelnen Aspekte von den Experten deutlich unterschiedlich gewichtet.

---

306 Zur Berechnung des Qualitätsindex siehe FN 303.
307 Zur Berechnung des Wichtigkeitsindex siehe FN 304.

Als *sehr wichtig* (Wichtigkeitsindex über 80) werden 4 Kriterien eingestuft. Anders als in der interpretierenden Erläuterung zur Researchqualität im vorangegangenen Abschnitt soll hier nicht auf jedes einzelne dieser Kriterien eingegangen werden, da diese vier Kriterien insgesamt das kennzeichnen, was von der Sache her einen guten Fondsprospekt ausmachen würde. Experten aus den Fondsgesellschaften und unabhängige Experten beurteilen die Wichtigkeit dieser vier Kriterien im Wesentlichen ähnlich und auch die faktische Qualitätsbeurteilung fällt zu diesen Aspekten positiv aus.

Weniger einmütig ist die Beurteilung der Experten bei den Kriterien, die auf die *Transparenz der Bewertungen* über die jeweiligen Unternehmen abheben, in die in den einzelnen SRI-Fonds investiert werden soll. Allen drei Einzelaspekten, die hier aus Sicht des Informationen suchenden Investors eine Rolle spielen,

- Zugänglichkeit der Screeningkriterien (Kriterium Nr. 2)

- Zugänglichkeit der Resarchergebnisse (Kriterium Nr. 5)

- Informationsgehalt veröffentlichter Resarchergebnisse (Kriterium Nr. 6)

schreiben die unabhängigen Experten eine höhere Wichtigkeit zu als die Experten aus Fondsgesellschaften (vgl. Abbildung 43). Gerade zu diesen Fragen scheint eine unterschiedliche Einschätzung bei den Experten gegenüber den grundsätzlichen Informationsleistungen von SRI-Fonds zu existieren. Die Experten der Fondsgesellschaften halten die Zugänglichkeit zu den Researchergebnissen für den mit Abstand unwichtigsten Aspekt ihrer Informationsqualität. Interessanterweise erweisen sich dann auch die „Zugänglichkeit zu Researchergebnissen" (Qualitätsindex 57) und der „Informationsgehalt veröffentlichter Researchergebnisse" (Qualitätsindex 38) bei der faktischen Beurteilung der Informationsqualität als besondere Schwachpunkte. Bereits im Kapitel 7.2. ist deutlich geworden, dass die Unternehmen selbst nur wenig über die Ergebnisse des Screening der Research-Agenturen erfahren. Hier kann nun ergänzt werden, dass diese Informationen auch den Investoren nicht in angemessener Weise zur Verfügung stehen.

Ein weiterer besonderer Schwachpunkt bei der faktischen Qualitätsbeurteilung ist die „Qualität der Auskünfte", die Fondsgesellschaften bei telefonischen Anfragen geben (Qualitätsindex 45).

Wenn die Beurteilungen der faktischen Informationsqualität und die insbesondere von den Experten der Fondsgesellschaften formulierten Wichtigkeiten der einzelnen Aspekte der Informationsqualität zusammenfassend betrachtet werden, drängt sich der Eindruck auf, als sähen die SRI-Fonds ihre Informationsleistungen im Wesentlichen in solchen Punkten, die sich für eine standardisierte Darstellung in einem Fondsprospekt besonders eignen.

Das Eingehen auf Informationsinhalte, die sich im Zeitverlauf ändern können (Beispiel Portfoliozusammensetzung) und eine differenziertere Darstellung der

Unternehmen, in die der jeweilige Fonds investiert, wird demgegenüber faktisch vernachlässigt und auch als weniger wichtig angesehen.

Es kann deshalb davon ausgegangen werden, dass die spezifischen informatorischen SRI-Transformationsleistungen (vgl. Kapitel 3.3.2, Abbildung 14), die SRI-Fondsgesellschaften in diesem Markt erbringen können, zur Zeit nur ansatzweise zufriedenstellend wahrgenommen werden.

7.4.2.4 Spezifische Qualität von SRI-Fonds

Nachdem zuvor die Einzelaspekte der Research- und die Informationsqualität von SRI-Fonds kriterienbezogen vorgestellt und diskutiert wurden, sollen im folgenden Kapitel die empirischen Ergebnisse diskutiert werden, die sich aus der Anwendung dieser Kriterien bei deutschsprachigen SRI-Fonds ergeben.

Dabei werden Research- und Informationsqualität von SRI-Fonds zusammen als die relevanten Dimensionen angesehen, mit denen die spezifische Qualität von SRI-Fonds angemessen zu beschreiben ist (vgl. Abbildung 44).

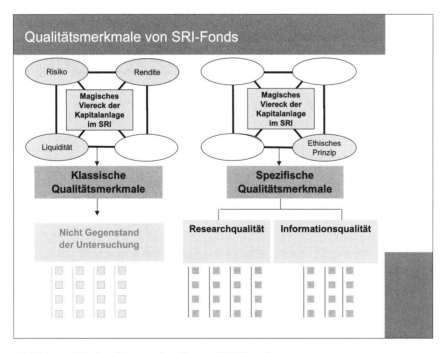

Abbildung 44: Qualitätsmerkmale von SRI-Fonds

Obwohl die Experten unterschiedliche Wichtigkeiten zu den formulierten Quali-
täts- und Informationsaspekten von SRI-Fonds vorgeschlagen haben, wird der
Kriteriensatz insgesamt als geeignet für eine „Qualitätsbeurteilung" angesehen[308]. Da den Experten die Ergebnisse der vergleichenden Fondsbewertung zu
diesem Zeitpunkt bereits vorlagen und eine interessierte öffentliche Resonanz
auf diese Art der Qualitätsbeurteilung ebenfalls wahrnehmbar war, kann von
einer reflektierten Zustimmung zu diesem Kriteriensatz, der ja ganz offensichtlich zu einem Konzept des regelmäßigen vergleichenden „Fondstest" ausgebaut
werden könnte, gesprochen werden[309]. Dies setzt allerdings voraus, dass es
möglich ist, Unterschiede in der spezifischen Qualität - wie sie oben definiert
wurde -festzustellen. Dem liegt die Vermutung zugrunde, dass bei den Fonds
tatsächliche Qualitätsunterschiede anzutreffen sind, da bei der noch jungen
Entwicklung des Marktes und den Produkten, die im Wesentlichen durch Vertrauenseigenschaften gekennzeichnet sind, eine frühzeitige Angleichung der
Qualität unwahrscheinlich ist.

Die Bewertung der spezifischen Qualität der 43 untersuchten SRI-Fonds, die
anhand der diskutierten 28 Aspekte kriterienorientiert durchgeführt wurde, zeigt
denn auch deutliche Unterschiede

- zwischen den einzelnen Fonds und

- zwischen den einzelnen Fondstypen.

Auf einem zusammenfassenden Bewertungsindex von 0 bis 100 Punkten erhiel-
ten die beiden „besten Fonds" 82 bzw. 80 Punkte, während die beiden Fonds mit
der schlechtesten Bewertung bei weniger als 45 Punkten eingeordnet wurden[310].
Durchschnittlich werden 67 Indexpunkte erreicht (vgl. Abbildung 45).

---

308 Von den befragten 38 Experten halten 26 den Kriteriensatz insgesamt für sehr gut oder
     für gut geeignet, einen Qualitätsvergleich zwischen ethisch-ökologischen Fonds zu er-
     möglichen. In der Expertenbefragung wurde ausdrücklich auch nach fehlenden bzw. nach
     zusätzlichen Kriterien gefragt, die für eine Beurteilung der spezifischen „SRI-Qualität"
     herangezogen werden sollten. Hier wurden insgesamt von den 38 Experten nur 8 Items
     genannt, ohne dass erkennbare Häufungen auftraten.
309 Vgl. auch Kapitel 7.4.2.5.3, wo das mögliche Instrument einer vergleichenden Fondsbe-
     wertung diskutiert wird.
310 Das Ranking mit dem Einzelausweis der erreichten Punktzahl für alle 43 SRI-Fonds (vgl.
     Grazek/Schoenheit, 2003, S. 36).

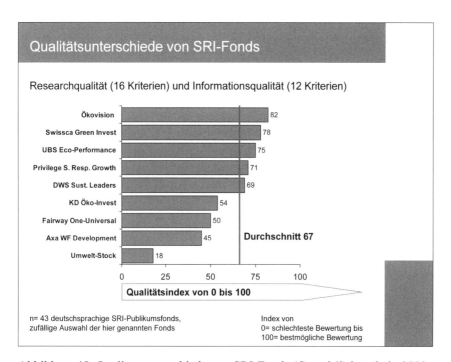

Abbildung 45: Qualitätsunterschiede von SRI-Fonds (Grazek/Schoenheit, 2003, S. 36)

Wenn die einzelnen Fondstypen näher betrachtet werden (vgl. Kapitel 7.4.2.1), fällt auf, dass Nachhaltigkeits- und sozial-ökologisch orientierte Fonds besser abschneiden (vgl. Abbildung 46). Dies kann dadurch erklärt werden, dass diese Fonds sich in besonderem Maße darum bemühen müssen, die ausgelobten Eigenschaften ihrer Produkte zu belegen. Auch angesichts der stark unterschiedlichen Fallzahlen zu den einzelnen Fonds, kann auf der Grundlage dieser Ergebnisse vermutet werden, dass die Fonds, die einen ganzheitlichen Ansatz bei ihrer sozialen und ökologischen Anlagestrategie verfolgen, also gleichermaßen soziale, ökologische und ökonomische Aspekte berücksichtigen, tendenziell auch das höherwertige Research und die bessere Informationspolitik besitzen. Umwelttechnologie- und Öko-Effizienzfonds schneiden in dieser Gegenüberstellung deutlich schlechter ab (vgl. Abbildung 46).

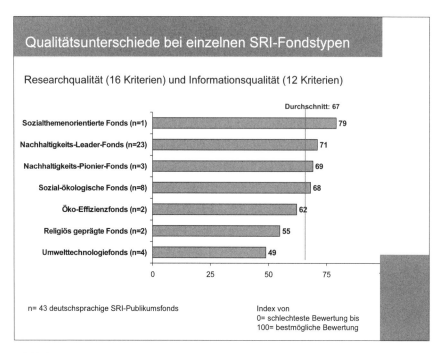

Qualitätsunterschiede bei einzelnen SRI-Fondstypen

Researchqualität (16 Kriterien) und Informationsqualität (12 Kriterien)

Durchschnitt: 67

Fondstyp	Wert
Sozialthemenorientierte Fonds (n=1)	79
Nachhaltigkeits-Leader-Fonds (n=23)	71
Nachhaltigkeits-Pionier-Fonds (n=3)	69
Sozial-ökologische Fonds (n=8)	68
Öko-Effizienzfonds (n=2)	62
Religiös geprägte Fonds (n=2)	55
Umwelttechnologiefonds (n=4)	49

0   25   50   75

n= 43 deutschsprachige SRI-Publikumsfonds

Index von
0= schlechteste Bewertung bis
100= bestmögliche Bewertung

Abbildung 46: Qualitätsunterschiede von einzelnen SRI-Fondstypen

Die hier insgesamt ausgewiesenen Qualitätsunterschiede zwischen den SRI-Fonds sind jedoch zu relativieren. Sie sind wesentlich von den gewählten Kriterien geprägt, deren Relevanz jedoch – wie die Ausführungen im vorangegangenen Abschnitt gezeigt haben - in Expertenkreisen in Teilen auch ausgesprochen kontrovers gesehen wird. So zeigt ein aggregierter Vergleich der Leistungen der untersuchten 43 Fonds im Research und in der Informationspolitik beispielsweise, dass die Bewertungen der SRI-Fonds in der Dimension „Informationsqualität" insgesamt leicht positiver ausfallen (Durchschnitt 74 von 100 erreichbaren Indexpunkten) als im Bereich der „Researchqualität" (Durchschnitt 67 von 100 erreichbaren Indexpunkten) (vgl. Abbildung 47).

Eine Berücksichtigung der Informationsleistungen und der Beratungsqualität, die im Vertrieb von SRI-Produkten potenziellen Investoren zur Verfügung gestellt wird (vgl. Kapitel 7.4.2.6), würde – das scheint nach den vorliegenden ersten Ergebnissen der Informations- und Beratungsleistung der Vertriebswege im SRI gesichert – zu einer merklich schlechteren Beurteilung der Informationsqualität führen.

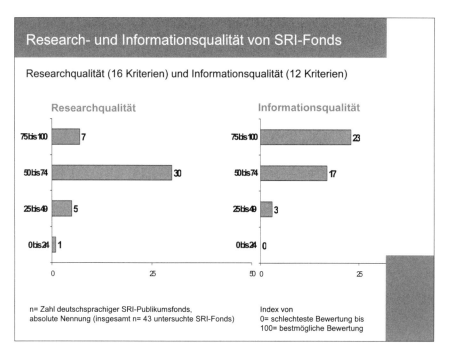

Research- und Informationsqualität von SRI-Fonds

Researchqualität (16 Kriterien) und Informationsqualität (12 Kriterien)

Researchqualität

75 bis 100	7
50 bis 74	30
25 bis 49	5
0 bis 24	1

Informationsqualität

75 bis 100	23
50 bis 74	17
25 bis 49	3
0 bis 24	0

n= Zahl deutschsprachiger SRI-Publikumsfonds, absolute Nennung (insgesamt n= 43 untersuchte SRI-Fonds)

Index von
0= schlechteste Bewertung bis
100= bestmögliche Bewertung

Abbildung 47: Research- und Informationsqualität von SRI-Fonds

Weiterhin muss beachtet werden, dass die hier in Teilen[311] herangezogene empirische Studie vorrangig das Ziel hatte, die prinzipielle Machbarkeit von Qualitätsbeurteilungen von SRI-Fonds zu überprüfen. Sie ist hinsichtlich ihrer Eignung, Aussagen über die tatsächliche Research- und Informationsqualität von SRI-Fonds zu formulieren, deshalb als eine explorative Studie zu qualifizieren. So sind die Ergebnisse zu Qualitätsunterschieden zwischen SRI-Fonds als zeitpunktbezogene Aussagen zu deuten. Sie ermöglichen jedoch im Kontext der anderen ausgewerteten Materialien eine differenzierte und strukturelle Einschätzung über spezifische Transparenzprobleme im SRI. In der bereits vorgestellten Expertenbefragung wurden jedoch nicht nur die zeitpunktbezogenen Aussagen zur tatsächlichen Research- und Informationsqualität zur Diskussion gestellt. Sie waren in den Expertengesprächen der Einstieg, um grundlegende Lösungsansätze zur Verbesserung von Transparenzproblemen im SRI zu diskutieren. Die Ergebnisse dieses Teils der Expertenbefragung werden im Folgenden vorgestellt.

---

[311] Hier ist die Beurteilung der faktischen Research- und Informationsqualität gemeint, die sich aus dem Datenmaterial des imug Rankings ergibt.

331

7.4.2.5 Ansätze und Instrumente zur Verbesserung der Transparenz im SRI

Nachdem insbesondere durch die Untersuchung von 43 SRI-Fonds in Kombination mit einer Expertenbefragung herausgefunden wurde, welche Elemente des Research und der Informationspolitik von Fondsgesellschaften als wichtige Bestandteile einer Qualitätsbeurteilung von SRI-Fonds angesehen werden können und wie die tatsächliche Performance der untersuchten Fonds gemessen an diesen Aspekten ausfällt, sollen im Folgenden Ansätze und Instrumente zur Verbesserung der Transparenz diskutiert werden. Dabei wird vor allem auf die Ergebnisse der Expertenbefragung zurückgegriffen.

7.4.2.5.1 Informationsbedarf von Investoren im SRI

Über den Informationsbedarf von privaten und institutionellen Investoren liegen insgesamt nur ansatzweise empirisch abgesicherte Erkenntnisse vor (vgl. z.B. imug/muk, 2001; imug, 2002).

Im Kontext dieser Untersuchung interessierte besonders, welchen inhaltlichen Informationsbedarf Experten hinsichtlich der Qualitätseigenschaften von SRI-Fonds auf Seiten der potenziellen Investoren sehen. Es wird deutlich, dass sich die signifikante Mehrzahl der Nennungen auf die qualitativen Spezifika von SRI-Fonds (Anlagepolitik und Research) beziehen (vgl. Abbildung 48). Die Aspekte Unabhängigkeit und Qualität spielen *als Inhalte des Informationsbedarfs* auf Seiten der Investoren eine bedeutende Rolle. Damit wird von den Experten noch einmal die grundsätzliche Anlage der im vorherigen Abschnitt vorgestellten Qualitätsbeurteilung von SRI-Fonds unterstrichen, wenn der vermutete Informationsbedarf von Investoren als Referenz herangezogen wird.

Selbstverständlich müssen solche Experteneinschätzungen zum Informationsbedarf von Investoren mit großer Umsicht interpretiert werden, da bei ihnen die professionelle Sicht auf die objektive Bedeutung einzelner Informationsinhalte die immer interpretierende Beobachtung des subjektiven Informationsbedarfs von Investoren verzerren kann.

Unstrittig erscheint allerdings die Beobachtung, dass sich der Informationsbedarf der Investoren nicht nur auf die SRI-Qualitäten, sondern auch auf die finanzielle Performance der SRI-Fonds bezieht.

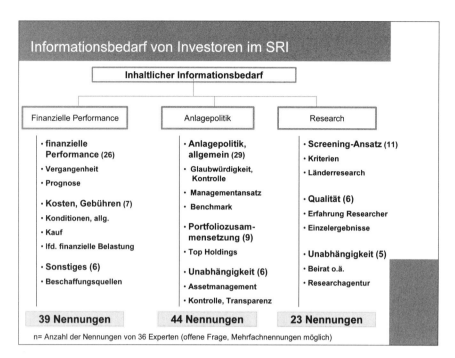

Abbildung 48: Informationsbedarf von Investoren im SRI[312]

7.4.2.5.2 Informationsquellen für Investoren im SRI

Für potenzielle Investoren stehen unterschiedliche Informationsquellen zur Verfügung, um wahrgenommene Unsicherheiten bezüglich (bestimmter) SRI-Fonds zu überwinden. Die von den Experten vermutete Intensität der Nutzung von unterschiedlichen Informationsquellen zeigt deutliche Abstufungen (vgl. Abbildung 49).

---

[312] Die offene Frage lautete: „Worüber informieren sich Interessenten an ethisch-ökologischen Fonds?". Insgesamt wurden 106 Informationsaspekte genannt.

333

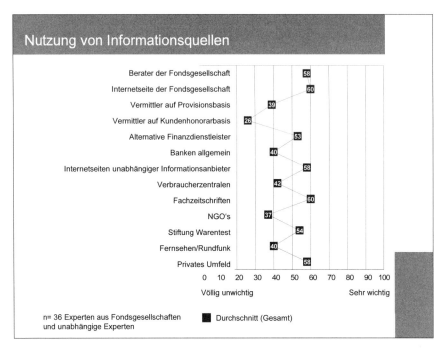

Nutzung von Informationsquellen

Berater der Fondsgesellschaft	58
Internetseite der Fondsgesellschaft	60
Vermittler auf Provisionsbasis	39
Vermittler auf Kundenhonorarbasis	26
Alternative Finanzdienstleister	53
Banken allgemein	40
Internetseiten unabhängiger Informationsanbieter	58
Verbraucherzentralen	42
Fachzeitschriften	60
NGO's	37
Stiftung Warentest	54
Fernsehen/Rundfunk	40
Privates Umfeld	58

0   10   20   30   40   50   60   70   80   90   100

Völlig unwichtig   Sehr wichtig

n= 36 Experten aus Fondsgesellschaften   ■ Durchschnitt (Gesamt)
und unabhängige Experten

Abbildung 49: Nutzung von Informationsquellen im SRI

Den Informationsquellen „Internetseite der Fondsgesellschaft", „Internetseite unabhängiger Informationsanbieter" und „Fachzeitschriften" und den „Berater der Fondsgesellschaften" wird zusammen mit dem privaten Umfeld der höchste Stellenwert hinsichtlich der vermuteten Nutzung eingeräumt. Eine genauere Analyse, die die Statements der Experten der Fondsgesellschaft und der unabhängigen Experten unterscheidet, zeigt, dass die beiden Expertengruppen hier weitgehend ähnliche Sichtweisen haben. Überraschenderweise wird von den unabhängigen Experten die Rolle alternativer Finanzdienstleister deutlich wichtiger genommen, als sie aus Sicht der Fondsgesellschaften ist. Es ist zu vermuten, dass die Einschätzungen der Fondsgesellschaften hier dichter an der Wirklichkeit liegen und von den unabhängigen Experten die Rolle dieser „Nischeninstitutionen" für den Gesamtmarkt des SRI überschätzt wird. Die Fondsgesellschaften beurteilen hier im Übrigen auch ihre eigene Rolle ein wenig zurückhaltender als die unabhängigen Experten.

Vor dem Hintergrund des theoretischen Bezugsrahmens dieser Untersuchung ist die Dimension der „Anbieterunabhängigkeit" der Informationsquelle und damit ihr unterschiedliches Potenzial, über Vertrauenseigenschaften von SRI-Produkten erfolgreich zu informieren, von besonderer Bedeutung.

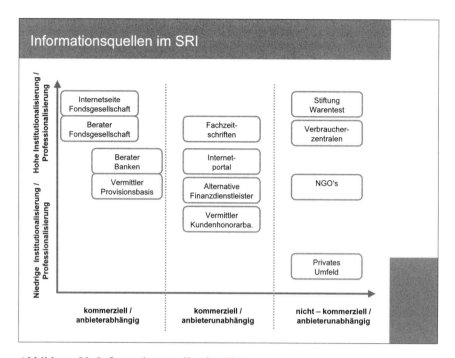

Abbildung 50: Informationsquellen im SRI

In der Forschung zum Informationsverhalten der Konsumenten hat sich eine Differenzierung von Informationsquellen hinsichtlich der Dimension der Anbieterabhängigkeit / Unabhängigkeit bewährt (vgl. Kuhlmann, 1990, S. 53ff.; Kuhlmann, 2001, S. 1731; Gottschalk, 2001). Dies hat direkte Konsequenzen für die vom Nutzer der Informationsquelle vermutete Glaubwürdigkeit und für die Dimension der Institutionalisierung[313] eine direkte Auswirkung auf die vom Nutzer der Informationsquelle vermutete Kompetenz. Hinsichtlich der Anbieterunabhängigkeit lassen sich die diskutierten Informationsquellen im SRI systematisch in drei Gruppen aufteilen (vgl. Abbildung 50). Im Einzelfall werden beispielsweise zwischen Banken, Vermittlern auf Provisionsbasis, alternativen Finanzberatern und Vermittlern auf Kundenhonorarbasis in der Wahrnehmung von Investoren fließende Übergänge bei der Unabhängigkeit der Beratung in

---

[313] Unter Institutionalisierung wird hier vor allem die Entwicklung von individuell geprägtem Handeln hin zu einem professionalisierten Handeln in einem institutionellen Umfeld verstanden, in dem dezidierte Verhaltensregeln für die Erledigung bestimmter Aufgabenstellungen existieren und potenziell angewandt werden können.

Bezug auf konkrete Finanzprodukte vorliegen. Entsprechendes gilt auch für den wahrgenommenen Grad der Institutionalisierung bzw. Professionalisierung[314].

Gerade das mögliche Auseinanderfallen von fachlicher Kompetenz und von Glaubwürdigkeit ist im theoretischen Kontext der hier vorliegenden Forschungsarbeit als ein zu berücksichtigendes und zu bearbeitendes Strukturproblem des SRI identifiziert worden. Die Einschätzungen von Experten hinsichtlich der Kompetenz und der Glaubwürdigkeit der relevanten Informationsquellen für Investoren, die gerade auch bei dieser Fragestellung differenziert nach Herkunft der Experten interpretiert werden muss, bestätigen insgesamt das unterstellte Strukturproblem.

Überraschenderweise werden aber bereits bei dem Thema „Kompetenz" auch von den Experten aus den Fondsgesellschaften die anbieterseitigen Informationsquellen insgesamt nur als mäßig kompetent eingestuft (vgl. Abbildung 51).

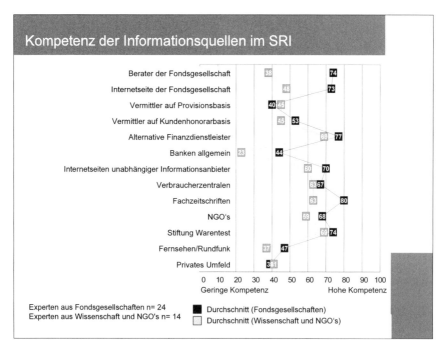

Abbildung 51: Kompetenz der Informationsquellen im SRI[315]

---

314 Die in der Abbildung 50 vorgenommene Einstufung ist deshalb eher typologisch zu sehen, bei der die „Abstände" zwischen den Institutionen nicht im Sinne einer metrischen Skala zu interpretieren sind.

Insbesondere die schlechte Beurteilung der Banken ist auffällig, deren Fach-kompetenz auch von den Fondsgesellschaften noch einmal geringer eingestuft wird als die Kompetenz anbieterunabhängiger Informationsquellen. Dieses Ergebnis der Expertenbefragung legt insgesamt die Vermutung nahe, dass die unzureichende fachliche Kompetenz der verschiedenen anbieterseitigen Infor-mationsquellen bereits für sich genommen schon als eine ernstzunehmende Ursache für existierende Transparenzprobleme anzusehen ist. Diese kritische und aus der Perspektive der durch die Expertenbefragung involvierten Fonds-manager auch selbstkritische Sicht der Informations- und Beratungskompetenz deckt sich allerdings auch mit der oben vorgestellten faktischen Beurteilung der Informationsqualität von SRI-Fonds insbesondere in den Dimensionen „Qualität der Auskünfte" und „Qualität des Internetauftrittes".

Es ist dagegen insgesamt wenig überraschend, dass insbesondere die Glaubwür-digkeit der Informationsquellen von den Fondsmanagern und den unabhängigen Experten deutlich unterschiedlich beurteilt wird (vgl. Abbildung 52).

Bei genauerer Analyse zeigt sich jedoch letztlich ein durchaus vergleichbares Profil in der Beurteilung der Informationsquellen, wobei die unabhängigen Experten lediglich die anbieterseitigen Informationsquellen insgesamt „kriti-scher" beurteilen.

Bei der Gegenüberstellung von fachlicher Kompetenz und Glaubwürdigkeit fällt auf, dass zwischen den Experten der Fondsgesellschaften und den unabhängigen Experten letztlich mehr Gemeinsamkeiten als Unterschiede anzutreffen sind[316]. Insbesondere werden die anbieterseitigen Informationsquellen eher als fachlich kompetent, denn als glaubwürdig angesehen (vgl. Abbildung 53). Umgekehrt sieht es bei den anbieterunabhängigen Informationsquellen aus. Insbesondere den Verbraucherzentralen und der Stiftung Warentest wird eine hohe Glaubwür-digkeit zugesprochen, die deutlich höher eingeschätzt wird als deren Kompe-tenz. Die Banken nehmen hier als mögliche Informationsquellen im SRI eine interessante Sonderrolle ein.

---

315 Die Frage lautete: „Wie steht es Ihrer Meinung nach bei dem Thema ethisch-ökologische Fonds um die fachliche Kompetenz verschiedener Informationsquellen aus Sicht der Kunden?" (Antwortvorgaben: Schulnoten 1 bis 5, 1= sehr gut, 2= gut, 3= befriedigend, 4=ausreichend, 5= mangelhaft). Die Ergebnisse wurden in einen Index, der von 0 bis 100 reicht, transformiert.

316 Auf eine Differenzierung zwischen Experten von Fondsgesellschaften und unabhängigen Experten des SRI wird deshalb an dieser Stelle verzichtet.

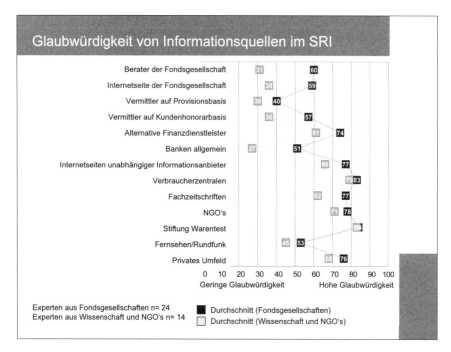

Abbildung 52: Glaubwürdigkeit von Informationsquellen im SRI[317]

Es kann verwundern, dass die Glaubwürdigkeit der Banken höher eingeschätzt wird als ihre fachliche Kompetenz, wobei vor allem zu beachten ist, dass beide den Banken im SRI zugeschriebenen Eigenschaften sich auf einem bemerkenswert niedrigen Niveau bewegen. Offensichtlich wird jedoch die fachliche Kompetenz noch einmal kritischer beurteilt.

Das in diesen Expertenurteilen zum Ausdruck kommende strukturelle Dilemma des SRI, aus unterschiedlichen institutionellen Zusammenhängen heraus komplexe Vertrauenseigenschaften über SRI-Fonds in einer fachlich angemessenen und zugleich glaubwürdigen Art und Weise zu kommunizieren, leitet direkt zu der Frage über, welche Instrumente hier für eine Problemlösung zur Verfügung stehen und welche spezifischen Vor- und Nachteile bei ihrer Anwendung ggf. zu beachten sind.

---

[317] Die Frage lautete: „Wie steht es Ihrer Meinung nach bei dem Thema ethisch-ökologische Fonds um die Glaubwürdigkeit verschiedener Informationsquellen aus Sicht der Kunden?" (Antwortvorgaben: Schulnoten 1 bis 5, 1= sehr gut, 2= gut, 3= befriedigend, 4=ausreichend, 5= mangelhaft). Die Ergebnisse wurden in einen Index, der von 0 bis 100 reicht, transformiert.

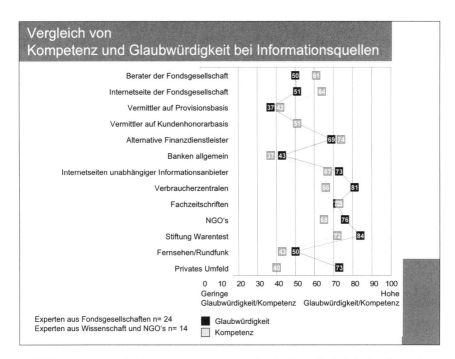

Abbildung 53: Vergleich von Kompetenz und Glaubwürdigkeit bei Informationsquellen im SRI

7.4.2.5.3 Instrumente zur Transparenzverbesserung

Vor dem Hintergrund des in dieser Arbeit verwendeten Theoriezusammenhangs der Informationsökonomie sind neun spezifische Instrumente identifiziert worden[318], die geeignet sein können, die beschriebenen Transparenzprobleme im Markt des Socially Responsible Investments zu verringern. Folgende Maßnahmen und Instrumente zur Transparenzverbesserung können unterschieden werden:

---

318 Alle acht hier untersuchten Instrumente sind vereinzelt in Praktikerbeiträgen auf Konferenzen erwähnt worden, ohne dass eine systematische Analyse und Gegenüberstellung vorliegt. In Teilen sind die vorgestellten Instrumente auch als Lösungsansätze für vergleichbare Problemlagen auf anderen Märkten bekannt (z.B. Labelling, vergleichende Produkttests, informative Produktkennzeichnung).

Transparenzleitlinien	Transparenzleitlinien für ethisch ökologische Fonds entwickeln und anwenden.
Internetplattform	Internetplattform mit Übersicht über existierende ethisch-ökologische Fonds bereitstellen.
Labelling	Labelling von Fondsprodukten durchführen.
Qualitätsstandard	Qualitätsstandards für Researchleistungen definieren und anwenden.
Produktkennzeichnung	Freiwillige standardisierte Produktkennzeichnung von ethisch-ökologischen Fonds durchführen.
Fondsbewertung	Regelmäßig vergleichende Fondsbewertungen durch unabhängige Testinstitution (z.B. Stiftung Warentest) veröffentlichen.
Verbraucherberatung	Unabhängige Verbraucherberatung in jedem Bundesland zu ethisch-ökologischen Fonds anbieten.
Informationspflichten	Besondere Informationspflichten von Vertreibern von ethisch-ökologischen Fonds gesetzlich genauer regeln.
Aus- und Weiterbildung	Systematische Aus- und Weiterbildungsangebote (-bausteine) für Vertriebsmitarbeiter zu ethisch-ökologischen Fonds.

Abbildung 54: Maßnahmen und Instrumente zur Transparenzverbesserung

Die zur Diskussion gestellten Instrumente zur Transparenzverbesserung[319] haben in vielen Fällen einen eindeutigen Bezug auf den Sender der Information bzw. der Informationsquelle. Die im vorherigen Abschnitt zunächst verwendete einfache senderbezogene Distinktion hinsichtlich der vermuteten Unabhängigkeit und damit Wirksamkeit der Informationen ist jedoch zu differenzieren. So können beispielsweise auch von Anbietern (z.B. auch von Fondsgesellschaften) gesendete Informationen dann als eine Information mit hohem Glaubwürdigkeitspotenzial betrachtet werden, wenn die Darbietung der Information nach bestimmten Regeln in einer standardisierten und nicht beliebigen Art und Weise geschieht (vgl. Kuhlmann, 1995, Sp. 2534; Schrader/Schoenheit/Hansen 2003, S. 15). Eine solche standardisierte Information kann auf der Grundlage einer gesetzlichen Verpflichtung zur Informationsdarbietung oder auch auf einer freiwilligen Basis erfolgen. In diesem Falle kann sie als Form einer freiwilligen Selbstbindung in der Informationspolitik verstanden werden (vgl. Hüser, 1993). Fondsgesellschaften könnten aber auch Informationskonzepte aufgreifen und in

---

[319] Die textliche Kurzdarstellung der Instrumente ist in der rechten Spalte abgebildet.

einer vorgegebenen und genau definierten Form anwenden, die von unternehmensunabhängiger Seite entwickelt und überwacht werden, wie es bei Konsumprodukten in Deutschland bei dem Umweltzeichen oder dem Bio-Siegel zu beobachten ist (vgl. Schoenheit, 2004a).

Die Glaubwürdigkeit der Aussagen wird bei diesen Instrumenten in dem Maße erhöht, wie es gelingt, unabhängige und zivilgesellschaftliche Akteure in die Entwicklung und ggf. auch in die Überwachung entsprechender Standards einzubeziehen (vgl. Eberle, 2001; Roe et al., 2001; imug, 2002, S. 30).

Transparenzleitlinien[320], **Produktkennzeichnungen**[321] und **Labelling**[322] können zusammenfassend als Informationsinstrumente verstanden werden, die von Fondsgesellschaften freiwillig verwendet werden können, um Investoren bessere Informationsmöglichkeiten zur Verfügung zu stellen. Sie sollen den Investoren insbesondere eine leichtere Vergleichbarkeit zwischen Fondsprodukten ermöglichen. Bei allen drei Instrumenten wird eine Definition und Standardsetzung von Aussagen und Darstellungsformaten erforderlich sein, die nicht von einer einzelnen Fondsgesellschaft, sondern in der Regel auf Verbandsebene oder auch von zivilgesellschaftlichen Institutionen initiiert und vorangetrieben werden kann. Insgesamt ist die Einbeziehung zivilgesellschaftlicher Gruppen in die Entwicklung, ggf. auch in die Anwendung und Überwachung dieser Instrumente möglich und aus Gründen größerer Akzeptanz und Glaubwürdigkeit häufig sinnvoll (vgl. Hansen/Kull, 1994). Zwischen Transparenzleitlinien, Produktkennzeichnungen und Labeln existieren zahlreiche Berührungspunkte und Überschneidungen. Ihnen ist gemeinsam, dass sie Regeln für die Art der Informationsdarbietung für Marktteilnehmer über einen Meinungsgegenstand definieren (in diesem Falle SRI-Fonds), die von den Anwendern dieser Instrumente (in diesem Falle SRI-Fonds) aktiv beachtet werden müssen. Während Transparenzleitlinien diese Regeln eher weich und flexibel auslegen, werden sie bei Produktkennzeichnungen und erst recht beim Labelling möglichst operational festgelegt. Die Besonderheit des Labelling besteht in der Informationsverdichtung, die in dem Aussagegehalt des jeweiligen Labels komprimiert zum Ausdruck kommt (vgl. Hansen/Kull, 1994, S. 265; Eberle, 2001, S. 47). Während das Labelling eine einfache Distinktion zwischen Produkten und Leistungen

---

[320] Das Eurosif (2003) arbeitet an dem Konzept von Transparenzleitlinien für SRI-Fonds.

[321] Das Konzept von Produktkennzeichnungen ist 2003 vom imug vorgeschlagen worden, die im SRI zu so genannten Fondsprofile führen können (vgl. Grazek/Schoenheit, 2003, S. 42f.).

[322] Den in anderen Branchen erprobten Ansatz, über ein Labelling Transparenzprobleme beispielsweise auf Konsumgütermärkten zu lösen, wird seit Herbst 2003 in Österreich auf den Bereich von „grünen Fonds" übertragen. So arbeitet der österreichische Verein für Konsumenteninformation im Auftrag des österreichischen Bundesministeriums für Land- und Forstwirtschaft, Umwelt und Wasserwirtschaft an einer Richtlinie für ein Umweltzeichen für grüne Fonds (vgl. VKI, 2003).

möglich macht, die das Label führen und solchen, die es nicht führen, ermöglichen Transparenzleitlinien und Produktkennzeichnungen einen differenzierenden Vergleich zwischen mehreren Produktalternativen. Allerdings sind damit höhere Anforderungen an die Informationsverarbeitung auf Seiten des Informationsnutzers verbunden.

Auch **Qualitätsstandards** für Researchleistungen, die ein besonderes Instrument der Transparenzerzeugung darstellen, können im weiteren Sinne als Elemente einer freiwilligen Selbstbindung bezeichnet werden (vgl. Kapitel 7.3). Die Anwendung von Qualitätsstandards soll auf einer faktischen Ebene zunächst einmal eine bestimmte erwünschte Qualität sicherstellen und zusätzlich auf den Märkten ein spezifisches Qualitätsversprechen signalisieren, um damit eine glaubwürdige Kommunikationspolitik zu unterstützen (vgl. Bruhn, 1997, S. 137ff.).

Während die bisher genannten Instrumente freiwillig von den Fondsgesellschaften bzw. von den sie beauftragenden Research-Agenturen entwickelt und angewendet werden können, ist es prinzipiell möglich, für ähnliche Informationsleistungen der Fondsgesellschaften bzw. Instrumente der Transparenzerzeugung auch eine gesetzliche Grundlage zu definieren[323]. So existieren beispielsweise auf zahlreichen Märkten gesetzlich vorgeschriebene **Informationspflichten**[324]. Sie sind in der Regel immer dann gefordert, wenn die Informationspolitik der Anbieter einer Branche nicht in der Lage ist, gravierende Nachteile für Marktteilnehmer zu vermeiden[325]. Eine spezifische gesetzlich definierte Informationspflicht der Anbieter ist im SRI bereits in Bezug auf die Offenlegung der sozialen und ökologischen Anlagepolitik von Pensionsfonds anzutreffen (vgl. Kapitel 3.3.2.1.2).

---

[323] Hier ist nicht die Diskussion um umfassendere Berichterstattung von Unternehmen über soziale und ökologische Leistungen gemeint, die auch Relevanz für das SRI hat (vgl. dazu Cornier/Gordon, 2001; Global Reporting Initiative, 2000; IÖW/imug, 2001). Vielmehr sind mögliche Informationspflichten von Fondsgesellschaften angesprochen, in denen verbindlich vorgeschrieben werden könnte, welche Aussagen über jeden Fonds in welcher Form im Sinne einer Verbraucherinformation angeboten werden müssen.

[324] Vgl. z.B. Energieverbrauchsklassen, Strompreiskennzeichnungsansatz der EU, Flottenverbrauch von PKWs usw. (vgl. Bürger/Timpe/Devries, 2003).

[325] Die durch den Gesetzgeber bewirkte Steuerung und Regelung der Informationspflichten der Anbieter gegenüber Konsumenten kann als Bezugspunkt auch für eine staatliche Regelung der Informationspflichten von Fondsgesellschaften gegenüber Investoren genommen werden (vgl. Hansen, 2003, S. 3).

Vergleichende **Fondsbewertungen**[326], **Verbraucherberatung**[327] und **Internetplattform**[328] sind im Unterschied dazu Instrumente, die von anbieterunabhängiger Seite, korrigierende und ergänzende Informationsangebote für Investoren zur Verfügung stellen, die in der Form nicht von Fondsgesellschaften angeboten werden.

Bei der **Aus- und Weiterbildung** von Vertriebsmitarbeitern handelt es sich dagegen um ein Instrument, das zunächst einmal ganz deutlich zum „normalen" Aufgabenbereich der Fondsgesellschaften bzw. der von ihnen beauftragten Vertriebsorganisationen dazugehört. Ziel ist die Verbesserung der Anlageberatung, die als wichtiges Vertriebsinstrument von SRI-Fonds gilt (vgl. Hansen et. al., 2003, S. 21). Bei der Anlageberatung handelt es sich um „... die Bereitstellung von Informationen und das Aussprechen von Empfehlungen an einen Kunden, der sich mit einer Anlageentscheidung konfrontiert sieht, unter Berücksichtigung seiner Ziele, Risikoeinstellung und persönlichen Lebensumstände." (Severidt, 2000, S. 43). Sie ist im Idealfall eine fachkundige, auf individuelle Anlegerverhältnisse zugeschnittene Informationsvermittlung und Bewertung von Anlagealternativen (vgl. Oikonomou, 1999, S. 15). Anlageberatung geht somit über eine reine Informationslieferung hinaus und umfasst auch eine Selektion und Anpassung der Informationen an die Bedürfnisse des jeweiligen Kunden (vgl. Severidt, 2000, S. 44). Die Aus- und Weiterbildung von Vertriebsmitarbeitern, die auf eine Verbesserung der Anlageberatung zielt, ist hier als mögliches Instrument der Transparenzverbesserung mit zur Diskussion gestellt worden, weil die vorliegenden Ergebnisse zur Qualität der Auskünfte (vgl. Abbildung 43) und zur Beratungsqualität bei Banken (vgl. Hansen et. al., 2003) deutliche Hinweise auf ein besonders hohes Verbesserungspotenzial geben.

---

326 In Zusammenhang mit der Veröffentlichung eines exemplarischen SRI-Fondsratings ist vorgeschlagen worden, dass vergleichende Fondsratings von der Stiftung Warentest oder vergleichbaren Institutionen regelmäßig durchgeführt werden sollten (vgl. Schoenheit/Grazek, 2003, S. 137).

327 Die Zeitschriften Finanztest und Öko-Test (Grüne Geld – Beilage) sind zusammen mit den in den Bundesländern tätigen Verbraucherzentralen typische Träger einer anbieterunabhängigen Information über die Qualität von SRI-Fondsprodukten.

328 Internetplattformen, die durch Produktübersichten und –beschreibungen das Finden von Produkt- und Dienstleistungsangeboten erleichtern, sind in ihrer Anbieterunabhängigkeit nicht immer leicht einzuordnen. In der Regel können sie als nicht-kommerzielle Informationsquelle bezeichnet werden (vgl. Schrader/Schoenheit/Hansen, 2003). Im deutschsprachigen Internet sind zwei Informationsplattformen anzutreffen, auf die die hier beschriebenen Funktionen ansatzweise zutreffen (www.ecoreporter.de und www.nachhaltiges-investment.de).

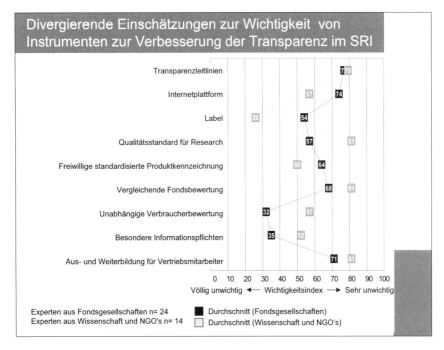

Abbildung 55: Divergierende Einschätzungen zur Wichtigkeit von Instrumenten zur Verbesserung der Transparenz im SRI

In der *Expertenbefragung* wurden diese unterschiedlichen Instrumente zur Verbesserung der Transparenz im SRI zur Diskussion gestellt[329]. Um eine genauere Einschätzung der Experten zu erhalten, wurden sie zusätzlich auch danach gefragt, welche Ansätze sie als besonders wichtig ansehen und welche Gründe sie für die jeweilige Prioritätensetzung nennen können[330]. Zusätzlich wurde in gleicher Art und Weise nach den besonders unwichtigen und gar schädlichen Instrumenten gefragt[331].

---

[329] Die Frage lautete: „Bitte beurteilen Sie die nachfolgenden Ansätze und Vorschläge zur Schaffung einer besseren Transparenz über die Qualität von ethisch-ökologischen Fonds". Die Antwortvorgaben waren 1 = völlig unwichtig, 2 = unwichtig, 3 = wichtig, 4 = sehr wichtig. Die Ergebnisse wurden in einen Wichtigkeitsindex transformiert, der von 0 (völlig unwichtig) bis 100 (sehr wichtig) reicht.

[330] Die genaue Frage lautete: „Welchen dieser o.g. Ansätze halten Sie für besonders wichtig? (1. und 2. Priorität, jeweils nur eine Nennung mit der Bitte um Begründung)."

[331] Die genaue Frage lautete: „Welche dieser o.g. Ansätze halten Sie für besonders unwichtig, womöglich sogar schädlich für das Ziel einer positiven Marktentwicklung? (1. und 2. negative Priorität, jeweils nur eine Nennung mit der Bitte um Begründung)."

Hinsichtlich der Wichtigkeit der einzelnen Instrumente fällt zunächst einmal die *Unterschiedlichkeit der Einschätzungen* von Experten der Fondsgesellschaften und den unabhängigen Experten auf (vgl. Abbildung 55).

Lediglich Transparenzleitlinien und die Aus- und Weiterbildung der Vertriebsmitarbeiter werden von beiden Expertengruppen gleichermaßen als wichtig angesehen. Ansonsten werden von den Experten der Fondsgesellschaften das Instrument der Internetplattform und von den unabhängigen Experten die Instrumente „Qualitätsstandards für Research" und „vergleichende Fondsbewertungen" favorisiert.

Ein schlüssiges Bild zeigt sich erst in Verbindung mit den von den Experten genannten Prioritäten, was auch die Ablehnung von Instrumenten einschloss (vgl. Abbildung 56).

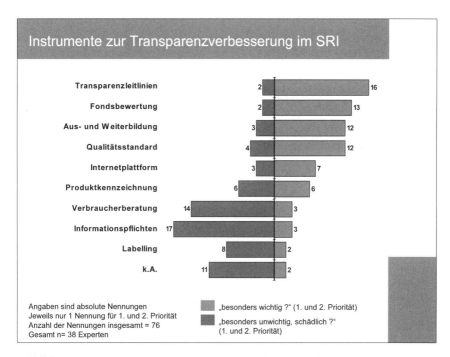

Abbildung 56: Instrumente zur Transparenzverbesserung im SRI

Transparenzleitlinien

Die Entwicklung und Erarbeitung und schließlich auch die Anwendung von Transparenzleitlinien wird als besonders geeignetes Instrument angesehen, um im SRI für eine bessere Transparenz zu sorgen. Erwartet wird eine höhere Vergleichbarkeit der Fondsprodukte für den Investor. Der Vorzug von Transparenz-leitlinien ist für die Experten neben der Freiwilligkeit auch die Flexibilität, die diesem Instrument zugeschrieben wird. Bei diesem Konzept sei die geringste Gefahr, „... dass die notwendige Kreativität in einem noch jungen Markt mit sehr dynamischen Produkten zerstört wird"[332]. Transparenzleitlinien werden von Fondsgesellschaften freiwillig angewendet und sind im oben beschriebenen Sinne als Instrument der Selbstbindung einzustufen[333]. Vom European Sustainable Investment Forum ist mit Unterstützung der EU[334] ein erster Entwurf für eine Transparenzleitlinie erarbeitet worden (vgl. Eurosif, 2003). Fondsgesell-schaften sollen sich mit diesen Transparenzleitlinien freiwillig dazu verpflich-ten, „... genauer, hinreichende und rechtzeitige Informationen bereit zu stellen, um Interessierten, insbesondere Kunden, zu ermöglichen, die Grundsätze und Verfahrensweisen nachhaltiger Geldanlage im Hinblick auf den jeweiligen Fonds zu verstehen." (Eurosif, 2003, S. 1). Die Fondsgesellschaften, die sich auf diese Leitlinie beziehen und sie umsetzen wollen, müssen künftig vor allem[335]

- Hintergrundinformationen über den Fonds und den Fondsmanager klar und übersichtlich bereitstellen,

- die genauen Ziele und Investmentkriterien übersichtlich darstellen,

- Informationen bezüglich des Researchverfahrens zur Verfügung stellen, aus denen u.a. auch hervorgeht, ob es sich um ein hausinternes oder ein externes Research handelt,

- die Stimmrechtspolitik der Fondsgesellschaft offen darlegen und

- sich verpflichten, mindestens einmal jährlich Informationen über ihre Aktivi-täten zur Verfügung zu stellen.

Es liegt im Charakter von solchen Instrumenten der unternehmerischen Selbst-bindung, dass die konkrete Ausgestaltung, Anwendung und ggf. auch die Über-wachung ihrer Einhaltung einen deutlichen Spielraum bietet. Seine konkrete

---

332 Schriftliches Expertenstatement in Rahmen der Befragung.
333 Transparenzleitlinien können mit dem International Code of Advertising Practice oder anderen ergänzenden Kodizes z.B. für die Verkaufsförderungspraxis oder die Direktwer-bung verglichen werden. Solche freiwilligen Selbstbindungen sind nicht mit rechtlichen Sanktionen zu belegen. Dafür lassen sie in der Regel eine flexible Anpassung an Verän-derung der Umweltsituation zu (vgl. Mühlbacher, 2001).
334 Die Erarbeitung einer Transparenzleitlinie wurde von der Generaldirektion für Arbeit und Soziale Angelegenheiten der EU im Rahmen ihrer CSR-Aktivitäten gefördert (vgl. Eur-sosif, 2003).
335 In 2004 sollen erste Erfahrungen mit der Umsetzung des vorliegenden Entwurfs gesam-melt werden. Die einzelnen Informationspflichten sind in den Richtlinienkategorien des vorliegenden Entwurfs für eine Transparenzleitlinie aufgeführt (vgl. Eurosif, 2003).

Nutzung wird letztlich die Qualität und Wirkung dieses Instruments entscheidend prägen. Immerhin ist mit dem Entwurf für Transparenzleitlinien im SRI ein Anforderungskatalog branchenweit etabliert worden, der die Diskussion über die geforderte bessere Transparenz in ein für die Fondsgesellschaften umsetzbares Arbeitsinstrument übersetzt.

Vergleichende Fondsbewertungen

Das Konzept von möglichen regelmäßigen vergleichenden Fondsbewertungen durch unabhängige Testinstitutionen (z.b. Stiftung Warentest) hat den Experten durch den gewählten Untersuchungsaufbau besonders anschaulich vor Augen gestanden. Es wird von ihnen insgesamt als ein wichtiges Instrument zur Transparenzverbesserung eingeschätzt, das eindeutig von anbieterunabhängiger Seite ergänzende und zum Teil auch korrigierende Informationen für Investoren über SRI-Produkte zur Verfügung stellen würde. Die besondere Glaubwürdigkeit des Informationssenders wird denn auch von den Experten als zentrales Argument vorgetragen. Vereinzelte kritische Stimmen aus dem Bereich der Fondsgesellschaften verweisen auf die fehlende Kompetenz in diesem Themenfeld und darauf, „... dass die Vergleichbarkeit nachhaltiger Fonds sehr schwierig ist und die Gefahr besteht, dass Äpfel mit Birnen verglichen werden."[336]. Vom Institut für Markt-Umwelt-Gesellschaft (imug) ist die Machbarkeit und Nutzbarkeit eines vergleichenden Fondsrating untersucht worden (vgl. Grazek/Schoenheit, 2003). Es wurde festgestellt, dass eine kriterienorientierte Bewertung der Research- und der Informationsqualität möglich ist und zu differenzierenden Aussagen hinsichtlich der untersuchten Fonds führt. Es wurde vorgeschlagen, für eine umfassende Qualitätsbeurteilung aus Sicht der Investoren auch die finanzielle Performance der SRI-Fonds zu berücksichtigen (a.a.O., S. 49). Auch der vorliegende Entwurf der Transparenzleitlinien (s.o.) kann zur Grundlage einer vergleichenden Fondsbewertung herangezogen werden.

Aus- und Weiterbildung

Die Aus- und Weiterbildung von Anlageberatern wird von den Experten ebenfalls als wichtiges Instrument angesehen, um die Transparenz über SRI-Fonds zu verbessern. Die Expertenstatements betonen insgesamt den zentralen Stellenwert der Anlageberatung für den Investor gerade auch im SRI. „Die Komplexität von SRI-Produkten kann im Grunde nur in der Beratung angemessen bewältigt werden"[337]. Die von den Experten vorgeschlagene Intensivierung der Aus- und Weiterbildung unterstellt implizit Kompetenzdefizite bei Anlageberatern. Sie bestätigen damit im Kern die Ergebnisse einer im Konzept der „Mystery Consultancy" angelegten Studie zur Beratungsqualität bei Banken zu SRI-

---

336 Schriftliches Expertenstatement in Rahmen der Befragung.
337 Schriftliches Expertenstatement in Rahmen der Befragung.

Produkten (vgl. Hansen et al., 2003). Die Ergebnisse dieser Studie, die aufgrund der Fallzahl und der regionalen Eingrenzung keinen Anspruch auf Repräsentativität erhebt, lassen vermuten, dass Anlageberater großer Banken und Finanzinstitute, die nicht auf den Vertrieb von SRI-Produkten spezialisiert sind, sondern solche Produkte mit in ihrem Portfolio führen,

- von sich aus sehr selten unaufgefordert einen SRI-Fonds vorstellen (a.a.O., S. 53),

- nur sehr ungenau die Anlagepolitik des entsprechenden SRI-Fonds erläutern können (a.a.O.,S. 50),

- kaum qualifizierte Hinweise auf den Researchprozess geben können, der dem jeweiligen Fonds zugrunde liegt (a.a.O., S. 51) und

- nicht in der Lage sind, Informationen zu präsentieren, die die Glaubwürdigkeit der SRI-Fondsaussage unterstreichen (a.a.O., S. 57).

Die Studie kommt zusammenfassend zu dem Ergebnis, dass „... die normalerweise vorwiegend im traditionellen Anlagemarkt tätigen Berater meist weder über hinreichende Erfahrungswerte bezüglich sozial-ökologischer Geldanlagen noch über ein fundiertes Wissen um die produktspezifischen Besonderheiten..." verfügen (Hansen et al., 2003, S. 59).

Bei dem nachvollziehbaren und naheliegende Ruf nach Weiterbildung sollte jedoch nicht übersehen werden, dass auch eine Reihe von strukturellen Gründen zu beachten sind, die auf die Qualität der Anlageberatung zu SRI-Produkten durchschlagen[338]. So findet die Anlageberatung von Banken und anderen Finanzinstitutionen zunehmend unter einem strikten Zeitcontrolling statt[339]. Erklärungsbedürftige Finanzprodukte, wie es SRI-Fonds in besonderem Maße darstellen, geraten hier von vorneherein ins Hintertreffen. Weiterbildung und Maßnahmen, die auf der Ebene der Vertriebsinstrumente ansetzen, können

---

[338] So zeigen punktuelle Untersuchungen der Stiftung Warentest zur Beratungsqualität bei Banken und Versicherungen insgesamt deutliche Schwächen auf, die auf strukturelle Ursachen hindeuten. Nach einer Untersuchung der Stiftung Warentest in 175 Geschäftsstellen von 25 Banken und Sparkassen schnitten nur zwei Banken mit „gut" und vier mit „befriedigend" ab. Die Beratungsqualität wurde bei 14 Instituten als „ausreichend" bzw. fünf als „mangelhaft" eingestuft. Die Gründe waren unter anderem nur oberflächliches Nachfragen der wesentlichen Basisdaten (Ziele der Anlage, Risikobereitschaft, gewünschte Verfügbarkeit) und Zurückhaltung bei konkreten Anlageempfehlungen. So blieb es bei vielen Beratern bei Allgemeinplätzen. Kaum ein Berater arbeitete für den Kunden ein individuelles Anlagemodell aus. Informationen zu hausfremden Produkten wurden auch auf Nachfragen oft nur sehr unwillig gegeben (vgl. o.V., 2000).

[339] Vgl. Statement von Große (Nord/ LB) auf der Tagung „Kommunikation und Vertrieb von nachhaltigen Finanzprodukten" am 14.11.2003 in Hannover.

deshalb nur beschränkt erfolgreich sein, wenn kein ausdrückliches Commitment der Geschäftsleitung vorliegt, speziell solche Finanzprodukte zu fördern[340].

Qualitätsstandards

Auffallend ist, dass die Themen „Qualitätsstandards für das Research" von den unabhängigen Experten deutlich mehr in den Vordergrund gestellt werden als dies die Fondsmanager tun. Insgesamt wird dieser Ansatz aber von allen Experten als hilfreich für die Transparenzverbesserung gesehen: „Die Glaubwürdigkeit der SRI-Fonds hängt von der Professionalität des Research ab."[341]. Weniger die Sinnhaftigkeit als vielmehr die Realisierbarkeit von Qualitätsstandards für das Research wird vereinzelt von den Experten angezweifelt, wenn sie auf das womöglich geringe Interesse von Research-Agenturen verweisen, ihr Research-Know-how zu standardisieren[342].

Internetplattform

Die Bedeutung von Internetplattformen für die Transparenzverbesserung im SRI wird von den befragten Experten in einer gegenüber den bisher diskutierten Instrumenten als weniger wichtig eingestuft[343] (vgl. Abbildung 56). Die Vorteile einer Internetplattform für das SRI können „... im schnellen Überblick über die vorhandenen Fonds und in der Aktualität der Aussagen" gesehen werden[344]. Da in Internetplattformen jedoch häufig nur vorhandene Informationen verschiedener Akteure in neuer Weise kombiniert werden und Herkunft wie auch Qualität der Informationen schwer nachprüfbar ist, „... können sie auch zur Verwirrung beitragen."[345]. Dies verweist insgesamt auf den im Vergleich zur Anlageberatung geringeren Stellenwert des Internet als Informationsinstrument

---

340 Vgl. Statement von Ferch (SEB invest GmbH) auf der Tagung „Kommunikation und Vertrieb von nachhaltigen Finanzprodukten" am 14.11.2003 in Hannover.

341 Schriftliches Statement im Rahmen der Expertenbefragung.

342 Im Kapitel 7.3 wurde ausführlich auf Qualitätsstandards für Research-Agenturen eingegangen.

343 Noch im Jahr 2001 ist mit Blick auf eine Expertenbefragung vorgetragen worden, dass eine solche Plattform wichtige Impulse für die weitere Entwicklung des Marktes geben könne (vgl. Flotow et al., 2001, S. 162). Das Forscherteam, das die Befragung durchführte, hat später selbst eine Internetplattform errichtet und betrieben (vgl. die Website <http://www.nachhaltiges-investment.org>). Es kann nicht ausgeschlossen werden, dass die Absicht, eine solche Plattform zu installieren, bereits bei der Durchführung der Expertengesprächen vorhanden war. Den 2003 befragten Experten war diese inzwischen errichtete Internetplattform ebenso bekannt wie die Internetplattform des ecoreporter (vgl. die Website <http://www.ecoreporter.de>).

344 Schriftliches Statement im Rahmen der Expertenbefragung.

345 Schriftliches Statement im Rahmen der Expertenbefragung.

im SRI. Internetplattformen dürften eher zur Angebots- als zur Qualitätstranspa-renz beitragen[346].

Produktkennzeichnung

Auch das zur Diskussion gestellte Instrument einer standardisierten Produkt-kennzeichnung ist von den Experten als weniger wichtig eingestuft worden. Dieses Instrument weist deutliche Überschneidungen mit den oben diskutierten Transparenzleitlinien auf, die – wenn sie konsequent weiterentwickelt und angewendet werden - im Ergebnis zur einer standardisierten Produktkennzeich-nung führen können. Von den Experten ist dieser Zusammenhang gesehen worden. Für standardisierte Produktkennzeichnungen sei es noch zu früh, da noch der Wettbewerb um Konzepte im Gange sei[347].

Unabhängige Verbraucherberatung

Ausgesprochen kritisch ist von den befragten Experten das Instrument der unab-hängigen Verbraucherberatung hinsichtlich seines Beitrags zur Transparenzver-besserung im SRI beurteilt worden. Ausschließlich von Experten aus dem Be-reich der NGOs wird von der Verbraucherberatung ein positiver Beitrag erwartet[348]. Die fehlende Kompetenz und die zu geringe Verbreitung entspre-chender Beratungsangebote wird vor allem aus dem Kreise der Experten der Fondsgesellschaften als Einwand vorgetragen.

Labelling

Überraschend ist, dass von allen Beteiligten dem Konzept des Labelling bei SRI-Produkten keine Erfolgsaussichten prognostiziert werden. Es wird insge-samt kritisch beurteilt und die möglichen Schäden und Nachteile, die mit einem Labelling verbunden sein können, werden deutlicher gesehen als die möglichen Vorteile (vgl. Abbildung 56). Wie die Kommentare der befragten Experten eindeutig zeigen, wird der Gegenstand, den es hier ggf. zu „labeln" gilt, als ungeeignet für einfaches „Signaling"[349] angesehen. Die Herstellung komplexer Qualitätsdimensionen – so die Interpretation – erfordere differenziertere Infor-mationsdarbietungen. Auch die Existenz unterschiedlich ausgerichteter SRI-

---

346 Vgl. die in Kapitel 2.1 herausgearbeiteten Unterschiede zwischen Bedarfs-, Angebots-, Qualitäts- und Performance-Transparenz im SRI.
347 Schriftliches Statement im Rahmen der Expertenbefragung.
348 Zurzeit existiert in Deutschland nur ganz punktuell ein Beratungsangebot der Verbrau-cherzentralen zu ethisch-ökologischen Geldanlageformen (vgl. die Website <http://www.vz-bawue.de>, Stand 15.12.2003).
349 Zum Thema Labelling und Signaling vgl. Hansen/Kull, 1994; Roe et al., 2001; Ru-bik/Scholl, 2002.

Fonds grenze den jeweiligen Anwendungsbereich eines Labels ein[350]. Für die Entwicklung des SRI kann – so die Expertenstatements – weder ein Label, das praktisch an alle vorhandenen SRI-Fonds vergeben wird, noch ein (strengeres und selektiveres) Label, das nur an einen Teil der SRI-Fonds vergeben wird, wirklich hilfreich sein.

Hinzu kommt, dass bei den deutschsprachigen SRI-Fonds so genannte Indices eine besondere Rolle spielen. Als wichtige Indices auf dem deutschsprachigen Markt sind beispielsweise der

- Dow Jones Sustainability Group -Index (DJSGI)[351],

- die FTSE 4Good–Indexfamilie[352] und

- der Natur-Aktien-Index (NAI)[353]

zu nennen. Ihre Funktion im SRI-Markt ist mit denen von Dachmarken[354] zu vergleichen. Der jeweilige Index definiert und kommuniziert ein bestimmtes

---

[350] Zum Zeitpunkt der Expertenbefragung war noch nicht bekannt, dass der Verein für Konsumenteninformation im Auftrag des österreichischen Ministeriums für Land- und Forstwirtschaft, Umwelt und Wasserwirtschaft eine Richtlinie für die Vergabe eines Umweltzeichens für „Grüne Fonds" ab September 2003 erarbeiten würde. Eine Diskussion in der Arbeitsgruppe „Standardisierung von SRI-Fonds" auf der imug Tagung „Kommunikation und Vertrieb von nachhaltigen Finanzprodukten am 14.11.2003 in Hannover, auf der ein Vertreter des VKI die österreichische Label-Konzeption präsentierte, bestätigte die Kernaussagen in der hier ausgewerteten Expertenbefragung (vgl. Statement von Kornherr, VKI, Wien).

[351] In der Selbstdarstellung (siehe Website <http://www.sustainability-index.com>, Stand 15.12.2003) wird der Index wie folgt beschrieben: „Launched in 1999, the Dow Jones Sustainability Indexes are the first global indexes tracking the financial performance of the leading sustainability-driven companies worldwide. Based on the cooperation of Dow Jones Indexes, STOXX Limited and SAM they provide asset managers with reliable and objective benchmarks to manage sustainability portfolios. More than 47 DJSI licenses are currently held by asset managers in 14 countries to manage a variety of financial products including active and passive funds, certificates and segregated accounts. In total, these licensees presently manage 2.3 billion EUR based on the DJSI.".

[352] In der Selbstdarstellung (siehe Website <http://www.ftse.com/ftse4good>, Stand 15.12.2003) wird der Index wie folgt beschrieben: „FTSE4Good indices have been designed to measure the performance of companies that meet globally recognised corporate responsibility standards, and to facilitate investment in those companies. Transparent management and criteria alongside the FTSE brand make FTSE4Good the index of choice for the creation of Socially Responsible Investment products.".

[353] In der Selbstdarstellung (siehe Website <http://www.nai-index.de/>, Stand 15.12.2003) wird der Index wie folgt beschrieben: „Der Natur-Aktien-Index (NAI) umfasst 25 internationale Unternehmen, die nach besonders konsequenten Maßstäben als erfolgreiche Öko-Vorreiter ausgewählt werden. Der seit 1997 bestehende Index gilt als Orientierung für ‚grüne Geldanlagen'.".

[354] Vgl. die umfangreiche Literatur zum Markenbegriff bei Bruhn, 1994 und Esch, 2004.

sozial-ökologisches, ethisches oder ökologisches Qualitätsversprechen hinsichtlich der Unternehmen, die in dem Index gelistet sind. Der jeweilige Index selbst ist dabei kein marktfähiges Finanzprodukt, sondern „eine Dachmarke", die – und das ist das wirtschaftliche Kalkül der Indexbetreiber – von Fondsgesellschaften genutzt werden kann, einen spezifischen SRI-Fonds zu definieren und am Markt zu positionieren. Jedes wie auch immer geartete (zusätzliche) Labelling würde dieses Dachmarkenkonzept im SRI negativ tangieren.

Gesetzliche Informationspflichten

Am negativsten sind von den Experten die Instrumente der Informationspflichten beurteilt worden, die gesetzlich vorgeschrieben werden. Angesichts des noch jungen und sich entwickelnden Marktes des SRI könne – so die dominierende Expertenmeinung – mit starren gesetzgeberischen Vorgaben mehr Schaden als Nutzen angerichtet werden. Konsequent wurde von einigen Experten angemerkt, dass spezifische Informationspflichten für alle erklärungsbedürftigen Anlageformen (und nicht nur für SRI-Fonds) erforderlich seien.

Die hier diskutierten Instrumente zur Transparenzverbesserung haben offensichtlich ein unterschiedliches Potenzial, um eine positive Marktentwicklung im SRI zu unterstützen. Es ist deutlich geworden, dass bei einzelnen Marktakteuren spezifische Anstrengungen zu beobachten sind, die Transparenz über die SRI-Qualitäten von Finanzprodukten zu verbessern. Dies gilt insbesondere für die Kommunikation zwischen Fondsgesellschaften und Investoren. Im Ergebnis der Analyse dieser Instrumente zeigt sich jedoch auch, dass die hohe Komplexität der im SRI zugesagten Produktqualitäten und der hohe Individualisierungsgrad der Anlageentscheidung den Gestaltungsraum und die Wirksamkeit von Maßnahmen zur Transparenzverbesserung deutlich einengen. Es wird insbesondere deutlich, dass standardisierende und vereinfachende Informationskonzepte, wie z.B. das Labelling, sich auf diesem Markt nicht als geeignet erweisen. „Weiche Konzepte" wie Transparenzleitlinien und die Anwendung von Qualitätsstandards im Research haben hier deutliche Vorteile und können womöglich in Verbindung mit vergleichenden Fondsratings von unabhängigen Institutionen insgesamt für eine größere Transparenz für Investoren sorgen. Ob damit jedoch ein entscheidender Engpass für die Entwicklung des Marktes des SRI überwunden werden wird, kann bezweifelt werden. Bei dem zentralen Stellenwert, den eine persönliche Anlageberatung bei Geldanlagen hat, wird sich vermutlich herausstellen, dass die Intransparenz im SRI insbesondere für private Investoren erst dann merklich abgebaut werden kann, wenn es gelingt, in der persönlichen Anlageberatung wichtige Hintergrundinformationen über die spezifisch nachhaltigen Qualitäten von Fonds entscheidungsorientiert und individualisiert zur Verfügung zu stellen. Damit wird noch einmal der zentrale Stellenwert des Vertriebes für die Lösung von Transparenzproblemen im SRI hervorgehoben.

Auch in der Expertenbefragung ist deshalb die Rolle des Vertriebs gesondert zur Diskussion gestellt worden.

7.4.2.6 Rolle des Vertriebs

In den bereits vorgestellten Ergebnissen ist an verschiedenen Stellen die Bedeutung der Distribution bzw. der Vertriebswege[355] für die Verbesserung der Transparenz über die Qualitätseigenschaften von SRI-Fonds deutlich geworden. Die Glaubwürdigkeit und die wahrgenommene Kompetenz von Fondsgesellschaften, Banken, unabhängigen Finanzmaklern stand bereits im Abschnitt über die Informationsquellen für Investoren im Mittelpunkt der Betrachtungen.

Zurzeit ist davon auszugehen, dass rund 50 % des gesamten Fondsvermögen im SRI durch Vertriebsaktivitäten der Fondsgesellschaften und ihrer Berater realisiert wird (vgl. Abbildung 57). Banken, Versicherungen und erst recht unabhängige Finanzmakler und alternative Finanzdienstleister spielen momentan eine deutlich untergeordnete Rolle. Diese Zahlen dokumentieren vor allem eine zentrale Vertriebsschwäche von SRI-Fonds. Insbesondere Banken sind mit ihrem dichten Vertriebsnetz bisher nicht als wirksamer Vertriebspartner im SRI involviert[356]. Auch dort, wo Banken Investmentprodukte ihrer Fondsgesellschaft insgesamt erfolgreich vermarkten, gehen die SRI-Fondsprodukte, die ebenfalls im Portfolio der Fondsgesellschaften sind, in der Regel unter. Aus Sicht des sich informierenden potenziellen Investors tauchen diese SRI-Fonds im Angebot der Banken im Grunde nicht auf[357].

---

[355] Die Distributionspolitik umfasst „alle marktlichen Tätigkeiten einer Unternehmung, die sich auf physische Bewegungen eines Produktes von dem Ort seiner Entstehung bis zu dem Ort seines Konsums beziehen" (Hansen/Bode, 1999, S. 107). Teilweise wird in der deutschen Literatur auch von Vertriebspolitik gesprochen (z.B. Bruhn, 1999, S. 249).

[356] Diese Aussage gilt für den deutschen Markt. Beispiele aus Belgien belegen, dass es durchaus möglich ist, traditionelle Bankhäuser erfolgreich als Vertriebspartner für SRI-Fonds zu gewinnen: „Jeannot Barthel von der Dexia Bank erläuterte seine Erfolgsgeschichte mit dem Aufbau des Marktes für ethische Fonds in Belgien. Mit einer umfassenden Produktpalette mit elf Investmentfonds, die u.a. nach Regionen und Anlagekriterien differenziert sind, verwaltet die Dexia 67 % der in Belgien in ethischen und nachhaltigen Fonds angelegten Mittel. Bei der Research setzt Dexia auf Unabhängigkeit. In jeder belgischen Filiale ist mindestens ein Mitarbeiter, der dafür ausgebildet wurde, spezielle Fragen zu dieser Produktgruppe zu beantworten." (vgl. imug investment newsletter, 2003).

[357] Dies kann als Resümee der oben vorgestellten Studie zur Beratungsqualität von Banken im SRI formuliert werden (vgl. Hansen et al., 2003).

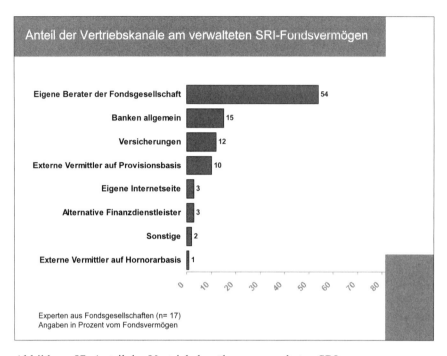

Abbildung 57: Anteil der Vertriebskanäle am verwalteten SRI-Fondsvermögen[358]

Banken mit ihrem dichten Vertriebsnetz für das SRI stärker zu nutzen, scheint naheliegend und verweist zugleich auf zentrale Hemmnisse, die beachtet und ggf. überwunden werden müssen. Dazu zählen vor allem:

- die geringe Verankerung von sozialen und ökologischen (nachhaltigen) Zielen im Selbstverständnis traditioneller Banken[359],

- das magische Dreieck der Kapitalanlage als nahezu ausschließliches Paradigma der Anlageberatung[360],

---

[358] Die Frage, die im Rahmen der Expertenbefragung ausschließlich den Fondsgesellschaften gestellt wurde, lautete: „Über welche Vertriebskanäle wird Ihr Fonds vertrieben und welchen Anteil haben diese Vertriebskanäle am verwalteten Fondsvermögen (Assets under management)?" (Vorgaben zu den Vertriebskanälen sind in der Abbildung 57 genannt).

[359] Auch Banken setzen sich in den letzten Jahren verstärkt mit Fragen des Umweltmanagements auseinander, vgl. z.B. Bundesministerium für Umwelt, Naturschutz und Reaktorsicherheit/Verein für Umweltmanagement in Banken, Sparkassen und Versicherungen, 1997; Rauberger/Wagner, 1997; Bouma/Jeucken/Klinkers, 2001; Jeucken, 2001.

- das breite Produktportfolio, in denen SRI-Fonds untergehen[361],

- die geringere Glaubwürdigkeit und Kompetenz von traditionellen Banken bei der Vermarktung von SRI-Produkten[362],

- die besondere Erklärungsbedürftigkeit von SRI-Fonds, die auf die Kosten der Dienstleistung Anlageberatung direkt durchschlägt.

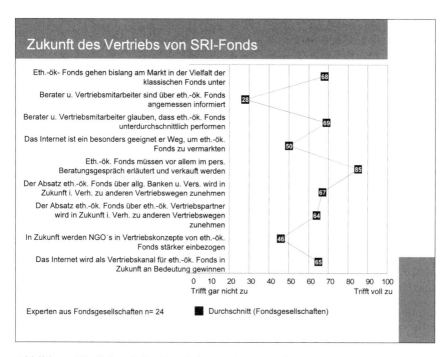

Abbildung 58: Zukunft des Vertriebs von SRI-Fonds

Trotz dieser Hemmnisse, traditionelle Banken als Vertriebswege des SRI stärker zu nutzen, scheinen aus Sicht der Experten hierzu kaum Alternativen zu beste-

---

360 Zugleich werden von den Banken vermehrt Konzeptansätze präferiert, die auf eine ganzheitliche und bedürfnisorientierte Finanzberatung hinauslaufen, in der prinzipiell auch die Berücksichtigung sozialer und ökologischer und ethischer Präferenzen der Investoren möglich ist. Vgl. die Aussagen von Groß/Nord/LB auf der Tagung „Kommunikation und Vertrieb von nachhaltigen Finanzprodukten" am 14.11.2003 in Hannover.

361 Vgl. die Expertenstatements zum Item „Ethisch-ökologische Fonds gehen bislang am Markt in der Vielfalt des Produktangebots unter" (Abbildung 58).

362 Vgl. die oben angeführten Expertenstatements zur Glaubwürdigkeit und Kompetenz verschiedener Informationsquellen im SRI.

hen (vgl. Abbildung 58). Der hohe Stellenwert der persönlichen Anlageberatung und die vor diesem Hintergrund begrenzten Möglichkeiten, das Internet als Vertriebskanal auszubauen, machen deutlich, dass das SRI – wenn es nicht ausschließlich auf die vertriebsschwachen alternativen Finanzdienstleister und Privatvermittler setzt – auf die Vertriebskompetenz der Banken angewiesen ist.

Prinzipiell ist es denkbar, den Vertrieb von SRI-Fonds auch in Kooperation mit NGOs zu konzipieren. Als relevante Stakeholderorganisation könnten NGOs bei ihren Mitgliedern oder Sympathisanten für diese Form der Geldanlage werben und ihre Distributionskanäle auch für SRI-Fonds zur Verfügung stellen. Ein solcher Denkansatz ist in Deutschland ungewohnt und trifft bei den Fondsmanagern auf eine deutliche Zurückhaltung (vgl. Abbildung 58). Bei deutschsprachigen SRI-Fonds kann von einer Kooperation mit NGOs bisher kaum gesprochen werden. Sie beschränkt sich auf einzelne Fälle, in denen beispielsweise ein Vertreter einer NGO in einem Fondsbeirat mitwirkt[363], was jedoch noch nicht als Kooperationsstrategie bezeichnet werden kann.

Einen vollkommen neuen Ansatz bei dem Vertrieb eines SRI-Fonds wird von der belgischen Verbrauchorganisation Conseur praktiziert. Conseur – eine europaweit agierende unabhängige Verbraucherorganisation[364] – hat einen von ihr selbst maßgeblich geprägten „European Responsible Consumer Fund" am Markt platziert, der in Kooperation mit einer traditionellen Bank und lokalen Vertriebspartnern in verschiedenen europäischen Ländern angeboten wird. Conseur selbst nimmt mit dem enormen Einfluss bei den Verbrauchern vertriebsunterstützende Aufgaben wahr[365]. Insbesondere bei ihren ca. 1 Million Mitgliedern verfügt diese Verbraucherorganisation über eine besonders hohe Glaubwürdigkeit. Ihr kann in der Publikumswahrnehmung insbesondere zugetraut werden, die spezifische SRI-Qualität dieses Fonds, der die Verbraucherinteressen in den

---

[363] So prüft beispielsweise bei dem SRI-Fonds „Ökovision" ein Anlageausschuss als unabhängiges Gremium aus Vertretern und Vertreterinnen von Menschenrechts- und Umweltorganisationen, ob die Anlagegrundsätze eingehalten werden (vgl. Umweltfinanz, 2004).

[364] Conseur ist aus der belgischen Verbraucherorganisation Test Achat, die 1957 gegründet wurde, hervorgegangen. Sie ist inzwischen in fünf europäischen Ländern vertreten und sieht sich selbst heute als größte europäische Verbraucherorganisation an. In ihrer Selbstdarstellung heißt es: „The Conseur Group defends the consumer interest and is totally independent of other interests, in particular those of producers and distributors and it is also independent of the public authorities. Conseur is also independent from political, trade union or philosophical trends. Conseur's income comes from sales of its publications and membership fees. Conseur does not accept any advertising in its publications. ... The Conseur Group publishes some 30 different magazines in five languages and employs more than 600 people. It's main magazine has more than 1 million subscribers." (Conseur, 2003).

[365] Vgl. die Präsentation von P. Barison auf der Tagung „Kommunikation und Vertrieb von nachhaltigen Finanzprodukten" am 14.11.2003 in Hannover.

Mittelpunkt der Positionierung und der ausgelobten Anlagestrategie stellt, tatsächlich umzusetzen[366]. Die von Conseur eingeleitete Kooperation mit einer portugiesischen Bank ist erforderlich, um die materielle Vertriebsfunktion zu gewährleisten. Das Beispiel von Conseur zeigt neue Kooperationsformen im SRI auf, bei der die in dieser Arbeit beschriebenen Transparenzprobleme in besonderer – und womöglich besonders erfolgreicher - Art und Weise durch institutionelle Arrangements gelöst werden[367].

7.4.3 Zusammenfassung

Insgesamt ist deutlich geworden, dass es möglich ist, in einer wissenschaftlich begründeten und in der Praxis akzeptierten Art und Weise die Qualität des Research über soziale und ökologische Unternehmensqualitäten operational zu definieren. Bei der Anwendung eines entsprechenden Konzeptes haben sich deutliche Unterschiede in der Researchqualität von SRI-Fonds gezeigt.

In Zusammenhang mit Untersuchungen der tatsächlichen Research- und Informationsqualität bei SRI-Fonds konnte aufgezeigt werden, dass SRI-Fonds und ihre Fondsgesellschaften unterschiedliche Ansätze wählen, um die Qualität des Research sicherzustellen und gegenüber den Investoren zu signalisieren. Aus diesen Untersuchungsergebnissen konnten in Verbindung mit den Expertenurteilen zu den möglichen Instrumenten einer Transparenzverbesserung im SRI wichtige Hinweise für die Lösung der Transparenzprobleme gefunden werden. Da die Glaubwürdigkeit und die vermutete Kompetenz der Informationsquellen bei der Kommunikation von Vertrauenseigenschaften auch im SRI eine hervorragende Rolle spielen, haben sich die im Kapitel 4 theoriebezogen und allgemein herausgearbeiteten Strategien zur Transparenzerzeugung als richtungsweisend erwiesen. Insbesondere ist der hohe Stellenwert institutioneller Arrangements zur Lösung der Transparenzprobleme im SRI auffällig. So spielt die Verbandsebene sowohl auf Seiten der Research-Agenturen (vgl. Entwicklung eines Qualitätsstandards, Kapitel 7.3.) als auch auf Seiten der Fondsgesellschaften (vgl. Transparenzleitlinien) eine wichtige Rolle. Auch der hohe Stel-

---

366 Neben 5 Ausschlusskriterien (Tabak, Pornographie, Landminen, Verletzung der Menschenrechte, Kinderarbeit) werden von Conseur eine Vielzahl von Erfüllungskriterien im Bereich „Finanzen", „Soziales", „Ökologie", „Corporate Governance" und insbesondere auch im Bereich „Konsumenteninteressen" verwendet. Nur Unternehmen, die hier insgesamt überdurchschnittlich abschneiden, gelangen in das Anlageuniversum (vgl. die Präsentation von P. Barison auf der Tagung „Kommunikation und Vertrieb von nachhaltigen Finanzprodukten" am 14.11.2003 in Hannover).

367 Den befragten Experten ist dieses Beispiel der belgischen Verbraucherorganisation nicht bekannt gewesen. Der „Conseur-Fonds" ist erst im Herbst 2003 offiziell errichtet und erstmals im deutschsprachigen Raum bei der Tagung „Kommunikation und Vertrieb von nachhaltigen Finanzprodukten" am 14.11.2003 in Hannover vorgestellt worden.

lenwert eines von den Fondsgesellschaften unabhängigen Fondsrating und die Perspektiven von Vertriebskooperationen mit unabhängigen Stakeholderorganisationen sind als institutionelle Arrangements zur Lösung des Transparenzproblems einzuordnen. Schließlich kann auch die Kooperation mit externen Research-Agenturen, die auf das „SRI-Research" spezialisiert sind, einen kompetitiven Vorteil für Fondsgesellschaften bedeuten, die durch dieses institutionelle Arrangement insbesondere eine hohe Glaubwürdigkeit signalisieren können. Die zusätzliche Anwendung eines Qualitätsstandards für das Research dieser externen Agenturen oder Institute kann in diesem Zusammenhang als ein weiteres Signaling-Instrument gegenüber Investoren gedeutet werden.

Als besonders gravierender Engpass für die Transparenzerzeugung stellt sich der Vertrieb von SRI-Fonds dar. Aussagen zur Anlagepolitik von SRI-Fonds, über Art, Qualität und Ergebnisse des zugrunde liegenden Research sind wesentliche Elemente des Informationsbedarfs privater und institutioneller Investoren. Insbesondere die *Anlageberatung* scheint nicht in der Lage zu sein, die relevanten Hintergrundinformationen über die SRI-Qualitäten von Fonds entscheidungsorientiert und individualisiert zur Verfügung zu stellen. Neben den institutionellen Restriktionen kann auch die ungenügende theoretische Fundierung in der Deutung von Anlegerbedürfnissen, die im Kapitel 4.1.3 in Zusammenhang mit der Diskussion um das Financial Behavior herausgearbeitet wurde, als eine Ursache dafür angesehen werden.

Bei den Finanzintermediären deutet sich in diesem Zusammenhang nicht nur die Notwendigkeit an, die kapitalmarkttheoretische Fixierung auf das magische Dreieck der Geldanlage zu überwinden, sondern auch die Anlageberater selbst auf die sich verändernden Aufgabenstellungen systematisch vorzubereiten. Diese Aufgabenstellung lenkt den Blick direkt auf neuartige Anforderungen an eine *berufliche Weiterbildung* bei diese Akteursgruppe, auf die im abschließenden Kapitel näher eingegangen wird.

8 Socially Responsible Investment als Handlungsfeld und Lerngegenstand einer nachhaltigen Erwachsenenbildung

In den vorangegangenen Kapiteln ist mit dem Socially Responsible Investment ein spezifisches wirtschaftliches und politisches Handlungsfeld von Erwachsenen in unserer Gesellschaft analysiert worden, von dem vermutet wurde, dass in ihm die Zielsetzungen der nachhaltigen Entwicklung explizit thematisiert und soweit konkretisiert werden, dass sie für das Fühlen, Denken und Handeln von Menschen Bedeutung erlangen können. Die genauere Untersuchung dieses Marktes ist durchgeführt worden, um die spezifische Interaktion wesentlicher Akteure auf diesem Markt und seine Strukturen besser zu verstehen und um Hinweise darauf zu generieren, ob das Socially Responsible Investment ein Handlungsfeld in unserer Gesellschaft ist, das sich als Gegenstandsbereich und Lerngegenstand für eine nachhaltige Erwachsenenbildung eignet.

Die Entwicklungsmöglichkeiten dieses insbesondere in Deutschland noch kleinen Marktes wurden theoretisch schlüssig und empirisch belegt in besonderer Abhängigkeit davon gesehen, ob und wie es gelingt, die spezifischen Unsicherheiten, die auf diesem Markt existieren, durch Transparenz schaffende Maßnahmen und geeignete institutionelle Arrangements zu mildern oder gar zu überwinden. Diese Analyse ist in einem institutionenökonomischen Theoriezusammenhang vorgenommen worden, der das wiederholte und systematische Handeln von Menschen in Dilemmasituationen wesentlich durch die spezifischen Anreizfunktionen der jeweiligen institutionellen Arrangements geprägt sieht. Ein solches Forschungsparadigma abstrahiert von vorneherein und bewusst von möglichen Lern- und Veränderungsbereitschaften der in sozialen und institutionellen Kontexten handelnden Individuen.

Ohne die Sinnhaftigkeit und den möglichen Erfolg von pädagogischen Maßnahmen, die auf die Veränderungen von Präferenzen und Kompetenzen der handelnden Subjekte abzielen, prinzipiell in Frage zu stellen, relativiert dieses Forschungsparadigma übertriebene Hoffnungen auf Verhaltensänderungen durch pädagogische Interventionen (vgl. Homann/Suchanek, 2000, S. 421). Vielmehr wird die Aufmerksamkeit stärker auf konkrete Ausgestaltungsformen, Regelungen und andere Anreizsysteme in den Interaktionsbeziehungen in einzelnen Subsystemen der Gesellschaft und in einzelnen Märkten gelenkt.

In einer Interpretation der bisherigen Untersuchungen sollen in diesem Kapitel die Ergebnisse der in einem institutionenökonomischen Theoriezusammenhang durchgeführten Marktanalyse unter den Fragestellungen systematisch zusammengeführt werden,

- welche Lernchancen und –restriktionen an diesem Markt bestehen, damit Erwachsene sich mit dem Gegenstand und der Vision der nachhaltigen Entwicklung „bildend" auseinander setzen können und

- welche Wirkungen von zusätzlichen Transparenz schaffenden Instrumenten und Regelungen auf dem Markt des Socially Responsible Investment auf die nachhaltigen Lernmöglichkeiten von Erwachsenen ausgehen können.

Eine Analyse der Lernmöglichkeiten und Lernrestriktionen von Erwachsenen im Handlungsfeld des Socially Responsible Investment hat zu berücksichtigen, dass Erwachsene in ganz *unterschiedlichen Rollen* in einer besonderen Art und Weise auf diesem Markt interagieren. Während sie als private Investoren als Einzelne in einem in der Regel nicht organisierten oder institutionalisierten Kontext am Markt auftreten, beschäftigen sich andere Erwachsene in einem beruflichen, d.h. immer auch organisiertem und institutionellem Zusammenhang mit einzelnen Fragen des Socially Responsible Investment aus einer jeweils besonderen Handlungsperspektive. Die Lernmöglichkeiten und Lernbedürfnisse von Erwachsenen können deshalb sehr unterschiedlich sein und auch unterschiedlich artikuliert und befriedigt werden. Ihre Relevanz für eine nachhaltige Erwachsenenbildung kann - um in der einleitend vorgestellten Systematik der Erwachsenenbildung zu bleiben – vom informellen Erwachsenenlernen bis zur beruflichen (betrieblichen) Weiterbildung reichen.

Die in dieser Untersuchung insgesamt angewendete *akteursbezogene Betrachtung* wird deshalb auch bei der näheren Analyse der Lernmöglichkeiten und Lernrestriktionen an diesem Markt durchgehalten.

8.1 Nachhaltiges Lernen von privaten Investoren im Socially Responsible Investment

Die spezifischen Lernmöglichkeiten von privaten Investoren im Kontext ihrer nachhaltigen Geldanlagen sollen im Folgenden - unter Berücksichtigung der Ergebnisse der institutionenökonomischen Analyse des Marktes des SRI – interpretiert und diskutiert werden. Als Bezugspunkt dieser Interpretation dienen dabei die Anforderungen, die bei einem nachhaltigen Lernen von Erwachsenen insgesamt wesentlich sind und die deshalb auch beim Lernen im Kontext der Nachhaltigkeitszielsetzung beachtet werden müssen. Sie werden einleitend noch einmal zusammenfassend vorgestellt und zu zwei Thesen verdichtet.

8.1.1 Anforderungen an das nachhaltige Lernen von Erwachsenen und an das Lernen von Nachhaltigkeit

Eine nachhaltige Erwachsenenbildung, die das nachhaltige Lernen Erwachsener in ihrer Rolle als private Investoren im Themenfeld der Nachhaltigkeit ermöglichen will, kann – wie im Kapitel 2 gezeigt wurde - an den wissenschaftlichen Diskussionsstand der deutschen Erwachsenenbildung nach ihrer realistischen und der reflexiven Wende anknüpfen. Eine nachhaltige Erwachsenenbildung, die nicht bei der Erzeugung von „Gestaltungskompetenzen" als eine Art Schlüsselqualifikation stehen bleiben, und die andererseits auch nicht einfach sach- und fachlogisch hergeleitete Themenfelder der nachhaltigen Entwicklung erwachsenengemäß in Bildungsangebote übersetzen will, kann sich – so der in dieser Arbeit begründet gewählte Ansatz – auf die Vermittlung von Kompetenzen konzentrieren, die in Handlungsfeldern gefordert sind, von denen nach dem heutigen Stand des Wissens – wichtige Impulse für die Einleitung und Verstetigung einer nachhaltigen Entwicklung ausgehen und in denen wichtige Grundaxiome der nachhaltigen Entwicklung besonders intensiv thematisiert werden.

Dem Konzeptansatz der vorrangig auf gesellschaftlichen Veränderungen und Bedarfslagen verweisenden Curriculumtheorie folgend, wurde – ganz in der Tradition der realistischen Wende der Erwachsenenbildung – zunächst grundlegend die Aufgabe abgeleitet, nach Handlungssituationen und Handlungsfeldern zu suchen, in denen Kompetenzen nicht nur eingebracht, sondern geradezu verlangt werden, die

- explizit auf die Vision der Nachhaltigkeit Bezug nehmen,

- ökonomische, soziale und ökologische Zielperspektiven auch langfristig abwägen und

- Fragen der sozialen Gerechtigkeit und der ökologischen Verträglichkeit auch in einem globalen und ökonomischen Entwicklungszusammenhang thematisieren.

Während diese zentralen inhaltlichen Anforderungen auf – im wesentlichen einvernehmliche - Axiome einer nachhaltigen Entwicklung Bezug nehmen, reflektieren andere stärker lerntheoretisch begründete Anforderungen die aktuelle Diskussion in der Erwachsenenbildungswissenschaft. Sie deutet nachhaltige Erwachsenenbildung vorrangig als „nachhaltiges Lernen Erwachsener" und verweist – neben zahlreichen didaktisch-methodischen Empfehlungen – ganz grundlegend auf

- die Notwendigkeit der Anschlussfähigkeit der geforderten Einstellungen und Kompetenzen an existierenden Deutungsmustern, Wertorientierungen und Lebensstilen von Erwachsenen und

- die Handlungsrelevanz, Nützlichkeit, Anwendbarkeit und Anwendung des Erlernten.

Es wird davon ausgegangen, dass Kompetenzen, die man sich in der Erwachsenenbildung aneignet, dann besonders nachhaltig gelernt werden, wenn diese Kompetenzen im privaten oder beruflichen Alltag angewendet werden können und auch werden (vgl. Siebert, 1999).

Schließlich sollte – vor dem Hintergrund des normativen Konzepts der Nachhaltigkeit - die Free Rider Problematik besonders beachtet werden, um ein nachhaltiges Lernen von Erwachsenen nicht für Handlungsfelder mit Anreizstrukturen vorzuschlagen, in denen der verantwortungsvoll und nachhaltig Handelnde systematisch immer auch „der Dumme" ist.

Unter Bezugnahme auf diese Anforderungen können im Ergebnis der in dieser Arbeit durchgeführten Analyse für das Socially Responsible Investment drei Thesen formuliert werden, die die prinzipielle Eignung des Socially Responsible Investment als Lerngegenstand für eine nachhaltige Erwachsenenbildung hervorheben:

1. Die Redeweise von der „nachhaltigen Geldanlage" ist eine wirksame Metapher für ein heute schon mögliches und zu beobachtendes nachhaltiges Konsumverhalten.

2. Die Verbindung von individuellem und nachhaltigem Nutzen tritt bei der nachhaltigen Geldanlage in vielfältigen Varianten auf, sodass die Anschlussfähigkeit der „nachhaltigen Geldanlage" an unterschiedlichste Lebensstile möglich ist.

3. Das Thema der nachhaltigen Geldanlage bekommt in Deutschland durch die Privatisierungstendenzen der Altersvorsorge eine besondere und zusätzliche lebensweltliche Handlungsrelevanz für die Bürger.

Die drei Thesen, die die besondere Eignung der „nachhaltigen Geldanlage" als Gegenstand einer nachhaltigen Erwachsenenbildung herausstellen, sollen im Folgenden erläutert werden.

8.1.2 Nachhaltige Geldanlage als Gegenstand einer nachhaltigen Erwachsenenbildung

8.1.2.1 Nachhaltige Geldanlage als Metapher

An verschiedenen Stellen dieser Arbeit ist deutlich geworden, dass im Socially Responsible Investment das abstrakte Thema der Nachhaltigkeit in scheinbar plausible und griffige Redeweisen und Handlungsvorschläge übersetzt wird. Der private oder institutionelle Geldanleger habe – so die scheinbar eingängige Redeweise - mit seiner nachhaltigen (oder ethisch-ökologischen) Geldanlage einen direkten Einfluss auf ein Umsteuern der Wirtschaft in Richtung einer nachhaltigen Entwicklung (vgl. Kapitel 3). Die Redeweise von der „nachhaltigen Geldanlage", die in verschiedenen Begrifflichkeiten aufscheinen kann (e-thisch-ökologische, prinzipiengeleitete, grüne Geldanlage, usw.), suggeriert heute bereits für ein breites gesellschaftliches Spektrum, das von NGOs bis zum Deutschen Aktieninstitut[368] reicht, einen scheinbar plausiblen Wirkungszusammenhang (vgl. Deutsches Aktieninstitut, 2003). Solche scheinbar plausiblen und einfachen Rede- und Denkweisen zur Veranschaulichung von „Nachhaltigkeit" sind nach Auffassung von Kommunikationsexperten dringend erforderlich, da das Konzept der nachhaltigen Entwicklung der beständigen symbolischen Inszenierung seiner zentralen Leitideen bedarf, was auch sprachliche[369] und visuelle Symbolisierungsformen in öffentlichen Kommunikationsprozessen einschließt. (vgl. Brand, 2000).

So hat das Handlungsfeld des Socially Responsible Investment das Potenzial, zu einer grundlegenden Metapher[370] des nachhaltigen Wirtschaftens zu werden. Zurzeit gibt es in Deutschland keinen vergleichbaren Markt, in dem Erwachsene mit einem alltäglichen wirtschaftlichen Handeln sich so direkt und explizit mit dem Thema der Nachhaltigkeit auseinander setzen können bzw. müssen und den Eindruck gewinnen können, durch ihr Handeln einen eigenen Beitrag zur Umsetzung der vagen Nachhaltigkeitsvision zu leisten. Die deutlichen Unterschiede der Handlungsmotivation der Geldanleger, der Qualität der Produkte und die spezifische Interaktion auf diesen Märkten sind so einschlägig, dass im Kapitel 3 dieser Arbeit von einem eigenständigen Markt gesprochen wurde. Die privaten Geldanleger treffen auf diesem Markt bewusst ihre Entscheidungen, in denen sie neben finanziellen Erwägungen auch Gesichtspunkte berücksichtigen, die für eine nachhaltige Entwicklung - nach dem heutigen Wissensstand und nach ihren eigenen Überzeugungen - relevant sein können.

Von den in Deutschland zur Zeit rund 100 Publikumsfonds im Bereich des Socially Responsible Investment, die in der einen oder anderen Weise soziale

---

368 Vgl. eine Reihe von Publikationen des Deutschen Aktieninstituts, das die Attraktivität der Aktienanlage auch dadurch gewährleistet sieht, dass es die Möglichkeit der „nachhaltigen Geldanlage" gibt (vgl. Deutsches Aktieninstitut, 2003).

369 Besonders im englischsprachigen Raum haben sich entsprechende Metaphern bereits etabliert, wenn es u.a. zur Charakterisierung einer nachhaltigen Kapitalanlage beispielsweise "Doing well by doing good" oder "Put your money where your values are" heißt. (Knoll, 2002, S. 683 f.; Waddock, 2003, S.369).

370 Die Metapher ist eine wichtige rhetorische Figur. Es handelt sich dabei um einen abgekürzten Vergleich bzw. eine Ersetzung des 'eigentlichen' durch einen metaphorisch 'uneigentlichen' Ausdruck nach dem Kriterium der Entsprechung bzw. der Ähnlichkeit (vgl. Haverkamp, 1996).

und ökologische und/oder weitere ethisch begründete Kriterien berücksichtigen, kann – wie im Kapitel 7.4.2 1 belegt wurde – die Mehrheit explizit als Nachhaltigkeitsfonds bezeichnet werden, da sie gleichermaßen soziale und ökologische Anlageziele thematisieren und implizit oder auch explizit auf die Vision einer nachhaltigen Entwicklung Bezug nehmen. Jedes dieser Produktangebote enthält damit eine Interpretation von Nachhaltigkeit und die Deutung, warum mit dem finanziellen Investment in diese Produkte ein Beitrag zur Nachhaltigkeit geleistet wird. Auf dem SRI–Markt nehmen Finanzintermediäre und Research–Agenturen Transformationsleistungen vor, die sich nicht nur auf finanzielle Aspekte, sondern auch – und das ist im Zusammenhang mit der Diskussion von Lernmöglichkeiten zentral – auf Informationen über Unternehmen als Geldanlageobjekte beziehen, was immer auch die bewertende Deutung des Beitrages dieser Unternehmen für eine nachhaltige Wirtschaftsweise einschließt. Private Geldanleger können und werden sich in Zusammenhang mit ihrer Geldanlage mehr oder weniger differenziert mit diesen Fragen auseinander setzen und dabei – wie in Kapitel 7.4.2.5 detailliert gezeigt wurde - auf diese Informationsangebote und Interpretationsmuster einer nachhaltigen Wirtschaftsweise zurückgreifen.

Selbstverständlich stehen hinter diesen einfachen Redeweisen, Informationsangeboten und Deutungsmustern in Wirklichkeit komplexe Interaktionen zwischen Kapitalgebern, Finanzintermediären und Kapitalnehmern, die insbesondere auf die systematischen Fragen abheben, warum welche Geldanlagen einen mehr oder weniger großen Einfluss auf eine nachhaltige Entwicklung nehmen können. Im Fokus steht dabei die Frage, wie Unternehmen, die unter einem beträchtlichen wirtschaftlichen Wettbewerbsdruck stehen, ihrer Verantwortung für die Einleitung und Stabilisierung einer nachhaltigen Entwicklung gerecht werden können und wie die unterschiedlichen Leistungen von Unternehmen in dieser Hinsicht bewertet werden können. Es wurde in der Arbeit aufgezeigt, dass externe sozial-ökologische Unternehmensbewertungen, die dies leisten wollen, vor erheblichen Legitimationsproblemen stehen. Sie können im Wesentlichen gelöst werden, wenn eine angemessene Transparenz über die Kriterien und Verfahren der Unternehmensbewertungen hergestellt wird (vgl. Kapitel 6) und gesonderte Anstrengungen zur Sicherung der Unabhängigkeit und Kompetenz dokumentiert und signalisiert werden (vgl. Kapitel 7.4.2.5.3).

Wenn es auch als ein spezifisches Kennzeichen dieses Marktes angesehen werden kann, dass zumindest der Versuch unternommen wird, das, was unter einer nachhaltigen Geldanlage verstanden wird, nachvollziehbar darzulegen, ist für die privaten Investoren – wie es empirisch belegt wurde - die Qualität dieser Informationsangebote, die mehr oder große Transparenz über die Leistungsversprechen der Produkte und der beteiligten Marktakteure ermöglichen soll, insgesamt unbefriedigend.

In der vorliegenden Forschungsarbeit ist an verschiedenen Stellen nachgewiesen worden, dass in diesen Bewertungskonzepten zahlreiche normative Annahmen enthalten sind, die – so kann jetzt ergänzt werden – auch deshalb transparent gemacht werden müssen, um die an diesem Markt prinzipiell gegebenen Möglichkeiten eines selbstorganisierten Erwachsenenlernens zu fördern. Erst wenn dies der Fall ist, können sich Erwachsene in Zusammenhang mit ihren Geldanlageentscheidungen mit Fragen der nachhaltigen Entwicklung differenziert auseinander setzen und ihre eigenen Deutungsmuster, nach denen sie ihrem eigenen Handeln einen Effekt für eine nachhaltige Entwicklung zusprechen, aktivieren und überprüfen.

Die Qualität des informellen und nichtinstitutionalisierten Erwachsenenlernens, das in Teilen auf Internetplattformen[371], in Anlegerforen, NGOs oder in anderen losen Netzwerken stattfindet, dürfte wesentlich von den von Unternehmen und Finanzinstitutionen zur Verfügung gestellten Informationen abhängen. Trotz der hier notwendigen Einschränkungen hinsichtlich der Qualität und des über den unmittelbaren Handlungsanlass hinausgehenden Lerneffekts ermöglichen die Informations- und Kommunikationsstrukturen dieses Marktes zumindest prinzipiell ein mehr oder weniger systematisches *informelles Erwachsenenlernen*[372] über Konzepte der Einleitung und Verstetigung einer nachhaltigen Entwicklung. Der Markt des Socially Responsible Investment kann in einem weiteren Verständnis deshalb als ein *Lernort*[373] angesehen werden, der zahlreiche Lern- und Handlungsmöglichkeiten hinsichtlich der Voraussetzungen und der Einleitung einer nachhaltigen Entwicklung bereitstellt.

8.1.2.2 Individueller und nachhaltiger Nutzen

Auch wenn die These, nach der „Nachhaltigkeit geradezu ein Werttreiber für Aktienrenditen" sei und die entsprechenden Investitionen demnach zu attraktiven Renditen mit zusätzlich gutem Gewissen führten, immer in Verdacht steht, vor allem eine marketinggetriebene Botschaft interessierter Kreise[374] zu sein,

---

371 Vgl. www. ecoreporter.de und www.nachhaltiges-investment.org.
372 Dieses informelle Erwachsenenlernen ist in Kapitel 2 als Teil eines erweiterten Begriffs der Erwachsenenbildung eingeführt worden. Es meint ein „.... nicht-institutionalisiertes Erwachsenenlernen, das sich unabhängig von professioneller Begleitung und außerhalb der etablierten institutionalisierten Zuständigkeiten vollzieht..." (Arnold, 2001e, S. 281).
373 Der Begriff des Lernortes wurde vom Deutschen Bildungsrat in die pädagogische Fachdiskussion eingeführt und initiierte eine Diskussion über die Sinnhaftigkeit und die anzustrebende Pluralität von Lernorten, die insbesondere für die berufliche Bildung von Bedeutung war und ist (vgl. Münch, 1995).
374 Vgl. beispielsweise die Beiträge von Butz (2004) von der Genfer Privatbank Picet oder von Plattner (2000) von der Bank Sarazin oder den journalistischen Beitrag von Walker (2004) in der Praktikerzeitschrift Bankmagazin.

wird inzwischen auch von unabhängigen Experten mit einer gewissen theoretischen Plausibilität und mit einzelnen empirischen Belegen herausgestellt, dass eine nachhaltige Geldanlage zumindest nicht automatisch zu geringeren Renditen führen müsse (vgl. Kapitel 3.3.2). Eine nachhaltige Geldanlage ist demnach nicht von vorneherein ein Investment, bei dem der Investor nur die Aufwendungen in Form von Mühen, Risiken und ggf. geringeren Renditen hat, während der nachhaltige Ertrag auch von denen in Anspruch genommen werden kann, die keine spezifische Aufwendungen erbracht haben. Dies gilt zwar für die möglicherweise auftretenden gesellschaftlichen Effekte der nachhaltigen Geldanlage, nicht aber für ihre erhöhte Sicherheit oder auch für die möglicherweise akzeptable oder auch überdurchschnittliche Rendite dieser Geldanlage. Sie verbessern – wenn sie denn eintreten - exklusiv den materiellen Wohlstand und/oder das subjektive Wohlbehagen des einzelnen Investors in der einen oder anderen Weise. Für den Anleger bedeutet dies, dass er in entsprechende Anlageprodukte investieren kann, ohne deshalb eine systematisch schlechtere Performance in Kauf nehmen zu müssen.

Das „Ich und Wir-Paradigma" der Sozioökonomie (vgl. Kapitel 4.1.3) ist deshalb an diesem Markt besonders relevant. Hier kann ein privat- und renditeorientiertes Verhalten – wie in Kapitel 3 mit einzelnen empirischen Belegen untermauerte wurde – in Verbindung mit einem gleichzeitig auch verantwortlich und nachhaltigkeitsbezogenem Präferenzsystem in vielen Schattierungen, Varianten und Mischungen auftreten. Dieser Eindruck entsteht bereits in der von Hennig-Thurau et al. (2001) durchgeführten Untersuchung über eine sinnvolle Segmentierung von ethisch-ökologischen Geldanlegern hinsichtlich der subjektiven Wichtigkeiten der Entscheidungsdimensionen „Rentabilität" und „Gesellschaftliche Verantwortung" bei der Geldanlage. Die drei „gefundenen Segmente" (vgl. Kapitel 3.3.2.1.1) wurden hinsichtlich weiterer Elemente ihres Lebensstils näher beschrieben (vgl. Hennig-Thurau et al., 2001). Mit Blick auf diese Untersuchung kann begründet vermutet werden, dass eine Verzichts- und Opfermentalität zugunsten der Nachhaltigkeit bei privaten Investoren im SRI ebenso anzutreffen ist wie ein Gestaltungsoptimismus, bei dem sich ein gesellschaftlich sinnstiftendes Engagement mit privaten Vermögensvorteilen smart kombinieren lässt.

Ähnlich wie andere Lebensäußerungen und Konsumhandlungen ist auch die Art der privaten Geldanlage stets nicht nur eine private Finanztransaktion, sondern Ausdruck einer kulturell eingebundenen Lebensführung. Im Unterschied zu fast allen anderen konsumbezogenen Äußerungsformen eines bestimmten Lebensstils[375], z.B. Wohnen, Kleidung, Essen, Mobilität, ist die soziale Wahrnehmbarkeit und damit die Kommunikationsfunktion einer Geldanlage jedoch zunächst einmal gering. Ob und wie Menschen ihr Geld in Investmentprodukten oder in anderer Weise anlegen oder nicht anlegen, ist nicht ohne weiteres erkennbar. Geldanlagen – und vielleicht sogar insbesondere die „nachhaltigen" - bekommen erst dann ihre heraldische Funktion[376], wenn darüber kommuniziert wird. Obwohl zu vielen in diesem Zusammenhang wichtigen Fragen keine empirischen Forschungsergebnisse vorliegen, kann zumindest vermutet werden, dass gerade für nachhaltige Geldanlagen auch deshalb ein besonders hohes Informationsinteresse bei privaten Geldanlegern vorliegen könnte, weil sie ihr Verhalten vor sich selbst, aber womöglich auch im sozialen Umfeld mehr noch als andere Konsumhandlungen, die für sich genommen bereits eine „Kommunikationsfunktion" haben, gesondert kommunikativ werden entfalten müssen.

Wenn in der *institutionalisierten Erwachsenenbildung* das Themenfeld des Socially Responsible Investment in Bildungsangebote transformiert werden soll, kann an dieses Kommunikationsbedürfnis, aber auch an die durchaus unterschiedlichen Wertorientierungen, Lebensstile[377] und an unterschiedliche Deutungsmuster im Sinne einer konstruktivistischen Didaktik[378] angeknüpft werden. Dabei wird sich eine reflektierte Erwachsenenbildung nicht im Sinne einer technokratischen Vermittlungsinstanz einer spezifischen Interpretation anschließen, denn der Bildungsauftrag einer nachhaltigen Erwachsenenbildung kann nicht darin bestehen, für die „richtige" nachhaltige Geldanlagestrategie zu missionieren. Vielmehr müssen unterschiedliche Deutungen und die ihnen zugrunde liegenden Annahmen und auch Wertorientierungen transparent gemacht werden, um die Teilnehmer ggf. für den Möglichkeitsraum anderer als der zunächst selbst favorisierten Handlungskonzepte aufzuschließen. Hierzu kann auch gehören, sich mit ganz grundlegenden Einwänden auseinander zu setzen, die einen ernstzunehmenden Einfluss kleiner Finanzmärkte auf die nachhaltige Wirtschaftsentwicklung generell in Abrede stellen. Eine solche Distanz einer nachhaltigen Erwachsenenbildung gegenüber einer bestimmten Deutung einer „richtigen" nachhaltigen Geldanlage ist auch deshalb geboten, weil – wie im Verlaufe

---

375 Lebensstile sind kohärente, gruppenspezifische Formen der alltäglichen Lebensführung und Lebensdeutung von Individuen; sie vermitteln zwischen objektiver sozialer Lage und kulturellem Kontext, verklammern soziale Distinktion und individuelle Identität (vgl. Reusswig, 1994, S. 127).

376 Zur heraldischen und symbolischen Funktion des Konsums vgl. Hedtke, 2001; Steffens, 1996.

377 Zur Notwendigkeit, Umweltbildungskonzepte und auch Konzepte der nachhaltigen Bildung in Verbindung mit den Lebensstilen der Zielgruppen zu planen und zu realisieren, für die diese Angebote gedacht sind, vgl. vor allem Bolscho/Michelsen, 2002; Reusswig, 1994.

378 Zur konstruktivistischen Erwachsenenbildung vgl. Siebert, 2001.

der Arbeit gezeigt wurde – unter dem Dachbegriff des SRI durchaus unterschiedliche Konzepte einer „nachhaltigen Geldanlage" vorhanden sind, für die in Teilen jeweils plausible Argumente ins Feld geführt werden können. Das auch kritische Reflektieren der eigenen Deutungen des Wirkungsmechanismus einer nachhaltigen Geldanlage wird insofern ein unverzichtbares Element einer nachhaltigen Erwachsenenbildung sein.

Dieser Offenheits- und Reflexionsanspruch der Erwachsenenbildung kann jedoch für die Gestaltung von Bildungsangeboten auch systematische Nachteile haben. Es kann unterstellt werden, dass eine zielgruppenorientierte Planung, Werbung und Durchführung von Bildungsangeboten für Erwachsene dann am erfolgreichsten ist, wenn insgesamt die Anschlussfähigkeit an den Lebensstil der Zielgruppe gesucht wird. Wenn auf den erwähnten Diskussionsstand zu einer Lebensstilsegmentierung von „nachhaltigen Geldanlegern" zurückgegriffen wird, kann vermutet werden, dass Bildungsangebote für die „Grünen Dagoberts" deutlich anders konzipiert, kommuniziert und durchgeführt werden müssen als Bildungsangebote, die sich beispielsweise an die als „Renditeverzichtler" bezeichnete Gruppe wenden[379]. Der im Marketingdenken verwurzelten Forderung nach einer größtmöglichen Homogenität einer anzusprechenden Zielgruppe stehen möglicherweise erwachsenenpädagogische Überlegungen gegenüber, die gerade auch einen authentischen Austausch von Konzepten und Deutungen der nachhaltigen Geldanlage und den dahinter stehenden persönlichen Motivationen in einzelnen Lernarrangements als interessant und „lehrreich" verstehen könnten.

8.1.2.3 Handlungsrelevanz und lebensweltlicher Bezug

Gegen das exemplarische Aufgreifen und die Entfaltung des Handlungsfeldes des Socially Responsible Investment innerhalb einer nachhaltigen Erwachsenenbildung kann eingewendet werden, dass sich bisher nur sehr wenige Erwachsene mit diesen Fragen beschäftigen, *die anzusprechende Zielgruppe* also insgesamt sehr klein[380] und die unmittelbare Handlungsrelevanz dieses Themenfeldes für einen großen Teil der Erwachsenen nicht gegeben ist. Dieser Einwand ist zutreffend, da maximal nur 1 % der erwachsenen Bevölkerung in Deutschland im weitesten Sinne Erfahrungen mit einer nachhaltigen Geldanlage hat und die in Umfragen dokumentierten Interessenbekundungen, die von einem Potenzial

---

[379] Zur näheren Charakterisierung einzelner Segmente von ethisch-ökologischen Geldanlegern vgl. Kapitel 3.3.2.1.1.

[380] Das Zielgruppenpotenzial für „SRI- und Nachhaltigkeitsthemen" wird bei maximal jenen 15 % der erwachsenen Bevölkerung liegen, die bekunden, Interesse an diesem Thema zu haben. Ob hier überhaupt relevante Bildungsbedarfe vorliegen, kann theoretisch plausibel vorgetragen werden, ist aber empirisch nicht untersucht worden (vgl. Kapitel 3).

von 15 % in der Bevölkerung sprechen, nicht mit dem tatsächlichen Verhalten verwechselt werden dürfen.

Allerdings muss dabei beachtet werden, dass Fragen des privaten Vermögens-managements und der eigenverantwortlichen und langfristigen Finanzplanung in Zusammenhang mit den strukturellen Veränderungen der sozialen Sicherungs-systeme in Deutschland ganz allgemein an Bedeutung gewinnen.

Angesichts der Krisenphänomene der sozialen Sicherungssysteme wird in den letzten Jahren in Deutschland fast Parteien übergreifend entdeckt, dass ein all-gegenwärtiger staatlicher Zwang zur Alterssicherung hinfällig ist und auch nicht damit gerechtfertigt werden kann, „... dass der Einzelne vor den Folgen kurz-sichtiger Lebensplanung geschützt werden müsse." (Breyer et al., 2004, S. 49). Die Verantwortung für die Gestaltung der (privaten) Alterssicherung und der langfristigen Vermögensanlage wird zunehmend von den Menschen selbst getragen werden müssen. Auch in Deutschland wird damit dem Finanzmarkt - wie es in zahlreichen anderen europäischen und außereuropäischen Ländern der Fall ist - eine zentrale Rolle im Aufbau von Altersvorsorgekapital zukommen. Zu vermuten ist, dass ein beträchtlicher Teil der Sparleistungen wegen der benötigten Wertsteigerungsraten für die Ablaufleistung in der Verrentungsphase in Aktien fließen werden. Aufgrund der erforderlichen Integration von Aktien-anlagen werden sich die deutschen Privathaushalte in den nächsten Jahren auf ein bisher weitgehend unbekanntes Terrain begeben und sich dort u.a. auch mit risikotragenden Anlageformen auseinander setzen müssen. Die hier erforderli-chen Veränderungsprozesse können womöglich nur gelingen, wenn qualifizierte Hilfen für die private Finanzplanung angeboten werden, die bei den privaten Haushalten eine hohe Akzeptanz haben und sich insgesamt die Kompetenz in dem lebensweltlichen Handlungsfeld der privaten Altersvorsorge bei einem großen Teil der erwachsenen Bevölkerung in Deutschland verbessert. „Wenn Bildung die Aufgabe hat, Menschen die individuelle Selbstbestimmung zu ermöglichen, dann muss gerade deren Fähigkeit zur Verantwortungsübernahme (auch) durch die Vermittlung bewährten Wissens, dass sie auf (solche) entschei-dungsoffene Lebenssituationen vorbereitet, gestärkt werden." (Zoerner 2001, S. 4) Hier zeichnet sich insgesamt eine wichtiger werdende Aufgabenstellung der allgemeinen Erwachsenenbildung ab.

Dies ist hinsichtlich der Handlungsrelevanz und der von den Teilnehmern anti-zipierten Nützlichkeit einer nachhaltigen Erwachsenenbildung auch deshalb interessant, weil in Zusammenhang mit der Privatisierung der Altersvorsorge einzelne Versuche „der Politik" zu beobachten sind, über die Finanzmärkte zugleich auch die Umsetzung von Nachhaltigkeit in Unternehmen und damit in der Gesellschaft zu fördern. So wird das „Hineinwachsen" des Nachhaltigkeits-themas in die klassische private Altersvorsorge in einigen europäischen Ländern u.a. dadurch forciert, dass Pensions- und Rentenfonds verpflichtet werden zu erläutern, ob und ggf. wie sie in ihrer Anlagepolitik wiederum soziale, ökologische und ggf. andere ethische Kriterien verfolgen[381].

Allerdings werden die ohnehin beträchtlichen Unsicherheiten, die bei einer privaten Vermögens- und Finanzplanung zu überwinden sind, durch die Integration des Nachhaltigkeitsthemas eher noch weiter erhöht werden, denn in diesem erweiterten Konzept muss der „persönliche Nachhaltigkeitsanspruch" mit dem Vorsorgeanspruch hinsichtlich der individuellen Situation, Wertorientierung und der jetzigen und zukünftigen Bedarfslage von Privathaushalten ausjustiert werden (vgl. Abbildung 59).

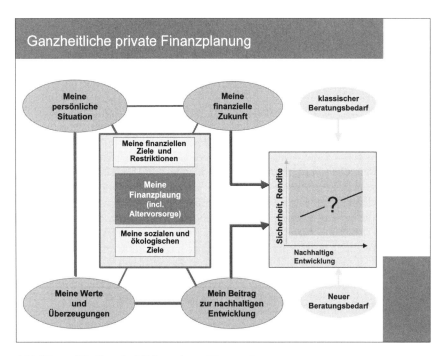

Abbildung 59: Ganzheitliche private Finanzplanung

Es kann vermutet werden, dass sich in einer in diesem Sinne ganzheitlichen privaten Finanzplanung neue Fragen stellen und viele Erwachsene in diesem Zusammenhang einen deutlichen Informations-, Beratungs- und auch Bildungsbedarf artikulieren werden.

---

381 Vgl. den Überblick von Löw (2002) über Internationale Entwicklungen zur Regulierung von ethisch-ökologischen Finanzdienstleistungen.

Für einzelne Träger der allgemeinen Erwachsenenbildung könnte sich damit der Themenkomplex „Private Finanzplanung / Socially Responsible Investment" eignen, um Bildungsangebote zu entwickeln, für die hier ein objektiver Weiterbildungsbedarf prognostiziert wird[382]. Diese Bildungsangebote werden eine unmittelbare Nützlichkeit für private Lebensführung von Erwachsenen aufweisen und zugleich vielfältige Möglichkeiten bieten, Fragestellungen einer nachhaltigen Entwicklung unter dem Blickwinkel einer nachhaltigen Geldanlage einzubeziehen. Die von einzelnen Institutionen der Erwachsenenbildung im Vergleich zu Finanzdienstleistungsunternehmen leicht zu signalisierende Unabhängigkeit der Bildungsangebote von spezifischen wirtschaftlichen Interessen in Bezug auf die im Hintergrund stehenden Investmentstrategien und Produktalternativen könnte sich hier als Wettbewerbsvorteil erweisen, wenn es gelingen sollte, gleichzeitig eine hohe fachliche Qualität sicherzustellen und zu signalisieren[383].

Zusammenfassend kann zur Frage eines nachhaltigen Lernens von Erwachsenen in ihrer Rolle als private Investoren im Socially Responsible Investment festgehalten werden, dass - in Abhängigkeit von der unterschiedlichen und nicht immer zufriedenstellenden Qualität der Informationen - an diesem Markt vielfältige Möglichkeiten bestehen, sich mit den Zielsetzungen einer nachhaltigen Entwicklung und den Beiträgen von Unternehmen auf den Weg hin zu einer nachhaltigen Wirtschaftsweise lernend und handelnd auseinander zu setzen. Auch für eine institutionalisierte Erwachsenenbildung, die

- nachfragebezogen Bildungsaktivitäten entwickeln und anbieten will,

- die von Erwachsenen freiwillig in Anspruch genommen werden sollen,

- in denen sie sich Kompetenzen zur selbstbestimmten Gestaltung wichtiger ökonomischer Entscheidungssituationen aneignen können,

- von denen vermutet werden darf, dass sie einen positiven Einfluss auf eine nachhaltige Entwicklung haben

kann das Socially Responsible Investment als ein besonders geeigneter Lerngegenstand angesehen werden, der insbesondere durch seine mögliche Verknüpfung mit Fragen der privaten Altersvorsorge einen deutlichen Bezug zur Lebenswelt von Erwachsenen aufweist.

---

[382] Zum Begriff des Weiterbildungsbedarfs und der Unterscheidung zwischen subjektivem und objektivem Weiterbildungsbedarf vgl. Ortner, 1981.

[383] Zur Wichtigkeit der Wahrnehmungsdimensionen „Unabhängigkeit" und „Kompetenz" bei der Beurteilung von Informationsangeboten im Socially Responsible Investment vgl. Kapitel 7.4.2.5.3.

8.1.3 Verbesserte Markttransparenz und Lernmöglichkeiten von Erwachsenen in ihrer Rolle als private Investoren

Wenn Möglichkeiten des sich bildenden Auseinandersetzens mit dem Konstrukt der Nachhaltigkeit für private Investoren im SRI unter Bezugnahme auf die vorgestellten Anforderungen auch prinzipiell positiv beurteilt werden, ist jedoch bereits an verschiedenen Stellen deutlich geworden, wie sehr diese Lernmöglichkeiten von den Rahmenbedingungen dieses Marktes und seiner aus Sicht der Anleger z.T. beträchtlichen Intransparenz begrenzt werden. Die in dieser Arbeit aus der Perspektive einer nachhaltigen Erwachsenenbildung aufgeworfene Frage nach den Lernmöglichkeiten von Marktakteuren wird – wie im Kapitel 4 ausgeführt wurde – auch von der neuen Institutionenökonomie thematisiert. Sie sieht in der Möglichkeit des Lernens auf Seiten der Marktakteure einen prinzipiell zu beachtenden Lösungsansatz, um vorhandene Informationsasymmetrien auf Märkten zu überwinden oder abzuschwächen. „Lernen" wird hier als Mechanismus gedeutet, die vorhandenen Unzulänglichkeiten und Asymmetrien in der Marktinteraktion auszugleichen, indem beispielsweise unterlegene und schlecht informierte Marktteilnehmer Erfahrungen sammeln und verarbeiten und daraus bei erneuten Interaktionen ihre Konsequenzen ziehen.

Gegenüber diesem „automatischen Lernkonzept" zur Überwindung von Informationsasymmetrien sind in dieser Forschungsarbeit für den Markt des Socially Responsible Investment zahlreiche Einwände zusammengetragen worden. Es konnte aufgezeigt werden, dass

- es sich bei Investmentprodukten um Kontraktgüter handelt, deren „Kauffrequenz" gering ist und deren „Erfüllung" in der Regel zu einem späteren Zeitpunkt liegt,

- es sich bei den Qualitätseigenschaften der Produkte und Leistungen im Socially Responsible Investment um reine Vertrauenseigenschaften handelt, die sich der Nachprüfbarkeit durch den einzelnen Investor vollständig entziehen und dass insbesondere

- bei der Beurteilung und Selektion von sozial-ökologischen Unternehmensqualitäten, in die ggf. investiert werden soll, zahlreiche normative Entscheidungen einfließen, die in komplexen Interaktionen zwischen Öffentlichkeit, Wissenschaft, Research-Agenturen, Unternehmen und Fondsgesellschaften getroffen werden.

Diese Einwände gegenüber dem Lösungskonzept des „automatischen Erfahrungslernens" von privaten Geldanlegern grenzen auch die Erfolgsaussichten eines informellen Erwachsenenlernens über die Nachhaltigkeitseffekte ihrer Geldanlagen deutlich ein. Die in dieser Arbeit untersuchte Intransparenz des SRI-Marktes und die festgestellte unzureichende Qualität des bisherigen Informationsangebots auf diesem Markt müssen deshalb als ausgesprochene Restriktionen für die Lernmöglichkeiten von privaten Investoren angesehen werden.

Um so wichtiger können deshalb für eine reflektierte Auseinandersetzung mit den Zielen der nachhaltigen Geldanlage die im Kapitel 7 diskutierten Instrumente und Ansatzpunkte zur Transparenzverbesserung sein. Insbesondere die dort näher erläuterten

- Transparenzleitlinien für SRI-Fonds,

- vergleichenden Fondsbeurteilungen von SRI-Fonds und das

- Labelling von SRI-Produkten

können nicht nur das Informationsangebot an diesem Markt, sondern auch die Lernmöglichkeiten von Erwachsenen verbessern. Obwohl es sich bei ihnen um reine „Informationskonzepte" handelt, ist diesen Instrumenten bei aller Unterschiedlichkeit gemeinsam, dass sie grundlegende systematische Gesichtspunkte der Angebotsbeurteilung explizieren. Sowohl Transparenzleitlinien als auch Vergabegrundlagen für ein Umweltzeichen für „grüne Fonds" und Bewertungskriterien einer vergleichenden Fondsbeurteilung erleichtern es Erwachsenen, sich mit den Besonderheiten, den Risiken und Chancen einer nachhaltigen Geldanlage systematisch auseinander zu setzen. Die in diesen Informationskonzepten berücksichtigten systematischen Gesichtspunkte der Angebotsbeurteilung konkretisieren - das ist in dieser Arbeit belegt worden – in unterschiedlichem Detaillierungsgrad den aktuellen wissenschaftlichen Diskussionsstand über die Produkteigenschaften von SRI-Fonds und ihre mögliche Wirkung für die Einleitung einer nachhaltigen Entwicklung.

Wenn hier die mögliche Bildungsfunktion dieser Informationskonzepte herausgestellt wird, dann wird wesentlich auf die in diesen Konzepten verwendeten systematischen Gesichtspunkte der Produktbeurteilung fokussiert. Es muss dabei beachtet werden, dass diese und ähnliche Informationsinstrumente in der Regel nicht konzipiert und verbreitet werden, um ein „Lernen" bei den Nutzern zu unterstützen. Ihre Hauptfunktion auf Märkten ist die der Informationserleichterung, indem glaubwürdige, einfache Signale gesendet werden, die ein weiteres, kompliziertes Abwägen bei den Nutzern des Informationsangebots überflüssig machen (vgl. Raffée/Silberer, 1981; Kroeber-Riel, 1987). Insbesondere das Labelling dient durch die Verdichtung zu einer Kernaussage, die häufig noch markant visualisiert wird, ganz explizit der Informationserleichterung (vgl. Hansen/Kull, 1994). Auch vergleichende Produkt- und Dienstleistungstests haben im Kern eine Informationserleichterungsfunktion, die besonders deutlich wird, wenn eine differenziertere Argumentation am Ende zu einem Testurteil verdichtet wird (vgl. Raffée/Silberer, 1981). Auch die von Fondsgesellschaften freiwillig akzeptierten und ggf. angewendeten Transparenzrichtlinien sollen den privaten Investoren einen leichteren Vergleich zwischen verschiedenen nachhaltigen Geldanlagen ermöglichen.

Die auch über die einzelne Entscheidungserleichterung hinausgehende „Bildungsfunktion" kann jedoch bei diesen Informationskonzepten darin gesehen werden, dass relevante und auch auf die Nachhaltigkeitszielsetzung Bezug nehmende Beurteilungsgesichtspunkte thematisiert werden. Sie führen nicht automatisch zu einer gründlichen und systematischen Auseinandersetzung mit den Meinungsgegenständen einer nachhaltigen Geldanlage, sondern ermöglichen diese nur. Erst von der aktiven, selbsttätigen Beschäftigung mit diesen zusätzlichen Marktinformationen im Kontext einer allgemeineren Deutung der Rolle von Finanzmärkten in der modernen Wirtschaft und ihres möglichen Beitrages für die Einleitung und Verstetigung einer nachhaltigen Wirtschaftsweise kann ein nachhaltiger Lerneffekt und ein Lernen von Nachhaltigkeit erwartet werden.

Das gilt in gleicher Weise auch für die anderen in der Arbeit untersuchten Möglichkeiten der Transparenzverbesserung über die sozialen und ökologischen Qualitäten von Unternehmen. Die umfassende freiwillige *Berichterstattung* der Unternehmen, die bestimmte übergeordnete Standards einer Nachhaltigkeitsberichterstattung akzeptiert und anwendet, würde es nicht nur den Mitarbeitern dieser Unternehmen, sondern auch den potentiellen Investoren ermöglichen, sich selbst ein differenzierteres Bild über die einzelnen Unternehmen zu erarbeiten. Auch der Zugang für Investoren zu den Ergebnissen des Research von Rating-Agenturen könnte diese selbstständige Auseinandersetzung mit der Bewertung von Nachhaltigkeitsleistungen von Unternehmen verbessern. Das Gleiche gilt für die Umsetzung des in dieser Arbeit vorgestellten *Qualitätsstandards* für das Corporate Responsibility Research.

Es kann deshalb insgesamt unterstellt werden, dass die hier vorgestellten Ansätze zur Umsetzung einer verbesserten Markttransparenz im Socially Responsible Investment die Lernmöglichkeiten von Erwachsenen unterstützen können. Dies würde insbesondere dann zu nachhaltigen Lerneffekten führen, wenn das Thema der verbesserten Markttransparenz in Zusammenhang mit der Nachhaltigkeitszielsetzung in Bildungsveranstaltungen auch verallgemeinert und gesondert thematisiert wird. Da jede Aussage über den Effekt eines aktuellen Markthandelns auf eine nachhaltige Entwicklung in einem globalen Kontext mit beträchtlichen Unsicherheiten behaftet sein wird, kommt ein Lernen im Kontext der Nachhaltigkeitszielsetzung nicht daran vorbei, auch Kompetenzen im Umgang mit Informationsangeboten und den in Marktwirtschaften typischen Konzepten der Vertrauensbildung über diese Informationsangebote zu erzeugen. Sie hätte insbesondere die Fähigkeit von Erwachsenen zu stärken, angesichts der zunehmenden Bedeutung „verborgener Qualitäten von Produkten und Leistungen"[384] und angesichts der Vagheit der Nachhaltigkeitszielsetzung entscheidungsfähig zu bleiben, ohne einer finalen Gewissheit über die Richtigkeit von Aussagen aufzusitzen und/oder auf die vollkommene Unentscheidbarkeit und damit Beliebigkeit von unterschiedlichen Handlungsoptionen zu beharren. Die Möglichkeiten der Transparenzerzeugung über Nachhaltigkeitsqualitäten von Produkten und Leistungen von Unternehmen könnte damit zu einem allgemeinbildenden Thema einer Erwachsenenbildung werden, die nachhaltige Effekte haben will und einen Beitrag zur Nachhaltigkeit liefern möchte.

8.2 Beratungskompetenz für nachhaltige Finanzprodukte als Ziel von beruflicher Weiterbildung bei Finanzintermediären

Am Markt der nachhaltigen Geldanlagen sind nicht nur private Investoren anzutreffen. Er ist – wie in Kapitel 3.3 differenziert aufgezeigt - zugleich auch ein Handlungsfeld von institutionellen Investoren, von sehr vielfältigen Finanzinstitutionen, aber auch von Unternehmen als Kapitalnehmer bzw. als Geldanlageobjekte und von Research - Agenturen. In diesen Organisationen sind Menschen in unterschiedlichen beruflichen Kontexten mit Fragen der Nachhaltigkeitsbewertung und der Kommunikation von Produkt- und Unternehmensqualitäten befasst, die beanspruchen, Beiträge für eine nachhaltige Entwicklung zu liefern. Im folgenden Kapitel wird vorrangig auf die Akteursgruppe der privaten Investoren und der Finanzintermediäre eingegangen[385], bei denen sich – so die Ergebnisse der empirischen Analysen – im Kontext des SRI vor allem im Vertrieb und in der Kundenberatung ein spezieller beruflicher Weiterbildungsbedarf abzeichnet. Hier geht es zum einen um den etablierten Aufgabenbereich der Anlageberatung und zum anderen um das von Banken und anderen in den letzten Jahren entwickelte spezielle Dienstleistungsangebot einer Privaten Finanzplanung.

---

[384] Den wachsenden Informationsbedarf der Verbraucher vor allem in Bezug auf die verborgenen Qualitäten von Produkten und Leistungen belegt eine aktuelle Studie (vgl. Schoenheit, 2004).

[385] Die spezifische Relevanz des SRI für besondere Anstrengungen in der beruflichen Weiterbildung bei Unternehmen ist gering, da die Verankerung von Nachhaltigkeitszielsetzungen nicht spezifisch oder gar ausschließlich auf die veränderte Reaktion der Finanzmärkte zurückzuführen ist.

8.2.1 Vertrieb und Beratung bei nachhaltigen Investmentprodukten

Als besonderer Schwachpunkt des Marktes des Socially Responsible Investment ist der Vertrieb und die unzureichende Beratung über die entsprechenden Finanzprodukte insbesondere bei großen Finanzinstituten identifiziert worden (vgl. Kapitel 7.4.2.6). Es kann unterstellt werden, dass die fehlende Motivation und die geringe Kompetenz der Bankberater wesentliche Ursachen für die unzureichende Beratungsqualität darstellen. Mit dieser Einschätzung ist gelegentlich direkt die Hoffnung verbunden, dass durch spezifische Weiterbildungsangebote für Bankberater hier ein zentraler Beitrag zur Überwindung der Vertriebshemmnisse geleistet wird. So wies die im Kapitel 7.4.2.5 diskutierte Expertenbefragung ausdrücklich eine intensivere Weiterbildung als wichtigen Lösungsansatz für die beschriebenen Transparenzprobleme aus. Zugleich sind bereits eine Reihe von strukturellen Hemmnissen aufgezeigt worden, die eine Skepsis gegenüber vorschnellen Hoffnungen begründen, durch vermehrte Produktschulungen über „SRI-Produkte" zu merklichen Erfolgen zu kommen. Allein eine instrumentelle Schulung und berufliche Weiterbildung über SRI-Produkte kann vermutlich nicht erfolgreich sein, wenn die Bankberater sich nicht umfassend mit dem Konzept der Nachhaltigkeit und der Rolle von Unternehmen und Investoren zur Beförderung einer nachhaltigen Entwicklung auseinander setzen. Die Besonderheit des SRI ist es, dass hier nicht einfach die eine oder andere technische Besonderheit in ein Geldanlageprodukt integriert wird. Vielmehr wird die grundsätzliche Funktionsweise der Finanzmärkte unter der Dimension ihrer aggregierten wirtschaftlichen und gesellschaftlichen Wirkung thematisiert und die kritische Reflexion über die eigene Rolle als Finanzintermediär oder Investor angeregt. Solche übergeordneten Sichtweisen können jedoch nur dann in beruflichen Weiterbildungsveranstaltungen glaubwürdig zur Diskussion gestellt werden, wenn in dem „eigenen Finanzdienstleistungsunternehmen" zumindest eine aktive Auseinandersetzung mit der Zielsetzung des nachhaltigen Wirtschaftens erfolgt.

Diese skeptische Grundhaltung gegenüber einer beruflichen Weiterbildung zu SRI-Produkten, die keinen Rückhalt in der Unternehmenskultur des jeweiligen beratenden Unternehmens hat, unterstellt, dass eine nur instrumentelle berufliche Weiterbildung, die die Axiome der Nachhaltigkeit nicht in einer ganzheitlichen Art und Weise selbst zum Thema machen, nicht wirklich erfolgreich – und damit auch nicht „nachhaltig" - sein kann. Sie würde ohne eine eigene Wertorientierung allenfalls rational zur Kenntnis nehmen, dass Kunden unterschiedliche Bedürfnisse hinsichtlich ihrer Geldanlagen haben. Wenn diese sich verändern und nun auch Nachhaltigkeit in der einen oder anderen Art und Weise eine Rolle spielen sollte, dann wird das umgesetzt und die entsprechenden Produkte werden fachgerecht und kundenorientiert verkauft. Berufliche Weiterbildung, die den Anforderungen einer nachhaltigen Erwachsenenbildung gerecht werden will, kann nicht als instrumentelles Lernen verstanden werden. Womöglich ergeben sich im Rahmen der Privaten Finanzplanung Möglichkeiten, ganzheitliche Beratungsdienstleistungen zu definieren, die eine systematische Auseinandersetzung mit dem Nachhaltigkeitsthema im Rahmen der beruflichen Weiterbildung ermöglichen.

8.2.2 Private Finanzplanung als ganzheitliche Beratungsdienstleistung

Bereits die aktuellen Entwicklungen in der privaten Altersvorsorge haben deutlich gemacht, dass bei den Bürgern im Bereich der privaten Finanz- und Vermögensplanung ein zusätzlicher und in Teilen auch neuer Beratungsbedarf entstehen kann. Insofern verwundert es nicht, dass in den letzten Jahren auf diesen sich abzeichnenden Bedarf bereits reagiert wird. Unter dem Begriff „Private Finanzplanung" wird immer häufiger eine anspruchsvolle Beratungsdienstleistung von Banken und Sparkassen, von spezialisierten Tochtergesellschaften sowie von freien Finanzdienstleistern in der Regel für besonders finanzkräftige Privatkunden angeboten (vgl. Kloepfer, 1999).

Während sich diese Dienstleistungsangebote zur „Privaten Finanzplanung" häufig schon deshalb als „ganzheitlich" verstehen, weil das gesamte finanzielle Umfeld eines privaten Haushalts betrachtet und im Rahmen eines Beratungsansatzes auf die Ziele und Wünsche des Kunden individuell eingegangen wird[386], würde eine tatsächlich ganzheitliche Finanzplanung und eine hier ansetzende Beratung auch die Werte und Überzeugungen der Entscheidungssubjekte mit in Betracht ziehen, um im Kontext mit anderen Parametern über den eigenen Beitrag für eine nachhaltige Entwicklung nachzudenken und entsprechende Anlagestrategien herauszufiltern (vgl. Abbildung 59). Eine ganzheitliche Private Finanzplanung müsste demnach alle Aspekte und den inneren Zusammenhang der im Kapitel 4.2.1 vorgestellten Bedarfs-, Angebots-, Qualitäts- und Finanztransparenz im Socially Responsible Investment beachten und bearbeiten. Private Finanzplanung ist dann jedoch nicht mehr nur die „...Synthese aus steuerlichem sowie juristischem Know how, Finanzmathematik und vertieftem Wissen über Produkte aus der Bank-, Versicherungs- und Immobilienbranche" (Farkas/Staab, 2004, S. 124). Sie müsste in diesem Fall auch verstehen und erläutern können, ob und warum diese Produkte für eine nachhaltige Entwicklung eine besondere nachhaltige Relevanz haben. Sie muss insbesondere aber „verstehen", dass Menschen das Ziel haben können, im Kontext ihrer Geldanlagen auch über

---

386 Für Farkas/Staab (2004) ist ein Kennzeichen der Dienstleistung „Private Finanzplanung" die „... dynamische, ganzheitliche Analyse und Beratung des Mandanten in Hinblick auf seine individuelle finanzielle und persönliche Situation." (Farkas/Staab, 2004, S. 124). Für Kühler (2003) entwickeln sich Finanzdienstleister im Kontext der Privaten Finanzplanung sogar zu Lebensberatungsunternehmen.

soziale, ökologische und/oder über andere ethisch relevante Aspekte dieser Geldanlage nachzudenken.

Es scheint offensichtlich, dass sich klassisch ausgebildete Finanzberater, die gelernt haben, Präferenzen und Verhalten von Geldanlegern als „Anomalie" zu interpretieren, die sich nicht im magischen Dreieck der Geldanlage bewegen, die hier geforderten Fähigkeiten erst aneignen müssen, was in Teilen ein „Umlernen" und ein Ändern ihrer Deutungsmuster über die Bedürfnisse von Geldanlegern und die Funktionsmechanismen von Finanzmärkten sein dürfte.

Es erscheint allerdings auch ganz grundlegend fragwürdig, ob das die Anlageberatung methodisch strukturierende Interpretationsmodell, das auf der Nutzenmaximierungstheorie und dem Konzept der rationalen Entscheidungsfindung basiert, überhaupt angemessen ist. Nach Jungermann (1999) sei die in diesem Modell unterstellte Autonomie und Rationalität der Entscheidungssubjekte in solchen Beratungsinteraktionen nicht gegeben, da diese deutlich durch Informations- und Kompetenzasymmetrien gekennzeichnet seien. Angemessener könnte ein verhaltenswissenschaftlicher Advice Giving and Taking Approach (AG&T A) sein, der von vorneherein davon ausgeht, dass „Berater" (Experten) begründete Vorschläge und Empfehlungen bezüglich der Entscheidung aussprechen und den Ratsuchenden dabei unterstützen, die Angemessenheit der empfohlenen Verhaltensalternative zu verstehen[387] (vgl. im Folgenden Jungermann, 1999). Dies ist im Advice Giving and Taking Approach jedoch bereits der dritte Schritt in einer systematisch strukturierten Beratungsinteraktion. In einem ersten Schritt[388] ginge es nach diesem Modell in der Anlageberatung und der Privaten Finanzplanung zunächst um das ganzheitliche Wahrnehmen, Verstehen von Kundenbedürfnissen, der wesentlichen Fragestellung und des in der Beratung zu lösenden Problems. Auf der Grundlage dieser Analyse identifiziert der Berater eine (oder mehrere) Handlungsoptionen, die die Bedarfslage des Ratsuchenden mit einer angemessenen („passenden") Handlungsalternative (Kapitalanlageva-

---

[387] Als wichtige Rahmenbedingung von Beratungsinteraktionen in einem Handlungsfeld wie der Anlageberatung stellt Jungermann (1999) unter anderem die Kompetenzunterschiede zwischen Ratsuchenden und Beratern und deren Folgen heraus. „Consultants match options to clients rather than analyse the consequences of many alternatives; consultants and clients discuss one single option rather than multiple options…" (Jungermann, 1999, S. 1) Diese faktischen Unterschiede zum Modell der Entscheidungsfindung sind nach Jungermann in der Literatur in einzelnen Fällen bereits für medizinische Anwendungsfälle (Beratung zu schwerwiegenden Gesundheitsfragen wie z.B. „genetic sreening") nicht jedoch für den Bereich der Anlageberatung diskutiert worden.

[388] Hier unterscheidet sich das Interpretationsmodell der klassischen Entscheidungsfindungsberatung und der Advice Giving and Taking Approach grundsätzlich nicht. Allenfalls wird in dem verhaltenswissenschaftlichen Ansatz unterstellt, dass bereits in dieser Phase die Asymmetrie der Beziehung mehr oder weniger deutlich wird (vgl. Jungermann 1999, S. 6).

riante) verknüpft. Er greift in dieser Phase der Beratung auf seine spezielle Kompetenz zurück, nicht nur das Marktangebot zu kennen, sondern es auch hinsichtlich der Anforderungen des hier vorliegenden Einzelfalls evaluieren zu können. „Ökonomisch betrachtet bedeutet dies nichts anderes, als dass auf diese Weise sichergestellt wird, dass die Präferenzen der Anleger mit den Märkten verbunden werden." (Oehler, 2004 b, S. 22). Dieser zweite Schritt im Modell des Advice Giving and Taking Approach kann im Einzelfall nicht direkt beobachtet werden, wenn er sich – bei einfachen Konstellationen - im Kopf der Beraters abspielt[389]. Er kann jedoch indirekt in der bereits erwähnten dritten Phase des Beratungsgesprächs beobachtet werden, wenn der Berater die von ihm identifizierte Handlungsalternative vorstellt und ihre „Passung" begründet und erläutert. In der vierten Phase setzt sich der Ratsuchende mit der vorgeschlagenen Alternative auseinander und akzeptiert oder verwirft sie[390]. Selbstverständlich haben die Ratsuchenden alle Möglichkeiten, die Angemessenheit von vorgeschlagenen Alternativen zu überprüfen und auch abzulehnen. Clients „... asks for advice, examine the advised option, ask other people, and take a look at the person who gave that recommendation." (Jungermann, 1999, S. 13). Der Advice Giving and Taking Approach impliziert mit seiner realistischeren Deutung der Erwartungen von Ratsuchenden und der Beratungswirklichkeit eine höhere Verantwortungszuschreibung für die Beratungsergebnisse auf Seiten des Beraters.

Ein solches hier grob skizziertes Konzept einer wirklich ganzheitlichen Anlageberatung und/oder Privaten Finanzplanung, das auch die sozialen, ökologischen und/oder anderen ethisch begründbaren Wertorientierungen der Ratsuchenden berücksichtigt, ist bisher in der Literatur weder theoretisch-konzeptionell noch als Praxisanleitung beschrieben worden[391]. Einzelne Diskussionen innerhalb von Banken und Versicherungen deuten jedoch an, dass dieses erweiterte Ver-

---

389 Bei komplexen Fällen wird das von Jungermann als categorizing and matching bezeichnete Auswählen der angemessenen Handlungsalternative sich über einen längeren Zeitraum hinziehen, sodass der Berater seine Empfehlung sich ggf. auch erst zu einem nachfolgenden Beratungstermin vorstellt (vgl. Jungermann, 1999).

390 Die vier Schritte sind selbstverständlich als „idealtypische Verläufe" zu verstehen, die in Wirklichkeit vielfache Rückverweise und Sprünge aufweisen können (vgl. Jungermann, 1999).

391 Auch wenn in den aktuellen Vertriebskonzepten davon gesprochen wird, „... die Erwartungen des Kunden auf Basis seines Lebensprofils..." zum Ausgangspunkt einer ganzheitlichen Finanzberatung zu machen, spielen soziale und ökologische Wertvorstellungen und entsprechende Zielsetzungen nicht einmal als eine zu beachtende Nebenbedingung eine Rolle (Kübler, 2003, S. 32; siehe auch Kaas/Schneider, 2002, S.34f.; Severidt, 2001, S. 44).

ständnis von Privater Finanzplanung auf Interesse stößt[392]. Als problematisch wird jedoch angesehen, dass mit einem solchen Angebot Erwartungen an Beratungsdienstleistungen geweckt werden könnten, denen womöglich nur schwer entsprochen werden kann. Insbesondere müssten

- die durch die intendierte hohe Individualisierung der Beratungsaussagen jeweils passenden Produktangebote durch EDV-gestützte Analysen auch von SRI-Produkten abrufbar sein und

- die Qualität und Unabhängigkeit der Privaten Finanzplanung besonders gesichert und signalisiert werden.

Berufliche Weiterbildungsmaßnahmen würden bei der Entwicklung und Verbreitung eines solchen Konzeptes eine hervorragenden Rolle spielen. Sie können zwei grundlegende Funktionen erfüllen. Zum einen können sie helfen, die notwendigen kommunikativen und fachlichen Kompetenzen bei den Beratern zu erzeugen. Zum anderen können Weiterbildungsmaßnahmen aber auch für sich genommen bereits die Qualität und die Unabhängigkeit des Beratungsangebots signalisieren, wenn sie von unabhängiger und qualifizierter Seite konzipiert, angeboten und durchgeführt werden[393].

Die Sicherstellung und Signalisierung der Qualität und Unabhängigkeit der Anlageberatung und der Privaten Finanzplanung ist um so dringender, weil die vorhandene Komplexität in Verbindung mit den in dieser Arbeit untersuchten Informationsasymmetrien auch ohne Integration des Nachhaltigkeitsthemas bereits Fragen des Anlegerschutzes aufwirft (vgl. Oehler, 2004).

Insgesamt kann vermutet werden, dass auch angesichts der zunehmenden Komplexität der Beratung Banken, Versicherungen und andere Finanzdienstleister nur punktuell SRI-Finanzprodukte in ihr Vertriebs- und Beratungsportfolio aufnehmen werden und die in dieser Arbeit empirisch belegte vollkommen ungenügende Qualität der Beratung sich nicht „von allein" durch die eigenständigen Kräfte des Marktes grundlegend verbessern wird. Es stellt sich deshalb die Frage, durch welche veränderten institutionellen Rahmenbedingungen für die

---

392 Vgl. den Beitrag von Große, der als Vertreter der NORD/LB zum Thema „Private Finanzplanung" auf einer Tagung des imug Anknüpfungspunkte des bei der NORD/LB entwickelten Konzeptes mit dem Nachhaltigkeitskonzept aufzeigte (imug Tagung vom 14.11.2003).

393 Ohne dass bisher der in dieser Arbeit thematisierte Aspekt der Nachhaltigkeit und einer umfassenden Bedürfnisorientierung berücksichtigt wird, existiert an der FH Frankfurt a.M. ein Angebot zur beruflichen Weiterbildung für eine ganzheitliche Vermögensberatung (Private Finanzplanung), dass die Unabhängigkeit des eigenen Weiterbildungsangebots herausstellt und den erfolgreichen Teilnehmern die Führung eines Zertifikats (Zertifizierter Finanzplaner) erlaubt (vgl. FH Frankfurt a.M., 2004).

Anlageberatung Auswirkungen auf die Anlageberatung und die Private Finanzplanung erhofft werden können, die zu einer Integration des Nachhaltigkeitsthema in die Anlageberatung führen, wovon wiederum starke Impulse für die berufliche Weiterbildung bei Finanzintermediären ausgehen können.

8.2.3 Verbesserte Markttransparenz durch Beratungsauflagenpolitik

Angesichts der nachgewiesenen unzulänglichen Beratungsqualität über nachhaltige Geldanlagen bei den großen Banken und Finanzintermediären (siehe oben) kann zurecht bezweifelt werden, ob es überhaupt realistisch ist, auf eine ganzheitliche, d.h auf eine auch die sozialen und ökologischen Präferenzen von Investoren beachtende Anlageberatung zu hoffen. Der gerade bei großen Bankhäusern offensichtliche Rationalisierungsdruck, unter dem sich jedwede persönliche Beratung schnell als zu zeit- und damit kostenaufwendig darstellt, kann sogar als eine wichtige gegenläufige Tendenz im Bankengeschäft gesehen werden. Gut gemeinte Vorschläge, die auf intensivere berufliche Weiterbildung auch zu den speziellen Themen von nachhaltigen Geldanlagen und auf spezielle Produktschulungen zu SRI-Fonds setzen, müssen vor diesem Hintergrund als praxisfern und wenig wirksam eingeschätzt werden. Angebote zu einer beruflichen Weiterbildung bei den Finanzintermediären, die das Nachhaltigkeitsthema konsequent aufgreifen, werden sich „am Markt" deshalb vermutlich nicht von selbst etablieren.

Ein auch strukturelles Umdenken wird vor diesem Hintergrund in den Banken und Finanzberatungsinstitutionen erst einsetzen, wenn es in Deutschland mit großer Selbstverständlichkeit zur guten Beraterpraxis gehören würde, dass in der Anlageberatung - bevor einzelne Produktalternativen vorgestellt und empfohlen werden - immer auch zunächst einmal danach gefragt würde, ob der Rat suchende Kunde bei seinen Geldanlagen womöglich auch auf bestimmte soziale und/oder ökologische und/oder auf andere ethische Gesichtspunkte achten wolle.

Angesichts der Bedeutsamkeit von langfristigen privaten Vermögensanlagen ist nach dem Wertpapierhandelsgesetz bereits heute jeder Vermögensberater dazu verpflichtet, bei Depoteröffnungen sieben wesentliche Aspekte der Kundensituationen bzw. des Kundeninteresses im Sinne einer Beratungsauflagenpolitik anzusprechen[394]. Der gewünschte Zeithorizont der Anlagen, die persönliche Risikoneigung, die Erfahrung mit Geldanlagen usw. müssen aktiv angesprochen bzw. „abgefragt" werden[395]. Der hier erstmals[396] in Deutschland zur Diskussion

---

394 Zum allgemeinen Konzept einer Beratungsauflagenpolitik als Instrument einer anbieterbezogenen Verbraucherinformation, vgl. Schoenheit, 1985.
395 Vgl. den Kundenbefragungsbogen nach § 32, 33 Wertpapierhandelsgesetz (WpHG).

gestellte achte Aspekt, der das aktive Ansprechen von sozialen, ökologischen und anderen ethischen Erwägungen bei der Vermögensberatung verlangt, kann deshalb die bisherige Beratungsauflagenpolitik in der Vermögensberatung gut ergänzen. Dieser Vorschlag knüpft darüber hinaus an die „EU Directive on Investment Services and Regulated Market" an. Im Artikel 19 der am 30.4.2004 verabschiedeten Directive wird zum Zwecke des besseren Anlegerschutzes der Verhaltensgrundsatz für die Anlageberatung aufgestellt, dass die Informationsangebote und die vorgeschlagenen Produktangebote stets *passend für den jeweiligen Ratsuchenden* anzubieten sind (vgl. EU, 2004, S. 17). Um hier zu einer Verbindlichkeit zu gelangen und um Ratsuchenden systematisch die Möglichkeit der Verfolgung auch nachhaltiger Ziele bei der Geldanlage zu eröffnen und Informationen und Produktangebote für sie also „passend" zu machen, ist die an dieser Stelle vorgeschlagene Beratungsauflage zum „Ansprechen" bzw. „Abfragen" sozialer, ökologischer oder anderer ethisch begründeten Interessen bei der Geldanlage besonders geeignet. Dieser Vorschlag kann als direkte Umsetzung des erwähnten Passus der EU Directive angesehen werden, weil er berücksichtigt, dass zumindest bei einem Teil der privaten Investoren, soziale und ökologische Wertorientierungen und Präferenzen beachtet werden müssen.

Wenn mit dem Hinweis auf das existierende Wertpapierhandelsgesetz die Umsetzung dieser Beratungsauflagenpolitik hier womöglich ausschließlich durch eine *gesetzliche Regelung* suggeriert wird, ist das falsch. Die Grundidee einer solchen Veränderung der institutionellen Rahmenbedingung der Anlageberatung kann alternativ auch im Sinne einer *freiwilligen Selbstbindung* eingeführt werden. Einzelne Finanzintermediäre könnten hier eine Vorreiterrolle einnehmen und dieses Konzept im Sinne eines Best Practice–Ansatzes einführen. Gruppen bzw. Verbände von Finanzintermediären könnte diesen Ansatz im Sinne einer freiwilligen Branchenvereinbarung zum Durchbruch verhelfen. Auch dadurch würden sich die institutionellen Rahmenbedingungen der Anlageberatung merklich verändern. Schließlich – und das ist systematisch der dritte Weg – können unabhängige Testinstitutionen die Anlageberatung daraufhin untersuchen, ob die in der Beratungsauflagenpolitik vorgeschlagene Verhaltensaufforderung von den Anlageberatern eingehalten wird. Selbstverständlich ist dieser Weg auch hilfreich, um die Einhaltung einer gesetzlichen Vorschrift oder einer freiwilligen Vereinbarung zu überprüfen.

Es kann vermutet werden, dass von einer um diesen Aspekt erweiterten Beratungsauflagenpolitik für die Vermögensberatung und für den Markt der nachhaltigen Geldanlagen starke Impulse ausgehen werden. Auch wenn viele Ratsuchende die Frage, ob sie bei ihrer Geldanlage auf bestimmte soziale und/oder

---

396 Der Verfasser dieser Arbeit hat diesen Vorschlag für eine Modifizierung der rechlichen Rahmenbedingungen der Vermögensberatung in Deutschland auf einer Tagung der Investment-Zeitschrift „Der Fonds" am 20.4.2004 gestellt.

ökologische und/oder auf andere ethische Gesichtspunkte achten wollen, womöglich verneinen würden, ist die Wahrscheinlichkeit hoch, dass ein Teil der Ratsuchenden hier zumindest interessiert nachfragen würde. Die Anlageberatung müsste sich auf diese Situation vorbereiten und die Weiterbildung von Finanzberatern würde in der einen oder anderen Form die relevanten Themenaspekte der Nachhaltigkeitszielsetzung aufgreifen (müssen). Mit einer gewissen Plausibilität kann hier ein direkter Effekt eines Instrumentes der Marktverbesserung zunächst einmal unmittelbar auf die berufliche Weiterbildung von Finanzberatern erwartet werden.

8.3 Markttransparenz und nachhaltige Erwachsenenbildung (Zusammenfassung)

Wenn in dieser Arbeit über eine nachhaltige Erwachsenenbildung in Zusammenhang mit Socially Responsible Investment nachgedacht wurde, dann ist offensichtlich, dass eine nachhaltige Erwachsenenbildung sich *nicht nur* auf das Themenfeld des Socially Responsible Investment beziehen kann.

- Nur 1 % der erwachsenen Bürger in Deutschland haten direkten Kontakt mit diesem wirtschaftlichen Handlungsfeld, maximal 15 % äußern ein vages Interesse.

- Nur wenige Finanzintermediäre sind mit der Entwicklung und Vermarktung entsprechender Anlage- und Finanzprodukte befasst, deren Volumen in Deutschland zwar rund 3 Milliarden Euro beträgt, aber damit unter 1 % Marktanteil liegt.

- Auf Seiten der Unternehmen sind im Wesentlichen nur die großen aktiennotierten Unternehmen in die Interaktionen dieses Marktes am Rande einbezogen und

- nur wenige kleine Research-Agenturen befassen sich systematisch mit der Bewertung von unternehmerischen Nachhaltigkeitsleistungen.

Die Bedeutung dieses Marktes für die Ausgestaltung einer nachhaltigen Erwachsenenbildung ist damit von vorneherein begrenzt. Diese begrenzte Bedeutung wurde vor allem in Bezug auf die Akteursgruppe der privaten Investoren und der Finanzintermediäre gesehen und näher untersucht.

Mit diesen Einschränkungen kann der Markt des Socially Responsible Investment jedoch als ein besonders geeigneter Lern – und Handlungsgegenstand für eine nachhaltige Erwachsenenbildung angesehen werden, weil

- an diesem Markt wichtige Grundaxiome der nachhaltigen Entwicklung und der nachhaltigen Wirtschaftsweise explizit thematisiert und diskutiert werden,

- die „nachhaltige Geldanlage" das Potenzial für eine wirksame Metapher besitzt, die das alltäglich Leben prägen kann,
  - ohne in bestimmten eingegrenzten Lebensstilsegmenten verhaftet zu bleiben,
  - ohne systematisch auf eine Verzichtsmentalität zu setzen

- von diesem Finanzmarkt Impulse auf die gesamte Wirtschaft ausgehen und

- offensichtliche Berührungspunkte mit der wichtiger werdenden privaten Altersvorsorge und dem Bedarf nach einer ganzheitlichen privaten Finanzplanung vorhanden sind.

Im Rahmen dieser Arbeit zeigte sich die besondere Eignung dieses Marktes vor allem in Zusammenhang mit der Überprüfung der Frage, inwiefern eine verbesserte Markttransparenz die Möglichkeiten für eine nachhaltige Erwachsenenbildung verbessern kann. Diese sowohl in der ökonomischen als auch in der pädagogischen Literatur kaum gestellte Frage[397] wurde am Beispiel des Socially Responsible Investment untersucht und konkretisierte die häufig eher abstrakt diskutierte Abhängigkeit der Wirksamkeit pädagogischer Interventionen von den institutionellen Rahmenbedingungen, unter denen sich erworbene Kompetenzen jeweils bewähren müssen.

In dieser Arbeit ist deshalb ein möglicher Ansatz für die Konzipierung einer nachhaltigen Erwachsenenbildung vorgestellt worden. Er legt den Fokus der Analyse von Bedingungen für einen – in diesem doppelten Sinne - nachhaltigen Bildungserwerb *nicht* auf die Methoden oder die Qualität des institutionalisierten Lernens in der Erwachsenenbildung. Die Bedingungen für einen nachhaltigen Bildungserwerb werden vielmehr in den Lernmöglichkeiten und in den Lernrestriktionen gesehen, die Erwachsene in ihren Rollen als Konsument, als Kapitalgeber, als Manager oder Arbeitnehmer, verallgemeinert formuliert als in institutionellen Kontexten handelnde Wirtschaftsbürger haben.

Diese Perspektive ist deswegen interessant und wichtig, weil sie ganz grundsätzlich den Blick auf Anknüpfungs- und Bezugspunkte einer nachhaltigen Erwachsenenbildung lenkt, die im empirisch vorfindbaren Wirtschaftsleben und nicht in den Idealen der Bildung oder der Demokratie zu suchen sind. Dieser Konzeptansatz ist dann besonders praxisrelevant, wenn die gesellschaftspolitische Aufga-

---

[397] Eine Ausnahme stellen einige Beiträge im Umfeld der Verbraucherbildung dar (vgl. z.B. Stiftung Verbraucherinstitut, 1998; Berger, 2001).

benstellung darin gesehen wird, die abstrakte Vision der Nachhaltigkeit mit einem heute schon möglichen Handeln der Bürger zu verknüpfen.

Um die Besonderheit des untersuchten wirtschaftlichen Handelns und des spezifischen Marktes angemessen interpretieren zu können, wurde in dieser Arbeit dem „Ich + Wir – Paradigma der Sozioökonomie gefolgt. Markt und Moral wurden modelltheoretisch nicht als vollkommen voneinander getrennte Bereiche begriffen, da moralisches Handeln nach diesem Paradigma der Sozioökonomie auch in Märkten anzutreffen sein kann. Erforderlich ist in diesem Konzeptansatz allerdings die Beachtung und ggf. auch die Veränderbarkeit und bewusste Gestaltbarkeit von solchen institutionellen Arrangements auf Märkten, die sich auf ein auch moralisches Verhalten der Marktakteure mehr oder weniger behindernd bzw. fördernd auswirken können. Jeder einzelne Markt sollte deshalb – das ist die aus diesem Denkansatz in Zusammenhang mit der Nachhaltigkeitsvision deduzierbare Aufgabenstellung - daraufhin untersucht werden, „…welche Struktur moralischen Urteilens er beim Individuum fordert und fördert, welche institutionellen Regelungen die Egozentrik der bloßen Tauschgerechtigkeit überschreiten und wie - schließlich - die Gesamtheit der funktionalen Zusammenhänge zu bewerten ist." (Reinhardt, 1999, S. 82).

Bei den konkreten empirischen Verhaltensausformungen des sozioökonomischen „Ich + Wir-Paradigmas" spielt die von der Institutionenökonomie als wesentlich herausgestellte Möglichkeit eines auch opportunistischen Verhaltens von Marktteilnehmern eine bedeutende Rolle[398]. Diese Grundannahme gilt insbesondere für Märkte und für Interaktionsbeziehungen, in denen unter Bezugnahme auf das schwer überprüfbare Konstrukt der Nachhaltigkeit vielfältige Vertrauenseigenschaften von Produkten, Leistungen und Verhaltensweisen zu Entscheidungskalkülen werden sollen.

Diesem Forschungsprogramm wurde in der vorliegenden Untersuchung gefolgt. Der Hinweis auf eine mögliche Komplimentarität eines ökonomischen und pädagogischen Denkansatzes wurde aufgegriffen, indem nach den nachhaltigen Lernmöglichkeiten von Erwachsenen in Abhängigkeit von den institutionellen Arrangements auf diesem besonderen Markt des Socially Responsible Investment gefragt wurde. Die Analyse des speziellen Marktes und seiner Akteure ist durchgeführt worden, um die besonderen Lernchancen (aber auch Lernrestriktionen) und womöglich auch spezifischen Weiterbildungsbedarfe aufzuzeigen, die bei den an diesem Markt handelnden Akteuren auftreten.

---

[398] Homann/Suchanek weisen darauf hin, dass auch „Altruisten" sich nicht auf Dauer von Interaktionspartnern ausbeuten lassen. „Eine soziale Ordnung, in der die Ehrlichen „immer" die Dummen sind, lässt sich bestenfalls eine begrenzte Zeit ... aufrechterhalten." (Homan/Suchanek, 2000, S. 421).

Im Verlauf der Untersuchung sind zahlreiche Hinweise auf die prinzipielle Eignung des Handlungsfeldes des Socially Responsible Investment für die Gestaltung von Bildungsangeboten und Lernarrangements gewonnen worden, die den im Kapitel 2.3 entwickelten Anspruch einer nachhaltigen Erwachsenenbildung genügen können. Es ist aber auch die theoriegeleitete Vermutung empirisch untermauert worden, dass die unzureichende Transparenz über Produkte, Leistungen und das Verhalten der Marktakteure, die Marktentwicklung ebenso behindert, wie die Möglichkeiten eines nachhaltigen Lernens Erwachsener.

In der Arbeit konnte aufgezeigt werden, welche Instrumente zur Transparenzverbesserung für diesen Markt besonders geeignet sein können. Es wurde mit einer gewissen Plausibilität argumentiert, dass die systematische Institutionalisierung dieser Instrumente an diesem Markt erhebliche Auswirkungen auf die nachhaltigen Lernmöglichkeiten von Erwachsenen haben können.

Es wurde jedoch ebenso deutlich, dass eine verbesserte Transparenz nicht automatisch zu einem nachhaltigen Lernen von Erwachsenen führt. Sie verbessert jedoch die Lernmöglichkeiten und die nachhaltigen Effekte eines Lernens von Nachhaltigkeit.

Literaturverzeichnis

Abel, B. (1979a): Kritischer Rationalismus und das Wertfreiheitsprinzip. In: Raffée, H.; Abel, B. (Hrsg.): Wissenschaftstheoretische Grundfragen der Wirtschaftswissenschaften, München 1979, S. 215-234.

Abel, B. (1979b): Markttheoretische Modelle und Individualismus als Ansatzpunkte der unternehmensbezogenen Konfliktforschung. In: Dlugos, G. (Hrsg.): Unternehmensbezogene Konfliktforschung: Methodologische und forschungspragmatische Grundfragen, Stuttgart 1979, S. 45-76.

Abel, B. (1983): Grundlagen der Erklärung menschlichen Handelns: zur Kontroverse zwischen Konstruktivisten und Kritischen Rationalisten, Tübingen 1983.

Abel, B. (1996): Dialog und Ethik: eine nicht-dialogische Methode zur ethischen Beurteilung des Dialogs. In: Hansen, U. (Hrsg.): Marketing im gesellschaftlichen Dialog, Frankfurt/Main et al.1996, S. 93-108.

Achleitner, A.K. (1999): Handbuch Investment Banking, Wiesbaden. 1999.

Achtenhagen, F. (1975): Findung, Auswahl und Begürndung von Lernzeilen und Lerninhalten (Kapitelkonzeption): In: Frey, K. et al. (Hrsg.): Curriculum-Handbuch, Bd. II, München, Zürich 1975, S. 181-188.

Aigner, D.J.; Hopkins, J.; Johansson, R. (2003): Beyond Compliance: Sustainable Business Practices and the Bottom Line. In: American Journal of Agricultural Economics, Vol. 85 (2003), S. 1126-1139.

Ajzen, I.; Fishbein, M. (1977): Attitude-Behavior Relations: A Theoretical Analysis and Review of Empirical Research. In: Psychological Bulletin, Vol. 84 (1977), S. 888-918.

Akerlof, G.A. (1970): The Market for Lemons: Qualitative Uncertainty and the Market Mechanism. In: Quarterly Journal of Economics, Vol. 84 (1970), S. 488-500.

Alperson, M. et al. (1991): The Better World Investment Guide, Council on Economic Priorities, New York 1991.

Anand, P.; Cowton, C. (1993): The Ethical Investor: Exploring Dimensions of Investment Behaviour. In: Journal of Economic Psychology, Vol. 14 (1993), No. 2, S. 377–85.

Antes, R.; Steeger, U.; Tiebler, P. (1992): Umweltorientiertes Unternehmensverhalten – Ergebnisse aus einem Forschungsprojekt. In: Steger, U. (Hrsg.): Handbuch des Umweltmanagements: Anforderungs- und Leistungsprofile von Unternehmen und Gesellschaft, München 1992, S. 375-395.

Apel, H. (2001a): Nachhaltigkeit. In: Arnold, R.; Nolda, S.; Nuissl, E. (Hrsg.): Wörterbuch Erwachsenenpädagogik, Bad Heilbrunn 2001, S. 233-234.

Apel, H. (2001b): Umweltbildung. In: Arnold, R.; Nolda, S.; Nuissl, E. (Hrsg.): Wörterbuch Erwachsenenpädagogik, Bad Heilbrunn 2001, S. 317-318.

Apel, K.-O. (1997): Institutionsethik oder Diskursethik als Verantwortungsethik? Das Problem der institutionalen Implementation moralischer Normen im Falle des Systems der Marktwirtschaft. In: Harpes, J.-P.; Kuhlmann, W. (Hrsg.): Zur Relevanz der Diskursethik: Anwendungsprobleme der Diskursethik in Wirtschaft und Politik, Münster 1997, S. 167-209.

Arbeit und Ökologie (2000): Verbundprojekt Arbeit und Ökologie des deutschen Instituts für Wirtschaftsforschung, Wuppertal Instituts für Klima, Umwelt und Energie; Wissenschaftszentrums Berlin für Sozialforschung. Abschlußbericht, Berlin, Wuppertal 2000.

Archibald, G.C. (1987): Theory of the Firm. In: Eatwell, J.; Milgate, M.; Newman, P. (ed): The New Palgrave: A Dictionary of Economics, Vol. 2, New York 1987, S. 357-363.

Arenson, K.W. (2002): Harvard President Sees Rise In Anti-Semitism on Campus. In: New York Times, 21.09.2002, Section A , S. 13.

Armbruster, C. (2000): Entwicklung ökologieorientierter Fonds: eine Untersuchung im deutschsprachigen Raum und in Großbritannien, Lohmar, Köln 2000.

Arnold, R. (1985): Deutungsmuster und didaktisches Handeln, Bad Heilbrunn 1985.

Arnold, R. (1996a): Schlüsselqualifikationen - Kategorie einer reflexiven Modernisierung der beruflichen Bildung. In: Hessische Blätter für Volksbildung, 46. Jg., H. 3, S. 197-208.

Arnold, R. (2001a): Deutungsmuster. In: Arnold, R.; Nolda, S.; Nuissl, E. (Hrsg.): Wörterbuch Erwachsenenpädagogik, Bad Heilbrunn 2001, S. 71-72.

Arnold, R. (2001b): Selbstorganisation. In: Arnold, R.; Nolda, S.; Nuissl, E. (Hrsg.): Wörterbuch Erwachsenenpädagogik, Bad Heilbrunn 2001, S. 281-282.

Arnold, R. (2001c): Berufsbildung. In: Arnold, R.; Nolda, S.; Nuissl, E. (Hrsg.): Wörterbuch Erwachsenenpädagogik, Bad Heilbrunn 2001, S. 42-45.

Arnold, R. (2001d): Erwachsenenpädagogik. In: Arnold, R.; Nolda, S.; Nuissl, E. (Hrsg.): Wörterbuch Erwachsenenpädagogik, Bad Heilbrunn 2001, S. 96 – 98.

Arnold, R. (2001e): Selbstorganisiation. In: Arnold, R.; Nolda, S.; Nuissl, E. (Hrsg.): Wörterbuch Erwachsenenpädagogik, Bad Heilbrunn 2001, S. 280–282.

Arnold, R. et al. (2002): Forschungsschwerpunkte zur Weiterbildung, <http://www.die-frankfurt.de/esprid/dokumente/doc-2002/arnold02-01.pdf>, Stand: 17.5.2004.

Arnold, R.; Bauerdick, J. (1997): Der Gegensatz „Allgemeinbildung versus Berufsbildung" ist auch nicht mehr das, was er einmal war – Anmerkungen zu Paradoxien der Berufsbildungspolitik. In: Beicht, U.; Berger, K.; Herget, H.; Krekel, E. (Hrsg.): Berufsperspektiven mit Lehre. Wert und Zukunft dualer Berufsausbildung. Beiträge aus Berufsbildungswissenschaft und –praxis, Berlin 1997, S. 27-55.

Arnold, R.; Faulstich, P.; Mader, W.; Nuissl, E.; Schlutz, E.; Wittpoth, J. (2002): Forschungsschwerpunkte zur Weiterbildung. Deutsches Institut für Erwachsenenbildung, Frankfurt am Main, 2002, <http://www.die-frankfurt.de/esprid/dokumente/doc-2002/arnold02-01.pdf>, Stand: 17.5.2004.

Arnold, R.; Kade, J.; Nolda, S.; Schüßler, I. (Hrsg.) (1998): Lehren und Lernen im Modus der Auslegung. Erwachsenenbildung zwischen Wissensvermittlung, Deutungslernen und Aneignung, Baltmannsweiler 1998.

Arnold, R.; Nolda, S.; Nuissl, E. (Hrsg.) (2001): Wörterbuch Erwachsenenpädagogik, Bad Heilbrunn 2001.

Arnold, R.; Schüßler, I. (2001): Entwicklung des Kompetenzbegriffs und seine Bedeutung für die Berufsbildung und für die Berufsbildungsforschung. In: Franke, G. (Hrsg.): Komplexität und Kompetenz. Ausgewählte Fragen der Kompetenzforschung, Bielefeld 2001, S. 52-75.

Arnold, R.; Siebert, H. (1996): Konstruktivistische Erwachsenenbildung, Baltmannsweiler 1996.

Arrow, K. (1985): The Economics of Agency. In: Pratt, J.W.; Zeckhauser, R.J. (Hrsg.): Principals and Agents: The Structure of Business, Boston 1985, S. 37-51.

Association for Investment Management and Research (AIMR) (2001): Invitation to Comment: AIMR Issues Paper, Preserving the Integrity of Research. In: AIMR Advocate, Vol. 6 (2001), No. 5, S. 1-3.

Aster, R. (Hg.) (1989): Teilnehmende Beobachtung: Werkstattberichte und methodologische Reflexionen, Frankfurt/Main et al. 1989.

Axelrod, R. (1987): Die Evolution der Kooperation, München 1987.

Bachem, J. (1987): EVA – Expertensystem zur Vermögensanlageberatung, Wiesbaden 1987.

Backhaus, K.; Erichson, B.; Plinke, W.; Weiber, R. (2000): Multivariate Analysemethoden: Eine anwendungsorientierte Einführung, 7. Aufl. Berlin 2000.

Baethge, M. (1992): Abschied von Reformillusionen. In: betrifft: erziehung, 5. Jg. (1992), H. 11, S. 19 28.

Bagozzi, R.P. (1994): Measurement in Marketing Research: Basic Principles of Questionnaire Design. In: Bagozzi, R.P. (ed.). Principles of Marketing Research, Oxford 1994, S. 1-49.

Balderjahn, I. (1995): Bedürfnis, Bedarf, Nutzen. In: Tietz, B. u.a. (Hrsg.): Handwörterbuch des Marketing, 2. überarb. Aufl., Stuttgart 1995, Sp. 179-190.

Balz, B.-C (1999): Ethisch-ökologische Geldanlage: Eine kapitalmarktorientierte Analyse, Frankfurt/Main 1999.

Bardeleben, R.v.; Herget, H. (2000): Nutzen und Erfolg betrieblicher Weiterbildung messen: Herausforderungen für das Weiterbildungs-Controlling. In: Bötel, C.; Krekel, E.M. (Hrsg.): Bildungscontrolling – ein Konzept zur Optimierung der betrieblichen Weiterbildungsarbeit, Bielefeld 2000, S. 79-112.

BASF (2003): BASF again included in Dow Jones Sustainable Indices, Pressemitteilung vom 11. September 2003, Ludwigshafen 2003.

Bassler, K.; Kuhlo, M.; Stoll, P. (Hrsg.) (2001): Ethisches Investment: Strategien für kirchliche Geldanlagen, Stuttgart 2001.

Bauer, H. (1995): Marktabgrenzung. In: Tietz, B. u.a. (Hrsg.): Handwörterbuch des Marketing, 2. überarb. Aufl., Stuttgart 1995, Sp. 1709-1721.

Bauer, R.; Koedijk, K.C.G.; Otten, R. (2002): International Evidence on Ethical Mutual Fund Performance and Investment Style, Discussion Paper Series – Centre for Economic Policy Research London 2002.

Bauer; H. (2001): Markt. In: Diller, H. (Hrsg.): Vahlens großes Marketinglexikon, 2. völlig überarb. u. erw. Aufl. München 2001, S. 1032-1034.

Bazerman, M. (2001): Consumer Research for Consumers. In: Journal of Consumer Research, Vol. 27 (2001), S. 499-504.

Beck, H. (2003): Fonds: Gottgefälligkeit ist lohnender als Sünde. In: Frankfurter Allgemeine Zeitung, 27.09.2003, Nr. 225, S. 19.

Beck, K. (2000): Ethische Differenzierung als Grundlage, Aufgabe und Movens Lebenslangen Lernens. In: Achtenhagen, F.; Lempert, W. (Hrsg.): Lebenslanges Lernen im Beruf, Bd. 5, Opladen 2000, S. 30-51.

Beck, U. (1986): Risikogesellschaft. Auf dem Weg in eine andere Moderne, Frankfurt/Main 1986.

Beck, U. (1993): Die Erfindung des Politischen: zu einer Theorie reflexiver Modernisierung, Frankfurt/Main 1993.

Beck, U. (1997): Was ist Globalisierung. Irrtümer des Globalismus – Antworten auf Globalisierung, Frankfurt/Main 1997.

Beck, U.; Giddens, A.; Lash, S. (1996): Reflexive Modernisierung, Frankfurt/Main 1996.

Beck, U.; Vossenkuhl, W.; Ziegler, U.E. (1995): Eigenes Leben: Ausflüge in die unbekannte Gesellschaft, in der wir leben, München 1995.

Beckenbach, F. (Hrsg.) (1991): Die ökologische Herausforderung für die ökonomische Theorie, Schriftenreihe Ökologie und Wirtschaftsforschung, Bd. 2, Marburg 1991.

Becker, E.; McVeigh, P. (1999): Social Funds in the United States: Their History, Financial Performance and Social Impacts, Presentation at the Second National Heartland Labor-Capitol Conference, Washington 1999.

Becker, H.S.; Geer, B. (1957): Participant Observation and Interviewing: A Comparison. In: Human Organization, Vol. 16 (1957), S. 28-32.

Beckstett, R. (1997): Öko-Rating - Bedeutung und methodische Ansätze zur Integration von Umweltrisiken, unveröffentlichte Diplomarbeit, Giessen 1997.

Beder, S. (1997): Global Spin: The Corporate Assault on Environmentalism, Chelsea Green, White River Junction 1997.

Behrens, R. (1999): Die ökologische Herausforderung der Betriebswirtschaftslehre: Integrationsperspektiven und Handlungskonzeptionen, München et al. 1999.

Belk, R.W.; Wallendorf, M. (1990): The Sacred Meanings of Money. In: Journal of Economic Psychology, Vol. 11 (1990), S. 35-67.

Bennigsen-Foerder, R. von (1988): Politisierung des Konsums? Der Bürger als Kunde, der Kunde als Bürger. In: Markenartikel, 50. Jg. (1988), H. 7, S. 334-339.

Benston, G.J.; Smith, W. (1976): A Transactions Cost Approach to the Theory of Financial Intermediation. In: Journal of Finance, Vol. 31 (1976), S. 215-231.

Berger, A.N.; Hunter, W.C.; Timme, S.G. (1993): The Efficiency of Financial Institutions: A Review and Preview of Research Past, Present, and Future. In: Journal of Banking and Finance, Vol. 17 (1993), S. 227-292.

Berkhout et al. (2001): Measuring the Environmental Performance of Industry (MEPI), Final Report 2001, <http://www.environmental-performance.org/outputs/FinalReport.pdf>, Stand: 2.2.2004.

Beutelmeyer, W.; Kaplitza, G. (1999): Sekundäranalyse. In: Roth, E.; Holling, H. (Hrsg.): Sozialwissenschaftliche Methoden, 5. Aufl. München, Wien 1999, S. 293-308.

Binswanger, H.-C. (1985): Geld und Magie: Deutung und Kritik der modernen Wirtschaft anhand von Goethes Faust, Stuttgart 1985.

Bird, F. (1996): Moral Universals as Cultural Realities. In: Brady (ed.): Ethical Universals in International Business, Berlin; New York 1996, S. 97-149.

Birk, S. (1991): Berichtssysteme: operative Berichterstattung in Konzernen, Herrsching 1991.

Bitz, M. (1989): Erscheinungsformen und Funktionen von Finanzintermediären. In: WIST, 17. Jg. (1989), H. 10, S. 430-436.

Bitz, M. (2002): Finanzdienstleistungen, 6. Aufl. München, Wien 2002.

Bleicher, K. (1991): Das Konzept integriertes Management, Frankfurt et al. 1991.

Bleicher, K. (1999): Unternehmensphilosophie: Visionen und Missionen eines normativen Managements. In: Korff, W. et al. (Hrsg.): Handbuch der Wirtschaftsethik, Bd. 3, Gütersloh 1999, S. 165-188.

BMU/UBA (Hrsg.) (2000): Umweltmanagementsysteme – Fortschritt oder heiße Luft? Frankfurt/Main 2000.

Boehm, U.; Mende, M.; Rieker, P.; Schuchardt, W. (1974): Qualifikationsstruktur und berufliche Curricula, Hannover 1974.

Bolscho, D. (1996): Umweltbewusstsein zwischen Anspruch und Wirklichkeit. Anmerkungen zu einem Dilemma, Frankfurt/Main 1996.

Bolscho, D. (1998): Nachhaltigkeit – (k)ein Leitbildung für Umweltbildung. In: Beyer, A. (Hrsg.): Nachhaltigkeit und Umweltbildung, Hamburg 1998, S. 163-177.

Bolscho, D. (2000): Konstruktivismus – ein Kind der Postmoderne. In: Bolscho, D.; Haan, G. de (Hrsg.): Konstruktivismus und Umweltbildung, Opladen 2000, S. 147-152.

Bolscho, D. (2002): Zur Popularisierung des Leitbildes Nachhaltige Entwicklung. In: Bolscho, D.; Michelsen, G. (Hrsg.): Umweltbewusstsein unter dem Leitbild Nachhaltige Entwicklung. Ergebnisse empirischer Untersuchungen und pädagogische Konsequenzen, Opladen 2002, S. 301-305.

Bolscho, D.; Haan, G. de (2000a): Einführung. In: Bolscho, D.; Haan, G. de (Hrsg.): Konstruktivismus und Umweltbildung, Opladen 2000, S. 7-11.

Bolscho, D.; Haan, G. de (Hrsg.) (2000): Konstruktivismus und Umweltbildung, Opladen 2000.

Bolscho, D.; Michelsen, G. (Hrsg.) (2002): Umweltbewusstsein unter dem Leitbild Nachhaltige Entwicklung. Ergebnisse empirischer Untersuchungen und pädagogische Konsequenzen, Opladen 2002.

Born, K.E. (1994): Die ethische Beurteilung des Geldwesens im Wandel der Geschichte. In: Hesse, H.; Issing, O. (Hrsg.): Geld und Moral, München 1994, S. 1-20.

Bouma, J.J.; Jeucken, M.H.A.; Klinkers, L. (Hrsg.) (2001): Sustainable Banking. The Greening of Finance, Sheffield 2001.

Brady, N. (1996): Introduction: A Typology of Ethical Theories. In: Brady (ed.): Ethical Universals in International Business, Berlin; New York 1996, S. 1-14.

Brand, K.W. (2000): Kommunikation über nachhaltige Entwicklung, oder: Warum sich das Leitbild der Nachhaltigkeit so schlecht popularisieren lässt (Redaktionelle Korrekturen am 1.8.2003), <http://www.sowi-onlinejournal.de/nachhaltigkeit/brand.htm>, Stand: 17.5.2004.

Brand, K.W. (2000a): Vision ohne Herzblut. Über die begrenzte Resonanzfähigkeit des Leitbildes der Nachhaltigkeit. In: Politische Ökologie, Nr. 63/64 (2000), S. 19-22.

Bressler, D.B. (1996): Ethical Investment. In: Pava, M.L.; Levine, A. (eds.) (1996): Jewish Business Ethics: The Firm and Its Stakeholder, New York 1996, S. 168-183.

Breyer, F.; Franz, W.; Homburg, S.; Schnabel, R.; Wille, E. (2004): Reform der sozialen Sicherung, Berlin, Heidelberg, New York 2004.

Brinkhaus, J.; Scherer, P. (2003): Gesetz über Kapitalanlagegesellschaften (KAGG), Auslandsinvestmentgesetz (AuslInvestmG), Kommentar, München 2003.

Brockhoff, K. (1975): Zur externen gesellschaftsbezogenen Berichterstattung deutscher Unternehmen, Köln 1975.

Brockhoff, K. (2001): Positionierungsstrategie: In: Diller, H. (Hrsg.): Vahlens großes Marketinglexikon, 2. völlig überarb. u. erw. Aufl. München 2001, S. 1278-1279.

Bromley, D.B. (1993): Reputation, Image and Impression Management, Chichester et al. 1993.

Broyles, P.A. (1998): The Impact of Shareholder Activism on Corporate Involvement in South Africa During the Reagan Era. In: International Review of Modern Sociology, Vol. 28 (1998), No. 1, S. 1-20.

Bruhn, M. (1994): Handbuch Markenartikel: Anforderungen an die Markenpolitik aus Sicht von Wissenschaft und Praxis, 3 Bände, Stuttgart 1994.

Bruhn, M. (1997): Qualitätsmanagement für Dienstleistungen: Grundlagen, Konzepte, Methoden, 2. überarb. u. erw. Aufl. Berlin et al. 1997.

Bruhn, M. (1999): Marketing. Grundlagen für Studium und Praxis, 4. überarb. Aufl. Wiesbaden 1999.

Bruhn, M. (2003): Integrierte Unternehmens- und Markenkommunikation: strategische Planung und operative Umsetzung, 3. überarb. u. erw. Aufl. Stuttgart 2003.

Bruhn, M. (2003): Qualitätsmanagement für Dienstleistungen. Grundlagen, Konzepte, Methoden, Berlin 2003.

Bruyn, S.T. (1987): The Field of Social Investment, Cambridge 1987.

BUND; Misereor (Hrsg.) (1996): Zukunftsfähiges Deutschland: ein Beitrag zu einer global nachhaltigen Entwicklung. Studie des Wuppertal-Instituts für Klima, Umwelt, Energie GmbH, Basel et al. 1996.

Bundesanstalt für Finanzdienstleistungsaufsicht (Hrsg.) (2002): Gesetz über die Beaufsichtigung der Versicherungsunternehmen (Versicherungsaufsichtsgesetz – VAG), Berlin 2002.

Bundesministerium für Umwelt, Naturschutz und Reaktorsicherheit (Hrsg.) (1997): Umweltpolitik - Agenda 21 - Konferenz der Vereinten Nationen für Umwelt und Entwicklung im Juni 1992 in Rio de Janeiro - Dokumente, Bonn 1997.

Bundesministerium für Umwelt, Naturschutz und Reaktorsicherheit; Verein für Umweltmanagement in Banken, Sparkassen und Versicherungen (Hrsg.) (1997): Umwelt und Finanzdienstleistungen: Verantwortung für eine nachhaltige, umweltgerechte Entwicklung München 1997.

Bundesregierung (2002): Perspektiven für Deutschland. Unsere Strategie für eine nachhaltige Entwicklung, Berlin 2002, <http://www.bundesregierung.de/Anlage587386/pdf_datei.pdf>, Stand: 15.5.2003.

Bundesverband deutscher Banken (Hrsg.) (2003): Banken und Verbraucher: das verbraucherpolitische Gesamtkonzept der privaten Banken, Berlin 2003.

Bund-Länder-Kommission (1998): Bildung für eine nachhaltige Entwicklung. Orientierungsrahmen. Materialien zur Bildungsplanung und zur Forschungsförderung, BLK, H. 69, Bonn 1998.

Bürger, V.; Timpe, C.; Devries, J. (2004): Kennzeichnung von Strom. Ein Weg für mehr Transparenz und Wettbewerb auf dem Strommarkt. In: Energiewirtschaftliche Tagesfragen, 53. Jg. (2003), H. 9, S. 567 – 570.

Burnes, B. (2000): Managing Change: a Strategic Approach to Organisational Dynamics, 3rd ed. London et al. 2000.

Burschel, C.; Losen, D. (2002): Globalisierung und Nachhaltigkeitsberichterstattung. In: Umweltwirtschaftsforum, 10. Jg. (2002), H. 1, S. 23-29.

Buttle, F. (1996): SERVQUAL: Review, Critique, Research Agenda. In: European Journal of Marketing, Vol. 30 (1996), S. 8-32.

Butz, C. (2004): Nachhaltige Investments: Schöpfen oder vernichten sie Wert? In: Die Bank, H. 6-7 (2004), S. 381-385.

Butz, C.; Plattner, A. (1999): Nachhaltige Aktienanlagen: Eine Analyse der Rendite in Abhängigkeit von Umwelt- und Sozialkriterien, Sarasin Studie, Basel 1999.

BVI (2001): Investmentsparen in Deutschland, Frankfurt/Main 2001, <http://www.bvi.de/downloads/INTR-55ZKT3br_invsp_0112.pdf>, Stand: 2.10.2003.

BVI (2003a): Investmentsparen in Deutschland, Frankfurt/Main 2003.

BVI (2003b): Spezialfonds weiter stark gefragt: BVI veröffentlicht neue Asset Management-Statistik, Frankfurt/Main 2003, <http://www.bvi.de/downloads/INTR-5Q5EHHpm060803.rtf>, Stand: 2.10.2003.

BVI (2003c): Statistiken, <http://www.bvi.de/fsINTR-5HBL5T.html>, Stand: 2.10.2003.

Cameron, E.; Green, M. (2004): Making Sense of Change Management: A Complete Guide to the Models, Tools and Techniques of Organizational Change, London et al. 2004.

Campbell, B. (1985): Ökologie des Menschen, München 1985.

Carnall, C.A. (2003): Managing Change in Organizations, 4th ed. Harlow et al. 2003.

Chin, R.; Benne, K.D. (1975): Strategien zur Veränderung sozialer Systeme. In: Bennis, W.; Benne, K.D.; Chin, R. (Hrsg.): Änderung des Sozialverhaltens, Stuttgart 1975, S. 43-79.

Coase, R.H. (1937): The Nature of the Firm. In: Economica n.s., Vol. 4 (1937), S. 386-405.

Comenius, J.A. (1960): Pampaedia. Lateinischer Text und deutsche Übersetzung, Heidelberg 1960 (Erstausgabe 1676/1677).

Committee for Economic Development (CED) (1971): Social Responsibilities of Business Corporations, New York 1971.

Conseur (2003): Conseur's Fundamental Principles, <http://www.conseur.org/conseur_flash/principles.html>, Stand: 18.12.2003.

Cornier D.; Gordon, I.M. (2001): An Examination of Social and Environmental Reporting Strategies. In: Accounting, Auditing & Accountability Journal, Vol. 14 (2001). No. 5, S. 587-617.

Council on Economic Priorities (CEP) (1996): Research Report September 1996, New York 1996.

Cowton, C. (1999): Accounting and Financial Ethics – from Margin to Mainstream? In: Business Ethics: A European Review, Vol. 8 (1999), No. 2, S. 99-107.

CSR Austria (Hrsg.) (2003): Die gesellschaftliche Verantwortung österreichischer Unternehmen. Ergebnisse einer empirischen Untersuchung, Wien 2003.

CSR EMS Forum (2004): EU Multi Stakeholder Forum On CSR, <http://forum.europa.eu.int/irc/empl/csr_eu_multi_stakeholder_forum/info/da ta/en/csr%20ems%20forum.htm>, Stand: 04.07.2004.

Cyert, R.; March, J.G. (1963): A Behavioral Theory of the Firm, Englewood Cliffs 1963.

Dahle, S.; Hässler, R. (1996): Issue-Monitoring: Voraussetzungen für eine erfolgreiche PR-Arbeit. In: Public Relations Forum für Wissenschaft und Praxis, 2. Jg. (1996), H. 3, S. 27-29.

Darby, M.R.; Karni, E. (1973): Free Competition and the Optimal Amount of Fraud. In: Journal of Law and Economics, Vol. 16 (1973), S. 67-88.

Davies, G. (2003): Corporate Reputation and Competitiveness, London, New York 2003.

Davis, M. (2002): Profession, Code, and Ethics (Ashgate Studies in Applied Ethics), Aldershot 2002.

De Villiers, L. (1995): In Sight of Surrender: The U.S. Sanctions Campaign Against South Africa, 1946-1993, New York, Westport, London 1995.

DeBondt, W.F.M. (1995): Investor Psychology and the Dynamics of Security Prices. In: Wood, A.S. (ed.): Behavioral Finance and Decision Theory in Investment Management, Charlottesville 1995, S. 7-12.

Degen, B. (2003): Responsible Care in Investments, Lohmar et al. 2003.

Deml, M. (1994): Grünes Geld. Jahrbuch für ethisch-ökologische Geldanlagen 1995/1996, Wien 1994.

Deml, M.; May, H. (2002): Grünes Geld. Jahrbuch für ethisch-ökologische Geldanlagen 2002/2003, Stuttgart 2002.

Deml, M.; Weber, J. (2000): Grünes Geld. Jahrbuch für ethisch-ökologische Geldanlagen 2000/2001, Stuttgart 2000.

Dennis, T. (2002): Share and Share Alike. In: The Guardian, 20.5.2002.

Derksen, L.; Gartnell, J. (1993): The Social Context of Recycling. In: American Sociological Review, Vol. 58 (1993), S. 434-442.

DeSimone, L.D.; Popoff, F. (1997): Eco Efficiency: The Business Link to Sustainable Development, Cambridge, London 1997.

Deutsche UNESCO-Kommission (2003): Nachhaltigkeit lernen: Hamburger Erklärung des Deutschen UNESCO-Kommission zur Dekade der Vereinten Nationen „Bildung für nachhaltige Entwicklung" (2005-2014), <http://www.unesco-heute.de/0703/hamburger_erklaerung.htm>, Stand: 15.5.2004.

Deutscher Bildungsrat (Hrsg.) (1970): Strukturplan für das Bildungswesen, Stuttgart 1970.

Deutscher Bundestag (1997): Erster Bericht zur Umweltbildung. Unterrichtung durch die Bundesregierung vom 30.10.1997, Bundestags-Drucksache 13/8878, Bonn 1997.

Deutscher Bundestag (Hrsg.) (1998): Konzept Nachhaltigkeit: vom Leitbild zur Umsetzung. Abschlußbericht der Enquete-Kommission „Schutz des Menschen und der Umwelt - Ziele und Rahmenbedingungen einer nachhaltig zukunftsverträglichen Entwicklung" des 13. Deutschen Bundestages, Bonn, 1998.

Deutscher Bundestag (Hrsg.) (2002): Schlussbericht der Enquete-Kommission „Globalisierung der Weltwirtschaft – Herausforderungen und Antworten", BT-Drucksache 14/9200, Berlin 2002.

Deutsches Aktieninstitut e. V. (Hrsg.) (1999): Memorandum zur ökonomischen Bildung, Frankfurt/Main 1999.

Deutsches Aktieninstitut e.V. (Hrsg.) (2002): Ethisch orientierte Aktienanlage - Nische oder Wachstumsmarkt, H. 18, Frankfurt/Main 2002.

Devries, J. (1997): imug-Emnid: Verbraucher und Verantwortung. Ausgewählte Ergebnisse einer empirischen Untersuchung, imug-Arbeitspapier 6/97, Hannover 1997.

Dewe, B.; Frank, G.; Huge, W. (Hrsg.) (1988): Theorien der Erwachsenenbildung, München 1988.

Dewey, J. (1935): Liberalism and Social Action, New York 1935.

DGQ (1997): DIN 33922: 1997-07. Leitfaden - Umweltberichte für die Öffentlichkeit, Frankfurt/Main 1997.

Diamond, D.W. (1984): Financial Intermediation and Delegated Monitoring. In: Review of Economics and Statistics, Vol. 51 (1984), No. 3, S. 393-414.

Dieckmann, B.; Holzapfel, G.; Deuchert, P.; Buttgereit, M. (1973): Gesellschaftsanalyse und Weiterbildungsziele, Braunschweig 1973.

Diegelmann, M.; Giesel, F.; Jugel, S. (Hrsg.) (2002): Moderne Investor Relations - Instrument der strategischen Unternehmensführung, Frankfurt/Main 2002.

Diehl, U.; Loistl, O.; Rehkugler, H. (1998): Effiziente Kapitalmarktkommunikation, Stuttgart 1998.

Diekmann, A. (2002): Empirische Sozialforschung. Grundlagen, Methoden, Anwendungen, 9. Aufl. Reinbek 2002.

Dierkes, M. (1974): Sozialbilanz, Frankfurt, New York 1974.

Dierkes, M.; Marz, L. (1992): Umweltorientierung als Teil der Unternehmenskultur. In: Steger, U. (Hrsg.): Handbuch des Umweltmanagements: Anforderungs- und Leistungsprofile von Unternehmen und Gesellschaft, München 1992, S. 223-240.

Dikau, J. (1972): Erwachsenenbildung zwischen Affirmation und Kritik. In: Picht, G.; Edding, F. et al. (Hrsg.): Leitlinien der Erwachsenenbildung. Aufsätze zu Entwicklungstendenzen der Weiterbildung, Braunschweig 1972, S. 110-134.

Dill, P.; Hügler, G. (1997): Unternehmenskultur und Führung betriebswirtschaftlicher Organisationen. Ansatzpunkte für ein kulturbewusstes Management. In: Heinen, E.; Fank, M. (1997): Unternehmenskultur: Perspektiven für Wissenschaft und Praxis, 2. bearb. und erw. Aufl. München et al. 1997, S. 141-209.

Dillenburg, S.; Greene, T.; Erekson, O.H. (2003): Approaching Socially Responsible Investment with a Comprehensive Ratings Scheme: Total Social Impact. In: Journal of Business Ethics, Vol. 43 (2003), No. 3, S. 167-177.

Diller, H. (2001): Bedarf. In: Diller, H. (Hrsg.): Vahlens großes Marketinglexikon, 2. völlig überarb. u. erw. Aufl. München 2001, S. 129.

DIW; WI; WZB (2000): Verbundprojekt Arbeit und Ökologie: Abschlußbericht zum Projekt Nr. 97-959-3, Düsseldorf 2000.

Dixon, D.F.; Wilkinosn, I.F. (1986): Toward a Theory of Channel Structure. In: Research in Marketing, Vol. 8 (1986), S. 27-70.

Domini, A. (2001): Socially Responsible Investing: Making a Difference and Making Money, Chicago 2001.

Döpfner, C.; Hoffmann, J. (2000): Ethisch-ökologisches Rating - Unternehmensbewertungen für ethisch-ökologische und kulturell „saubere" Geldanlagen. In: KM Forum Weltkirche, o.Jg. (2000), H. 2, S. 23-25.

Dörner, D. (1989): Die Logik des Misslingens. Strategisches Denken in komplexen Situationen, Reinbeck 1989.

Dow Chemical Company (2004): Sustainable Development and Dow: Society's "License to Operate", <http://www.dow.com/susdev/sd_dow/license.htm>, Stand: 2.2. 2004.

Dunfee, T.W. (2003): Social Investing: Mainstream or Backwater? In: Journal of Business Ethics, Vol. 43 (2003), No. 3, S. 247-252.

Dyllick, T. (1989): Management der Umweltbeziehungen: öffentliche Auseinandersetzungen als Herausforderung, Wiesbaden 1989.

Dyllick, T.; Hamschmidt. J. (2000): Wirksamkeit und Leistung von Umweltmanagementsystemen, Zürich 2000.

Dyllick, T.; Hockerts, K. (2002): Beyond the Business Case for Corporate Sustainability. In: Business Strategy and the Environment, Vol. 11 (2002), S. 130-141.

Ebel, B.; Hofer, M.B. (Hrsg.) (2003): Investor Marketing - Aktionäre erfolgreich gewinnen, Investoren langfristig binden, Börsenkurse nachhaltig steigern, Wiesbaden 2003.

Ebenroth, C.-T., Karl, J. (1987): Code of Conduct - Ansätze zur vertraglichen Gestaltung internationaler Investitionen, Konstanz 1987.

Eberle, U. (2001): Das Nachhaltigkeitszeichen: ein Instrument zur Umsetzung einer nachhaltigen Entwicklung? Werkstattreihe / Öko-Institut e.V., Institut für Angewandte Ökologie Nr. 127, Freiburg 2001.

Ebert, W.; Lörcher, M.; ; Merten, T. (2002): Excellent nachhaltig wirtschaften. Das Nachhaltigkeits-EFQM-Modell im Praxistest. In: Unternehmen und Umwelt. Zeitschrift für umweltorientierte Unternehmenspolitik, o.Jg. (2002), H. 2, S. 24-25.

EIRIS (2003): Ethical Portfolio Manager, London 2003.

Enderle, G. (1993): Unternehmen. In: Enderle, G. et al. (Hrsg.): Lexikon der Wirtschaftsethik, Freiburg im Breisgau et al. 1993, Sp. 1093-1100.

Enderle, G. et al. (Hrsg.) (1993): Lexikon der Wirtschaftsethik, Freiburg im Breisgau et al. 1993.

Engelhardt, W.H. (1995): Markt. In: Tietz, B. (Hrsg.): Handwörterbuch des Marketing, 2. vollst. überarb. Aufl., Stuttgart 1995, Sp. 1696-1708.

Enquete-Kommission „Schutz des Menschen und der Umwelt des Deutschen Bundestages" (Hrsg.) (1998): Konzept Nachhaltigkeit. Vom Leitbild zur Umsetzung, Abschlußbericht, Bonn 1998.

Entine, J. (2003): The Myth of Social Investing: A Critique of its Practice and Consequences for Corporate Social Performance Research. In: Organization & Environment, Vol. 16 (2003), No. 3, S. 352-368.

Esch, F.-R. (1999): Wirkungen integrierter Kommunikation, 2. Aufl. Wiesbaden 1999.

Esch, F.-R. (2003): Strategie und Technik der Markenführung, München 2003.

Eschenbach, R. (1997): Grundgesetze der Unternehmensführung – Ein Arbeitshandbuch zur gleichnamigen Vorlesung von Rolf Eschenbach, 5. Aufl. Wien 1997.

Ethibel (2002): The Ethibel Sustainability Index Rulebook, Brüssel 2002.

Ethibel (2003): The Ethibel label: European Quality Label for Sustainable Investing, Brüssel 2003.

Etzioni, A. (1994): Jenseits des Egoismus-Prinzips. Ein neues Bild von Wirtschaft, Politik und Gesellschaft, Stuttgart 1994.

Etzioni, A. (1996): Die faire Gesellschaft. Jenseits von Sozialismus und Kapitalismus, Frankfurt/Main. 1996 (Orig. The Moral Dimension. Towards a New Economics. New York 1988).

EU (2004): Directive 2004/39/EC of the European Parliament and of the Council. Official Journal of the European Union, 30.4.2002, L 145.

EU-Commission (2002): Communication on Corporate Social Responsibility. A Business Contribution to Sustainable Development, KOM (2002) 347, Brussels 2002.

Euopean Federaton of Accountants (FEE) (2002): Providing Assurance on Sustainability Reports, Discussion Paper Brussels 2002.

Europäisches Parlament/Rat der Europäischen Union (2001): Verordnung (EG) Nr. 761/2001 des Europaischen Parlaments und des Rates vom 19. März 2001 über die freiwillige Beteiligung von Organisationen an einem Gemeinschaftssystem für das Umweltmanagement und die Umweltbetriebsprüfung (EMAS). In: Amtsblatt der Europäischen Union, Reihe L 114/1 vom 24.4.2001.

Europäisches Parlament/Rat der Europäischen Union (2003): Richtlinie 2003/6/EG des Europäischen Parlaments und des Rates vom 28. Januar 2003 über Insider-Geschäfte und Marktmanipulation (Marktmissbrauch). In: Amtsblatt der Europäischen Union, Reihe L 96/16 vom 12.4.2003.

Eurosif (2003): Die Eurosif-Transparenz-Leitlinien – Pilotfassung 2003, <http://www.forum-ng.de/Dokumente/Transparenzleitlinien/EUROSIF-Transparenzleitlinien-deutsch.doc>, Stand: 20.12.2003.

Everling, O. (1994): Rating. In: Gerke, W.; Steiner, M. (Hrsg.): Handwörterbuch des Bank- und Finanzwesens, 2. überarb. Aufl. Stuttgart 1994, S. 1600-1615.

Everling, O. (Hrsg.) (2001): Rating - Chance für den Mittelstand nach Basel II: Konzepte zur Bonitätsbeurteilung, Schlüssel zur Finanzierung, Wiesbaden 2001.

Fama, E.F. (1970): Efficient Capital Markets: A Review of Theory and Empirical Work. In: Journal of Finance, Vol. 25 (1970), No. 3, S. 382-417.

Farkas-Richling, D.; Staab, W. (2004): Private Finanzplanung – Ein neues Geschäftsfeld in der steuerberatenden Kanzlei. In: Die Steuerberatung, 47. Jg. (2004), H. 2, S. 123-135.

Faulstich, P. (2003): Weiterbildung, München 2003.

Fayers, C. (1998): Environmental Reporting and Changing Corporate Environmental Performance. In: Accounting Forum, Vol. 22 (1998), No. 1, S. 74- 94.

Feuchthofen, J.E.; Severing, E. (Hrsg.) (1995): Qualitätsmanagement und Qualitätssicherung in der Weiterbildung, Neuwied 1995.

Feuerborn, T. (2001): Misplaced Marketing. In: Journal of Consumer Marketing, Vol. 18 (2001), S. 7-9.

Fichter, K (1998a): Umweltkommunikation und Wettbewerbsfähigkeit. Wettbewerbstheorien im Lichte empirischer Ergebnisse zur Umweltberichterstattung von Unternehmen, Marburg 1988.

Fichter, K. (1998): Schritte zum nachhaltigen Unternehmen. Anforderungen und strategische Ansatzpunkte. In: Fichter, K.; Clausen, J. (Hrsg.): Schritte zum nachhaltigen Unternehmen: zukunftsweisende Praxiskonzepte des Umweltmanagements, Berlin et al. 1998, S. 3-26.

Fichter, K.; Clausen, J. (Hrsg.) (1998): Schritte zum nachhaltigen Unternehmen: zukunftsweisende Praxiskonzepte des Umweltmanagements, Berlin et al. 1998.

Figge, F. (2000): Öko-Rating: ökologieorientierte Bewertung von Unternehmen, Heidelberg 2000.

Figge; F. (2002): Transparenz bei der Geldanlage bezüglich ethischer Kriterien. Gutachten für die Enquete-Kommission „Globalisierung der Weltwirtschaft – Herausforderungen und Antworten, Lüneburg 2002.

Fischer, A.; Bormann, I. (2000): Parallelen zwischen Nachhaltigkeit, Wissensgesellschaft und lebenslanges Lernen. In: Fischer, A.; Vogel, T. (Hrsg.) Nachhaltigkeit. Wissensgesellschaft und lebenslanges Lernen. Ansprüche und Umsetzung in der beruflichen Bildung, Bielefeld 2000, S. 7-36.

Fischer, A.; Vogel, T. (Hrsg.) (2000): Nachhaltigkeit. Wissensgesellschaft und lebenslanges Lernen. Ansprüche und Umsetzung in der beruflichen Bildung, Bielefeld 2000.

Fischer, W. (1995): Nachhaltige Entwicklung - eine Norm für die Gestaltung unserer Zukunft, Jülich 1995, <http://www.fz-juelich.de/tff/tff_sustaina.html>, Stand: 15.5.2003.

Flick, U. (1991): Triangulation. In: Flick, U.; Kardoff, E.v.; Keupp. H.; Rosenstiel, L.v.; Wolff, S. (Hrsg.): Handbuch Qualitative Sozialforschung, München 1991, S. 432-434.

Flotow, P.v.; Häßler, R.-D.; Kachel, P. (2003) Nachhaltigkeit und Shareholder Value aus Sicht börsennotierter Unternehmen. In: Rosen, R.v. (hrsg.): Studien des Deutschen Aktieninstituts, Heft 22, Frankfurt am Main, Mai 2003.

Flotow, P.v.; Häßler, R.-D.; Schmidt, J. (2001): Umwelt- und Nachhaltigkeitstransparenz für Finanzmärkte – Stand und Perspektiven (Arbeitspapiere des Instituts für Ökologie und Unternehmensführung Unternehmensführung an der European Business School e.V., Bd. 37), Oestrich-Winkel 2001.

Fombrun, C.J. (1997): Three Pillars of Corporate Citizenship: Ethics, Social Benefit, Profitability. In: Tichy, N.; McGill, A.; St. Clair, L. (eds.): Corporate Global Citizenship: Doing Business in the Public Eye, San Francisco 1997, S. 27-42.

Forum Nachhaltige Geldanlage (2003): Forum Nachhaltige Geldanlagen; German Sustainable Investment Forum, <http://www.forum-ng.de>, Stand: 13.12.2003.

Foxall, G.R. (1999): The Behavioural Perspective Model: Consensibility and Consensuality. In: European Journal of Marketing; Vol. 33 (1999), No. 5/6, S. 570-597.

Franck, K.; Ginzel, T.; Lucas, R. (1999): Begleitforschung zur Messe Grünes Geld des Ökozentrums NRW, Wuppertal 1999.

Franke, G. (Hrsg.) (2001): Komplexität und Kompetenz. Ausgewählte Fragen der Kompetenzforschung, Bielefeld 2001.

Frankfurter, G.M.; McGoun, E.G. (2002): Resistance is Futile: The Assimilation of Behavioral Finance. In: Journal of Economic Behavior & Organization, Vol. 48 (2002), S. 375-389.

Franz-Balsen, A.; Stadler, M. (2002): Erwachsenenbildung als Multiplikator für die Kommunikation sozial-ökologischer Forschung in die Gesellschaft. Expertise des Deutschen Instituts für Erwachsenenbildung (DIE), Frankfurt/Main 2002.

Frederick, W.C. (1986): Toward CSR$_3$: Why Ethical Analysis is Indispensable and Unavoidable in Corporate Affairs. In: California Management Review, Vol. 28 (1986), No. 2, S. 126-141.

Freeman, R.E. (1984): Strategic Management: A Stakeholder Approach, Boston 1984.

Freeman, R.E. (1997): Stakeholder Theory. In: Werhane, P.H.; Freeman, R. (eds.): The Blackwell Encyclopedic Dictionary of Business Ethics, Encyclopedia of Management, Vol. XI, Oxford, Cambridge 1997, S. 602-606.

Freeman, R.E.; Gilbert, D.R. (1991): Unternehmensstrategie, Ethik und persönliche Verantwortung, Frankfurt et al. 1991.

Freimann, J. (1989): Instrumente sozialökologischer Folgenabschätzung im Betrieb, Wiesbaden 1989.

Freimann, J. (1990): Plädoyer für die Normierung von betrieblichen Öko-Bilanzen. In: Freimann, J. (Hrsg.): Ökologische Herausforderung der Betriebswirtschaftslehre, Wiesbaden 1990, S. 177-195.

Freimann, J. (1996): Betriebliche Umweltpolitik, Bern 1996.

Freimüller, P. (2001): Investor Relations. In: Diller, H. (Hrsg.): Vahlens großes Marketinglexikon, 2. völlig überarb. u. erw. Aufl. München 2001, S. 713.

Freter, H. (1983): Marktsegmentierung, Stuttgart et al. 1983.

Frey, B. (1990): Ökonomie ist Sozialwissenschaft, München 1990.

Frey. K. et al., (Hrsg.) (1975): Curriculum-Handbuch, Bd. I, II, III, München, Zürich 1975.

Friedenthal-Haase, M. (2001): Erwachsenenbildungswissenschaft. In: Arnold, R.; Nolda, S.; Nuissl, E. (Hrsg.): Wörterbuch Erwachsenenpädagogik, Bad Heilbrunn 2001, S. 95 -96.

Friedman, A.L.; Miles, S. (2001): Socially Responsible Investment and Corporate Social and Environmental Reporting in the UK: An Exploratory Study. In: British Accounting Review, Vol. 33 (2001), S. 523–548.

Friedman, M. (1970): The Social Responsibility of Business is to Increase its Profits. In: New York Times Magazin (September 13, 1970), S. 32-33, 122-126.

Friedrich, F.G.; Mandl, H. (1992): Lern- und Denkstrategien - Ein Problemaufriss. In: Friedrich, F.G.; Mandl, H. (Hrsg.): Lern- und Denkstrategien. Analyse und Intervention, Göttingen 1992, S. 3-54.

Friedrichs, J. (1998): Methoden der empirischen Sozialforschung. 15. Aufl. Opladen 1998, S. 353-365.

Frings, E.; ifeu (2002): Vom Umwelt- zum Nachhaltigkeitsbericht. Endbericht. BWPlus-Vorhaben 200 10, Heidelberg 2002.

Fritz, W.; Förster, F.; Raffée, H.; Silberer, G. (1984): Inhalte, Bedingungen und Wirkungen von Unternehmenszielen in Industrie und Handel - Eine empirische Untersuchung. Arbeitspapier Nr. 30 des Instituts für Marketing, Universität Mannheim 1984.

FTD (2002): Ethikfonds setzen auf unabhängige Analyse. In: Financial Times Deutschland, 26.11.2002, S. 26.

FTSE4Good (2004): FTSE4Good Index Series: Criteria Development and Company Engagement Programme, Report 2003 – 2004, London 2004, <http://www.ftse.com/media_centre/presentations/040506_WO_MSM_Criteria_Development.pdf>, Stand: 04.07.2004.

Gahn, R. (1994): Delegiertes Portfolio-Management deutscher institutioneller Anleger aus dem Nicht-Bankenbereich, Diss. München 1994.

Gans, H.J. (1999): Participant Observation in the Era of Ethnography. In: Journal of Contemporary Ethnography, Vol. 28 (1999), No. 5, S. 540-548.

Garz, H.; Volk, C.; Gilles, M. (2002): Von Economics zu Sustainomics. SRI – Investmentstil mit Zukunft, WestLB Panmure, Düsseldorf 2002.

Gascoigne, C. (1999): Putting Your Money Where Your Principles are: Ethical Investment. In: The Financial Times, 15 May 1999, S. 5.

Gerke, W. (2001): Strukturen und Regulierung von Investment- und Pensionsfonds in ausgewählten Ländern. " AU Stud 14/08 Gutachten für die Enquete-Kommission „Globalisierung der Weltwirtschaft unter besonderer Berücksichtigung potenzieller zukünftiger Entwicklungen und ethischer Fragestellungen, Nürnberg 2001.

Gerlach, J. (1999): Das Zuordnungsverhältnis von Ethik und Ökonomik als Grundproblem moderner Wirtschaftsethik. In: Korff, W. et al. (Hrsg.): Handbuch der Wirtschaftsethik, Bd. 1, Gütersloh 1999, S. 834-835.

Gert, B. (1966): The Moral Rules: A New Rational Foundation for Morality, New York 1966.

Giddens, A. (1995): Konsequenzen der Moderne, Frankfurt/Main 1995.

Gilbert, D. U. (2003): Institutionalisierung von Unternehmensethik in internationalen Unternehmen. In: Zeitschrift für Betriebswirtschaft, 73. Jg. (2003), H. 1, S. 25-48.

Glaser, M.; Nöth, M., Weber, M. (in Druck): Behavioral Finance. In: Koehler, D.J.; Harvey, N. (eds.): Blackwell Handbook of Judgment and Decision Making, Chap. 26, Oxford (in Druck).

Glasersfeld, E.v. (1996): Radikaler Konstruktivismus. Ideen, Ergebnisse, Probleme, Frankfurt/Main 1996.

Gleich, R. (2001): Das System des Performance Measurement: Theoretisches Grundkonzept, Entwicklungs- und Anwendungsstand, München 2001.

Global Partners for Corporate Responsibility Research (2000): Ten Demands for a Higher Standard of Disclosure in the Twenty-First Century, Pressemitteilung vom 15.9.2000, Hannover 2000.

Global Reporting Initiative (2000): Sustainability Reporting Guidelines on Economic, Environmental, and Social Performance, Boston 2000.

Global Reporting Initiative (2002): The 2002 Sustainability Reporting Guidelines on Economic, Environmental, and Social Performance, Boston 2002.

Göbel, E. (1992): Das Management der sozialen Verantwortung, Berlin 1992.

Göbel, E. (2002): Neue Institutionenökonomik – Konzeption und betriebswirtschaftliche Anwendung, Stuttgart 2002.

Goethe, J.W.v. (1971): Faust. Der Tragödie Erster Teil, Stuttgart 1971.

Goldberg, J.; Nitzsch, R.v. (2000): Behavioral Finance: gewinnen mit Kompetenz, 3. Aufl. München 2000.

Gottschalk, I. (2001): Ökologische Verbraucherinformation: Grundlagen, Methoden und Wirkungschancen, Berlin 2001.

Götz, R.-J. (2003): Fondsrating im Allfinanzvertrieb. Achleitner, A.-K.; Everling, O. (Hrsg.): Fondsrating. Qualitätsmessung auf dem Prüfstand – Verfahren, Kriterien und Nutzen, Wiesbaden 2003, S. 17-32.

Graves, S.B. (2001): Fad and Fashion in Shareholder Activism: The Landscape of Shareholder Resolutions, 1988-1998. In: Business and Society Review, Vol. 106 (2001), No. 4, S. 293-314.

Gray, R.H.; Owen, D.L.; Adams, C. (1996): Accounting and Accountability: Changes and Challenges in Corporate Social and Environmental Reporting, Hemel Hempstead 1996.

Grazek, U.; Schoenheit, I. (2003): Bewertung ethisch-ökologischer Dienstleistungsprodukte, imug Arbeitspapier 13/2003, Hannover 2003.

Greer, J.; Bruno, K. (1996): Greenwash: The Reality Behind Corporate Environmentalism, New York 1996.

Greven, T.; Scherrer, C. (1998): Die soziale Flankierung des Weltmarktes. In: Scherrer, C.; Greven; T.; Frank, V. (Hrsg.): Sozialklauseln: Arbeiterrechte im Welthandel. Münster 1998, S. 12–33.

Grieble, P. (2001): Ethisch-ökologische Geldanlage: Einflussmöglichkeiten durch Beachtung von ethisch-ökologischen Gesichtspunkten bei der Anlage von Geld, Frankfurt/Main 2001.

Grießhammer, R. (2000): Umweltfonds im Vergleich: der Blick aufs grüne Parkett, Werkstattreihe / Öko-Institut e.V., Institut für Angewandte Ökologie Nr. 121, Freiburg 2000.

Griffin, J.; Mahon, J. (1997): The Corporate Social Performance and Corporate Financial Performance Debate: Twenty-Five Years of Incomparable Research. In: Business & Society, Vol. 36 (1997), No. 1, S. 5-31.

Grober, (2001): Die Idee der Nachhaltigkeit als zivilisatorischer Entwurf. In: Aus Politik und Zeitgeschichte, B. 24 (2001), S. 3-5.

Grochla, E.; Wittmann, W. (Hrsg.) (1976): Handwörterbuch der Betriebswirtschaft, 4. völlig neu gest. Aufl. Stuttgart 1976.

Gruchy, A. G. (1987): The Reconstruction of Economics. An Analysis of the Fundamentals of Institutional Economics (Contributions in Economics and Economic History; 71), New York et al. 1987.

Grünewald, M. (1996): Öko-Rating – Ökologische Bonitätsbewertung im Hinblick auf ökologieorientierte Kapitalanlagen, unveröffentlichte Diplomarbeit, Kassel 1996.

Grunwald, A., Coenen, R., Nitsch, J., Sydow, A., Wiedemann, P. (Hrsg.), 2001: Forschungswerkstatt Nachhaltigkeit. Auf dem Weg zur Diagnose und Therapie von Nachhaltigkeitsdefiziten, Berlin 2001

Günter, E.; Schuh, H. (2000): Zeittafel der Idee einer nachhaltigen Entwicklung. In: Wissenschaftliche Zeitschrift der Technischen Universität Dresden, 49. Jg. (2000), Heft 6., S. 10-13.

Günther, E.; Berger, A. (2001): Treiber der Umweltleistung von Produkten. In: Umweltwirtschaftsforum, 9. Jg. (2001), H. 4, S. 50-56.

Gutenberg, E. (1983/1951): Grundlagen der Betriebswirtschaftslehre, Band 1: Die Produktion; 24. Aufl. Berlin et.al. 1983 (1. Aufl. 1951).

Haan, G. de (1998): Bildung für nachhaltige Entwicklung? Sustainable Development im Kontext pädagogischer Umbrüche und Werturteile - Eine Skizze. In: Beyer, A. (Hrsg.): Nachhaltige Entwicklung und Umweltbildung, Hamburg 1998, S. 109-148.

Haan, G. de (2002): Vom Konstruktivismus zum Kulturalismus. In: Bolscho, Dietmar; Michelsen, Gerd (Hg.): Umweltbewusstsein unter dem Leitbild Nachhaltige Entwicklung. Ergebnisse empirischer Untersuchungen und pädagogische Konsequenzen, Opladen 2002, S. 153-183.

Haan, G. de (2003): Bildung als Voraussetzung für ein nachhaltige Entwicklung. Kriterien, Inhalte, Strukturen, Forschungsperspektiven. In: Kopfmüller, J. (Hrsg.): Den globalen Wandel gestalten. Forschung und Politik für einen nachhaltigen globalen Wandel, Berlin 2003.

Haan, G. de (2004): Politische Bildung für Nachhaltigkeit. In: Aus Politik und Zeitgeschichte, B. 7-8 (2004), S. 39-46.

Haan, G. de, Harenberg, D. (1999): Bildung für eine nachhaltige Entwicklung. Gutachten zum Programm. Materialien zur Bildungsplanung und zur Forschungsförderung der Bund-Länder-Kommission, H. 72., Bonn 1999.

Haan, G. de; Kuckartz, U. (1996): Umweltbewusstsein. Denken und Handeln in Umweltkrisen, Opladen 1996.

Haas, A. (2002): Analyse von Verkaufssituationen mit Mystery Shopping. In: Jahrbuch der Absatz- und Verbrauchsforschung, Bd. 48 (2002), H. 3, S. 277-294.

Habermas, J. (1981): Die Moderne - ein unvollendetes Projekt. In: Habermas, J.: Kleine Politische Schriften I - IV, Frankfurt/Main 1981, S. 444-464.

Habermas, J. (1981): Theorie des kommunikativen Handelns, Bd. 1: Handlungsrationalität und gesellschaftliche Rationalisierung, Frankfurt/Main 1981.

Habermas, J. (1983): Moralbewußtsein und kommunikatives Handeln, Frankfurt/Main 1983.

Habermas, J. (1991): Erläuterungen zur Diskursethik, Frankfurt/Main 1991.

Habisch, A. (2003): Corporate Citizenship. Gesellschaftliches Engagement von Unternehmen in Deutschland, Berlin 2003.

Hansen, U. (1988): Marketing und soziale Verantwortung. In: DBW, Jg. 48 (1988), H. 6, S. 711-721.

Hansen, U. (1990): Absatz- und Beschaffungsmarketing des Einzelhandels: Eine Aktionsanalyse, 2. neubearb. und erw. Aufl. Göttingen 1990.

Hansen, U. (1995): Ethik und Marketing. In: Tietz, B. et al. (Hrsg.): Handwörterbuch des Marketing, 2. überarb. Aufl., Stuttgart 1995, Sp. 615-628.

Hansen, U. (2001): Unternehmensdialog. In: Diller, H. (Hrsg.): Vahlens großes Marketinglexikon, 2. völlig überarb. u. erw. Aufl. München 2001, S. 1708-1709.

Hansen, U. (2003): Verbraucherinformation als Instrument der Verbraucherpolitik. Konzeptpapier des wissenschaftlichen Beirats „Verbraucher- und Ernährungspolitik" beim BMVEL, Hannover, Berlin 2003.

Hansen, U. (2004): Gesellschaftliche Verantwortung von Unternehmen als Business Case?, Vortrag auf der 66. Wissenschaftlichen Jahrestagung des Verbandes der Hochschullehrer für Betriebswirtschaft e.V. „Betriebswirtschaftslehre und gesellschaftliche Verantwortung", 03.06.04 Graz.

Hansen, U. (Hrsg.) (1996): Marketing im gesellschaftlichen Dialog, Frankfurt/Main, New York 1996.

Hansen, U.; Bode, M. (1999): Marketing & Konsum. Theorie und Praxis von der Industrialisierung bis ins 21. Jahrhundert, München 1999.

Hansen, U.; Jeschke, K. (1992): Nachkaufmarketing. Ein neuer Trend im Konsumgütermarketing? In: Marketing ZFP, 14. Jg. (1992), H. 2, S. 88-97.

Hansen, U.; Kull, S. (1994): Öko-Label als umweltbezogenes Informationsinstrument. In: Marketing ZFP, 16. Jg. (1994), H. 4, S. 265-274.

Hansen, U.; Lübke, V.; Schoenheit, I. (1993): Der Unternehmenstest als Informationsinstrument für ein sozial-ökologisch verantwortliches Wirtschaften. In: Zeitschrift für Betriebswirtschaft, 63. Jg. (1993), H. 6, S. 587-611.

Hansen, U.; Niedergesäß, U.; Rettberg, B. (1996): Dialogische Kommunikationsverfahren zur Vorbeugung und Bewältigung von Umweltskandalen: Das Beispiel des Unternehmensdialoges. In: Bentele, G.; Steinmann, H.; Zerfaß, A. (Hrsg.): Dialogorientierte Unternehmenskommunikation. Grundlagen-Praxiserfahrungen- Perspektiven, Berlin 1996, S. 307-331.

Hansen, U.; Niedergesäß, U.; Rettberg, B.; Schoenheit, I. (1995): Unternehmensdialoge als besondere Verfahren im Rahmen des Interessenausgleichs zwischen Unternehmen und Gesellschaft. In: Hansen, U. (Hrsg.): Verbraucher- und umweltorientiertes Marketing: Spurensuche einer dialogischen Marketingethik, Stuttgart 1995, S. 109-125.

Hansen, U.; Schoenheit, I. (Hrsg.) (1987): Verbraucherzufriedenheit und Beschwerdeverhalten, Frankfurt/Main, New York 1987.

Hansen, U.; Schoenheit, I.; Devries, J. (1994): Sustainable Consumption und der Bedarf an unternehmensbezogener Information. In: Forschungsgruppe Konsum und Verhalten (Hrsg.): Konsumentenforschung, München 1994, S. 227-244.

Hansen, U.; Schrader, U. (1997): A Modern Model of Consumption for a Sustainable Society. In: Journal of Consumer Policy, Vol. 20 (1997), No. 4, S. 443-468.

Hansen, U.; Schrader, U. (1999): Zukunftsfähiger Konsum als Ziel der Wirtschaftstätigkeit. In: Korff, W. et al. (Hrsg.): Handbuch der Wirtschaftsethik, Bd. 3, Gütersloh 1999, S. 463-486.

Hansen, U.; Schrader, U.; Schulz, D.; Geisler, S. (2003): Marktkommunikation und Kundenberatung für sozial-ökologische Geldanlagen, imug Arbeitspapier 14/2003, Hannover 2003.

Hansmann, K.-W. (Hrsg.) (1997): Management des Wandels, Wiesbaden 1997.

Hansmann, K.-W. (Hrsg.) (1998): Umweltorientierte Betriebswirtschaftslehre: eine Einführung, Wiesbaden 1998.

Harney, K. (2001): Erwachsenenbildung. In: Arnold, R.; Nolda, S.; Nuissl, E. (Hrsg.): Wörterbuch Erwachsenenpädagogik, Bad Heilbrunn 2001, S. 229-231.

Hartmann-Wendels, T.; Pfingsten, A.; Weber, M. (1998): Bankbetriebslehre, Berlin et al. 1998.

Hartwick, J. M. (1977): Intergenerational Equity and the Investing of Rents from Exhaustible Resources. In: American Economic Review, Vol. 67 (1977), No. 6, S. 972-974.

Haßler, R. (1994): Öko-Rating, Ökologische Unternehmensbewertung als neues Informationsinstrument, München 1994.

Haßler, R. (2001): Corporate Responsibility Rating. In: Bassler, K.; Kuhlo, M.; Stoll, P. (Hrsg.): Ethisches Investment, Stuttgart 2001, S. 123-134.

Haßler, R.; Bammert, M. (2003): Grundlagen des Nachhaltigkeitsrating: In. Achleitner, A.-K.; Everling, O. (Hrsg.): Fondsrating. Qualitätsmessung auf dem Prüfstand – Verfahren, Kriterien und Nutzen, Wiesbaden 2003, S. 113-127.

Haubrich, J.G. (1989): Financial Intermediation: Delegated Monitoring and Long-Term Relationships. In: Journal of Banking and Finance, Vol. 13 (1989), S. 9-20.

Hauff. V. (2001): Nachhaltige Entwicklung: Vom Schlagwort zur politischen Strategie. Vortrag am 28.09.01 in der Katholischen Akademie zu Berlin, <http://www.berlinews.de/archiv/2381.shtml>, Stand: 10.5. 2004.

Haufler, V. (2001): A Public Role for the Private Sector: Industry Self-Regulation in a Global Economy, Washington 2001.

Hauser-Ditz, A.; Müller, S.-G. (2002): Ethisches Investment: Unternehmen unter der Lupe. In: Mitbestimmung, o.Jg. (2002), H. 11/02, S. 24-27.

Haverkamp, A. (1996): Theorie der Metapher, Darmstadt 1996.

Hax, H. (1993): Unternehmensethik - Ordnungselement der Marktwirtschaft? In: Zfbf. Schmalenbachs Zeitschrift für betriebswirtschaftliche Forschung, 45. Jg. (1993), H. 9, S. 769-779.

Hedtke, R. (2001): Konsum und Ökonomik. Grundlagen, Kritik und Perspektiven, Konstanz 2001.

Heeg, A. (2002): Ethische Verantwortung in der globalisierten Ökonomie: kritische Rekonstruktion der Unternehmensethikansätze von Horst Steinmann, Peter Ulrich, Karl Homann und Josef Wieland, Frankfurt/Main et al 2002.

Heemskerk, B.; Pistorio,P.; Scicluna, M.; World Business Council for Sustainable Development (WBCSD) (2003): Sustainable Development Reporting – Striking the Balance, Stevenage, Hertfordshire, Genf 2003.

Heide, J.B.; John, G. (1988): The Role of Dependance Balancing in Safeguarding Transaction-Specific Assets in Conventional Channles. In: Journal of Marketing, Vol. 52 (1988), S. 20-35.

Heinemann, F. et al. (2003): Towards a Single European Market in Asset Management, ZEW-Arbeitspapier/Investment Management Association, Mannheim, London 2003.

Heinen, E. (1969): Zum Wissenschaftsprogramm der entscheidungstheoretischen Betriebswirtschaftslehre. In: Zeitschrift für Betriebswirtschaftslehre, 39. Jg. (1969), S. 207-220.

Heinen, E. (1976): Grundlagen betriebswirtschaftlicher Entscheidungen: das Zielsystem der Unternehmung, 3. durchges. Aufl. Wiesbaden 1976.

Heinen, E. (1997): Unternehmenskultur als Gegenstand der BWL. In: Heinen, E.; Fank, M. (Hrsg.): Unternehmenskultur: Perspektiven für Wissenschaft und Praxis, 2. bearb. und erw. Aufl. München et al. 1997, S. 1-48.

Hemmer, K. P.; Zimmer, J. (1975): Der Bezug zu Lebenssituationen in der didaktischen Diskussion. In: Frey. K. et al., (Hrsg.): Curriculum-Handbuch. Bd. II, München, Zürich 1975, S. 188-201.

Hennig-Thurau, T. (2000): Relationship Quality and Customer Retention Through Strategic Communication of Customer Skills. In: Journal of Marketing Management, Vol. 16 (2000), No. 1-3, S. 55-80.

Hennig-Thurau, T.; Hansen, U.; Bornemann, D. (2001): Zur Akzeptanz sozial-ökologischer Geldanlagen bei privaten Investoren. In: Zeitschrift für angewandte Umweltforschung, Bd. 14 (2001), H. 1/4, S. 198-216.

Herz, O.; Seybold, H.; Strobl, G. (Hrsg.) (2001): Bildung für eine Nachhaltige Entwicklung, Opladen 2001.

Hesselink, M.W.; Wiele, T.v.d. (2003): Mystery Shopping: In-Depth Measurement of Customer Satisfaction, ERIM Report Series Research in Management: Organizing for Performance, No. 2003-020, Rotterdam 2003.

Heuser, U.J. (2004): Der neue Homo oeconomicus homo. Mit welcher Motivation trifft der Mensch seine Entscheidungen? In: Wechselwirkung, H. 126/127 (2004), S. 66-76.

Hickman, K.A.; Teets, W.R.; Kohls, J.J. (1999): Social Investing and Modern Portfolio Theory. In: American Business Review, Vol. 17 (1999), No. 1, S. 72-78.

Hillary, R. (ed.) (2000): ISO 14001: Case Studies and Practical Experiences, Sheffield 2000.

Hines, J.M.; Hungerford, H.R.; Tomera, A.N. (1986/87): Analysis and Synthesis of Research on Responsible Environmental Behaviour: A Meta-Analysis. In: Journal of Environmental Education, Vol. 18 (1986/87), No. 2, S. 1-8.

Hinterhuber, H.H. (1996/1997): Strategische Unternehmungsführung, 2 Bd., 6. völlig neu bearb. Aufl. Berlin et al. 1996/1997.

Hirschman, A.O. (1970): Exit, Voice, and Loyalty. Responses to Decline in Firms, Organizations, and States, Cambridge, MA 1970.

Hirschman, E.C. (ed.) (1989): Interpretive Consumer Research, Provo 1989.

Hofäcker, C. (2001): Behavioral Finance: Erklärungsansätze und deren Umsetzbarkeit im Management von Publikumsfonds. In: Westphal, I.; Horstkottel, C. (Hrsg.): Asset-Management 2002: Investmentkonzepte, Produkte und Vertriebswege in der Fondsbranche, Stuttgart 2001, S. 209-241.

Höffe, O. (1992): Einleitung. In: Höffe, O. (Hrsg.): Einführung in die utilitaristische Ethik: klassische und zeitgenössische Texte, 2. überarb. und aktualisierte Aufl. Tübingen 1992, S. 7-51.

Hoffmann, J. (1999): Die Kirche und das liebe Geld. In: Kontinente. Magazin für eine missionarische Kirche, o.Jg. (1999), Nr. 5, S. 20-21.

Höffner, J. (1962): Christliche Gesellschaftslehre, Kevelaer 1962.

Hohnsträter, D. (2004): Ökologische Formen. Die ökologische Frage als kulturelles Problem, Würzburg 2004.

Holbrook, M.B.; O'Shaughnessy, J. (1988): On the Scientific Status of Consumer Research and the Need for an Interpretive Approach to Studying Consumption Behavior. In: Journal of Consumer Research, Vol. 15 (1988), S. 398-402.

Holzkamp, K. (1993): Lernen. Subjektwissenschaftliche Grundlegung, Frankfurt/Main 1993.

Homann, K. (1993): Wirtschaftsethik. Die Funktion der Moral in der modernen Wirtschaft. In: Wieland, J. (Hg.): Wirtschaftsethik und Theorie der Gesellschaft, Frankfurt/Main 1993, S. 32-53.

Homann, K. (1996): Sustainability: Politikvorgabe oder regulative Idee? In: Gerken, L. (Hrsg.): Ordnungspolitische Grundfragen einer Politik der Nachhaltigkeit, Baden-Baden 1996, S. 33-47.

Homann, K. (1996): Verfall der Moral? Die Moralisten geben der Moral den Rest. In: Wirtschaftswoche, o.Jg. (1996), H. 36, S. 38-39.

Homann, K. (1999): Die Legitimation von Institutionen. In: Korff, W. et al. (Hrsg.): Handbuch der Wirtschaftsethik, Bd. 2, Gütersloh 1999, S. 50-95.

Homann, K.; Blome-Drees, F. (1992): Wirtschafts- und Unternehmensethik, Göttingen 1992.

Homann, K.; Pies, I. (1994): Wirtschaftsethik in der Moderne: Zur ökonomischen Theorie der Moral. In: Ethik und Sozialwissenschaften. Streitforum für Erwägungskultur, 5. Jg. (1994), Nr. 1, S. 3-12.

Homburg, C.; Krohmer, H. (2003): Marketingmanagement. Strategie-Instrumente-Umsetzung-Unternehmensführung, Wiesbaden 2003.

Homolka, W. (1990): Ethisch-ökologisch orientiertes Fondsinvestment als Strategie der sozialverantwortlichen Neuorientierung von Geldflüssen im europäischen Markt, Clayton 1990.

Homolka, W.K.; Nguyen-Khac, T.-Q. (1996): Ethisch-ökologisches Rating. In: Büschgen, H.E.; Everling, O. (Hrsg.): Handbuch Rating, Wiesbaden 1996, S. 675-699.

Hondrich, K.O. (1975): Menschliche Bedürfnisse und soziale Steuerung: eine Einführung in die Sozialwissenschaft, Reinbek 1975.

Hopfenbeck, W.; Jasch, C. (1993): Öko-Controlling – Umdenken zahlt sich aus. Umweltberichte, Audits und Ökobilanzen als betriebliche Führungsinstrumente, Landsberg/Lech 1993.

Hunt, S.D.; Vitell, S.J. (1986): A General Theory of Marketing Ethics. In: Journal of Macromarketing, Vol. 6 (1986), S. 5-16.

Hunt, S.D.; Vitell, S.J. (1993): The General Theory of Marketing Ethics: A Retrospective and Revision. In: Smith, N.C.; Quelch, J.A.: Ethics in Marketing, Homewood 1993, S. 775-784.

411

Hüser, A. (1993): Institutionelle Regelungen und Marketinginstrumente zur Überwindung von Kaufbarrieren auf ökologischen Märkten. In: Zeitschrift für Betriebswirtschaft, 63. Jg. (1993), H. 3, S. 267-287.

IISD (2004): ISO Social Responsibility Standardization. An Outline of the Issues, Prepared by the International Institute for Sustainable Development (IISD), Winnipeg 2004, <http://www.iisd.org/pdf/2004/standards_iso_srs.pdf>, Stand: 04.07.2004.

imug (2003): Bewertung ethisch ökologischer Finanzdienstleistungsprodukte, imug-Arbeitspapier 13/2003, Hannover 2003.

imug (2004): Informationsflüsse zwischen Unternehmen, Fondsgesellschaften und Research-Agenturen, interner imug Forschungsbericht, Hannover 2004.

imug (2004a): Produktentwicklung und Markteinführung von ethisch-ökologischen Investmentfonds, Hannover 2004.

imug (Hrsg.) (1997): Unternehmenstest: Neue Herausforderungen für das Management der sozialen und ökologischen Verantwortung, Hannover 1997.

imug (Hrsg.) (2001): Branchenreport Elektrogeräteindustrie, imug Arbeitspapier 10/2001, Hannover 2001.

imug (Hrsg.) (2002): Institutionelle Investoren und ethisch-ökologische Geldanlagen in Deutschland, imug Arbeitspapier 11/2002, Hannover 2002.

imug et al. (Hrsg.) (1995): Der Unternehmenstester - Ein Ratgeber für den verantwortlichen Einkauf. Die Lebensmittelbranche, Reinbek 1995.

imug et al. (Hrsg.) (1997): Der Unternehmenstester Kosmetik, Körperpflege und Waschmittel – Ein Ratgeber für den verantwortlichen Einkauf, Reinbek 1997.

imug et al. (Hrsg.) (1999): Der Unternehmenstester Lebensmittel - Ein Ratgeber für den verantwortlichen Einkauf, Reinbek 1999.

imug et al. (Hrsg.) (2000): Der Unternehmenstester elektrische Haushaltsgeräte – Ratgeber für kritische Verbraucherinnen und Verbraucher, Bonn 2000.

imug investment research (2003): Newsletter zur imug Tagung „Kommunikation und Vertrieb von nachhaltigen Finanzprodukten", Dezember 2003, <http://www.ethisches-investment.de>, Stand: 18.12.2003

imug investment research (2003a): Research mit dem Ethical Portfolio Manager (EPM), <http://www.ethisches-investment.de/research/epm/epm.htm>, Stand: 15.12.2003.

imug; muk (Hrsg.) (2001): Der Markt für sozial-ökologische Geldanlagen in Deutschland – Ergebnisse einer repräsentativen Privatanlegerbefragung, imug-muk Arbeitspapier 13, Hannover 2001.

Investor Relation Society (2003): Unaccountable Lobby Groups „Threaten Credibility of CSR", Press Release, London 06. October 2003.

IÖW/imug (Hrsg.) (2001): Der Nachhaltigkeitsbericht. Ein Leitfaden zur Praxis glaubwürdiger Kommunikation für zukunftsfähige Unternehmen, Berlin 2001.

IÖW/imug (Hrsg.) (2002): Nachhaltigkeitsberichterstattung - die Praxis glaubwürdiger Kommunikation zukunftsfähiger Unternehmen, Berlin 2002.

ISO (2004): Working Report on Social Responsibility, Prepared by the ISO Advisory Group on Social Responsibility, Genf 2004, <http://www.iso.org/iso/en/info/Conferences/SRConference/pdf/Working%2 0Report%20on%20SR(Apr30).pdf>, Stand: 04.07.2004.

Jäger, U.; Waxenberger, B. (1998): Vom <<ethisch-ökologischen>> zum prinzipiengeleiteten Investment – Leitidee für eine ethisch bewusste Geldanlage. In: Umweltwirtschaftsforum, 6 Jg. (1998), Heft 4, S. 60-62.

Jamieson, D. (1998): Sustainability and Beyond. In: Ecological Economics, Vol. 24 (1998), No. 2-3, S. 183-192.

Janzen, H. (1996): Ökologisches Controlling im Dienste von Umwelt- und Risikomanagement, 1. Aufl. Stuttgart 1996.

Jensen, M.C.; Meckling, W.H. (1976): Theory of the Firm: Managerial Behaviour, Agency Cost and Ownership Structure. In: Journal of Financial Economics, Vol. 14 (1976), S. 305-360.

Jeucken, M. (2001): Sustainable Finance and Banking: The Financial Sector and the Future of the Planet, London et al. 2001.

Jonas, H. (1979): Das Prinzip Verantwortung: Versuch einer Ethik für die technologische Zivilisation, Frankfurt/ Main 1979.

Jordan, J. (2003): Repräsentativitätsheuristik und Werbewirkung: Die Bedeutung von Ratings und Performance-Charts in der Werbung für Investmentfonds. In: Marketing ZFP, 25. Jg. (2003), S. 273-288.

Jungermann, H. (1999): Advice Giving and Taking. Proceedings of the 32nd Hawaii International Conference on System Sciences (HICSS-32), Institute of Electrical and Electronics Engineers, Inc. (IEEE) (CD-Rom), Maui, Hawaii 1999.

Jungk, D.; Mertineit, K.D. (2000): Ansätze und Praxis betrieblicher Umweltbildung: Beiträge zur Nachhaltigkeit? In: Fischer, A.; Vogel, T. (Hrsg.): Nachhaltigkeit. Wissensgesellschaft und lebenslanges Lernen. Ansprüche und Umsetzung in der beruflichen Bildung, Bielefeld 2000, S. 37-58.

Junker, J. (2003): Gewährleistungsaufsicht über Wertpapierdienstleistungsunternehmen: die hoheitliche Regulierung gesellschaftlicher Selbstregulierung durch die Bundesanstalt für Finanzdienstleistungsaufsicht, Berlin 2003.

Kaas, K.P. (1991): Marktinformationen: Screening und Signaling unter Partnern und Rivalen. In: Zeitschrift für Betriebswirtschaft, 61. Jg (1991), H. 3, S. 357-370.

Kaas, K.P. (1992a): Kontraktgütermarketing als Kooperation zwischen Prinzipalen und Agenten. In: ZfB, 44. Jg (1992), H. 10, S. 884-901.

Kaas, K.P. (1992b): Marketing für umweltfreundliche Produkte. In: DBW, 52. Jg. (1992), H. 4, S. 473-487.

Kaas, K.P. (1994): Ansätze einer institutionsökonomischen Theorie des Konsumentenverhaltens. In: Forschungsgruppe Konsum und Verhalten (Hrsg.): Konsumentenforschung, München 1994, S. 245-260.

Kaas, K.P. (1997): Marketing für Finanzdienstleistungen - Probleme und Entwicklungstendenzen. In: Bruhn, M.; Steffenhagen, H. (Hrsg.): Marktorientierte Unternehmensführung: Reflexionen - Denkanstöße - Perspektiven. Festschrift für Heribert Meffert zum 60. Geburtstag, Wiesbaden 1997, S. 455-469.

Kaas, K.P. (1999): Absatz- und Beschaffungsmarketing. In: Korff, W. et al. (Hrsg.): Handbuch der Wirtschaftsethik, Bd. 3, Gütersloh 1999, S. 232-274.

Kaas, K.P. (2001): Finanzdienstleistungen. In: Diller, H. (Hrsg.): Vahlens großes Marketinglexikon, 2. völlig überarb. u. erw. Aufl. München 2001, S. 479.

Kaas, K.P.; Schneider, T. (2002): Ermittlung von Kundenpräferenzen bei Investmentfonds mit Conjoint-Measurement. In: Jahrbuch der Absatz- und Verbrauchsforschung, 48. Jg. (2002), Heft 1, S. 28-46.

Kaas, K.P.; Schneider, T.; Zuber, M. (2002): Ansätze einer Online-Beratung für Kapitalanleger. In: Jahrbuch Dienstleistungsmanagement, 2. Jg. (2002), S. 639-668.

Kade, J.; Seitter, W. (2002): Pluralisierung und Entgrenzung des Lernens Erwachsener. In: Grundlagen der Weiterbildung, H. 6, S. 283-285.

Kahlenborn, W.; Interwies, E.; Kraemer, R.A. (2000): Mehr Wert: ökologische Geldanlagen, hrsg. v. Bundesministerium für Umwelt, Naturschutz und Reaktorsicherheit, Umweltbundesamt, Berlin 2000.

Kahlenborn, W.; Klumb, J.; Interwies, E. (2001): Neue Impulse durch ökologische Geldanlagen: Bericht zum Umweltnutzen von ökologischen Geldanlagen ; Umfrage zu ökologischen Aspekten der privaten Altersvorsorge, Forschungsbericht 29914168 Umweltbundesamt [Red.: Fachgebiet I 2.2], Berlin 2001.

Kaiser, A. (Hrsg.) (2003): Selbstlernkompetenz. Metakognitive Grundlagen selbstregulierten Lernens und ihre praktische Umsetzung, Neuwied 2003.

Kalff, M. (2000): Zukunft gewinnen mit Bildung für Nachhaltigkeit? Kriterien für eine Bildung, die auch dann wahr bleibt, wenn das Anliegen der Nachhaltigkeit" scheitert. In: DGU Nachrichten, Nr. 21, Mai 2000, S. 37-43.

Kambartel, F. (1989): Philosophie der humanen Welt: Abhandlungen, Frankfurt/Main 1989.

Kambartel, F. (Hrsg.) (1974): Praktische Philosophie und konstruktive Wissenschaftstheorie, Frankfurt/Main 1974.

Katterle, S. (1991): Methodologischer Individualismus and Beyond. In: Biervert; B.; Held, M. (Hrsg.): Das Menschenbild in der ökonomischen Theorie. Zur Natur des Menschen, Frankfurt/Main, New York 1991, S. 132-152.

Kern, H.; Schumann, M. (1970): Industriearbeit und Arbeiterbewußtsein: eine empirische Untersuchung über den Einfluß der aktuellen technischen Entwicklung auf die industrielle Arbeit und das Arbeiterbewusstsein, Frankfurt/Main 1970.

Keßler, J. (1987): Marktordnung, Wettbewerb und Meinungsfreiheit – wettbewerbstheoretische und verfassungsrechtliche Aspekte des § 6e UWG. In: Wettbewerb in Recht und Praxis (WRP), Bd. 33 (1987), S. 75ff.

Keßler, J. (1997): Determinanten einer kritischen Unternehmensberichterstattung. In: imug (Hrsg.): Unternehmenstest: Neue Herausforderungen für das Management der sozialen und ökologischen Verantwortung, Hannover 1997, S. 261-293.

Kiecolt, K.J.; Nathan, L.E. (1998): Secondary Analysis of Survey Data, Newbury Park et al. 1998.

Kieninger, M. (1993): Gestaltung internationaler Berichtssysteme, München 1993.

Kirsch, W. (1979): Die verhaltenswissenschaftliche Fundierung der Betriebswirtschaftslehre. In: Raffée, H.; Abel, B. (Hrsg.): Wissenschaftstheoretische Grundfragen der Wirtschaftswissenschaften, München 1979, S. 105-120.

Klaffke, K. (2003): Informationsoffenheit von Unternehmen: die Nachhaltigkeitsberichterstattung der DAX 100 Unternehmen, imug-Arbeitspapier 12/2003, Hannover 2003.

Klafki, W. (1995): „Schlüsselprobleme" als thematische Dimension einer zukunftsbezogenen „Allgemeinbildung" – Zwölf Thesen. In: Münzinger, W.; Klafki, W. (Hrsg.): Schlüsselprobleme im Unterricht. Die Deutsche Schule 3, Beiheft, Weinheim 1995, S. 9-14.

Klafki, W. (1996): Neue Studien zur Bildungstheorie. Zeitgemäße Allgemeinbildung und kritisch konstruktive Didaktik, 5. unveränderte Aufl. Weinheim, Basel 1996.

Kleinaltenkamp, M. (1997): Kundenintegration. In: WiSt, 26. Jg. (1997), H. 7, S. 350-354.

Klische, A. (1995): Banken und Informationen: der Entwurf eines marktwirtschaftlichen Bankenordnungsrahmens, Bergisch Gladbach et al. 1995.

Kloepfer, J. (1999): Marketing für die private Finanzplanung, Wiesbaden 1999.

Kniese, W. (1996): Die Bedeutung der Rating-Analyse für deutsche Unternehmen, Wiesbaden 1996.

Knoll, M.S. (2002): Ethical Screening in Modern Financial Markets: The Conflicting Claims Underlying Socially Responsible Investment. In: The Business Lawyer, Vol. 57 (2002.),No. 2, S. 681-726.

Knörzer, A. (2001): The Transition from Environmental Funds to Sustainable Investment. The Practical Application of Sustainability Criteria in Investment Products. In: Bouma, J.J.; Jeucken, M.H.A.; Klinkers, L. (eds.): Sustainable Banking – The Greening of Finance, Sheffield 2001, S. 211-221.

Knowles, R. (ed) (1997): Ethical Investment, Sydney 1997.

Koerber, E.v. (2002): Die Unternehmer: Von Lottokönigen zu Hoffnungsträgern. Die ganzheitliche Verantwortung der Unternehmen als globale Ordnungsfrage. In: Neue Zürcher Zeitung vom 26. Januar 2002.

König, M. (1998): Anlegerschutz im Investmentrecht, Wiesbaden et al. 1998.

Kopfmueller, J., Brandl, V., Jörissen, J., Paetau, M., Banse, G., Coenen, R., Grunwald, A., 2001: Nachhaltige Entwicklung integrativ betrachtet. Konstitutive Elemente, Regeln, Indikatoren, Berlin 2001.

Korff, W. et al. (1999): Einführung in das Handbuch der Wirtschaftsethik. In: Korff, W. et al. (Hrsg.): Handbuch der Wirtschaftsethik, Bd. 1, Gütersloh 1999, S. 21-26.

Koslowski, P. (1988): Prinzipien der ethischen Ökonomie: Grundlegung der Wirtschaftsethik und der auf die Ökonomie bezogenen Ethik, Tübingen 1988.

Kötter, R. (1986): Modell und ökonomische Realität. Die Relevanz der Gleichgewichtstheorie als Grundlage der ordnungs- und wirtschaftspolitischen Diskussion. In: Hödl, E.; Müller, G. (Hrsg.): Die Neoklassik und ihre Kritik, Diskussionsband zu „Ökonomie und Gesellschaft" Jahrbuch 1, Frankfurt/Main 1986, S. 41-59.

Kramer, R. (1996): Ethik des Geldes: eine theologische und ökonomische Verhältnisbestimmung, Berlin 1996.

Kreft, D.; Mielenz, I. (1988): Wörterbuch Soziale Arbeit. Aufgaben, Praxisfelder, Begriffe und Methoden der Sozialarbeit und Sozialpädagogik, 3. Aufl. Weinheim, Basel 1988.

Kreikebaum, H. (1996): Grundlagen der Unternehmensethik, Stuttgart 1996.

Kritische Aktionäre der Deutschen Bank (Hrsg.) (1990): Macht ohne Kontrolle: Berichte über die Geschäfte der Deutschen Bank, Stuttgart 1990.

Kroeber-Riel, W. (1987): Kommunikation im Zeitalter der Informationsüberlastung. In: Marketing ZFP, 10. Jg. (1987), Nr. 3, S. 182-189.

Krol, G.-J. (2001): Zur Bildungsrelevanz des ökonomischen Denkansatzes (Redaktionelle Korrekturen am 1.8.2003), <http://www.sowi-onlinejournal.de/2001_1/Krol.htm>, Stand: 17.5.2004.

Kromrey, H. (2000): Empirische Sozialforschung, 9. Aufl. Opladen 2000.

Krüger, C. (2002): Rapport verbindlich. In: TAZ, 3.6.2002, S. 9.

Kübler, F. (2003): Vom Verkäufer zum Manager der Wertschöpfungskette. In: absatzwirtschaft, 46. Jg. (2003), H. 12, S. 29-32.

Kuckartz, U. (1995): Umweltwissen, Umweltbewußtsein, Umweltverhalten. Der Stand der Umweltbewusstseinsforschung. In: de Haan, G. (Hrsg.): Umweltbewußtsein und Massenmedien: Perspektiven ökologischer Kommunikation, Berlin 1995, S. 71-85.

Kuckartz, U. (2000): Umweltbewusstsein in Deutschland 2000. Ergebnisse einer repräsentativen Bevölkerungsumfrage. Bundesminsterium für Umwelt, Naturschutz und Reaktorsicherheit (UBA), Berlin 2000.

Kuhlmann, E. (1990): Verbraucherpolitik: Grundzüge ihrer Theorie und Praxis, München 1990.

Kuhlmann, E. (1995): Verbraucherpolitik. In: Tietz, B. et al. (Hrsg.): Handwörterbuch des Marketing, 2. überarb. Aufl., Stuttgart 1995, Sp. 2529-2545.

Kuhlmann, E. (2001): Verbraucherinformation. In: Diller, H. (Hrsg.): Vahlens großes Marketinglexikon, 2. völlig überarb. u. erw. Aufl. München 2001, S. 1731-1734.

Kuhlmann, E.; Stauss, B. (2001): Markttransparenz. In: Diller, H. (Hrsg.): Vahlens großes Marketinglexikon, 2. völlig überarb. u. erw. Aufl. München 2001, S. 1079-1080.

Künast, R. (2004): Grußwort der Bundesministerin Renate Künast, Bundesministerium für Verbraucherschutz, Ernährung und Landwirtschaft (BMVEL) zum bundesweiten Aktionstag „Nachhaltiges Waschen" am 10. Mai 2004, <http://www.ikw.org/pages/prodgr_details.php?info_id=90&headline=informationen>, Stand: 15.5.2004.

Küpper, H.-U. (1992): Unternehmensethik – ein Gegenstand betriebswirtschaftlicher Forschung und Lehre? In: Betriebswirtschaftliche Forschung und Praxis, 44. Jg. (1992), H. 6, S. 498-518.

Küpper, H.-U.; Picot, A. (1999): Gegenstand der Unternehmensethik. In: Korff, W. u.a (Hrsg.): Handbuch der Wirtschaftsethik, Bd. 3, Gütersloh 1999, S. 132-148.

Laufer, W.S. (2003a): Social Accountability and Corporate Greenwashing. In: Journal of Business Ethics, Vol. 43 (2003), No. 3, S. 253-261.

Laufer, W.S. (2003b): Social Screening of Investments: An Introduction. In: Journal of Business Ethics, Vol. 43 (2003), No. 3, S. 163-165.

Laux, M., Päsler, R. (1992): Wertpapier-Investment-Fonds, Frankfurt/Main 1992.

Laux, M.; Päsler, R. (2001): Die deutschen Spezialfonds: die Investmentfonds für institutionelle Anleger, Frankfurt/Main 2001.

Lay, R. (1983): Ethik für Wirtschaft und Politik, München 1983.

Lay, R. (1993): Die Macht der Unmoral. Oder: die Implosion des Westens, Düsseldorf et al. 1993.

Leipziger, D. (2001): SA8000: The Definitive Guide to the New Social Standard, London et al. 2001.

Leipziger, D. (2003): The Corporate Responsibility Code Book, Sheffield 2003.

Leiss, W. (1995): Down and Dirty: The Use and Abuse of Public Trust in Risk Communication. In: Risk Analysis, Vol. 15 (1995), No. 6, S. 685-692.

Leitherer, E. (1989): Betriebliche Marktlehre, 3. durchges. Aufl. Stuttgart 1989.

Leland, H.E.; Pyle, D.H. (1977): Informational Asymmetries, Financial Structure, and Financial Intermediation. In: Journal of Finance, Vol. 32 (1977), S. 371-387.

Levich, R.M.; Majnoni, G.; Reinhart, C.M. (eds.) (2002): Ratings, Rating Agencies and the Global Financial System, Boston, London 2002.

Lewis, A. (2001): A Focus Group Study of the Motivation to Invest: Ethical/Green and Ordinary Investors compared. In: Journal of Socio-Economics, Vol. 30 (2001), No. 2, S. 331-341.

Lewis, A. (2002): Morals, Markets and Money. Ethical, Green and Socially Responsible Investing, London 2002.

Lewis, A.; Mackenzie C. (2000): Morals, Money, Ethical Investing and Economic Psychology. In: Human Relations, Vol. 53 (2000), No. 2, S. 179-191.

Liere, K.D.v.; Dunlap, R.E. (1980): The Social Basis of Environmental Concern: A Review of Hypotheses, Explanations and Empirical Evidence. In: Public Opinion Quarterly, Vol. 44 (1980), No. 2, S. 181-197.

Lincoln, Y.S.; Guba, E.G. (1985): Naturalistic Inquiry, Beverly Hills 1985.

Loew, T. (2002): Internationale Entwicklungen der Regulierungen zur Förderung ökologisch-ethischer Finanzdienstleistungen, IÖW-Diskussionspapier 56/02, Berlin 2002.

Logan, D. (1998): Corporate Citizenship in a Global Age. In: RSA Journal, Vol. 146 (1998), No. 3/4, S. 64-71.

Löhr, A. (1991): Unternehmensethik und Betriebswirtschaftslehre: Untersuchungen zur theoretischen Stützung der Unternehmenspraxis, Stuttgart 1991.

Lohrie, A. (2001): Standard für soziale Verantwortung – Erfahrungen mit dem SA8000 als Teil des Managements der gesellschaftlichen Beziehungen. In: Ökologisches Wirtschaften, o.Jg. (2001), H. 1, S. 13-14.

Lohse, A. (2003): Fonds mit hohem Niveau. In: TAZ, 6.1.03, S. 10.

Loitlsberger, E. (1999): Der Berücksichtigung der Ethik in der Betriebswirtschaftslehre. In: Korff, W. et al. (Hrsg.): Handbuch der Wirtschaftsethik, Bd. 1, Gütersloh 1999, S. 525-566.

Lorenzen, P. (1987): Lehrbuch der konstruktiven Wissenschaftstheorie, Mannheim et al. 1987.

Lorenzen, P. (1991): Philosophische Fundierungsprobleme einer Wirtschafts- und Unternehmensethik. In: Steinmann, H.; Löhr, A. (Hrsg.): Unternehmensethik, 2. Aufl. Stuttgart 1991, S. 35-67.

Maaß, F.; Clemens, R. (2002): Corporate citizenship: das Unternehmen als „guter Bürger", Wiesbaden 2002.

Macfarlane, B. (2003): Teaching With Integrity: The Ethics of Higher Education Practice, London 2003.

Macharzina, K. (1993): Unternehmensführung. Das internationale Managementwissen. Konzepte - Methoden – Praxis, Wiesbaden, 1993.

Macharzina, K. (2003): Unternehmensführung: das internationale Managementwissen. Konzepte - Methoden – Praxis, 4. grundlegend überarb. Aufl. Wiesbaden 2003.

Mächtel, T.W. (1996): Erfolgsfaktoren ökologisch ausgerichteter Anlagefonds im deutschsprachigen Raum, St. Gallen 1996.

Mackenzie, C. (1997): Ethical Investment and the Challenge of Corporate Reform. Unpublished PhD thesis, University of Bath 1997.

Mackenzie, C. (1997): Shareholder Action. In: The Christian Democrat, No. 39.

Mackenzie, C.; Lewis, A. (1999): Morals and Markets: The case of Ethical Investing. In: Business Ethics Quarterly, Vol. 9 (1999), No. (3), S. 439–452.

Mader, W. (2001): Forschungsbedarf zur Erwachsenenbildung: Zum Kontext des Forschungsmemorandums für die Erwachsenen- und Weiterbildung. In: DIE (Hrsg.): Sitzung der AG Forschungsmemorandum. Materialien 2001, unv. Man., Frankfurt/Main 2001, S. 1-10.

Maignan, I.; Ferrell, O.C. (2001): Corporate Citizenship as a Marketing Instrument: Concepts, Evidence, and Research Directions. In: European Journal of Marketing, Vol. 35 (2001), No. 4, S. 457-484.

Malhotra, N.K. (1994): Marketing Research. An Applied Orientation, Englewood Cliffs 1994.

Mansley, M. (2000): Socially Responsible Investment. A Guide for Pension Funds and Institutional Investors, Suffolk 2000.

Margolis, J.D.; Walsh, J.P. (2001): People and Profits? The Search for a Link Between a Company's Social and Financial Performance, Mahwah 2001.

Marinetto, M. (1998): The Shareholders Strike Back: Issues in the Research of Shareholder Activism. In: Environmental Politics, Vol. 7 (1998), No. 3, S. 125-133.

Markert, W. (1973): Erwachsenenbildung als Ideologie. Zur Kritik ihrer Theorien im Kapitalismus, München 1973.

Markowitz, H. (1952): Portfolio Selection. In: Journal of Finance, Vol. 7 (1952), S. 77-91.

Matthiesen, K. H. (1995): Kritik des Menschenbildes in der Betriebswirtschaftslehre: auf dem Weg zu einer sozialökonomischen Betriebswirtschaftslehre, Bern, Stuttgart, Wien 1995.

Matzler, K.; Kittinger-Rosanelli, C. (2000): Mystery Shopping als Instrument zur Messung der wahrgenommenen Dienstleistungsqualität von Banken. In. Jahrbuch für Absatz- und Verbrauchersforschung. Bd. 46 (2000), H. 3, S. 220-241.

Mayo, E.; Doane, D. (2002): An Ethical Door Policy: How to Avoid the Erosion of Ethics in Socially Responsible Investment, London 2002.

McCall, G.; Simmons, J. (1969): Issues in Participant Observation, Reading 1969.

McCormick, J. (1995): The Global Environmental Movement, 2nd ed. Chichester 1995.

McIntosh, M.; Thomas, R.; Leipziger, D.; Coleman, G. (2003): Living Corporate Citizenship: Strategic Routes to Socially Responsible Business, London 2003.

Meadows, D.; Meadows, D.H.; Zahn, E.; Milling, P. (1972): Die Grenzen des Wachstums, Stuttgart 1972.

Meffert, H. (1990): Bankmarketing. In: Schierenbeck, H. (Hrsg.) Bank- und Versicherungslexikon, München 1990, S. 89-93.

Meffert, H.; Kirchgeorg, M. (1998): Marktorientiertes Umweltmanagement: Konzeption, Strategie, Implementierung mit Praxisfällen, 3., überarb. und erw. Aufl. Stuttgart 1998.

Meisel, K. (2001): Marketing. In: Arnold, R.; Nolda, S.; Nuissl, E. (Hrsg.): Wörterbuch Erwachsenenpädagogik, Bad Heilbrunn 2001, S. 215-216.

Melz, T. (1987): Wirtschaftstheorie und Ethik, Pfaffenweiler 1987.

Menkhoff, L. (2001): Privatanleger delegieren an institutionelle Investoren: Bringt dies Fortschritte im Anlageverhalten? In: Kredit und Kapital, Bd. 34 (2001), H. 3, S. 418-454.

Mertens, D. (1974): Schlüsselqualifikationen, Überlegungen zu ihrer Identifizierung im Erst- und Weiterbildungssystem. In: Faltin, G.; Herz, O. (Hrsg.): Berufsforschung und Hochschuldidaktik I: Sondierung des Problems. Blickpunkt Hochschuldidaktik, Nr. 32., Hamburg 1974, S. 204-230.

Messner, D. (2001): Zum Verhältnis von Nachhaltigkeit und Breitenwirkung. Anmerkungen zur BMZ-Querschnittsevaluierung über langfristige Wirkungen. In: E + Z Entwicklung und Zusammenarbeit, 42. Jg. (2001), H. 1, S. 13-16.

Mezirow, J. (1997): Transformative Erwachsenenbildung, Baltmannsweiler 1997.

Miles, S.; Hammond, K.; Friedman, A.L. (2002): Social and Environmental Reporting and Ethical Investment, ACCA Research Report No. 77 (Association of Chartered Certified Accountants), London 2002.

Mistra (2001): Screening the Screening of Sreening Companies. London, Stockholm, unveröff. Manuskript 2001.

Möhrle, P. (2002): Erfolgreiche Vermarktung von Öko-Fonds jenseits der Nische. Theoretisch-konzeptionelle Grundlagen und Gestaltungsempfehlungen auf Basis einer vergleichenden Fallstudienanalyse, IWÖ Diskussionsbeitrag Nr. 098, St. Gallen 2002.

Moll, P. (1986): Information statt Regulation. Zur Publizistik sozialer Auswirkungen der Unternehmenstätigkeit. Frankfurt/Main, Bern, New York 1986.

Moskowitz, M. (1972): Choosing Socially Responsible Stocks. In: Business & Society Review, Vol. 1 (1972), S. 71-75.

Moskowitz, T.J. (1998): An Analysis of Risk, Pricing Anomalies, and Behavior: How Risky are Size, Book-to-market, and Momentum Strategies? Working Paper, University of California at Los Angeles, Los Angeles 1998.

Mössle, K. (1993): Spezialfondsmanagement vor neuen Herausforderungen. In: Zeyer, F. (Hrsg.): Investmentfonds-Management. Anlagestrategie – Performanceanalyse – Marketing, Frankfurt/Main 1993, S. 37-46.

Mühlbacher, H. (2001): Selbstbeschränkung der Werbung. In: Diller, H. (Hrsg.): Vahlens großes Marketinglexikon, 2. völlig überarb. u. erw. Aufl. München 2001, S. 1523-1524.

Müller, E. (2001): Grundlinien einer modernen Verbraucherpolitik. In: Aus Politik und Zeitgeschichte, B 24/2001, S. 6-15.

Müller, S.-G.; Hauser-Ditz, A. (2003): Vorwort. In: Schäfer, H.; Preller, E.: Sozial-ökologische Ratings am Kapitalmarkt. Transparenzstudie zur Beschreibung konkurrierender Konzepte zur Nachhaltigkeitsmessung auf deutschsprachigen Finanzmärkten, Düsseldorf 2003, S. 11-17.

Müller, U. (2002): Der Mensch im Mittelpunkt. Perspektiven einer Bildung für nachhaltige Entwicklung. In: Bayrische Landeszentrale für politische Bildungsarbeit (Hrsg.): Kompetent für die Zukunft. Umweltbildung auf nachhaltigen Wegen, München 2002, S. 33-36.

Münch, J. (1995): Die Pluralität der Lernorte als Optimierungsparadigma. In: Pätzold, G.; Walden, G. (Hrsg.): Lernorte im Dualen System der Berufsbildung, Bielefeld 1995, S. 95–106.

Muniz, Jr., A.M.; O'Guinn, T.C. (2001): Brand Community. In: Journal of Consumer Research, Vol. 27 (2001), No. 4, S. 412-432.

Munsch, M.; Weiß, B. (2002): Externes Rating: Finanzdienstleistung und Entscheidungshilfe, 3. Aufl. Berlin et al. 2002.

Muth, J.F. (1961): Rational Expectations and the Theory of Price Movements. In: Econometrica, Vol. 29 (1961), S. 315-335.

Nader, G. (1995): Zufriedenheit mit Finanzdienstleistungen – Erfolgswirksamkeit, Messung und Modellierung. Wien, New York 1995.

NAGUS (2000): Umweltmanagement / DIN EN ISO 14031 / Umweltleistungsbewertung: Leitlinien, Deutsche Fassung EN ISO 14031, 1999, Berlin 2000.

Nagy, R. (2002): Corporate Governance in der Unternehmenspraxis. Akteure, Instrumente und Organisation des Aufsichtsrates, Wiesbaden 2002.

Nelson, P. (1970): Information and Consumer Behavior. In: Journal of Political Economy, Vol. 78 (1970), No. 2, S. 311-329.

Ness, K.; Mirza, A. (1991): Corporate Social Disclosure: A Note on a Test of Agency Theory. In: British Accounting Review, Vol. 23 (1991), No. 3, S. 211-218.

Neumann, B. (2001): Nachhaltige Kapitalanlagen – Eine Antwort auf den Shareholder Value?, nicht veröffentlichte Diplomarbeit, Bremen 2001.

Nicklisch, H. (1932): Die Betriebswirtschaft, Stuttgart 1932.

Nicklisch, H. (1933): Die Betriebswirtschaftslehre im nationalsozialistischen Staat. In: Die Betriebswirtschaft, 26. Jg. (1933), S. 305-307.

Nolda, S. (1998): Programme der Erwachsenenbildung als Gegenstand qualitativer Forschung. In: Nolda, S.; Pehl, K.J.; Tietgens, H. (Hrsg.): Programmanalysen. Programme der Erwachsenenbildung als Forschungsobjekte, Frankfurt/Main 1998, S. 139-235.

Nolda, S. (Hrsg.) (1996): Erwachsenenbildung in der Wissensgesellschaft, Bad Heilbrunn 1996.

Norden, R. (1990): Motivationstheoretische Ansätze im Marketing. Ein Beitrag zur Analyse psychologischer Konstrukte in der Ökonomik, Frankfurt/Main 1990.

Nuissl, E. (2001): Erwachsenenbildung – Weiterbildung. In: Arnold, R.; Nolda, S.; Nuissl, E. (Hrsg.) (2001): Wörterbuch Erwachsenenpädagogik, Bad Heilbrunn, S. 85-89.

Nunner-Winkler, G. (1993): Verantwortung. In: Enderle, G. et al. (Hrsg.): Lexikon der Wirtschaftsethik, Freiburg im Breisgau et al. 1993, Sp. 1185-1192.

O.V. (1991): Ethisch-ökologische Geldanlage in Westdeutschland. In: Finanztest, H. 3/1991, S. 26-27.

O.V. (1998): Kritische Aktionäre - Ein Kölner Exjournalist ist einer der gefährlichsten Besucher auf Hauptversammlungen. In: Wirtschaftswoche, 52. Jg. (1998), H. 17, S. 216-218.

O.V. (2000): Bankenberatung: Völlig verschnitten. In: FINANZtest, o.Jg. (2000), H. 5, S. 12-19.

O.V. (2002a): Grüne Dagoberts – verändern sie den Finanzmarkt. In: imug: Einsichten 2002, Hannover 2002, S. 13-14.

O.V. (2002b): Ökofonds – Ein moralisches Angebot. In: Focus, o.Jg. (2002), H. 46, 11.11.2002, S. 226-227.

Oberender, P.; Väth, A. (1986): Markttransparenz und Verhaltensweise. In: WISU, 15. Jg. (1986), H. 4, S. 191-196.

Oberparleiter, K. (1918): Die Funktionen des Handels, Wien 1918.

O'Brien, M. (1995): The Best-of-Class Solution. In: Management Accounting, Vol. 77 (1995), No. 3, S. 54-63.

OECD (1997): Sustainable Consumption and Production. Clarifying the Concepts. OECD Conference Proceedings, Paris 1997.

OECD (1999): OECD Grundsätze der Corporate Governance, Paris 1999.

Oehler, A. (1991): Anomalien im Anlegerverhalten. In: Die Bank, H. 11 (1991), S. 600-607.

Oehler, A. (1992): „Anomalien", „Irrationalitäten" oder „Biases" der Erwartungsnutzentheorie und ihre Relevanz für Finanzmärkte. In: Zeitschrift für Bankrecht und Bankwirtschaft, Heft 2 (1992), S. 97-124.

Oess, A. (1991): Total Quality Management. Die ganzheitliche Qualitätsstrategie, 2. erw. Aufl. Wiesbaden 1991.

Ohlig, D. (2003): Beziehungsarbeit: Mit grösstmöglicher Offenheit wollen die Unternehmen das Vertrauen von Analysten und Anlegern wiederherstellen. In: PR-Magazin, Bd. 34 (2003), H. 10, S. 20-21.

Oikonomou, A. (1999): Bankenhaftung bei der Anlageberatung: Beratungspflichten im Optionsscheingeschäft, Münster 1999.

Öko-Test (2003): Streit um Natur-Aktien-Index. In: Öko-Test, o.Jg. (2003), H. 8, S. 128-129.

O'Rourke, A. (2003): A New Politics of Engagement: Shareholder Activism for Corporate Social Responsibility. In: Business Strategy and the Environment, Vol. 12 (2003), No. 4, S. 227-239.

Osterloh, M. (1993): Unternehmenskultur. In: Enderle, G. et al. (Hrsg.): Lexikon der Wirtschaftsethik, Freiburg im Breisgau et al. 1993, Sp. 1139-1142.

Osterloh, M.; Tiemann, R. (1995): Konzepte der Wirtschafts- und Unternehmensethik — Das Beispiel der Brent Spar. In: Die Unternehmung 49. Jg. (1995), H. 5, S. 321-338.

Otnes, C.; Beltramini, R.F. (eds.) (1996): Gift-Giving: A Research Anthology, Bowling Green 1996.

Otter, M.J.d. (1999): Investmentfonds: Grundlagen, Risiken, Chancen, München, Wien, Zürich 1999.

Owen, D.L.; Swift, T.; Hunt, K. (2001): Questioning the Role of Stakeholder Engagement in Social and Ethical Accounting, Auditing and Reporting. In: Accounting Forum, Vol. 25 (2001), No. 3, S. 264-282.

Palazzo, B. (2000): Interkulturelle Unternehmensethik: deutsche und amerikanische Modelle im Vergleich, Wiesbaden 2000.

Palazzo, B. (2002): U.S.-American and German Business Ethics: An Intercultural Comparison. In: Journal of Business Ethics, Vol. 41 (2002), S. 195-216.

Panitz, L. (2003): Das grosse Schweigen - Ein neues Gesetz verpflichtet Analysten, Interessenkonflikte bei der Aktienbewertung offen zu legen -- mit erheblichen Folgen für die Kommunikation der Banken. In: PR-Magazin, Bd. 34 (2003), H. 10, S. 22-24.

Parasuraman, A.; Zeithaml, V.A.; Berry, L.L. (1985): A Conceptual Model of Service Quality and its Implications for Future Research. In: Journal of Marketing, Vol. 49 (Fall 1985), S. 41-50.

Patterson, D.J. (2001): Shareholder Activism. The Impact of Corporate Governance Activism on Corporate Performance. In: Corporate Governance: an International Review, Vol. 9 (2001), No. 4, S. 10-18.

Paul, K. (1996): Corporate Social Monitoring in the United States, Great Britain, and South Africa: A Comparative Analysis. In: Brady (ed.): Ethical Universals in International Business, Berlin; New York 1996, S. 27-39.

Pava, M.L.; Krausz, J, (1996): The Association between Corporate Social Responsibility and Financial Performance: The Paradox of Social Cost. In: Journal of Business Ethics, Vol. 15 (1996), No. 3, S. 321-357.

Perridion, L.; Steiner, M. (1991): Finanzwirtschaft der Unternehmung, München 1991.

Pesel, A. (1995): Kapitalanlagen zur Förderung ökologisch ausgerichteter Investitionen, Göttingen 1995.

Peters, R.G.; Covello, V.T.; McCallum, D.B. (1997): The Determinants of Trust and Credibility in Environmental Risk Communication: An Empirical Study. In: Risk Analysis, Vol. 17 (1997), No. 1, S. 43-54.

Pfriem, R. (1996): Unternehmenspolitik in sozialökologischen Perspektiven, Marburg 1996.

Picot, A. (1974): Ethik und Absatzwirtschaft aus marktwirtschaftlicher Sicht. In: Tietz, B. (Hrsg.): Handwörterbuch der Absatzwirtschaft, Stuttgart 1974, Sp. 562-574.

Picot, A. (1986): Transaktionskosten im Handel. Zur Notwendigkeit einer flexiblen Strukturentwicklung in der Distribution. In: Betriebs-Berater, 41. Jg. (1986), Beil. 13 zu H. 27, S. 1-16.

Pieper, A. (1994): Einführung in die Ethik, 3. überarb. Aufl. Tübingen et al. 1994.

Pinkston, T.S.; Carroll, A.B. (1994): Corporate Citizenship Perspectives and Foreign Direct Investment in the US. In: Journal of Business Ethics, Vol. 13 (1994), No. 3, S. 157-169.

Plinke, E. (2002): Aktienperformance und Nachhaltigkeit: Hat die Umwelt- und Sozialperformance einen Einfluss auf die Aktienperformance?, Sarasin Studie, Basel 2002.

Polster, D. (2001): Wer braucht noch Kreditgenossenschaften? In: Prinz, A; Steenge, A.; Vogel, A. (Hrsg.): Neue Institutionenökonomik: Anwendung auf Religion, Banken und Fußball, Münster et al. 2001, S. 193-235.

Projektgruppe Ethisch-Ökologisches Rating / oekom research AG (Hrsg.) (2002): Ethisch-ökologisches Rating. Der Frankfurt-Hohenheimer Leitfaden und seine Umsetzung durch das Corporate Responsibility Rating, München 2002.

Raffée, H.; Förster, F.; Krupp, W. (1988): Marketing und unternehmerische Ökologieorientierung. In: Heinz, B. (Hrsg.): Öko-Marketing, Berlin 1988, S. 128-149.

Raffée, H.; Fritz, W. (1992): Dimensionen und Konsistenz der Führungskonzeption von Industrieunternehmen: Ergebnisse einer empirischen Untersuchung. In: Zfbf, 44. Jg. (1992), H. 4, S. 303-322.

Raffée, H.; Silberer, G. (Hrsg.) (1981): Informationsverhalten des Konsumenten. Ergebnisse empirischer Studien, Wiesbaden 1981.

Raffée, H.; Wiedmann, K.-P. (1985): Wertewandel und gesellschaftsorientiertes Marketing - Die Bewährungsprobe strategischer Unternehmensführung. In: Raffée, H.; Wiedmann, K.-P. (Hrsg.): Strategisches Marketing, Stuttgart 1985, S. 552-611.

Rank, B.; Thiemann, T. (1998): Maßnahmen zur Sicherung des Praxistransfers. In: Rank, B.; Wakenhut, R. (Hrsg.): Sicherung des Praxistransfers im Führungskräftetraining, München, Mering 1998, S. 31-78.

Rank, B.; Wakenhut, R. (Hrsg.) (1998): Sicherung des Praxistransfers im Führungskräftetraining, München, Mering 1998.

Rat für Nachhaltige Entwicklung (Hrsg.) (2004): Momentaufnahme Nachhaltigkeit und Gesellschaft. Bericht, IFOK, Institut für Organisationskommunikation, Berlin 2004 <http://www.nachhaltigkeitsrat.de/service/download/studien/Bericht_Momen taufnahme_Nachhaltigkeit_und_Gesellschaft_2004.pdf>, Stand: 04.07.2004.

Rauberger, R.; Wagner, B. (1997): Umweltberichterstattung von Finanzdienstleistern: ein Leitfaden zu Inhalten, Aufbau und Kennzahlen von Umweltberichten für Banken und Sparkassen, Hrsg. vom Verein für Umweltmanagement in Banken, Sparkassen und Versicherungen, Bad Honnef 1997.

Rawls, J. (1993): Eine Theorie der Gerechtigkeit, 7. Aufl. Frankfurt/Main 1993.

Reetz, L. (Hrsg.) (1990): Schlüsselqualifikationen: Dokumentation des Symposions in Hamburg „Schlüsselqualifikationen - Fachwissen in der Krise?", Hamburg 1990.

Reich, K. (1998): Die Ordnung der Blicke. Band 1: Beobachtung und die Unschärfen der Erkenntnis. Band 2: Beziehungen und Lebenswelt, Neuwied et al. 1998.

Reich, M.C.; Wolff, R.; Zaring, O.; Zetterberg, L.; Åhman, M. (2001): Ethical Investment – Towards a Sound Theory and Screening Methodology, Report B 1425 IVL Swedish Environmental Research Institute Ltd., Stockholm 2001.

Reinhardt, F.L (1999): Bringing the Environment Down to Earth: Applying Business Principles to Environmental Management, Boston, MA.1999.

Rettberg, B. (1999): Der Unternehmensdialog als Instrument einer gesellschaftsorientierten Unternehmensführung: theoretische Fundierung, empirische Untersuchung und Handlungsempfehlungen, Frankfurt/Main et al. 1999.

Reyes, M.G.; Grieb, T. (1998): The External Performance of Socially-Responsible Mutual Funds. In: American Business Review, Vol. 16 (1998), No. 1, S. 1-7.

Richter, R.; Furubotn, E.G. (1999): Neue Institutionenökonomik: eine Einführung und kritische Würdigung, 2. überarb. und erw. Aufl. Tübingen 1999.

Ridder, G. (1993): Unternehmensethik als Instrument der Transformation von Ökologie und Ökonomie, Hannover 1993.

Riess, B., Schackenberg, P. (2002): Kooperation – Verantwortung – Transparenz: Gesellschaftliche Reformfähigkeit stärken. In: Bertelsmann Stiftung (Hrsg.): Transparenz – Grundlage für Verantwortung und Mitwirkung, Gütersloh 2002, S. 11-22.

Robinsohn, S. B. (1971): Bildungsreform als Revision des Curriculum, 3. Aufl. Neuwied 1971.

Roe, B.; Teisl, M.F.; Rong, H.; Levy, A.S. (2001): Characteristics of Consumer-preferred Labeling Policies: Experimental Evidence from Price and Environmental Disclosure for Deregulated Electricity Services. In: Journal of Consumer Affairs, Vol. 35 (2001), No. 1, S. 1-26.

Rolfes, B.; Jirousek, M. (2003): Die Konstruktion von Aktienindizes am Beispiel des DAX. In: Das Wirtschaftsstudium, 32. Jg. (2003), H. 10, S. 1230-1238.

Rosato, D. (2003): Stock Research: The New Growth Industry. In: The New York Times, 27.07.2003, Section 3, S. 6.

Rosen, R. (Hrsg.) (2002): Ethisch orientierte Geldanlage - Nische oder Wachstumsmarkt? Studien des Deutschen Aktieninstituts, Heft 18. Frankfurt/Main 2002.

Rosenberger, G. (2004): Konsumorientierung und Persönlichkeitsentwicklung – Selbstschädigungen in der Wohlstandsgesellschaft, Diss. Uni Hannover, Hannover 2004.

Roßbach, P. (2001): Behavioral Finance. Eine Alternative zur vorherrschenden Kapitalmarkttheorie? Arbeitsbericht Nr. 31 der Hochschule für Bankwirtschaft/HfB, Frankfurt/Main 2001.

Rubik, F.; Scholl, G. (Hrsg.) (2002): Eco-labelling Practices in Europe: An Overview of Environmental Product Information Schemes, IÖW-Schriftenreihe Nr. 162/02, Berlin 2002.

Rüegg-Stürm, J. (2003): Das neue St. Galler Management-Modell: Grundkategorien einer modernen Managementlehre - der HSG-Ansatz, 2.,durchges. Aufl. Bern et al. 2003.

Rusche, T. (1993): Philosophische versus ökonomische Imperative einer Unternehmensethik, Münster et al. 1993.

Saeed, M.; Ahmed, Z.U.; Mukhtar, S.-M. (2001): International Marketing Ethics from an Islamic Perspective: A Value-Maximization Approach. In: Journal of Business Ethics, Vol. 32 (2001), No. 2, S. 127-142.

SAI (2001): Social Accountability 8000, New York 2001, <http://www.sa-intl.org/Document%20Center/2001StdEnglishFinal.doc>, Stand: 13.12.2003.

Sanders, C.R. (1987): Consuming as Social Action: Ethnographic Methods in Consumer Research. In: Wallendorf, M.; Anderson, P.F. (eds.): Advances in Consumer Research, Vol. 14 (1987), S. 71-75.

Schäfer, H. (1999): Vertrauen und Loyalität im Marketing von Finanzdienstleistungen mit Kontraktguteigenschaften. In: Albach, H. (Hrsg.): Innovation und Investition, ZfB-Ergänzungsheft 1/1999, Wiesbaden 1999, S. 1-23.

Schäfer, H. (2000): Ethische Finanzdienstleistungen. Ein Forschungsaufriss zu Marktstrukturen, kapitalmarkttheoretischen Besonderheiten und absatzwirtschaftlichen Konsequenzen. Bericht 02/2000 aus dem Forschungsprojekt E-thische Finanzdienstleistungen, Universität Gesamthochschule Siegen 2000.

Schäfer, H. (2001): Portfolioselektion und Anlagepolitik mittels Ethik-Filtern – ein Überblick zum Stand der empirischen Kapitalmarktforschung, Siegen 2001.

Schäfer, H. (2001a): Ethisch-ökologische Geldanlagen: Balance zwischen hell- und dunkelgrün. In: Schrader, U.; Hansen, U. (Hrsg.): Nachhaltiger Konsum, Frankfurt/Main, New York 2001, S. 397-411.

Schäfer, H. (2003): Sozial-ökologische Ratings am Kapitalmarkt. In: Finanzbetrieb. Zeitschrift für Unternehmensfinanzierung und Finanzmanagement, 5. Jg. (2003), H. 9, S. 556-557.

Schäfer, H.; Gülle, A. (2000): Ethische Finanzdienstleistungen. Struktur des Angebots an ethischen Finanzdienstleistungen im deutschsprachigen Raum, Bericht 03/2000 aus dem Forschungsprojekt Ethische Finanzdienstleistungen, Universität Siegen, Siegen 2000.

Schäfer, H.; Preller, E. (2003): Sozial-ökologische Ratings am Kapitalmarkt. Transparenzstudie zur Beschreibung konkurrierender Konzepte zur Nachhaltigkeitsmessung auf deutschsprachigen Finanzmärkten, Düsseldorf 2003.

Schäfer, H.; Türck, R. (2000): Gesellschaft, Wirtschaft und Ethik – Rahmenbedingungen ethischer Finanzdienstleistungen. Bericht 01/2000 aus dem Forschungsprojekt Ethische Finanzdienstleistungen, Universität Gesamthochschule Siegen

Schäfer, S.-I.; Vater, H. (2002): Behavioral Finance: Eine Einführung. In: Finanz-Betrieb. Zeitschrift für Unternehmensfinanzierung und Finanzmanagement, Bd. 4 (2002), H. 12, S. 739-748.

Schäffner, L. (2002): Der Beitrag der Veränderungsforschung zur Nachhaltigkeit von Organisationsentwicklung, München, Mering 2002.

Schaltegger, S.; Burritt, R.; Petersen, H. (2003): An Introduction to Corporate Environmental Management: Striving for Sustainability, Sheffield 2003.

Schaltegger, S.; Dyllick, T. (Hrsg.) (2002): Nachhaltig managen mit der Balanced Scorecard, Wiesbaden 2002.

Schaltegger, S.; Figge, F. (2001): Sustainable Development Funds: Progress since the 1970s. In: Bouma, J.J.; Jeucken, M.H.A.; Klinkers, L. (Hrsg.): Sustainable Banking – The Greening of Finance, Sheffield 2001, S. 203-210.

Schaltegger, S.; Herzig, C.; Kleiber, O.; Müller, J. (2002): Nachhaltigkeitsmanagement in Unternehmen. Konzepte und Instrumente zur nachhaltigen Unternehmensentwicklung, hrsg. v. BMU/BDI, Bonn 2002.

Schein, E.H. (1985): Organizational Culture and Leadership, San Francisco 1985.

Schepers, D.H.; Sethi, S.P. (2003): Do Socially Responsible Funds Actually Deliver What they Promise? In: Business and Society Review, Vol. 108 (2003), No. 1, S. 11-32.

Scherhorn, G. (1959): Bedürfnis und Bedarf: sozialökonomische Grundbegriffe im Lichte der neueren Anthropologie, Berlin 1959.

Scherhorn, G.; Reisch, L.; Schrödl, S. (1997): Wege zu nachhaltigen Konsummustern, Marburg 1997.

Schlegelmilch, B.B. (1997): The Relative Importance of Ethical and Environmental Screening: Implications for the Marketing of Ethical Investment Funds. In: The International Journal of Bank Marketing, Vol. 15 (1997), No. 2, S. 48-53.

Schlutz, E. (2001): Realistische Wende. In: Arnold, R.; Nolda, S.; Nuissl, E. (Hrsg.): Wörterbuch Erwachsenenpädagogik, Bad Heilbrunn 2001, S. 271.

Schlutz, E. (Hrsg.) (1982): Die Hinwendung zum Teilnehmer – Signal einer reflexiven Wende, Bremen 1982.

Schmid, G. (1989): Die neue institutionelle Ökonomie: Königsweg oder Holzweg zu einer Institutionentheorie des Arbeitsmarktes? In: Leviathan. 18. Jg. (1989), H. 3, S. 386-408.

Schmidheiny, S. (1992): Kurswechsel, Globale unternehmerische Perspektiven für Entwicklung und Umwelt, München 1992.

Schmidt, R.H. (1981): Ein neo-institutionalistischer Ansatz in der Finanzierungstheorie. In: Rühli, E.; Thommen, J.-P. (Hrsg.) Unternehmensführung aus finanz- und bankwirtschaftlicher Sicht, Stuttgart 1981, S. 135-154.

Schmidt, R.H. (1999): Erich Gutenberg und die Theorie der Unternehmung. In: Albach, H. et al. (Hrsg.): Die Theorie der Unternehmung in Forschung und Praxis, Berlin et al. 1999, S. 59-92.

Schmidt-Bleek, F. (1994): Wie viel Umwelt braucht der Mensch? Berlin 1994.

Schmidt-Bleek, F. (2004): Der ökologische Rucksack, Stuttgart 2004.

Schmitz, E. (1984): Erwachsenenbildung als lebensweltbezogener Erkenntnisprozess. In: Schmitz, E.; Tietgens, H. (Hrsg.): Erwachsenenbildung. Enzyklopädie Erziehungswissenschaft, Bd. 11, Stuttgart 1984, S. 95-123.

Schmitz-Esser, V. (2000): Aktienindizes: Funktionen, Konstruktion, Indexeffekte, Freiburg/Schweiz 2000.

Schneider, D. (1987): Allgemeine Betriebswirtschaftslehre, 3. Aufl. München, Wien 1987.

Schneider, D. (1990): Unternehmensethik und Gewinnprinzip in der Betriebswirtschaftslehre. In: Zeitschrift für betriebswirtschaftliche Forschung, 42. Jg. (1990), H. 10, S. 869-891.

Schneider, D. (1991): Wird Betriebswirtschaftslehre durch Kritik an der Unternehmensethik unverantwortlich? In: Zeitschrift für betriebswirtschaftliche Forschung, 43. Jg. (1991), H. 6, S. 537-543.

Schnell, R.; Hill, P.B.; Esser, E. (1999): Methoden der empirischen Sozialforschung, 6. völlig überarb. und erw. Aufl. München, Wien 1999.

Schoenheit, I. (1976); Die Integration von beruflicher und politischer Erwachsenenbildung unter modernen Produktionsbedingungen am Beispiel der Automatisierung, unv. Diplomarbeit, Berlin 1976.

Schoenheit, I. (1996): Unternehmenstest als Instrument des gesellschaftlichen Dialogs – Erfahrungen in der Bundesrepublik Deutschland. In: Hansen, U. (Hrsg.): Marketing im gesellschaftlichen Dialog, Frankfurt/Main, New York 1996, S. 175-201.

Schoenheit, I. (2001): Denkanstöße zum Begriff des nachhaltigen Konsums. In: Schrader, U.; Hansen, U. (Hrsg.): Nachhaltiger Konsum, Frankfurt/Main, New York 2001, S. 117-124.

Schoenheit, I. (2001): Unternehmenstest: In: Diller, H. (Hrsg.): Vahlens großes Marketinglexikon, 2. völlig überarb. u. erw. Aufl. München 2001, S. 1709-1710.

Schoenheit, I. (2004): Was Verbraucher wissen wollen. Eine empirische Studie zum Informationsbedarf der Verbraucher, hrsg. v. Verbraucherzentrale Bundesverband e.V. (vzbv), Berlin 2004.

Schoenheit, I. (2004a): Die volkswirtschaftliche Bedeutung der Verbraucherinformation. In: Landeszentrale für politische Bildung; Verbraucherzentrale Bundesverband (Hrsg.): Politikfeld Verbraucherschutz. Potsdam, Berlin 2004 (in Druck).

Schoenheit, I.; Grazek, U. (2003): Qualität von ethischökologischen Fonds - ein Ansatz zur vergleichenden Fondsbewertung. In: Achleitner, A.K.; Everling, O. (Hrsg.): Fondsrating. Qualitätsmessung auf dem Prüfstand - Verfahren, Kriterien und Nutzen, Wiesbaden 2003. S. 127-141.

Schoenheit, I.; Hansen, U. (2001): Transparenz an den Finanzmärkten unter dem Gesichtspunkt des nachhaltigen Wirtschaftens. In: Umweltwirtschaftsforum, 9. Jg. (2001), H. 4, S. 23-29.

Schoenheit, I.; Niedergesäß, U. (1995): Lebensstile und Energieberatung, hrsg. v. HEA, Frankfurt/Main, Heidelberg 1995.

Schoenheit, I.; Niedergesäß, U. (1996): Handbuch Beratungsprogramme. Energiedienstleistung - Marketing - Private Haushalte, Heidelberg 1996.

Schöffmann, D. (2001): Corporate Volunteering. Gelebte Unternehmensverantwortung. In: Schöffmann, D. (Hrsg.): Wenn alle gewinnen. Bürgerschaftliches Engagement von Unternehmen, Hamburg 2001, S. 11- 22.

Schrader, U. (2004): Corporate Citizenship: Die Unternehmung als guter Bürger?, Berlin 2004.

Schrader, U.; Hansen, U. (Hrsg.) (2001): Nachhaltiger Konsum. Forschung und Praxis im Dialog, Frankfurt/Main 2001.

Schrader, U.; Schoenheit, I.; Hansen, U. (2003): Der Bock als guter Gärtner? Informationsoffenheit von Unternehmen als Beitrag zum Verbraucherschutz. In: Ökologisches Wirtschaften, o. Jg. (2003), Nr. 3-4, S. 15-17.

Schreiber, N. (1998): Was nutzt berufliche Weiterbildung? Befunde aus aktuellen empirischen Untersuchungen. In: Sozialwissenschaften und Berufspraxis (SUB), 21. Jg. (1998), H. 1, S. 29-47.

Schreyögg, G. (2003): Organisation: Grundlagen moderner Organisationsgestaltung, 4. vollst. überarb. und erw. Aufl. Wiesbaden 2003.

Schröder, M. (2003): Socially Responsible Investments in Germany, Switzerland and the United States: an Analysis of Investment Funds and Indices, ZEW Discussion Paper No. 03-10, Mannheim 2003.

Schult, W.F.; Burschel, C.; Losen, D. (2001): Corporate Responsibility Reporting. In: Umweltwirtschaftsforum, 9. Jg. (2001), H. 4, S. 34-39.

Schulz, W.F; Gutterer, C.; Sprenger, R.U.; Rave, T. (2002): Nachhaltiges Wirtschaften in Deutschland. Erfahrungen, Trends und Potenziale, Witten, München 2002.

Schüßler, I. (2000): Deutungslernen, Baltmannsweiler 2000.

Schütz, A.; Luckmann, T. (1979): Strukturen der Lebenswelt, Frankfurt/Main 1979.

Schwaiger, M.; Hupp, O. (2003): Corporate reputation Management: Herausforderung für die Zukunft. In: Planung & Analyse, 30. Jg. (2003), H. 3, S. 58-64.

Schwalfenberg, G. (Hrsg.) (1994): Handbuch Weiterbildung. Landesverband der Volkshochschulen Nordrhein-Westfalen, Köln 1994.

Schwark, E. (2003): Kapitalmarktrecht: Kommentar zum Börsengesetz, zur Börsenzulassungsverordnung, zum Verkaufsprospektgesetz mit Verkaufsprospektverordnung, zum Wertpapierhandelsgesetz, Wertpapiererwerbs- und –übernahmegesetz, München 2003.

Schwartz, M.S. (2003): The "Ethics" of Ethical Investing. In: Journal of Business Ethics, Vol. 43 (2003), No. 3, S. 195-213.

Schweizer, U. (1999): Vertragstheorie, Tübingen 1999.

securvita (2003): Hochkonjunktur beim Natur-Aktien-Index (NAI), Pressemeldung vom 30.12.2003.

Seidel, E. (1990): Implementierung des betrieblichen Umweltschutzes: die Organisation als Schlüsselfrage. In: Freimann, J. (Hrsg.): Ökologische Herausforderung der Betriebswirtschaftslehre, Wiesbaden 1990, S. 215-230.

Seidel, E. (1995): Ökologisches Controlling: zur Konzeption einer ökologisch verpflichteten Führung von und in Unternehmen. In: Wunderer, R. (Hrsg.): Betriebswirtschaftslehre als Management- und Führungslehre, Stuttgart 1995, S. 353-371.

Seidel, E. (1999): Das Umweltmanagement an der Jahrhundertschwelle. Zeit für einen zweiten Blick. In: Seidel, E. (Hrsg.) (1999): Betriebliches Umweltmanagement im 21. Jahrhundert: Aspekte, Aufgaben, Perspektiven, Berlin et al. 1999. S. 304-322.

Seidel, E. (Hrsg.) (1992): Umwelt und Ökonomie: Reader zur ökologieorientierten Betriebswirtschaftslehre, Wiesbaden 1992.

Seidel, E. (Hrsg.) (1999): Betriebliches Umweltmanagement im 21. Jahrhundert: Aspekte, Aufgaben, Perspektiven, Berlin et al. 1999.

Seifert, E. (2001): Umweltleistungsbewertung nach der ISO 14031. In: UWF, 9. Jg. (2001), H. 4, S. 44-49.

Severidt, K. (2000): Die Anlageberatung. Eine Erklärung vor dem Hintergrund der Transaktionskostentheorie. In: Marketing ZFP, 22. Jg. (2000), H. 1, S. 43-53.

Shaw, E.H. (1994): The Utility of the Four Utilities Concept. In: Sheth, J.N.; Fullerton, R.A. (eds.): Research in Marketing, Supplement 6, Explorations in the History of Marketing, Greenwich, London 1994, S. 47-66.

Shefrin, H. (2000): Beyond Greed and Fear: Understanding Behavioral Finance and the Psychology of Investing, Boston 2000.

Shefrin, H.; Stateman, M. (1995): Behavioral Portfolio Theory, Working Paper, Santa Clara University, Santa Clara 1995.

Shiller, R.J. (2000): Irrational Exuberance, Princeton 2000.

Shiller, R.J. (2003): From Efficient Markets Theory to Behavioral Finance. In: Journal of Economic Perspectives, Vol. 17 (2003), No. 1, S. 83-104.

Shleifer, A. (2000): Inefficient Markets, Oxford 2000.

Sieber, S. (1973): The Integration of Fieldwork and Survey Methods. In: American Journal of Sociology, Vol. 78 (1973), No. 6, S. 1335-1359.

Siebert, H. (1977): Begründungen gegenwärtiger Erwachsenenbildung, Braunschweig 1977.

Siebert, H. (1996): Didaktisches Handeln in der Erwachsenenbildung. Didaktik aus konstruktivistischer Sicht, Neuwied 1996.

Siebert, H. (1999). Pädagogischer Konstruktivismus. Eine Bilanz der Konstruktivismusdiskussion für die Bildungspraxis, Neuwied 1999.

Siebert, H. (2000): Kopf in den Sand – Lernen als Konstruktion von Lebenswelten. In: Bolscho, D.; de Haan, G. (Hrsg.): Konstruktivismus und Umweltbildung, Opladen 2000, S. 15–33.

Siebert, H. (2002): Lernen als Konstruktion von Lebenswelten. In: Bolscho, Dietmar; Michelsen, Gerd (Hg.): Umweltbewusstsein unter dem Leitbild Nachhaltige Entwicklung. Ergebnisse empirischer Untersuchungen und pädagogische Konsequenzen, Opladen 2002, S. 15-32.

Sieferle, R.P. (1990): Bevölkerungswachstum und Naturhaushalt, Frankfurt/Main 1990.

Simon, F. (1994): Unternehmerischer Erfolg und gesellschaftliche Verantwortung, Wiesbaden 1994.

Simons, P.R.J. (1992): Selbstgesteuertes Lernen. In: Mandl, H.; Friedrich, H.F. (Hrsg.): Lern- und Denkstrategien. Analyse und Intervention, Göttingen 1992, S. 249-264.

Simpson, A. (1991): The Greening of Global Investment, London 1991.

Smillie, D. (1993): Darwin's Tangled Bank: The Role of Social Environments In Perspectives in Ethology. In: Bateson, P.P.G. (ed.): Perspectives in Ethology: Vol. 10: Behavior and Evolution, New York 1993, S. 119-141.

Smith, A. (1978): Der Wohlstand der Nationen. Eine Untersuchung seiner Natur und seiner Ursachen, München 1978.

Smythe, J.; Dorward, C.; Reback, J. (1992): Corporate Reputation: Managing the New Strategic Asset, London 1992.

Social Investment Forum (1995): After South Africa: The State of Socially Responsible Investing in the United States, Washington 1995.

Solomon, M.R. (1999): Consumer Behavior: Buying, Having and Being, 4th ed. Upper Saddle River 1999.

Solow, R. (1974): The Economics of Resources or the Resources of Economics. In: American Economic Review, Vol. 64 (1974), No. 2, S. 1-14.

Spangenberg, J.H.; Lorek, S. (2001): Environmentally Sustainable Household Consumption, Wuppertal Paper, Wuppertal 2001.

Sparkes, R. (2002): Socially Responsible Investment: A Global Revolution, New York 2002.

Spence, M. (1973): Job Market Signaling. In: Quarterly Journal of Economics, Vol. 87 (1973), S. 355-374.

Spitalky, H. (2002) Unternehmenstest- eine Idee wird zur Selbstverständlichkeit. In: imug: Einsichten 2002, Hannover 2002, S. 5-6.

Spremann, K. (1988): Reputation, Garantie, Information. In: Zeitschrift für Betriebswirtschaft, 58. Jg. (1988), H. 5/6, S. 613-629.

Spremann, K. (1990): Asymmetrische Information. In: ZfB, 60. Jg. (1990), H. 5/6, S. 561-586.

SRI Research/Rating Quality Standard (2003): CSRR-QS 1.0: Voluntary Quality Standard for Corporate Sustainability and Responsibility Research, Brüssel 2003.

Stackelberg, H.v. (1934): Marktform und Gleichgewicht, Wien, Berlin 1934.

Staehle, H.; Nork, M.E. (1992): Umweltschutz und Theorie der Unternehmung. In: Steger, U. (Hrsg.): Handbuch des Umweltmanagements: Anforderungs- und Leistungsprofile von Unternehmen und Gesellschaft, München 1992, S. 67-82.

Staehle, W. (1991): Management: Eine verhaltenswissenschaftliche Perspektive, 6. Aufl. München 1991.

Staehle, W.H. (1969): Die Unternehmung als Koalition und die Notwendigkeit der Werbung um Koalitionsteilnehmer. In: Zeitschrift für Betriebswirtschaft, 39. Jg. (1969), H. 6, S. 377-390.

Staehle, W.H. (1999): Management, 8. Aufl. München 1999.

Stahlmann, V. (1994): Umweltverantwortliche Unternehmensführung. Aufbau und Nutzen eine Öko-Controlling, München 1994.

Stauss, B. (1993): Using the Critical Incident Technique in Measuring and Managing Service Quality. In: Scheuing E.; Christopher W. (Hrsg.): The Service Quality Handbook, New York et al. 1993, S. 408-427.

Stauss, B. (1994): Total Quality Management und Marketing. In: Marketing ZFP, 16. Jg. (1994), Nr. 3, S. 149-159.

Stauss, B. (1995): Internes Marketing. In: Tietz, B. et al. (Hrsg.): Handwörterbuch des Marketing, 2. überarb. Aufl., Stuttgart 1995, Sp. 1045-1056.

Stauss, B.; Seidel, W. (Hrsg.) (1996): Beschwerdemanagement: Fehler vermeiden - Leistung verbessern - Kunden binden, München, Wien 1996.

Steffen, D. (Hrsg.) (1996): Welche Dinge braucht der Mensch? Hintergründe, Folgen und Perspektiven der heutigen Alltagskultur, hrsg. v. Deutscher Werkbund, Hessen, Frankfurt/Main 1996.

Steger, U.; Winter, M. (1996): Strategische Früherkennung zur Antizipation ökologisch motivierter Marktveränderungen. In: Die Betriebswirtschaft, 56. Jg. (1996), H. 5, S. 607-629.

Steiner, M.; Bruns, Ch. (2002): Wertpapiermanagement, 8. überarb. u. erw. Aufl. Stuttgart 2002.

Steinmann, H., Schreyögg, G. (2000): Management - Grundlagen der Unternehmensführung, 5. Aufl. Wiesbaden 2000.

Steinmann, H.; Kustermann, B. (1999): Unternehmensethik und Management: Überlegungen zur Integration der Unternehmensethik in den Managementprozess. In: Korff, W. et al. (Hrsg.): Handbuch der Wirtschaftsethik, Bd. 3, Gütersloh 1999, S. 210-231.

Steinmann, H.; Löhr, A. (1989): Wider eine empirische Wende der Unternehmensethik. In: Zeitschrift für betriebswirtschaftliche Forschung, 41. Jg. (1989), H. 4, S. 325-328.

Steinmann, H.; Löhr, A. (1991): Einleitung: Grundfragen und Problembestände einer Unternehmensethik. In: Steinmann, H.; Löhr, A. (Hrsg.): Unternehmensethik, 2. Aufl. Stuttgart 1991, S. 3-32.

Steinmann, H.; Löhr, A. (1992): Grundlagen der Unternehmensethik, Stuttgart 1992.

Steinmann, H.; Löhr, A. (1994): Grundlagen der Unternehmensethik, 2. überarb. u. erw. Aufl. Stuttgart 1994.

Steinmann, H.; Olbrich, T.; Kustermann, B. (1998): Unternehmensethik und Unternehmensführung: Überlegungen zur Implementationseffizienz der US-Sentencing Guidelines. In: Alwart, H. (Hrsg.): Verantwortung und Steuerung von Unternehmen in der Marktwirtschaft, München et al. 1998, S. 113-152.

Steinmann, H.; Zerfaß, A. (1993): Unternehmensethik. In: Enderle, G. et al. (Hrsg.): Lexikon der Wirtschaftsethik, Freiburg im Breisgau et al. 1993, Sp. 1113-1122.

Steinmann, H.; Zerfaß, A. (1997): Unternehmensethik. In: Sellien, R.; Sellien, H. (Hrsg.): Gablers Wirtschaftslexikon, 14. Aufl. Wiesbaden 1997, S. 3919-3922.

Steinvorth, U. (1990): Klassische und moderne Ethik: Grundlinien einer materialen Moraltheorie, Reinbek 1990.

Stexhe, G.d.; Verstraeten, J. (eds.) (2000): Matter of Breath: Foundations of Professional Ethics, Leuven 2000.

Stiftung Warentest (2003): Einbeziehung von Prüfkriterien zur Unternehmensverantwortung (Coporate Social Responsibility / CSR) in vergleichenden Untersuchungen der Stiftung Warentest, Protokoll eines Expertengesprächs am 16.10.2003, unv. Man., Berlin 2003.

Stiftung Warentest (2004): Kernkriterien für die Untersuchung der sozial-ökologischen Unternehmensverantwortung durch die Stiftung Warentest (Vers. v. 29.4.2004), unveröffentlichtes Skript, Berlin 2004.

Stifung Warentest (2002): Öko-Aktienfonds. In: Finanz-Test, o.Jg. (2002), H. 10, S. 42.

Stiglitz, J.E. (1975): The Theory of ‚Screening'. Education, and Distribution of Income. In: American Economic Review, Vol. 65 (1975), S. 283-300.

Stockmann, R.; Meyer, W., Gaus, H.; Urbahn, J.; Kohlmann, U. (2001): Nachhaltige Umweltberatung. Eine Evaluation von Umweltberatungsprojekten, Opladen 2001.

Stoffels, M. (2002): Umweltorientierte Investor-Relations, Köln 2002.

Stremlau, S. (2002): Ethisches Investment in Deutschland - eine empirische Marktanalyse. In: Deutsches Aktieninstitut e.V. (Hrsg.): Ethisch orientierte Aktienanlage - Nische oder Wachstumsmarkt, Heft 18, Frankfurt 2002, S. 25-40.

Süchting, J.; Paul, S. (1998): Bankmanagement, 4., vollst. neu konzipierte und wesentlich erw. Aufl. Stuttgart 1998.

Tamer, S. (2002): Ethisches Investment – Ein Performance-Vergleich auf Basis des DAX, nicht veröffentlichte Diplomarbeit, Wien 2002.

Terasa, O. (2003): Pensionskassen und Nachhaltiges Investment, scoris-Arbeitspapier September 2003, Hannover 2003.

Thaler, R.H. (1985): Mental Accounting and Consumer Choice. In: Marketing Science, Vol.4 (1985), No. 3, S. 199-214.

The Association of Chartered Certified Accountants (ACCA) (2001): Corporate Governance: The stakeholder challenge, London 2001.

Thompson, C.J. (1995): A Contextualist Proposal for the Conceptualization and Study of Marketing Ethics. In: Journal of Public Policy & Marketing, Vol. 14 (Fall 1995), No. 2, S. 177-191.

Tietgens, H. (1979): Einleitung in die Erwachsenenbildung, Darmstadt 1979.

Tietgens, H. (1989): Von der Schlüsselqualifikationen zur Erschließungskompetenz. In: Petsch, H.-J.; Tietgens, H. (Hrsg.): Allgemeinbildung und Computer, Frankfurt/Main 1989, S. 34-43.

Tietgens, H. (2001): Reflexive Wende. In: Arnold, R.; Nolda, S.; Nuissl, E. (Hrsg.): Wörterbuch Erwachsenenpädagogik, Bad Heilbrunn 2001, S. 274-275.

Tischler, K. (1996): Ökologische Betriebswirtschaftslehre, München et al. 1996.

Trettin, L.; Musham, C. (2000): Is Trust a Realistic Goal of Environmental Risk Communication? In: Environment and Behavior, Vol. 32 (2000), No. 3, S. 410-426.

Ulrich, H. (1968): Die Unternehmung als produktives soziales System, Bern 1968.

Ulrich, H. (1971): Der systemorientierte Ansatz. In: v. Kortzfleisch, G. (Hrsg.): Wissenschaftsprogramm und Ausbildungsziele der Betriebswirtschaftslehre, Berlin 1971, S. 43-60.

Ulrich, P. (1981): Wirtschaftsethik und Unternehmensverfassung: Das Prinzip des unternehmerischen Dialogs. In: Ulrich, H. (Hrsg.): Management-Philosophie für die Zukunft. Gesellschaftlicher Wertewandel als Herausforderung für das Management, Bern/Stuttgart 1981, S. 57-75.

Ulrich, P. (1987): Die Weiterentwicklung der ökonomischen Rationalität – Zur Grundlegung der Ethik der Unternehmung. In: Biervert, B.; Held, M. (Hrsg.): Ökonomische Theorie und Ethik, Frankfurt/Main, New York 1987, S. 122-149.

Ulrich, P. (1990): Wirtschaftsethik auf der Suche nach der verlorenen ökonomischen Vernunft. In: Ulrich, P. (Hrsg.): Auf der Suche nach einer modernen Wirtschaftsethik. Lernschritte zu einer reflexiven Ökonomie, Bern, Stuttgart 1990, S. 179-226.

Ulrich, P. (1993): Transformation der ökonomischen Vernunft. Fortschrittsperspektiven der modernen Industriegesellschaft, Bern, Stuttgart 1993.

Ulrich, P. (1994a): Betriebswirtschaftslehre als praktische Sozialökonomie. Programmatische Überlegungen. In: Wunderer, R. (Hrsg.): Betriebswirtschaftslehre als Management und Führungslehre, 3. überarb. u. erw. Aufl. Stuttgart 1995, S. 179-203.

Ulrich, P. (1994b): Integrative Wirtschafts- und Unternehmensethik – ein Rahmenkonzept. In: Forum für Philosophie Bad Homburg (Hrsg.): Markt und Moral, Bern et al 1994, S. 75-107.

Ulrich, P. (1997): Integrative Wirtschaftsethik. Grundlagen einer lebensdienlichen Ökonomie, Bern et al. 1997.

Ulrich, P. (2002): Republikanischer Liberalismus und Corporate Citizenship. Von der ökonomischen Gemeinwohlfiktion zur republikanisch-ethischen Selbstbindung wirtschaftlicher Akteure. In: Münkler, H.; Bluhm, H. (Hrsg.): Gemeinwohl und Gemeinsinn: Zwischen Normativität und Faktizität, Band IV der Forschungsberichte der interdisziplinären Arbeitsgruppe „Gemeinwohl und Gemeinsinn" der Berlin-Brandenburgischen Akademie der Wissenschaften, Berlin 2002, S. 273-291.

Ulrich, P.; Fluri, E. (1995): Management: eine konzentrierte Einführung, 7. verb. Aufl. Bern et al. 1995.

Ulrich, P.; Lunau, Y.; Weber, T. (1998): 'Ethikmassnahmen' in der Unternehmenspraxis. Zum Stand der Wahrnehmung und Institutionalisierung von Unternehmensethik in deutschen und schweizerischen Firmen – Ergebnisse einer Befragung. In: Ulrich, P.; Wieland, J. (Hrsg.): Unternehmensethik in der Praxis. Impulse aus den USA, Deutschland und der Schweiz, Bern, Stuttgart, Wien 1998, S. 121-194.

Umweltbundesamt (2002): Nachhaltigkeit in Deutschland – die Zukunft dauerhaft umweltgerecht gestalten, Berlin 2002.

Umweltbundesamt (Hrsg.): Handbuch umweltfreundliche Beschaffung. 4. völlig neubearb. Aufl. München 1999.

Umweltfinanz (2004): Fondsportrait und Anforderung „ÖKOVISION", <http://www.umweltfondsvergleich.de/fp/archiv/investmentfonds/oekovision .shtml>, Stand: 5.2.2004.

VKI (2000): Auf die Plätze-fertig-los! In: Konsument, o.Jg. (2000), H. 10, S. 6-10.

VKI (2003): Österreichisches Umweltzeichen, unveröff. Man. Sept. 2003, Wien 2003.

Volkswagenkonzern (2003) Umweltbericht 2003 / 2004, Wolfsburg 2003.

Votaw, D. (1973): Genius Becomes Rare. In: Votaw, D.; Sethi, S.P. (eds.): The Corporate Dilemma: Traditional Values Versus Contemporary Problems, Englewood Cliffs, NJ 1973, S. 11-45.

Waddock, S. (2003): Myths and Realities of Social Investing. In: Organization & Environment, Vol. 16 (2003), No. 3, S. 369-380.

Waddock, S.; Bodwell, C. (2002): From TQM to TRM. Total Responsibility Management Approaches. In: Journal of Corporate Citizenship, Vol. 7 (2002), No. 3, S. 113-126.

Walker, A. (2004): Nachhaltigkeits-Fonds: Mit gutem Gewissen investieren. In: Bankmagazin, o.Jg. 2004, H. 6.

Wallendorf, M.; Belk, R.W. (1989): Assessing Trustworthiness in Naturalistic Consumer Research. In: Hirschman, E.C. (ed.): Interpretive Consumer Research, Provo 1989, S. 69-84.

Wärneryd, K.-E. (1999): The Psychology of Saving: A Study on Economic Psychology, Cheltenham et al. 1999.

Wärneryd, K.-E.; Westlund, K. (1992): Ethics and Economic Affairs in the World of Finance. In: Journal of Economic Psychology, Vol. 14 (1992), No. 2, S. 523–539.

Wassmuth, B. (1999): EMAS 2 - Fortschritt oder Rückschritt? Reflexionen zur Diskussion über die Novellierung der europäischen Umwelt-Audit- Verordnung. In: Betriebswirtschaftliche Forschung und Praxis (BFuP), 51. Jg. (1999), H. 5, S. 543-553.

WBCSD (1996): Eco-efficient Leadership for Improved Economic and Environmental Performance. World Business Council for Sustainable Development, Genf 1996.

Weber, H.H. (1976): Zur Diskussion um die Produktivität des Handels. In: Zeitschrift für Betriebswirtschaft, 46. Jg. (1976), S. 47-58.

Weber, M. (1968): Der Beruf zur Politik. In: Weber, M.: Soziologie, weltgeschichtliche Analysen, Politik, 4., durchges. u. verb. Aufl. Stuttgart 1968, S. 167-185.

Weber, M.; Vossmann, F. (1999): Der Dispositionseffekt, Mannheim 1999.

Webley, P.; Lewis, A.; Mackenzie, C. (2001): Commitment among Ethical Investors: An Experimental Approach. In: Journal of Economic Psychology, Vol. 22 (2001), No. 1, S. 27-42.

Webster, P. (2001): Environmental Funds and Market Development (Session 1). In: Bundesumweltministerium (Hg.): Green Investment - Market Transparency and Consumer Information, Berlin 1998, S. 9-18.

Weiber, R.; Adler, J. (1995a): Der Einsatz von Unsicherheitsreduktionsstrategien im Kaufproze: Eine informationsökonomische Analyse. In: Kaas, K.P. (Hrsg.): Kontrakte, Geschäftsbeziehungen, Netzwerke: Marketing und neue Institutionenökonomik, Düsseldorf 1995, S. 61-77.

Weiber, R.; Adler, J. (1995b): Informationsökonomisch begründete Typologisierung von Kaufprozessen. In: Schmalenbachs Zeitschrift für betriebswirtschaftliche Forschung, 47. Jg. (1995), H. 1, S. 43-65.

Weinberg, J. (2000): Einführung in des Studium der Erwachsenenbildung, überarb. Neuaufl. Bad Heilbrunn 2000.

Weinberg, P.; Behrens, G. (1978): Produktqualität. Methodische und verhaltenswissenschaftliche Grundlagen. In: WiST, 7. Jg. (1978), H. 1, S. 15-18.

Wetzel, A. (2001): Die Bedeutung von Aktienindizes für deutsche börsennotierte Unternehmen: Ergebnisse einer Umfrage, hrsg. v. von Rosen, R./Dt. Aktieninstitut, Frankfurt/Main 2001.

Wicenic, C. (1998): Öko-Audit – Umwelterklärungen in der Praxis, Köln 1998.

Wicke, L. (1989): Umweltökonomie: eine praxisorientierte Einführung, 2. vollst. überarb., erw. und aktualisierte Aufl. München 1989.

Wicke, L.; Haasis, H.D.; Schafhausen, F.; Schulz, W. (1992): Betriebliche Umweltökonomie: eine praxisorientierte Einführung, München 1992.

Wicker, A. (1969): Attitudes versus Actions: The Relationship of Verbal and Overt Behavioral Responses to Attitude Objects. In: Journal of Social Issues, Vol. 25 (1969), S. 41-78.

Wiedmann, K.-P. (1989): Gesellschaft und Marketing - Zur Neuorientierung der Marketigkonzeption im Zeichen des gesellschaftlichen Wandels. In: Specht, G.; Silberer, G.; Engelhardt, W.H. (Hrsg.): Marketing-Schnittstellen, Festschrift zum 60. Geburtstag von Hans Raffée, Stuttgart 1989, S. 227-249.

Wiedmann, K.-P. (1993): Rekonstruktion des Marketingansatzes und Grundlagen einer erweiterten Marketingkonzeption, Stuttgart 1993.

Wiedmann, K.-P. (1996): Unternehmensführung und gesellschaftsorientiertes Marketing. In: Bruch, H.; Eickhoff, M.; Thiem, H. (Hrsg.): Zukunftsorientiertes Management. Handlungshinweise für die Praxis, Frankfurt/Main 1996, S. 234-262.

Wiedmann, K.-P.; Walsh, G. (2003): Corporate Finance und Unternehmensreputation - Messung und Management von Reputation als Herausforderung. In: Wiedmann, K.-P.; Heckemüller, C. (Hrsg.): Ganzheitliches Corporate Finance Management: Konzept, Anwendungsfelder, Praxisbeispiele, Wiesbaden 2003, S. 271-289.

Wieland, J. (1993): Formen der Institutionalisierung von Moral in amerikanischen Unternehmen: die amerikanische Business-Ethics-Bewegung: why and how they do it, Bern et al. 1993.

Wieland, J. (2001): Wert und Werte – Ethik als Managementaufgabe. In: Personalwirtschaft, o. Jg. (2001), Personalwirtschaft, H. 7, S. 16-17.

Wilke, P. (2002): Ethisch-Ökologisches Investment: Ein Beitrag zur Debatte um nachhaltiges Investieren in der Altersvorsorge, Hamburg 2002, <http://www.wmp-consult.de/service/ethisch_investment.pdf>, Stand: 2.10.2003.

Williams, O.F. (ed.) (2000): Global Codes of Conduct: An Idea Whose Time Has Come, Notre Dame 2000.

Williamson, O.; Winter, S. (Hrsg.) (1991): The Nature of the Firm - Origin, Evolution and Development, New York 1991.

Williamson, O.E. (1985): The Economic Institutions of Capitalism. Firms, Markets and Relational Contracting, New York, London 1985.

Williamson, O.E. (1986): The Economics of Governance: Framework and Implications. In: Langlois, R.N. (ed.): Economics as Process. Essays in the New Institutional Economics, Cambridge 1986, S. 171-202.

Williamson, O.E. (1990): A Comparison of Alternative Approaches to Economic Organization. In: Journal of Institutional and Theoretical Economics, Vol. 146 (1990), No. 1, S. 61-71.

Willis, A (2003): The Role of the Global Reporting Initiative's Sustainability Reporting Guidelines in the Social Screening of Investments. In: Journal of Business Ethics, Vol. 43 (2003), No. 3, S. 233-237.

Wilson, A.M. (2001): Mystery Shopping: Using Deception to Measure Service Performance. In: Psychology and Marketing, Vol. 18 (2001), No. 7, S. 721-734.

Wimmer, F. (1975): Das Qualitätsurteil des Konsumenten. Theoretische Grundlagen und empirische Ergebnisse, Frankfurt/Main 1975.

Windsor, D. (2001): Corporate Citizenship: Evolution and interpretation. In: Andriof, J.; McIntosh, M. (Hrsg.): Perspectives on Corporate Citizenship, Sheffield 2001, S. 39-52.

Wirtschaftsprüferkammer (2002): Der Deutsche Umwelt-Reporting Award der Wirtschaftsprüferkammer und die European Social Reporting Awards. - Hintergründe und Fakten, Berlin 2002.

Withener, E. M; Brodt, S. E.; Korsgaard, M.A.; Wener, J. M. (1998): Managers as Initiators of Trust: An Exchange Relationship Framework for Understanding Managerial Trustworthy Behavior. In: Academy of Management Review, Vol. 23 (1998), S. 513-530.

Wittmann, W.; Kern, W.; Köhler, R.; Küpper, H.-U.; Wysocki, K.v. (Hrsg.) (1993): Handwörterbuch der Betriebswirtschaftslehre, 5. völlig neu gestaltete Aufl. Stuttgart 1993.

Wittpoth, J. (2003): Was weiß die Erwachsenenbildung über die Veränderungsbereitschaft der Menschen? In: Hennecke, P. (Hrsg.): Wie kann geschehen, was geschehen muss? Zur Umsetzung der Nachhaltigkeit – Beiträge zu einem Symposium, Wuppertal 2003, S. 13-21.

Wittrock, C. (2003): Integration investorspezifischer Belange bei der Fondsauswahl. In: Achleitner, A.-K.; Everling, O. (Hrsg.): Fondsrating. Qualitätsmessung auf dem Prüfstand – Verfahren, Kriterien und Nutzen, Wiesbaden 2003, S. 3-15.

Wolff, H. (1995): Das Management von Umweltfonds, Frankfurt/Main 1995.

Woodside, G.; Aurrichio, P.; Yturri, J. (1998): ISO 14001 Implementation Manual, New York 1998.

World Commission on Environment and Development (1987): Our common future, Oxford 1987.

WSI-Forum (1973). Arbeitsorientierte Einzelwirtschaftslehre contra Kapitalorientierte Betriebswirtschaftslehre, Köln 1973.

Yusoff, N.Z. (1992): An Islamic Perspective of the Stock Market, Dian Darulnaim, Kuala Lumpur 1992, S. 89-93.

Zelizer, V.A. (1989): The Social Meanings of Money: 'Special Monies'. In: American Journal of Sociology, Vol. 95 (1989), S. 342-377.

Ziegler, A.; Rennings, K.; Schröder, M. (2002): Der Einfluss ökologischer und sozialer Nachhaltigkeit auf den Shareholder Value europäischer Aktiengesellschaften, ZEW Discussion Paper No. 02-32, Mannheim 2002.

Zirnstein, G. (1994): Ökologie und Umwelt in der Geschichte, Marburg 1994.

Markt und Konsum

Herausgegeben von Prof. Dr. Dr. h. c. Ursula Hansen

www.peterlang.de

Peter Lang · Europäischer Verlag der Wissenschaften

Christiane Pfeiffer

Integrierte Kommunikation von Sustainability-Netzwerken

Grundlagen und Gestaltung der Kommunikation nachhaltigkeitsorientierter intersektoraler Kooperationen

Frankfurt am Main, Berlin, Bern, Bruxelles, New York, Oxford, Wien, 2004.
402 S., zahlr. Abb. und Tab.
Markt und Konsum. Herausgegeben von Ursula Hansen. Bd. 14
ISBN 3-631-52055-7 · br. € 68.50*

In den zurückliegenden Jahren hat die Anzahl der Kooperationen zwischen Unternehmen, Nichtregierungsorganisationen und Politik deutlich zugenommen. Gerade die komplexer werdenden sozialen und ökologischen Fragen haben zu diesem wachsenden Interesse beigetragen. Eine funktionierende Kommunikation gilt als Erfolgsfaktor für solche Sustainability-Netzwerke; konkrete Gestaltungsempfehlungen fehlten jedoch bislang. Die Arbeit identifiziert in einer eingehenden Analyse die Anforderungen an Netzwerkkommunikation im Themenbereich nachhaltige Entwicklung. Mit dem Leitkonzept der Integrierten Netzwerk-Kommunikation wird ein Lösungsweg aufgezeigt, der den Kooperationspartnern bei der glaubwürdigen Kommunikation ihres gemeinsamen Sustainability-Engagements umfassende Orientierung bietet.

Aus dem Inhalt: Erkenntnisstand der Forschung zu Sustainability-Netzwerken: Akteure, Ziele, Strukturen, Prozesse · Sustainability-Kommunikation: Entwicklungsstand, Planung, Problemfelder · Analyse der Sustainability-Netzwerke „Living Lakes" und „Initiative für Beschäftigung" · Anforderungen an die Kommunikation von Sustainability-Netzwerken: netzwerkspezifische, kommunikationsprozessuale und praxisreflexive Implikationen · Integrierte Unternehmenskommunikation als (Teil-)Lösungsansatz · Integrierte Kommunikation von Sustainability-Netzwerken: Kernelemente eines erweiterten Konzepts · Erreichbarer und erstrebenswerter Grad an Integration · Planung und Implementierung im Down-up-Prozess · Übertragbarkeit des Konzepts auf intersektorale Netzwerke ohne Sustainability-Fokus

 Frankfurt am Main · Berlin · Bern · Bruxelles · New York · Oxford · Wien
Auslieferung: Verlag Peter Lang AG
Moosstr. 1, CH-2542 Pieterlen
Telefax 00 41 (0) 32 / 376 17 27

*inklusive der in Deutschland gültigen Mehrwertsteuer
Preisänderungen vorbehalten
Homepage http://www.peterlang.de